司马云杰 著

# 中国精神通史

### 第二卷

河南人民出版社

# 目　录

本卷内容提要 ……………………………………………… 1

本卷体绪通说 ……………………………………………… 1

第一章　秦汉的历史开辟与精神发展 …………………… 1

　　一　权力更替与历史开辟 ………………………… 2

　　二　文化情势的内在逻辑 ………………………… 5

　　三　文化历史模式的形成 ………………………… 13

　　四　精神发展与历史开合 ………………………… 18

　　五　神圣精神与恢宏气象 ………………………… 21

　　六　功勋、德操与神秘主义 ……………………… 25

　　七　历史天空的神秘主宰 ………………………… 29

　　八　方正汉学与儒家气象 ………………………… 33

第二章　黄老新学思潮与精神发展 ……………………… 37

　　一　贯通秦汉文化的黄老新学 …………………… 38

　　二　从黄老学术到政治意识形态 ………………… 43

　　三　《老子章句》的道学开宗之悟 ……………… 47

　　四　《淮南子》的道学精神境界 ………………… 56

　　五　《道德指归》的大道哲学精神 ……………… 68

　　六　黄老道家学术的宗教化倾向 ………………… 77

第三章　儒学复兴与新儒家精神 ………………………… 83

　　一　儒学复兴的艰难历程 ………………………… 84

二　儒学复兴与政治需要 ·············································· 90

三　以儒家正学奠定复兴基础 ······································· 95

四　复兴儒学与武帝关键决策 ······································· 98

五　董仲舒策对的复兴之功 ·········································· 103

六　从黄老治世到儒术"独尊" ····································· 108


第四章　儒学讲授与精神传承 ·············································· 113

一　几个传承的先驱人物 ············································· 115

二　儒学讲授与精神传承 ············································· 120

三　"六艺"的经典化与儒学发展 ·································· 127

四　经义发掘与精神阐释 ············································· 132

五　纬书颂经的宗教化倾向 ·········································· 137

六　汉儒的神圣精神世界 ············································· 144


第五章　《董子春秋》的历史哲学思想 ······························ 148

一　"《春秋》大一统"的历史哲学 ······························ 153

二　"道之大原出于天"的本体论 ································· 158

三　"正心以正朝廷"的政治哲学 ································· 162

四　"立教化以正万民"的礼教思想 ····························· 166

五　"可求于天"的纲常伦理绝对精神 ·························· 172


第六章　《史记》的历史哲学精神 ······································ 177

一　毕集古史而写《史记》 ·········································· 180

二　以六艺为史的大史学观 ·········································· 185

三　《史记》之重黄老思想 ·········································· 189

四　《史记》的儒学精神转向 ······································· 194

五　以大道统合诸家之旨 ············································· 200


第七章　昭成时期的儒学精神 ············································· 204

一　今古文争议及其精神实质 ······································· 206

二　石渠阁会议及经学发展定向 ···································· 211

三 立《穀梁》寻求儒家正学精神 …………………… 214

四 神秘主义弥漫下的理性精神 …………………… 219

**第八章 维护帝国秩序的刘向儒学** …………………… 224

一 以《春秋》立本的政治哲学 …………………… 227

二 立于天道义理的任贤治奢之策 ………………… 231

三 "众贤和于朝"的政治理想 …………………… 235

四 "公生明偏生暗"的理性精神 ………………… 239

五 附：刘歆古文经的精神发明 …………………… 243

**第九章 扬雄的玄学与精神追求** …………………… 246

一 默然独守《太玄》的精神追求 ………………… 249

二 "明哲煌煌，旁烛无疆"的境界 ……………… 255

三 "藏心于渊，美厥灵根"的修养 ……………… 260

四 "群言淆乱折诸圣"的价值判断 ……………… 264

五 扬雄"投阁"及其时代悲剧 …………………… 268

**第十章 东汉复兴与道德重建** …………………… 273

一 根民以兴王道的新使命 ………………………… 275

二 道德重建在于尊崇节义 ………………………… 280

三 白虎观会议及经学正定 ………………………… 285

四 《通德论》的纲常精神 ………………………… 291

五 《汉书》回归儒家正学 ………………………… 296

**第十一章 东汉的理性批判精神** …………………… 305

一 桓谭《新论》的辨惑精神 ……………………… 309

二 王充《论衡》的疾虚妄精神 …………………… 315

三 张衡禁谶思玄的矫枉精神 ……………………… 321

四 王符《潜夫论》的疑天命精神 ………………… 327

**第十二章　汉魏经学精神发展** ················ 331

　　一　东汉经学发展及其走向 ················ 333

　　二　郑兴、贾逵的古文经学 ················ 339

　　三　依经注义的马融之学 ················ 346

　　四　综合诸经精神的郑玄之学 ················ 351

　　五　依经辩理的王肃之学 ················ 359

**第十三章　才性·玄学及精神逸出** ················ 365

　　一　突破礼教僵化的人本追求 ················ 366

　　二　大转变：笃道德而竞智谋 ················ 372

　　三　《人物志》的才性领悟品评 ················ 375

　　四　正始玄学确立与精神逸出 ················ 383

　　五　何晏的圣人无喜怒哀乐论 ················ 388

　　六　王弼"摈落象数之为道" ················ 393

**第十四章　竹林七贤的旷达与迷失** ················ 403

　　一　竹林七贤追求超拔脱俗的精神 ················ 405

　　二　嵇康"越名教而任自然"的解脱精神 ················ 412

　　三　阮籍《大人先生传》的精神追求 ················ 419

　　四　向秀注《庄》的"放任自得"精神 ················ 429

　　五　附：王衍崇尚浮华的人生悲剧 ················ 438

**第十五章　魏晋反浮华竞奔的理性精神** ················ 444

　　一　魏晋对浮华竞奔的反思与抑制 ················ 447

　　二　《傅子》的经世理想与王教精神 ················ 451

　　三　刘寔《崇让论》的倡逊息争精神 ················ 459

　　四　裴頠《崇有论》对浮华虚妄的释蔽 ················ 463

　　五　郭象注《庄》的"无待而独化"思考 ················ 468

　　六　东晋中兴的儒学归复与国学之风 ················ 476

第十六章　**本卷尾声：走向三教合流** ………………………… 483

　一　佛教般若学的玄学化 ………………………… 484

　二　玄学融合般若学的发展 ………………………… 490

　三　玄释合流的新道家追求 ………………………… 494

　四　三教合流大格局与走向 ………………………… 503

**本卷主要参考书目** ………………………………………… 508

# 本卷内容提要

《中国精神通史》第二卷为秦汉到魏晋时期精神发展史。它不同于前辈所写秦汉两汉思想史的地方，主要有以下几个方面：

一、它不是依朝代更替为分期，断代史式的所写秦汉魏晋各个时期的思想史，而是以中国文化历史大开合为构架尺度，撰写由秦汉到魏晋时期精神的发展、运行、开合、演变与逸出的历史。第一卷所写乃"发端于伏羲，积蓄于炎黄，大备于唐虞，经三代而浩荡于天下"的第一次开合，第二卷乃写开端于秦汉、经两汉发展到魏晋的第二次开合。第一次开合所贯通者，乃中国上古三代圣贤明哲开物成务、以道教化天下的文化精神；第二次开合所贯通的，则是儒家集上古文化之大成，为万世立教的经学精神。《中国精神通史》第二卷，乃接续第一卷精神史所撰写。

二、它不是以个体思想家为单位撰写的思想史，而是将各个时期的思想家放到第二次文化历史开合的运动变化中，写其在精神发展史上的贡献与历史地位，如董仲舒、司马迁、扬雄、刘向、班固、桓谭、王充、张衡、王符、郑兴、郑众、贾逵、马融、郑玄、王肃及何晏、王弼、嵇康、阮籍等，全是放到两汉魏晋时期以儒家经学为核心的第二次文化历史开合及精神演变中撰写的。

三、它不是以知识论撰写的一般两汉魏晋思想史，而是写秦汉至魏晋时期人的精神追求史。人心几微，一念之动，所思所想，即为思想。精神则是超越这些思想的纯粹至善追求。本卷精神史就是写秦汉至魏晋时期中华民族对人类生存与社会理想的追求，包括他们的信仰、信念与精神世界。

四、它不是写两汉魏晋时期一般的文化思想与精神生活，而是以儒家经《春秋》大义为核心，写其文化根本精神发展和历史模式确立的。秦汉之后，虽有藩镇割据、军阀混战，但是，自从有了《春秋》大义，谁要是称王称霸，割据一方，打破春秋"大一统"的文化框架与历史模式，搞分裂，闹独立，则天下必共伐之、共诛之。这是两汉儒家有功于儒学精神发展者，亦是此卷精神史所强调的内容。

秦汉是中国文化历史发展的关键时期，以儒家经学为核心，两汉精神发展所形成的文化价值体系与历史发展模式，奠定了中国后来两千多年文化历史发展的基础。读懂《中国精神通史》第二卷，才能认识中国中古文化历史发展内在逻辑及精神追求。

# 本卷体绪通说

《中国精神通史》以中国文化历史大开合为构架尺度撰写。第一次开合所贯通者，乃是发端于伏羲，积蓄于炎黄，大备于唐虞，经夏、商、周三代所发展起来的大道哲学精神，而第二次开合所贯通者，则是儒家集上古文化之大成的经学精神。因此，精神史第二卷仍是接续第一卷撰写的。第一卷写上古，第二卷写中古，两卷皆贯通以道，贯通中国文化根本精神。此乃本卷体绪系统也。

秦汉是中国文化历史发展的关键时期，亦是中国文化历史开合新的造端时期。中国文化精神发展到秦汉之际，遇到了一个"瓶颈"，就像黄河发端于喜马拉雅山，奔流东行遇到壶口，奔腾咆哮、夺路而行，然后浩荡不息地奔向大海！这个"瓶颈"，是秦火，亦是权力更替带来的特殊历史情势。这种情势给中国几千年文化历史发展带来新的发展与新的现实，造就了中国文化历史又一次新的开合，并且以秦汉文化为基本骨架与内涵，奠定了中国文化历史后来两千多年发展的基础，形成了中国文化精神价值体系与发展模式。

儒家文化经过秦始皇时期"焚书坑儒"，几乎遭到了毁灭性的打击，秦汉一段时间的发展潜入地下，造成儒家文化思想在秦帝国时期的缺位。因此，主导早期秦汉文化精神发展的，乃是主张自然无为的黄老思想。然秦汉历史发展到汉武帝时期，平息功臣、外戚、同姓王的纷争，撮其大端，建立起中央集权政治，完成了政治转型，"罢黜百家，表章六艺"，总方略，一统类，广教化，美风俗，完成文化转型，以儒家礼教仁爱学说为大道真脉，建立起"大一统"的文化价值体系。这个大道真脉，这个文化价值体系，构成华夏民族生存绵延的根基，特别是经儒家学说经典化，以仁爱为核心的礼教思想体系，遂成为中国文化历史价值轴心，国家民族生存绵延的根本保障。整个秦汉后第二次文化历史开合和精神发展，都是围绕着这个价值轴心展开，以此精神生存绵延的。其恢宏广大、玄奥神圣、雄辉灿然，构成秦汉文化雄浑的大道真脉，也构成了华夏民族之魂。

　　然而，究竟应该怎样理解秦汉时期历史呢？它是"黑暗的中世纪"，还是高古、醇厚、大气、辉煌的新文明时期？秦汉在中国古代历史上，乃是一个英雄的时代，一个叱咤风云的时代，一个威武、雄踞、不屈的时代，一个封侯挂印、建立功勋的时代，一个为千秋功业而奔走呼号的时代，一个注重功德、节操、不成功毋宁死的时代！这种追求，虽然包含着权力、富贵、名誉、地位，但个人的德操、名节是绝对不可毁的。因此，秦汉精神，乃是一种威武雄壮、功高盖世精神，一种高古笃厚、广大教化精神！它不仅刚健明彻、威力雄猛，而且规模宏大、神圣崇高，具有一种巍巍华夏、堂堂汉武、万派朝宗的雄伟气象！它在哲学上贯通着天道，弥漫着化理！但秦汉历史也存在着星象、历谱、谶纬、术数一类神秘主义文化，它使秦汉历史天空还弥漫着一种神秘主义氛围，一种神性形而上学的文化历史精神。它包含着当时人们的信仰与信念，包含着他们天人合一的最高精神境界，但也包含着非理性，特别是当汉朝以此解释自己的政治合法性时，更是杂糅混乱了秦汉文化的精神与意识形态。但不管怎么说，就秦汉时期精神史总的特征而言，则是弥漫着一种功勋、德操与神秘主义氛围，一种以此为主题的时代精神。

　　这是就秦汉精神史总的特征而说的。但若就两汉及魏晋精神史发展而言，则是围绕着儒家文化盛衰展开演变的。它大体经历了西汉蓄养期、东汉中正期及魏晋逸出期三个阶段，其精神发展，主要表现为西汉今文经学、东汉古文经学、魏晋形而上学，及后来所发展出的正始玄学。虽然汉代经学所传承的是儒家之学，但不论是西汉今文经，还是东汉古文经，皆已不是原始儒家之学，而是由汉儒根据儒家六艺发展起来的经学。古文经学所讲儒家六艺，是原始儒家孔子为教化天下所编撰的教典，精神比较纯正；今文经学则是由七十子传授的儒家之学，杂有稷下学派思想。汉代经学发展，主要是由西汉今文经学到东汉古文经学的历史过程，标志性历史事件，就是西汉石渠阁会议和东汉白虎观会议：前者立古文经穀梁《春秋》，显示汉代文化精神开始转向，沿着新的方向发展；后者则完成了这种转换，正定了儒家"五经"主旨与根本精神。

　　西汉今文经学虽然不纯粹，然其对儒家经典解释，则多创造性思维。董仲舒学从公羊学出发，以《春秋》大义所阐明的"大一统"历史哲学就是这样。它不仅贯通了"道之大原出于天"的本体论，而且提供了一种"大一统"历史框架与文化模式。这在中国文化历史上，具有不可动摇的法理地位。后世，虽有藩镇割据、军阀混战，但是，谁要是称王称霸，割据一方，打破春秋"大一统"的历史框架与文化模式，搞分裂，闹独立，则天下必共伐之、共诛之。此乃乱臣贼子惧者也。因此，在中国几千年历史上，没有任何一个人敢于不顾《春秋》大义闹分裂独立，即使曹操、刘备、孙权各有三分天下，但其最终政治目标，仍然是要实现天下统一，而不是闹独立，守偏安。此乃孔子、董仲舒明《春秋》大义，建"大一统"历史哲学之功也。司马迁师从董仲舒，讲"《春秋》者，礼义之大宗"；讲"拨乱世反之正，莫近于《春秋》"；及讲"为人君父而不通于《春秋》之义者，必蒙首恶之名。为人臣子而不通于《春秋》之义者，必陷篡弑之诛，死罪之名"等，亦是发挥董氏《春秋》大义，及"大一统"历史哲学思想。

西汉今文经学不纯，亦多功利之求，如自武帝立"五经"博士，以经取士，劝以官禄，造成"一经说至百余万言，大师众至千余人"，及"禄利之路然"也。然自武帝立"五经"博士，兴经术，敦教化，劝学尚礼，崇化厉贤，至平帝元始，百余年间，则传业根深叶茂，学术繁衍昌盛，精神复兴发展，超越利禄之途，际天蟠地而行，造就了一大批汉代儒家学及敢于担当的经国治世者，亦是功不可没的。文化经国之用，不在功利之求，而在道德践行，在于以义理培育高尚精神世界。因此，复兴儒家文化，加强道德建设，尊崇节义，敦厉名实，乃治国平天下之根本！没有纯正民风，没有道德节义，没有刚健的力量，没有笃厚淳朴、刚健正直、立于不折不挠的节烈之士，则社会不能形成中坚力量，及至国家社稷危难，没有人秉国以正，谁还能秉正气，忿奸邪，临危犯难，忠而忘身，死不屈节，进行历史担当！正因为这样，发展到东汉经学，光武接收王莽篡时，朝野二三其德，用丹书、符命为其歌功颂德的历史教训，中兴之后，专事经学，以儒家正学，尊崇节义，敦厉名实，使道德名节，深入人心，世情之笃厚，士风之深远，过于前代。此程子所说"汉人之名节，成于风俗，一变至于道"者也；亦顾炎武所说光武中兴，"所举用者，莫非经明行修之人，风俗为之一变"者也。

儒家经学发展到东汉末年，虽有郑兴、郑众、贾逵、郑玄、王肃诸多古文经学家依经注义或依经辩理，宏通经学义理与根本精神，特别是综合诸经的郑玄之学，括囊大典，网罗众家，删裁繁诬，刊改漏失，使天下学者知所归，其为纯儒，精神上是极为可贵的。但经学离开创造性思维，不能从哲学上为困境找到出路，就被后人讥笑了。因此，儒家礼教发展到东汉末年，变为僵化的外在形式，成为多余衍礼，背离人性本然存在，窒息人的生命精神，到魏晋玄学时期，何晏、王弼、嵇康、阮籍、王衍诸人，以老庄之学，"卑名教任自然""非汤武而薄周孔"，追求旷达超越，反对礼教束缚人，实乃经学发展趋势使然也。

魏晋之际，乃是一个社会大动荡、文化大变迁、价值大转换的时代，是各种人生哲学与性命之理铺天盖地而来，每个人都必须自觉或不自觉地作出价值判断与选择的时代。嵇康、阮籍诸多名士，虽然极力挣脱礼教的束缚，然而他们又是带着前代道德遗产的清节、坚贞而来的；他们以老庄之学，追求旷达超越，却又被秦汉以来神仙方术所纠缠。他们的追求，虽然包含着非理性，包含着任性而为、荒诞不羁，然其以自己风格与才性、道德情操与超拔精神，则构成了一个铁骨铮铮、才华横溢的时代，一个英雄本色、名士风流的时代。然其学以"无"为本体论，讲"持其无者无执"，在浩浩大化中失却主宰，就走向洪荒宇宙了。此秦汉文化经过四百多年发展，到魏晋时期，精神走向逸出者也。

魏晋之际的变革，虽有追求旷达超越的精神，然亦是人心性走向虚妄浮华竞奔者也。物极必反，势极必归。一切都是"会其有极，归其有极"的，一切偏颇都要回归中正之道的。因此，在魏晋走向虚妄浮华竞奔之际，同时就现出了一种反思抑制虚妄浮华竞奔的文化力量。如果说魏晋时期追求玄学人物，以自己风格与才性、道德与情操，表现为一代名士风流的话，那么，这一时期反浮华竞奔的思想家，则显示了一种以儒家思想老成谋国的理性精神。《傅子》的经世理想与王教之论、刘寔《崇让论》的谦逊息争主张，就是属于这种理性精神。这种精神发展，到东晋中兴，则形成一种儒学归复之势与兴国学之风。此亦两汉经学精神之发展绵续也。

《中国精神通史》将中国五千多年文化精神浩荡不息的发展，看作一部雄浑、浩瀚、跌宕、辉煌的交响乐章。若把它从伏羲、唐虞、夏、商、周三代到秦汉时期的发展，视为儒、道两种文化精神的一阴一阳、一刚一柔、一动一静、一偾一起、阴阳调和、流光其声的大合唱的话，那么东汉末年佛教的传入，则使这部交响乐增加了新的音符，由儒、道两种精神的大合唱，发展变成了一部由儒、道、释三教合流演出的变奏曲！它经历了佛教般若学的玄学化、玄学融合般若学的发展，及新道家玄释合流的新追求，最后演变成了儒、道、释三教合流大格局、大走向，并为隋唐精神发展搭建了新的文化平台。

# 第一章　秦汉的历史开辟与精神发展

**内容提要：** 秦汉是中国文化历史发展的关键时期，也是中国文化历史又一次开合的造端时期。中国文化精神发展到秦汉之际，遇到了一个"瓶颈"，就像黄河发端于喜马拉雅山，奔流东行遇到壶口，奔腾咆哮、夺路而行，然后浩荡不息地奔向大海！这个"瓶颈"，是秦火，亦是权力更替带来的特殊历史情势。这种情势不仅给中国几千年文化历史带来了新的发展与新的现实，也造就了中国文化历史又一次新的开合，并且以秦汉文化发展为基本骨架和内涵，奠定了中国文化后来两千多年发展的基础，形成了中国文化精神基本价值体系与根本发展模式。怎样看待秦汉文化历史发展，它是"黑暗的中世纪"，还是醇厚、典正、大气、辉煌的新文明时期？这是撰写《中国精神通史》第二卷必须从总体上弄清的。弄清这个问题，才有一个通识与把握。

秦汉是中国文化历史发展的关键时期，也是中国文化历史又一次开合的造端时期。笔者于上卷结束时曾说，中国文化精神"渊渊乎伏羲，积蓄于炎黄，大备于唐虞，经夏商周三代而浩荡于天下"，它发展到秦汉之际，遇到了一个"瓶颈"，就像黄河发端于喜马拉雅山，奔流东行遇到壶口，奔腾咆哮、夺路而行，然后浩荡不息地奔向大海！这个"瓶颈"，是秦火，亦是权力更替带来的特殊历史情势。这种情势不仅给中国几千年文化历史带来了新的发展与新的现实，也造就了中国文化历史又一次新的开合，并且以秦汉文化发展为基本骨架和内涵，奠定了中国文化后来两千多年发展的基础，形成了中国文化精神基本价值体系与根本发展模式。秦汉后的中国两千多年文化历史，如果说汉唐是大格局，那么，秦汉乃是造此大格局者也。

怎样理解秦汉时的权力更替及其所造成的历史情势呢？它给中国政治历史带来了怎样的新发展与新现实呢？有着怎样的文化基础，构成新的历史必然呢？它怎样造成新的历史开合呢？这种开合是文化历史发展之必然，还是偶然的历史机遇？贯通这次开合的根本精神是什么呢？它的发展形成了怎样的价值体系与文化历史模式呢？它与第一次开合相比有何不同，表现为怎样的文化精神形态及形上本质呢？一句话，它是"黑暗的中世纪"，还是醇厚、典正、大气、辉煌的新文明时期？凡此种种问题，皆是撰写《中国精神通史》第二卷必须从总体上弄清的。弄清这个问题，才有一个通识与把握。而要弄清这些问题，就不能不首先从秦汉政治权力更替及其历史开辟讲起了。

## 一　权力更替与历史开辟

秦汉政治权力更替，是一次风云际会的历史开合，也是一次历史缔造与精神开创。这种历史开合，这种历史缔造与精神开创，乃是以秦汉权力更替开始的。它先是秦始皇"奋六世之余烈，振长策而御宇内，吞二周而亡诸侯，履至尊而制六合"①，统一天下，改变整个晚周"政由方伯"的历史格局；然后是汉高祖"起微细，诛暴逆，平定四海"②，一统天下，结束了群雄逐鹿的混乱局面。这种权力更替，结束了中国文化历史第一次开合的逸出时期，也开辟了新的文化历史时期。

那么，怎样理解秦汉的权力更替呢？它与夏、商、周三代的权力更替有什么不同呢？这种权力更替怎样开辟了历史，造成了中国文化历史怎样的新发展与新现实，并影响着文化精神的发展呢？

《左传》说："天子建德，因生以赐姓。"③古代华夏大地，居住着大大小小的氏族集团，皆有氏无姓；凡天子赐姓者，皆是贵族。《尚书》讲帝尧"克明俊德，以亲九族，九族既睦，平章百姓，百姓昭明，协和万邦，黎民于变时雍"④。正因为赐姓为贵族，所以姜亮夫先生解《尧典》说："九族者，指尧之氏族。百姓者，指聚居大邑之贵族。"⑤夏之大禹、商之契、周之稷，皆为唐虞王庭之臣。"禹者，黄帝之玄孙而帝颛顼之孙也"⑥，自然属贵族后裔。

---

① 〔汉〕贾谊《新书·过秦上》。
② 《史记·高祖本纪》。
③ 《左传》隐公八年。
④ 《尚书·尧典》。
⑤ 《尧典新议》，姜亮夫《古史学论文集》，上海古籍出版社 1996 年版，第 19 页。
⑥ 《史记·夏本纪》。

契兴于唐、虞、大禹之际，功业著于百姓，封于商，赐姓子氏，也属于贵族。《尚书》曰"商实百姓"①者，即商实为贵族也。周之祖先弃，封于邰，号曰后稷，别姓姬氏。"后稷之兴，陶唐、虞、夏之际，皆有令德"②，亦是贵族。可知唐虞之后，夏、商、周三代的权力更替，实乃属于一个贵族集团代替另一个贵族集团；其权力更替，乃是在贵族集团之间进行的。秦之先世，为帝颛顼之苗裔，孙曰女脩，生子大业。大业取少典之子，曰女华，生大费。费辅助禹平水土有功，帝舜赐姓嬴氏③，应该说亦是贵族。然秦始皇以帝国武力统一天下，特别是刘邦以布衣之身，提三尺剑打天下，已不属于贵族之间的权力更替，而是以一种新的政治力量夺取天下权力了。这种权力更替造成的文化历史，最为突出的新发展与新现实，就是新的政治力量上台执政。不论是秦始皇以帝国武力统一天下，还是刘邦"起微细，诛暴逆，平定四海"，都是这样。它所面临的第一个政治任务，就是必须从文化哲学上，从形而上学高度向天下说明自己取得政治权力的合法性。虽然夏、商、周三代的权力更替也存在着这个问题，但一个贵族集团代替一个贵族集团，说明其政治合法性要容易得多，更何况夏桀、商纣已经腐败，失去了政治统治的合法性。而秦汉权力更替则不是这样，以帝国力量或布衣取天下，如果没有文化哲学的根据，不能以形而上学神圣存在来说明自己取得政治权力的合法性，是很难维持自己政治权力存在及合法地位的。

其次，还有一条非常不同，那就是夏、商、周三代的权力更替，皆是国家政治权力腐败到了极顶，执国之大器者不能代天理民，成汤、武王为保障国家权力"天下为公"的性质，在诸侯拥戴下，不得已为之。成汤代夏，乃是因为"桀不务德而武伤百姓，百姓弗堪。汤修德，诸侯皆归汤，汤遂率兵以伐夏桀"④；武王伐纣，乃是因为纣昏乱暴虐滋甚，杀王子比干，囚箕子，乃至太师疵、少师强抱其乐器而奔周，"殷有重罪，不可以不毕伐"⑤。不论是成汤伐夏桀，还是武王伐纣，皆是执国家之大器者，当政治腐败到了极顶，天下诸侯归之，不得已实现权力更替。而秦始皇"吞二周而亡诸侯，履至尊

---

① 《尚书·君奭》。
② 《史记·周本纪》。
③ 《史记·秦本纪》。
④ 《史记·夏本纪》。
⑤ 《史记·周本纪》。

而制六合"；汉高祖"起微细，诛暴逆，平定四海"① 的打天下，皆是出于政治集团的政治目的，以强力夺取国家权力，争夺对象只是比自己弱者，并非权力腐败。因此，它与成汤率诸侯伐夏桀，周武王率诸侯伐商纣相比，权力更替的性质及其政治合法性是非常不同的。夏、商、周三代的权力更替，乃是唐虞时代国家权力"天下为公"的延续，故孔子说："唐虞禅，夏后殷周继，其义一也。"② 而秦汉之变，乃是以帝国武力荡平天下或草莽英雄打天下，不论是秦嬴政讲"朕为始皇帝，后世以计数，二世三世至于万世，传之无穷"③，还是刘邦讲"非刘氏而王，天下共击之"④，皆是把权力视为私有、变为私有的。从此开始了程子所说的"先王之世，以道治天下，后世只是把持天下"⑤ 历史时期。这种权力更替不仅开创了一个"打天下"时代，也在中国文化历史上造成了一个新的现实，即权力由"天下为公"，变为了权力私有。这样就形成了一个政治悖论，即国家权力"天下为公"性质与把国家大器变为私有之间的自我矛盾性与不合理性。前者要求执国家之大器者放弃家族地位与私有行为，以廓然大公之心，用天德王道，仁爱天下；后者则使国家权力沦为维护政治集团及家族利益的私有工具，而有国有天下者，则以为天下利害之权皆出于我，以天下之利尽归于己矣。三代之"家天下"虽亦显此弊端，然尚不敢以己之利为利，而秦嬴政为"始皇帝"，传至"二世三世至于万世，传之无穷"，刘邦讲"非刘氏而王"，则如黄梨洲所说，公然视天下为莫大之产业而经营，"传之子孙，享受无穷"⑥ 矣。这种政治悖论，这种矛盾性与不合理性，以秦汉权力更替开其端。它存在于秦汉整个历史时期，影响着秦汉文化精神的发展，使其充满一种"天下大公"与"天下为私"的内在性矛盾；同时它也贯穿了中国后来两千多年文化历史，使中国文化在精神上充满着天道与人道的相悖。

因此，第三，汉唐权力更替与夏、商、周三代相比，更具有人的意志。唐、虞及夏商周三代国家权力之设与存在，乃是"政在养民"⑦；"民之所欲，

①　《史记·高祖本纪》。

②　《孟子·万章上》引。

③　《史记·秦始皇本纪》。

④　《史记·吕太后本纪》。

⑤　《河南程氏遗书》卷一。

⑥　《明夷待访录》，《黄宗羲全集》第1册，浙江古籍出版社1985年版，第2页。

⑦　《尚书·大禹谟》。

天必从之"①，而权力更替，虽有人的作用，但主要是"钦崇天道"② 的自然过程；而秦汉则是以武力平天下，实现国家权力更替的，它主要是人力意志竞争的政治行为。不论是秦始皇以帝国之力兴兵诛乱，还是刘邦与项羽竞智谋打天下，其为权力更替，在文化上主要是人力意志竞争。这种人力意志竞争，待秦汉完成权力更替之后，就变为了国家权力意志。秦始皇"以眇眇之身，兴兵诛暴乱"③；特别是刘邦"以布衣取天下"④，由布衣而为天子，本来应该建立起平民政权，以平民政治代替夏商周三代的贵族政治，然由于权力意志的发展，如"始皇自以为功过五帝，地广三王，而羞与之侔"⑤；刘邦以"大风起兮云飞扬，威加海内兮归故乡"⑥ 自歌，不但没有真正建立起平民政权，发展出平民政治，反而建立起了比贵族集团政治更为强大的中央集权政治。虽然秦汉之后，平民知识分子开始参政，国家权力带有一定平民色彩，但它并非真正的平民政治，而是以不同帝国形式发展起来高度中央集权政治，它一方面使人在文化意识上更具一种政治上的自觉；但同时也将文化置于权力意志之下，使精神发展失去了晚周"百家争鸣"的自由竞争局面。这与唐、虞及夏、商、周三代的文化精神的发展相比，是非常不同的。

这就是秦汉权力更替所带来的政治新发展与新现实。它不仅将启开文化历史新的开合，也将深远地影响着秦汉及后来文化精神发展。但这种权力更替，这种政治新发展与新现实，并非只是源于人力意志竞争，而是有它的文化基础及其内在逻辑发展的。因此，要想理解秦汉权力更替及其所带来的新发展与新现实的真正根据，知道秦汉文化的基础，特别是秦文化的发展情势及其内在逻辑是非常必要的。惟此，才能真正理解秦汉文化精神发展的内在根据与历史必然性。

## 二　文化情势的内在逻辑

秦汉能够实现权力更迭，特别是秦能在列国纷争中统一中国，实现权力

① 《尚书·泰誓上》。
② 《尚书·仲虺之诰》。
③ 《史记·秦始皇本纪》。
④ 《史记·高祖本纪》。
⑤ 《史记·秦始皇本纪》。
⑥ 《史记·高祖本纪》。

更替，建立起强大的中央集权统治，是有其文化基础的。这种文化基础是由整个晚周诸子文化及秦文化构成的，是这两种文化发展的历史之必然。

胡秋原先生曾说："拿破仑虽非启蒙诸子之宁馨儿，毕竟是启蒙时代之子；秦始皇虽非先秦诸子之宁馨儿，依然是诸子之子。"① 由此可知，历史人物的出现，乃是一个时代文化历史情势造成的，是那个时代文化历史所孕育的产儿。秦皇汉武的出现以及他们能够建立秦汉帝国，也是晚周整个诸子文化发展所造成的情势培育出来的。

中国文化自上古时就认为，天子、皇帝的地位不是永恒的；天子、皇帝，只是"兢兢业业，天工人其代之"② 者，能不能做天子、皇帝，在于能否以"好生之德，洽于民心"③。这发展到殷周时期，就是"皇天无亲，惟德是辅。民心无常，惟惠之怀"④；"天下非一人之天下，乃天下之天下也，同天下之利者，则得天下；擅天下之利者，则失天下"⑤。特别是发展到晚周诸子时期，人人皆关心天下之治，百家皆有天下之学，天下应该是什么样的，该如何治理，当时成了文化历史哲学的核心问题。老子讲"圣人常无心，以百姓心为心"⑥；孔子讲"修己以安人，修己以安百姓"⑦；"天下归仁焉"⑧；孟子讲"尧舜之道，不以仁政，不能平治天下"；"天子不仁，不保四海；诸侯不仁，不保社稷"⑨；及讲"格心之非"⑩；"民为贵，社稷次之，君为轻"⑪ 等等，自不待言；而其他诸子，更是把人的存在、民的存在，置于了政治权力中心地位。邓析子讲"视民而出政"⑫；尸子讲"天子以天下受令于心，心不当则天下祸"⑬；杨朱讲"公天下之身，公天下之物"⑭；慎到讲"立天子以为天

---

① 胡秋原：《古代中国文化与中国知识分子》，亚洲出版社有限公司 1959 年版，第 219 页。
② 《尚书·皋陶谟》。
③ 《尚书·大禹谟》。
④ 《尚书·蔡仲之命》。
⑤ 《六韬文韬文师》。
⑥ 《老子》第四十九章。
⑦ 《论语·宪问》。
⑧ 《论语·颜渊》。
⑨ 《孟子·离娄下》。
⑩ 《孟子·离娄上》。
⑪ 《孟子·尽心下》。
⑫ 《邓析子转辞篇》。
⑬ 《尸子贵言》。
⑭ 《列子·杨朱篇》。

下，非立天下以为天子也。立国君以为国，非立国以为君也"①；以及尹文子讲"不贵其独治，贵其能与众共治"；"独行之贤，不足以成化；独能之事，不足以周务"② 等等，不仅萌发了强烈的民主思想，而且几乎把国家政治权力置于了人人平等的历史平台上。天子、皇帝的地位不是永恒的，凡有德者，能代天理民者，即是布衣，亦可为之。这就是船山先生所说："三代上，诸侯有道，天下归之，则为天子；天子无道，天下叛之，退为诸侯。"③ 这些文化历史哲学思想发展到晚周战国时期，不仅成为了一种文化认同、一种社会舆论、一种文化历史哲学思想，也为秦汉实现权力更替提供了理论根据。它后来发展成一种文化思潮，形成一种文化力量，构成一种历史机运与文化情势。秦汉实现权力更替正是借这种文化力量，乘这种历史机运与文化情势而实现的。特别是发展到《吕氏春秋》讲"不二"，讲"一则治，异则乱；一则安，异则危"④，则为秦汉建立"大一统"的中央集权政治做好理论准备矣。由此可知，秦汉权力更替乃至建立"大一统"的中央集权政治，乃是整个晚周诸子文化哲学发展进步之情势使然。

秦汉建立"大一统"中央集权政治，不仅是晚周诸子文化发展进步的结果，也是秦汉文化发展，特别是秦文化发展的历史必然。秦虽居西戎，然并非"夷狄"，而是与中原诸国具有同样文化者。秦之先人，本帝颛顼之苗裔女脩，女脩生大业，大业生大费，大费帮助禹平水土，舜赐姓嬴氏。大费玄孙费昌，夏桀时去夏归商，后世佐殷，显为诸侯。周孝王封其土为附庸，邑之秦，使复续嬴氏祀，号曰秦嬴。秦嬴生秦侯。秦侯生公伯。公伯生秦仲。周宣王时秦仲为大夫，秦仲之长子，即是秦庄公。庄公卒，秦襄公立。周幽王骊山之难，秦襄公将兵救周有功；西周东徙洛邑，襄公以兵送周平王亦有功。平王遂封襄公为诸侯，赐之岐以西之地；秦攻伐西戎，有其地，始成为诸侯之强大者。"襄公于是始国，与诸侯通使聘享之礼"，在文化上已与古华夏文明融合在一起。至秦缪公，"自岐雍之间，修德行武，东平晋乱，以河为界，西霸戎翟，广地千里，天子致伯，诸侯毕贺，为后世开业，甚光美"⑤，已成文化上的大国。秦昭王时范雎为相，封于应，号应侯，曾问荀子入秦的观感。

---

① 《慎子威德》。

② 《尹文子大道上》。

③ 《读通鉴论》卷六，《船山全书》第 10 册，第 217 页。

④ 《吕氏春秋·不二》。

⑤ 《史记·秦本纪》。

荀子曾这样回答秦国之治：

> 入境，观其风俗，其百姓朴，其声乐不流污，其服不挑，甚畏有司而顺，古之民也。及都邑官府，其百吏肃然莫不恭俭、敦敬、忠信而不楛，古之吏也。入其国，观其士大夫，出于其门，入于公门，出于公门，归于其家，无有私事也，不比周，不朋党，偶然莫不明通而公也，古之士大夫也。观其朝廷，其闲听决百事不留，恬然如无治者，古之朝也。故四世有胜，非幸也，数也。是所见也。故曰：佚而治，约而详，不烦而功，治之至也。①

荀子的观感说明，战国之时秦不仅是一个军事大国，亦是一个文化发达、政治清明的大国。但是荀子接着说：这数条，秦也只是"类之"而已；若只是以此数条而尽有之，"县（悬）之以王者之功名，则偶偶然其不及远矣"。它仍然是让人很忧虑的。为什么呢？荀子说："则其殆无儒邪！"荀子告诉应侯说，天下之治，"粹而王，驳而霸，无一焉而亡。此亦秦之所短也"。这就是说，秦国虽然是一个军事大国，文化发达、政治清明，但是在整个文化理念、政治思想上，还是比较混乱的、驳杂的，缺乏纯粹的哲学思想、高尚的政治理想，缺乏"法先王，统礼义，一制度；以浅持博，以古持今，以一持万，苟仁义"②的大儒。天下之治，"粹而王，驳而霸，无一焉而亡"，此"秦之所短也"。秦之取天下，实现统一，何去何从，仍然面临着文化上的抉择。

荀子答李斯之问，更是强调了这一点。李斯对荀子说："秦四世有胜，兵强海内，威行诸侯，非以仁义为之也，以便从事而已。"荀子大义凛然对答说："非女所知也。女所谓便者，不便之便也；吾所谓仁义者，大便之便也。彼仁义者，所以修政者也，政修则民亲其上，乐其君，而轻为之死。故曰'凡在于军，将率末事也'。秦四世有胜，諰諰然常恐天下之一合而轧己也，此所谓末世之兵，未有本统也。故汤之放桀也，非其逐之鸣条之时也，武王之诛纣也，非以甲子之朝而后胜之也，皆前行素修也，所谓仁义之兵也。今

---

① 《荀子·强国》。
② 《荀子·儒效》。

女不求之于本而索之于末，此世之所以乱也。"①

　　然秦迫于当时天下谋秦的形势，不求其本而索其末，终于走向了以军事强国的道路：那就是从秦孝公利用商鞅变法开始，务耕稼，劝战死，外离间诸侯，内沮君臣之谋，并实行严刑酷法督之。实行此法，虽"十九年，天子致伯。二十年，诸侯毕贺"②，然苦其百姓，积怨君臣，仇视诸侯，失大德于天下矣。秦就是这样完成了由追求文化昌明到军事帝国的转变。始皇称帝，李斯为相，一并天下，更加剧了这种转变。孔子说："如有王者，必世而后仁。"③ 这句话的意思是说，打下天下或刚取得天下的君王，不可能实行仁政，但是到了第二代、第三代君王以后，必然回到仁政的道路上来，回到中国文化中"以天道大德治天下"的价值体系上来。然秦并天下，才二世即亡，说明其功利之求、富强之术、为治之道，在文化上何其卑劣浅薄！因为它虽可致一时之强势并天下，但其不能保永恒长久之治。

　　历史怎么发展，建立何种制度，以及走何种道路，虽然与政治哲学理想有关，但也不是个人主观可以随便能决定的，而是文化历史特定情势使之然的。船山更说："武王封武庚于东国，不得不封也，天也；周公相成王诛武庚，不得不诛也，天也。"④ 柳宗元谈到古代尧舜禹汤文武之立封建制而莫能去时，更以"时也势也"⑤ 论之。秦由追求文化昌明到追求军事帝国的转变，亦时也势也。当时六国仇秦，秦不自强，则被六国所灭也；六国皆欲取天下，秦不自强，建立强大的军事帝国，则不能统一天下！此皆时之不得不然，势之不得不然，乃是整个晚周文化情势发展内在逻辑之必然也。不仅秦追求军事帝国势力的功利之求是这样，它统一中国，实现权力更替后，建立"大一统"中央集权政治，以及"焚书坑儒"的政治行为也是这样。晚周文化的发展，虽然追求建立一种"洽于民心""以百姓心为心"的政治，希望建立一种"一而不二"的统一国家，但这种政治理想、这种国家究竟应该是什么样的，并没有具体的政治制度设计。诸子之学提供了"大一统"之治与"天下为天下人"之天下，但没有指出这个"天下人之天下"是什么样的。秦之统一，废除封建，建立郡县制的中央集权国家，乃是为了制约分割六国贵族势

---

① 《荀子·议兵》。

② 《史记·秦本纪》。

③ 《论语·子路》。

④ 《读通鉴论》卷六，《船山全书》第 10 册，第 217 页。

⑤ 《封建论》，《柳河东集》卷三。

力，使不得以其私有土地，积蓄政治势力，反对中央帝国。此乃时之所然，势之所然也。秦国并没有走向文德之治，而是走向了帝国之治。至于说"焚书坑儒"的政治行为，它虽然极为野蛮粗暴，极大地摧残了文化及士人，然亦文化情势发展使之然也。中国上古文化发展，"虞夏之质，殷周之文，至矣。虞夏之文不胜其质，殷周之质不胜其文"①。这发展到晚周文化逸出时期更是如此：虽不乏真知灼见，亦不乏精神异彩，然思想已远不如原始道家、儒家纯正，多有离中正之道的偏颇激辩之言；而其著作，亦多驳杂，不仅质不胜其文，亦有以芜秽之文而掩其质者。故太史公说："三王之道若循环，终而复始。周秦之间可谓文敝矣。"② 因此，秦始皇废先王之道，焚百家之言，尽管是非理性的粗暴政治行为，然从文化发展上看，亦乃一次文质周而复始之变也。始皇二十八年东行郡县，上邹峄山，立石，尚"与鲁诸儒生议"，可见其并非看不起儒生。然至始皇三十三年，则听李斯之言而焚《诗》《书》矣；三十五年，因侯生、卢生相与议论诽谤"始皇为人"，则将"犯禁者四百六十余人，皆坑之咸阳"。这虽包含着秦始皇的虚荣、贪鄙、自私与妄自尊大之心，然"焚书坑儒"，亦与"诸生不师今而学古，以非当世，惑乱黔首"；或"诸生在咸阳者，或为訞言以乱黔首"③ 等过激政治行为相关。天下初定，如何治理，自可建言，然若采取非理性的办法干预政治，或者以非理性对非理性，造成一种氛围，一种气场，一种没有回旋余地的政治局面，那悲剧的发生，也就是情势使之然了。

自然，国家民族文化情势内在逻辑形成与发展，主要不在于具体氛围、气场，而在于它的大逻辑、大趋势，在于它一定时期总的价值追求取向。这种大逻辑、大趋势形成一种定向，一种定势，一种使文化情势发展不易改变的格局。正是因为这样，所以秦实现权力更替后，建立"大一统"中央集权政治所产生的种种政治弊端，才是不容易改变的。始皇死后，秦二世立，"天下莫不引领而观其政"！当时"寒者利短褐而饥者甘糟糠，天下之嗷嗷，新主之资也"；若二世进行政治改革，此乃"劳民之易为仁"之机也。假使"二世有庸主之行，而任忠贤，臣主一心而忧海内之患，缟素而正先帝之过"，进行改革，"建国立君以礼天下，虚囹圄而免刑戮，除去收帑汙秽之罪，发仓

---

① 《礼记·表记》。
② 《史记·高祖本纪》。
③ 《史记·秦始皇本纪》。

廪，散财币，以振孤独穷困之士，轻赋少事，以佐百姓之急，约法省刑以持
其后，以威德与天下，而暴乱之奸止矣"。但二世并未进行这样的改革，反而
"重之以无道，坏宗庙与民，更始作阿房宫，繁刑严诛，吏治刻深，赏罚不
当，赋敛无度"，使"天下苦之"；以至于"自君卿以下至于众庶，人怀自危
之心，亲处穷苦之实，咸不安其位"，陈涉不用汤武之贤，不借公侯之尊，奋
臂于大泽而天下响应，秦灭矣。此虽二世之过，然其并非不愿进行改革，而
是时不许，势不许也，因为当时文化发展的情势，必须建立中央集权政治。
二世虽可在王霸之间选择，去其严刑酷法与赋税劳役，为政人道一些，但他
若改变中央集权政治，"裂地分民以封功臣之后"，重新实行封建制，也是不
允许的。因为建立中央集权政治，乃是当时天下之需也。司马迁曾引贾谊之
言说：

> 秦并海内，兼诸侯，南面称帝，以养四海，天下之士斐然乡风，若
> 是者何也？曰：近古之无王者久矣。周室卑微，五霸既殁，令不行于天
> 下，是以诸侯力政，强凌弱，众暴寡，兵革不休，士民罢敝。今秦南面
> 而王天下，是上有天子也。既元元之民冀得安其性命，莫不虚心而仰上，
> 当此之时，守威定功，安危之本在于此矣。①

建立中央集权政治，乃是为解决"诸侯力政，强凌弱，众暴寡，兵革不
休"的分裂局面，解决"近古之无王者久矣"，满足人民渴望天下统一、"上
有天子"的愿望。这既是天下大势之所需，也是人心之所向，是文化历史情
势发展之必然。

中国自上古唐虞时代就讲"惟精惟一"，就是要建立统一的华夏民族国
家。因此，夏、商、周三代政治上相承相继，逐渐形成了一种文化历史传统。
这种传统不仅包含着"惟一"的最高精神，亦包含着"执一"的文化历史结
构。这种文化精神与历史结构，经秦汉权力更替，形成了一种中央集权政治
大逻辑、大格局、大情势，从而成为了一种不可以随意违背阻挡，亦不可随
意代替置换的定势。战国时期形势，虽有秦、齐、楚、晋、燕、韩、赵之强，
但其强大且有统一力量者，则不过秦、齐、楚、晋四国。晋献公死，国内乱，

---

① 所引均见《新书·过秦下》，又见《史记·秦始皇本纪》。

虽有文公修政，但终为秦所灭。楚成王收荆蛮之地，夷狄自置，尚无统一志向，灵王虽欲会诸侯，平王时，亦为秦灭。可以说，当时能够统一中国，有力量统一中国的，只有秦与齐二国。齐桓公时宣其德，有管仲辅佐，若其实现统一，也许要比秦始皇更能仁爱天下，建立一个理性的政治权力。但当时齐国并不具有这种历史条件。齐桓公三十五年会诸侯于蔡丘时，乃是周襄王元年。周室虽衰，然有天下已480多年历史，民心未失，威望尚在，岂可取而代之！其会诸侯于蔡丘时，周襄王也只是使赐桓公文武胙、彤弓矢、诸侯朝服车，命其"无拜"而已；即使如此，管仲亦曰"不可"，仍使其下拜受赐。齐桓公"九合诸侯，一匡天下，欲封泰山，禅梁父"①，管仲亦谏之不可。凡此，皆可知当时权力更替的时不许、势不许也。然而及至管仲、齐桓公死，200多年后，乐毅合六国之兵破齐，秦人独强，"周君王赧卒，周民遂东亡，秦取九鼎宝器，而迁西周公于狐"；七年后，秦庄襄王灭东西周，"东西周皆入于秦，周既不祀"②，则天下无王矣。其实，远在周王赧二十七年时，秦、齐已各自称帝，虽后取消，然说明周已实亡，天下已无王矣。所以，秦始皇统一中国，建立中央集权政治而称王称皇，乃是满足天下无王之政治需要也。因此，它在晚周文化历史发展中是符合内在逻辑的，是晚周文化历史大格局、大情势发展之必然也。汉承秦制，只是历史继续。

然秦之有天下，已不是西戎夷狄之国，其文化融入中原久矣。虽然秦代政治体制是受商鞅、李斯严刑酷法思想影响建立起来的，但其主流文化价值体系，仍是沿着唐、虞及夏、商、周三代文化根本精神发展起来的。商鞅法学思想，刻薄少恩，用司马迁的话说，乃是"浮说"③；李斯之学宗于荀子，虽"知《六艺》之归"，然其为政，"不务明政以补主上之缺"，只是"持爵禄之重，阿顺苟合，严威酷刑"④，乃不肖鼠辈也。这些人的思想，虽可行一时之计，是不足以深刻长远地影响文化历史，亦是不可改变中国主流文化价值体系的。因此，秦汉权力更替及其中央集权政治之发展，深层内在文化价值体系，仍是唐、虞及夏、商、周三代文化根本精神之发展也。汉承秦制，其根本精神也未尝改变也。

---

① 《史记·齐太公世家》。
② 《史记·周本纪》。
③ 《史记·商君列传》。
④ 《史记·李斯列传》。

然中国唐虞三代以来文化价值体系经秦汉权力更替，特别是其晚周大逻辑、大格局、大情势的发展，不论是其规模还是价值精神，都得到了涵养扩充，从内在结构与根本精神上，奠定了中国文化历史后来发展的基本模式。

## 三　文化历史模式的形成

国家民族的存在不是一个生物群体，不是一个人种学问题，而是一个文化群体，一个由各种文化精神维系在一起的国家民族共同体。中国的存在亦是这样。"中国"一词，早在《诗》《书》及 20 世纪 60 年代出土的青铜器"何尊"的铭文中已经出现。讲"惠此中国，以绥四方""惠此中国，以为民逑"① 等，就是西周时期关于"中国"一词的使用。这里，"中国"的意思，乃是指"国中""京师"或京畿地区。因它是王室所在地，相对各诸侯封国，不仅有其超越性，而且是作为政治中心有其神圣性，故曰"皇天既付中国民，越厥疆土"②。但它尚不是后来文化意义上的"中国"概念。

现在，文化意义上的"中国"，乃是指以秦汉统一为文化历史基础所发展起来的民族国家共同体而说的。中国作为一个民族国家共同体的历史是非常悠久的，远在唐虞时代，以华夏民族为中心的"中国"已经发展起来，但作为"大一统"的民族国家政治体制及组织系统，则是自秦汉统一形成发展起来的。自然，这种"大一统"民族国家出现，是离不开秦汉以前唐虞及夏商周三代文化历史发展的。这种文化历史发展，特别是"道"体形而上学提出来及"惟精惟一"精神发展，不仅指导了秦汉以后两千多年的政治生活，也为民族国家共同体发展提供了纵深的文化背景和最高的文化哲学，为秦汉以后民族国家共同体发展建构了基本政治框架与组织系统。特别是周代裂土封侯制度，虽不能作为后来民族国家的文化历史模式，但其政治制度及其组织形式，在当时还是达到相当高水平，具有文化历史合理性的。

但它作为"大一统"的中国政治体制与组织系统，唐虞及夏商周三代时期，尚未真正建立起来。唐虞时期，帝尧虽令舜摄行天子之政，禋于六宗，望于山川，辩于群神，见四岳诸牧；帝舜执政后，也曾"南抚交址、北发，

---

① 《诗经·大雅·民劳》。

② 《诗经·梓材》。

西戎、析枝、渠庾、氐、羌，北山戎、发、息慎，东长、鸟夷"①；"理三苗，朝羽民，徙国，纳肃"②。但若就当时政治体统而言，仍然是不同文化习俗氏族部落、方国、诸侯林立局面。它在政治制度与组织形式方面，并未取得文化历史的统一。即使到大禹时期，"合诸侯于涂山，执玉帛者"，尚有"万国"③，亦可知诸侯方国之多也。然及至始皇统一天下，北逐匈奴，南开桂林、象郡，不仅使中国在政治体制上稍具规模，而且废封建，立郡县，定官制，制礼乐，同文字，一制度，定刑律，使整个神州真正成为文化思想统一的中国。这发展到汉武帝，北破匈奴，西并西域，以及西羌，西南开筰僰，南扩日南、交趾，东南灭瓯、粤，东北平濊貊，五十年间，遂使秦汉民族成为大国，巍然独立于东方矣。此即后世两千多年所称之"中国"也。因此，秦汉权力更替所建立发展起来的"大一统"的中央集权政治制度，不仅为中国后来文化历史发展奠定了基础，也为其政治体制发展提供了一个基本框架；它同时也发展出一种文化历史模式，规定了后来文化历史发展的道路。

　　这种"大一统"的中央集权政治制度，首先是一个文化价值模式。如前所说，秦之有天下，已不是夷狄之国，文化已融入中原。而其政治体制的建立，虽受商鞅、李斯法学思想影响，然其主流价值体系，仍是沿着唐、虞及夏、商、周三代文化根本精神发展起来的。这里，还必须指出的是，李斯之学乃宗于儒家一派之荀子；而李斯集权制的思想，实乃帝国固亡之术。它实出于儒家孔子帝王一统之制的思想。而孔子这种思想，乃是其删《诗》《书》，定《礼》《乐》，编《春秋》，传《周易》，祖述尧舜，宪章文武，集唐虞三代整个上古文化大成者也。它的核心就是大中之道或中庸思想，就是中国文化哲学刚健、中正、仁义、和平的精神。它在哲学最高本体论上，就是《尚书》所说"会其有极，归其有极"④ 的存在，就是《易传》所讲"太极"之道的存在，也就是后来王弼所讲"统之有宗，会之有元"⑤ 的存在。这种文化哲学核心价值观，就是《尚书》讲的"惟精惟一，允执厥中"⑥ 的

--------

① 《史记·五帝本纪》。
② 《淮南子·原道训》。
③ 《左传》哀公七年。
④ 《尚书·洪范》。
⑤ 《周易略例·明象》。
⑥ 《尚书·大禹谟》。

思想,《易传》所讲"刚中而应,大亨以正"① 的思想。它用孔子的说法,就是"执其两端,而用中于民"②。孔子虽为"素王",然其文化政治思想,发展到武帝时期"独尊儒术",则成为秦汉以后"大一统"中央集权政治的主流文化意识与价值体系;同时也构成了中国文化历史的一种价值模式,一种内在的目的论存在,规定着两千多年文化历史价值取向。几千年文化历史,虽然时有动乱分裂,但统一时期还是大于动乱分裂时期的,因为谁也不敢冒天下之大不韪,违背中国文化历史模式价值取向,长期搞政治分裂。

自然,"大一统"的集权政治制度,也是一种制度模式,即秦废封建,立郡县,所建立起来的中央集权制。这是一个以郡县为基础,所建立起来的政治体制,亦包括丞相、御使、尚书、博士、郎中、县令等官吏制度。这个政治体制及官吏制度设置,虽后世有所变化,但以郡县为基础的中央集权政治体制,则无根本性改变,即使今天也是如此。汉朝看到秦两世即亡,为巩固国家政治权力,虽承秦建立郡县制,但同时又恢复封建,实行裂土封王制度。但这非常不成功。当时不仅所封异姓王,封一个反一个、反一个灭一个,即使建立在血缘关系上的同姓王,发展到文景时期,也成了危及中央政治权力新的诸侯权贵势力。此文帝所以分齐为六国,景帝所以破七国者也。晁错为了维护中央集权体制,以至于斩于东市,成为悲剧的牺牲者!然而及至"武帝承七国败亡之余,诸侯之气已熸",使主父偃"单车临齐而齐臣自杀",则诸侯之势逝矣,"因此而知封建之必革而不可复也"③。它不仅说明从郡县制倒退,以血缘关系为基础实行封建制之不可行,亦说明以郡县制为基础的中央集权制模式作为历史定势之不可改变也。

另外,"大一统"的集权政治制度,也是一个平民政治、平民精神模式。中国上古之政治,孰为天子,"虞、夏之兴,积善累功数十年,德洽百姓,摄行政事,考之于天,然后在位。汤、武之王,乃由契、后稷修仁行义十余世,不期而会孟津八百诸侯,犹以为未可。秦起襄公,章于文、缪、献、孝之后,百有余载,至始皇乃能并冠带之伦"。然而自陈涉诛灭暴秦,刘邦拨乱诛暴,平定海内,践祚称帝,则如司马迁所说,从此"王迹之兴,起于闾巷"④ 矣。

---

① 《周易·象传上》。
② 《中庸》第六章。
③ 《读通鉴论》,《船山全书》第10册,岳麓书社1988年版,第134页。
④ 《史记·秦楚之际月表》序。

故周朝灭亡后，不仅产生了汉代"布衣天子"，亦从晚周时候起，发展出诸子"布衣学者"。它在政治上就逐渐由唐虞及三代贵族政治转换为秦汉后的平民政治，而文化生则由唐虞三代的贵族精神转换为秦汉后的平民精神了。孔子作为"素王"，则是秦汉后"平民学者"代表者与平民精神体现者。平民精神，即民主精神也。精神不高贵、不神圣，则不能行教化，建立信仰，而若不民主，则不能亲民，不能移风易俗成为国家民族的精神。因此，平民精神或民主精神，并不是文化的世俗化，也不是乡愿的矜夸或流于矫情逸乐，而是贵族文化精神获得新的主体性，成为中国士人、平民知识分子明德、亲民、止于至善的性命之理和安身立命的崇高道德境界。它在哲学本体论上仍然保留着天道形而上学至精至神存在，政治上保留着国家权力作为神器、大器的神圣性。因此，中国秦汉后的政治并没有发展出西方民主制度，而是仍然保持着唐虞"选于民，荐于天"的神圣民主制度，并以此为神圣政治哲学，发展出一套中国士人、平民知识分子通过乡举里选、推荐、科举诸多途径，参加国家政治活动的选举制度与参政议政制度，并发展出一种以天道形而上学修身、齐家、治国、平天下的精神。这种平民知识分子参政议政，虽然也有与最高当权者发生矛盾冲突的时候，如秦始皇时期，但由于参政议政是以中国文化刚健、中正、仁义、和平的精神及价值体系为轴心的，故两千多年来，各种政治力量仍然整体上相对保持着平衡，即使一时倾斜或遭到颠覆，由于文化精神及其价值体系的存在，仍然能够得到恢复与重建。

　　以郡县制为基础的"大一统"中央集权政治文化历史模式，及其"统之有宗，会之有元"的价值体系，不仅维系了中国两千多年政治稳定，而且极深地影响到政治生活、社会生活与精神生活领域的价值存在，因此，它乃是华夏民族历史绵延、社会安定、家族兴旺的极深根基所在。船山先生说："天下所重者，统也；人子所不可背者，亲也。"① 这里所说的"统"，不仅是指"帝后之尊，天之所秩"的正统，它还应该包括国家民族文化价值体系、历史模式及其大用。夏曾佑在谈到中国文化历史模式的形成及大用时，曾说：

　　　　中国之政，得秦皇而后行。中国之境，得汉武而后定。三者皆中国之所以为中国也。自秦以来，垂二千年，虽百王代兴，时有改革，然观

――――――――――
　　① 《读通鉴论》，《船山全书》第 10 册，第 134 页。

其大义，不甚悬殊。譬如建屋，孔子奠其基，秦、汉二君营其室，后之
王者，不过随事补苴，以求适一时之用耳，不能动其深根宁极之理也。
至于今日，天下之人，环而相见，各挟持其固有之文化，以相为上下，
其为胜为负，岂尽今人之责哉？中国之文化，自当为东洋之一大宗。今
中国之前途，其祸福正不可测。古人之功罪，亦未可定也。而秦、汉两
朝，尤为中国文化之标准。以秦、汉为因，以求今日之果，中国之前途，
当亦可一测识矣。①

　　现在世界之强国，不论是实行"积极的"主义，还是推动"进攻性"政
策，其"拒绝屈膝"，要显示其力量存在，做"全球玩家"，皆是在全世界推
行维护自己文化价值观，亦"各挟持其固有之文化，以相为上下，其为胜为
负"。在这种形势下，中国岂可不顾自己深远文化背景，抛弃"大一统"的文
化价值体系及历史模式，以别人文化历史模式而为政教、为绝对佳境与合理
性呢？国家民族的文化历史，不仅是社会群体、政治法律、经济制度的存在，
更是文化精神的存在。中国之所以不同于西方，阿拉伯世界之所以不同于基
督教世界，不在于它们的地理分布与自然环境，也不在于它们的经济基础与
政治法律制度，而在于它们文化形而上学的存在及这种存在所发展出来的信
仰、信念及伦理道德精神的不同。它构成一种文化历史的内在目的论，构成
不同国家民族文化历史本质的规定性。中国"大一统"的文化历史模式及其
"统之有宗，会之有元"价值体系也是这样。它构成一种文化历史的内在目的
论，构成不同国家民族文化历史本质的规定性，虽然也有适应性，有唯变所
适的本性，但它的根本属性与精神，则是不可随便改变的。这并不是说"大
一统"的文化历史模式都是合理的。它也存在极大的弊端！如并未保持唐虞
时代"禅让制"的合理性，每一次遇到社会历史危机，不能以正常的政治机
制解决国家权力更替问题，总是以"打天下"实现权力更替。这样造成的破
坏是很大的！因此，每一次以"打天下"实现权力更替，都付出了极大代价！
但其"大一统"文化历史模式毕竟包含着中国文化的核心价值观与根本精神，
承其统而致其义，乃是华夏民族的历史责任！切不可将其视为敝屣而弃之也。
　　秦汉以后"大一统"文化历史模式形成，使中国文化核心价值观与根本

---

　　① 夏曾佑著：《中国古代史》，河北教育出版社 2003 年版，第 214 页。

精神更具有了本质的规定性，但以此为价值轴心，精神的发展，则进入了文化历史中另一次巨大的开合之变。

## 四　精神发展与历史开合

宇宙万物，皆有开合之变：花开花落，草木之开合；生长衰亡，生物之开合；日出日落，一日之开合；冬寒暑热，一年之开合。可以说，大则宇宙星云涡流旋转，小则电子微粒波动，凡具阴阳消长之道，无不有开合之变。中国文化历史精神发展，也是以其大道本体存在而不断展现波动、逸出及向本原归复的开合之变。它的第一次大开合，是从伏羲至唐虞的本原时期、夏商周三代中正时期，到晚周则发展为逸出时期。《中国精神通史》第一卷就是写这次开合之变的。第二次开合则是从秦汉统合之变开始的，它是经过西汉本源寻求、东汉中正时期，发展到魏晋南北朝而走向逸出。这就是中国文化历史又一次大开合，也是《中国精神通史》第二卷所要面对的文化历史与精神世界。

这种历史开合并非机械操作，亦非自然行为，而是以它的文化体系与根本精神为价值轴心展开的，是受它内在历史目的论支撑的；而这个价值轴心，这个内在目的论存在之所以能造成新的文化历史开合，则是秦汉权力更替后，随着社会文化转型，所建"大一统"中央集权政治的社会历史机制而产生的。

秦之统一六国，及其"大一统"中央集权政治的建立，无疑提供了历史开合的机制。特别是秦之废封建，立郡县，定官制，制礼乐，同文字，一制度，"驰道于天下，东穷燕齐，南极吴楚，江湖之上，濒海之观毕至"①，不仅使中华大地成为一个文化思想统一的国家，而且建起了社会机制，使历史开合成为可能。没有秦之统一，没有秦所建立的"大一统"中央集权政治，没有秦帝国这些举措，及其建起来社会历史机制，是不能构成秦汉之后历史开合的。但秦虽统一中国，二世即亡，并没有来得及进行政治转型、社会转型与文化转型，没有从一个军事政权转变为有序的文官统治，没有从商鞅、李斯等人急功近利的法家政治，回归到唐虞三代主流文化与根本精神上来，没有回归到尧舜之道，没有回归到文、武、周公以《诗》《书》《礼》《乐》

①　《汉书·贾山传》。

教化天下的治道上来。秦僻居西土，虽然渐渐融入华夏文化，但较东方诸国，还远为落后。后来即使有范雎、荀子、吕不韦等人入秦，但在政治思想上则多受李克、吴起、商鞅、尸佼、申不害、公孙衍等三晋人物功利思想的影响，所实行的乃是"以吏为师"的统治。此其荀子批评秦之"县（悬）之以王者之功，则倜倜然其不及远矣，则其殆无儒耶"① 者也；亦鲁仲连之讲"彼秦者，弃礼义而上首功之国"② 者也。由此可知，秦虽统一六国，建立中央集权政治，然在文化价值体系上并没有实现统一，没有从政治思想与文化价值体系上建立起历史开合的大机制。相反，秦始皇"焚书坑儒"，反而破坏了这种机制。故秦一亡，六国贵族复起。

这个历史开合社会机制，直到刘邦重新平定海内，建立汉朝，完成政治转型、社会转型和文化转型后，才建立起来。自然，这种转型、这种开合机制，并不是一下子完成的，而是用了七八十年时间，经过文景之治，到武帝时期，才逐渐完成的。垓下之战后，刘邦登基于汜水，那些将军们个个喝得酩酊大醉，挥刀砍树砍柱子，肆意妄为，疯狂非理性到了极点。刘邦一看不好，立即解除他们的兵权，一个个地封王，封王之后，一个个地反，一个个地灭，到文帝以后逐渐建立起了由陈平为首的文官政府，完成了由军事体制到文官体制的政治转型。这不仅保证了社会稳定，天下太平，也诞生了一种新的历史机制。特别是武帝时期，完成削藩，真正实现了"大一统"中央集权统治，完成政治转型，可以说一种新的社会历史机制应运而生了。中国自古实行什一税收，文景时期先是实行三什一税收，后来完全免除了土地税收，社会得到了休养生息。随着政治转型、社会转型，发展到武帝时期，开始了一种文化转型，即"卓然罢黜百家，表章《六经》。兴太学，修郊祀，改正朔，定历数，协音律，作诗乐，建封禅，礼百神，绍周后，号令文章"③，由韩、申"不别亲疏，不殊贵贱""严而少恩"的冷酷法制，转换到了以儒家尚人伦，主道德，教化为大务，以《诗》《书》《礼》《乐》教化万民的思想上来。

"罢黜百家，表章《六经》"，就是董仲舒对策所说"推明孔氏，抑黜百

---

① 《荀子·强国篇》。
② 《史记·鲁仲连传》。
③ 《汉书·武帝纪赞》。

家"①，即通常所说的"罢黜百家，独尊儒术"。怎样看待"表章《六经》"或"独尊儒术"呢？它只是汉武帝的学术好恶取舍吗？只是不同学术派别争斗抑或内部分化与重新组合吗？不是。"表章《六经》"或"独尊儒术"乃是一个巨大的文化转型，一种由偏颇的韩、申冷酷法制思想向唐虞及三代主流文化的回归。儒术者，实乃唐虞三代治国平天下之术也。孔子儒家学说，乃是接受继承整个上古文化遗产发展起来的，是贯通上古文化哲学大道真脉的学说。孔子"祖述尧舜，宪章文武"，就是祖述尧舜之道，以文、武、周公之道为法度而治天下。"表章《六经》"或"独尊儒术"，实质上乃是回归上古唐虞三代以来的主流文化；它从政治上说，乃是汉武帝经过汉初以来治国之术比较，从文化学术上以其雄材大略所做出的治国理想选择，亦是"汉承百王之弊，高祖拨乱反正，文景务在养民，至于稽古礼文之事，犹多阙焉"，所不得不做出的决定。可以看出，这种选择与决定不仅是历史的必然，而且对汉武帝来说乃是一种意识上的政治理性自觉。武帝所讲"章先帝之洪业休德，上参尧舜，下配三王"②；或制曰"朕获承至尊休德，传之亡穷，而施之罔极，夙夜不皇康宁，永惟万事之统，欲闻大道之要，至论之极"③，就是属于这种理性自觉。

这种理性自觉，乃是基于武帝对唐虞三代治道连贯性与统一性的认识。所谓"朕闻五帝不相复礼，三代不同法，所繇殊路而建德一也"④；或制曰"闻五帝三王之道，改制作乐而天下洽和"⑤，就属于这种认识。这就是说，唐虞三代与秦汉两代，虽有礼乐、风俗诸多方面的时代性差别，然在以天道至德治天下方面，在以"五帝三王之道，改制作乐而天下洽和"方面，则是一致的，具有"大道之要，至论之极"的连贯性与统一性。这用董仲舒对策的话说，就是"《春秋》大一统者，天地之常经，古今之通谊也"⑥。秦汉历史发展到汉武帝时期，可以说既平息了功臣、外戚、同姓王的纷争，撮其大端，建立起了中央集权政治，完成了政治转型，又"罢黜百家，表章《六经》"，总方略，一统类，广教化，美风俗，完成了社会转型和文化转型，以

①　《汉书·董仲舒传》。
②　《汉书·武帝纪》。
③　《汉书·董仲舒传》引。
④　《汉书·武帝纪》。
⑤　《汉书·董仲舒传》引。
⑥　《天人三策》，《董仲舒集》，学苑出版社 2007 年版，第 28 页。

儒家大道真脉的仁爱学说为核心，建立起了"大一统"的文化价值体系。这个大道真脉，这个文化价值体系，乃华夏民族生存绵延之根基也。它不仅支配了唐虞至夏商周三代第一次文化历史大开合，它的重建与接续，也为秦汉至魏晋第二次大开合提供了文化历史的内在目的论。特别是随着儒家学说的经典化，其为学术思想体系，已经成为中国文化历史价值轴心，国家民族浑然生存绵延的大道真谛。整个秦汉后第二次文化历史开合和精神发展，包括汉代学术的原始察终与追本溯源、讲论经义与尊崇名节、魏晋时期玄学发展，及竹林七贤的"卑名教任自然""非汤武而薄周孔"所造成的文化逸出，都是围绕着这个价值轴心展开的，依此浑然相处的大道真谛生存绵延的。其恢宏广大、玄奥神圣、雄辉灿然，即秦汉精神！它造成了雄浑博大之道，也构成了华夏民族的精魂！魏晋之后，隋唐至宋元明清，整个第三次文化历史开合与精神发展，皆是以这个雄浑博大之道与民族精魂支撑的！其内在价值核心与根本存在，就是儒家经学所包含的大道真脉。弄通这一点，才会明白两汉儒家思想盛衰与汉魏精神发展的关系，也才能明白秦汉以后中国两千多年文化历史开合的内在价值与目的论所在。

正因为秦汉文化贯通大道真脉，是以"大道至极"存在为最高法则的，所以其为文化创造，有一种神圣精神，有一种恢宏宇宙气象。

## 五　神圣精神与恢宏气象

中国文化称华夏文化或中华文化，虽然源远流长，可上溯到伏羲、炎黄、唐虞时代，但就其价值体系与根本特征的形成而言，乃是以秦汉文化为主体发展起来的，它表现为一种秦汉精神！

秦汉精神，乃是一种威武雄壮、功高盖世精神，一种高古笃厚、广大教化精神！读始皇登泰山封禅，禅梁父，刻石之辞；读刘邦《大风歌》，抑或读汉赋，顿感有一种雄风，一种帝王气派，一种"增天之高，功归于天"的道德，一种"既平天下，不懈于治"的精神！而并非只是颂辞，只是歌功颂德的石刻。这种文化，这种精神，不仅刚健明彻、威力雄猛，而且规模宏大、神圣崇高，具有一种巍巍华夏、堂堂汉武、万派朝宗的雄伟气象！因为它的哲学贯通着天道，弥漫着化理！它所体现的人之生命与宇宙契合，再现了伏羲炎黄唐虞及原始儒家道家天道观的发展！

秦汉精神，不仅表现在它的诗歌、辞赋上，亦表现在它的建筑艺术上。这一点，今天只要走进西安，从两汉建筑遗存，仍可以看出其恢宏气象与神圣精神。这正如龚鹏程先生所说的："恢宏宽阔的建筑景观，其实正表现着一种恢阔广博的精神意态。地涵海负，雄浑开扩。而且这不是平面的开展与延伸而已，更有着上下与天地同流的宇宙精神。所以班固说：'其宫室也，体象乎天地，经纬乎阴阳，据坤灵之正位，仿太紫之圆方。'若穿地为池，也是'左牵牛而右织女，似云汉之无涯'，充满着挥斥八极与天地同其呼吸的态度，坦坦荡荡，行坐笑傲于日月山川之间。"①

《史记》说，惠帝三年，"筑长安城，五年六年城就，诸侯来会，十月朝贺"②。20 世纪 50 年代的发掘，探明西安城周长 25.1 公里，合汉制 60 多里，证明旧说"城方六十三里，经纬各十二里"③ 为不假。发掘还发现，汉长安城门各有三个门道，每个门道宽共 8 米，除却两侧立柱，门道宽为 6 米；每个门道可容纳四个车轨，三个门道，可容纳 12 个车轨。此证明《三辅决录》说"长安城面三门，四面十二门，皆通达九逵，以相经纬。衢路平正，可并列车轨十二"之准确，并说"三途洞辟，隐以金椎，周以材木，左右出入为往来之径，行者升降有上下之别"④，可知设计之精巧！班固《西都赋》更描绘长安城说："建金城而万雉，呀周池而成渊；披三条之广路，立十二之通门。长安街衢洞达，闾阎且千；九市开场，货别遂分；人不得顾，车不得旋；红尘四合，烟云相连"，更可见长安城建筑规模之宏大与气魄之宏伟！

不仅长安城的建筑如此，看那巍峨的茂陵，看那蜿蜒不绝的秦汉长城，看那车辚辚、马萧萧的兵马俑，想那"六王毕，四海一，蜀山兀，覆压三百余里"⑤ 的阿房宫，那规模，那宏伟，那威雄蹲踞，那气度不凡，那雄伟豪迈气象与刚大雄健精神，都让人觉得今天穿个裤衩子、戴顶小帽子的建筑，多么小家子气！即使高大的建筑物，也是用钢筋水泥堆起来的庞然大物，没有精神，没有形而上学，没有象征着国家民族至上神的存在，更不要说表现大美与崇高、庄严与神圣了！

然而秦汉的建筑，秦汉的文化遗存，则无不包含着巨大内涵与神圣精神。

---

① 《汉代思潮》自序，商务印书馆 2005 年版。
② 《史记·吕太后本纪》。
③ 〔东汉〕卫宏撰《汉旧仪》。
④ 〔东汉〕赵岐撰《三辅决录》。
⑤ 〔唐〕刘禹锡《阿房宫赋》。

以长安城为例，它不仅"左据函谷、二崤之阻，表以太华、终南之山；右界褒斜、陇首之险，带以洪河、泾、渭之川"，"观其四郊，浮游近县，南望杜、霸，北眺五陵，名都对郭，邑居相承，其阳则崇山隐天，幽林穹谷，其阴则冠以九嵕，陪以甘泉"，具有广阔、险峻、深邃、优美、富庶、灵性的自然环境，而且其建筑，"仰寤东井之精，俯协《河图》之灵"，具有"天人合应"效应；即使是宫室建筑，也是按照宇宙万象的法则建成的，人徜徉其间，有一种"游目于天表，似无依而洋洋"的感觉；整个长安城，"前乘秦岭，后越九嵕，东薄河华，西涉岐雍"，其壮观，其雍容，其华丽，其高贵，其富庶，其繁华，自不待言，然而更为重要的是它恢宏宽阔的建筑景观，所体现的恢宏宇宙气象与神圣博大精神！不论是提封五万，疆场绮分，还是神池灵沼，灵宫甘泉，其"缭以周墙，四百余里；离宫别馆，三十六所"，其排列、安置，也皆是"体象乎天地，经纬乎阴阳"的。此乃"秦汉之所以极观，渊云之所颂叹"① 者也。

不仅长安城的建筑是这样，秦始皇陵、兵马俑、茂陵的建筑、布局与设置，何尝不是这样呢？秦始皇陵在西安骊山北麓，不仅规模宏大、气势雄伟，而且处天地间，极具天地万物浑然一体气象。2013 年 4 月在西安举办的一次学术讨论会上，陕西师范大学教授刘九生先生在《秦始皇帝陵总体营造与中国古代文明》一文中提出秦始皇陵建造的"昆仑说"与"天象说"，即墓底到封顶九级台阶式建造仿效神话中昆仑山，地下埋藏与地表建筑象征上天之象。② 秦始皇陵的建造无疑涉及天文、地理、哲学、堪舆、星象等文化哲学问题，但它和天地万物浑然一体，正像整个长安城的建筑一样，不能说不体现着一种宇宙法则，显示为"体象乎天地，经纬乎阴阳"的宏大气象！秦始皇陵东侧的兵马俑，其威武雄壮与豪迈气势，更是千古未有、万古罕见！观之，不能不为之震撼！整个兵马俑的队伍浩浩荡荡朝向东方，不仅显示始皇统一六国的伟大壮举与历史风貌，亦表现千古一帝的英雄气概与豪迈精神！秦始皇兵马坑出土的铜车马彩图不仅见其车辚辚、马萧萧的气势，而且经考古研究发现，八千兵马俑的脸形、头型、发型、手势、指法都暗藏着玄机，连车马辐条之数，都与向往着光芒四射的东方日出与无限光明世界联系着！这何止是太阳崇拜，岂不暗示着始皇按照皇皇光明天道法则所要建立的政治理想

---

① 〔汉〕班固《西都赋》。
② 《中国社会科学报》，2013 年 4 月 28 日。

国度及所体现的神圣宇宙精神吗？茂陵被称为"东方金字塔"，不仅规模宏大、雄伟壮观，而且周围有卫青、霍去病、霍光、金日磾等将军大臣陪葬墓20多座，陵墓布局极为崇高神圣！特别是汉武帝为霍去病所建造的"冢像祁连山"大墓，不仅是表彰其驰骋疆场所建立的不朽功勋，更是象征着汉武帝巩固开拓西北边疆所建辉煌业绩及所寄托的伟大理想。"茂陵刘郎秋风客，夜闻马嘶晓无迹。"① 茂陵夜里能听见战马的奔驰与嘶叫，可见其精神之不灭！不论是兵马俑，还是茂陵，都不能仅仅从其建造工期与耗赋税钱粮看问题，而应从它们的背后看到秦皇汉武所追求的终极价值！这种终极价值不是西方宗教文化讲的个体人脱离苦难所追求天国理想，或印度梵文化追求不生不化"神我如一"的永恒存在，而是自我之功德伟业在天地万物宗族绵延赓续中的永恒存在！就是《尚书》中所说"王其德之用，祈天永命"②。此中国文化圣人明哲之终极境界也。它虽不像宗教天国或梵天境界之玄邃，然以天道大化流行不息为永恒的根本存在，则落于刚健、笃实、辉煌、无妄处，故中华文化能够长久，而希腊、印度之所不能也。

秦汉文化的恢宏气象与神圣精神，不仅表现在建筑及兵马俑、茂陵的布局与设置上，而且从现在保存的汉代画像石与画像砖中亦可以看出来。汉画像石砖虽然主要是用于墓葬、祠堂、墓阙等建筑，但它所体现的不只是汉代丧葬思想，更反映了汉代文化意识与精神信仰。现在保存在南阳的汉画像石中的《日月同辉》《日轮》《月轮》《日月合璧》《北斗星》《苍龙星》《钩陈星》《彗星》《白虎星》等作品所显示的天文星象图，以及伏羲、女娲、羲和、雷公、风伯、雨师、河伯、西王母等神话，不仅可以看出大汉风貌，亦可看出他们对恢宏宇宙气象的向往及神圣精神世界的追求！特别是南阳汉画陈列馆的《日神举石》石像③，真有托举起一轮红日的气派！这类画像石砖，除河南南阳所存外，山东、苏北、皖北、陕北、晋西、四川等地皆有发现，许多画像极具神圣深沉雄大气魄。它说明汉代关于天道，关于宇宙法则的信仰与追求，已成为普遍的社会意识及精神存在。

不论是秦始皇陵所显示的宇宙宏大气象，兵马俑、茂陵所显示的业绩与所寄托的理想，还是画像石砖所反映的大汉风貌及信仰追求，它们作为陵墓

---

① 〔唐〕李贺：《金铜仙人辞汉歌》。

② 《尚书·召诰》。

③ 《中国社会科学报》，2013 年 1 月 11 日。

布局与设置，作为墓葬、祠堂、墓阙建筑刻画，都反映出秦汉人的一种文化意识，一种宇宙观，一种文化理想与宗教信仰，一种终极价值追求。这种追求就是注重生前的功业、名节与操守，及自我生命精神的不朽，并且相信这种生命精神是永恒长存的。而且这种追求，这种精神，在宗教信仰上是与天道法则，与昊天上帝的终极存在联系在一起的。这样，秦汉文化精神在总体上就构成了一种功业、德操与神秘主义存在。

## 六　功勋、德操与神秘主义

胡适说："汉代历史，简直是一个灾异符瑞的迷信时代"；"汉代的大病，就是虚妄。汉代是个骗子时代"。① 黄钊先生主编：《道家思想史纲》也说，神仙信仰和堪舆、建除、胎息、变化、风角、遁甲、七政、六日七分、逢占等 "荒诞的迷信加上两汉的谶纬和神仙黄老的妄说，构成了汉末道教信仰的基础"②。那么，究竟应该怎样看待秦汉这个时代呢？是暴政、残酷、黑暗的中世纪，还是高古、笃厚、广大的文明时期？是虚妄、迷信、愚昧之至，还是充满功德、理想、信仰？这是研究撰写秦汉精神史不能不弄清的问题，不能不给出的基本看法；否则，不仅不能写好这个新的文明新时代，而且会把这段雄伟辉煌的中国精神通史变成一个黑洞洞的隧道，一个迷茫不知所向的盲区，一块块截断众流、僵硬嶙峋的河床绊石遗存。

不要说贾谊怎样描写秦始皇"奋六世之余烈，振长策而御宇内，吞二周而亡诸侯，履至尊而制六合"了，只要读一下项、刘所作之歌，一个是"力拔山兮气盖世"③，一个是"威加四海兮归故乡"④；一个是悲歌慷慨，一个是志得意满；一个是乌江自刎，一个是得猛士守四方，就知道那个时代怎样追求功德、事业与理想了。项王歌罢，"泣数行下"；高祖歌罢，亦"泣数行下"，皆英雄泪也！然其成败悲喜心境，是极不相同的！虽心境不同，然追求功业、德操、名节之心，却是相同的。那是一个英雄的时代，一个叱咤风云的时代，一个威武、雄踞、不屈的时代，一个封侯挂印、建立功勋的时代，

---

① 胡适：《王充的论衡》，见黄晖著《论衡校释》附编四。
② 黄钊主编：《道家思想史纲》，湖南师范大学出版社1991年版，第242~243页。
③ 《史记·项羽本纪》。
④ 《史记·高祖本纪》。

一个为千秋功业而奔走呼号的时代，也是一个注重功德、节操、不成功毋宁死的时代！虽然这种追求包含着权力、富贵、名誉、地位，但个人的德操、名节是绝不可毁的。特别是王莽之乱后，崇尚经术、褒尚名节，成为一种时代风尚。故当时多识得义理、守得名节之士。关于这个追求功勋、德操与名节的时代，冯衍曾感慨地写道：

> 纷纶流于权利兮，
> 亲雷同而妒异。
> 独耿介而慕古兮，
> 岂时人之所喜？
> 沮先圣之咸论兮，
> 邈名贤之高风！
> 忽道德之珍丽兮，
> 务富贵之乐耽。
> 遵大路（道）而裴回兮，
> 履孔德之窕冥。
> 固众夫之所眩兮，
> 观于无形！①

如果说秦汉时期的功勋、德操、名节追求还包含着权力、富贵、名誉、地位的话，那么，它在哲学上则是一个高古、深邃、玄远的时代，一个原始察终、追本溯源、精研湛明、广大教化的时代；故其在文化精神上，乃是一个恢宏、大度、深沉的时代，一个恬于势利、卓尔不群的时代。大毛公、董仲舒、扬雄的行道宏达、威仪行止、俨然儒者气象，就是那个时代文化精神气象的代表人物。故伊川说："自汉以来，惟有三人近儒者气象：大毛公、董仲舒、扬雄。"②

那么，怎样看待秦汉时期的灾异、符瑞、谶纬、堪舆、神仙之术呢？怎样看待这些极具神秘色彩的文化现象呢？这些文化，无疑存在着神秘成分，然它并非完全出于秦汉人的臆想与杜撰，乃是来源于古代《河图》《洛书》

---

① 〔东汉〕冯衍：《显志赋》。
② 《河南程氏遗书》卷一八，《二程集》第233页。

《山海经》《禹贡》一类图书。它周时为职方氏所掌，汉代则属司空所管控的《舆地图》《地理志》之类。其所载星象、历谱、阴阳、灾异、符瑞、谶纬、堪舆一类象数，虽不完全可靠，然稽之则有补史、考地、测天、考文、征礼、格物一类功能。故宋人薛季宣说："象数者，《易》之根株也。谶纬之说，虽无足深信，然其近正者，不可弃也。"①

这类文化不仅有学术稽考征验的价值，形而上言之，其至极处，亦包含着秦汉的天道哲学与性命之理。《易传》说："天垂象，见吉凶，圣人象之；河出图，洛出书，圣人则之。"② 从伏羲作《八卦》到《周易》所讲之象数，后世以龟策定吉凶，占卜知未来，未免包含迷信色彩；特别是秦汉以降，术数与儒道相杂，流而为谶纬，降而为符箓，据而为符命，圣人道隐，巫术流行，似是而非，无所考证，更多荒唐成分。但是其讲天体运行、旋转变化，据阴阳之数，五行之象，推岁功成就，并非完全虚妄，而是包含着宇宙法则与天道气象，包含着当时人们的信仰信念及天人合一精神世界的。例如讲天体运行，以十二年为一个周期，岁星在哪一宫，是丰、是歉、是旱、是涝、是灾年、是太平，不仅讲得颇有道理，而且历史上是有应验的。这不应视为迷信，而应看作中华民族的智慧。可惜现代人已不懂中国文化这种智慧了。而若从天人浑然一处讲，从天兼地，人则天，载成天地之道，以类万物之情上讲，从隐显幽微，皆通至极之道上讲，或从阴阳施化，万物终始，历于日辰，变化之情可见上讲，则它不仅包含着宇宙法则与天道气象，亦是包含着人生哲学，包含着天道性命之理的。故班固讲星象历谱象数时说，此乃"圣人知命之术也，非天下之至材，其孰与焉"③。这种人生哲学，这种性命之理，虽充满神秘主义，带有浓厚的宗教氛围，然从生命精神追求上看，则在于大化提升自我生命，追求自我生命精神的永恒存在。秦始皇由"采上古帝位号，号曰皇帝"，象征着皓肝光明、皇皇上帝的存在，到让侯生、卢生寻求不死之芝奇仙药，放弃"始皇"之号，而曰"吾慕真人，自谓真人，不称朕"④，就带有追求自我生命精神永恒存在的意味！《白虎通》说："皇者何？美也，大也。号之为皇者，煌煌人莫违也。"⑤ 始皇不以"皇帝"之号为满足，追求

① 《河图洛书辩》，见《宋元学案·艮斋学案》引。
② 《周易·系辞下传》。
③ 《汉书·艺文志》。
④ 《史记·秦始皇本纪》。
⑤ 《白虎通德论·号》。

"真人"的存在，实际上也就是追求自我真正本质，追求庄子所说的那种"神人""真人""至人"的存在，追求自我生命之永恒存在也。在庄子那里，神人乃是"上神乘光，与形灭亡，致命尽情，天地乐而万物销亡"①者，就像广成子那样"入无穷之门，以游无极之野。吾与日月参光，吾与天地为常"②；而讲真人、至人，则是"乘云气，骑日月，而游乎四海之外"③，"归精神乎无始，而甘冥乎无何有之乡"④，"上窥青天，下潜黄泉，挥斥八极，神气不变"⑤的存在。秦始皇的精神未必能达到庄子哲学高度，然其"恶言死"，放弃"始皇"称号，改称"真人"，而不称"朕"，不称"孤""寡人"，至少也可以看出他对自我生命精神永存的追求！这是不能完全看作人生愚昧或宗教迷信的。

自然，秦始皇所追求的自我生命精神永恒存在，并非是在纯哲学上讲的，也不是在纯粹形而上学上讲的，而是晚周道家哲学与儒家易学象数论相结合的滥觞，是秦汉儒道哲学发展为江湖术士以象数微行，辟恶鬼，不害神，求长生之说。始皇之行为，从政治角色地位上讲，既有天下，不以天道至德治理，而深藏"梁山宫，从山上见丞相车骑众"，不仅为"弗善"⑥者，而且是愚蠢的，因为秦嬴政毕竟不是法王子，不是舍家舍国的佛法追求者，而是"奋六世之余烈"，获得天下的人！星象、历谱、谶纬一类神秘主义文化的风行泛滥，不仅发展出了汉代天命流行的星象学、历数学的神秘思考，也促进了东汉道教产生及魏晋时期神仙之术的发展。因此，在秦汉历史上，不仅有着非常强烈的功勋、德操、名节追求，而且文化哲学领域笼罩着一种非常浓厚的神秘主义思潮！它发展到哀平时期则更为严重。因此可以说，功勋、德操与神秘主义，构成了秦汉以后精神史的基本内涵，构成了这段精神史发展的基本色调与气质。这是撰写秦汉及魏晋精神史发展应该把握的。

秦汉时期的神秘主义思潮不仅存在于文化哲学上，亦存在于历史天空中。它构成了秦汉历史哲学神圣本体论存在，已构成历史天空的神秘主宰。

---

① 《庄子·天地》。
② 《庄子·在宥》。
③ 《庄子·齐物论》。
④ 《庄子·列御寇》。
⑤ 《庄子·田子方》。
⑥ 《史记·秦始皇本纪》。

## 七　历史天空的神秘主宰

中国是个本于天的民族，从上古乃至远古时期，就开始从天道法则的存在获得天文历法一类自然知识。《易传》讲伏羲氏王天下也，"仰则观象于天，俯则观法于地，观鸟兽之文与地之宜，近取诸身，远取诸物，于是始作八卦，以通神明之德，以类万物之情。作结绳而为网罟，以佃以渔"①；《尚书》讲帝尧"命羲和，钦若昊天，历象日月星辰，敬授民时"② 等，就是属于"观乎天文，以察时变"③ 所获得的天文历法知识。上古远古时期，这种知识的获得，是伴随着宗教化与神圣化思维的。《尚书》讲帝舜"璿玑玉衡，以齐七政，肆类于上帝，禋于六宗，望于山川，遍于群神"④；《易传》讲"观天之神道，而四时不忒；圣人以神道设教，而天下服矣"⑤，就是属于天道法则的宗教化与神圣化思维；特别是讲以"玑、衡"度知"类于上帝"的天体盈虚消长变化，以通神明之德，是带有浓厚的宗教信仰与精神追求的。这在上古乃至远古时期是可以理解的。

但中国文化是早熟的。随着文化哲学发展，特别是道体形而上学发展，隐退了"皇矣上帝"存在之后，关于天道法则的神秘思维，关于宇宙法则秩序的神秘思维，并未发展起像西方那样系统的宗教神学，而是发展出了以天道为本体论的形而上学，并且由道体的感受与领悟，引申出了整个人类社会的伦理、道德、礼仪、制度、政治、法律、自然观与国家观念的存在。《尚书》讲"天叙有典""天秩有礼""天讨有罪"⑥ 就是这样。秦汉之前，虽仍然存在着"上帝""鬼神"一类的神秘主义思想，但随着人文主义的觉醒，在主要哲学思想家那里，如在原始道家老子、庄子那里，原始儒家孔子、孟子那里，"上帝""鬼神"一类的神秘存在，已经不占主导地位。虽然古典文献还保留着"类于上帝"的说法，也是审己之心与所行之政，是否符合天心，符合天道法则，但并非是系统的宗教神学思想。即使孔子讲"为政以德，譬

---

① 《周易·系辞下传》。
② 《尚书·尧典》。
③ 《周易·彖上传》。
④ 《尚书·舜典》。
⑤ 《周易·彖上传》。
⑥ 《尚书·皋陶谟》。

如北辰，居其所而众星拱之"①，也主要是以天道法则引申出政治哲学，而非以天道建立宗教神学信仰。因为春秋毕竟是一个人文觉醒的时代。

发展到秦汉，随着星象学、历数学及谶纬一类术数文化发展，历史的天空也就愈来愈弥漫着神秘主义氛围了。太史公讲幽厉以往，所见天变，"孔子论六经，纪异而说不书。至天道命，不传；传其人，不待告；告非其人，虽言不著"，虽对奥秘的天体变化及孔子的不书、不传、不告，带着疑惑态度，但其讲"自初生民以来，世主曷尝不历日月星辰？天则有列宿，地则有州域。三光者，阴阳之精，气本在地，圣人统理之"②，还是非常有理性、非常有主体性的。但及至班固《汉书》讲"凡天文在图籍昭昭可知者，经星常宿中外官凡百一十八名，积数七百八十三星，皆有州国官宫物类之象。其伏见早晚，邪正存亡，虚实阔狭，及五星所行，合散犯守，陵历斗食，彗孛飞流，日月薄食，迅雷风祅，怪云变气：此皆阴阳之精，其本在地，而上于天者也。政失于此，则变见于彼"③，就把天与人、天变与政治得失联系在一起了。这些说法，从今天生态学的观点看，人过于干预自然法则，破坏生态平衡，就会遭到自然界的惩罚，是不足为怪的！只是班固讲得神秘些而已。然其以天象警告人，警告为政者，亦可见其苦衷！然发展到星象、历谱、谶纬一类文化讲"命者，天之令也"④；讲"大帝紫微宫，不言不动，摇斗运度推精，使五帝修名号"；讲"斗为帝令，出号布政，授度四方，故置辅星以佐功。斗为人君之象，而号令之主也"⑤ 等等，也就以北辰为中枢，把整个宇宙星象分布发展为一个神秘的星象学系统了。

这个神秘星象学系统，主宰于政治，贯通于文化历史存在，发展为邹衍五德之说，把宇宙万物都具备的金、木、水、火、土五种常性，神秘化为五种神德存在，讲"五德"终始，讲周为火德，秦以水德代周，汉以土德代秦，如此等等，不仅使整个历史天空弥漫于神秘主义氛围中，而且使"五德"之运成为历史主宰，成为历史哲学神秘本体论存在了。此乃邹衍"深观阴阳消息而作怪迂之变，其语闳大不经"者也。先验之小物，"推而大之，至于无

① 《论语·为政篇》。
② 《史记·天官书》。
③ 《史记·天文书》。
④ 《春秋·元命苞》卷上。
⑤ 《春秋·元命苞》卷下。

垠，大并世盛衰，因载其机祥度制，推而远之，至天地未生，窈冥不可考而原"①，本来是怪诞的。但当学术风不正，竞相推星象历谱、五德大运而为一种不可亵渎的神圣存在时，如讲"大运在五"②；"五德之运，各象其类，兴亡之名，应箓以次相代"③；"《河图》帝王终始存亡之期"④；甚至造出孔子作《春秋》，曾有"天授《演孔图》"⑤ 一类说法等等，它就不仅将历史天空弥漫于神秘主义氛围之中，而且是在创造一种不可思议的政治历史神学了。这就难怪太史公读《春秋历谱谍》，"未尝不废书而叹"⑥ 了。

这种政治历史神学出现，与其说是由于学术风不正所致，不如说是秦汉新王朝出于政治合法性需要，所创造出的一种政治历史哲学神圣本体论存在。把它称为政治历史神学，不过是说它为秦汉政治合法性存在而制造的合乎逻辑的神话而已。虽然商代夏而立，周伐纣而王，也都是从神性形而上学高度制造舆论，以说明自己的政治合法性，如商代夏而立，讲"有夏多罪，天命殛之"；"予畏上帝，不敢不正"⑦；周伐纣而王，讲"今商王受，狎侮五常，荒怠弗敬。自绝于天，结怨于民"；"惟我有周诞受多方"⑧ 等等，就是这样。在这点上，秦汉新王朝统治者与成汤、文、武、周公相比，表现得更加自觉、更加露骨而已。如说：

> 始皇推终始五德之传，以为周得火德，秦代周德，从所不胜。方今水德之始，改年始，朝贺皆自十月朔。衣服旄旌节旗皆上黑。数以六为纪，符、法冠皆六寸，而舆六尺，六尺为步，乘六马。更名河曰德水，以为水德之始。⑨

> 秦始皇既并天下而帝，或曰："黄帝得土德，黄龙地螾见。夏得木德，青龙止于郊，草木畅茂。殷得金德，银自山溢。周得火德，有赤乌之符。今秦变周，水德之时。昔秦文公出猎，获黑龙，此其水德之瑞。"

① 《史记·孟子荀卿列传》。
② 《春秋·纬说题辞》。
③ 《春秋·元命苞》卷上。
④ 《尚书·纬刑德放》。
⑤ 《春秋·纬演孔图》。
⑥ 《史记·十二诸侯年表》序。
⑦ 《尚书·汤誓》。
⑧ 《尚书·泰誓下》。
⑨ 《史记·秦始皇本纪》。

于是秦更命河曰"德水"，以冬十月为年首，色上黑，度以六为名，音上大吕，事统上法。

　　二年，东击项籍而还入关，问："故秦时上帝祠何帝也?"对曰："四帝，有白、青、黄、赤帝之祠。"高祖曰："吾闻天有五帝，而有四，何也?"莫知其说。于是高祖曰："吾知之矣，乃待我而具五也。"乃立黑帝祠，命曰北畤。①

　　成汤、文、武、周公时期，讲政治权力受命，或讲天命领悟，实则是体悟天道人心所向，在历史上找到自己的位置，实现历史担当。所谓天命领悟，完全是在"无声无臭""于穆不已"处讲的，故其德纯，富于形上精神。而秦皇汉武时期所说天命领悟，及讲五德终始，更朔改年，则是从形而下的物象变化敷衍出来的谶纬术数而已。然其讲星象历谱，也显示出秦汉时期精神上对上天的敬畏与信仰!

　　自齐威、宣之时，驺子之徒，就论著终始五德之运，及至秦称帝，齐人奏之，始皇采用之，则其说发展成为一种政治意识形态矣。当时，加上始皇追求生命的永恒不朽，燕齐方士宋毋忌、正伯侨、充尚、羡门高等，讲究仙道，形解销化，依于鬼神，更使整个社会充满了神秘主义气氛。虽驺衍以阴阳主运显于诸侯，燕齐海上之方士传其术不能通，然诚如司马迁所说："则怪迂阿谀苟合之徒自此兴，不可胜数也。"② 它成了一种社会风气，一种时尚，一种文化氛围，一种追求，一种非理性的社会意识，一种政治意识形态。不仅儒道后学、方士仙人乐此不疲，连汉相张苍亦作《终始五德》，可知此风之盛矣。它从秦皇、汉武一直延续到文帝、武帝，即使此风酿成王莽之变，东汉光武帝时，仍然信此学说。凡天下事物，皆有阴阳之理、五行之性。其气运不息，一日有一日之阴阳，一岁有一岁之阴阳，一纪有一纪之阴阳。一代王朝，亦有其阴阳之理、五行之性变化也。故程子说，"五德之运，却有这道理"；然此理在人类社会非定数也，"虽是天命，可以人夺也"。它就像养生可以夺既衰之年一样，圣人有道，亦是可以"延已衰之命"③ 的。然驺衍五德始终之说，苟合于方士之术，演变为荒唐怪异兴衰之论，则不可尽信矣。然

---

① 《史记·封禅书》。
② 《史记·封禅书》。
③ 《河南程氏遗书》卷一九，《二程集》，第263页。

它盛行于秦汉，历两汉魏晋而不衰，亦可知星象、历谱、谶纬一类神秘主义文化怎样影响于精神发展了。

但是，任何王朝政治统治，都是不能只靠星象、历谱、谶纬一类神秘主义文化维持的，特别是历时四百多年的汉朝，如果它没有刚正大气的文化哲学，没有一代达道致远的明哲，是很难支撑起秦汉历史天空，是很难完成其巨大历史转折，维系久远的。故太史公说："历人取其年月，数家隆于神运，谱谍独记世谥，其辞略，欲一观诸要难"；而"儒者断其义，驰说者骋其辞，不务综其终始。自共和讫孔子，表见《春秋》《国语》学者，所讥盛衰大指著于篇，为成学治古文者要删焉"。① 不务术数神运终始，而成治国学术之要，它在秦汉精神史上就是方正汉学与儒家气象。撰写秦汉精神史，两汉文化学术上的方正汉学与儒家气象，乃是一条主线，是不可不把握的。

## 八　方正汉学与儒家气象

谈及汉代文化、学术，人们总是想到章句训诂，把它与汉代文化哲学发展等同起来。其实，这是一种误会。汉代文化发展，不仅有经学的章句训诂，更有经世致用的大方中正之学，有开风气、奠基业的儒学气象。陆贾、贾谊就是汉初开风气之新的儒学家，董仲舒、司马迁、刘向、班固等，就是一批奠定汉代精神殿堂的大气象儒学家。

天下刚定，陆贾就时时在刘邦面前讲以《诗》《书》治天下如何如何。刘邦骂道："迺公居马上得之，安事《诗》《书》!"陆贾不但没被骂吓倒，却立即提出了一个政治历史哲学问题："马上得之，宁可以马上治乎?"其后著《新语》十二篇②，称颂《诗》《书》，以发明帝王治平天下之道。自汉兴至文帝二十余年，天下虽治，依然潜伏着危机。于是贾谊上书称："惟今之事势，可为痛哭者一，为流泪者二，可为长太息者六，若其他背理而伤道者，难遍以疏举"；整个天下的情势，就像"抱火厝之积薪之下而寝共上，火未及然"。③ 贾谊之言，可谓善洞观天下之势者。不仅如此，贾谊著《新书》五十

---

① 《史记·十二诸侯年表》序。

② 《史记·郦生陆贾列传》太史公说："读陆生新语十二篇，固当世之辩士。"《汉书·艺文志》载《陆贾》二十三篇。今仅存《道基》《术事》《辅政》《无为》《资贤》《至德》《怀虑》七篇。

③ 《史记·贾谊列传》。

八篇，其言秦朝盛衰迅速之变，讲"秦以区区之地，千乘之权，招八州而朝同列，百有余年矣。然后以六合为家，殽函为宫，一夫作难而七庙堕，身死人手，为天下笑者，何也？仁义不施而攻守之势异也"①，更是提出了一个儒家大道历史哲学最为根本的理论问题，即"仁义不施而攻守之势异也"。陆贾、贾谊之说，乃开汉代儒家文化精神先河而显新气象者也。

《史记》说："天下并争于战国，儒术既绌焉，然齐鲁之门，学者独不废也。于威、宣之际，孟子、荀卿之列，咸遵夫子之业而润色之，以学显于当世。"② 孟子、荀卿之后，能继承接续孔子儒家哲学精神者，首推董仲舒。班固称"仲舒汉承秦灭学之后，《六经》离析，下帷发愤，潜心大业，令后学者有所统一，为群儒首"③。观其对策讲："《春秋》大一统者，天地之常经，古今之通谊也。今师异道，人异论，百家殊方，指意不同，是以亡以持一统，法制数变，下不知所守，臣愚以为诸不在六艺之科、孔子之术者，皆绝其道，勿使并进。邪辟之说灭息，然后统纪可一而法度可明，民知所从矣。"④ 董仲舒将阴阳灾异之说引进自己的学说，固有其不纯之处，然观此"《春秋》大一统"之论，继孔子之学，兴儒教之统，乃奠基汉代文化哲学精神殿堂者也，不可不谓首功者。

司马迁乃是董仲舒之后，乃是述上古大道哲学，继承阐述儒学精神者。虽班固批迁"论大道则先黄老而后《六经》"⑤，然其"上会稽，探禹穴"；"观《春秋》《国语》，发明《五帝德》《帝系姓》"，作《史记》以《五帝本纪》始，乃贯通上古大道者也；而其"厥协《六经》异传，整齐百家杂语"；"罔罗天下放失旧闻，王迹所兴，原始察终，见盛观衰，论考之行事，略推三代"，亦皆像孔子一样，"追修经术，以达王道，匡乱世反之于正，为天下制仪法，垂《六艺》之统纪于后世"的。故其述孔子作《春秋》曰："上明三王之道，下辨人事之纪，别嫌疑，明是非，定犹豫，善善恶恶，贤贤贱不肖，存亡国，继绝世，补敝起废，王道之大者也。拨乱世反之正，莫近于《春秋》。"⑥ 此乃继仲舒述《春秋》发明儒学精神者也。及至讲"孔子言：'必世

---

① 《新书·过秦论》。
② 《史记·郦生陆贾列传》。
③ 《汉书·董仲舒传》。
④ 《天人三策》之三。
⑤ 《汉书·司马迁传》。
⑥ 《史记·太史公自序》。

然后仁，善人之治国百年，亦可以胜残去杀。'诚哉是言"①　"孔子言：'太伯可谓至德矣，三以天下让，民无得而称焉'"②　等，则将儒家仁德精神发挥于一部《史记》著录记事矣。因此，司马迁乃"自周公卒五百岁而有孔子，孔子卒后至于今五百岁"，而"能绍明世，正《易传》，继《春秋》，本《诗》《书》《礼》《乐》之际"③，发明贯通儒家精神者也。

刘向为光禄大夫时，校经传诸子，每一书完，辄条其篇目，撮其旨意，录而奏之，故有《七略》；而班固《汉书·艺文志》，则是删《七略》以备篇籍也。刘向《七略》论诸子百家者流，实乃本太史公"论六家之要指"也。从中可知由太史公到刘向、班固之学术发展也。《七略》《艺文志》以《六艺》为首，实乃把儒家经典及其最高文化精神放于中心地位，以孔子所述为标准，叙录诸子百家之是非长短也。此即班固所说"游文于六经之中，留意于仁义之际，祖述尧舜，宪章文武，宗师仲尼，以重其言，于道最为高"。因为"唐虞之隆，殷周之盛，仲尼之业，已试之效者也"，是历史证明有效最高哲学真理与文化精神。若怀疑这一点，则"既失精微，而辟者又随时抑扬，违离道本，苟以哗众取宠"。此乃"后进循之，是以《五经》乖析，儒学浸衰，此辟儒之患"④　的原因所在。凡诸子所述，皆以儒家《六艺》为宗旨，以孔子之义为定向标准，可知刘、班不仅巍然为汉代大儒，定历史大传统于尼山，乃真正确定儒学及文化精神历史地位者也。

董仲舒、司马迁、刘向、班固四人，皆是继孟、荀之后，贯通上古大道，开拓大理，奠定汉代精神殿堂，使孔子儒学定于一尊的大气象思想家。故张尔田先生说："孔子之道炳若日星，源远而流长者，皆仲舒、子长、子政、孟坚四人之功也。"⑤

自然，汉代具儒家气象的思想家，不只是董仲舒、司马迁、刘向、班固四人，其他像大毛公、扬雄，亦是近于儒家气象者。《诗》有六义，教有四家，《齐》《鲁》《韩》皆亡，独《毛诗》所以存者，在于其《传》剖判是非，能得《风》《雅》之旨，发明孔子定《诗》《书》《礼》《乐》之义。此大毛公之功也。扬雄《太玄》《法言》，虽仿古路径较窄，但其广大驰骋，曰

---

①　《史记·孝文本纪》。

②　《史记·吴世家》。

③　《史记·太史公自序》。

④　《汉书·艺文志》。

⑤　〔清〕张尔田著：《史微》，上海书局出版社2006年版，第78页。

"明哲煌煌，旁烛无疆"①，还是有自家大度精神的。毛公、扬雄之学，虽然在哲学本体论上规模不大，见道不甚正分明，然其阐述发明儒学，还是颇见精神的。故程子称汉代"儒近似者三人：董仲舒、大毛公、扬雄"②；又说"汉儒如毛苌、董仲舒最得圣贤之意"③。

汉代虽有星象、历谱、谶纬一类神秘主义文化弥漫，然正是因为有董仲舒、大毛公、扬雄、司马迁、刘向、班固诸人的方正之学，才开一代大正风气，奠定儒家浑然大气象。此乃汉代文化精神根基底蕴之所在者也，亦乃汉代非"黑暗中世纪"，而为醇厚、典正、大气、辉煌的新文明时代者也，乃伊川说"汉之治过一于唐，汉大纲正"④ 者也。儒家这种方正学术与大正气象，贯穿两汉，延续魏晋，而其为精神发展，皆是依儒家此种思想盛衰而跌宕起伏的。因此，撰写两汉魏晋精神史，这是应该紧紧把握的一条主线。

---

① 《扬雄集》自序，《汉书·扬雄传》。
② 《河南程氏遗书》卷四，《二程集》第 68 页。
③ 《河南程氏遗书》卷一，《二程集》第 7 页。
④ 《河南程氏遗书》卷一八，《二程集》第 263 页。

# 第二章　黄老新学思潮与精神发展

**内容提要**：一个时代精神的发展，是沿着各种文化哲学思潮内在逻辑发展的。夏、商、周三代的文化，发展到晚周春秋时期，能够贯通上古大道真脉的，实际上只有以老子为代表的原始道家文化和以孔子为代表的原始儒家文化。贯通并影响秦汉文化精神发展的，也主要是儒、道两大派的学术思想及其价值体系。但儒家文化在秦始皇时期经过"焚书坑儒"，几乎遭到了毁灭性的打击，秦汉一段时间的发展已经潜入地下。这样就造成了秦帝国时期儒家文化思想的缺位，直到汉武帝时期，它才得以重新复兴。因此，贯通主导并持续影响秦汉文化精神发展的，实际上主要是稷下黄老新学派的思想，是这个学派学术思潮的持续发展。《老子章句》《道德指归》《淮南子》就是这个思潮影响下所产生的黄老道家著作。它随着社会文化发展，由文化哲学思潮逐渐转化为汉代政治意识形态，最后发展为一种宗教化的信仰。汉代黄老道家思潮的发展，也是汉代精神史的一种发展。要弄清秦汉精神史发展，就首先应从贯通秦汉文化黄老新学，然后再叙述儒学文化的复兴及精神发展。

一个时代精神的发展，不仅与激烈的政治变革、权力更替相关，更是与文化哲学思潮发展联系在一起的，是沿着各种文化哲学思潮内在逻辑发展，演变为不同价值系统、不同精神形态的。秦汉文化精神发展也是这样。

文化哲学思潮的形成与发展，是与一定时期社会文化发展相关的，但它又不同于一般社会文化发展。因为一般社会文化发展并不一定以哲学理论为基础，为学术思想所支配，更不具有形而上学、本体论的学说。但文化哲学思潮就不同了。它乃是以一定哲学理论为基础，受学术思想特别是形而上学、本体论支配的思想运动。正因为它具有形而上学、本体论的学说，所以才能发展为文化精神性存在。秦汉时期强大持续的黄老道家新学思潮就是这样。

它是当时整个社会希望天下结束战乱、走向和平的文化哲学心声，或者说通过文化哲学所表现出来的学术诉求。

夏、商、周三代的文化，发展到晚周春秋时期能够贯通上古大道真脉的，实际上只有以老子为代表的原始道家文化和以孔子为代表的原始儒家文化。孔子儒家之学，由子思传于孟子、由子夏传于荀子，老子道家之学则先后传于文子、庄子等人。这种传承发展到战国晚期，就形成了以孟子、荀子为代表的儒家和以邹衍、淳于髡、田骈、接予、慎到等人为代表的道家两大学派。后者出于稷下，其学以尊崇黄老道家之学为根本宗旨，故称为稷下黄老学派。秦汉时期强大持续的黄老道家新学思潮，就是这个学派学术思想的持续发展。

关于先秦诸子百家之学，太史公有六家之说，《汉书·艺文志》有九家之论，然真正贯通并影响秦汉文化精神发展的，就是儒、道两大派的学术思想及其价值体系。两汉文化精神的此起彼伏，实际上就是儒、道两大文化价值体系交替作用及其跌宕起伏的发展变化。但儒、道两大学说及其价值系统，发展到秦汉以后是不纯的：道家已不是老子原始道家，而是以尊黄老之学为宗旨的稷下黄老新学派；儒家也不是孔子原始儒家，而是战胜百家的今文学家。两汉儒、道文化，实乃新的儒家与新的道家文化。而两汉文化精神的此起彼伏发展，实际上乃是新儒家与新道家两大学术思想潮流及价值体系的交替作用与运演变化。

虽然贯通并影响秦汉文化精神发展的是儒、道两大派的学术思想及其价值体系，但儒家文化在秦始皇时期经过"焚书坑儒"，几乎遭到了毁灭性的打击，秦汉一段时间儒家文化的发展已经潜入地下。这样就造成了秦帝国时期儒家文化思想的缺位，直到汉武帝时期，它才得以重新复兴。因此，贯通主导并持续影响秦汉文化精神发展的，实际上主要是稷下黄老新学派学术思潮的持续发展。《老子章句》《道德指归》《淮南子》也是这个思潮影响下所产生的黄老道家著作。它随着社会文化发展，由文化哲学思潮逐渐转化为汉代政治意识形态，最后发展为一种宗教化的信仰。这是汉代黄老道家思潮的发展，也是汉代精神史的发展。要弄清这段精神史的发展，就应先贯通秦汉文化黄老新学。本章的叙述，就从这里开始。

## 一　贯通秦汉文化的黄老新学

稷下黄老新学是一个产生于齐国稷下学宫的学派，一个宗于黄老之术的新学派。它的核心思想是以三极之道会通天地人，主张以道家的自然、无为、虚静之道，治理天下。司马迁所说"黄老道德之术"①；或"黄帝老子之言"②；"黄帝老子之书"③，就是指的这个学派的思想。它虽然尊崇老子，但其学说已经不是原始道家老子哲学，而是建立在老子哲学基础上杂家学术思想。它称颂黄老之术，也不是简单地托于黄老之言，而是接续老子，继承黄帝《归藏》易，讲大地包藏"造化发育真机"的思想。因此，从总的方面说，稷下黄老学派还是贯通上古大道真脉，继承了黄帝《归藏》易的真精神及老子哲学自然无为思想的。

稷下黄老新学派，虽然产生于齐国稷下学宫，属于齐学派，但它并不是一个单纯的齐国学派，而是以黄老哲学思想为基础，汲取百家之长，实现了新综合的道家学派。虽然淳于髡、田骈、环渊、捷子、季真、邹衍、邹奭等都是稷下先生，但稷下学派并非都是齐国人。如"慎到，赵人。田骈、接子，齐人。环渊，楚人。皆学黄老道德之术"④。这些人虽然皆游于稷下，但学术思想则是各种各样的，如彭蒙、田骈、接子、环渊、宋钘、尹文属于道家，慎到属于法家，邹衍、邹奭则是阴阳家，而孟子、荀子之游稷下，则属儒家。这些人走到一起，著书立说，言天下治事，一方面相互辩驳，另一方面学术思想上又相互吸收、相互融合。特别是稷下学派作为一个上百年学术群体，各种学术人物不断参与、互动、互渗，发生感应、作用、效应，适应时代要求，思想上发生同构、涵化、契合，产生出共同文化哲学思想，形成一个强大的学派，激荡起一种文化哲学思潮，发展出新的文化精神，是很自然的事。

稷下黄老学派，虽始于齐桓公，盛于齐宣王、湣王时期，然其"黄老道德之术"发展，则是经过一个漫长文化历史时期的。从《黄帝四经》《管子》到《吕氏春秋》，就集中反映了稷下黄老学派思想发展。笔者曾把《黄帝四经》看作是稷下黄老学派的"纲领性圣典"，把《经法》《十大经》《称》《道原》四篇，看作是既体现黄帝《归藏》易道"造化发育真机"哲学精神，也涵盖、复合、会通、综合了《老子》虚静、自然、无为思想的著作；把《管子》看作是稷下黄老学派的"经典教科书"，把《心术上》《心术下》《内

---

① 《史记·孟子荀卿列传》。
② 《史记·乐毅列传》。
③ 《史记·陈丞相世家》。
④ 《史记·孟子荀卿列传》。

业》《白心》四篇，看作是稷下黄老学派学士思想最为精要者，支撑其学术活动与精神世界的根本哲学著作；而把《吕氏春秋》则看作是黄老道家"追求王道政治与天下统一"，解决"道术为天下裂"局面的新政治哲学。① 稷下黄老学派的著作，由《黄帝四经》《管子》发展到《吕氏春秋》，虽然思想上仍基于道家寂静、虚无的哲学本体论，但若就整个学术思想来说，它已经统摄融合了战国时期儒道、名法、阴阳诸家的思想，发展成为了一个独立强大的新道家思想体系。故高诱注《吕氏春秋》说："此书所尚，以道德为标的，以无为为纲纪，以忠义为品式，以公方为检格，与孟轲、孙卿、淮南、扬雄相表里。"② 这个思想体系流行于秦汉之际，进一步与其他诸家思想相互统摄、融合、涵化，它也就是太史公所讲"因阴阳之大顺，采儒墨之善，撮名法之要，与时迁移，应物变化，立俗施事，无所不宜"③ 的黄老道家新学思想。

黄老新学不仅是一个弥漫贯通秦汉之际的独立强大思想系统，也是一个独立强大的形上道德哲学精神系统。它的根本精神就是道家哲学自然、虚静、无为思想，其核心主张是"无为而治"。《老子》讲"致虚极，守静笃。万物并作，吾以观复"；讲"道之尊，德之贵，夫莫之命而常自然"④。《黄帝四书》讲"至正者静，至静者圣"⑤；讲"静而不移，动而不化"的"神明"⑥；讲"圣人能察无刑（形），能听无〔声〕，上虚下静，而道得其正。授之以其名，而万物自定；抱道执度，天下可一"⑦ 等，就是黄老道家自然、虚静，无为而治的思想。它的哲学本体论，就是道体虚静无为存在。人君、有国有天下者，只要虚静神明，就能成为圣人，而"抱道执度"，则"天下可一"。这在《管子》那里就是"牧民"的思想；在《吕氏春秋》那里就是"王者执一，而为万物正"⑧ 的思想。

黄老道家哲学形而上学存在，不管怎样虚静美好，怎样自然辽阔，怎样无为而无不为，但若不和气之质，不与阴阳、五行、象数相结合，就不能生化为宇宙万象；不与礼教、法制、名物、兵农诸家思想相结合，就不能找到

---

① 《中国精神通史》第一卷，第16章。
② 〔汉〕高诱：《吕氏春秋》序。
③ 《史记·太史公自序》。
④ 《老子》第16、51章。
⑤ 《黄帝四经·经法道法》，《马王堆汉墓帛书（壹）》，下同。
⑥ 《黄帝四经·经法名理》。
⑦ 《黄帝四经·原道》。
⑧ 《吕氏春秋·执一》。

历史道路，落实为天下大治。从这个意义上说，不论是《管子》融儒道、合名法、兼兵农、并阴阳，集各家之大成，从宇宙论出发，站在"天地万物之橐，宙合有囊天地"的高度，以为"明哲大行"①，还是《吕氏春秋》与儒、道、名、法、墨、兵、农及阴阳家学说，无不会通，无不契合，从天地、阴阳、四时至日月、星辰、五行，皆为其制作取象，古今帝王、天地名物、古史旧闻及天文、历数、音律，无所不包，从先验论、本体论、形而上学建立起博大、深厚、雄浑、精微的学说体系，都是非常具有合理性的。因为它可以为天下之治，落实为某种文化历史道路。

　　黄老之学不与儒、道、名、法、墨、兵、农之学相融合，若不向下贯通落实为气质、阴阳、五行、象数的存在，其为"道"也，只是一片虚无，是无以为治的。但其"采儒墨之善，撮名法之要"，落实虚无之道，"立俗施事"时，也常常流而为世俗性学说了；特别是它与阴阳家、墨家的学说相结合，发展为阴阳、谶纬、象数，在文化哲学上也发展演变为诸多非理性的神秘学说了。如五德之运与鬼神信仰就是这样。邹衍在战国末期，就以五德之运，散阴阳消息；及秦并天下，"始皇推终始五德之传，以为周得火德，秦代周德，从所不胜"②。高祖用张苍之说，亦信五德之运不惑。秦汉之前，齐居东方，本重天、地、阴、阳等"八神"③；燕、齐东滨渤海，更有神仙及三神山之幻④，于是方士兴焉。它与墨家尚鬼神说相结合，遂演变为一种鬼神宗教崇拜。"始皇东游海上，行礼祠名山大川及八神，求仙人羡门之属"⑤，就是属于这种信仰。至秦汉之际，以五行之说附会帝运，更使五帝五德之说大行天下。高祖东击项羽而还，入关，问秦时祭祀何种上帝。秦祭祀白、青、黄、

---

① 《管子·宙合》。

② 《史记·秦始皇本纪》。

③ 《史记·封禅书》说，八神："一曰天主，祠天齐。齐渊水，居临淄南郊山下者。二曰地主，祠泰山梁父。盖天好阴，祠之必于高山之下，小山之上，命曰'畤'；地贵阳，祭之必于泽中圜丘云。三曰兵主，祠蚩尤。蚩尤在东平陆监乡，齐之西境也。四曰阴主，祠三山。五曰阳主，祠之罘。六曰月主，祠之莱山。皆在齐北，并勃海。七曰日主，祠成山。成山斗入海，最居齐东北隅，以迎日出云。八曰四时主，祠琅邪。琅邪在齐东方，盖岁之所始。皆各用一牢具祠，而巫祝所损益，圭币杂异焉。"可知，此种神秘主义存在，皆产生于齐文化。

④ 《史记·秦始皇本纪》说："齐人徐市等上书，言海中有三神山，名曰蓬莱、方丈、瀛洲，仙人居之"；《史记·封禅书》说："三神山者，其传在勃海中，去人不远；患且至，则船风引而去。盖尝有至者，诸仙人及不死之药皆在焉。其物禽兽尽白，而黄金银为宫阙。未至，望之如云；及到，三神山反居水下。临之，风辄去，终莫能至云。"

⑤ 《史记·封禅书》。

赤四帝，而高祖信天有五帝之说，建立黑帝祠，曰"北畤"，以祭祀之，亦属于鬼神崇拜的宗教信仰。直到武帝元封元年时巡海上时，仍然行礼祭祀"八神"，规模之大，人数之众，费用之多，比秦始皇更甚！由此可知黄老道家神秘哲学怎样弥漫秦汉时期了。

　　战国时期有许多生命哲学家，极为重视人的生命之养。如子华子讲"全生为上"，讲以"六欲（生、死、耳、目、口、鼻）皆得其宜"为最高追求。但这种生命之养与形而上学存在结合起来，也会产生非理性的神秘主义信仰信念。如鹖冠子所讲"气由神生，道由神成"，讲"定天地，豫四时，拔阴阳，移寒暑，正流并生，万物无害，万类成全"的"神化"；讲"师阴阳"的"尸神明"① 等，就有其神秘倾向。而这发展为黄老道家的养生之术，特别是它与方士神仙养生之术相结合，更造成了一种具有非理性的生命精神追求。秦始皇使方士徐市等入海求神药，就是属于这种非理性的生命精神追求。汉武帝时复巡游东海，求仙人仙药。虽然后来汉武帝对这种非理性生命追求有所觉悟，感叹"向时愚惑，为方士所欺。天下岂有仙人，尽妖妄耳！节食服药，差可少病而已"②，但亦可见黄老道家的养生之术与方士神仙养生之术相结合，于秦汉时期的蔓延，对于人生精神之迷误。

　　黄老道家"采儒墨之善，撮名法之要"，落实虚无之道，"立俗施事"，不仅发展演变为诸多俗学，也产生诸多功利之徒、世俗之儒。当时的儒家博士就是这样一些人。秦始皇即帝位三年，东巡郡县，祠驺峄山，颂秦功业，"征从齐鲁之儒生博士七十人，至乎泰山下"，然其议论，只是"古者封禅为蒲车，埽地而祭，席用菹稭"③ 而已。始皇南巡，至衡山、南郡，过湘水遇大风，问博士湘君为何神。博士用儒家之言，说"尧女，舜之妻，葬此"④ 罢了。这些所谓儒家博士，其实只是小知小识者，与孔子所说"可亲而不可劫也，可近而不可迫也，可杀而不可辱"之儒；"上不臣天子，下不事诸侯；慎静而尚宽，强毅以与人，博学以知服"⑤ 之儒。与荀子所说"法先王，统礼义，一制度，苟仁义"⑥ 的大儒相比，根本算不上真正的儒家，而是小人之

---

　　① 《鹖冠子·度万》。
　　② 《资治通鉴》卷二二。
　　③ 《史记·封禅书》。
　　④ 《史记·秦始皇本纪》。
　　⑤ 《礼记·儒行》。
　　⑥ 《荀子·儒效》。

儒、俗儒也。这也就难怪秦始皇对此类儒家博士发怒，或"由此绌儒生"了。秦始皇后来之"坑儒"，实际上即是坑小知小识的小人之儒、俗儒也。

尽管如此，黄老新学思潮发展到秦汉时期已经成为一个独立强大思想系统，一个独立强大的哲学精神系统，其"立俗施事"，落实虚无之道，虽然衍生出阴阳、谶纬、象数一类神秘主义文化及世俗的小知小识存在，但它大道本体论的强大学术思想光辉，仍然是不可掩饰的，特别是当它为汉朝统治提供一种哲学理论与精神支持，一种符合现实需要的为治之道时，迅速发展为一种政治意识形态，也就不足为奇了。

## 二　从黄老学术到政治意识形态

时代一旦有某种需要，就会产生一种学术思想，而这种学术思想反过来又会适应时代需要得到发展。春秋割据，战国纷争，秦汉之际，又兵祸连年，民受其害，国家元气大伤！因此，汉朝建立以后，一个非常现实、非常急迫的政治问题，就是创造宽松和谐的政治环境，与民休息，使整个社会机制获得生机，恢复元气！黄老道家学术思想，正是适应这种文化历史需要发展起来的，又是可以为此需要提供学术理论支持的哲学思想。

汉代随高祖打天下的开国功臣，多是有黄老道家思想的。萧何"买田宅必居穷僻处，为家不治垣屋"①；张良"愿弃人间事，欲从赤松子游耳"②；以及陈平"少时家贫，好读书，治黄帝、老子之术"③ 等就是属于这种情况。它说明战国及秦汉之际黄老道家学术思想之流行，已成为一种社会文化意识被人们广泛接受，并且影响到人的社会思想与行为。但这还不属于政治思想，或者说还没有转化为治国平天下的文化意识，还没有成为意识到的政治意识形态。秦之有天下，其为政治统治，虽然精神形态有黄老道家的影响，但其主导方面则是商鞅、李斯之流的法家思想。汉之有天下则不然。它一旦取得天下，萧何、曹参等人的黄老道家学术思想，就很自然地转化成为了一种政治意识，一种治国平天下的理论，一种政治化的意识形态。这是一种学术转换，也是一种文化价值与精神的转换，即由纯粹学术思想转变为国家政治意

---

① 《史记·萧相国世家》。
② 《史记·留侯世家》。
③ 《汉书·张陈王周传》。

识，由学术文化精神转变为政治精神。这种转换，从曹参师盖公治齐一事，即可以看出来：

孝惠元年，除诸侯相国法，更以参为齐丞相。参之相齐，齐七十城。天下初定，悼惠王富于春秋，参尽召长老诸先生，问所以安集百姓。而齐故诸儒以百数，言人人殊，参未知所定。闻胶西有盖公，善治黄老言，使人厚币请之。既见盖公，盖公为言治道贵清静而民自定，推此类具言之。参于是避正堂，舍盖公焉。其治要用黄老术，故相齐九年，齐国安集，大称贤相。①

汉初经过连年战争，社会极需要获得生机，把黄老道家学术思想转变为政道与治道，转变为治国平天下的思想，讲"治道贵清静而民自定"，在政治实践中不劳民，不扰民，不干预自然法则，提供宽松和谐的政治环境，与民休息，从而达到为治目的。此即曹参用盖公黄老之术，相齐九年，所以齐国安集者也，亦是汉初黄老治国之术盛行者也。它在政治实践中完成了由学术思想向政治意识的转换，亦完成了文化价值精神的转换。

汉初不仅曹参治齐，遵照黄老之术，可以说当时整个的政道与治道，皆是以黄老道家学术思想为政治意识的。萧何为相，以黄老道家之术为治，"苟有便于民而请之"②。萧何死后，曹参"代何为汉相国，举事无所变更，一遵萧何约束"，即所谓"萧规曹随"，就是汉初贯通黄老道家思想而为政治意识的表现。故百姓歌之曰："萧何为法，讲若画一。曹参代之，守而勿失。载其清净，民以宁一。"对此，太史公曾赞之说："参为汉相国，清静极言合道。百姓离秦之酷后，参与休息无为，故天下俱称其美矣。"③ 这就是说，汉初的政治精神，乃是黄老道家形而上学思想占主导地位的。它虽暗藏着申韩的法

① 《汉书·萧何曹参传》。
② 《史记·萧相国世家》。
③ 《史记·曹相国世家》。

家思想，如陈平回答文帝之问①，但主要还是以黄老道家哲学的清静无为思想，"上佐天子理阴阳，顺四时，下育万物之宜，外镇抚四夷诸侯，内亲附百姓，使卿大夫各得任其职"，治理天下的。

汉初黄老道家之学的政治意识，经过惠、文时期的政治实践，发展到景帝时期，愈来愈被官方重视，愈来愈被政治需要所强化。因此，黄老道家学术思想发展到景帝时期，已不是一般的政治意识，而是由一般学术思想及为治之道，逐渐发展转化成为了一种非常强烈的官方政治意识，一种神圣不可亵渎的政治化意识形态。这从《窦太后召辕固而问〈老子〉》中，可以看出来：

> 窦太后好《老子》书，召辕固生问老子书。固曰："此是家人言耳。"太后怒曰："安得司空城旦书乎！"乃使固入圈刺豕。景帝知太后怒，而固直言无罪，乃假固利兵，下圈刺豕，正中其心，一刺，豕应手而倒。太后默然，无以复罪，罢之。②

史书说："窦太后好黄帝、老子言，景帝及诸窦不得不读《老子》，尊其术。"③ 此可知窦太后对黄老之学的尊崇、固执、偏爱及对政治的影响。辕固因回答《老子》书为一家之言，而遭到"入圈刺豕"的惩罚，可知黄老道家之学发展到景帝时期已变得神圣不可侵犯、不可亵渎了。任何学术思想都是不断发展，处于可变状态的。黄老道家之学，本为一家学术思想，即使它发展为一种政治理论，也是可批评的；若不能批评，它在本体论上就变为宗教信仰的形而上学存在了。黄老道家之学在景帝时期的发展，在窦太后一班崇尚黄老之学的政治权势那里，实际上就变成了一种神圣不可侵犯的政治化意识形态，一种近于宗教信仰的形而上学存在。这种发展，实际上就是把黄老道家思想僵化，使之由自然活泼的哲学思想变成了一种束缚文化历史发展的

---

① 《史记·陈丞相世家》说，孝文皇帝既益明习国家事，朝而问右丞相勃曰："天下一岁决狱几何？"勃谢曰："不知。"问："天下一岁钱谷出入几何？"勃又谢不知，汗出沾背，愧不能对。于是上亦问左丞相平。平曰："有主者。"上曰："主者谓谁？"平曰："陛下即问决狱，责廷尉。问钱谷，责治粟内史。"上曰："苟各有主者，而君所主者何事也？"平谢曰："主臣。陛下不知其驽下，使待罪宰相。宰相者，上佐天子理阴阳，顺四时，下育万物之宜，外镇抚四夷诸侯，内亲附百姓，使卿大夫各得任其职焉。"孝文帝乃称善。

② 《史记·儒林列传》。

③ 《汉书·外戚传》。

教条存在，特别是当它与道家神仙养生之术联系在一起的时候，更使之变成了一种充满神秘主义的精神学说。

黄老道家学术的政治化为意识形态，不只是出现在窦太后一班政治权势那里，它在其他政治层面也是存在的。这从中大夫汲黯为人处世就可以看出来。汲黯任职居官，面折廷争，可以说非常正直。然其从父辈起，就以庄见惮。及至迁为东海太守，汲黯"学黄老之言，治官理民，好清静"。及至他迁为东海太守而治理，其择丞史而任之，也只是"责大指而已，不苛小"；而其为治务，也只是"在无为而已，弘大体"。汲黯身体不好多病，为治期间，甚至卧闺阁而不出。但经过一年的时间，东海居然实现大治，得到广泛称赞。"上闻，召以为主爵都尉，列于九卿。"① 此乃汲黯以黄老之学为政治意识者也。不仅如此，他以此意识，还是"常毁儒"② 的。虽其所毁之儒，为公孙弘一类功利之儒，但从这里也可以看出汲黯是如何维护黄老道家思想为政治意识的，同时亦可见黄老之学发展到景帝时期已经完成了政治化意识形态的转换。

黄老道家之学发展为汉代官方政治意识形态，并非一时形成的，而是由原始道家《老子》之学，战国时期《黄帝四书》《管子》《吕氏春秋》的黄老新学，经过汉初惠帝、文帝、景帝历史时期，适应社会需要逐渐发展起来的。社会一旦有某种需要，它就会产生某种哲学、某种理论，从而推动精神发展。《老子章句》《淮南子》《道德指归》就是适应汉代社会需要产生的黄老道家哲学著作。《老子章句》产生于汉初惠文帝时，《淮南子》产生于景帝时期，《道德指归》产生于西汉中期成帝时。就思想史发展的内在逻辑而言，黄老道家新学成为汉代官方政治意识形态，乃是其学术思潮发展之必然，亦是其精神运动结果。撰写汉初黄老新学的精神发展，研究这种哲学思潮及其精神运动的内在逻辑，是非常必要的。

那么，这些新道家著作产生于怎样的社会文化背景，表现了怎样的文化哲学精神呢？它们和汉代政治发展具有怎样的关系，寄托了怎样的政治理想与精神期待呢？它们在中国精神发展史上处于什么地位呢？这是撰写西汉新道家精神发展必须认识解决的问题。现在，首先研究叙述《老子章句》新道学的开宗领悟，然后再研究撰写《淮南子》《道德指归》的道德精神发展。

---

① 《史记·汲郑列传》。
② 《汉书·张冯汲郑传》。

## 三　《老子章句》的道学开宗之悟

战国及秦汉儒道两种文化精神发展，若从其哲学体系文献源头上说，或者从原始体系阐释上说，是沿着两种文本阐释不断开拓出新精神的：一个是儒家沿着《六艺》的阐释，它发展出孔子之后的孟、荀学派及汉代新儒家；另一个是道家沿着《老子》的阐释，战国时期的《庚桑子》《文子》及秦汉新道家就是这样发展出来的。《老子章句》《道德指归》《淮南子》亦是这样发展出来的，而《老子章句》则是汉代新道家阐释《老子》较早的一种著作。

《老子章句》为河上丈人或河上公所撰，故又称《河上公章句》。关于河上丈人或河上公及著作师承关系，《史记》说：

> 乐臣公学黄帝、老子，其本师号曰河上丈人，不知其所出。河上丈人教安期生，安期生教毛翕公，毛翕公教乐瑕公，乐瑕公教乐臣公，乐臣公教盖公。盖公教于齐高密、胶西，为曹相因师。①

晋时皇甫谧《高士传》关于河上丈人及其著书，进一步阐述说：

> 河上丈人者，不知何国人也。明老子之术，自匿姓名，居河之滨，著《老子章句》，故世号曰河上丈人。当战国之末，诸侯交争，驰说之士咸以权势相倾，唯丈人隐身修道，老而不亏，传业于安期生，为道家之宗焉。②

"乐臣公学黄帝、老子"，就是学黄老之学。而其所师，号曰"河上丈人"或"河上公"者，谓其年长也。"不知其所出"，也就是"不知何国人"。曰"河上丈人"或"河上公"者，对隐者之称也。乐瑕公、乐臣公、盖公，都是战国末至西汉初著名隐士，游学于齐，以黄老之学，显名于世。乐臣公师之，"盖公以此教化于齐高密、胶西"。可知《老子章句》，乃稷下黄老学

---

① 《史记·乐毅列传》。
② 见《太平御览》卷五〇七引。

派的早期著作也。

关于《老子章句》产生的年代，依皇甫谧《高士传》所说，当为"战国之末"；而若依《史记》所说的乐臣公学黄老之学，"师河上丈人"，"乐臣公教盖公，盖公为曹相因师"，河上公当为汉初人。因为曹参为齐相，在惠帝元年，而其师盖公，"用黄老术，相齐九年，齐国安集"①，此正是"盖公以此教化于齐高密、胶西"的时间。因此，若依《史记》所说，河上丈人当为汉初时期人而著此书者。汉初是最讲星象、谶纬之数及五德之运的，从《老子章句》所讲"天门谓北极紫微宫，开阖谓终始五际也"②，亦可知此书出于汉初。至于说，道教葛洪所作《河上公传》，讲汉文帝时，河上公"结草为菴于河之滨"，教文帝以解《老子经》义旨③，虽有神化河上公的性质，但讲河上公于文帝时尚在，亦有可信处，《老子章句》可能在此之前作。

《老子章句》即《老子注》也。故李善注《东京赋》引河上公文曰《老子注》④。注，即释文也。在此之前的《文子》，亦《老子》释文也。不能因东汉始"就经为注"，而说《老子章句》产生于东汉；也不能因释文中有魏晋增益文字，而将其产生推迟到东汉之后、魏晋之前。我们不能为疑古而疑古，而应相信史书记载的基本史实。

《老子章句》自魏晋南北朝以来，流传很广，版本很多。隋、唐及宋，皆有不同抄本、刻本。明代有《道藏》本，清有《四库全书》本，近代则有清道光年间高邮王所刻《重校老子河上公注》本，蒙文通根据《道藏》诸本、《四部丛刊》影印宋本等所作合校本。近年中华书局出版的"道教经典选刊"，有王卡点校的《老子道德经河上公章句》本。

依皇甫谧《高士传》所说，河上公当处战国末世，然而仔细观察《老子章句》注释文字内容，其讲"治国""治身"云云，当是适应汉初经国治世及人的生存而撰写的。战国乱世，主要任务是平定天下，还谈不上治国，也谈不上养生治身及人应该如何存在一类问题的，至少不能成为主要话题。只有当汉平定了天下，关于国如何治，关于人如何静下来养生治身，才能成为主要话题。因此，把河上公《老子章句》看成是黄老道家学派适应汉初社会

---

① 《汉书·萧何曹参传》。
② 《老子章句·能为第十》。
③ 〔晋〕葛洪：《神仙传》卷三。
④ 见《文选》卷三注。

需要所撰写的政治哲学与人生哲学，应该说大体是不错的。河上公《老子章句》教乐臣公，"乐臣公教盖公，盖公为曹相因师"，曹参用盖公黄老之学治齐，使齐国安集，可知汉初黄老之术之转变为政治意识，与《老子章句》的关系。由此可以进一步看出，汉初黄老道家学术思想转变为治国的政治意识，与当时流行的《老子章句》一类新黄老道家著作的关系。

河上公《老子章句》，虽为注，为释文，但并非没有自己的道德领悟与价值判断；恰恰相反，整个注释，皆是有自己的道德领悟与价值判断的，而且都是根据汉初社会政治的现实需要立论与属文的。《河上章句》唐代诸本，皆残缺不全，各章没标章名；但后世传本则是有章名的。各章章名究竟是后世所加，还是原来就有的，虽然不好判断，但各章章名明确显示为河上公《老子章句》每章的主旨或中心思想，则是非常清楚的。从这点上可以看出，河上公《老子章句》前三章章名所标"体道、养身、安民"，乃是全书理论最为根本的思想与主旨，即整个"章句"皆是为"体道、养身、安民"而写作也。

河上公作《老子章句》，当时一个非常重要任务，就是怎样通俗易懂地让人明白《老子》的含义与价值。惟此，原始道家《老子》道体形而上学，才能发挥大用，才能成为政治教化与社会人生的教科书。因此，《老子章句》讲形而上学的大道本体存在，总是向下落实流布，尽量于形而下处，贯通宇宙万物与社会人生存在。尽管这样做未必都符合老子哲学的原意，但它的确在哲学上开汉初黄老道家新学的宗旨，使《老子》一书在汉初成了一部普遍流行并被黄老道家新学接受的哲学著作。

要将原始道家老子道体形而上学存在向下落实，讲得明白，让人理解，就必须首先解决形而上学的本体论问题，解决形上之道的不可道、不可名的存在问题。河上公虽然承认老子形上之道为"视之不见，听之不闻，抟之不得""迎之不见其首，随之不见其后"的存在；承认此道"先天地生，寂兮寥兮，独立不改，周行而不殆，可以为天下母"[①] 的本体论性质，因而讲形上之道的"无色、无声、无形，口不能言，书不能传，当受之以静，求之以神，不可问诘而得之"[②]；讲道"在天地之前""空无形，无匹双，化有常"的本

---

① 《老子》第十四、二十五章。
② 《老子章句·赞玄第十四》。

体论性质，讲形而上学大道本体"高而无上，罗而无外，无不包容"①　的存在，但他认为，形上之"道"所以能够生化万物，使其成为形形色色的存在，就在于形上之"道"能生"气"，生出化育万物的"精气"。所谓"始者道本也，吐气布化，出于虚无，为天地本始"②，"万物始生，从道受气"，"万物皆得道〔之〕精气而生，动作起居，非道不然"③，就是"道"生"气"的说法。此气者，精气也，元一之气也，生化万物的本元之气也。所讲"一者，道始所生，太和之精气也"④，就是指其精气、元一之气而说的。惟此气，才能生化宇宙万物，才是宇宙万物生化之本。故曰"道育养万物精气，如母之养子"⑤；故曰"万物母者，天地含气生万物，长大成熟，如母之养子也"⑥。由此不难看出，河上公《老子章句》在形而上学，在先验论、本体论的这一根本理论上，实际上完成了一次转换，即将形而上学的大道本体论转换为了元气本体论或精气本体论。在河上公看来，这个"元气"之道，充满"精气"的道，乃是自然之道，是"道性自然"的存在。因此，其为生化本体，可称之为元气自然论。

　　河上公对宇宙万物的生化流转，就是从这种元气自然论进行解释的。《老子章句》注《老子》"道生一，一生二，二生三，三生万物。万物负阴而抱阳，冲气以为和"说：

　　　　道始所生者，一也。一生阴与阳也。阴阳生和、清、浊三气，分为天地人也。天地〔人〕共生万物也。天施地化，人长养之。万物无不负阴而向阳，回心而就日。万物中皆有元气，得以和柔，若胸中有藏，骨中有髓，草木中有空虚与气通，故得久生也。⑦

　　在原始道家老庄那里，虽然也讲"气"，讲"精气"，如老子讲"万物负阴而抱阳，冲气以为和""未知牝牡之合而全作，精之至也。终日号而不嗄，

---

①　《老子章句·象元第二十五》。
②　《老子章句·体道第一》。
③　《老子章句·虚心第二十一》。
④　《老子章句·能为第十》。
⑤　《老子章句·象元第二十五》。
⑥　《老子章句·体道第一》。
⑦　《老子章句·道化第四十二》。

和之至也"①；庄子讲"无听之以心而听之以气！气也者，虚而待物者也"②。"彼方且与造物者为人，而游乎天地之一气"③ 等，但这里不论是讲"气"，还是讲"精气"，皆不具有本体论的意义，而是在气质、气机、心气的至和精微状态上讲的。这即使发展到稷下黄老学派，也没有把"气"或"精气"提升到本体论的高度。如《管子》讲"气，道乃生"就是这样。"气，道乃生"，是说"道"因为有气的存在才能生化，然所生所化者，仍然是"道"。故曰"万物以生，万物以成，命之曰道"。而讲"精也者，气之精者也"；"凡物之精，此则为生"④，也只是讲道依精气而生。这里，精气只是质料，而非本体论存在。即使讲"凡物之精，此则为生"，怎样"下生五谷，上为列星；流于天地之间，谓之鬼神；藏于胸中，谓之圣人"⑤，也只是说有此精气，才能生化为天地万物鬼神的存在，圣人不过据此精气为人而已。《管子》这些说法无疑使大道本体论获得了生气，给道体形而上学讲生化注入了新的根据，但它与河上公《老子章句》把"精气"提升为元一的存在，太和本始的存在，讲"太和精气"生化万物的本体论，还是不同的。河上公《老子章句》的元气自然论，乃是新黄老道家的本体论学说。故皇甫谧说河上公《老子章句》为"道家之宗焉"。

河上公《老子章句》就是以此元气自然论，为汉初"无为而治"提供理论根据的。在河上公看来，"道性自然"，道本身是自然本然的存在，道"清静不言，阴行精气，万物自成"⑥，人是不应干涉自然法则，干涉"道性自然"存在的。体道，就是体自然之道，体"自然长生之道"，以"无为养神，无事安民"⑦。安民，就是使民"不争功名，返自然""反朴守淳"。要想达到无为而治，惟人君"不好珍宝"，才能"黄金弃于山，珠玉捐于渊"；惟"上化清静"，才能"下无贪人"⑧。"我好静，不言不教，而民自忠正也"；"我无徭役征召之事，民安其业，故皆自富也。我常无欲，去华文，微服饰，民则随我为质朴也。我修道守真，绝去六情，民自随我而清也"。相反，而若"我

---

① 《老子》第四十二、五十五章。
② 《庄子·人间世》。
③ 《庄子·大宗师》。
④ 《管子·内业》。
⑤ 以上均见《管子·内业》。
⑥ 《老子章句·象元第二十五》。
⑦ 《老子章句·体道第一》。
⑧ 《老子章句·安民第三》。

珍好之物滋生彰着，则农事废，饥寒并至，而盗贼多有也"①。道是"渊深不可知，似为万物知宗祖"的存在，惟"湛然安静"，体得此道存在，才"能长存不亡"；而若"锐精进取功名"，反而会遭受更多的挫折纠结。这就是河上公《老子章句》对"当念道无为"的"解释"②。

本于道性自然追求清静无为而治，是河上公著作《老子章句》的最高政治理想，也是其根本哲学精神所在。河上公认为，"守清静，行笃厚"，才能看到万物根本所在。这个根本，就是万物生命的根基，性命本然的存在。"复之者，使反本也"；"教人反本实者，欲以辅助万物自然之性也"。③ 虽然万物无不枯落，惟"各复反其根而更生"，惟安静"复还性命"，方能使其"不死"④。因此河上公认为，治国在于清静无为，只要守常道即可，不需要出智慧，不需要弄些技巧，不需要搞些花哨点子。故说"古之善以道治身及治国者，不以道教民明智巧诈也，将以道德教民，使质朴不诈伪"；"不使智慧之人治国之政事，则民守正直，不为邪饰，上下相亲，君臣同力，故为国之福也"；而若"使智慧之人治国之政事，必远道德，妄作威福，为国之贼也"⑤。河上公认为，"圣人怀通达之知，托于不知者，欲使天下质朴忠正，各守纯性。小人不知道意，而妄行强知之事以自显著，内伤精神，减寿消年也"⑥。因此在他看来，天下之治，只能蓄养大德，"不命召万物，而常自然应之"，"长养、成熟、覆育，全其性命"⑦；人的生命，人本然的存在，"乃天下之神物也。神物好安静，不可以有为治"；"以有为治之，则败其质朴"；若"强执教之"，失其性命之情，则变成"诈伪"。惟有"处中和，行无为，则天下自化"⑧。

只有一阴一阳之道，只有"道"的纯粹法则，只有道体形而上学存在，没有气之质，没有精气，就不能成为生命，就不能化育成就为宇宙万物存在。河上公《老子章句》正是以气贯通天人，使"天道与人道同，天人相通，精

① 《老子章句·玄德第五十六》。
② 《老子章句·无源第四》。
③ 《老子章句·守微第六十四》。
④ 《老子章句·归根第十六》。
⑤ 《老子章句·淳德第六十五》。
⑥ 《老子章句·知病第七十一》。
⑦ 《老子章句·养德第五十一》。
⑧ 《老子章句·无为第二十九》。

气相贯"①，讲治国与治身之道的。河上公认为，治国者首先要治身，只有治身，心静神安，"身治国安静者，易守持也"②；"治身者神不劳，治国者民不扰，故可长久"③；而若身之不治，"不信玄妙，背叛道德，不从经教，尚势任力"，则"不得其死者，为天〔命〕所绝"④，就治不了国，天下就无长久之治可言了。因此，河上公《老子章句》反复强调治国与治身两者密不可分：

> 治身者爱气则身全，治国者爱民则国安。⑤
>
> 治身不害神明，则身安而大寿也；用道治国，则国安民昌。治身则寿命延长，无有既尽时也。⑥
>
> 法道无为，治身则有益〔于〕精神，治国则有益〔于〕万民，不劳烦也。⑦
>
> 治国烦则下乱，治身烦则精散。⑧

周朝末期废除井田制，实行亩税制，已使"暴君污吏慢其经界，徭役横作，政令不信，上下相诈"，造成"上贪民怨，灾害生而祸乱作"。至于战国，"贵诈力而贱仁谊，先富有而后礼让"。汉兴，惠帝、高后时期，衣食滋殖。文帝即位，躬修俭节，思安百姓。然当时民生状况，与战国差不多，皆背本趋末。故贾谊说："今背本而趋末，食者甚众，是天下之大残也；淫侈之俗，日日以长，是天下之大贼也。残贼公行，莫之或止；大命将泛，莫之振救。生之者甚少而靡之者甚多，天下财产何得不蹶！汉之为汉，几四十年矣，公私之积，犹可哀痛！"晁错复上书说："今法律贱商人，商人已富贵矣。尊农夫，农夫已贫贱矣。上下相反，好恶乖迕，而欲国富法立，不可得也。"⑨ 当时的豪强大富已经发展起来，而腐败堕落随之发生。"文、景之间，礼官肄业

---

① 《老子章句·远鉴第四十七》。
② 《老子章句·守微第六十四》。
③ 《老子章句·力戒第四十四》。
④ 《老子章句·道化第四十二》。
⑤ 《老子章句·能为第十》。
⑥ 《老子章句·仁德第三十五》。
⑦ 《老子章句·道化第四十二》。
⑧ 《老子章句·居位第六十》。
⑨ 《汉书·食货志》。

而已"；至武帝，"正月上辛用事甘泉圆丘，使童男女七十人俱歌，昏祠至明"①。面对着这种社会历史现实，因此，河上公作《老子章句》，特别强调治国者的道德精神修养。河上公认为，"圣人治国与治身同也，除嗜欲，去乱烦，怀道抱一，守五神也，和柔谦让，不处权也"，才能使民"返朴守淳"，"思虑深，不轻言，不造作，动因循"，才能"德化厚，百姓安"②。"圣人守大道，则天下万民移心归往之也"，"万民归往而不伤害，则国安家宁而致太平矣"③，"法道无为，治身则有益于精神，治国则有益于万民，不劳烦也"④。在河上公看来，"以道德居位治天下，则鬼不敢以其精神犯人也"，"非鬼神不能伤害人。以圣人在位不伤害人，故鬼〔神〕不敢干之也"⑤；与此相反，"甚爱色，费精神；甚爱财，遇祸患"，惟有"知可止则〔止〕，则财利不累身〔心〕，声色不乱于耳目"，才能"〔终〕身不危殆"⑥。国家之治，乃"以道治也，以身师导之也"，动之作为，若不能守常道，使"福德常在，不去其身"，则必是"君开一源，下生百端，百端之变，无不动乱"⑦。若能执守精一存在，使自我精神贞正，其为治也，自然天下太平。故曰："天得一故能垂象清明，言地得一故能安静不动摇，神得一故能变化无形"，"万物皆须道以生成"的，"侯王得一故能为天下平正"⑧。

《老子章句》不仅强调道德精神对于治国的重要，亦认为它对于治身，对于自我生命的保养维护与长寿存在都是不可或缺的。在河上公看来，"人所以生者，以有精神。〔精神〕托空虚，喜清静，饮食不节，忽道念色，邪僻满腹"，乃是"伐本厌神"的事；"唯独不厌精神之人，洗心濯垢，恬泊无欲"，才能"精神居之不厌"⑨。河上公认为，人要保持自己的精神，首先是要执守大道，从那里获得道德精神。"人能知道之常行，则日以明达于玄妙也"⑩；"玄，天也。人能行此上事，是谓与天同道也"⑪。"大德之人，不随世俗所

---

①　《汉书·礼乐志》。
②　《老子章句·安民第三》。
③　《老子章句·仁德第三十五》。
④　《老子章句·偏用第三十五》。
⑤　《老子章句·居位第六十》。
⑥　《老子章句·力戒第四十四》。
⑦　《老子章句·养身第二》。
⑧　《老子章句·法本第三十九》。
⑨　《老子章句·爱己第七十二》。
⑩　《老子章句·玄符第五十五》。
⑪　《老子章句·玄德第五十六》。

行，独从于道也"；而"道"的存在，虽"窈冥无形"，然"其中有精实，神明相薄"，属于"阴阳交会"① 的存在。特别是形而上学的大道本体，更是"穷乎无穷，布气天地，无所不通"的存在，从那里获得精神，自是"高而无上，罗而无外，无不包容"②。故"圣人守大道"，则"治身则天降神明，往来于己也。治身不害神明，则身安而大寿也"③。人若能无身，超越自我生命的存在，体悟形上之"道"，则"得道自然，轻举升云，出入无间，与道通神"④，就没有什么忧患了。这些皆是河上公《老子章句》保持原始道家形上大道哲学精神的地方。

《老子章句》不仅保持了原始道家形上大道哲学精神，更以元气自然论，发挥了稷下黄老学派"精、气、神"的学说。在河上公看来，精神不仅是"窈冥无形"者，更是"道"的"精气神妙"存在。正如"万物皆得道〔之〕精气而生"一样，其为精神存在，"精气神妙甚真"存在，亦是"神明相薄，阴阳交会"⑤ 者。人的这种内在精、气、神存在，是人阴阳之气交会的存在，是靠蓄养而成为精神，成为魂魄的。"人载魂魄之上得以生，当爱养之。喜怒亡魂，卒惊伤魄。魂在肝，魄在肺。美酒甘肴，腐人肝肺。故魂静志道不乱，魄安得寿延年也。"人若能"专守精气使不乱，则形体能应之而柔顺"；若"人能抱一，使不离于身，则〔身〕长存"⑥。"人精神好安静，驰骋呼吸，精神散亡；心贪意欲，不知餍足，则行伤身辱也。"⑦ 人要保持五藏空虚，精神安静，形神不离，就须清除情欲，拒绝外界声色财货的诱惑。因为它会产生种种疯狂的嗜欲贪念，劳动精神，使人丧失神明，进而危及人的生命。此即所谓"嗜欲伤神，财多累身"⑧"贪淫好色，则伤精失明"⑨ 者也。因此，人欲长生，欲要保持饱满的精神状态，"治身者当除情去欲，使五藏空虚，神乃归之"⑩，人能"除情欲，节滋味，清五脏，则神明居之也"⑪。河上公《老子

---

① 《老子章句·虚心第二十一》。
② 《老子章句·象元第二十五》。
③ 《老子章句·仁德第三十五》。
④ 《老子章句·厌耻第十三》。
⑤ 《老子章句·虚心第二十一》。
⑥ 《老子章句·能为第十》。
⑦ 《老子章句·检欲第十二》。
⑧ 《老子章句·运夷第九》。
⑨ 《老子章句·检欲第十二》。
⑩ 《老子章句·无用第十一》。
⑪ 《老子章句·用虚第五》。

章句》正是通过精、气、神的保养，为人的精神世界存在提供保障的。此乃河上公以元气自然论推动稷下黄老学派精神发展者也，亦其为魏晋道教神仙养生之术与神秘精神世界建立提供哲学本体论者也。

河上公《老子章句》的元气自然论哲学，虽然以精、气、神贯通了天地人，但讲"玄，天也，于人为鼻。牝，地也，于人为口"①，毕竟将天地之道的形上存在流入了形而下。以此讲"通天地之元气所从往来"，讲"天食人以五气，从鼻入藏于心，五气轻微，为精神聪明"；讲"地食人以五味，从口入藏于胃，五味浊辱，为形骸骨肉，血脉六情"，颇有将人的存在与天地存在相类比的性质。它在养生学上虽不能说没有一定道理，然以鼻口相比，说玄远幽深的天地之道，说"微妙玄通，深不可识"的大道本体，在本体论上流入形而下，则失去"独立而不改，周行而不殆"② 本原性质矣。这在精神史上则不能不说是一个后退。

从稷下黄老新学到河上公《老子章句》，不论是讲形上大道哲学精神，还是讲精、气、神的蓄养，对《淮南子》道学精神及神仙养生之术，皆是有影响的。现在先研究叙述《淮南子》道学精神境界，本章最后研究黄老道学宗教化与世俗化时，再叙述它的神仙养生之术与神圣精神世界发展。

## 四 《淮南子》的道学精神境界

《淮南子》为淮南王刘安集门客道术之士所著述。安乃淮南厉王刘长之子。长为高帝少子，于文帝六年谋反废，徙蜀，道死于雍。文帝十六年，怜厉王长之废法不轨，自失其国，乃立其三子于淮南故地，三分之，以阜陵侯刘安为淮南王。因此，按辈分说，刘安与景帝同辈，乃武帝之叔也。关于刘安的为人及其著述，《汉书》记载说：

> 淮南王安为人好书，鼓琴，不喜弋猎狗马驰骋，亦欲以行阴德，拊循百姓，流名誉。招致宾客方术之士数千人，作《内书》二十一篇，《外书》甚众，又有《中篇》八卷，言神仙黄白之术，亦二十余万言。时武帝方好艺文，以安属为诸父，辩博善为文辞，甚尊重之。每为报书及赐，

① 《老子章句·成象第六》。
② 《老子》第十五、二十五章。

常召司马相如等视草乃遣。初，安入朝，献所作《内篇》，新出，上爱秘之。使为《离骚传》，旦受诏，日食时上。又献《颂德》及《长安都国颂》。每宴见，谈说得失及方技赋颂，昏莫然后罢。①

从《汉书》记载可知，淮南王安不仅"为人好书，鼓琴，不喜弋猎狗马驰骋"，亦"欲以行阴德，拊循百姓，流名誉"。关于"招致宾客方术之士数千人"，作《内书》《外书》及《中篇》，"言神仙黄白之术"，《论衡》对此记述说："淮南王学道，招会天下有道之人，倾一国之尊，下道术之士。是以道术之士，并会淮南，奇方术，莫不争出。王遂得道，举家升天，畜产皆仙，犬吠于天上，鸡于云中。"②《风俗通义》亦说："淮南王安招致宾客方术之士数千人，作《鸿宝》《苑秘》枕中之书，铸成黄白，白日升天。谨按《汉书》淮南王安天姿辩博，善为文辞，孝武以属父，湛尊之。招募方伎怪迂之人，述神仙黄白之事，财殚力屈，无成获，乃谋叛逆。"③由上可知，《淮南子》非淮南王个人著作，乃"招致宾客方术之士"的著述。这些"并会淮南"宾客，有"道术之士"，亦有"方伎怪迂之人"，并非纯粹黄老道家人物。因此，才会"奇方术""言神仙黄白之术"，弄出"犬鸡食之，并随王而升天"一类怪异荒唐事来。淮南王之所谓"得道"，乃其学不正，其术邪僻者也，企图以此道术"行阴德，拊循百姓，流名誉"，最后走向谋反自杀，亦可悲也。

《汉书·艺文志》载《淮南子·内篇》二十一篇，《外篇》三十三篇。《汉书》所说《内书》二十一篇，即《淮南子·内篇》二十一篇，今尚存。有《道藏》本，清人校本甚多；近人有刘文典《淮南鸿烈集解》、何宁《淮南子集释》。《外书》甚众，从《艺文志》载其三十三篇可知；按《汉书》所载，尚有《中篇》八卷。这些书，除《内篇》，其他诸篇，皆是讲神仙黄白之术的。因此，《淮南子》的主要成就在"内篇"。

《淮南子·内篇》写成于何时？《汉书》所说"初，安入朝，献所作《内篇》"。张岂之主编《中国学术思想编年》（秦汉卷），依《史记·汉兴以来诸侯年表》所说淮南王"来朝"仅建元二年一次；又据《资治通鉴》卷一七说，淮南王来朝在是年的窦太后贬儒臣事之前，考之《史记·魏其武安侯列

---

① 《汉书·淮南衡山济北王传》。

② 《论衡·道虚》。

③ 《风俗通义》卷二。

传》武帝用儒臣事，及《前汉纪》卷九所说建元二年十月窦太后贬儒臣之事，因此，断定淮南王"初，安入朝，献所作《内篇》"为建元二年①，即武帝即位第二年。此年淮南王入朝，献所作《内篇》，然其书之成，亦当在此前不久的景帝时期。惟此，讲"新出，上爱秘之"，方是可以理解。

《淮南子》号称《淮南鸿烈》。鸿，大也，烈，明也，意思是说此书言光明大道也。后经刘向校定撰具，定名《淮南》。关于《淮南子·内篇》的思想内容与根本精神，高诱作《〈淮南子〉序》，说《内篇》："其旨近《老子》，淡泊无为，蹈虚守静，出入经道。言其大也，则焘天载地；说其细也，则沦于无垠；及古今治乱存亡祸福，世间诡异瓌奇之事，其义也著，其文也富；物事之类，无所不载。然其大较，归之于道。"虽其书"近《老子》，淡泊无为，蹈虚守静，出入经道"，可归于发挥黄老道家之术者，然"其大焘天载地，其细沦于无垠"；及论"古今治乱存亡祸福，世间诡异瓌奇之事"，则近于无根底矣。其《序》又说，刘安袭封淮南王，"天下方术之士多往归焉。于是遂与苏飞、李尚、左吴、田由、雷被、毛被、伍被、晋昌等八人及诸儒大山、小山之徒，共讲论道德，总统仁义，而著此书"，可知《淮南子》一书，主要是这些方术之士，诸儒大山、小山之徒所为。《内篇》虽属黄老道家之书，但从所说"讲论道德，总统仁义"看，已非纯属黄老道家之言，也融合了阴阳家、墨家、法家、儒家的一些思想。这里，我们先研究撰写《淮南子》内篇的道学精神，至于神仙黄白之术，留在本章最后，讲黄老道家之术的宗教化时再作进一步叙述。

《淮南子·内篇》"纪纲道德，经纬人事，上考之天，下揆之地，中通诸理"，连同《要略》，共二十一篇。《要略》述其要旨，虽然把它当作一个究天地之理，接人间之事，备帝王之道，相互联系、不可分割的整体看待，然仔细察看，其中《天文》《地形》《时则》《氾论》《兵略》《说山》《说林》诸篇，泛论天文、地理、时务、风俗、兵家之事，虽涉及形上之道，然多属形下事物，与形上道德精神存在，则关系不大。《人间》《修务》《主术》涉及社会政治思想与天下治理，不可不关注；《齐俗》《泰族》相当一篇古代文化人类学、民族学，亦不可不关注；至于《缪称》破碎道德之论，《道应》揽掇遂事之踪，《氾论》箴缕絮缴之间，《诠言》譬类人事，解喻治乱，也皆

---

① 张岂之主编：《中国学术思想编年》（秦汉卷），陕西师范大学出版社 2005 年版，第 107～109页。

是涉及微言至理者也，不可忽视。然《内篇》中真正讲述形上道德精神，与精神史有关者主要是《原道》《俶真》《览冥》《精神》《本经》《道应》几篇。

《淮南子》首篇讲原道，虽然也讲"夫道者，覆天载地，廓四方，柝八极，高不可际，深不可测，包裹天地，禀授无形"，讲"无形者，物之大祖；无音者，声之大宗"①的形而上学存在，但重点不是讲道的先验论、本体论存在，不像老子讲"有物混成，先天地生，寂兮寥兮，独立不改，周行而不殆，可以为天下母"②，庄子讲"夫道，自本自根，未有天地，自古以固存；神鬼神帝，生天生地"③的先验论、本体论存在那样明确，而是给人一种超越性与神秘性的感觉。如讲道的存在，"累之而不高，堕之而不下，益之而不众，损之而不寡，斫之而不薄，杀之而不残，凿之而不深，填之而不浅。忽兮怳兮，不可为象兮。怳兮忽兮，用不屈兮。幽兮冥兮，应无形兮。遂兮洞兮，不虚动兮。与刚柔卷舒兮，与阴阳俯仰兮"，极为超越！极其神秘！与其说《淮南子》在讲原道，还不如说是在讲对"道"的体验与领悟更好些，将《原道训》改为《体道训》或《悟道训》，更为准确些。

所以如此，或许作《淮南子》者认为，讲原道最为重要的，不是"道"的先验论、本体论存在问题，而是它的超越性神圣性形而上学存在，及如何把握它的问题，是如何获得道德感，如何成为得道者的问题。不管道体存在多么神秘，多么恍兮惚兮不可捉摸，只有获得"道"的存在，成为得道者，对于那些道士、方术之士以及要成为道士、成为得道者的人们，才是最重要的，才是最有价值和意义的。故《淮南子》讲道体形上存在，极具超越性，极具神圣性与神秘性。

那么，如何获得"道"的存在，成为得道者呢？《淮南子》认为，道不仅是"包裹天地，禀授无形"的形上存在，也是"太上之道，生万物而不有，成化像而弗宰"的自然存在。因此，要获得"道"，要成为得道者，最反对物于物而不能超越的知识，最反对怀有机械之心。因为道是"镜水之与形接也，不设智故"的存在，是"方圆曲直弗能逃"的存在，是"山以之高，渊以之深，兽以之走，鸟以之飞，日月以之明，星历以之行，麟以之游，凤以之翔"

---

① 《淮南子·原道训》。

② 《老子》第二十五、四十二章。

③ 《庄子·大宗师》。

的存在。若“物于物而不能超越”，其为知识，必陷于“方圆曲直”；若“机械之心藏于胸中，则纯白不粹，神德不全”。故曰：“道德上通，而智故消灭也。”① 在《淮南子》作者看来，“萍树根于水，木树根于土，鸟排虚而飞，兽蹠实而走，蛟龙水居，虎豹山处，天地之性”，皆是自然而然的事情。由此观之，“万物固以自然，圣人又何事焉”。因此，“天下之事，不可为也，因其自然而推之。万物之变，不可究也，秉其要归之趣”。怎样“因其自然而推之”，“秉其要归之趣”，而获得道呢？那就是《淮南子》所说的，大丈夫“恬然无思，澹然无虑，以天为盖，以地为舆，四时为马，阴阳为御，乘云陵霄，与造化者俱”，自然而然，“无为为之而合于道，无为言之而通乎德”。惟此，得道，获得自由，才能“上游于霄雿之野，下出于无垠之门”。此即所谓“执道要之柄，而游于无穷之地”者也。

《淮南子》认为，真正得道或达于道者，是人不失天性，心性合于道，使人性天性、人心道心的存在浑然一体。何为人的天性，人的天性怎样才能不失而合于道呢？《淮南子》说：

> 人生而静，天之性也；感而后动，性之害也。物至而神应，知之动也。知与物接，而好憎生焉。好憎成形，而知诱于外，不能反己，而天理灭矣。故达于道者，不以人易天，外与物化，而内不失其情，至无而供其求，时骋而要其宿。小大修短，各有其具，万物之至，腾踊肴乱而不失其数。是以处上而民弗重，居前而众弗害，天下归之，奸邪畏之，以其无争于万物也。故莫敢与之争。②

“人生而静，天之性也”云云，汉代儒家把这句话编入了《礼记·乐记》，遂成为儒家经典言论，然据《文子》引此话，乃知其为道家老子之言也。③《淮南子》讲这段话，虽没注出它为老子之言，但大体上亦是继承《文子》讲述老子“归根曰静”的思想。正如老子以此建立虚静深厚的心性本体论，讲圣人绝不以人易天，不以物欲扰乱淳朴如婴儿、虚静如处子的真情性一样，《淮南子》也是以此讲“达于道者，不以人易天，外与物化，而内不失

---

① 《淮南子·览冥训》。
② 以上均见《淮南子·原道训》。
③ 《文子·原道》。

其情"的。《淮南子》认为，人的先天本性与后天之性是有区别的。"所谓天者，纯粹朴素，质直皓白，未始有与杂糅者也。所谓人者，偶差智故，曲巧伪诈，所以俯仰于世人而与俗交者也。"天性者，天生之性也。故天性，即天即道也。"循天者，与道游者也。随人者，与俗交者也。"《淮南子》认为，"夫喜怒者，道之邪也。忧悲者，德之失也。好憎者，心之过也。嗜欲者，性之累也"。这些都是"知与物接，好憎成形，而知诱于外，不能反己"，破坏人之真情性者。与此相反，"清静者，德之至也。而柔弱者，道之要也。虚无恬愉者，万物之用也"。人的一生，万感万应，惟有"肃然应感，殷然反本"，获得无形纯一至道，然后"卓然独立，块然独处，上通九天，下贯九野，员不中规，方不中矩，大浑而为一，叶累而无根"，怀囊天地，方是"为道开门"。而达于道者，惟有"反于清静。究于物者，终于无为，以恬养性，以漠处神"，方能"入于天门"；天下事物，"万物有所生，而独知守其根；百事有所出，而独知守其门"，能"穷无穷，极无极，照物而不眩，响应而不乏"，方是真懂天道，知其大用者。对此，《淮南子》称之为"天解"①。在他们看来，"是故圣人之学也，欲以返性于初，而游心于虚也。达人之学也，欲以通性于辽廓，而觉于寂漠也"②，而一曲之士，是"不可与语至道"的，因为他"拘于俗、束于教也"。惟有圣人"不以人滑天，不以欲乱情"，能够"不谋而当，不言而信，不虑而得，不为而成，精通于灵府，与造化者为人"。这也是《淮南子》讲"圣人守清道而抱雌节，因循应变，常后而不先，柔弱以静，舒安以定"的道理。在淮南看来，得于道或达于道者，惟能以"至无而供其求，时骋而要其宿"，才能"处上而民弗重，居前而众弗害，天下归之，奸邪畏之"③。

《淮南子》认为，达于道者，不仅心性与天为一，更在于获得道德精神。正如道是天然存在一样，淮南所谓"精神"，亦是天然存在，是人生具有的精气与魂魄。故曰："精神，天之有也；而骨骸者，地之有也"；"夫精神者，所受于天也。而形体者，所禀于地也"；是天地之道，混沌二神，"别为阴阳，离为八极，刚柔相成，万物乃形，烦气为虫，精气为人"，赋予人的。人视为天生，人应遵守天道法则的，是故"圣人法天顺情，不拘于俗，不诱于人，

---

① 以上均见《淮南子·原道训》。

② 《淮南子·俶真训》。

③ 《淮南子·原道训》。

以天为父，以地为母，阴阳为纲，四时为纪"。天道法则就是虚无静漠的存在。故曰："夫静漠者，神明之定也。虚无者，道之所居也。"天道法则是不可违背的。"天静以清，地定以宁，万物失之者死，法之者生。"因此，人是不可"求之于外者，失之于内"，或"守之于内者，失之于外"① 的。

正因为精神是上天赋予人的精气与魂魄，所以《淮南子》讲得道者，特别注重人的精、气、神的蓄养与保护。这也是继承了战国以来黄老道家的一贯思想。但淮南讲精气神，极为重视形、气、神的关系。它说："夫形者，生之舍也。气者，生之充也。神者，生之制也。一失位，则三者伤矣。"在淮南看来，形、气、神三者，是不可不各得所安的："形者非其所安也而处之则废，气不当其所充而用之则泄，神非其所宜而行之则昧。此三者，不可不慎守也。"②《老子章句》以天人为鼻，以地人为口，讲"通天地之元气所从往来"。《淮南子》亦拿"天有风雨寒暑，人亦有取与喜怒"相喻，讲"胆为云，肺为气，肝为风，肾为雨，脾为雷"；讲"耳目者，日月也。血气者，风雨也"，将人的形体"与天地相参"，讲五藏及人的精、气、血、神的蓄养与保护，说"血气者，人之华也；而五藏者，人之精也"。若夫"血气能专于五藏而不外越，则胸腹充而嗜欲省矣。胸腹充而嗜欲省，则耳目清、听视达矣"；"精神盛而气不散则理，理则均，均则通，通则神，神则以视无不见，以听无不闻也，以为无不成也"③。

《淮南子》讲精气神，是以心志为主的，因此，讲精、气、神存在，更讲精神气志的统率作用。淮南认为，"夫孔窍者，精神之户牖也，而气志者，五藏之使候也"；"精神驰骋于外而不守，则祸福之至，虽如丘山，无由识之矣"④；"人之事其神而娆其精，营慧然而有求于外，此皆失其神明而离其宅也"⑤；若"嗜欲形于胸中，而精神逾于六马，此以弗御御之者也"。故曰"精神形于内，而外谕哀于人心，此不传之道"⑥。在精、气、神的存在中，"气为之充而神为之使也"；人之志，"各有所在，乃神有所系者"。人之所以陷入非理性，"招之而不能见也，呼之而不能闻"，皆在于"神失其守也"。

---

① 以上均见《淮南子·精神训》。
② 《淮南子·原道训》。
③ 以上均见《淮南子·精神训》。
④ 《淮南子·精神训》。
⑤ 《淮南子·俶真训》。
⑥ 《淮南子·览冥训》。

因此说："夫精神气志者，静而日充者以壮，躁而日耗者以老。是故圣人将养其神，和弱其气，平夷其形，而与道沉浮俯仰，恬然则纵之，迫则用之。如是则万物之化无不遇，而百事之变无不应。"①

《淮南子》不仅讲精气神的蓄养与保护，而且具有很高的精神世界追求。这个精神世界就是道的至精至神存在，就是得道者恬澹虚静，宁神息虑，与化一体，不为嗜欲所乱，所达到的精神境界。所说"静漠恬澹，所以养性也；和愉虚无，所以养德也。外不滑内，性不动和，养生以经世，抱德以终年，可谓能体道矣"②，就是讲的获得最高精神修养。这种道德精神修养像庄子一样，乃是"审乎无瑕，而不与物糅，见事之乱，而能守其宗"的事情，是"正肝胆，遗耳目，心志专于内，通达耦于一"的境界，是"居不知所为，行不知所之，浑然而往，逯然而来，忘其五藏，损其形骸，不学而知，不视而见，不为而成，不治而辩，感而应，迫而动，不得已而往，如光之耀，如景之放，以道为紃，有待而然"获得的，只有"以死生为一化，以万物为一方，同精于太清之本，而游于忽区之旁，有精而不使，有神而不行，契大浑之朴，而立至清之中，觉视于昭昭之宇，休息于无委曲之隅，而游敖于无形埒之野"③，所达到的。在淮南看来，"夫大块载我以形，劳我以生，逸我以老，休我以死。善我生者，乃所以善我死也"。人生于天地间，本为道体大化流行之存在；其为性命，乃天地之道所赋予的生命，就应该依道体流行而存在。"古之圣人，其和愉宁静，性也。其志得道行，命也"④，就是按照宇宙生命大化流行、生生不息而存在也！所以，《淮南子》也像老子、庄子一样，特别追求向往圣人、真人、至人的道德精神境界：

> 圣人不以人滑天，不以欲乱情，不谋而当，不言而信，不虑而得，不为而成，精通于灵府，与造化者为人。
> 圣人处之，不为愁悴怨怼，而不失其所以自乐也。则内有以通于天机，而不以贵贱、贫富、劳逸失其志德者也。⑤

---

① 《淮南子·原道训》。
② 《淮南子·俶真训》。
③ 《淮南子·精神训》。
④ 《淮南子·俶真训》。
⑤ 《淮南子·原道训》。

古之真人，立于天地之本，中至优游，抱德炀和。①

真人者也，性合于道也。明白太素，无为复朴，体本抱神，以游于天地之樊；芒然仿佯乎尘垢之外，而消摇于无事之业。

真人之所游，若吹呴呼吸，吐故内新，不以滑心，使神滔荡而不失其充，日夜无伤而与物为春，则是合而生时于心也。

至人倚不拔之柱，行不关之途，禀不竭之府，学不死之师，无往而不遂，无至而不通。生不足以挂志，死不足以幽神，屈伸俯仰，抱命而婉转。若此人者，抱素守精，蝉蜕蛇解，游于太清，轻举独往，忽然入冥。②

《淮南子》不仅有自己的道德精神世界追求，亦有自己的政治理想境界。这种理想境界就是黄老学派所发展起来的无为而治。所说"无为为之而合于道，无为言之而通乎德""漠然无为而无不为也，澹然无治也而无不治也"③，就是一种无为而治的最高境界。淮南认为，"无为者，道之宗。故得道之宗，应物无穷，任人之才"，才能达到至治；"人主之术，处无为之事，而行不言之教，是故虑无失策，谋无过事，言为文章，行为仪表于天下"；与此相反，"上多故则下多诈，上多事则下多态，上烦扰则下不定，上多求则下交争"，则无以为治了。故曰："君人之道，处静以修身，俭约以率下。静则下不扰矣，俭则民不怨矣。下扰则政乱，民怨则德薄。"④ 淮南认为，"至人之治也，心与神处，形与性调，静而体德，动而理通。随自然之性，而缘不得已之化，洞然无为，而天下自和，憺然无欲而民自朴"⑤。显然，这种政治乃是以自然人性论为基础，建立在人的先天道德本性之上的。故曰："清净恬愉，人之性也。仪表规矩，事之制也。知人之性，其自养不勃，知事之制，其举错不惑。"⑥ 在淮南看来，"神明定于天下，而心反其初。心反其初，而民性善。民性善而天地阴阳从而包之，则财足而人澹矣，贪鄙忿争，不得生焉"。虽然淮南亦讲仁义礼乐，但他们与儒家所讲的仁义礼乐是不同的。它继承老子

① 《淮南子·俶真训》。
② 《淮南子·精神训》。
③ 《淮南子·原道训》。
④ 以上均见《淮南子·主术训》。
⑤ 《淮南子·本经训》。
⑥ 《淮南子·人间训》。

"失道而后德，失德而后仁，失仁而后义，失义而后礼"① 的思想，认为"道散而为德，德溢而为仁义，仁义立而道德废矣"②。因此，虽然淮南有时也讲"仁义者，治之本也"③；讲"仁者，百姓之所慕也。义者，众庶之所高也"④，但从最高治理上说，还是把仁义礼乐看作治理辅助手段，而不能成为至治根本的。故曰："夫仁者，所以救争也。义者，所以救失也。礼者，所以救淫也。乐者，所以救忧也"，故曰："仁义礼乐者，可以救败，而非通治之至也。"要达到至治，成为最好的治理，只有道德定于天下。"道德定于天下而民纯朴，则目不营于色，耳不淫于声，坐俳而歌谣，被发而浮游，虽有毛嫱、西施之色，不知说也"。而若不是这样，"德衰然后仁生，行沮然后义立，和失然后声调，礼淫然后容饰"，则"立仁义，修礼乐，则德迁而为伪矣"⑤。是故"圣人内修道术，而不外饰仁义，不知耳目之宣，而游于精神之和"⑥，"是故至人之治也，掩其聪明，灭其文章，依道废智，与民同出于公"⑦。

淮南认为，"洞同天地，浑沌为朴，未造而成物，谓之太一"⑧，"太一之精，通于天道"⑨，"夫天地运而相通，万物总而为一。能知一，则无一之不知也"⑩。道是经纪条贯的存在。因此，圣人治理天下，总是体于太一本体，明于天地之情，通于道德之伦。"国之所以存者，道德也。家之所以亡者，理塞也。"⑪ 惟有立于天道本体，立于人的道德本性基础上，方可达于至道，才能"政教平，仁爱洽，上下同心，君臣辑睦，衣食有余，家给人足，父慈子孝，兄良弟顺，生者不怨，死者不恨，天下和洽"。没有道的总体把握，只是孤立地强调某一方面的治理，是不足为治的。"晚世学者，不知道之所一体，德之所总要，取成之迹，相与危坐而说之，鼓歌而舞之，故博学多闻，而不

---

① 《老子》第三十八章。
② 《淮南子·俶真训》。
③ 《淮南子·泰族训》。
④ 《淮南子·修务训》。
⑤ 以上均见《淮南子·本经训》。
⑥ 《淮南子·俶真训》。
⑦ 《淮南子·原道训》。
⑧ 《淮南子·诠言训》。
⑨ 《淮南子·主术训》。
⑩ 《淮南子·精神训》。
⑪ 《淮南子·汜论训》。

免于惑。"① 虽然淮南认为，"孔子之明，以小知大，以近知远，通于论者也"②，然其过分强调礼乐之治，不能立于至极太一之道，亦失之偏颇。在淮南看来，"夫弦歌鼓舞以为乐，盘旋揖让以修礼，厚葬久丧以送死，孔子之所立也，而墨子非之。兼爱尚贤，右鬼非命，墨子之所立也，而杨子非之。全性保真，不以物累形，杨子之所立也，而孟子非之"③，皆是强调某一方面的治理，而不能立于太一之道，从最高处把握天下治理。

淮南认为，最高的政治是自然无为，以至道化成天下，达到至精至神境界，其他都是此道的变化。故曰"至道无为，一龙一蛇，盈缩卷舒，与时变化"④，"唯神化为贵，至精为神"⑤；故曰"主道员者，运转而无端，化育如神"⑥，"业贯万世而不壅，横扃四方而不穷，禽兽昆虫，与之陶化，又况于执法施令乎"⑦。是故圣人之治，"内修道术，而不外饰仁义，不知耳目之宣，而游于精神之和"。对于仁义礼智的作用，《淮南子》虽讲"礼者，实之文也。仁者，恩之效也。礼不过实，仁不溢恩也，治世之道也"⑧。讲孔子使鲁人不复赎人于诸侯，"可谓知礼矣"⑨，然它这样讲，是以礼教之用，不以过为原则的。过则难以为治也，是不可能大道教化天下最高理想的。故曰："圣人制礼乐，而不制于礼乐。治国有常，而利民为本。"⑩ 从这一点出发，《淮南子》认为，"王道缺而《诗》作，周室废，礼义坏，而《春秋》作。《诗》、《春秋》，学之美者也，皆衰世之造也，儒者循之，以教导于世，岂若三代之盛哉！"⑪ 而"周室衰而王道废，儒墨乃始列道而议，分徒而讼，于是博学以疑圣，华诬以胁众，弦歌鼓舞，缘饰《诗》、《书》"，乃"以买名誉于天下"⑫者也，是不符合最高大化治理的。而且这样做的结果，"立仁义，修礼乐，则

---

① 《淮南子·本经训》。
② 《淮南子·齐俗训》。
③ 《淮南子·氾论训》。
④ 《淮南子·俶真训》。
⑤ 《淮南子·主术训》。
⑥ 《淮南子·主术训》。
⑦ 《淮南子·主术训》。
⑧ 《淮南子·齐俗训》。
⑨ 《淮南子·道应训》。
⑩ 《淮南子·齐俗训》。
⑪ 《淮南子·氾论训》。
⑫ 《淮南子·俶真训》。

德迁而为伪矣"。此乃"饰智以惊愚，设诈以巧上"① 之治也，非理想之治也，是达不到政治的至精至神境界。讲"今夫儒者不本其所以欲，而禁其所欲；不原其所以乐，而闭其所乐，是犹决江河之源，而障之以手也"，讲"颜回、季路、子夏、冉伯牛，孔子之通学也，皆迫性拂情，而不得其和也"②，则是对儒家过分强调礼制进行批评的，而且是有针对性的。淮南诸人处于汉代景帝时期，乃儒家思想复兴之前夜。《淮南子》这些讲法及其针对性批评，无疑将儒道之争摆到了政治舞台上。

淮南王广招宾客术士而编撰《淮南鸿烈》之书，淮南讲"心者，身之本也。为治之本，务在宁民"③；讲"天下有三危：少德而多宠，一危也。才下而位高，二危也。身无大功而受厚禄，三危也"④，认识到治国首先在治心治身，这些为治之道上，都是很重要的。特别是讲"故天下神器，不可为也"；讲"自得者，全其身者也。全其身，则与道为一"；讲"夫有天下者，岂必摄权持势，操杀生之柄，而以行其号令邪"⑤；以及讲"夫道者，无私就也，无私去也"⑥ 等，无疑认识到了国家作为神器存在的神圣性，及其妄为的危险性！故警告说："动静者，利害之枢机也。百事之变化，国家之治乱，不可不慎也。"⑦ 然淮南之道术，并不纯粹至正，其讲"欲刚者，必以柔守之；欲强者，必以弱保之"；讲"柔弱者，生之干也；而坚强者，死之徒也。先唱者，穷之路也；后动者，达之原也"⑧ 等等，皆是属权谋思想的。虽已认识到"福之为祸，祸之为福，化不可极，深不可测"；"祸之来也，人自生之。福之来也，人自成之"⑨，然作为一个坚强者，终难成为死之徒，不能说不是道学不纯粹至正所致也。

这发展到严君平《老子指归》的"道非虚无自然不演"，讲道、讲德、讲神明、讲太和之道、讲形上精神，虽然亦存在着神秘主义倾向，然在道体哲学上，则要较之淮南要纯粹些！

---

① 《淮南子·本经训》。
② 《淮南子·精神训》。
③ 《淮南子·泰族训》。
④ 《淮南子·人间训》。
⑤ 《淮南子·原道训》。
⑥ 《淮南子·览冥训》。
⑦ 《淮南子·人间训》。
⑧ 均见《淮南子·原道训》。
⑨ 《淮南子·人间训》。

## 五　《道德指归》的大道哲学精神

中国文化发展与欧洲相比，有一个很大不同的特点，那就是欧洲文化哲学发展从柏拉图、奥古斯丁到启蒙运动思想家，不论是出身于贵族，还是来源于教会，主要集中于都市上层，而中国文化哲学发展，商周以来一直植根于华夏大地上，来源于深层民间的，如伊尹耕于有莘之野、傅说隐于傅岩之野、太公钓于渭水之阳、河上公居河之滨等。黄老道家的文化哲学发展也是这样。稷下学派、淮南术士之为学，虽然有半官方的性质，然其学者也多是由各地隐士、名士会集起来的。因此，虽然汉代黄老道家学术思想发展成为了政治意识形态，但它作为一个文化哲学思潮的发展，并没有失去它深层社会文化基础。严君平卜筮于成都市而作《老子指归》就是这样。

严君平乃汉成帝时隐士，蜀郡成都市人，原姓庄，名遵，字君平。班固撰写《汉书》时，为避讳明帝刘庄之名，改"庄"为"严"。是故，著作中凡题"庄子曰"者，即严君平也。关于严君平的生平状况，《汉书》记载说：

> 蜀有严君平，皆修身自保，非其服弗服，非其食弗食。成帝时，元舅大将军王凤以礼聘子真，子真遂不诎而终。君平卜筮于成都市，以为"卜筮者贱业，而可以惠众人。有邪恶非正之问，则依著龟为言利害。与人子言依于孝，与人弟言依于顺，与人臣言依于忠，各因势导之以善，从吾言者，已过半矣"裁日阅数人，得百钱足自养，财闭肆下帘而授《老子》。博览亡不通，依老子、严周之指著书十余万言。……君平年九十余，遂以其业终，蜀人爱敬，至今称焉。①

看得出，严君平是位品质很高、德行很广的民间学者。扬雄少时从严君平学，后来居职，常向朝廷宰臣称赞严君平！所著《法言》说："蜀庄之才之珍也，不作苟见，不治苟得，久幽而不改其操。虽随、和何以加诸？举兹以旃，不亦珍乎？吾珍庄也，居难为也。"② 称"不作苟见，不治苟得"，可知其学术，不人云亦云、独立自主、坚持己见也；讲"久幽而不改其操"，可见

---

① 《汉书·王贡两龚鲍传》。
② 《法言·问明》。

其耐得住清贫寂寞，操守贞正之不苟也。这样德高望重、远见卓识而有操守的人，扬雄将其视为隋侯珠、和氏璧的珍贵高洁存在，是可以理解的。蜀地为其立祠，并将其与孔子相比。李权讲"仲尼、严平，会聚众书，以成《春秋》《指归》之文。故海以合流为大，君子以博识为弘"；秦宓讲"书非史记、周图，仲尼不采；道非虚无自然，严平不演"①，可知严君平的道德之高洁，学术之纯正！另外，从《华阳国志》所说"君平专精大《易》，耽于《老》《庄》，著《指归》，为道书之宗"②，亦可知君平《道德指归》（以下简称《指归》）并非一般道家支流之书，乃是洞彻《图》《书》，精于大《易》，融合《老》《庄》，贯通上古大道真脉的著作。

《指归》共十三卷，前七卷释老子《德经》，后六卷释老子《道经》。全书《德经》四十，《道经》三十二，共七十二篇。其书《汉书·艺文志》不载；《隋书·经籍志》录《老子指归》十一卷；《旧唐书·经籍志》录《指归》十四卷。《谷神子序》说："《道德指归论》，陈、隋之际已逸其半，今所存者只《论德篇》。"唐明皇作《道德真经疏外传》新解，此书独传，诸家尽废。宋以后《指归》只存前七卷，后六卷缺失，或与此亦有关。今存《指归》，有《道藏》本，有《秘栅彚函》《津逮秘书》本。近年中华书局出版有王德有先生辑录轶文点校本《老子指归》。

《指归》归于何处？它主要告诉读者什么？指归的方向是什么？《指归》"说二经目"曰："昔者老子之作也，变化所由，道德为母。"道即形上之道，德即形上之道的大用。"道德为母"，即道体大用。这就是说，严君平所要指归的，乃是《老子》所作"变化所由，道德为母"的本体论所在。整部《指归》，"效经列首，天地为象，上经配天，下经配地，阴道八，阳道九，以阴行阳，故七十有二首"，"以阳行阴，故分为上下，上经四十而更始，下经三十有二而终"，"上经覆来，下经反往，反复相过，沦为一形"，"冥冥混沌"，皆是以"道为中主"为本体论存在展开，"重符列验，以见端绪"的；而"智者见其经效，则通乎天地之数"的存在，以及"阴阳之纪、夫妇之配、父子之亲、君臣之仪"③的伦理道德存在与精神的存在，皆是由此道德把本体引出的。道德本体，即道"变化所由"，人感悟得之，谓之德者也。虽然形上之

---

① 《三国志·蜀书·秦宓传》。
② 《华阳国志·蜀郡士女篇》。
③ 《老子指归》序。

"道"为客观存在，人不得之，非为人的存在，亦不可曰道也。惟人得之，方可为道、为德、为哲学、为本体论存在。是故，道德本体，即道体，即道体大用，即道德哲学，即大道本体论存在。这就是说，整部《指归》，都是发挥《老子》"变化所由，道德为母"的本体论，讲道体大用，讲道德哲学，讲道体大化流行宇宙观与人生哲学，讲道体所发展出来之精神世界的。

这个道德本体，即是"天地所由，物类所以，道为之元，德为之始，神明为宗，太和为祖"① 的存在；亦即"道以太虚之虚无所不禀，德以致无之无无所不授；道以无为之为品于万方而无首，德以无设之设遂万物之形而无事，故能陶性命，[冶] 情意，造志欲，化万事"② 的存在。不论怎样讲道德本体，它都不是在形而下意义上讲的，而是在形而上意义上讲的，在虚无无为形上本体论意义上讲的。所谓"道德之化，变动虚玄。荡荡默默，汛汛无形，横溔慌忽，浑沌无端。视之不见，听之不闻，开导禀授，无所不存。功成遂事，无所不然。无为之为，万物之根"③；所谓"有虚之虚者开导禀受，无然然者而然不能然也；有虚者陶冶变化，始生生者而不能生也"④ 等，就是指道德本体自然虚无，道体自然虚无之存在也。惟此，秦宓才讲"道非虚无自然，严平不演"。《指归》这些讲法，虽意在发挥老子"有生于无"之义，但一再强调无之无是生于无，未始之始是为太始，无疑提升了道体形而上学存在，并且在哲学上影响了王弼讲"本无"思想。

形上之"道"，大道本体，本是真实无妄、实有是理存在，为何曰"自然虚无"呢？因为形上之"道"是阴阳化育的纯粹法则，是一阴一阳之"道"提高升腾起来的最高法则，是会通一切、旁通一切的存在，是周流宇宙、贯通万物的存在，是无物不然、万物一然的存在。不虚无自然，如何能贯通一切、周流一切，成为化生万物的法则，成为宇宙万物本体存在呢？试想，以一个实体的存在，不论这个实体是什么样的，是阴阳之物，还是牝牡的存在，它自身能够会通一切、旁通一切、周流宇宙、贯通万物，成为生化万物的本体存在吗？这是不可能的。惟此，君平才讲"虚无为常，清静为主，通达万天，流行亿野，万物以然，无有形兆，睿然独存，玄妙独处"⑤；讲道德"清

---

① 《老子指归·上德不德篇》。
② 《老子指归·道生篇》。
③ 《老子指归·为学日益篇》。
④ 《老子指归·道生一篇》。
⑤ 《老子指归·得一篇》。

浊太和，至柔无形，包里天地，含囊阴阳，经纪万物，无不维纲"①。惟此虚无之道，才能贯通一切、周流一切，生化万物，成为宇宙万物本体存在。此乃"达道之心，通天之理"② 者也；亦老子"致虚极，守静笃，万物并作，吾以观复"③ 者也。但不管这个道怎样自然虚无，怎样无外无内，混混沌沌，芒芒泛泛，不可左右，它仍然是真实无妄之理，是生化宇宙万物的客观法则，而不是虚妄的存在；若只是虚妄的存在，或者价值设定，也是不可为道，为宇宙万物本体存在的。故曰："无无无始，不可存在；无形无声，不可视听；禀无授有，不可言道。无无无之无，始末始之始，万物所由，性命所以，无有所名者谓之道"④；故曰："道之所生，天之所兴。始始于不始，生生于不生，存存于不存，亡亡于不亡。凡此数者，自然之验、变化之常也。"⑤

　　道体存在，不仅为真实无妄之理，为客观法则，而且其为本体存在，是至精至神至妙、不可言喻的；生息变化，是阴阳不测的；道之为物，是极为神妙的。所谓"道德，天地之神明也；天地，道德之形容也"⑥；所谓"道德变化，陶冶元首，禀授性命乎太虚之域，玄冥之中，而万物混沌始焉"⑦；所谓"道德神明，清浊太和，浑同沦而为体，万物以形"⑧；以及所谓"有无之无者而神明不能改，造存存者而存不能存也；有无者纤微玄妙，动成成者而成不能成也"等，就是指道体至精至神至妙、不可言喻的存在，及其阴阳不测的神妙大用。

　　人是原于天，本于天的，人之所谓"性、命、情、意、志、欲"，皆是禀于道，受于德的，从天道本体大用那里获得的。人惟有"知道以太虚之虚无所不禀，知德以致无之无无所不授；道以无为之为品于万方而无首，德以无设之设遂万物之形而无事"，才能"陶性命，冶情意，造志欲，化万事"。故曰"凡此六者，皆原道德，千变万化，无有穷极，唯闻道德者，能顺其则。性精命高，可变可易；性粗命下，可损可益；若得根本，不滞有无。是故，天地人物，含心包核，有类之属，得道以生而道不有其德，得一而成而一不

① 《老子指归·至柔篇》。
② 《老子指归·天下有始篇》。
③ 《老子》第十六章。
④ 《老子指归·道生一篇》。
⑤ 《老子指归·行于大道篇》。
⑥ 《老子指归·道生篇》。
⑦ 《老子指归·不出户篇》。
⑧ 《老子指归·出生入死篇》。

求其福"①。而若能"以无有之有，通无间，游无理，光耀有为之室，澄清无为之府，出入无外而无圻，经历珠玉而无朕"②，感而通之，获得道德，以至于玄冥境界，则"以知深微纤妙和弱润滑之大通，无知无识无为无事之有大功"③矣。

因此，人的整个道德品质和精神世界，皆是原于道，原于道体大用的，皆是以"道为之元，德为之始，神明为宗，太和为祖"获得的，只是获"道"之不同，气有清浊、性有精粗、情有美恶、意有大小而已。《指归》把经过道德教化，获得不同道德品质的人，分为道人、德人、仁人、义人、礼人。严君平认为，不论是"虚无无为，开导万物"的道人，"清静因应，为所不为"的德人，还是"兼爱万物，博施无穷"的仁人，"理名正实，处事之义"的义人，"谦退辞让，敬以守和"的礼人，皆是"乐长生，尊厚德，贵高名，各慎其情性，任其聪明"的，皆是"道其所长，归其所安"者。至于"趋物舛驰，或否或然，变化殊方，建号万差"，人性不同，德有优劣，只是"世有盛衰，风离俗异，民命不同"④而已。

既然人性是本于天的，人的道德品质是禀于道，受于德，从道体大用那里获得的，而道体存在是至精至神至妙、不可言喻的，生息变化大用是阴阳不测、极为神妙的，那么，人感通它，领悟它，获得它，得之谓德，其为道德意识或道德精神，自然也是至精至神、极为美妙的！君平所讲"本我之生，在于道德"⑤；讲"上德之君，体道而存。神与化伦，德动玄冥"⑥；讲"圣人虚心以原道德，静气以存神明，损聪以听无音，弃明以视无形"⑦；以及讲"我性之所禀而为我者，道德也；其所假而生者，神明也"⑧等，就是讲人从道体存在那里获得道德精神世界的。"人能入道，道亦入人，我道相入，沦而为一"，及至"守静至虚，我为道室"⑨，内心也就成为道德精神世界存在了。

---

① 《老子指归·道生篇》。
② 《老子指归·至柔篇》。
③ 《老子指归·不出户篇》。
④ 《老子指归·上德不德篇》。
⑤ 《老子指归·不出户篇》。
⑥ 《老子指归·上德不德篇》。
⑦ 《老子指归·至柔篇》。
⑧ 《老子指归·名身孰亲篇》。
⑨ 《老子指归·天下有始篇》。

可以说，严君平整部《指归》，就是以"建道抱德，摄精畜神"① 为道德哲学宗旨，立于大道本体论，建立人的道德精神世界的。

严君平认为，获得道德，获得道体大用的精神世界，乃是人安身立命的所在，吉凶祸福的所在。在他看来，道德世界的变化，"无无之无，始始之始，无外无内，混混沌沌，芒芒泛泛，可左可右！"整个世界变化，"天地之应因于事，事应于变，变无常时，是以事不可预设而变不可先图"② 的，是"高大无极，深微不测，上下不可隐议，旁流不可揆度"的。但不管千变万化，多么高不可极，深不可测，但万物万化，皆是"性命自然，动而由一也"，由一开始的。故曰"天地之外，毫厘之内，禀气不同，殊形异类，皆得一之一以生，尽得一之化以成。故一者，万物之所导而变化之至要也，万方之准绳而百变之权量也"③。老子讲"天得一以清，地得一以宁，神得一以灵，谷得一以盈，万物得一以生，侯王得一以为天下贞"④ 云云，实际上乃是要人的道德修养达到"性命自然，动而由一"的最高境界，达到"万物之所导而变化之至要，万方之准绳而百变之权量"的最高标准！此乃"性命淳美，变化穷极，进退屈伸，不离法式"。故曰"得一而存，失一而没"。天地万物，千变万化，始于一，归于一，其他都是过程，都是体用变化流形。变化流形，终归于一，故曰"阴阳自起，变化自正""消息自起，存亡自正""虚实自起，盛衰自正""和平自起，万物自正"。惟有守一，惟"变化不极，反复不穷，物类托之，不失其中"，惟"无知无识，无为无事，以顺其性"，惟"去聪去明，虚无自应""无度无数，无爱无利"，才可"以保其命"。此即"能知一，千变不穷，万输不失"⑤ 者也。人的一生，得之与亡，或病或利，全在造化之心能和正以公；"益我货者损我神，生我名者杀我身"⑥；而若只是盲目地追求名誉地位、货利金钱，丧失精神，"道德不居，神明不留"，则"大命以绝，天不能救"；若"魂魄浮游，神明去矣"，则"身死名灭，祸及子孙"矣。在严君平看来，人的一生，得失存亡、吉凶祸福，惟"道德是佑，

① 《老子指归·建善篇》。
② 《老子指归·上德不德篇》。
③ 《老子指归·得一篇》。
④ 《老子》第三十九章。
⑤ 以上均见《老子指归·得一篇》。
⑥ 《老子指归·持而盈之篇》。

神明是助"；道德神明，则"名显自然，富配天地"①。

大道旷荡，品物流形，玄玄苍苍，无不归复。得一或归于一，就是归于浑朴纯真的原始状态，归于"性命自然，动而由一"的性命淳美存在。《指归》讲"捐聪明，弃智虑，反归真朴"；讲"盛德之人，敦敦悾悾，若似不足，无形无容，简情易性，化为童蒙"等，就是讲人归于浑朴纯真的状态，归于性命淳美的存在。人归于这种状态，才能"游于太素，轻物傲世，卓尔不污，喜怒不婴于心，利害不接于意"；才能"身体居一，神明千之，变化不可见，喜欲不可闻，若闭若塞，独与道存"②。这种"身体居一，独与道存"的生存状态，不是物在，不是知识，不是度数，不是思虑，不是作为，而是"上与神明同意，下与万物同心"的清静因应，是"动与之反，静与之存，空虚寂泊，使物自然"③的高妙精神。达此状态，乃圣人"虚心以原道德，静气以存神明"④者也。惟神无所思，志无所虑，才能聪明玄远，知故窒塞，自然大通。严君平据《老子》"大方无隅，大音希声，大象无形，道隐无名，唯道善贷且成"⑤之说，认为"道之为化也，始于无，终于末，存于不存，贷于不贷，动而万物成，静而天下遂也"。人若"生之以道，养之以德，导之以精神，和之以法式"，能"言于不言，神明相传；默然不动，天下大通"；能"进而万物存，退而万物丧，天地与之俯仰，阴阳与之屈伸"，则"道盛无号，德丰无谥，功高无量，德弥四海"⑥矣。

《指归》不仅本于道体大用，讲人生哲学，建立道德精神世界，而且以此追求大政治理想，特别是大国理想。自古以来，称皇、称帝、称王、称伯，抑或"伯非伯、王非王、帝非帝、皇非皇"者，千变万化，不可为计，何以明之？易姓而王，封于泰山，禅于梁父者，七十有二，有无数不可识者、不可称言者，性命不同、功名不齐，如何判断其是非呢？《指归》提出了一个很高的道德标准，那就是"上德之君，体道而存，神与化伦，德动玄冥"；"下德之君，体德而行，神与化游，德配皇天"。特别是上德之君，其体道神化的道德精神世界，是极为神明、精微、高原、祥和的：

---

①　以上均见《老子指归·名身孰亲篇》。

②　以上均见《老子指归·上士闻道篇》。

③　《老子指归·不出户篇》。

④　《老子指归·至柔篇》。

⑤　《老子》第四十一章。

⑥　《老子指归·上士闻道篇》。

　　上德之君，性受道之纤妙，命得一之精微，性命同于自然，情意体于神明，动作伦于太和，取舍合乎天心。神无所思，志无所虑，聪明玄远，寂泊空虚。动若无形，静若未生，功若天地，事如婴儿。遗形藏志，与道相得。溟涬蒙洍，天下莫知。潼溶方外，翱翔至远。阴阳为使，鬼神为谋。身与道变，上下无穷。进退推移，常与化俱。故恬淡无为而德盈于玄域，玄默寂寥而化流于无极。恩不可量，厚不可测，兼包大营，泽及万国，天下咪咪喁喁，皆蒙其化而被其和。

　　此乃上德之君，体道化伦、德流万物的高贵品质与精神世界，亦指国治天下者内心应有的高贵品质与精神世界也。在严君平看来，治国平天下，应因于事，事应于变，是变化无常的，是"事不可预设而变不可先图"的，因此，是不可能完全靠主观设定，制定强硬措施和僵化制度的。上德之君，大丈夫之化成天下，应该"体道抱德，太虚通洞，其静无体，动而无声，玄默暗昧，朴素为先"；应"违礼废义，归于无事，因时应变，不豫设然；秉微统要，与时推移，取舍屈伸，与变俱存"①。惟此，天下才能自然归化！不难看出，严君平所追求的理想政治，乃是一种高度无为而治的社会！君平认为，治理这样一个社会，没有道体高深精微道德修养是不行的，因为它是建立在自然虚无的道德哲学基础上的。不能领悟此道的精微高妙、虚无自然，不能神明它虚无无为而为万物之宗的存在，其为治也，就不能"身与道变，上下无穷，进退推移，常与化俱"，不能"神与化游，德配皇天"，开导万物，德归万物，使天下治理达到"恬淡无为而德盈于玄域，玄默寂寥而化流于无极"的政治境界。因此，严君平讲无为而治的政治理想，并非仅仅是描述这样一个理想社会存在，而且一再讲述它存在的道德深厚、精微、高妙的道德哲学基础：

　　夫道以无有之有，通无间，游无理，……道德无为而天地成，天地不言而四时行。凡此两者，神民之符，自然之验也。……是以圣人，虚心以原道德，静气以存神明，损聪以听无音，弃明以视无形，览天地之

① 以上均见《老子指归·上德不德篇》。

变动，［观］万物之自然，以睹有为乱之首也，无为治之元也①。

阴阳进退，四时变化，深微隐匿，窅冥之事，无所遁之。……故圣人之为君也，不知以因道，不欲以应天，无为以道世，无事以养民，上与神明同意，下与万物同心，空虚寂泊，使物自然。②

无为微妙，周以密矣；滑淖安静，无不制矣；生息聪明，巧利察矣；通达万方，无不溉矣。故曰：有为之元，万事之母也。圣人得之，与物反矣。故能达道之心，通天之理……不听之闻，与天同聪；不视之见，与天同明；不言之化，与天同德；不为之事，与天同功。所守者要，所然者详，道德之明不蔽，而天地之虑达通。③

严君平《指归》认为，治国平天下，不应靠知识、靠技巧、靠智慧、靠权谋、靠暴力，而应靠陶冶天地，造化万物，无为无不为的大道，靠这个最为根本的存在。此道虽是"视之不见，听之不闻"的形而上学存在，然其"开导禀授，无所不存。无为之为，万物之根"。"由此观之，不知之知，知之祖也；不教之教，教之宗也；无为之为，为之始也；无事之事，事之元也"④。此乃"玄圣所道，处士所传"者，是国之有为、天下有治的存在，是千古万古文化传统，是"言顺天地而不已，行合人心而不悖"⑤ 的政治行为，是"自然之验，变化之常"的根本法则和人间常道。可以说，君平《指归》比以往任何黄老哲学家为实现无为而治的政治理想，都提供了大量充分的大道本体论的根据。但人类毕竟创造了文化，发展了技术，这些文化与技术影响着人类的行为与社会发展，忽视这一点，根据自然法则，无为而治，是不可能的。这正如《淮南子》所说"地势水东流，人必事焉，然后水潦得谷行；禾稼春生，人必加功焉，故五谷得遂长"，只是"听其自流，待其自生"，不可废"鲧、禹之功，后稷之智"⑥。但只要大道的宇宙法则存在，人的道德本性存在，天下之治，就不能过度干预自然法则，破坏人性天然美好存在，以知识、技巧、智慧、权谋、暴力等手段扭曲它、破坏它。那样是治不了国的，

---

① 《老子指归·至柔篇》。
② 《老子指归·不出户篇》。
③ 《老子指归·天下有始篇》。
④ 《老子指归·为学日益篇》。
⑤ 《老子指归·万物之奥篇》。
⑥ 《淮南子·修务训》。

平不了天下的！从这个意义上说，严君平一再讲"圣人去力，去巧，去知，去贤，建道抱德，摄精畜神"①；讲"圣人之言云：我无为而民自化"② 等，还是非常有道理，值得注意的！

黄老道家思潮发端于稷下学派，盛行于秦汉，文景时期由学术思想发展为政治意识，一度成为与儒学竞争的主流学术思想与文化意识，然其及至武、昭之后，则渐渐衰落矣。但这种学术思潮发展到武、昭之后并未消失，其玄妙、精微、神明的道德存在，愈来愈宗教化，成为道教教理，而其精、气、神存在结合黄白之术，成了神仙养生之理。因此，黄老道家学术出现一种愈来愈宗教化倾向。

## 六　黄老道家学术的宗教化倾向

黄老道家学术的宗教化倾向出现是和秦汉文化历史发展联系在一起的。殷周之后，中国文化走向成熟，由道体形而上学代替了神性形而上学，由形上之"道"的存在代替了鬼神的存在，因此，在信仰上也由礼教代替了宗教。但这只是发生在社会上层，在学术界主流与士人阶层中，而在社会底层的普通人民群众却并没有从哲学上解决信仰与信念问题。周末礼乐崩溃，便发生了信仰危机。《诗经》所讲"昊天上帝，则不我虞"③ "荡荡上帝，下民之辟。疾威上帝，其命多辟"④，就反映了这种危机。经过秦汉时期大变革，更加剧了这种危机。因为汉朝虽取得了天下，但不论是在宗教上，还是在哲学上，社会底层普通人民群众中，皆没有解决信仰信念问题。原始儒家虽然在哲学上试图重新以道立教，如讲"圣人以神道设教而天下服"⑤，并把"道"解释为"阴阳莫测之谓神""精气为物，游魂为变，知鬼神之情状"；解释为"寂然不动，感而遂通"的"至神"⑥ 存在，但这只是在哲学本体论上说的，而宗教信仰上，特别是普通人民群众信仰上，对于根本不相信"怪力乱神"⑦

---

① 《老子指归·建善篇》。
② 《老子指归·以正治国篇》。
③ 《诗经·大雅·云汉》。
④ 《诗经·大雅·荡》。
⑤ 《周易·彖上传》。
⑥ 《周易·系辞上传》。
⑦ 《论语·述而》。

的儒家来说，不可能解决秦汉以来的信仰危机。解决这种危机的任务，自然就落到了讲哲学宗教本体论的黄老道家学派身上。

黄老道家学术的宗教化倾向出现，不仅和秦汉文化历史发展联系在一起，也是和汉代政治合法性需要的文化历史发展联系在一起的。高祖者，乃匹夫也。高祖以三尺剑取天下，作为"布衣天子"，统治天下，有没有政治合法性？不仅是一个政治问题，而且在"皇天授命"之说盛行的时代，也是一个信仰问题。这正是高祖自谓"黑帝"，下诏祭祀"上帝及山川诸神"①，以惑天下者也，也是汉代星象、阴阳、谶纬、术数各种神秘主义盛行的原因所在。而这发展为黄老道家的养生之术，特别是它与方士神仙养生之术相结合，发展出一种具有非理性的生命精神追求，于是出现一种宗教化倾向。这种倾向，也就是后来道教产生的文化哲学基础。

道教产生发展，是与秦汉黄老学派养生术的发展联系在一起的。与西方宗教要人牺牲自我生命、放弃自身存在，去敬奉上帝不同，中国道教则是从关心自我存在、爱护自我生命开始的。它的内丹学就是这样产生的。这种养生学不仅直接源于黄老学派的养生术，更是与原始道家修道养生的生命哲学联系在一起的。

荀子曾批评庄子"蔽于天而不知人"②，意思是说，推盛衰治乱之乱，庄子的学说蔽于自然无为之道，而不知人的存在。这话是批评庄子的，亦可看作批评整个老庄哲学的。孔子尚且问道于老子，荀子怎好不尊重老子呢！故这里只批评庄子而不提老子学说。但整个原始道家老子、庄子的哲学，皆有"蔽于天而不知人"的倾向，即强调自然无为，而忽视人甚至反对人的作为。

但这不等于老庄哲学不重视人的存在、自我的存在；恰恰相反，他们对于自我的存在、人的生命存在是极为重视的！他们不仅把人的存在放到了与"道"、与"天"、与"地"平等的地位，如老子讲"道大、天大、地大、人亦大。域中有大，而人居其一焉"③；庄子讲"知天之所为，知人之所为者，至矣"④，而且把人的存在、自我生命存在，放到了整个哲学的中心地位，爱护生命、保护生命、蓄养生命、大化生命，成了他们哲学的中心议题，只有

---

① 《史记·封禅书》。
② 《荀子·解蔽》。
③ 《老子》第二十五章。
④ 《庄子·大宗师》。

在他们那里才能领悟"明哲保身"的真谛！这在老子那里就是不为、不争，就是"知其雄，守其雌""知其白，守其黑"①；在庄子那里就是保身、全生、养亲、尽年②，反对钩绳规矩削弱人的真情性③。

为了保全生命，以尽天年，就产生了原始道家老子、庄子修道、致气、保生的生命哲学。老子讲"物壮则老，是谓不道""专气致柔，能如婴儿"④；庄子讲"若一志，无听之以耳而听之以心，无听之以心而听之以气"⑤ 等，就是属于原始道家老庄的生命哲学。这种哲学发展到战国秦汉黄老道家，不仅提出了精、气、神的概念，而且发展出一套养生之术。如稷下学派一方面把"精"或"精气"看作是"下生五谷，上为列星，流于天地之间，谓之鬼神，藏于胸中，谓之圣人"的存在，把精、神、气的流行，看成"杲乎如登于天，杳乎如入于渊，淖乎如在于海，卒乎如在于己"⑥；另一方面把"精"或"精气"看作是畅通神明人内心的精神气质，认为人若能摆脱各种欲望，使心安静下来，精或精气的世界，就畅通了、神明了，此即所谓"去欲则宣，宣则静矣；静则精，精则独立矣；独则明，明则神矣"⑦ 者也。这实际上仍是继承原始道家的生命哲学及内心道德修养的方法。老子讲圣人"虚其心，实其腹，弱其志，使民无欲"；讲"致虚极，守静笃。归根曰静，是谓复命；复命曰常，知常曰明"⑧。庄子讲气的"虚而待物"；讲"唯道集虚"的"心斋"⑨，讲"真君存焉"的"真宰"⑩ 等，就是讲养生哲学及内心道德修养方法。它的核心是心性与精神世界，是内心世界的清静与神明。特别是庄子讲"至道之精，窈窈冥冥；至道之极，昏昏默默。无视无听，抱神以静，形将自正；心静必清，无劳女形，无摇女精，乃可以长生""目无所见，耳无所闻，心无所知，女神将守形，形乃长生""慎女内，闭女外，多知为败。天地有官，阴阳有藏，慎守女身，物将自壮。我守其一以处其和，故我修身千二百

---

① 《老子》第二五、二二、二八章。
② 《庄子·养生主》。
③ 《庄子·骈拇篇》。
④ 《老子》第一〇、三〇章。
⑤ 《庄子·人间世》。
⑥ 《管子·内业》。
⑦ 《管子·心术上》。
⑧ 《老子》第三、一六章。
⑨ 《庄子·人间世》。
⑩ 《庄子·齐物论》。

岁矣，吾形未常衰"① 等，更是讲内心道德修养与养生哲学，所达到的精神世界是极高的！

原始道家，特别是庄子那里，虽然还存在着巫术的成分，如《庄子·逍遥游》说"列子御风而行"②，成玄英注疏此说："得风仙之道，乘风游行。"《释文》说其"得风仙，乘风而行"，但庄子生命哲学之讲内心道德修养，则主要在于提升自我、扩充自我、大化自我，在于道德内充，应物于外，遗形弃知，追求一种无形而成于心的存在；一种大我、无我或"吾丧我"的存在，一种提神太虚，飘然远举，于"寥天一"高处，与天地精神相往来的存在；一种内心道德神明与生命精神不朽的存在！庄子经常讲至人、真人、神人、圣人，实际上就是讲人"堕肢体，黜聪明，离形去智，同于大通"的精神世界。因此，在庄子那里，不论是讲至人"审乎无假而不与利迁，极物之真，能守其本，故外天地，遗万物，而神未尝有所困"③ "乘云气，骑日月，而游乎四海之外，死生无变于己"④ "归精神乎无始而甘冥乎无何有之乡"⑤ "上窥青天，下潜黄泉，挥斥八极，神气不变"⑥，还是讲真人"与天为徒，不一与人为徒" "不知说生，不知恶死；其出不䜣，其入不距，翛然而往，翛然而来"⑦，神人的"上神乘光，与形灭亡，致命尽情，天地乐而万物销亡"⑧，圣人的"不就利，不违害，不喜求，不缘道；无谓有谓，有谓无谓，而游乎尘垢之外"⑨，全是讲精神自我的高尚存在。在庄子看来，人只要"吾丧我"，没有了物欲、情欲、功利一类目的，无私无欲，"死生无变于己"，就能超越世俗的利害冲突，成为至人、真人、神人、圣人的存在，使精神入无穷之门，以游无极之野，与日月参光，与天地为常，成为神圣自我存在。

秦汉黄老道家学派无疑继承了原始道家，特别是庄子，对至人、真人、神人、圣人之精神世界追求，但这种追求不在于精神上提升自我、扩充自我、大化自我，而在于精、神、气的收敛与内聚，使之成为生命自我内在动力与

① 《庄子·在宥篇》。
② 《庄子·逍遥游》。
③ 《庄子·应帝王》。
④ 《庄子·齐物论》。
⑤ 《庄子·列御寇》。
⑥ 《庄子·田子方》。
⑦ 《庄子·大宗师》。
⑧ 《庄子·天地》。
⑨ 《庄子·齐物论》。

生命精神存在，使虚灵知觉与道体存在浑然一体，超越或摆脱自我私欲、情欲、功利一类目的，成为我心灵明，我性本然，虚静无为，应化无穷，"御风而行"，或"得风仙之道，乘风游行"的仙家。这就是所谓"逆反成仙"的修道功夫。

河上公以"自然生长"为常道，认为得此常道，或修此常道，"无为养神，含光藏晖，灭迹匿端"，养到如"婴儿之未言，鸡子之未分，明珠在蚌中，美玉处石间，内虽昭昭，外如愚顽"的状态，并且能"除情去欲，守中和"者，"是谓知道要之门户"①，讲的就是黄老道家修道成仙之术。在河上公的黄老道家哲学中，精、气、神的存在，虽为道所生，讲"道唯窈冥无形，其中有精实""道精气神妙甚真"，以及"万物始生，从道受气""万物皆得道〔之〕精气而生"②等，但其存在已经不具形而上学性质，而是精气的神妙质料存在。所谓人"受天之精气"③，所谓"五脏之神：肝藏魂，肺藏魄，心藏神，肾藏精，脾藏志"，就是人"受天之精气"，所获得精神气质。人之养精、气、神，就是养此"五脏之神"，养此精气神妙存在而成精神气质。而所谓养，就是"除情欲，节滋味，清五脏，则神明居""守德于中，育养精神"④"守五性，去六情，节志气，养神明"⑤"内视若盲，反听若聋，莫知所长""除情去欲，日以空虚""内守精神，外无文采"⑥等。可以看出，这种黄老道家的所谓道德精神修养，已经与原始道家庄子自我道德修养的提神太虚、飘然远举不同，与其自我精神的提升、大化不同，而是禀受天地之道的精、气、神，将其收敛与内聚。在黄老道家看来，惟此精、气、神的收敛与内聚，"人能养神则不死也"⑦"人载魂魄之上得以生，当爱养之，魂静志道不乱，魄安得寿延年也"⑧。这就是黄老道家通过精、气、神的收敛、内聚与修养，排除私欲、情欲与贪心意欲，追求深根固蒂、长生久视之道，追求自我生命不死与永久存在的修道之术。此术就是河上公一再讲的"德与天通，

---

① 《老子章句·体道第一》。
② 《老子章句·虚心第二十一》。
③ 《老子章句·辩德第三十三》。
④ 《老子章句·虚用第五》。
⑤ 《老子章句·检欲第十二》。
⑥ 《老子章句·显德第十五》。
⑦ 《老子章句·成象第六》。
⑧ 《老子章句·能为第十》。

则与道合同""道乃久，与道合同，乃能长久"① "人能自节养，不失其所受天之精气，则可以长久"② "人能保身中之道，使精气不劳，五神不苦，则可以长久"③ 等。黄老道家不仅通过精、气、神的收敛与内聚建立起修道养生之学，而且还制定了一套鼻息呼吸、藏精气神于心的修道之术。及至修到"无有身体，得道自然，轻举升云，出入无间，与道通神"④，也就得道成为神仙了。他们还没有提出"内丹"学的概念，但其道德精神修养收敛、内聚及"得道自然，轻举升云，出入无间，与道通神"的论述，与道教《老子·想尔注》所讲"欲令神不死，当结精自守""积精成神，神成仙寿"⑤ 的"内丹"之说，已几乎如出一辙矣。由上可以看出，黄老道家之术已经出现宗教化倾向，或者说，它已把原始道家的养生哲学及内心道德修养之法变为道教的修道成仙之术了。

河上公《老子章句》有此倾向，《淮南子》亦有此倾向。《淮南子·内篇》所讲"夫孔窍者，精神之户牖也，而气志者，五藏之使候也""精神驰骋于外而不守，则祸福之至"⑥ "静漠恬澹，所以养性也；和愉虚无，所以养德也。外不滑内，性不动和，养生以经世，抱德以终年，可谓能体道矣"⑦ 等，就属道教"内丹"学的倾向。至于《中篇》讲神仙黄白之术，讲"得道，举家升天，畜产皆仙，犬吠于天上，鸡于云中"⑧ 等，更为道教"外丹"学之术矣。秦汉以来的黄老道家学术思潮，至此由内在道德修养转向宗教思维矣。黄老道家将道德形而上学思维转变为收敛、内聚的道德修养之术，追求内在精神气质，追求自我生命的长久存在，不仅有生命价值判断的合理性，而且可以说完成了一次形上道体精神向形下生命精神的哲学转换，但把形上精、气、神，降而为形下精气质料存在，在精神发展史上，则不能不说是一个退步。

---

① 《老子章句·归根第十六》。
② 《老子章句·辩德第三十三》。
③ 《老子章句·守道第五十九》。
④ 《老子章句·厌耻第十三》。
⑤ 饶宗颐：《老子想尔注校证》，上海古籍出版社 1991 年版，第 12 页。
⑥ 《淮南子·精神训》。
⑦ 《淮南子·俶真训》。
⑧ 《论衡·道虚》。

# 第三章　儒学复兴与新儒家精神

　　**内容提要：** 中国阳刚笃实的儒家文化与阴柔虚静的道家文化，不仅相激相荡、相推相摩，而且相感相应、相亲相合，构成一阴一阳，一刚一柔，一动一静，一偾一起，阴阳调和，流光其声，四时迭起，阴阳升降，盛衰递变，经纶和合的两种生命精神大合唱！它像一曲浩荡不息、跌宕起伏的交响乐，贯通于华夏民族五千多年文化历史。秦始皇"焚书坑儒"，虽然造成了儒家文化在政治上的短暂缺位，但它并没有中断，其存在绵延，不过是"银瓶乍破水浆迸"之后的"间关莺语花底滑，幽咽流泉水下滩"。随着社会需要与环境变化，儒家文化到汉武帝时又渐渐崛起，恢复其刚健文明的生命力，唤起新的精神，饰以新的面貌，变换新的旋律，润以新的腔调，重又响彻汉代历史天空！并以新的儒家哲学支撑起汉代文化精神大厦，开始了以经学为核心地位的精神绵延与盛衰迭变。

　　笔者在《心性灵明论》一书中曾说，中国也有两种文化，一种是阳刚笃实的儒家文化，一种是阴柔虚静的道家文化，并把儒道两种文化精神的相激相荡、相推相摩与相感相应、相亲相合，看作是一阴一阳，一刚一柔，一动一静，一偾一起，阴阳调和，流光其声，四时迭起，阴阳升降，盛衰递变，经纶和合的两种生命精神大合唱！① 这两种生命精神像一曲浩荡不息、跌宕起伏的交响乐，贯穿于华夏民族五千多年的文化历史，也响彻秦汉历史的天空！

　　秦始皇的"焚书坑儒"，虽然迫使儒家文化发展转入地下，造成它在秦汉之际政治上的短暂缺位，但就文化发展而言，它并没有中断，不过是"银瓶乍破水浆迸"之后的"间关莺语花底滑，幽咽流泉水下滩"而已。随着社会

---

　　① 《心性灵明论》第四章，第四节。

需要与环境变化，儒家文化到汉武帝时又渐渐崛起，恢复其刚健文明的生命力，唤起新的精神，饰以新的面貌，变换新的旋律，润以新的腔调，重又响彻汉代历史天空！并以新的大道哲学支撑起汉代文化精神大厦！这就是儒家文化精神在汉代的复兴。

这种复兴，虽是意在发挥儒家学术思想，但它并非仅仅是原始儒家学说的恢复与重建，而是新的哲学创造与精神发展。因此，汉代儒学复兴，乃是原始儒家学说适应新时期社会文化与政治需要的创新活动。复兴乃是新精神的复兴，运动乃是新精神的运动。这一切都是以新的哲学、新的思想、新的精神出现的，而非仅仅是原始儒家学术的恢复与重建。但儒学复兴，六艺被经典化后则成为了汉代根本精神，并以主流文化的核心地位支配着两汉魏晋的精神发展与盛衰。

与此相反，主张无为而治的黄老道家学说，虽曾作为主流文化弥漫贯通秦汉间，然其虚无阴柔的性质，因不能适应汉代刚健强盛的社会文化与政治需要，发展到武帝、成帝时期，也就走向没落衰败，而逐渐被复兴的儒家文化代替了。

那么，汉代儒学是怎样复兴的呢？是怎样适应时代需要创造新的哲学、提出新的精神复兴的呢？这种复兴在精神史上具有何种崇高价值与历史地位呢？它经历了怎样的历程，付出怎样的代价，最后取得胜利的呢？今天的人们对于那些先驱人物之牺牲精神应怀有怎样的敬意呢？本章就是综合叙述汉代儒学复兴的。要了解这种复兴，就不能不先讲它的艰难历程了。

## 一　儒学复兴的艰难历程

读过《史记》的人，大多数都知道刘邦看不起儒生。刘邦过高阳，儒生郦食其求见，刘邦居然傲慢无理到靠着床，一方面使两女子洗脚，一方面见郦食其。① 更有甚者，其不好儒，"诸客冠儒冠来者，沛公辄解其冠，溲溺其中"，并且与人言，常大骂："未可以儒生说也！"郦食其质问他说："足下是欲助秦攻诸侯呢？还是欲率诸侯破秦呢？"沛公居然骂曰："竖儒！夫天下同苦秦久矣，故诸侯相率而攻秦，何谓助秦攻诸侯乎？"② 如果说那是战争年代，

---

① 《史记·高祖本纪》。

② 《史记·郦生陆贾列传》。

刘邦认为最重要的是攻秦，打败秦国，觉得儒生没用，但即使灭秦之后，刘邦取得了天下，称帝定制，仍然看不起儒生，曾当众辱骂随和："为天下，安用腐儒哉！"① 由此可以看出，最初刘邦是多么看不起儒生了。

其实，刘邦是很聪明的，也是很知道人才重要的。取得天下，自己承认"运筹策帷帐之中，决胜于千里之外，吾不如子房。镇国家，抚百姓，给馈饷，不绝粮道，吾不如萧何。连百万之军，战必胜，攻必取，吾不如韩信。此三者，皆人杰也，吾能用之，此吾所以取天下"，就是证明。刘邦取得天下，归故乡，所唱《大风歌》最后一句就是"安得猛士兮守四方"②，亦可知刘邦对人才的渴望！刘邦当时所以轻视儒生一方面是处于战争时期，觉得儒生没用，就像他常大骂的那样："未可以儒生说也"；另一方面，战乱时投靠来的，多是刘向《战国策·书录》中所说"因势而为资，据时而为故"的浅薄儒生，并非德高望重的大儒，或能够"出奇策异智，转危为安，运亡为存"的高才奇士。但不管怎么说，当时所来儒生给刘邦造成一种偏见：儒生无用！这就给汉代儒学复兴造成了最初的困惑。

汉王朝的出现，毕竟是一个新政权的建立，一个新时代的启开，要想维护其和平与安宁，要想开物成务，定天下之业，安天下之心，没有爽邦明哲，没有治国贤人，是不可能办到的。刘邦登基于汜水。汉五年，已并天下，诸侯共尊汉王为皇帝于定陶，"群臣饮酒争功，醉或妄呼，拔剑击柱，高帝患之"。此时应该说高祖已经觉醒，已经意识到这般诸侯武将如此胡闹是不行的，靠他们不仅治不了天下，而且是隐藏着后患，必须另外集中一批治国贤才。这些贤才从哪里来？虽然叔孙通曾告之："儒者难与进取，可与守成"，但高祖出于对儒生的偏见，并未深信此说。高祖汉七年，长乐宫成，叔孙通制朝仪之礼，会十月，功臣列侯诸将军军吏，皆依礼乐朝贺，莫不振恐肃敬，无敢谨哗失礼者。高祖哈哈大笑，高兴极了！说："吾乃今日知为皇帝之贵也！"③ 此后，叔孙通制宗庙礼乐，"凡乐，乐其所生，礼不忘本"④。这些事，无疑使高祖认识到儒家礼义之教的重要，也非常赏识叔孙通儒教才能。高祖汉九年，徙叔孙通为太子太傅，就是证明。

---

① 《汉书·韩彭英卢吴传》。
② 《史记·高祖本纪》。
③ 《史记·刘敬叔孙通列传》。
④ 《汉书·礼乐志》。

　　汉初，虽然高祖认识到应该集中一批治国贤才，但对国如何治，天下如何平，以及开物成务，需何等爽邦明哲与治国能臣，还是有疑虑的，特别是对儒生的偏见并没有完全消除的。高祖十一年发布"招贤诏"说："贤士大夫有肯从我游者，吾能尊显之。"① 但所要诏的贤者，并非是对儒家人物说的。《汉书》所说"汉兴有园公、绮里季、夏黄公、甪里先生，此四人者，当秦之世，避而入商雒深山。自高祖闻而召之不至"②，就可知不是儒家人物，而是黄老道家的隐者。此四人，吕后时期，用张良计，使皇太子迎至。但此亦可知高祖当初下诏所要招之贤者，并非对儒家人物说的，而是针对天下所有贤者而言的。

　　汉初，高祖意识到应该集中一批治国贤才，虽然对儒生尚有疑虑和偏见，但郦食其、随和、叔孙通等人的儒家见识与作为，也在逐渐改变着高祖的看法。那时的人们，向刘邦建言是很直率的，而不像现代人吞吞吐吐。郦食其以"足下是欲助秦攻诸侯，还是欲率诸侯破秦"质问刘邦。随和愿以步卒数万、骑五千，代替高祖发步卒五万人、骑五千出使淮南，直问"陛下谓何腐儒"③，就是儒者的直言抗争！如果说叔孙通告诉高祖"儒者难与进取，可与守成"④，是非常和平诚恳的建议与劝说的话，那么，陆贾告之以"居马上得天下，不可马上治天下"的道理，则是义正辞严的面折廷争啦！《史记》说：

　　　　陆生时时前说称《诗》《书》。高帝骂之曰："乃公居马上而得之，安事《诗》《书》！"陆生曰："居马上得之，宁可以马上治之乎？且汤武逆取而以顺守之，文武并用，长久之术也。昔者吴王夫差、智伯极武而亡；秦任刑法不变，卒灭赵氏。乡（向）使秦已并天下，行仁义，法先圣，陛下安得而有之？"高帝不怿而有惭色，乃谓陆生曰："试为我著秦所以失天下、吾所以得之者何，及古成败之国。"陆生乃粗述存亡之征，凡著十二篇。每奏一篇，高帝未尝不称善，左右呼万岁，号其书曰《新语》。⑤

---

① 《汉书·高帝纪》。
② 《汉书·王贡两龚鲍传》。
③ 《汉书·韩彭英卢吴传》。
④ 《史记·叔孙通传》。
⑤ 《史记·郦生陆贾列传》。

高祖虽然有时很傲慢，但毕竟是开国之君，深知国家存亡的利害与政治的非同小可，对于陆贾所说"居马上得天下，不可马上治天下"的道理，还是能够领悟明白的。高祖虽轻视浅薄儒生，但对儒家诗书礼乐之教和有学问者，还是非常尊重的。史书说，高皇帝诛项籍，举兵围鲁，鲁中诸儒，讲诵习礼乐，弦歌之音不绝，岂非圣人之遗化，好礼乐之国哉？这不能不使高祖感动。高祖过鲁，当时以《诗经》之训为教的申公，以弟子从师入，高祖于鲁南宫接见①，就是表现出对儒家诗书礼乐之教和学者的尊重。这发展到十二年，高祖以皇帝的身份于太牢祠孔子，"诸卿相至，常先谒然后从政"②，就是发出了一个恢复儒教非常强烈的信号！只是高祖死后，后世几代之君尚无深刻感悟与急迫需要。

这一方面是汉初社会要休养生息，以清静无为的黄老思想治世，不扰民，不干预自然法则，乃是当时治国安民的需要，而儒家仁义礼智之教或治国方略还没有提到政治日程上来。惠帝时，萧何死，曹参为相，将治理齐国的黄老术变为整个治世方略，推向全国，就是属于当时治国安民的需要。这样做，也是有功于当时的。文帝执政二十余年，继承曹参以黄老治世思想，倡导以农为本，亲耕籍田，恭行节俭，薄赋敛，省徭役，减法禁，使农业生产迅速发展，社会恢复生气。景帝时期，绍文帝之德，诏曰"农，天下之本也。黄金珠玉，饥不可食，寒不可衣，以为币用，不识其终始。令郡国务劝农桑"③，也是休养生息的治世思想！可知，这个时期以清静无为的黄老道家思想治世是有其深刻社会基础的。而以儒家仁义礼智之教教天下，或作为治国方略提出来，似乎还为时过早。

另一方面，儒家学说遭受秦毁灭性破坏后，虽然文景时期有所恢复，但仍无深厚博大的儒家思想问世，更少成熟的思想家。文景时期，尽管在恢复儒家学术方面有所作为，但此时之儒学，乃处于恢复重建阶段，哲学尚无更大建树。此时，哲学上稍有成就者则是贾谊，然也遭权贵排挤贬为长沙太傅，其他的所谓儒生，大多是功利之徒。这也是长安黄老隐士司马季主与贾谊诸人论道时，讥笑"今公所谓贤者，相引以势，相导以利，比周宾正，以求尊誉，以受公奉，事私利，枉主法，猎农民，以官为威，以法为机，求利逆暴，

---

① 《史记·儒林列传》。
② 《史记·孔子世家》。
③ 《汉书·景帝纪》。

无异于操白刃劫人者也"，"皆可为羞"① 的原因所在。

自然，这并不是否定文景时期恢复儒学有成绩。说秦火造成儒家思想在秦汉间短暂缺位，主要是在政治上说的，就文化发展而言，它并没有停止，还处于不断恢复发展的状态。应该说，文景时期在恢复儒家学术方面还是有所作为的。如文帝时，以习今文《诗》的韩婴为博士，"闻申公为《诗》最精，以为博士"②；"闻济南伏生故秦博士，治《尚书》，年九十余，老不可征，乃诏太常使人往受之"③。文帝十二年，更是"除秦虐禁，尊崇道德，广开游学之路，《论语》、《孝经》、《孟子》、《尔雅》皆置博士"④，即王国维先生所说的"文帝置一经博士"⑤。当时的博士达七十多人。景帝时，不仅以治儒学的胡毋生、董仲舒为博士，还把跟从申公治《诗》的王臧聘为太子太傅。儒学的恢复，发展到景帝时期，已形成两个非常重要的标志：一是儒学教育的发展。"景帝末，文翁为蜀郡守，仁爱好教化""蜀地学于京师者比齐鲁"⑥。二是新的儒家学术文化中心形成。"河间献王德，以孝景帝前二年皇子为河间王。好儒学，被服造次必于儒者。山东诸儒多从之游。"⑦ 这些人集中于河间王封地形成了一个新的儒学文化中心，传授古文经学。这在开国之初是不可想象的。

但黄老之学发展到景帝时期，毕竟成为政治意识形态。《汉书》说："窦太后好黄帝、老子言，景帝及诸窦不得不读《老子》，尊其术。"⑧ 连景帝及诸窦子弟都不得不读《老子》，尊其术，可知窦太后是怎样重视黄老道家之学了。实际上，以窦太后为首的一班权贵集团，已视黄老道家之学为不可改变的官方正学。这不仅使学术思想走向了僵化，不利于社会文化发展，也禁锢了文化精神发展。上一章曾讲道，景帝时，辕固持儒学，因为回答窦太后之问，讲了一句《老子》书为"一家之言"，遭受到"入圈刺豕"的惩罚。这实际上已不是学术观点问题，而是意识形态上的冲突了。这种冲突涉及政治问题时，就更为敏感。景帝时，辕固与黄生之间发生的一场关于汤武革命之

---

① 《史记·日者列传》。
② 《汉书·楚元王传》。
③ 《史记·袁盎晁错列传》。
④ 赵岐：《孟子题辞》。
⑤ 《汉魏博士考》，《观堂集林》卷四。
⑥ 《汉书·循吏传》。
⑦ 《史记·五宗世家》。
⑧ 《汉书·外戚传》。

政治性质的辩论，就是属于政治敏感问题的意识形态冲突。《史记》记载这场冲突说：

> 河王太傅辕固生者，齐人也。以治《诗》，孝景时为博士。与黄生争论景帝前。黄生曰："汤、武非受命，乃弑也。"辕固生曰："不然。夫桀、纣虐乱，天下之心皆归汤、武，汤、武与天下之心而诛桀、纣，桀、纣之民不为之使而归汤、武，汤、武不得已而立，非受命为何？"黄生曰："冠虽敝，必加首；履虽新，必关于足。何者？上下之分也。今桀、纣虽失道，然君上也；汤武虽圣，臣下也。夫主有失行，臣下不能正言匡过以尊天子，反因过而诛之，代立践南面，非弑而何也？"辕固生曰："必若所云，是高帝代秦即天子之位，非邪？"于是景帝曰："食肉不食马肝，不为不知味；言学者无言汤武受命，不为愚。"遂罢。①

这场辩论引发的冲突，已经远远超出学术讨论的范围。它不仅涉及人心人性的政治归属问题，汤武能不能革命及其正统性问题，更涉及高祖取得天下的合法性问题。这是极为敏感的政治问题！所幸景帝大度，以"食马肝不知味"掩饰过去。

但这发展到景帝去世，武帝即位，用儒家人物申公弟子赵绾、王臧等为公卿，下诏举荐贤良方正直言极谏之士，以改革朝政时，情况就极为不同了。武帝建元元年，汉兴已六十年，一个甲子年，许多政治制度与治世思想都有待改变。此时"赵绾、王臧等以文学为公卿，欲议古立明堂城南，以朝诸侯。草巡狩封禅改历服色事"②，"魏其、武安俱好儒术，推毂赵绾为御史大夫，王臧为郎中令。迎鲁申公，欲设明堂。令列侯就国，除关，以礼为服制，以兴太平"③，"绾、臧请立明堂以朝诸侯，不能就其事，乃言师申公。于是上使使束帛加璧，安车以蒲裹轮，驾驷迎申公，弟子二人乘轺传从。至，见上，上问治乱之事"④。一时间，好不热闹！甚至被窦太后惩罚，与黄生辩论汤武革命的辕固，年已九十，也重新被武帝征用。这表面上是武帝招贤纳士，实

---

① 《史记·儒林传》。
② 《史记·孝武本纪》。
③ 《史记·魏其武安侯列传》。
④ 《汉书·儒林传》。

际上是一场有关政治思想、治国方略的改变与重新选择，也就是丞相卫绾奏请的"所举贤良，或治申、商、韩非、苏秦、张仪之言，乱国政，请皆罢"①，亦即后来所说的"罢黜百家，独尊儒术"。这在当时是一场极为严峻的政治思想斗争！窦太后怎么允许！那些权贵们怎么允许！正是此时，武帝即位第二年，淮南王刘安集黄老学说之大成，献《淮南子》之《内篇》。可知当时政治思想斗争之激烈！斗争的核心人物是年轻的武帝与把持权力的窦太后。赵绾、王臧等人无疑看清了这一点。于是御史大夫赵绾提出"政事请无奏事东宫"。这一下子惹怒了窦太后，于是"二年冬十月，丞相窦婴、太尉田盼皆免，御史大夫赵绾、郎中令王臧下狱死"②，一场儒学复兴运动就这样覆灭了。儒道两种不同学术思想，本来是既相推相摩、相激相荡又相感相应、相亲相合的两种文化，但由于政治集团利益的介入，此时就只剩下残酷争斗了。这场儒学复兴运动，直到武帝元光六年窦太后死后，才找到一条可行之路，逐渐走向复兴。由此可知，儒学复兴经历怎样艰难的历程了。

这场儒学复兴，并非是哪个人或哪几个人的心血来潮，而是整个社会发展的需要，是时也势也之发展，是文化精神与历史情势之必然！它集中到一点，就是政治发展需要。政者，正也。政治需要，即正天下之不正，治天下之不治之需要。只有弄清楚了这一点，才能理解汉代儒学复兴的文化历史本质及其必然性。

## 二　儒学复兴与政治需要

儒家文化并非仅仅是指原始儒家孔子的学术思想，而是指孔子删《诗》《书》，定《礼》《乐》，编《春秋》，传《周易》，祖述尧舜，宪章文武，上溯伏羲、炎黄，集上古文化之大成，以大道本体论贯通一切、旁通一切，使之周流宇宙、贯通万物，所建立起来的深厚博大的哲学思想体系与刚健不息的生命精神。同样，道家文化也不是仅仅指原始道家老子的学术思想，而是指老子贯通黄帝《归藏》易大道真脉与造化生机，"建之以常无有，以空虚不

①　《汉书·武帝纪》。
②　《前汉书》卷九。

毁万物为实"①，主张尊道贵德，"莫之命而常自然"，以"致虚极守静笃"②
为根本精神所发展起来的文化哲学体系。因其是黄帝《归藏》易大道真脉与
造化生机之思想发展起来的，故战国以来以"黄老之学"称之。

中国上古乃至远古以来，贯通中华民族健行不息、生化大用及支配生命
精神的主要是儒道两种文化、两种学术思想！而且刚健不息的儒家文化思想，
一直处于主导地位。晚周以后的其他学术思想，不论是法家、名家、纵横家，
还是兵家、农家、墨家、阴阳家、杂家，皆是由儒道两家主流文化衍生出来
的。其经国治世，起主要作用或处主流地位的，主要是儒道两种文化、两种
学术思想。然秦火之后，由于造成儒家学术思想缺位，汉代经世致用的文化
哲学实由黄老道家思想单挑。尽管此时的黄老道家思想并不纯粹，杂有法家、
墨家、阴阳家的诸多思想，但主流还是黄老道家思想。因此可以说，汉初至
文景时期，影响华夏诸族文化意识，发展为政治思想与治国方略，起支配地
位的学术思想，主要是黄老道家"无为而治"的思想。

汉初，以黄老道家"无为而治"的思想治国，由于不扰民，不干预自然
法则，与民休息，在恢复经济、保障民生方面无疑取得了很大成绩。文帝以
农为天下之本，勤身劝农，"除田之租税"③；为政俭节，思安百姓，在位二
十三年，宫室苑囿车骑服御无所增益，"专务以德化民，是以海内殷富，兴于
礼义，断狱数百，几致刑措"④。孝景时，令民半出田租，三十而税一，娄敕
有司以农为，民遂乐业。至武帝初，"七十年间，国家亡事，非遇水旱，民人
给家足，都鄙廪庾尽满，而府库余财。京师之钱累百巨万，贯朽而不可校。
太仓之粟陈陈相因，充溢露积于外，腐败不可食"。但是，随着财富的积累，
"于是罔疏而民富，役财骄溢，或至并兼豪党之徒以武断于乡曲；宗室有土，
公卿大夫以下争于奢侈，室庐车服僭上亡限"⑤，种种社会矛盾及腐败堕落也
就产生了。此乃物盛而衰，固其变也。特别是兼并农民，造成农民流亡，更
是极为严重的问题。汉朝本来以法抑商，但实际发展所造成的结果，恰恰相
反，造成了一个社会文化悖论：即"商贵农贱，俗贵主贱"。这就是晁错上疏
文帝所说的："今法律贱商人，商人已富贵矣；尊农夫，农夫已贫贱矣。故俗

---

① 《庄子·天下篇》。
② 《老子》第十六、五十一章。
③ 《史记·文武本纪》。
④ 《汉书·文帝纪》。
⑤ 《汉书·食货志上》。

之所贵，主之所贱也；吏之所卑，法之所尊也。上下相反，好恶乖迕，而欲国富法立，不可得也。"① 贾谊上疏文帝，陈政事，言天下之势，"可为痛哭者一，可为流涕者二，可为长太息者六"，当时整个国家治乱之形势，若"抱火厝之积薪之下而寝其上"②，以至于徐乐上疏以"土崩"与"瓦解"，言天下之势③，讲"天下诚有土崩之势"。

　　黄老学派以天道的自然虚无存在，讲道"无无之无，始始之始，无外无内"，及"高大无极，深微不测，上下不可隐议，旁流不可揆度"④ 等存在，在本体论上是极为高明的，而且追求虚静淡泊、玄妙自然、淳朴无为道德境界，也是极为纯净美好的。特别是严君平讲"无为之为，万物之根；不知之知，知之祖也；不教之教，教之宗也"⑤，讲天道本体论讲到了极致处，为一切哲学的、宗教的、伦理的、道德的、政治的、法律的、科学的、艺术的理论学说提供了最高本体论存在。但是，秦汉时期的黄老道家学说，也有两个非常突出的弱点，使其在政道与治道上呈现弱势。第一个弱点是它过度讲自然无为。黄老之学讲自然无为，反对扰民，反对干预自然法则，尊道贵德，一切顺乎自然，无疑是对的，是尊重社会法则，尊重自然规律的学说，是值得肯定与重视的。但是，一切都自然无为，反对人的作为，反对政治干预，一切皆"玄玄默默，使化自得""空虚寂泊，使物自然"⑥，甚至将人的存在，"性命同于自然""性命比于自然"，无思无虑，浑然处于"天地之间，万物并兴"，一体协化，"不可以有事乎"⑦。那么，人的存在也就等同自然存在了。虽然道家"自然"的概念，不等同于生物物理世界，而是自然而然之意。但人既是自然存在，生物物理的存在，处于"神无所思，志无所虑，聪明玄遗，寂泊空虚，勤若无形，静若未生，功若天地，事如婴儿"的状态，那么，即使"遗形藏志，与道相得，溟津蒙预，天下莫知"⑧，即使明白"阴阳进

---

① 《汉书·食货志上》引。
② 《汉书·贾谊传》。
③ 《史记·平津侯主父列传》说："是时赵人徐乐、齐人严安俱上书言世务，各一事。徐乐曰：'臣闻天下之患，在于土崩，不在于瓦解，古今一也。何谓土崩？秦之末世是也。何谓瓦解？吴、楚、齐、赵之兵是也。'"
④ 《老子指归·得一篇》。
⑤ 《老子指归·为学日益篇》。
⑥ 《老子指归·不出户篇》。
⑦ 《老子指归·上德不德篇》。
⑧ 《老子指归·上德不德篇》。

退，四时变化，深微隐匿，窈冥之事，无所遁之"①，除了懵懵懂懂地顺乎自然，还能有什么作为呢？人的一生，实际上不只是自然人，还是社会人、文化人、道德人、伦理人、精神人的存在。如果只是把人看成是自然人，看成是如同动物般的自然存在，那不管多么高级，在何等级别上，也都是物的存在，就谈不上道德存在，谈不上精神存在了。那样，不管把天道形上存在提升到何等极致处，它也就不能成为哲学、宗教、伦理、道德、政治、法律、科学、艺术的本体论存在了。因为这一切都是以社会人、文化人的存在为前提的。更为重要的是，主张无为，主张不干预自然法则，是对的，但人只是无为，只是做自然人，像动物那样生存，那么，谁来开物成务、道济天下？谁来通天下之志、定天下业？谁能穷神知化，建立盛德富有之大业呢？这一切都是要人来做的，要大有作为的，只是不要违背自然法则而已。过分强调自然无为，要么成为自由主义者、无政府主义者，要么死守法则，死守教条，成为保守主义者。黄老之学发展到这种地步，显然是不符合渐渐富裕强大起来的汉代政治需要的，不符合武帝要建盛德富有大业政治理想的！

　　第二个弱点是它过度讲道体的虚无空寂，不能举措为社会文化事业。黄老道家虽然也讲"万物皆从道所生"，寂寥无形的"道"为蓄养万物之母②；讲"道虚之虚"，能生一、生二、生三、生万物；讲"万物之生也，皆元于虚始于无"③，但这只是自然生化过程，属于"道清静不言，阴行精气，万物自成"④的存在，属于"变于无形，化于无朕，勤而无声，为而无体，威德不可见，功业不可视"的道体流行大用，而不是"作术治数，集辞著文，载之篇籍，以教万民"，或"纲纪天地，经纬阴阳，剖判人事，离散祖宗"⑤等。黄老道家之学讲体用，反对人为，反对以文化、政治等干预自然生化过程，虽然是对的，但在反对干预自然生化时，不能将道体向下落实，举措为社会文化事业，则不仅失其形器大用，更不能以礼教调适社会关系。这和儒家讲"形而上者谓之道，形而下者谓之器，化而裁之谓之变，推而行之谓之通，举而错之天下之民谓之事业"；讲"一阖一辟谓之变，往来不穷谓之通，见乃谓

① 《老子指归·不出户篇》。
② 《老子章句·象元第二十五》。
③ 《老子指归·道生一篇》。
④ 《老子章句·象元第二十五》。
⑤ 《老子指归·为学日益篇》。

之象，形乃谓之器，制而用之谓之法，利用出入，民咸用之谓之神"①；以及讲"精义入神，以致用也；利用安身，以崇德也。过此以往，未之或知也；穷神知化，德之盛也"②，是非常不同的。黄老之学不能向下落实，举措为圣人功德事业，自然在社会文化领域就弱化了它的功能与大用。特别是黄老之学发展到秦汉时期，与世俗的儒、道、名、法、墨之学相结合，落实虚无之道，"立俗施事"，发展为阴阳、谶纬、象数，在文化哲学上也就演变为诸多非理性神秘学说了。它虽能迷惑一些时君世主，但终不能为圣人开物济世之用，建立盛德伟业！

黄老学派虽以自然虚无的天道本体论贯通上下，有利于生化之机蓄养，主张无为而治，于汉初休养了民生、恢复了经济，但它与儒家文化的阳刚相比，则是属于阴柔性质的。不仅虚无之道，"立俗施事"，发展为阴阳、谶纬、象数一类神秘主义文化，而且本体论上的深不可识、微不可测，以及不可隐议、不可揆度，在权势与利益的思考中，也流为法家的权谋论。这与儒家文化讲"刚中而应，大亨以正"③；讲"执其两边，用中于民"④；讲"人者，仁也，亲亲为大"⑤；讲"人人亲其亲，长其长，而天下平"⑥，是不一样的。可以看出来，与刚健的儒家文化相比，阴柔的黄老道家文化，已经不能适应武帝时期追求万物亨通、刚健不息的政治需要。可以说，发展到武帝时期的黄老之学，既不能以礼义之教，调适已分化对立的社会关系，也不能通变化裁，以成天下之务，使大汉走向更加强大、富有与繁荣。因此，复兴儒学，明于天道，察于民故，备物致用，举措事业，以为天下利，对于武帝来说，已是当务之急！

但要实现这种复兴，就必须立于儒学正学，从哲学根本精神上获得支柱，以此奠定复兴的理论基础。

---

① 《周易·系辞上传》。
② 《周易·系辞下传》。
③ 《周易·彖上传》。
④ 《中庸》。
⑤ 《中庸》。
⑥ 《孟子·离娄上》。

## 三　以儒家正学奠定复兴基础

大凡一场深刻的社会文化变革，特别是与政治体制相关的变革，皆要有巨大理论体系支持，有深厚的哲学基础，而不只是听几个人或一些人胡乱忽悠，就能取得成功的。例如政治体制或制度建设上的各种各样设想，在本体论上站不站得住？以真实无妄之理为根据，就能站得住，能取得成功，若以虚妄的城邦理想为根据，就站不住而失败。再如在人性论上站不站得住？好的政治制度应该建立在性善基础上，至少应能抑制人性之恶，而不能建立在性恶基础上，或者把人性之恶合理化设计政治制度。再有，它与文化历史、现实生活之间有没有真实的逻辑关系？有此关系，站得住，就能取得成功的可能；没有这种逻辑关系，只是虚假的理论假设，就站不住，最终走向失败。社会文化变革，或政治制度建设，符合这些基本原则，应该说是好的或比较合理的；违背这些原则，任何社会文化改革或政治制度设想，不管怎样使劲忽悠，讲得多么美妙动听，都是靠不住的。

中国社会文化变革或政治制度建设，还有一条必须考虑的，那就是五千多年的文明史。三皇不同礼，五帝不同俗。时代屡变，礼俗屡迁，每一个时代政治、法律与礼教制度，皆不断有修改变化。不了解中国几千年文明史，连《文献通考》《通典》都没读，不了解中国政治制度扎根的深厚土壤与文化基础，只是凭着对西方民选制度的一知半解，就想进行这样那样的政治体制与制度改革，只能浮游一阵，最终归于失败。汉代儒学复兴运动也是这样。若不能了解它深远的文化哲学根源，将其真正置于儒家正学的基础上，也是不能取得成功的。这也是武帝第一次复兴儒学失败的原因所在。

所谓儒家正学，就是指原始儒家孔子删《诗》《书》，定《礼》《乐》，编《春秋》，传《周易》，祖述尧舜，宪章文武，集上古文化之大成，贯通大道真脉，具深厚博大精神的哲学思想体系。这个哲学思想体系，孔子死后，"儒分为八，墨离为三，取舍相反不同"[①]，"孔子以诗书礼乐教，弟子盖三千焉，身通六艺者"，更有"七十有二人"[②]，即通常所说的"七十二子"。秦火之后，儒学遭到毁灭性的打击，虽然汉初以来儒家之学渐渐恢复，但多为浅薄

---

① 《韩非子·显学》。
② 《史记·孔子世家》。

儒生，功利之辈。此司马季主与贾谊诸人论道所嘲笑者也。文帝时，虽然《论语》《孝经》《孟子》《尔雅》，皆置了博士，但这些博士所学者，皆是传记之学，并非贯通上古大道真脉的儒家经学，文化精神亦非其根本者。

　　但随着汉代社会稳定与经济发展，那些贯通上古大道真脉的儒家经学著作，也渐渐浮出水面，为人们传播与讲授。如景帝后元年间，"毛公，治《诗》，作《毛诗故训传》，为河间王博士"，"韩婴，孝文时为博士，景帝时至常山太傅，推诗人之意，而作《内外传》数万言"，"汉兴，鲁高堂生传《士礼》十七篇，而鲁徐生善为颂。孝文时，徐生以颂为礼官大夫"，"而瑕丘萧奋以《礼》至淮阳太守。诸言《礼》为颂者由徐氏"，"孟卿，东海人，事萧奋，以授后仓，仓说《礼》数万言，号曰《后氏曲台记》，授沛闻人通汉子方、梁戴德延君、戴圣次君、沛庆普孝公。由是《礼》有大戴、小戴、庆氏之学"，"胡毋生字子都，齐人也。治《公羊春秋》，为景帝博士。与董仲舒同业，仲舒著书称其德。年老，归教于齐，齐之言《春秋》者宗事之"，"瑕丘江公，受《穀梁春秋》及《诗》于鲁申公，传子至孙为博士。武帝时，江公与董仲舒并。仲舒通《五经》，能持论，善属文"①，"武帝末，鲁共王坏孔子宅，欲以广其宫，而得《古文尚书》及《礼记》、《论语》、《孝经》凡数十篇，皆古字也"，后孔安国就文经作注，欲立学官。武帝时，河间献王好儒学，搜求儒家经典，"与毛生等共采《周官》及诸子言乐事者，以作《乐记》，献八佾之舞"②，"秦禁学，《易》为筮卜之书，独不禁，故传受者不绝也。汉兴，田何以齐田徙杜陵，授东武王同子中、雒阳周王孙、丁宽、齐服生，皆著《易》数篇"③。凡此，皆习儒家之经典，儒家正学者也。

　　儒家之经典的广泛传播与讲授，不仅使儒家正学的根本思想与文化精神得到了传授，而且逐渐成了文化历史领域的主流意识。儒家认为，人类社会领域并非皆是自然生生化化，只有把天道本体向下落实，制定为礼教，举措为事业，才能实现治理，而不是无为而治。因此，特别是儒家注重的《诗》教、《礼》教之用。《鲁诗》讲"夫妇者，人伦之始也，不可以不正"④；《毛诗》讲"风，风也，风以动之，教以化之"；讲诗"正得失，动天地，感鬼

---

①　均见《汉书·儒林传》。
②　均见《汉书·艺文志》。
③　《汉书·儒林传》。
④　《鲁诗故》卷上，见《玉函山房辑佚书》辑"经编诗类"。

神，莫近于诗。先王以是经夫妇，成孝敬，厚人伦，美敦化，移风俗"①；
《韩诗》讲"礼者，治辩之极也，强国之本也，威行之道也，功名之统也"②；
《礼记》讲"夫礼者所以定亲疏，决嫌疑，别同异，明是非也"③；《大戴礼
记》讲"以礼义治之者积礼义，以刑罚治之者积刑罚；刑罚积而民怨倍，礼
义积而民亲和"④。凡此，皆是以儒家《诗》教《礼》教正学，以教天下者
也。文景之后《诗》教、《礼》教的传播与讲授，可以说给当时已经陷入混
乱的社会关系重新提供了道德规范与文化准则，使之得以调适与理顺成为可
能。《尚书》与《春秋》的传播与讲授，意义更为广大。《尚书》《春秋》皆
圣人之典也。孔子追迹三代之礼，序《书传》，上纪唐虞之际，下至秦缪，编
次其事，乃为天下文质盛衰之变，使百世可知者也。而《春秋》用司马迁的
话说，乃是"上明三王之道，下辨人事之纪，别嫌疑，明是非，定犹豫，善
善恶恶，贤贤贱不肖，存亡国，继绝世，补敝起废，王道之大者也"⑤。《尚
书》《春秋》的传播与讲授，等于给文化历史领域重新界定了是非，提供了新
的价值准则。特别是作为儒家正学哲学基础，贯通上古大道真脉之根本精神
的《易》学的传递与讲授，等于给整个文化历史领域重新提供了一种历史哲
学，注入了一种新的历史精神！凡此，皆"形而上者谓之道，形而下者谓之
器，化而裁之谓之变，推而行之谓之通，举而错之天下之民谓之事业"者也，
而不是把文化历史仅仅看成自然史，把圣人化成天下仅仅看成是无为而治。

　　《鲁诗》说："正其本则万物理，本立而道生，源治而流清。"⑥《诗》
《书》《礼》《乐》《易》《春秋》之学，儒家之正学也。有儒家正学在，才能
贯通中国上古主流文化精神！有儒家正学主流文化精神在，才能正其本而万
物理，源治而流清！可以说，正是儒家正学的普遍传递与讲授，重新建树了
以《诗》《书》《礼》《乐》《易》《春秋》为主要载体的大道哲学思想体系，
为汉代儒学复兴奠定了广泛深厚的理论基础，给汉代文化哲学精神发展提供
了强有力的支持！此乃"孔子抱圣人之心，彷徨乎道德之域，逍遥乎无形之
乡，倚天理，观人情，明终始，知得失，故兴仁义，厌势力"，以人伦道德为

① 《毛诗序》，《毛诗正义》卷一。
② 《韩诗外传》卷四。
③ 《礼记·曲礼上》。
④ 《大戴礼记·礼察》。
⑤ 《史记·太史公自序》。
⑥ 《鲁诗故》卷上，见《玉函山房辑佚书》辑"经编诗类"。

纪纲，"自东自西，自南自北，匍匐救之"① 者也，亦汉儒为《诗》《书》《礼》《乐》之教恢复重建汲汲于天下者也。

儒家正学的普遍传递与讲授，不仅为汉代儒学复兴奠定了广泛深厚的文化哲学基础，也使儒学逐渐成为了占支配地位的文化意识形态。秦汉时期，特别是西汉时期，乃是中国文化历史转型的巨大历史时期。这种转型，不仅奠定了中国文化历史发展模式，也奠定了儒家文化的主流地位，规定了中国文化的根本精神。儒家正学的普遍传递与讲授在武帝以后逐渐成为占支配地位的主流文化意识形态。从此之后，在汉代文化历史上，可以说正是儒家正学在，主流文化精神在，其他诸子百家之学，退于非主流地位矣。而其文化精神的盛衰，亦随着儒家文化的盛衰而盛衰化矣！

儒学的复兴，不仅是学术的复兴，思想的复兴，亦是精神的复兴，中国上古以来主流文化哲学精神的复兴！它不仅要以儒家正学奠定理论基础，更需要为此复兴积蓄力量，准备人才。惟此，才能真正实现儒学复兴。做到这一点，是和汉武帝的关键决策分不开的。

## 四　复兴儒学与武帝关键决策

任何政治改革或社会革命，都是一场深刻的文化历史变革。它不仅涉及风俗、习惯、礼教、体制、纪纲等根深蒂固的历史深层存在，更触及不同权贵集团、政治势力的利益。因此，要使政治改革或社会革命取得成功，不仅需要深厚博大的哲学作为理论基础，而且需要一大批当国守正、刚正不阿又有智慧的人才。最忌讳的是，这些都不具备，口号一提出，就有一批小人或利益之徒竞进，就像宋神宗用王安石推行新法，吕惠卿、章惇、曾布一群小人以进，哲宗绍圣，蔡京、蔡卞、张商英以进一样。那样政治改革或社会革命是不会成功的，只会造成政治危机或社会危机！

汉代儒学复兴，无疑也存在这些问题。建元元年，武帝借选举贤良方正的机会，听从丞相卫绾奏请，欲罢"治申、商、韩非、苏秦、张仪之言，乱国政"者，遭到窦太后的反对而失败，就是理论准备不足、人才准备不够所致。文景时期，虽然恢复儒学做了许多工作，也有赵绾、王臧等一批儒家人

---

① 《韩诗外传》卷五。

才成长起来，但就当时整个学术状况来说，黄老道家哲学还占着统治地位，而当时所谓贤者，仍多是"相引以势，相导以利"者，而非深厚纯正经国治世大儒。没有儒家正学奠定理论基础，没有深厚纯正大儒经国治世，汉代儒学复兴是不可能取得成功的！怎么办？建元元年，武帝选举贤良方之举失败后，到建元五年春，武帝凭着聪慧，终于想出了个能够复兴儒学，窦太后又不便反对的法子，那就是"置五经博士"①。

如前所说，文帝时为"除秦虐禁，尊崇道德，广开游学之路"，也曾将"《论语》、《孝经》、《孟子》、《尔雅》，皆置博士"。但那只是传记博士，是为了广开游学之路所置，其中抑或有黄老崇尚者。武帝建元五年春所置博士，不是传记博士，而是"五经博士"，是研习儒家之正学，博通上古经学精神的博士！这是个巨大的变化，是个转变文化发展、学术道路的巨大变化！正如顾颉刚先生说的："这是一个剧急的转变，使得此后博士的执掌不为'通古今'而为'作经师'。换句话说，学术的道路从此限定只有经学一条了。这比始皇的以政治力量统一思想还要厉害。两千年来没有生气的学术思想，就在这时行了奠基礼。"② 这就是说，自从武帝置五经博士后，汉代的文化发展、学术道路发生了根本性变化。第一，它培养的不再是通古今的学者或传记博士官，而是儒家经师，儒学大师级人物。第二，它培养的不再是一般学术人才，而是能够进行历史担当的儒学思想家与政治家。武帝此举，影响到孝宣以后及整个汉代学术思想与文化精神发展。因此，班固写《汉书》深刻看出到武帝置五经博士的深远影响，赞之说：

> 自武帝立五经博士，开弟子员，设科射策，劝以官禄，讫于元始，百有余年，传业者浸盛，支叶蕃滋，一经说至百余万言，大师众至千余人，盖禄利之路然也。初，《书》唯有欧阳，《礼》后，《易》杨，《春秋》公羊而已。至孝宣世，复立《大小夏侯尚书》，《大小戴礼》，《施》、《孟》、《梁丘》易，《谷梁春秋》。至元帝世，复立《京氏易》，平帝时，又立《左氏春秋》、《毛诗》、逸《礼》、古文《尚书》，所以罔罗遗失，兼而存之，是在其中矣。③

---

① 《汉书·武帝纪》。
② 《汉代学术史略》，东方出版社1996年版，第58~59页。
③ 《汉书·儒林传》。

　　武帝立五经博士，开弟子员，设科射策，劝以官禄，虽然开了禄利之途，招致了一些功利之徒，但武帝此举则开创了一条复兴儒学的广阔道路，昭帝、宣帝，皆是沿着武帝所开创的道路走的。特别是元帝好儒，能通一经者皆免其徭赋，到成帝末，言孔子的布衣学徒三千人，太学弟子少，增弟子员三千人。因此，从建元五年到平帝元始的一百多年间，正是有了武帝置五经博士的关键之举，才使遭秦毁灭的儒学得到真正复兴！它不仅使儒家学术思想与文化精神得到长足发展，使《诗》《书》《礼》《易》《春秋》发展为儒家经典，而且造就了一大批儒家经学大师。翼奉、匡衡之于《齐诗》，食子公、王吉之于《韩诗》，毛公、徐敖之于《毛诗》，倪宽、欧阳子、夏侯胜、夏侯建、孔安国之于《尚书》，后仓、戴德、戴圣之于《礼》，杨何、丁宽、施雠、孟喜、梁丘贺、费直之于《易》，胡毋生、董仲舒之于《公羊春秋》，江公之于《穀梁春秋》，张禹、萧望之于《左氏传》，皆是当时的经学大师。他们并不只是通一经者，而常常是通数经，甚至是《诗》《书》《礼》《易》皆能融会贯通者。如江公传申公之《诗》，亦得其《春秋》；倪宽通"五经"，治《尚书》；夏侯始昌通"五经"，以《齐诗》《尚书》教授；王吉通"五经"，能为《春秋》，以《诗》《论语》教授，好《易》；龚舍通"五经"，以《鲁诗》教授等等，就是这样一批儒家经学大师。

　　这些经学大师并不只是有知识、有学问，能解经书者，更是有操守、讲节义，受人尊重的道德高尚者。例如倪宽，治《尚书》，以郡国选诣博士。贫无资用，时行赁作，带经而锄，休息辄读诵，其精如此。然宽为人温良，张汤为廷尉时，曾去北地视畜数年，远迹羊豕之间。然及至上见其语经学，擢为中大夫，迁左内史，则"治民，劝农业，缓刑罚，理狱讼，卑体下士，务在于得人心。择用仁厚士，推情与下，不求名声，吏民大信爱之"[1]。倪宽授《尚书》欧阳生子，世世相传，至曾孙高子阳，玄孙地余，皆为博士。元帝即位，地余官至少府，戒其子曰："我死，官属即送汝财物，慎毋受。汝九卿儒者子孙，以廉洁著，可以自成。"及地余死，少府官属共送数百万，其子不受。天子闻而嘉之。[2] 举此，即可见经学大师操守、节义及道德醇厚也。其他儒学大师亦是如此。如授《易》者，淄川的杨何，元光中征为太中大夫，广

---

　　① 《汉书·倪宽传》。

　　② 《汉书·儒林传》。

川的孟但，为太子门大夫，像鲁国周霸、莒地的衡胡、临淄的主父偃，皆以《易》升官。由此可知，武帝置五经博士之举，不仅培养造就一批有操守、讲节义、道德高尚、受人尊重的经学大师，更是造就了一批道德深厚、刚健中正的经国治世人才。

治平天下者，有道德操守、讲节义，才能进行历史的担当。贡禹、王吉等，就是这样一批有操守、讲节义，敢于进行历史的担当者。贡禹以明经洁行著闻，征为博士。元帝初，贡禹为谏大夫。当时，年岁不登，郡国多困，禹奏言说："古者宫室有制，宫女不过九人，秣马不过八匹，墙涂而不雕，木摩而不刻，车舆器物皆不文画，苑囿不过数十里，与民共之。"高祖、孝文、孝景皇帝，循古节俭，宫女不过十余，厩马百余匹。孝文皇帝衣绨履革，器亡雕文金银之饰。到武帝时，后宫女置于园陵，大失礼，逆天心。昭帝后，到宣皇帝时，上恶言此，群臣亦随从纵容，不仅宫室奢靡，王室愈来愈腐败，而诸侯妻妾或至数百人，豪富吏民畜歌者至数十人。贡禹上疏，提出要元帝深察古道，从其俭，"大减损乘舆、服御、器物，三分去二"，而且要其"审察后宫，择其贤者留二十人，余悉归之！"[1] 一个臣子，当时向皇帝作此进谏，没有道德操守臣子，不讲节义，不敢进行历史担当者，简直是不可思议的！然贡禹凭着自己的操守、节义之思，就如此进谏了，担当了！

王吉好学明经，昭帝崩，无嗣，大将军霍光秉政，迎昌邑王刘贺即位。王吉即奏书戒昌邑王说，愿大王对大将军"事之敬之，政事一听之"。昌邑王贺即位二十余日，即被大将军以淫乱废。昌邑群臣，因其坐国时不举奏王罪，又不能辅道，陷王大恶，皆下狱诛；唯有王吉与郎中令龚遂以忠直数谏，减死。此王吉之忠贞，敢于担当者也。

其他像主父偃不避重诛，以直谏武帝不要伐匈奴，讲"夫务战胜，穷武事，未有不悔者也"；严安亦谏此，讲"秦贵为天子，富有天下，灭世绝祀，穷兵之祸也"；徐乐上书，讲"天下之患，在于土崩，不在瓦解"[2] 等，皆是敢于进行政治担当行为与言论也。其他像王吉、龚胜等亦是清节之才，忠贞之士，敢于担当者也。一个社会的政治腐败堕落，常常造成君子之道毁，使山林之士往而不能反，朝廷之士入而不能出！春秋列国及汉兴以来，卿士大夫、将相名臣，怀禄耽宠以失其世者多矣！因此，在当时社会政治生活中，

---

① 《汉书·王贡两龚鲍传》。

② 《汉书·主父偃传》。

清节之士尤为可贵。列国卿大夫及汉之将相名臣，所以怀禄耽宠以失其世者，大率既不能自治又不能治人也。故班固《汉书》称赞王吉、贡禹等人，为"守死善道"① 之人。

"六经"乃中国先王之政典、文化之核心、哲学之根本与精神之命脉，是贯通上古大道真脉的所在。因此，武帝置五经博士，对儒学复兴而言，无疑是非常关键的举措。但儒学复兴，并非只是恢复"五经"作为儒家教典地位，它在更为广泛的意义上说，乃是以儒家为代表的上古主流文化与根本精神复兴。因为上古先王及圣贤明哲象法天地，开物成务，以神道设教，不仅在于政令教典，亦弥漫于礼乐、刑政、诗歌、文学及绘画诸多文化艺术上。因此，讲儒学复兴，不能只是视为儒家"五经"教典的恢复，而应该把它看作是中国上古主流文化与根本精神的恢复与繁荣！武帝之复兴儒学，并非仅是置五经博士也，他的多次招贤良文学士，以及"举遗兴礼"为博士弟子员等，对复兴儒学也都是起了很大作用的，造就了各方面的儒家人才，繁荣整个文化艺术，使儒学精神得到了全面的复兴！《汉书》在谈到这种人才造就与文化复兴时说：

> 汉兴六十余载，海内艾安，府库充实，而四夷未宾，制度多阙。上方欲用文武，求之如弗及，始以蒲轮迎枚生，见主父而叹息。群士慕向，异人并出。汉之得人，于兹为盛：儒雅则公孙弘、董仲舒、倪宽，笃行则石建、石庆，质直则汲黯、卜式，推贤则韩安国、郑当时，定令则赵禹、张汤，文章则司马迁、相如，滑稽则东方朔、枚皋，应对则严助、朱买臣，历数则唐都、洛下闳，协律则李延年，运筹则桑弘羊，奉使则张骞、苏武，将率则卫青、霍去病，受遗则霍光、金日磾，其余不可胜纪。是以兴造功业，制度遗文，后世莫及。孝宣承统，纂修洪业，亦讲论《六艺》，招选茂异，而萧望之、梁丘贺、夏侯胜、韦玄成、严彭祖、尹更始以儒术进，刘向、王褒以文章显，将相则张安世、赵充国、魏相、丙吉、于定国、杜延年，治民则黄霸、王成、龚遂、郑弘、召信臣、韩延寿、尹翁归、赵广汉、严延年、张敞之属，皆有功迹见述于世。②

---

① 《汉书·王贡两龚鲍传》。
② 《汉书·公孙弘卜式倪宽传》。

《汉书》所列这些卓异人才，未必都是纯粹儒家人物，应该说亦有功利之徒，或以功利追求明显的。惟此，班固在谈到儒学复兴后的当国执政者时说："自孝武兴学，公孙弘以儒相，其后蔡义、韦贤、玄成、匡衡、张禹、翟方进、孔光、平当、马宫及当子晏，咸以儒宗居宰相位，服儒衣冠，传先王语，其酝藉可也，然皆持禄保位，被阿谀之讥。彼以古人之迹见绳，乌能胜其任乎！"① 但不管其多么不纯正，他们亦多是由儒家文化熏陶出来的人物，以儒术见之于世的，一本圣人之书未读就出来做官，一句圣人之言不懂，就屁颠屁颠出来混的人，几乎是没有的。汉武帝的种种政治举措，使中国上古主流文化与根本精神复兴，造就汉朝一代儒家文化的昌盛与繁荣！班固赞武帝之功曰：

> 汉承百王之弊，高祖拨乱反正，文、景务在养民，至于稽古礼文之事，犹多阙焉。孝武初立，卓然罢黜百家，表章《六经》。遂畤咨海内，举其俊茂，与之立功。兴太学，修郊祀，改正朔，定历数，协音律，作诗乐，建封禅，礼百神，绍周后，号令文章，焕焉可述。后嗣得遵洪业，而有三代之风。如武帝之雄材大略，不改文、景之恭俭以济斯民，虽《诗》、《书》所称，何有加焉。②

汉武帝毕竟是有雄才大略、政治眼光的帝王！他复兴儒学的种种举措，最能显示其政治眼光与识别人才的招数，就是诏贤良策对。而在这种诏贤良策对中，最能显示儒家学术功底与文化思想，为汉武帝治世开拓历史新局提供深厚哲理基础的，是元光元年诏贤良策对的董仲舒。正是这次策对，使武帝对儒学有了深刻的了解，坚定了复兴儒学的决心。因此，董仲舒的策对，于儒学复兴是有复兴之功的。

## 五　董仲舒策对的复兴之功

宋代文学家苏洵《衡论》说："圣人之道，有经、有权、有机。"③ 他这

---

① 《汉书·匡张孔马传》。
② 《汉书·武帝纪》。
③ 《老泉文钞》八，《钦定四库全书·唐宋八大家文钞》卷一一四。

里讲"经、权、机"，主要是就政治中可议不可议、可谋不可谋、可推不可推而说的，带有很强的权谋论思想。如果去掉其权谋论思想，用以观察处理政治改革或文化复兴一类问题，还是可以看出其中道理的。政治改革或文化复兴一类问题，无疑亦有"经、权、机"问题。撇开古代圣人论说的硬壳，"经"，实际上就是理论，就是所持理论学说是否正确；"权"，原为权衡之义，今天不妨姑且把它解释为权力；而"机"就是时机、机会、时势，就是历史的机遇。进行政治改革或文化复兴，没有权，就不能成天下之务，自然不行；时机不成熟，时势没形成，或没有历史机遇，更是不行。这里，理论正确不正确，所念之"经"是否为纯正之学，能否得到实践的检验，即它与社会现实之间是否有真实的逻辑关系，是最为重要的，因为它是为政治改革或文化复兴奠定的整个理论基础，最终决定着发展方向与历史道路的。如果以此观察汉代儒学复兴运动，就不难看出董仲舒的贡献与功劳了。

汉代儒学复兴，实乃出于武帝即位之后，急于想从理论上解决天下之治及自己的政治使命与历史地位问题。当时的黄老学派主张自然无为，自然无法满足武帝的这种政治需要。因此，武帝即位，就寄希望于儒家能够对自己的这些想法给予理论上的说明，从而为自己的宏图大业提供学术理论上的根据。正是基于此，武帝初即位，听说鲁申公是大儒，就"使使束帛加璧，安车以蒲裹轮，驾驷迎申公"，王臧、赵绾弟子二人，也乘轺传从。但及至将申公请来，问治乱之事，当时申公已八十多岁，年老，对武帝所问，只说了一句话："为治者不在多言，顾力行何如耳。"武帝本来希冀申公能给他讲一篇治国安民的大道理，见只是这么一句话，也就"默然"① 了，即什么话也没说，实际上是非常不满意。然既已招致，也就以之为太中大夫供养起来了。

还有一个人，也是武帝极为重视的，那就是枚乘。枚乘原是吴王刘濞的郎中。吴王最初欲谋为逆时，枚乘即曾以"一缕之任系千钧之重，上悬无极之高，下垂不测之渊，系绝于天下不可复结，坠入深渊难以复出"，奏书谏吴王刘濞。景帝时，吴王与六国谋反，枚乘又以"骨肉之义，民之轻重，国之大小"，劝说吴王刘濞。这些都是顾全大局、知轻重之言，是很有见解的。汉平七国，枚乘由是知名，景帝拜其为弘农都尉。枚乘久为大国上宾，与英俊并游。所以，武帝自做太子时，就久闻枚乘大名。及至即位，枚乘当时已经

---

① 《汉书·儒林传》。

年老。但武帝还是"以安车蒲轮征乘"，可惜"道死"①。

　　儒学复兴前夕，武帝"以安车蒲轮"，驾驷迎接两位德高望重老者意味着什么，象征着什么，它应赋予怎样的时代意义？其实，这不仅显示了武帝对圣贤明哲的尊重，更透露出他对新学术理论权威出现的渴望！这发展到元光元年，就是武帝下诏，要"贤良明于古今王事之体"，要其"受策察问，咸以书对，著之于篇"，并要"亲览"。参加这次策对的有百余人。正是有了这次诏贤良策对，"于是董仲舒、公孙弘等出焉"②。

　　虽然董仲舒、公孙弘是同时以策对走上政坛的，但其策对的内容、理论深度及其影响是极不相同的。公孙弘策对，虽擢弘对为第一，然就其策对内容而言，讲政道与治道，主要是在经验层次上讲的，而非是讲政治哲学本体论问题。如讲"不夺民时，不妨民力；有德者进，无德者退；有功者上，无功者下；罚当罪，则奸邪止；赏当贤，则臣下劝"，谓"凡此八者，治民之本也"；讲民"业之即不争，理得则不怨，有礼则不暴，爱之则亲上"，谓"此有天下之急者也"等，皆是讲急迫政道与治道问题。公孙弘所谓"本"者，乃政道治道的根本问题，而非政道治道所出本体论所在，故非政治精神问题。即使讲仁义礼智，虽曰"凡此四者，治之本，道之用也，皆当设施，不可废也"，但也是在"擅杀生之柄，通壅塞之涂，权轻重之数，论得失之道，使远近情伪必见于上"的治术上讲的，而非讲仁义礼智本体论存在，故"谓之术"。公孙弘后来虽地位很显赫，然终是功利之徒。故汲黯批评说："弘位在三公，俸禄甚多，然为布被，此诈也。"③

　　虽然董仲舒也讲政道与治道，但他并不是在道术上讲的，而是讲政道与治道的本体论问题。如其讲"道之大原出于天，天不变道亦不变，是以禹继舜，舜继尧，三圣相受而守一道"，就是讲的尧、舜、禹三圣相受相继所守的政治哲学最高本体论存在问题。不管人们怎样不理解董子"道之大原出于天，天不变道亦不变"这句话，也不管人们怎样从政治上扭曲这句话，但谁也改变不了中国文化大道本体及纯粹法则存在，是由一阴一阳的天道法则提升出来的，改变不了"一阴一阳之谓道"的宇宙原理。尧、舜、禹三圣相受相继所守的道，"惟精惟一"的纯粹法则，即此原于天的大道本体。这个大道本

---

① 《汉书·贾邹枚路传》。
② 《汉书·武帝纪》。
③ 《汉书·公孙弘卜式倪宽传》。

体，这个纯粹法则，这个"惟精惟一"存在，乃是原出于天，千古不变、万古不变的真理！故曰"亡救弊之政也，不言其所损益也"。谁得到了这个道，这个根本法则，谁就获得了天下；谁丧失了这个道，这个根本法则，谁就丧失天下！董仲舒的《公羊春秋》不管有多少非圣人之言，也不管它有多少类比猜度道体形上存在的地方（这一点将在本卷书第五章叙述），但仅对策"道之大原出于天，天不变道亦不变"这一句话，指出这句话为尧、舜、禹三圣相受相继所守之道，就表明他弄懂了中国上古圣人之学，获得了中国政治哲学的根本精神！它比公孙弘之流一大堆政治废话重要一千倍、一万倍！

这个原于天的大道本体或根本精神是什么呢？它也就是文王、周公、孔子三圣讲《周易》所说的"元亨利贞"四德。此乃天道本体原始亨通大用与贞正于人者也。用此治国平天下，其为本体亨通大用，就是乾道变化、生育万物、生化流转、各正性命，就是董仲舒讲的"天道之大者在阴阳。阳为德，阴为刑。刑主杀而德主生""王者承天意以从事，故任德教而不任刑"。而其真正于人者，就是董仲舒讲的"为人君者，正心以正朝廷，正朝廷以正百官，正百官以正万民，正万民以正四方"。若"四方正，远近莫敢不一于正，而亡有邪气奸其间者"。如是，则"阴阳调而风雨时，群生和而万民殖，五谷孰而草木茂，天地之间被润泽而大丰美，四海之内闻盛德而皆徕臣，诸福之物，可致之祥，莫不毕至"，也就实现王道之治了。董仲舒对策这些说法，是沿着唐虞以来尧、舜、禹、成汤、文王、周公、孔子诸圣贤明哲讲道体大用传统的，是符合大道哲学根本精神的。董仲舒对策对中国上古文化精神能贯通于此、把握于此，在儒家文化丧失殆尽之时，亦算是有益于儒学精神复兴矣。

元、亨、利、贞四德，就是儒家仁义礼智之教；而其见诸"六艺"，就是《诗》《书》《礼》《乐》之教。此乃周、孔礼教精神，儒家贞正人心，教化天下之根本主张也。董仲舒虽讲"道者，所繇适于治之路也，仁义礼乐皆其具也"，但他并没有把仁义礼乐之教，仅仅看作是为治的工具，更不是桑弘羊之谓"术"的存在，而是把它看作是先王"改制作乐而天下洽和"以仁义礼乐宜于世，深入教化民的根本政治，看作是"五帝三王之道，百王同之"的必由之路。在董仲舒看来，"凡以教化不立而万民不正也"，"夫万民之从利也，如水之走下，不以教化堤防之，不能止也。是故教化立而奸邪皆止者，其堤防完也。教化废而奸邪并出，刑罚不能胜者，其堤防坏也。古之王者明于此，是故南面而治天下，莫不以教化为大务"；若"教化已明，习俗已成，子孙循之，行五六百岁尚未败也”，“圣王已没，而子孙长久安宁数百岁，此皆礼乐教化之功也”。故曰“夫仁、谊、礼、知、信五常之道，王者所当修饬也”。董仲舒认为，“自古以来，未尝有以乱济乱，大败天下之民如秦者也。今汉继秦之后，如朽木、粪墙矣，虽欲善治之，亡可奈何？”在他看来，要解决这个问题，就是以仁义礼乐教化天下，实现变革更化。“为政而不行，甚者必变而更化之，乃可理也。当更张而不更张，虽有良工不能善调也；当更化而不更化，虽有大贤不能善治也。故汉得天下以来，常欲善治而至今不可善治者，失之于当更化而不更化也。”他对武帝说：“古人有言曰：‘临渊羡鱼，不如退而结网。’今临政而愿治七十余岁矣，不如退而更化。更化则可善治，善治则灾害日去，福禄日来。”儒家为治之道，就是继承周公以礼乐治天下的精神，实现社会历史变革更化。董仲舒以策论宣扬于此、继承于此，不仅为武帝实现汉代变革更化提供了理论根据，也指出了儒教复兴之方向。参加这次策对的有百余人，试问，谁能言于此？故董仲舒复兴儒学之功，不可掩也。

武帝急于垂听而问者，乃是要董仲舒回答“天命”问题，回答他的政治使命与历史地位问题。这就是诏书所谓“三代受命，其符安在？灾异之变，何缘而起？性命之情，或夭或寿，或仁或鄙，习闻其号，未烛厥理”问题。武帝提出这个问题，乃是处于黄老盛行之时。若让黄老道家学者回答这个问题，一定会以五德之运及阴阳、谶纬、象数，给予非理性而又非常神秘的说法。而董仲舒却以非常理性而又有现实逻辑关系的历史哲学回答：“人君莫不欲安存而恶危亡”，然政乱国危者所以那么多，皆在于“所任者非其人，而所繇者非其道，是以政日以仆灭也。”董仲舒虽然承认天命，承认“命者天之令也”，承认“天人之征，古今之道也”，承认“国家将有失道之败，而天乃先出灾害以谴告之，不知自省，又出怪异以警惧之”，但他认为“善言天者必有征于人，善言古者必有验于今”，天下之治，其“治乱废兴在于己，非天降命不得可反，其所操持诖谬失其统也”，而不是命定的，不是上天安排好的。故曰“尧、舜行德则民仁寿，桀、纣行暴则民鄙夭”[1]。武帝虽然对董仲舒所讲灾异不感兴趣，对天命的回答也不尽满意，但他对董仲舒所说“治乱废兴在于己，非天降命不得可反”，应该是有所知觉理解的。而此正孔子“不语怪力

---

[1]　以上所引均见《汉书·董仲舒传》。

乱神"① 之事，亦以德政治天下者也。孔子所谓"如有王者，必世而后仁"②，正是这种精神。董仲舒以此告诉武帝，乃在复兴儒家政治哲学根本精神者也。此在当时黄老学术盛行氛围下，更可以看出董仲舒复兴儒学之功。

汉代儒学复兴，从学术贡献上讲，董仲舒的复兴之功，远在其他人之上。但宋明之儒家，因董仲舒阴阳之说多可怪之论，谓其不明理，多不重视。发展到近现代，更有视"罢黜百家，独尊儒术"为文化专制者，将其归罪于董仲舒者。那么，究竟应该怎样看待汉代儒学复兴，怎样看待从黄老治世到儒术复兴的历史事实呢？这一问题涉及如何正确理解汉代精神发展及其文化本质问题。因此，在结束本章之前，弄清"罢黜百家，独尊儒术"之说，弄清儒学复兴是否真的发展为"独尊"，对理解认识儒学复兴后汉代文化历史实际状况及其精神本质，是非常必要的。

## 六  从黄老治世到儒术"独尊"

人们一提起"罢黜百家，独尊儒术"，总是和几千年的文化专制联系起来，和儒家文化的"独霸"，以及中国文化生命精神僵化与走向没落灭亡联系起来。因此，怎样看待汉代的"罢黜百家，独尊儒术"，以及它是否真正达到了儒术"独尊"，便成了一个不得不弄清的文化史、精神史问题。

"罢黜百家，独尊儒术"的提出，一次是建元元年，武帝下诏，举贤良方正之士，丞相卫绾奏请的"所举贤良，或治申、商、韩非、苏秦、张仪之言，乱国政，请皆罢"③；另一次是元光元年武帝诏贤良对策，董仲舒讲《天人三策》，欲以儒家仁义礼乐之教为大务，实现改革更化，以《春秋》之义，建立"大一统"天下，面对着"今师异道，人异论，百家殊方，指意不同，上亡以持一统；法制数变，下不知所守"，而提出"不在《六艺》之科，孔子之术者，皆绝其道，勿使并进"④。但这只是建议，它在文化历史发展上，并没有真正实现。第一次卫绾所请，以窦太后的干预而失败；第二次董仲舒建议，武帝并没有听，随后即下放，以董仲舒为江都相。董仲舒虽然以礼谊匡正易

---

① 《论语·述而》。
② 《论语·子路》。
③ 《汉书·武帝纪》。
④ 《汉书·董仲舒传》。

王刘非的非理性做了些事，但以《春秋》之义，建立"大一统"汉家天下，由于没有参与中央政力，不能成天下之务，并无实现学术上的见解。《汉书》所说"孝武初立，卓然罢黜百家，表章《六经》"①，也只是说孝武即位之初，举贤良方正，有过这样的举措，但其并未按照丞相卫绾奏请实施。因此，汉代的"罢黜百家，独尊儒术"，只是一个政治改革的口号，并非真正实施的政治举措，而且在汉代文化历史上也不是事实。最能说明这一点的，有两个非常突出的史实：

第一件事是建元元年，在武帝下诏，举贤良方正，卫绾奏请"治申、商、韩非、苏秦、张仪之言，乱国政，请皆罢"时，第二年即建元二年冬，治黄老道家之术的淮南王刘安来朝，武帝"甚尊重之，每宴见谈语，昏暮然后罢宴"②。可知武帝对黄老道家人物并不排斥。史记淮南王刘安来朝只这一次，《汉书》所说刘安献新作《淮南子》的《内篇》，"上爱秘之"③，也应该在这个时间。"爱秘"道家著作，如何谈得上"罢黜百家，独尊儒术"呢？而且直到元朔二年，武帝还"赐淮南王几杖，毋朝"，可见黄老道家人物仍然受到极高待遇与尊重。

第二件事是元帝为太子时，因柔仁好儒，受到宣帝申斥："汉家自有制度，本以霸王道杂之，奈何纯任德教，用周政乎。且俗儒不达时宜，好是古非今，使人眩于名实，不知所守，何足委任！"乃叹曰"乱我家者，太子也"④。此事可知汉代"罢黜百家，独尊儒术"并非笃行的国策，汉代真正的国策，骨子里仍是杂王霸之术而用之。事实上，武帝之后，其他各家学术照样发展，并未停顿，并未出现百家罢黜，儒术独尊的局面。黄老道家严遵平的《老子指归》，成书于成帝年间就是证明。

但这并不是说汉武帝复兴儒学是假的，更不是说汉代复兴儒学是没有成绩的。总体上看，汉武帝复兴儒学的决策是有历史眼光的，武帝之后，汉代复兴儒学是有成绩的。这个成绩，就是使儒家文化精神重新处于主流地位。这也意味着中国上古以来主流文化精神得到了重新复归。它主要表现在两个方面：

---

① 《汉书·武帝纪》。
② 《资治通鉴》卷一七。
③ 《汉书·淮南衡山济北王传》。
④ 《汉书·元帝纪》。

第一，儒家教典即"六艺"被置于了教育的中心地位，成为官方政治意识形态，儒家文化精神得到正式肯定与认可。先是文帝将"《论语》、《孝经》、《孟子》、《尔雅》，皆置博士"，武帝"置五经博士"，昭帝始元五年增博士弟子员，元康二年选郎受《穀梁春秋》，甘露三年立梁丘《易》、大小夏侯《尚书》《穀梁春秋》博士，黄龙元年增博士弟子员，元帝永光三年置博士弟子千人，平帝元始五年将《毛诗》、《逸礼》、古文《尚书》、《左氏春秋》立于学宫，及至东汉光武帝建武四年更立《费氏易》《左氏春秋》博士。凡此等等，皆保障了儒家经典的传播与使用，保障了儒家经典在教育中的中心地位，也保障了儒家文化精神的传承与发扬，保障了儒家文化精神的主流地位。

第二，如前所说，培养造就一大批儒学的大师级人物，培养造就了一大批儒家经国治世的人才。伏生、申公、毛公、韩婴、辕固、胡毋生、董仲舒、司马迁、戴德、戴圣、匡衡、费直、刘向、扬雄等，皆是儒家学说及其文化精神的传承者与发扬者。有此传承者与发扬者，不仅保障了儒学在汉代文化领域的中心地位，也保障了儒家主流文化精神在社会文化意识领域的支配地位。

由上可以看出，儒学在武帝之后无疑得到了复兴，并且在精神上处于主流地位，但这并不意味着儒学处于"独尊"的地位，处于对其他文化压抑专制的霸权地位。这种情况是不存在的。实际上，汉代"罢黜百家，独尊儒术"的说法是不成立的。儒学复兴后的汉代，并非"独尊"儒家学术，而是以儒家文化为主体的儒、道、墨、名、法、阴阳诸子百家学术及文化精神兼容并流的局面。当时，不仅黄老道家文化继续发展，而且阴阳、墨、名、法诸家依然存在发展。武帝时依然祭太乙、祠八神求仙、东巡封禅求仙。直到东汉光武帝时，依然正火德，相信阴阳、谶纬、象数一类神秘存在。凡此就说明汉代儒学复兴之后的文化并非处于儒家文化独尊霸权的地位，仍然是儒、道、墨、名、法、阴阳诸子百家学术思想及文化精神的兼容并流。

不管怎么说，儒学在汉代复兴时取得了文化主流地位。那么，应该怎样看待这种文化主流地位，它的意义何在呢？这首先表示贯通上古而具有刚健、笃实、中正、仁义精神本质取得了主导地位，并对中国几千年文化历史具有了本质的规定性。中国人、中华民族的世界观、价值观及伦理道德观，主要来源于儒家文化，是由儒家文化精神的本质规定的，或者说中国人、中华民族的世界观、价值观及伦理道德观，从来没有离开过儒家文化刚健、笃实、中正、仁义的精神本质。正是这种文化精神本质，对中国几千年的文化历史有着不可替代的本质规定性：大凡刚健、笃实、中正、仁义的儒家文化取得了主流地位，处于昌盛期时，中国文化历史就走向繁荣昌盛；与此相反，凡刚健、笃实、中正、仁义的儒家文化处于暮落衰亡时期，或被其他文化所弱化，如佛教，中国文化历史就开始走向暮落衰亡。从这个意义上说，儒家文化精神的复兴，对中国文化历史的兴盛是不可或缺的。

第三，儒学经典乃是儒家文化的教典，是贯通上古文化精神的大道本体存在。因此，通经，即通尧舜之道，即通上古文化精神。因此，通经不仅是文字训诂，而是将中国上古乃至远古以来文化哲学道体贯通，获得大道真脉与根本精神。儒学教典，即"六艺"，乃是中国文化精神的核心，是中国文化精神最为核心、最为根本的存在。几千年文化精神发展，乃是随着儒家经学的盛衰而盛衰的。因此，儒学复兴不仅以它根本精神规定着中国文化历史盛衰，而且儒家经典的传承与盛衰，也规定着中国文化精神的盛衰与发展。秦汉以后中国文化精神发展，虽然文化历史的因素是多方面的，但主要是以经学为轴心展现精神盛衰而产生波动的。这也是将本卷精神史副题定位为"儒学盛衰与两汉魏晋精神发展"的原因所在。不仅两汉魏晋的精神发展是这样，两汉魏晋之后，中国几千年文化精神发展，也是以儒家经学为核心展开的。这就是说，观察中国文化精神发展，是不能离开儒家经典道体所包含的根本教义与精神存在的，而应该从儒家经典贯通的道体存在中寻找发展的根源并说明中国文化精神发展的本质。由此也就不难看出儒家经典在文化精神复兴中的地位与重要性了。

第四，虽然儒学复兴处于文化主流地位，但并非是儒家文化独尊，在整个文化精神发展中，仍然是儒、道、墨、名、法、阴阳诸家的兼容并流。特别是儒道两种文化，一直是处于涵盖、统摄与互补状态的。从根本上说，从哲学本体论上说，它们乃是处于阴阳合德，刚柔同体状态。不论是儒家文化精神，还是道家文化精神，皆是大道哲学精神。这种哲学精神，皆是以阴阳之道、刚柔之体为其本体论的，而且在文化历史发展上谁也离不开谁。每当儒家文化处于主流地位时，道家文化就处于相辅相成的非主流地位；而当儒家文化处于衰败期，而道家文化则扎根于华夏大地，蓄养培植新的生命精神，为中国文化重新复兴积蓄力量。这就是中国文化生命精神数千年来不衰不败的根本原因。阴阳合德、刚柔同体不仅规定了儒家文化的主流地位，也展现着儒道两种文化既相推相摩、相激相荡，又相感相应、相亲相合的精神模式。中国文化儒、道、名、法、墨、阴阳、兵、农的各家学术思想，本来是"道术为天下裂"造成的，而它在新的历史条件下，则又以新的内容、新的形式融合浃化、一体并流，构成了浩荡不息的生命精神与雍容广大的价值体系。它的最高哲学仍然是道术，仍然是大道本体论。正是这种文化精神与价值体系的存在，维系着中国几千年的文化历史赓续绵延。

但它的核心仍是儒家文化，是儒家教典传承与阐释在新的历史条件下，不断呈现的不朽生命精神！这就引出下一章——《儒学讲授与精神传承》。

# 第四章　儒学讲授与精神传承

**内容提要**：一部精神史的万象纷呈及绚烂多彩，不仅表现在文化哲学及形而上学创造上，还显示于不同国家民族古典文化哲学讲授与传承上。这种讲授与传承，乃是古代以来文化精神的赓续与绵延。它不仅包含着讲授传承者对古代典籍价值与意义的理解、体验与领悟，包含着不同居住地、特殊自然环境及独一无二的人文情境情势的影响，而且在不同社会文化及学术群体参与、互动、互渗及远距离作用中，是不断增殖新的价值，衍生新的意义的。中国儒家"六艺"在汉代的讲授与传承也是这样。它乃上古之大道真脉与文化精神之讲授传承也。因此，研究汉代是怎样讲授传承"六艺"、"六艺"如何被经典化、经义如何被发掘与阐释，以及汉儒通过经典讲授传承，获得了怎样的精神世界，对于理解中国文化精神在汉代的发展，是极为重要的。

世界上所有古老文明民族，皆是从他们古代文化哲学典籍的讲授传承中，发掘新的价值、新的精神，赋予时代意义的。西方不仅以古典希腊柏拉图哲学发展了基督教宗教信仰，连他们科学的逻辑学及知识论，也是从亚里士多德的哲学中发展来的。易言之，西方近现代的自然与法则、知识与信仰、哲学与神学，皆不过是古代希腊罗马哲学的新方法、新形式。由此可知古典哲学讲授与精神传承对精神史发展的重要性。因此，撰写精神史，研究精神发展，不仅要叙述一个时期文化创造、哲学思想和形而上学发展，还应该研究叙述各个时期国家民族怎样进行古典文化哲学讲授与精神传承的。惟此，才能知道古典哲学在讲授传承在群体参与、互动、互渗中增殖了何种价值，衍生何种意义以及它是怎样影响精神发展的。中国儒家"六艺"在汉代的讲授与传承也是这样。

《汉书》说："古之儒者，博学乎六艺之文。六艺者，王教之典籍，先圣所以明天道，正人伦，致至治之成法也。"① 六艺，原指礼、乐、射、御、书、数，为周朝贵族子弟教育内容。《周礼》讲"养国子以道，乃教之六艺"②，即指此教育。春秋时期，孔子讲授六艺，至汉被经典化，遂为儒学"六经"，即《易》《书》《诗》《礼》《乐》《春秋》。后《乐》经佚失，只有"五经"，即《易》《书》《诗》《礼》《春秋》。儒学讲授传承"六艺"，即上古之大道真脉与文化精神之讲授传承。

这种传承从战国至秦汉大体可分为两个阶段：第一个阶段是孔子死后，战国时期"七十子之徒散游诸侯，大者为卿相师傅，小者友教士大夫，或隐而不见。子张居陈，澹台子羽居楚，子夏居西河，子贡终于齐。田子方、段干木、吴起、禽滑牦之属，皆受业于子夏之伦，为王者师"③。这个时期，天下并争，儒术已黜矣，只有齐鲁之间学者犹存，至齐国威、宣之际，始有孟子、孙卿遵夫子之业而润色之，使儒学显于当世。

第二个阶段是从秦始皇"焚书坑儒"到刘邦统一天下及武帝复兴儒学之前。由于秦始皇燔《诗》《书》，坑儒生，造成儒家文化在政治上的缺位。从此儒学潜入地下。但它在民间并没有停止传授、传承与传播。陈涉时，鲁国诸儒持孔氏礼器归之，缙绅先生们负礼器前往；汉高祖灭项羽，引兵围鲁，鲁中诸儒尚讲诵习礼，弦歌之音不绝，就是儒学在民间传承与传播的表现。汉兴，虽然儒学始得修，乡饮之礼得习，然惠帝、高后时，公卿多为武力功臣，儒学未得重视。文帝好刑名之言，景帝时，由于窦太后偏好黄老道家之术，儒学仍处于潜在传授、传承与传播阶段。只有到武帝复兴儒学，"置五经博士"之后，这个阶段才算结束。

本卷精神史，重点乃在于叙述秦汉之后的精神发展。因此，本章所要讲的主要是第二个阶段儒学传承与精神发展。但上述两个阶段又是相互联系，不可截然分开的。不论是第一阶段，还是第二阶段，皆是儒学的非主流文化阶段。所谓"隐而不见"，就是儒学非显学，非主流文化时期，处于非主流地位，转入民间发展的时期；特别是始皇"焚书坑儒"以后，儒学处于不合法地位，儒家经典更是转入地下，在民间讲授、传承与发展。

儒学的这种讲授、传承与发展，是在各地进行的。如战国时期子游、曾

---

① 《汉书·艺文志》。
② 《周礼·保氏》。
③ 《汉书·儒林传》。

子居鲁，子夏教于西河（今陕西以东），秦汉时如伏胜在济南，申公居鲁，辕固住齐，而毛公在赵地。这样，儒学的讲授与传承不仅有各家对儒家经典的理解、体验、领悟问题，更有不同居住地、特殊自然环境及独一无二的人文情境情势之影响问题。因此，儒学的讲授与传承，并非只是简单机械的输出和输入关系，而是不同个体、群体各自带着自己特有的理解、领悟，相互参与、互动、互渗的复杂过程。这就不可避免地给儒家经典教义带来异议、疑义与异义；同时推动其不同文化精神发展。这一点，在秦汉以后儒家经典的授受、传承中更显得突出。

那么，秦火之后，儒家经典是怎样讲授、传承的呢？这就不能不先讲几个先驱人物了。知道这些先驱人物怎样讲授、传承儒家经典，然后才能知道他们怎样由儒家经典讲授、传承而发展出不同文化精神的。本章的叙述就从这里开始。

## 一　几个传承的先驱人物

世界各古老文明民族的文化，不论是德国施本格尔《西方没落》把人类文化或文明划分为八种类型，还是英国汤因比《历史研究》把人类文化或文明划分为二十六种类型，后来大都灭亡或转移了。唯独中国文化在固有土地上持续绵延了五千年乃至七千余年。这并不是说中国文化幸运，没有遭遇过毁灭性打击。秦始皇统一六国，燔《诗》《书》，坑儒生，对于中国文化来说，几乎是一次毁灭性打击！中华民族，中国儒家人物，面对着这场大事变，表现出惊人的意志与处变不惊的态度，或藏书于壁，或潜隐其学，仍然诵《诗》《书》于乡下，教授"六艺"于民间，不遗余力地保存了中国文化！这种黜出身家性命对文化的保护，在世界上是很少看到的！鲁淹中藏古经于孔壁①、伏生藏壁《尚书》②、颜芝藏《孝经》③，以及民间藏《周官》于山崖破

---

①　《汉书·艺文志》："《礼古经》者，出于鲁淹中及孔氏"；又说："古文《尚书》者，出孔子壁中。武帝末，鲁共王坏孔子宅，欲以广其宫。而得《古文尚书》及《礼记》、《论语》、《孝经》凡数十篇，皆古字也。"

②　《汉书·艺文志》："《书》之所起远矣，至孔子纂焉，上断于尧，下讫于秦，凡百篇，而为之序。秦燔书禁学，济南伏生独壁藏之。汉兴亡失，求得二十九篇，以教齐鲁之间。"

③　〔唐〕陆德明《经典释文序录》："《孝经》者，孔子为弟子曾参说孝道，因明天子庶人五等之孝、事亲之法。亦遭焚烬，河闲人颜芝为秦禁，藏之。汉氏尊学，芝子贞出之，是为今文。"

屋①等，就是当时人民奋力保护儒家文化典籍的英勇行为。今天我们仍能读儒家经典，读那些被禁止保存的典籍，对那些保护、传授、传承中国文化的先驱们怀有一种深深的敬意！

自然，儒家经典能够经受毁灭性打击而得以保存，是与中国文化载体发展分不开的。中国文化发展，远在夏时就已"铸鼎象物"②，殷商时就"有册有典"③，三代以来，更有大量礼器文物存在。有这些文化载体，遭受毁灭性打击，方可以藏之埋之，使儒家经典得以保存，而不像其他各民族文化无此载体，遭事变而尽淹没。但这只是客观条件。儒家经典能够经受毁灭性打击而得以保存，更在于它历史悠久，作为主流文化，至秦汉它已经发展成熟两千多年！不仅它的大道哲学精神深入人心人性，教化为难以泯灭的文化意识与价值观念，而且它的产生与发展是植根于华夏民族大地的，谁想主观上毁灭它是不容易的！惟此，中华民族、中国儒学先驱，才能处惊雷迅变，毅然决然地保护中国文化，传承讲授儒家教典！伏生、申公、辕固、韩婴、毛公等，就是这样一些先驱人物。

伏生（又称伏胜，秦汉时称学者或先生，多以"生"称之），济南人，为秦时博士。文帝时，求能治《尚书》者，天下亡有，闻伏生治之，欲召见。当时伏生年已九十多岁，老不能行，于是文帝诏太常，使朝错往受之。伏生最大贡献，是秦禁《诗》《书》时，将《尚书》壁藏之。这和孔宅壁所藏古文经传有同样的功劳。后来兵起，伏生所藏《尚书》流失。汉定天下，伏生求其《尚书》，流失数十篇，只剩二十九篇，遂以此教于齐鲁之间。因此，齐之学者多能言《尚书》，山东大师无不以《尚书》教弟子。济南张生、千乘欧阳生（字和伯），皆跟从伏生习《尚书》。张生后为博士，欧阳生将《尚书》授倪宽，倪宽又授欧阳生之子，世世相传。《欧阳尚书》，乃欧阳氏所传伏生之《尚书》也。《尚书》乃是从唐虞时代至秦穆公时期中国上古文化历史的记录，亦是先王圣治与根本文化精神的载体。伏生在文化存亡的紧急关头，藏《尚书》于墙壁而后传授之，无疑对保存中国文化精神做出了贡献！即使《尚书》后来有今古文之争，但伏生保存中国文化精神的贡献也是不可泯灭的！

---

① 《汉书·楚元王传》《尚书》初出于屋壁，朽折散绝。
② 《左传》宣公三年。
③ 《周书·多士》。

申公，名培，鲁人。申公的功劳主要不是保护儒家著作，而是讲授传承儒家经典，传播儒家文化精神。申公少时与楚元王刘交、鲁穆生、白生俱受《诗》于浮丘伯。浮丘伯，即包丘子，齐人。《盐铁论》说："李斯与包丘子俱事荀卿。"① 故《汉书》说："伯者，孙卿门人也。"② 由上可知，申公、鲁穆生、白生，皆学于荀子。他们"及秦焚书，各别去"。申公别去，回到了家乡讲学。《汉书》说"汉兴，高祖过鲁，申公以弟子从师入见于鲁南宫"③，即其别去讲学之事迹也。后来，汉高祖废楚王韩信，分其地为二国，立刘贾为荆王，立刘交为楚元王。楚元王刘交遣其子刘郢学于申公。元王死后，刘郢立为楚王，令申公为其子刘戊的太傅。刘戊不好学，总是诋毁申公。及刘戊立为王，淫暴，并与吴通谋，申公谏之不听，反受凌辱。于是申公归鲁，退居家教，终身不出，从此以讲授传承儒学为自我使命。弟子自远方至受业者千余人。申公主要以《诗经》为训故，教授弟子，其为诗传，被称为《鲁诗》。申公虽不擅长于政治言辞，然一生讲授传承儒家经典，传播儒学精神，其功甚伟。武帝时郎中令王臧、御史大夫赵绾，皆受《诗》于申公，是他最显著的弟子。其他像孔安国、周霸、夏宽、砀鲁、缪生、徐偃等，其治官教民，皆有廉节称。至于位于大夫、郎、掌故者更多，以百数计。申公不仅传《诗》，亦授《穀梁春秋》。相传《穀梁春秋》为鲁人穀梁子（名淑，字元始）学于子夏，传《春秋》所作。《穀梁序》疏说，此书"穀梁淑传孙卿，孙卿传鲁人申公"④。考年，申公不可能学于荀子，应为其师浮丘伯所传。申公将此书传授瑕丘江公，学者弟子甚盛。此亦可知申公讲授传承《穀梁春秋》之功。

辕固，齐人，以治《诗》为学，孝景时为博士。他不仅是《齐诗》传者，而且是儒家学说的坚决捍卫者。辕固与当时黄老道家权威黄生辩论"汤、武是否为受命之君"，俨然以儒家立场驳斥黄生"汤、武非受命，诛桀、纣"谓之"杀"的观点。辕固认为，"桀、纣荒乱，天下之心，皆归汤、武，汤、武因天下之心而诛桀、纣，桀、纣之民沸为而归汤、武，汤、武不得已而立。非受命为何？"辕固认为，不分是非，以固定不变的君臣之分，就责备汤、武

---

① 《盐铁论·毁学篇》。

② 《汉书·楚元王传》。

③ 《汉书·儒林传》。

④ 《穀梁序》疏，见《穀梁春秋》卷一。

"因过而诛之，代立南面"而曰"杀"。窦太后好《老子》之书，召问辕固怎样看待《老子》。在黄老之学盛行，几乎成为官方意识形态的情况下，辕固竟敢"此家人言耳"回答窦太后，可知其儒家立场之坚定！辕固为人，极为廉洁正直。武帝即位，辕固以贤良征。当时辕固已九十多岁，诸儒多嫉毁其老。公孙弘也被以博士征用，非常看不起辕固，仄目视之。辕固当面教训公孙弘说："务正学以言，无曲学以阿世！"此事不仅可知辕固为人之正直，亦可见其为学之精神。辕固所治《诗经》，传播儒家《诗》学精神，影响很广，夏侯始昌、后苍、翼奉、萧望之等人，皆是辕固的弟子。

韩婴，燕人。文帝时为博士，景帝时至常山太傅。伏生、申公、辕固，皆是齐鲁学者，韩婴与之不同，乃是燕赵一带的儒家学者。韩婴传承儒学，讲授儒家著作，主要成就有两个方面：一是"推诗人之意，而作《内外传》数万言"；二是"推《易》意而为之传"①。韩婴"推诗人之意"的《诗内外传》，被称为《韩诗》。《内传》已失，现只剩《韩诗外传》。"推诗人之意"，即了解诗人处境，体会做诗之意。但它并非孟子之"知人论世"，以《外传》观之，则是多以《易》解《诗》，以天道性命之理阐释《诗》意，而非《诗》的章句训诂。故其与齐鲁《诗》传不同，然其在传承儒家《诗》教化方面则是一致的。燕赵间的言《诗》的风尚，多由韩婴讲授传播。但韩婴为学，并不只是讲授传播儒家《诗》教，亦以儒学《易》学天道性命之理授人，撰《易传》。《易》的传授本来在齐鲁间，燕赵间好《诗》，《易》之哲理本不流行。《易》之为道的精神与性命之理，所以于燕赵间流行，自然也是韩婴讲授传播的结果。由于治《易》，懂得天道性命之理，一通百通，所以韩婴为人很精明，处事也极有分寸。武帝时，韩婴常与董仲舒辩论。因其学问渊博，处事精明，董仲舒终不能难倒他。其《诗》，后淮南贲生受之。其孙韩商为博士，宣帝时，涿郡（今河北涿州）韩生，即其后代也。韩商以《易》征用，待诏殿中说："所受《易》即先太傅所传也。尝受《韩诗》，不如韩氏《易》深，太傅故专传之。"②当时的司隶校尉盖宽饶，本来受《易》于孟喜，见涿郡韩生说《易》而好之，即改为接受韩婴所传授的儒家《易》学。孟喜有《易章句》，曾以此书炫耀于人。宽饶接受韩氏《易》，以说明韩婴所讲授传承儒家《易》之造诣，比当时孟喜以阴阳灾异说《易》则要高明得多，亦富

① 《汉书·儒林传》。
② 以上均见《汉书·儒林传》。

于精神者也。

毛公者，大毛公毛亨，河间人。关于《毛诗》传，《毛诗正义》引郑康成《毛诗谱》说："鲁人大毛公为《诗故训传》于其家，河间献王得而献之，以小毛公为博士。"陆玑疏此说："亨作《诗故训传》，以授赵国毛苌。时人谓亨'大毛公'，苌'小毛公'。"① 陆德明引徐整《诗谱畅》说："子夏授高行子，高行子授薛仓子，薛仓子授帛妙子，帛妙子授河间人大毛公。毛公为《诗故训传》于其家，以授赵人小毛公。小毛公为河间献王博士，以不在汉朝，故不列学宫"；又说："子夏传曾申，申传魏人李克，克传鲁人孟仲子，仲子传根牟子，牟子传赵人孙卿子，卿子传鲁人大毛公。"② 由此可知，大毛公乃荀子之学生，作《诗故训传》源于子夏。此即班固所说《诗》"有毛公之学，自谓子夏所传"③ 者也。毛亨作《诗故训传》远在秦汉之际。当时并未称其为《毛诗》。以《毛诗》称之，乃是小毛公为河间献王博士之后，也就是《汉书》所说"毛公治《诗》，为河间献王博士"④ 期间。申公、韩婴为文帝时博士，辕固为景帝时博士，三家之《诗》，立于学宫，皆早于《毛诗》。但大毛公之《诗故训传》为古文，不仅有文字训诂，而且所传《诗》义，善得《风》《雅》之旨。因此，西汉时期，虽鲁、齐、韩三家诗皆列于学宫。然及至平帝时，"《毛诗》始立，《齐诗》久亡，《鲁诗》不过江东，《韩诗》虽在，人无传者"；特别是"郑众、贾逵传《毛诗》，马融作《毛诗注》，郑玄作《毛诗笺》，申明毛义难三家，于是三家遂废矣"⑤。此大毛公《诗故训传》优于三家，有功于儒家《诗》学者也。

伏生、申公、辕固、韩婴、毛公等，皆是传承儒学的先驱人物。他们从不同视野皆为儒学恢复重建做出了贡献。但从其早期传承中亦可看出所存在的问题，如汉初之《易》，同出于田何，为什么韩婴之《易传》与孟喜之《易章句》差别那么大呢？同样，申公《鲁诗》、辕固《齐诗》、韩婴《韩诗》，虽一时大兴，皆列于学官，但为什么《毛诗》始立，而三家尽废呢？由此可知，儒学传承并不只是串讲搬用，或仅仅章句大意，而是包含着传承者对经典的理解与领悟，包含着对儒家学说和文化精神的自我认知与重新阐释

① 《毛诗正义》卷一。
② 《经典释文序录》。
③ 《汉书·艺文志》。
④ 《汉书·儒林传》。
⑤ 〔唐〕陆德明《经典释文序录》。

的。这些传承，从根本上说虽然都是基于儒家文化精神，但在传承过程中，既有根本精神，也有增殖、衍生的价值与意义。

由上可以看出，虽然任何经典的讲授都是儒家文化精神的传承，但它是以不同的理解与领悟传承其精神的。即使讲授者力求传承出儒家经典根本精神，使传承符合儒家学说的主旨与要义，但情况往往并不是这样的。在儒学讲授与精神传承之间不仅存在着地理环境、人文传统的差异，亦存在着不同群体参与、互动的各种变量关系。因此，它不仅形成了不同儒学传统，也给精神传承带来了极为复杂的情况。这是研究叙述儒学讲授与精神传承不可忽视的问题。

## 二　儒学讲授与精神传承

《汉书》说："汉兴，言《易》自淄川田生。言《书》自济南伏生。言《诗》，于鲁则申培公，于齐则辕固生，燕则韩太傅。言《礼》，则鲁高堂生。言《春秋》，于齐则胡毋生，于赵则董仲舒。"① 那么，汉兴，儒家《易》及《诗》《书》《礼》《春秋》是怎样讲授，精神是怎样传承的呢？

这自然首先应弄清儒家经学主旨要义与根本精神。孔子说："温柔敦厚，《诗》教也；疏通知远，《书》教也；广博易良，《乐》教也；洁静精微，《易》教也；恭俭庄敬，《礼》教也；属辞比事，《春秋》教也。"应该说，孔子之后，儒家经典的传授基本上是保持了《诗》《书》《礼》《乐》《易》《春秋》根本精神的。但孔子同时也指出："《诗》之失，愚；《书》之失，诬；《乐》之失，奢；《易》之失，贼；《礼》之失，烦；《春秋》之失，乱。"② 因此，后人讲授传承儒家经典，如何深于《诗》，温柔敦厚而不愚；深于《书》，疏通知远而不诬；深于《乐》，广博易良而不奢；深于《易》，静精微而不贼；深于《礼》，恭俭庄敬而不烦；深于《春秋》，属辞比事而不乱，仍是有待深入考察思想的问题。

儒学是以"六艺"为施教之典的。它发展到后来，就是上面所说《诗》《书》《礼》《乐》《易》《春秋》之"六经"。儒家"六经"，不论是《乐》以和神，《诗》以正言，《礼》以明体，还是《书》以广听，《春秋》以断事，

---

① 《汉书·儒林传》。
② 《礼记·经解》。

五者皆是以"《易》为之原"的。故曰:"《易》不可见,则乾坤或几乎息矣,言与天地为终始也。"① 可知儒学精神传承与贯通,乃是《易》学讲授为根本,为本原,为本体论的。因此,叙述儒学讲授与精神传承,应该首先从儒家《易》学开始。然后再看看其他经典讲授与精神传承问题。

《易》的发展,夏有《连山》,殷有《归藏》,周有《周易》。特别是《周易》,由伏羲八卦、文王卦辞、周公爻辞,发展为孔子《易传》,乃是贯彻中国五千年甚至七千年文化历史者。故唐人陆德明说:《周易》"处名教之初,为'七经'之首"②。"七经",即《五经》加《论语》《孟子》。"《易》为七经之首",可知《易》在中国文化哲学史上之地位。中国文化历史,唯《易》之义理,是贯彻其始终者。郑玄说:"易者,阴阳之象,天地之所变化,政教之所生。"③《易》之道,不仅是伏羲本于天地法则所制之卦,更是历代圣贤明哲极物理人事之变,明吉凶祸福之故,推性命之原的根本哲学。因此,《易》学的讲授、传承与阐释,不仅关乎中国文化哲学根本原理,更是可以为时代提供精神支柱,为历史寻求开辟发展道路。

秦之焚书,主要是儒家所讲《诗》《书》《礼》《春秋》,而《易》被视为巫术,并不在焚烧之列。孔子《十翼》作为儒家《易》学,自然可以不受限制地传授,但其最初传授区域有限。《史记》说:"孔子传《易》于瞿,瞿传楚人馯臂子弘,弘传江东人矫子庸疵,疵传燕人周子家竖,竖传淳于人光子乘羽,羽传齐人田子庄何,何传东武人王子中同,同传菑川人杨何。"④ 此孔子《易》学,自商瞿八传而至杨何者也。依《史记》所说,列表则如下:

孔子—商瞿—馯臂—庸疵—周竖—光羽—田何—王同—杨何

此表中,孔子《易》学,自商瞿传至田何,乃是《易》学在秦以前的讲授传承,地区主要是在齐鲁及稍南的地方。《易》的讲授传承者,除周竖为燕人外,其他皆为齐鲁及南方人。如商瞿为鲁人,田何为齐人,馯臂为楚人,庸疵为江东人等。

---

① 《汉书·艺文志》。
② 《经典释文序录》。
③ 《六艺论》。
④ 《史记·仲尼弟子列传》。

　　孔子《易》学，自商瞿六传至田何。嗣后，汉初传《易》者，皆本之田何。但传承到田何，产生一个新的情况，即汉初高祖时为了统治需要，曾将诸王子民移往关中。田何亦在移民当中。因此《易》的讲授传承区域分布更为广泛，传承关系亦更为复杂。《汉书》其叙述主要传承关系为："汉兴，田何以齐田徙杜陵，号杜田生，授东武王同、子中，雒阳周王孙、丁宽、齐服生，皆著《易传》数篇。"丁宽，梁人，原是梁项生从者。梁项生从田何受《易》，丁宽"读《易》精敏，材过项生，学成曾东归"；后又"复至雒阳，从周王孙受古义，号《周氏传》"。由此可知，丁宽所作《易说》，虽为《小章句》，仍然保存着孔子儒家《易》原始精神的。谓《说易》"三万言，训故举大谊而已"，乃是以"古义"传释儒家《易》义之理也。但及至丁宽授《易》"于同郡砀田王孙；而田王孙授《易》施雠、孟喜、梁丘贺。繇是有施、孟、梁丘之学焉"，也就流为象数阴阳灾异，失却儒家《易》的根本精神矣。及至东海兰陵孟喜从田王孙受《易》，自誉"得《易》家候阴阳灾变书，诈言师田生且死时枕喜膝"，则《易》之失，"贼"矣。加之蜀人赵宾以小数饰《易》文，虽持论巧慧，然"非古法也"。云授孟喜，孟喜为名之。京房受《易》梁人焦延寿。然焦延寿从孟喜问《易》，孟喜后，京房以为焦延寿《易》为学，实乃孟氏之学也。"至成帝时，刘向校书，考《易》说，以为诸《易》家说皆祖田何、杨叔元、丁将军，大谊略同，唯京氏为异，党焦延寿独得隐士之说，托之孟氏，不相与同。"① 京房以明灾异得幸，后为石显所谮诛。所谓京氏之《易》学，乃小数明阴阳灾异者也。由上可知，虽然汉代儒家《易》学之传授，皆始于田何，然及至施雠、孟喜、梁丘贺、京房以阴阳消长象数言灾异之说，虽持论精致巧慧，然从根本上说，已无儒家《易》形上大道哲学精神。

　　自然，这并不是说汉代言《易》者，皆不传儒家《易》学形上大道哲学精神，费直所传《易》，还是有这种精神的。费直，字长翁，东莱人，传《易》，"为费氏学，本以古文，号《古文易》，无章句，徒以《彖》、《象》、《系辞》、《文言》解说《上下经》"。汉成帝时，刘向典校书，考《易》说，以中古文《易经》校施、孟、梁丘三家之《易经》，或脱去"无咎""悔亡""唯费氏经与古文同"②。东汉陈元、马融、郑众、郑玄、荀爽，皆传《费氏

---

① 《汉书·儒林传》。

② 《经典释文序录》。

易》。自费氏兴，京氏遂衰，发展到王肃、王弼并为之作注而行于世，则众家式微矣。费氏《古文易》虽不见讲授师传，然其独以孔子"《彖》、《象》、《系辞》、《文言》解说《上下经》"，还是保持了儒家《易》形上大道哲学精神的。这种精神不是《易》学讲授传递中发生的，而是独守孔子《十翼》义理所获得的。由此可知，虽《易》学讲授中常常可以衍生新的文化意义，然在传承中保持原本文化精神，仍然是非常重要的。儒学讲授，即使增值衍生出一些东西，也是可以理解的。从一定意义上讲，这也是经典传授中的创造性思维与文化精神发展。这一点，后面还要讲到。

《诗》《书》《礼》及《春秋》的讲授与精神传承就是这样。汉初，《诗》有齐、鲁、韩三家。《汉书》所谓《齐诗》《韩诗》"或取《春秋》，采杂说，咸非其本义"①，就是说其不太坚守《诗》的原始教义。《齐诗》传夏侯始昌、翼奉、匡衡就是这样。夏侯始昌，鲁人也，明于阴阳，通《五经》，以《齐诗》《尚书》教授。后苍事夏侯始昌为学，亦通《诗》《礼》为博士，而戴德、戴圣、庆普，皆其弟子。正是《诗》《礼》有这层讲授传承关系，所以两戴《礼记》，皆引所佚《齐诗》，而其义则不与《毛诗》同。例如《诗》曰"行有死人，尚或墐之"② 之句。《毛诗》只是注此曰："墐，路冢也。"《大戴礼记》引之，则传之谓"非士之罪也，有士者之羞也"，说明"天下无道，循道而行，衡涂而偾，手足不拚，四支不被"③，也就是孟子所说"天下无道，以身殉道"④ 的道理。夏侯始昌不仅通《五经》，以《齐诗》《尚书》教授，亦明于阴阳也。故《齐诗》传承到翼奉，以"四时五际"⑤ 的阴阳之变阐释儒家《诗》义，则离儒家《诗》本义更远矣。曰"诗之为学，情性而已"，是符合儒家《诗》《书》礼教精神的，而以"五际"之义，讲人事好坏如何，其理则过于几微矣。匡衡虽本于齐学，亦讲阴阳灾异，但其以《诗》

---

① 《汉书·艺文志》。

② 《诗经·小雅·小弁》。

③ 《大戴礼记·曾子制言中》。

④ 《孟子·尽心上》。

⑤ 《汉书·翼奉传》载：翼奉奏封事，言"四时五际"曰："臣闻之于师曰，天地设位，悬日月，布星辰，分阴阳，定四时，列五行，以视圣人，名之曰道。圣人见道，然后知王治之象，故画州土，建君臣，立律历，陈成败，以视贤者，名之曰《经》。贤者见《经》，然后知人道之务，则《诗》《书》《易》《春秋》《礼》《乐》是也。《易》有阴阳，《诗》有五际，《春秋》有灾异，皆列终始，推得失，考天心，以言王道之安危。至秦乃不说，伤之以法，是以大道不通，至于灭亡。"

为"教化之原本，风俗之枢机"，宜先正者，讲"《国风》之诗，《周南》、《召南》被贤圣之化深，故笃于行而廉于色"，讲"教化之流，贤者在位，能者布职，朝廷崇礼，百僚敬让，道德之行，由内及外，自近者始，然后民知所法，迁善日进而不自知"①，还是传承了儒家《诗》教根本精神的。《韩诗》传承儒家《诗》教精神，较之《齐诗》以阴阳灾异传《诗》，则理性得多。例如《韩诗》将《诗》情与《礼》义结合起来，以"一物不具，一礼不备，守节贞理，守死不往"，传《行露》一诗就是这样。它不仅将其婚姻嫁娶伦理道德化，而且将其提升到"绝无道之求，防污道之行"的伦理道德准则高度去认识，讲"人之命在天，国之命在礼"；讲"凡用心之术，由礼则理达，不由礼则悖乱。饮食衣服，动静居处，由礼则和节，不由礼则垫陷生疾"②，就比较理性。齐、鲁、韩三家《诗》所传承的文化精神所以出现如此大的差异，不仅与其深层的文化传统、学术氛围有关，亦多受齐、鲁、燕、赵的地理环境、风土人情之影响。

　　《尚书》的讲授与精神传承更为复杂。应该说，伏生的《尚书大传》还是传达了《尚书》的根本精神的。特别是《唐传》，不仅描述了唐虞时代的繁荣昌盛和人性自然素朴的历史风貌，保留了与《尧典》相关的宝贵文化历史资料，更是传达了尧舜时期功绩卓著、政治清明的历史精神。从孔壁所得可知，《尚书》本为科斗文字，不论是伏生口述二十九篇，还是孔安国校孔壁所得《古文尚书》以隶书写之为五十九篇，口述或隶书写之，皆等于一次翻译。翻译总是近似的，而不是原汁原味的上古文献本义。伏生将《舜典》合于《尧典》，《益稷》合于《皋陶谟》，并《盘庚》三篇为一篇，《康王之诰》合于《顾命》，有记忆问题，可能更有他的想法。而孔安国以隶书写之，亦包含着他对每句文字的理解与领悟，则带有阐释学的味道。但应该说伏生的《今文尚书》，还是孔安国的《古文尚书》，在口述或隶写之初，还是传承了儒家《书》的基本精神的。即使伏生将今文《尚书》授济南张生、千乘欧阳生、欧阳生授倪宽，孔安国将《古文尚书》授都尉朝、都尉朝授胶东庸生、庸生授清河胡常等，也应该说基本精神还在。不然，司马迁从孔安国问故，就不会在《史记》书中多引用《古文尚书》之说了。但在后来的讲授与传承中就变得复杂了。不仅孔安国所传《古文尚书》，武帝时因巫蛊事起，不获上

---

① 《汉书·匡衡传》。
② 《韩诗外传》卷一。

奏，藏于私家，变得扑朔迷离，而《今文尚书》由张生授夏侯都尉，夏侯都尉授夏侯始昌，夏侯始昌授本族子弟夏侯胜，辗转传授至李寻，以《洪范》说灾异，就使儒家《尚书》主旨变味儿，根本精神丧失了。

这种情况之所以发生，固然有阐释者对《尚书》文本的理解与领悟问题，有学术传统问题，但亦有整个汉代政治需要、传授取舍的原因。《礼》的传承就是这样。《孝经》说："礼者，天之经，地之义，民之行也。"① 它是经国家，定社稷，序民人，利后嗣的根本教理与为治大法。然汉初叔孙通制朝仪之礼，也只是为刘邦打天下的家奴莽汉制定政治行为规范，带有实用主义的色彩。此乃"《六经》之道同归，而《礼》、《乐》之用为急"② 者也。汉兴，鲁高唐生所传《士礼》，实乃后来《仪礼》也。鲁徐生为礼官大夫，善为之容，注意外在形式，就可以理解了。直到河间王所献，方得古《礼》。"河间献王开献书之路，时有李氏得《周官》五篇，失其《冬官》一篇，乃购千金不得，取《考工记》以补其阙。"③《后汉书》说："安国所献《礼古经》五十六篇及《周官》经六篇。"④ 郑玄《六艺论》亦说："汉兴，高唐生得《礼》十七篇，后孔子壁中古《礼》，凡五十六篇，与高唐生传同，而字多异。其十七篇外，则《逸礼》是也。"⑤ 不论是《后汉书》所说，还是郑玄《六艺论》所述，古《礼经》五十六篇出于孔壁应是没错的。然这五十六篇古《礼经》传至后苍，以《曲台记》之名，传十七篇，其余三十九篇则付诸书馆，变为《逸礼》矣。由此可知儒家《礼经》之遗失。及至发展到大小戴，"戴德删古《礼》二百四篇为八十五篇，谓之《大戴礼》；戴圣删《大戴礼》为四十九篇，是为《小戴礼》"⑥。现存《礼记》乃是后汉马融、卢植考诸家同异，附益戴圣删《小戴礼》篇章，去其繁重而成的。由此更可知《礼》经取舍之大矣。礼义制度，固然要适应时代的需要，不能将古《礼》照搬于每个时代。应该承认，现在的《周礼》《仪礼》《礼记》包括《大戴礼记》并未完全丧失儒家《礼》经的根本精神，但同样应该承认，《礼》经的精神传承与损益，受政治需要、传授取舍制约也是存在的。

---

① 《孝经·三才章第七》。
② 《汉书·礼乐志》。
③ 陆德明：《经典释文序录》。
④ 《后汉书·儒林传》。
⑤ 见《玉函山房辑佚书·五经总类》。
⑥ 《经典释文序录》引《周礼论序》。

儒家《春秋》经的讲授传承为《公羊》《穀梁》《左传》三家也是这样。孔子以鲁史记而作《春秋》，遵周公之制，明将来之法，褒善黜恶，提供一种历史哲学。左丘明恐孔子弟子各以己意传之，而使之失真，因此，述本事而为之传，是谓《左氏传》。然此书遭战国纷乱，寝藏而不见于世。而百余年后，鲁人穀梁赤、齐人公羊高亦分别作《传》，于是《春秋》又有《穀梁传》《公羊传》。《左传》与《春秋》相表里，乃是为其提供历史事实的，有《春秋》而无《左传》，则让人摸不着头脑。《穀梁传》则在训诂，无任何非常异义可怪之论。而《公羊传》则变为历史哲学矣，不仅其发挥议论旨趣高远，其建树亦多附会之说。故郑玄《六艺论》说"《公羊》善于谶"[1]；此亦桓谭说"齐人公羊高缘《经》文作《传》，弥失本事"[2] 者也。它传至胡毋生、董仲舒，以《春秋》阴阳推演灾异，甚至以《春秋》阴阳消长之变为决事的根据，就丧失《春秋》为万世制法的精神，流为阴阳、星象、谶纬、术数之说，及弄口妖言惑众的巫术之道了。此乃夏侯胜下狱、吕步舒下吏、眭孟被诛戮、李寻被流放者也。为学者之大戒。

综上所述可以看出，《易》与《诗》《书》《礼》《春秋》的讲授与传承，虽然有价值的增值与文化意义的衍生，但儒家学说根本精神还是基本上得到了保留与延续的。经学讲授与传承所以发生价值增值与意义衍生，固然与其讲授传承不同地理环境、人文传统有关，与当时各种学术群体参与、文化互动、思想意识互渗及远距离作用有关，与汉朝初期星象、阴阳、谶纬、术数盛行有关，但更是与汉代统治追求政治合法性存在联系在一起的。从高祖制造"白帝子"神话与自称"黑帝"[3]，到武帝向董仲舒"垂问天人之应"及"统纪"[4] 问题，就是其追求政治合法性强烈愿望表现。所有这一切，都不能不影响到儒学的讲授与精神的传承，并在讲授与传承中做出适应当时整个文化环境与政治需要的阐释。但这并不能说他们尽是曲学阿世者。他们中虽然不乏这样的人，但大多数人是质朴守正不阿的。辕固当面教训公孙弘"务正学以言，无曲学以阿世"，就是例子。宣帝即位，下诏褒武帝之功，而夏侯胜则冒着诋毁先帝罪名，独言"武帝虽有攘四夷广土斥境之功，然多杀士众，

---

① 见《玉函山房辑佚书·五经总类》。
② 〔汉〕桓谭：《新论·正经第九》。
③ 《史记·封禅书》。
④ 《汉书·董仲舒传》。

竭民财力，奢泰亡度"，造成"天下虚耗，百姓流离"①，亦是证明。幽微神明，本来就属《易》《春秋》的原始神秘思维，汉儒以此通会天人之道，推阴阳言灾异，虽然扩充夸大了神秘主义成分，然天人本来就是浑然一体的，神秘思维作为一种天人相感相应的文化哲学信仰，应该说亦是包含着合理性的。因此，汉朝初期《易》与《诗》《书》《礼》《春秋》的讲授与传承，虽然衍生许多神秘成分，但还是保留延续了儒学根本精神的。这种精神随着"六艺"的经典化及儒学发展，更进一步得到了确立。

## 三　"六艺"的经典化与儒学发展

"六艺"的经典化，是指将原始儒家所教《诗》《书》《礼》《乐》《易》《春秋》变为经典教科书，变为儒家教典。此乃是确定儒家教科书经典地位，确立上古以来以《诗》《书》《礼》《乐》《易》《春秋》为核心文化精神之主流地位者也。

因此，"六艺"的经典化不是指儒家所教《诗》《书》《礼》《乐》《易》《春秋》的称谓问题，亦不仅仅是个范畴概念问题。仅从概念上讲，称儒家所治《诗》《书》《礼》《乐》《易》《春秋》为"经"，《庄子》一书已经出现。如孔子谓老聃说："丘治《诗》、《书》、《礼》、《乐》、《易》、《春秋》六经。"老子说："夫'六经'，先王之陈迹也。"②这可以说是《六经》之名的最早出现。即使汉朝人，关于《诗》《书》《礼》《乐》《易》《春秋》有时候称"经"，如《礼记·经解》疏孔子"入其国，其教可知也"说："言人君以'六经'之道，各随其民教之"③，但更多的时候以"六艺"或"六术"称之。直到东汉时期，班固撰写《汉书》，继承刘歆《七略》的《六艺略》，仍称儒家"六经"为"六艺"，谓"六艺之文：《乐》以和神，仁之表也。《诗》以正言，义之用也。《礼》以明体，明者著见，故无训也。《书》以广听，知之术也。《春秋》以断事，信之符也。五者，盖五常之道，相须而备，而《易》为之原"④。郑玄亦以《六艺论》说儒家"六经"。但其所指为儒家经典，亦

---

① 《汉书·夏侯胜传》。
② 《庄子·天下篇》。
③ 《礼记·经解》疏。
④ 《汉书·艺文志》。

是非常明确的。如郑玄《目录》说："《经解》者，以其记六艺政教得失。"①
隋唐以后，史书方把儒家"六艺"放入《经籍志》。由此可知，"六艺"的经
典化是不能仅仅从概念或称谓上讲的，而应从它经典地位的确立，看其真正
的文化历史存在意义。

那么，"六艺"的经典化是从什么时候开始的呢？它主要标志是什么呢？
这就是汉武帝元光五年"置五经博士"。在此之前，虽然伏生为秦博士，高祖
时拜叔孙通为博士，文帝时立韩婴、贾谊为博士，景帝时立辕固、胡毋生、
董仲舒为博士，但这种"博士"乃是按照秦朝博士官制度设立的，被立为博
士者，也只是学问渊博而已。如文帝召贾谊为博士，那其因为"颇通诸家百
子之书"②。即使以儒家经典为博士者，也是以其学术专长被立，如韩婴为博
士，因其治《韩诗》；辕固为博士，因其治《齐诗》；胡毋生、董仲舒为博
士，因其治《春秋》等。这虽然为儒家"六艺"的经典化奠定了学术基础，
但它并不意味着儒家"六艺"被视为国家教育之典籍了。文帝时设置《论
语》《孝经》《孟子》《尔雅》博士也是这样。立《孝经》为博士，虽为经学
博士，但也只是所谓"一经博士"，算不上"六艺"经典化。因为它仍然是
以儒家某部著作设立博士，而不是宣示儒家"六艺"的经典地位。而武帝
"置五经博士"就不一样了。它是以国家的名义，正式宣布《诗》《书》《礼》
《易》《春秋》为国家教育必修之典籍矣。这不仅标志着儒学复兴运动的开
始，也意味着儒家文化精神，从此将成为国家民族主流文化意识。这不论是
在中国学术史上，还是在文化精神史上，都是一件具有划时代意义的大事！

那么，为什么置五经博士，而不是"六经"呢？因为周室衰亡后，礼乐
崩溃，高雅的音乐尤其微少，常常是以音律为节奏而缺少韵味；后来又为郑、
卫靡靡之音所乱，所遗乐已无章法，及至遭秦朝焚坑之祸，《乐经》遂亡。因
此，后来的儒家之学，只剩《诗》《书》《礼》《易》《春秋》，而无《乐》。
故以此称之"五经"。

"六艺"的经典化，虽以武帝"置五经博士"为标志，但它不是一下子
实现的，而是武帝之后，经过宣帝、昭帝、成帝，直到哀、平时期，才逐渐
完成的。这种完成，有两件事是特别值得注意的。第一件事是"鲁恭王坏孔

---

① 《礼记·经解》疏。
② 《史记·贾生列传》。

子宅，欲以为官，得古文于坏壁中，《逸礼》有三十九篇，《书》十六篇"①。一说"武帝末，鲁共王坏孔子宅，欲以广其宫，而得古文《尚书》及《礼记》、《论》、《孝经》凡数十篇，皆古字也"②。此事《论衡》说在景帝时③。《鲁恭王传》说刘馀"景帝前三年徙王鲁"，后面接着写"初好治宫室，坏孔王旧宅以广其宫，其壁中得古文经传"④云云，事似亦应在景帝时期。第二件事是河间王献古籍图书。河间献王德"修学好古，实事求是。从民得书，必为好写与之，留其真，加金帛赐以招之。繇是四方道术之人不远千里，或有先祖旧书，多奉以奏献王者，故得书多，与汉朝等。献王所得书，皆古文秦旧书，《周官》、《尚书》、《礼》、《札记》、《孟子》、《老子》之属，皆经传说记，七十子之徒所论。其学举六艺，立《毛氏诗》《左氏春秋》博士。武帝时，献王来朝，献雅乐。对三雍宫及诏策所问三十余事。其对推道术而言，得事之中，文约指明"⑤。河间献王来朝献雅乐，据《史记》记载，为武帝元光五年。⑥献王献古籍事，亦应是这一年来朝所做的事。以上这两件事，不论是在中国学术史上，还是在文化精神史上，都是非常重要的。它不仅收集了秦焚书后的古籍，为儒学全面复兴提供了古典文献，也为儒家"六艺"经典化提供了范本。虽然它后来亦成今古文之争的因素，但毕竟使儒家主要典籍呈现于世。当时淮南王刘安"亦好书"，收集古籍，然其与河间献王的"修学好古，实事求是"严肃审慎态度相比，则其"所招致率多浮辩"⑦，其功是不能与河间献王相比的。

这从汉初文化历史环境，也可看出当时古籍发掘及收集在六艺经典化中的地位与作用的。文帝时，虽有《尚书》出于屋壁者，但其书已"朽折散绝"，当时见其书，只是"明师传读而已"；汉初之儒，也只是贾谊而已；至武帝时期，邹、鲁、梁、赵，才有"《诗》、《礼》、《春秋》诸位先师，起于建元之间"。当时，"一人不能独尽其经，或为《雅》或为《颂》，相合而成"；《泰誓》后得，"博士集而读之"⑧。然而及至"鲁共坏孔子宅，得古文

---

① 《汉书·楚元王传》。

② 《汉书·艺文志》。

③ 《论衡·正说》："孝景帝时，鲁共王坏孔子教授堂以为殿，得百篇《尚书》于墙壁中。"

④ 《汉书·景十三王传》。

⑤ 《汉书·景十三王传》。

⑥ 《史记·汉兴以来诸侯王年表》。

⑦ 《汉书·景十三王传》。

⑧ 《汉书·楚元王传》。

《尚书》及《礼记》、《论语》、《孝经》",孔安国就古文《尚书》作注献之,则六艺古籍大备矣。后虽遭巫蛊之难,未及施行,然六艺之经典化,则典籍上集合大备矣。

自然,六艺经典化,不是仅靠五经博士设置及典籍发掘集合实现的,而是随着儒学发展及崇高地位确定完成的。一种哲学能不能成为时代的精神支柱,一种学说能不能成为时代的理论权威,一些著作能否立得住具有永恒的文化精神,贯通古今之道成为跨越时代的不朽典范,都不是自封的,不是自己说了算的,而是看它是否从哲学本体论上,从根本理论上不是浅薄的知识论,是否解决它那个时代所面临的急迫重大的理论问题与实际问题,是否为它那个时代所急迫需要。六艺经典化也是这样。圣人之道,在于化成天下。儒家之道,即继承圣人之道,以礼乐之教化成天下。董仲舒对策,虽然对武帝指出了古代圣人之道,"适于治之路也",而仁义礼乐教化,"其变民也易,其化人也著",就是实现为治之路的最好办法与有效工具;并且指出,"治乱废兴在于己",而非"天命";古之圣王已没,然其子孙所以能长久安宁数百岁者,"皆礼乐教化之功也";而若"废先王德教之官,而独任执法之吏治民,毋乃任刑之意与",属于孔子所批评的以"不教而诛"的虐政用于下,而"欲德教之被四海,故难成也"①。因此,提出来以儒家《诗》《书》《礼》《乐》教化天下的治国之策。但武帝时急于富国强兵,根本顾不上《诗》《书》《礼》《乐》教化之事。相反,为用兵敛财,以桑弘羊为宰相,令大司农,实行盐铁专卖,提倡实均输、平准、酒类专卖等政策,解决财政危机。此乃与天下争利者也。特别是以此垄断天下资源,名义上"为国兴利",而实"欲为子弟得官",构成权贵利益集团,不仅使人民困苦不堪,也造成了诸侯大臣的怨恨。燕王刘旦"常怀怨望"②,就包含此种怨恨情绪。昭帝即位,已经认识到"毋与天下争利,视以俭节,然后教化可兴"③。于是召开盐铁会议,讨论盐铁专卖利弊,诏"书使丞相、御史与所举贤良、文学语。问民间所疾苦"④,杀桑弘羊;下诏"修古帝王之事",要求通《保傅传》《孝经》《论语》《尚书》,令三辅、太常举贤良,郡国文学高第。⑤ "昭时举贤良文学,

---

① 《汉书·董仲舒传》。
② 《汉书·霍光传》。
③ 《汉书·食货志下》。
④ 《盐铁论·本议》。
⑤ 《汉书·昭帝纪》。

增博士弟子员满百人。"① 武帝之后，此乃是汉代以儒家《诗》《书》《礼》《乐》教化之开始也，亦是尊儒家六艺为教典之始也。及至宣帝时召开石渠阁会议，下诏诸儒讲论《五经》同异，亲临会议，称制决断，并立梁丘《易》、大小夏侯《尚书》、穀梁《春秋》博士②，儒家六艺的经典化，才算真正确立。从此以后，这不仅表示中国经学史的诞生，亦表示中国精神史开始以儒家文化为轴心而波动发展。从此以后，几千年的精神发展，则以儒家文化盛衰而盛衰，以儒家文化发展而发展矣。

随着六艺的经典化，儒学本身在汉儒那里也得到了发展。这就是儒家六艺在讲授与传承中，按照不同的师法与家法被发展成为了各自不同的学说。如伏生授《尚书》于欧阳生，欧阳氏世传其业，至曾孙欧阳高作《尚书章句》，发展为欧阳氏学。传至欧阳歙已八代，皆为博士，世传《欧阳尚书》。而伏生授《尚书》济南张生，张生授夏侯都尉，夏侯都尉传夏侯始昌，夏侯始昌传夏侯胜，夏侯胜不仅从夏侯始昌那里受《尚书》及《洪范五行》，亦事倪宽门人简卿那里问欧阳氏学，号为"大夏侯氏学"，著有《尚书章句》，并受诏撰《尚书·论语说》。而夏侯胜的侄子夏侯建师夏侯胜及欧阳高，左右采获，从《五经》诸儒问与《尚书》相出入者，引出章句，为"小夏侯氏学"，而有《小夏侯尚书》。孔安国则以《古文尚书》传世。其他像《诗》有齐、鲁、韩、毛四家；《易》传之孟喜有孟氏学，传至京房有京氏学，古文《易》有费氏学；《礼》有大小戴氏之学，郑玄治小戴《礼记》，为郑氏学；而《春秋》则发展为《左传》《公羊》《穀梁》三家。凡此皆是在儒家六艺讲授传承及经典化中发展起来的。

这种汉代儒学发展，家法与师法是非常重要的。家法就是家传的治学方法。《尚书》由欧阳生传至欧阳歙，八代皆治《尚书》，章句义理，皆世代相袭，就是家法。而师法则属于师传的治学方法。《诗》之齐、鲁、韩、毛四家，就是师法。但也有家法、师法并用的。夏侯胜既从夏侯始昌那里受《尚书》《洪范五行》，又从倪宽门人简卿那里问欧阳氏学，就是家法、师法并用。汉代对于家法与师法是很讲究的，要求也很严格，特别是师法传承更是如此。前面提到的东海兰陵孟喜，原从田王孙受《易》，但后来又接受蜀人赵宾非古法的小数《易》而好之，当时博士职位缺，很多人推荐他，就是因为他改变

---

① 《汉书·儒林传》。
② 《汉书·宣帝纪》。

了师法，上不用他。这种严格的家法与师法，看起来似乎很保守。但是，正是因为汉代儒学讲授传承中家法与师法的存在，保障了儒家《诗》《书》《礼》《乐》《易》《春秋》经典要义的不变与根本精神的传承，更深远一点说，保障了中国上古根本文化精神经汉代的赓续与绵延，特别是遭受秦火毁灭性的破坏后，更是如此。

## 四　经义发掘与精神阐释

有一段时间，人们常把西方文艺复兴前的欧洲，视为"黑暗的中世纪"。但实际上，文艺复兴以前的经院哲学家及宗教神学家们，对古代希腊、罗马文化遗产进行了艰苦卓绝的发掘、整理、编撰与文本阐释。没有他们的努力，文艺复兴是不可想象的，因为那样将成为无本之木、无水之源。

汉代的儒学复兴也是这样。它对中国文化而言，就其根本精神归复而言，也是一次复兴。虽然这次文化复兴没有像西方文艺复兴那样将欧洲国家民族带入近现代，但它赓续了中国上古两千多年文化根本精神，并为后来两千多年中国文化精神发展奠定了基础！没有汉代儒学复兴，没有那些为儒学复兴的人们所做的艰苦卓绝努力，包括他们对《五经》的发掘、搜集、整理、编撰、校勘、训诂、章句、本义阐释，就不可能将中国文化精神上下"两个"两千多年连接起来。相反，将可能出现难以想象的文化枯竭与精神断绝。因此，正如不要嘲笑西方"黑暗的中世纪"那样，也不要嘲笑中国汉代儒学家及他们所做复兴儒学的努力！

汉代儒学家们为发掘、搜集、整理、编撰《五经》文献所做的努力，不仅精神上是极为可贵的，毅力也是惊人的。他们或求于民间，或发见于山崖屋壁，甚至不惜千金，购得一书。河间献王就是这样的人物。他修学好古，实事求是，凡从民间得善书，必为好写之，留其真，为求得古籍真书，以金帛赐以招之。有的古籍，当时是非常难得的。如《周礼》即《周官》书，乃是周公致太平之书。周代政治文化制度，皆在此书。秦自孝公后用商鞅之法，与《周官》书所说政治文化制度相悖，故始皇焚书，此书要尽烧之。据说"河间献王开献书之路，时有李氏上《周官》五篇，失《事官》一篇，乃购千金不得，取《考工记》以补之"①。此可知发掘求得古籍之难也。那时，为求得一篇都很难。伏生口述今文《尚书》二十九篇。"汉宣帝本始中，河内女子得《泰誓》一篇，献之，与伏生所诵，合三十篇，汉世行之"②。

　　由于古籍文献来源不同，版本不同，甚至可能存在民间辗转传抄、竹简散乱诸多难以预料的情况，文献的发掘、搜集、整理、编撰，出现断裂、错讹、磨灭，乃至真伪难辨，都是可能的，还有原始古籍的口述与记忆、今文字与古文字差异的诸多问题。例如伏生口述今文《尚书》与孔宅发现的古文字《尚书》，肯定是不一样的。伏生口述《尚书》时年已九十，以当时文字记录此书，不仅存在语音、语义的差异，也还有个记忆是否准确问题。伏生将《舜典》合于《尧典》，《益稷》《皋陶谟》《盘庚》三篇合而为一、《康王之诰》合于《顾命》，可能就属记忆问题。而孔安国将孔宅古"科斗"文字的《古文尚书》转换为古隶文字，也是不容易的。这不仅有雅俗问题，在文义上也近似于一次翻译，出现语音、语义问题，是可以理解的。这也是后来汉代经学者特别注重文字音义训诂的原因所在。古代连标点符号也没有，故汉代经学章句学特多。凡此，皆关乎儒家经典意义发掘与创新问题。所以，今天的人们不要责怪汉儒的拙笨质朴，没有他们对经典发掘、搜集、整理、编撰以及训诂、章句的艰苦卓绝努力，我们恐怕连基本的经典文字都看不着，更不要说上古文化哲学的根本精神了！

　　章句、训诂本身就是经义发掘，就是发掘阐释原始文本意义。丁宽说《易》三万言，虽为"小章句"，然其"训故举大谊"，还是属于阐释经义宗旨与根本精神的。费直《易章句》，不仅保持古文《易》本色，更以《彖》《象》《系辞》《文言》，直接解说《上下经》的根本精神。据《七录》讲，《费易章句》四卷，汉时已残缺，但它给后来《易》学根本精神发展提供了最为原始旨义与文本。晋时韩康伯《系辞注》、王弼《易注》的形而上学精神，就是从发挥《费易章句》旨义与文本而来的。可以说，费直《易章句》乃是魏晋玄学的重要精神资源。其他像《尚书》的《欧阳章句》《大小夏侯章句》，《春秋》的《公羊章句》《穀梁章句》等，也皆是从不同角度、视野阐释经义宗旨与根本精神的。经义的章句、训诂，在当时是非常需要的，也

① 《经典释文序录》。
② 同上注。此《泰誓》与《左传》《国语》《孟子》众书所引《泰誓》不同，也与后来《古文尚书》中的《泰誓》亦有异，故马融、郑玄、王肃诸儒皆疑之。但它在汉代得之，亦不易。

是为当时人极为重视的。如果连典籍的故实与文本意义都没有弄清楚，是很难研读它的根本精神与现实价值的。这也是毛公《诗诂训传》出，而齐、鲁、韩三家之《诗》渐不被人重视，以致泯灭失传的原因所在。自然，章句、训诂作为经义阐释，也有比较烦琐的。如欧阳氏之后，朱普《尚书章句》四十余万言，牟长《尚书章句》四十五万余言，阐述欧阳氏之学，不仅浮辞繁多，也辞过掩实。总的说，汉儒章句、训诂，虽有经义疏阔的，有多师传秘说的，亦有破碎之义，或漫衍无经、不可致诘者，应该说当时的章句、训诂，大抵近于朴学，有本义可观，不失儒家经典根本精神的。通经，即通尧舜之道，即通上古文化精神。因此，通经不仅是文字训诂，而是将中国上古乃至远古以来文化哲学道体贯通，获得大道真脉与根本精神。如《毛诗》《韩诗》及王吉、倪宽等人将上古文化精神引申为汉代现实服务。

　　章句、训诂，不仅发掘经义，也有个创新思维问题。这种创新思维，在形而上学高度也是精神创造。这一点，《毛诗》就不如齐、鲁、韩三家之《诗》。特别是《齐诗》《韩诗》，则是分别充满齐海文化精神与燕赵之气的。《齐诗》虽已不传，但其传夏侯始昌、后苍之后，授翼奉、匡衡、师丹、伏理，则《齐诗》有翼、匡、师、伏之学。翼奉引《齐诗内传》，论"四时五际"，推阴阳灾异，虽然神秘，然其"列终始，推得失，考天心，言王道安危"[1]，还是颇具大道精神的。匡衡本于《齐诗》之学，虽然推阴阳灾异，但讲"天人之际，精祲有以相荡，善恶有以相推，事作乎下者象动乎上，阴阳之理各应其感，阴变则静者动，阳蔽则明者暗，水旱之灾随类而至"，还是立于博大知识系统，有天人合一之大气象的；而讲"《诗》始《国风》，《礼》本《冠》、《婚》。始乎《国风》，原情性而明人伦也。本乎《冠》、《婚》，正基兆而防未然也"；讲"《六经》者，圣人所以统天地之心，著善恶之归，明吉凶之分，通人道之正，使不悖于其本性者也。审六艺之指，则天人之理可得而和"[2] 等，则还是发掘了儒家《诗》《书》礼教根本精神的。匡衡以《诗》诸大义的深美，答对太傅萧望之、少府梁丘贺之问，所以得到赞同，宣帝所以遣衡归官，及太子私善之，不是没有原因的。

　　《韩诗》也是这样。韩婴不仅"推诗人之意，作《诗内外传》"，亦"以

---

①　《汉书·翼奉传》。
②　《汉书·匡衡传》。

《易》授人，推《易》意而为之传"①。这就不可避免地使《韩诗》既具有《诗》教精神，亦有《易》的哲学精神。虽《韩诗内传》已不存在，然从《韩诗外传》每讲一段儒学哲理，而后引《诗》以证之，把儒家《诗》教引向社会人生教化，还是非常具有现实意义的。如讲"人之命在天，国之命在礼"，礼教之重要，而后引《诗》"人而无礼，胡不遄死"② 以证之③；讲"君子盛德而卑，卢己以受人，旁行不流，应物而不穷"，而后引《诗》"彼己之子，美如英。美如英，殊异乎公行"④，以证之⑤等等，就是以《诗》讲人生哲学与性命之理的。有的引《诗》，证明所讲道理，比较勉强，但整个《韩诗外传》还是力图将儒家《诗》教引向社会人生教化。因此，对于《汉书》讲《齐诗》《韩诗》"或取春秋，采杂说，咸非其本义"⑥，是应该辩证看的，不能因为它非本义，而忽视其创造性思维，不能忽视这种思维所带来的《诗教》精神发展与现实意义。《韩诗》这样做，无疑是为了适应汉代重建社会秩序之需要，但也并不是勉强拼凑的《诗》学快餐，而仍然是建立在儒家《诗》教深刻精微意蕴体悟基础上的。关于子夏读《诗》的议论，即可见其一斑也：

　　子夏读《书》已毕。夫子问曰："尔亦可言于《诗》矣？"子夏对曰："《诗》之于事也，昭昭乎若日月之光明，燎燎乎如星辰之错行，上有尧舜之道，下有三王之义，弟子所受于夫子者，志之于心不敢忘。虽居蓬户之中，弹琴以咏先生之风，有人亦乐之，无人亦乐之，亦可发愤忘食矣。《诗》曰：'衡门之下，可以栖迟。泌之洋洋，可以疗饥。'"夫子造然变容曰："嘻！吾子殆可以言《诗》已矣。然子以见其表，未见其里。"颜渊曰："其表已见，其里又何有哉？"孔子曰："窥其门，不入其中，安知其奥藏之所在乎？然藏又非难也。丘悉心尽志，已入其中，前有高岸，后有深谷，泠泠然如此，既立而已矣。"不能见其里，盖未谓精

① 《汉书·儒林传》。
② 《诗经·国风·鄘风·硕鼠》。
③ 《韩诗外传》卷一。
④ 《诗经·国风·魏风·汾沮洳》。
⑤ 《韩诗外传》卷二。
⑥ 《汉书·艺文志》。

微者也。①

《韩诗》传至王吉，引《诗》"济济多士，文王以宁"②，讲"圣王宣德流化，必自近始。朝廷不备，难以言治；左右不正，难以化远"；引《诗》"天难谌斯，不易惟王""上帝临女，毋贰尔心"③，讲天下饥馑；"圣心参诸天地，揆之往古""非独使自娱乐而已"④，亦可见其致《诗》精微之处。由上可知，《齐诗》《韩诗》虽"或取春秋，采杂说，咸非其本义"，然其创造性思维，也是不失儒家《诗》教根本精神的。故《史记》说："推诗人之意，而为《内外传》数万言，其语颇与齐、鲁闲殊，然其归一也。"⑤

汉儒经义发掘与创新思维，还有一种形式，就是注释经书。所谓"汉注唐疏"，就是指汉唐阐释中国文化经义宗旨与根本精神的两种不同形式。汉儒阐释儒家经义宗旨与根本精神，主要是靠"注"的形式。它也是汉儒经义发掘与精神创新思维的一种形式。如荀爽、郑玄《费氏易注》，马融《古文尚书注》《毛诗注》，郑玄《古文尚书注》及《周礼》《仪礼》《礼记》注等，皆是汉代对儒家经典的重要注释。注，即注释经义、解说经典，亦是训诂的一种形式。故后苍说《礼》，而曰《后氏曲台记》；何休注公羊，曰《春秋公羊解诂》。这些注，并非仅是音义训诂，而是包含着史实的训释与疏解。如郑玄注《礼记》参用今古文多种别本；何休《春秋公羊解诂》以《春秋》驳汉事等，皆是为发掘经义宗旨与发挥精神者也。有的经注是颇有见地与创新精神的。郑玄注《礼》以至于被称为"郑学"，乃在于他注三礼能综合《诗》《书》《易》《春秋》根本精神，发挥旁通，成一家之言。故郑玄乃发掘经义宗旨与发挥精神之大家也。

不论是章句、训诂，还是注释、解诂，应该说汉儒对于儒家经典是有自己的理解、体验与领悟的，有的还是相当深切的，而不仅仅是字面上的解释。不论是《齐诗》《韩诗》，还是郑玄《古文尚书注》、何休《春秋公羊解诂》都是这样。最能说明这个问题的，是穆生对《易》几微义理的体验与领悟。楚王刘戊即位，一改当初元王刘交时为尊敬学者，常为申公、白生、穆生诸

---

① 《韩诗外传》卷二。
② 《诗经·大雅·文王》。
③ 《诗经·大雅·大明》。
④ 《汉书·王吉传》。
⑤ 《史记·儒林传》。

人置酒的惯例。别人以为这是刘戊忘记了，而穆生已体悟到这种变化的政治危机，因而决计要走！穆生所讲道理，就是《易》所说的"知几其神乎。几者动之微，吉凶之先见者也。君子见几而作，不俟终日"①。穆生虽未注释训诂儒家经典，但其以《易》道洞察现实生活的几微之变，亦可见当时汉儒对儒家经典体会领悟之深刻精微。

随着儒学复兴，特别是汉儒对经典本义的发掘与精神阐释，一种新的发掘与阐释现象发生了，那就是纬书的产生与发展。因此，汉儒对经典本义的发掘与精神阐释，不仅表现在对经典文献的发掘、搜集、整理、编撰、校勘、及训诂、章句、注释上，亦表现在纬书对儒家经典意义的探赜索引、追本溯源的发掘与描述上。这种探索与追溯，不仅发掘儒家经典所深含的原本意义与深远精神，而且还包含着对孔子崇高精神及儒家经典发端的神圣描述与普遍赞颂。这就在汉代精神史上出现了一种新现象，即儒学的宗教化倾向，从儒学走向了儒教，道德形而上学走向了宗教神学。它使儒学神圣化了，也使之近于宗教了。

## 五　纬书颂经的宗教化倾向

何谓纬书？《释名》曰："纬，围也，反复围绕以成经也。"②《说文》曰："经，织也，从丝也。纬，织，横丝也。"③织布，线有经有纬，竖为经，横为纬，经出于轴，纬出于杼，纬即经的纬线。可知，纬书乃是经书的编织与阐释，它是随着经学的发展而发展的。

通常"谶纬"并称，其实，谶自谶，纬自纬，二者虽有联系，并不相同。谶纬，虽然都充满神秘主义，但纬对经而言，其立名也，乃是起于经义发掘与阐释。而谶则多诡言玄语，以几微隐藏之象，预决吉凶，带有神秘预测性质。故张孟劬先生说："教有显、密二宗，宣圣亦然，经显教，纬密教。圣无秘密语，而有秘密义。凡天人性命，阴阳化生，《六经》所不言者，纬则无不具之，思通鬼神，悲积陈古，庸夫惊骇，哲者恫焉。"④ 天地造化，阴阳动静，

---

① 《汉书·楚元王传》。
② 《释名·释典艺》。
③ 《说文解字》卷一三上。
④ 张孟劬先生书《纬史论微》。

显于象数者，道之迹也；几微变化不测者，道之神者也。古代圣贤明，洞察宇宙万象，作《易》《诗》《书》《礼》《乐》《春秋》，为经典者，皆是政教之迹也；原始察终，穷神知化，达于玄化造极之几微者，有默识而无明言，隐晦片言只语者，即经之纬也。由此可知，纬书乃是与经典一起产生的，它比经更具有神圣性与形上精神，及至发展为谶、符、图、录一类讲灾异应验的秘书符录，始才变为神秘怪异、荒诞不经的文化现象。

正因为纬书乃是与经典一起产生的，同出于古代圣贤明哲洞察宇宙万象之隐显者，故后人把纬书发端归于孔子。所谓"孔子既叙《六经》，以明天人之道，知后世不能稽同其意，故别纬及谶，以遗来世"①，这就是纬书发端归于孔子的说法。孔子论《易》是讲过"天垂象，见吉凶，圣人象之。河出图，洛出书，圣人则之"②的话，亦有"西狩见麟"而作《春秋》之记③，但这最多说明孔子对天地造化、几微玄奥世界有某些感悟，但不等于说汉代纬书产生、发展与滥觞，发端于孔子。纬书，实乃立于汉代儒学复兴的复杂背景下产生发展的。它一方面是儒学复兴中对经典文本意义的发掘与精神阐释；另一方面是复兴所造成的对儒家经学的崇拜，把墨、道、名、法、阴阳诸家都吸引到儒学复兴潮流中来，融合星象、天文、阴阳、谶纬、象数而为新的儒学。在这种背景下，加之汉代政治合法性之需要，谶纬之学的发展，自然也就应时而生了。儒家经典纬书，就是这样产生的。从《汉书》讲夏侯胜"从始昌受《尚书》及《洪范五行传》，说灾异"④；胡毋生"治《公羊春秋》，为景帝博士，与董仲舒同业"；武帝时韩婴"与董仲舒论语上前"⑤，及郑玄讲"《公羊》善于谶"⑥等说法看，纬书产生于景帝之后的武帝复兴儒学时期，应该是合理的。

《隋书·经籍志》说：谶纬之书，"出于前汉，有河图九篇，洛书六篇，又有《七经纬》三十六篇，并前合为八十一篇。又有《尚书中候》《洛罪级》《五行传》《诗推度灾》《氾历枢》《含神雾》《孝经勾命决》《援神契》《杂

---

① 《隋书·经籍志》。
② 《周易·系辞上传》。
③ 《史记·孔子世家》。
④ 《汉书·夏侯传》。
⑤ 《汉书·儒林传》。
⑥ 《六艺论》。

谶》等书"。"六纬"之说，见于《汉书》所说"《五经》六纬，尊经显士"[1]。颜师古注此云："六纬者，《五经》之纬及《乐》纬也。"七纬之说，见于《后汉书》说樊英"善风角、星算，《河》、《洛》七纬，推步灾异"[2]。唐章怀太子贤注云："七纬者，《易》纬，《稽览图》《乾凿度》《坤灵图》《通卦验》《是类谋》《辨终备》也。《书》纬，《璇玑钤》《考灵耀》《刑德放》《帝命验》《运期授》也。《诗》纬，《推度灾》《记历枢》《含神雾》也。《礼》纬，《含文嘉》《稽命征》《斗威仪》也。《乐》纬，《动声仪》《稽耀嘉》《叶图征》也。《孝经》纬，《援神契》《钩命决》也。《春秋》纬，《演孔图》《元命包》《文耀钩》《运斗枢》《感精符》《合诚图》《考异邮》《保乾图》《汉含孳》《佑助期》《握诚图》《潜潭巴》《说题辞》也。"由上可知，所谓"六纬"，即"《五经》之纬及《乐》纬也"；所谓"七经纬"者，即《五经》纬加《乐》纬、《孝经》纬也。另有《论语》纬《摘辅象》《撰考谶》等。由于谶纬混杂，多虚妄怪异之辞，魏晋以降，遂遭禁忌，渐趋散失。但据《隋书·经籍志》著录，尚有纬书十三部，九十二卷。通计亡书，合三十二部，共二百三十二卷。唐宋以降，官方明令民间严禁传习纬书，只有皇家才可以收藏。《四库全书》所辑《易纬》八种，就是从《永乐大典》所独存者。清马国翰先生《玉函山房辑佚书》辑有《纬书类》四十种。近人姜忠奎撰有《纬史论微》，1935 年曾以石印本行世，2005 年由上海书店出版。另外，河北人民出版社 1994 年出版有日本学者安居香山、中村璋八编辑整理的《纬书集成》。

汉代纬书之兴，既是上古文化的继续，也是当时特殊社会文化历史发展的产物，虽有神秘虚妄的成分，然其陆离驳杂存在，有着灿然不可磨灭的文化精神。它不仅影响了汉代的政治、经济、哲学、科学、宗教、艺术的发展，而且支配着汉代几百年的伦理道德与精神生活，并影响到后来宗教与民俗的发展。

这首先是纬书对孔子编制儒家经典的崇高颂扬与神圣化。关于孔子删《诗》《书》，定《礼》《乐》，编《春秋》，传《周易》，《史记》有明确的记载。但对纬书作者来说，这就远远不够了。它不仅只是像《史记》那样记述孔子编制儒家经典的文化历史过程，而是深入到神秘文化背景，揭示其哲学

---

① 《汉书·李寻传》。
② 《后汉书·樊英传》。

乃至宗教神学的深奥意义。这样做，可能基于某种史实，如讲《尚书》编撰，"孔子求书，得黄帝玄孙帝魁之书，迄于秦穆公，凡三千二百四十篇；断远取近，定可以为世法者百二十篇；以百二篇为《尚书》，十八篇为《中候》"①。但更多的是对孔子编撰经典伟大使命与神圣目的论颂扬。学之大者，莫过于稽天。《尚书》自尧"钦若昊天，历象日月星辰"，舜"璇玑玉衡，以齐七政"，到礼、乐、兵、刑，皆祖于天，莫不以天道法则，而为至精至神法则。故"尚者，上也，上天垂文象，布节度；《书》如天行也"。故《尚书》"务以天言之"②。孔子《尚书》，乃揉合唐虞以降天道法则最精者。"孔子论经，有乌化为《书》，孔子奉以告天。"③ 故郑玄注此说："孔子乃尊而命之，曰《尚书》。"可知，孔子编撰《尚书》乃是尊天命而为，是以天道命令为最高使命的！

不仅《尚书》，整个"五经"的编撰制作，孔子皆是尊命而为，以天道命令为道德使命的。纬书讲孔子这种使命，这种尊天命编撰"五经"，为天下制法，讲得非常神秘，非常神圣！孔子不只是圣人，简直是衔天命为人间制定大法的上天之子。如讲：

孔子胸有文曰："制作定世符运。"

圣人不空生，必有所制以显天心。丘为木铎，制天下法。

孔子作法"五经"，运之天地，稽之图象，质于三王，施于四海。

孔子曰："某作《春秋》，天授《演孔图》，中有大玉刻一块曰：'璇玑一低一昂，是七期验败毁灭之征也。'"④

孔子曰："丘于《春秋》，始于元，终于麟，王道成也。"⑤

孔子曰："丘览《史记》援引古图，推集大变，为汉帝制法，陈叙图录。"⑥

圣人不空生，生必有所制。丘为制法，主黑绿不代苍黄。

---

① 《尚书纬·璇玑钤》。
② 《尚书纬·璇玑钤》。
③ 《春秋纬·演孔图》。
④ 以上均见《春秋纬·演孔图》。
⑤ 《春秋纬·元命包》卷上。
⑥ 《春秋纬·汉含孳》。

言孔子黑龙之精，不合代周木德之苍也。①

孔子作《春秋》，陈天人之际，记考异。②

　　按照孔子的讲法："大德者必受命"，"大德必得其位"③。然孔子虽有大德并无其位。为什么呢？纬书认为，孔子为"木铎"，主黑绿。"黑绿不代苍黄"。故"孔子为黑龙之精，不合代周木德之苍"，成为周朝之后王天下者。但孔子仍然得到了受命，就是为天下制法，"为汉帝制法"，作"《春秋》以改乱制"。这哪里还是删《诗》《书》，定《礼》《乐》，编《春秋》，传《周易》的孔子啊？简直像耶稣一样的上帝之子！编撰"五经"的孔子，在纬书那里，完全被神秘化和神圣化了。这样，孔子已经不是编撰"五经"的孔子，而是上天之子；儒学也不是儒学，而是宗教神学了！

　　汉代对孔子的崇拜与神化，汉初儒家著作已经表现出来。如《韩诗外传》讲子贡答景公问，谓孔子为圣人，"终身戴天，不知天之高也。终身践地，不知地之厚也"；其事仲尼，"譬犹渴操壶杓，就江海而饮之，腹满而去"，不知"知江海之深"；更讲孔子的高明，誉之，"犹两手捧土而附泰山"；不誉，"譬犹两手把泰山"，皆无损其明矣。④ 还编造了一个"鲁公甫文伯死，其母不哭"的故事。甫文伯死，其母所以不哭，就是因为儿子对孔子不尊重："仲尼去鲁，送之不出鲁郊，赠之不与家珍"⑤ 等。自贡的故事，虽然已把孔子神化为圣人，但它尚未像纬书那样包含着神圣而又神秘的成分。

　　汉朝政权建立以后，面临着诸多社会历史问题。最为根本的，一是要解决汉代政治合法性问题，二是围绕新的政权，解决人们的信仰和信念问题。因此，纬书不仅神化孔子，神化孔子编撰《五经》的道德使命，更以神性形而上学代替道体形而上学，编制创造了一个神圣而又神秘的上天存在。言上之苍苍者，自然之天也；言天之"于穆不已"者，相续之理也。然而在汉儒那里，在纬书世界里，上天的存在，已不是自然之天，相续之理，而是一个"天道煌煌，地道灿然，显明帝者"⑥ 的神圣而又神秘世界。这个世界，"紫

① 《孝经纬·援神契》卷下。
② 《春秋纬·握诚图》。
③ 《礼记·中庸》。
④ 《韩诗外传》卷八。
⑤ 《韩诗外传》卷一。
⑥ 《春秋纬·元命包》卷上。

微宫为大帝""太微为天廷";"大帝紫宫不言不动,摇以斗运,度推精,使五帝修名号";"太微天廷,五帝以合时";而北斗乃"为帝令出,布政授度四方",或"为帝车运于中央,临制四乡"① 的存在。可以看出,纬书所描绘的上天,完全是一个上帝的神圣世界。当然,这个世界并不是纬书作者们随心所欲建立起来的,而是有当时天文学、气象学、星象学之发展为知识论基础的。例如当纬书把整个宇宙星系划分为十二宫,天体运行十二年为一个周期,讲岁星在哪一宫,是丰、是歉、是旱、是涝、是灾年、是太平,乃是以上古发展起来的天文气象学巨大知识论系统为根据的,不仅是有道理,而且历史是有应验的。它不属于迷信,而属于中华民族的智慧。天人本不分,乃属于一个大的生态系统,是相互制约、相互影响的。而天子乃"刑于四海,德动沦冥,八方神化,则斗霄灵"的存在,对整个天人生态系统影响不仅是巨大的,而且是方方面面,极为深远,不慎就会破坏生态平衡,造成各方面失秩。因此,纬书于天人之际,讲王者"德至于天,则日抱戴,斗极明,日月光,甘露降""德至于地,则华苹感,嘉木生""德至八方,则祥风至;德至山川丘陵,则景出云"② 等,也是有合理性的。但当纬书讲"天子皆五帝之精宝,各有题序次第相据起,必有神灵符纪诸神扶助,使开阶立遂"③,或讲"五德之运,各象其类,兴亡之名,应录以次相代"④ 时,则走向虚假政治设定矣。特别是神化帝王,讲"夏白帝之子,殷黑帝之子,周苍帝之子"⑤,将星象变化与政治存亡、历史盛衰联系起来,讲"五星聚,天子穷""五星入牛,从岁星聚,用兵遏乱,以得天下""极星亡其八年,中国无君王,天下乱"⑥ 等时,则不仅是虚假政治设定,已流入神秘历史宿命论矣。

　　然而纬书作者们并不是一味地以价值设定思考问题,而是立于"天命之谓性"的心性本体论,追求天人合一神圣境界的。纬书虽然把心性看成气质的存在,但这种心性却是能够秉承上帝使命的。故曰"性者生之质,命者人所秉受也"⑦;故曰"命者,天之令也。所受于帝,行正不过得寿"⑧。心性所

---

① 《春秋纬·元命包》卷下。
② 《孝经纬·援神契》卷下。
③ 《春秋纬·演孔图》。
④ 《春秋纬·元命包》卷上。
⑤ 《春秋纬·元命包》卷上。
⑥ 《春秋纬·元命包》卷下。
⑦ 《孝经纬·援神契》卷上。
⑧ 《春秋纬·元命包》卷上。

以能够接受上帝命令，是因为它具有巨大抽象思维能力，能通向虚无寂寞存在。纬书所说"上通无莫""人之精灵所感，上通于虚无寂寞"①，"神守于心，游于目，穷于耳，往乎万里而至疾。故连从胸臆之中而彻太极，援引无题人神，感神明之应，音声相和"②，就是讲的心性巨大抽象思维能力存在。人有此心性存在，一方面领悟天道命令，"天人同度，正法相受，天垂文象，人行其事，谓之教"③；另一方面，则是"义由人出"④，创造了上帝神灵，故曰"神不过天地同灵造虚"⑤。纬书中整个神圣而又神秘的上天世界，就是这样创造出来的，就是人凭着虚灵不昧之心创造出来的。它虽然神圣而又神秘，然终究是以人为主体性的。故曰帝者，谛也，"帝之言谛"⑥ 也。它最终是人从上天、宇宙法则中领悟到的人生真谛，即性命之理的存在。因此，纬书中那"天道煌煌，地道灿然"的神圣又神秘存在，虽有虚假价值设定的成分，但就其天地法则、宇宙法则的实有是理存在而言，它所显示的上帝神灵，它给儒家经典所衍生的带有宗教倾向的信仰和信念，还是建立在真实无妄之理基础上的，与西方宗教的上帝价值设定还是不一样的。

汉代，"自武帝颇好方术，天下怀协道艺之士，莫不负策抵掌，顺风而届焉。后王莽矫用符命，及光武尤信谶言，士之赴趣时宜者，皆骋驰穿凿，争谈之也"⑦。纬书从儒家经典保存的上古玄化造极几微言，繁殖衍生出了一种带有宗教倾向的神秘文化。当时被称为"内学"。但实则尚奇文，贵异数者也。故司马迁说："观阴阳之书，使人拘而多忌"⑧；故范晔说："夫物之所偏，未能无蔽。虽云大道，其砠或同。若乃《诗》之失愚，《书》之失诬，然则数术之失，至于诡俗乎！"⑨ 汉代纬书，儒、道、名、法、墨与阴阳，诸家一起鼓噪，发展迅猛，当时形成了一种文化氛围、一种政治气候。它不仅改变了原始儒家道体形而上学，使之丧失了纯粹性，使之成为了带有宗教性的神学，也发展出了汉儒特殊的神圣精神世界。

---

① 《孝经纬·援神契》卷上。
② 《乐纬·动声仪》。
③ 《春秋纬·元命包》卷上。
④ 《孝经纬·援神契》卷上。
⑤ 《孝经纬·援神契》卷上。
⑥ 《春秋纬·迎斗枢》。
⑦ 《后汉书·方术传》。
⑧ 《史记·太史公自序》。
⑨ 《后汉书·方术传》。

## 六　汉儒的神圣精神世界

精神，虽不是需求、欲望、目的、动机、情感、情绪一类心理学存在，但它的发展也是受社会思潮、历史情势及文化氛围影响的。特别是种种形而上学神秘思维成为一种文化氛围、一种社会思潮情势的时候，更会影响一个时代精神发展，哪怕它是精神史上非常强大的学派，精神上受其影响也在所难免。汉代儒学就是这样。

孔子不得用于卫，虽有临河之叹："美哉水，洋洋乎！丘之不济此，命也夫！"鲁哀公十四年春，虽讲"河不出图，洛不出书，吾已矣夫！"而曰："天丧予！"喟然而叹："莫知我夫！"① 但总的说，不论是删《诗》《书》，讲"上天之载，无声无臭"②，"维天之命，于穆不已"③，"天叙有典，天秩有礼"④，还是传《周易》，讲"大哉乾元，万物资始，乃统天"，"至哉坤元，万物资生，乃顺承天"⑤，"大哉乾乎！刚、健、中、正，纯、粹、精也"⑥，原始儒家之学，乃是非常刚健、中正、纯厚的经学，而孔子的精神世界，也是上天"无声无臭""于穆不已"的纯粹存在。然而及至发展到汉代的《五经》儒家的致用之学，《易》有卦气，《书》有洪范，《诗》有五际六情，《春秋》有灾异，无不讲天人之应、消复之术、阴阳五行之变。这些东西不仅成了当时儒家经国之要道，儒林之秘典，而且俨然构成了一个神秘的世界，同时也构成了汉儒们的神圣精神世界。包括当时的大儒董仲舒、刘向等人的精神世界都是如此。

《汉书》为了记载神圣神秘世界的存在，特设《五行志》。从其所记，可以看出汉儒是如何相信神秘神圣世界存在的。如说：

> 厘公十五年"九月己卯晦，震夷伯之庙"。刘向以为，晦，暝也。震，雷也。夷伯，世大夫，正昼雷，其庙独冥。天戒若曰："勿使大夫世

① 《史记·孔子世家》。
② 《诗经·大雅·文王》。
③ 《诗经·周颂·维天之命》。
④ 《尚书·皋陶谟》。
⑤ 《周易·彖上传》。
⑥ 《周易·文言传》。

官，将专事瞑晦。"董仲舒以为，夷伯，季氏之孚也，陪臣不当有庙。震者，雷也，晦暝，雷击其庙，明当绝去僭差之类也。向又以为此皆所谓夜妖者也。刘歆以为《春秋》及朔言朔，及晦言晦，人道所不及，则天震之。

隐公五年"秋，螟"。董仲舒、刘向以为时公观渔于棠，贪利之应也。刘歆以为又逆臧厘伯之谏，贪利区露，以生赢虫之孽也。

昭公十九年"五月己卯，地震"。刘向以为，是时季氏将有逐君之变。

成公五年"夏，梁山崩"。《穀梁传》曰："雍河三日不流，晋君帅群臣而哭之，乃流。"刘向以为，山，阳，君也。水，阴，民也。天戒若曰："君道崩坏，下乱，百姓将失其所矣。哭然后流，丧亡象也。"

文帝元年四月，齐、楚地山二十九所同日俱大发水，溃出。刘向以为，近水沴土也。天戒若曰："勿整齐、楚之君，今失制度，将为乱。"

惠帝二年正月癸酉旦，有两龙见于兰陵廷东里温陵井中，至乙亥夜去。刘向以为，龙贵象而困于庶人井中，象诸侯将有幽执之祸。

文帝十二年，有马生角于吴，角在耳前，上乡。京房《易传》曰："臣易上，政不顺，厥妖马生角，兹谓贤士不足。"①

人类社会与天地万物，皆处于一个大生态系统，天人之间，自然息息相关。人类社会的作为，符合天道大法则，大生态系统平衡，则天不为灾；而若其作为不符合天道大法则，破坏大生态系统平衡，则天之为灾，人类社会遭受惩罚。《春秋》书灾异，警示人类社会，使其常随天理，而不要破坏天人大生态系统的平衡和谐也。而汉儒所言灾异，虽意在警示汉统治者，但多处牵强附会，推之太过。故宋儒伊川说："大抵《春秋》所书灾异，皆天人响应，有致之之道。汉儒言灾异，皆牵合不足信。"②

汉儒不仅推阴阳灾异，相信各种神秘主义现象，而且崇尚美妙神圣的世界。礼乐中《郊祀歌》，所描写的"帝临中坛，四方承宇""后皇嘉坛，立玄黄服""华烨烨，固灵根；神之旝，过天门，车千乘，敦昆仑"，及"神之行，旌容容，骑沓沓，般纵纵。神之徕，泛翊翊，甘露降，庆云集"等，其

---

① 以上均见《汉书·五行志上》。
② 《河南程氏遗书》卷一五。

活灵活现，已与《楚辞》中"灵皇皇兮既降，焱远举兮云中"①等巫术灵子一类描写相似。班固谈到这些礼乐现象时说："此贾谊、仲舒、王吉、刘向之徒所为发愤而增叹也。"②如果说《郊祀歌》神秘灵性的文化近于《楚辞》巫术灵子的描写话，那么，"汉兴，新垣平、齐人少翁、公孙卿、栾大等，皆以仙人黄冶、祭祠、事鬼使物、入海求神、采药贵幸"，及"元鼎、元封之际，燕、齐之间方士瞋目扼掔，言有神仙、祭祀致福之术者以万数"③，则与道家方技、神仙之术合流矣。

推灾异，相信神秘主义现象；信神灵，崇尚美妙的神圣世界。这以今天的眼光看，近似于荒诞不经。但它在汉儒那里，则是虔诚不息的。汉儒，除个别功利之徒，多是道德人物，因此，在他们周围，皆有一批学子跟随，是非常有影响的。人虽来源于天，生命是上天赋予的。但人之贤与不肖，一生命运如何，以及国家盛衰存亡，皆非上天主宰。此即宋儒明道所说"人贤不肖，国家治乱，不可以言命"④者也。然而在汉儒那里，相信星象，相信至上神存在，相信五德终始，相信祚命定数，相信天人感应，相信阴阳灾异，一句话，相信一个神圣而又神秘世界的存在，则是丝毫不怀疑的。这一点，连武帝、光武帝也是坚信不疑的。当然，也有不相信者，如费直，但那毕竟是少数，大多数沉浸在神秘主义的氛围之中。

所以如此，汉代儒学是在阴阳灾异、天人感应、谶纬应验等神秘主义思潮流行中发展起来的，是以怪异的神学目的论为基础发展起来的。因此，在汉代儒学复兴的同时，其他学派并没有退出历史舞台。恰恰相反，而是儒、道、名、法、墨、阴阳诸家思想相互统摄、相互融合、相互涵化，发展出了星象、谶纬、术数一系列神秘文化系统。特别是汉代政治合法性的需要，它使许多学者趋之若鹜，加入了文化哲学的神秘主义大合唱！它不仅造成了一种文化氛围、一种政治气候，也创造了一个挥之不去的神圣而又神秘世界！即使很理性的学者，也不能不为这种文化氛围所感染，并将其带入自己的学术研究生涯中去。此汉儒学术不醇正，精神所以陷入神秘主义者也，亦是汉儒心思狭窄，哲学规模不够宏达所致也。

---

① 《楚辞·云中君》。
② 《汉书·礼乐志》。
③ 《汉书·郊祀志下》。
④ 《河南程氏遗书》卷一一。

　　自然，不能一概而论。但若就汉代学术文化整体而言，学术不醇，精神神秘，则仍然是其主要特征。尽管如此，汉代学术还是不失儒家气象的，文化精神的贯通天人，其浩瀚浑然气象，也是后世无法相比的。董仲舒的《公羊春秋》、司马迁的《史记》、扬雄的《太玄》与《法言》，就是这个时期有代表性的著作。而刘向则以自己的儒学，维护了帝国秩序。此四人著作，分别属于政治哲学、历史哲学、自然哲学、文化哲学的不同领域。研究叙述此四人著作的形而上学思想及昭成时期的儒学精神发展及定向，即可看出西汉精神发展史的基本面貌。

# 第五章  《董子春秋》的历史哲学思想

**内容提要**：一个国家民族，没有巨大的哲学支撑，是不可能维系持久的。特别是在宇宙浩浩大化中，没有获得性命之理与知觉主宰处的最高哲学，建立不起信仰信念与强大精神世界，是不可能持久维持下去的。汉朝也是这样。汉高祖以三尺剑得天下后，面临着两大问题：一是政治合法性；二是如何维护持久统治。对于政治合法性解决，汉朝虽依赖阴阳、星象、谶纬、术数一类神秘主义文化为其辩护，然其穿凿附会，发展到后来，怪异流行悖理伤教，以至于成了新莽移祚篡位的工具。如何维护持久统治，汉初虽有黄老之学，其讲道德，固有其高明处，然于政道与治道，只是讲自然无为，也是不行的。除此之外，当时尚有以法制功利教天下的申、韩一类法学。治国平天下，无法则无以为治，但仅靠法制功利教天下，不以礼义教化天下，解决不了人心人性问题，终是治不了天下的。因此，汉武帝以前，如何解决政治合法性和维护持久统治的两大问题，并没有得到解决。惟此，汉武帝才下诏，广延四方之豪俊，选贤良修洁博习之士，"欲闻大道之要，至论之极"，以求得天下大治。董仲舒为学，尽管其学也有醇正处，但当时则是最得圣贤之意，首先于哲学本体论上开出新路，为汉代政治提供"大道之要，至论之极"的重要人物之一。这就是《董子春秋》的"大一统"历史哲学思想。

一个国家、一个民族，没有巨大的哲学支撑，是不可能维系持久的。特别是在宇宙浩浩大化中，没有获得性命之理与知觉主宰处的哲学，不能建立起信仰信念与强大精神世界，是不可能持久维持下去的。国家治理、社会绵续也是这样。

汉高祖以三尺剑得天下后，面临着两大问题：一是政治合法性；二是如何维护持久统治。对于政治合法性的解决，汉朝虽依赖阴阳、星象、谶纬、术数一类神秘主义为其辩护，但其穿凿附会，发展到后来，怪异流行悖理伤教，以至于成了新莽移祚篡位的工具。而对于如何维护持久统治，汉初黄老之学，其讲道德，虽有高明处，然于政道与治道，只是讲自然无为，是不行的。虽然黄老之学，讲自然无为，对汉初经济恢复起了一定作用。但天下之治，不能只是靠自然无为。但当时，除此之外，就是依靠以法制功利教天下的申韩一类法家。治国平天下无法，无以为治。但只靠法制功利教天下，不能以礼义教化天下，解决不了人心人性问题，也是治不了天下的。以法制功利教天下治理的结果，就是"法出而奸生，令下而诈起"①，天下愈来愈难治。所以，汉武帝以前，政治合法性和维护持久统治两大问题并没有得到解决。

但汉朝建立后面临的矛盾则是非常尖锐的。夏、商、周三代，权力之更替，是一个贵族集团代替另一个贵族集团。而刘邦打天下，则是起于市井，多是农民、莽汉、无赖和流氓无产阶级。打下天下，谁都想称帝称王，怎么办？就是第一章所指出的，刘邦先是封异姓王，封一个，然后灭一个。到文景时期，异姓王都被消灭了，但同姓王，即都姓刘，都是刘氏子孙为王者，则成了汉朝中央权力的最大威胁。景帝灭六国之乱，虽消灭了此隐患，但土地兼并，商业发展，则造成了晁错所说的"法律贱商人，商人已富贵矣；尊农夫，农夫已贫贱矣。上下相反，好恶乖迕，而欲国富法立不可得"②的局面。这些，靠自然无为黄老哲学及讲究功利法制的申韩之学，都是没法解决的。汉初，陆贾已告诉刘邦："马上可以得天下，马上不能治天下"③；文帝时，贾谊曾告以天下之势，"可哭者一，可流涕三，可叹者六"，若"抱火厝之积薪之下而寝其上"④；武帝时，更有徐乐上书说："天下之患，在于土崩，不在于瓦解"⑤。但汉初之治，除叔孙通"采古礼与秦仪杂之"⑥，制礼乐外，其他制度基本上是汉承秦弊，没有从哲学上找到出路，开出新局面。惟此，汉武帝才下诏，广延四方之豪俊，选贤良修洁博习之士，"欲闻大道之要，至

---

① 《汉书·董仲舒传》。
② 《汉书·食货志上》引。
③ 《史记·陆贾列传》。
④ 《汉书·贾谊传》。
⑤ 《史记·平津侯主父列传》。
⑥ 《史记·刘敬叔孙通列传》。

论之极"①，而求得天下大治。

程子说："自汉以来，惟有三人近儒者气象：大毛公、董仲舒、扬雄"②；又说："毛苌、董仲舒最得圣贤之意。"③ 毛氏《诗》传，与几家《诗》传比较，只是比较符合古义，然于哲学上并未开出新路。汉开国以来，真正在哲学上有所见解的，特别是于哲学本体论上有所建树的，应该是只有董仲舒、扬雄两人。尽管他们的哲学有不醇正的地方，然能够于宇宙本体论上有所建树，已略可为汉代政治提供"大道之要，至论之极"矣。这里，先讲董仲舒，第九章再讲扬雄。

董仲舒（公元前176年—公元前104年），广川（今河北景县）人。《汉书》说，董仲舒"少治《春秋》，孝景时为博士。下帷讲诵，弟子传以久次相授业，或莫见其面。盖三年不窥园，其精如此。进退容止，非礼不行，学士皆师尊之"；又说"仲舒为人廉直。是时方外攘四夷，公孙弘治《春秋》不如仲舒，而弘希世用事，位至公卿。仲舒以弘为从谀，弘嫉之。凡相两国，事骄王，正身以率下，数上疏谏争，教令国中，所居而治。及去位归居，终不问家产业，以修学著书为事"。并借刘向的话赞之曰："董仲舒有王佐之材，虽伊、吕亡以加，管、晏之属，伯者之佐，殆不及也"④，"董仲舒著书不称子者，意殆自谓过诸子也"⑤。

董仲舒之学，主要是治《春秋》。《史记》说："汉兴至于五世之间，唯董仲舒名为明于《春秋》，其传公羊氏也。"⑥《春秋》乃孔子拨乱反正之书。其书，言简意赅，是非褒贬，垂戒后世者，皆在微言中。后人传《春秋》者，有公羊氏、左氏、穀梁氏诸家，另外，还有《邹氏传》《铎氏传》《虞氏微传》，但重要的是公羊氏、左氏、穀梁氏。《左传》偏重历史事实，《穀梁传》偏重文物训诂，惟《公羊传》阐述其微言大义，颇有创造精神。《五经》虽皆本于孔子，然在孔子死后传递讲授中形成了不同学派。正如《诗》有《齐诗》《鲁诗》《韩诗》及《毛诗》一样，《春秋》传也有派。蒙文通先生考证，

---

① 《汉书·董仲舒传》。
② 《河南程氏遗书》卷一八。
③ 《河南程氏遗书》卷一。
④ 《汉书·董仲舒传》。
⑤ 《论衡·案书篇》。
⑥ 《史记·儒林列传》。

就认为《左传》乃是"晋人的学问"①，即晋学，而"穀梁子本鲁学，公羊氏乃齐学也"②。齐人临海，气象万千，其为学多怪异思维。正如稷下黄老新学派杂有淳于髡、田骈、环渊、邹衍、邹奭等人学说一样，《公羊》齐学，也是浸淫着淳于髡、邹衍的怪异思维的，其穿凿附会，割裂经文，屈就己意者，亦不在少数。董仲舒传《公羊春秋》，自然也并非醇儒家学说。故《四库全书》说，董仲舒所著《春秋繁露》，"虽颇本《春秋》以立论，而无关经义多，实《尚书大传》、《诗外传》之类"③。

《史记》虽讲董仲舒明于《春秋》，"其传公羊氏也"，但同时也讲："言《春秋》于齐鲁自胡毋生，于赵自董仲舒"④。这就是说，虽然董仲舒与胡毋生皆为景帝时的博士，用公羊之说讲授《春秋》，但董仲舒在河北一带所讲授的《春秋》，与胡毋生所成《公羊春秋》还是不同的，非相继传承的同一系统。这从何休《春秋公羊传解诂》注释，但依胡毋生《条例》，而于董仲舒之言，一字未提及，严格遵守师传，亦可以看出二者的不同。《公羊传》从"子夏传于公羊高，高传与其子平，平传与其子地，地传与其子敢，敢传与其子寿。至汉景帝时，寿乃与齐人胡母子都著于竹帛"⑤，师法相传不坠，已五世矣。"胡毋生，齐人也。"从公羊高到公羊寿和胡毋生，是严格的齐学《公羊春秋传》。而董仲舒明于《春秋》，虽传公羊氏之学，然"瑕丘江生为《穀梁春秋》。自公孙弘得用，尝集比其义"，也是"卒用董仲舒"⑥的。这就是说，董仲舒治《春秋》不仅多用公羊之言，也是综合了鲁学《穀梁春秋》原始儒家思想的。因此，董仲舒传《春秋》，虽然受公羊氏之影响，但并不像《公羊春秋》多非常异义可怪之论，而其独得精义，还有鲁学纯正的一面。

《汉书》说："仲舒所著，皆明经术之意，及上疏条教，凡百二十三篇。而说《春秋》事得失，《闻举》、《玉杯》、《蕃露》、《清明》、《竹林》之属，复数十篇，十余万言，皆传于后世。"⑦　"蕃"，即"繁"，《蕃露》，即《繁露》。《南宋馆阁书目》引《逸周书·王会解》所说"天子南面立，绖无繁

① 《经学抉原》，《蒙文通文集》，巴蜀书社 1995 年版，第 3 卷第 17 页。

② 《史记·儒林列传》。

③ 《四库全书总目》卷二九，《经部·春秋类附录》。

④ 《史记·儒林列传》。

⑤ 〔唐〕徐彦《春秋公羊传注疏》引《戴宏序》。

⑥ 《史记·儒林列传》。

⑦ 《汉书·董仲舒传》。

露"，谓"繁露，冕之所垂，有联贯之象。《春秋》比事属辞，仲舒立名或取诸此"①。《汉书》所说《繁露》与《玉杯》《竹林》之属，皆是董氏著作。现存《春秋繁露》，《玉杯》《竹林》还在其中，然却在前面增加了《楚庄王第一》，冠于全书。因此，宋《崇文总目》"疑后人取而附着"②。其后，南宋《中兴馆阁书目》及《晁公武子止郡斋读书志》《六一先生欧阳永叔春秋繁露书后》等，亦多疑之。明孝宗时，新安程大昌泰之秘书省书《繁露》后，攻之尤为详细。因此，明清之后，多认为《春秋繁露》伪缺。《春秋繁露》十七卷，八十二篇，佚三篇，存七十九篇，见于《隋书·经籍志》。现存《春秋繁露》为宋楼钥校本，是清修《四库全书》时，从《永乐大典》中抄出编入武英殿聚珍版的，后来各家注解，皆以此本为依据。清卢文昭有《春秋繁露集注》、苏舆有《春秋繁露义证》、谭献有《董子定本》、宗祥有《董子改编》（后二书，皆杭州图书馆藏手抄本）。现有上海古籍出版社1986年出版的《二十二子·春秋繁露》本和1989年出版的百子丛书《春秋繁露》本，及学苑出版社2003年出版的袁长江等校注《董仲舒集》、河北人民出版社2005年出版的钟肇鹏所编《春秋繁露校释》。

董仲舒《春秋繁露》，并非若《公羊传》《左传》《榖梁传》一样逐条注疏《春秋》之书，而是像《吕氏春秋》一样，借《春秋》微言大义，阐述自己历史哲学思想的著作。虽然它的许多思想源于《公羊春秋》，但董仲舒认为，"《诗》无达诂，《易》无达占，《春秋》无达辞"，皆不是非常完美、不可改变的金科玉律，而应该"从变从义"，重新解释，取得统一见解，"一以奉人"③。因此，董仲舒《春秋繁露》既不像瑕丘江公《榖梁传》那样限于文物训诂，也不像胡毋生、何劭《公羊传》章句那样拘泥于经文，而是如魏源所说，乃是"疏通大诣，不列经文，不足颛颁何氏，则其书三科九旨，灿然大备，且宏通精淼，内圣而外王，蟠天而际地，远在胡毋生何劭公章句之上"的著作，故其赞之曰"抉经之心，执圣之权，冒天下之道者，莫如董子"④。元朔六年武帝让以公羊治《春秋》的董仲舒与以文物训诂治《春秋》的瑕丘江公辩论，"江公呐于口，不如仲舒"⑤，岂不亦在于此乎？董子之书，以

---

① 袁长江等校注的《董仲舒集》附录，学苑出版社2003年出版。
② 《二十二子·春秋繁露》附录，上海古籍出版社1986年出版。
③ 《春秋繁露·精华》。
④ 《董子春秋发微序》，《魏源集》上，中华书局2009年版，第135页。
⑤ 《汉书·儒林传》。

《繁露》命之，应为全书之旨，然后人移《楚庄王第一》冠之，则矫诬虚妄矣。而且以《繁露》假以书名，其义费解，不合经传体例。故魏源改《春秋繁露》为《董子春秋》。故本章亦从魏氏所取书名，以阐述《董子春秋》的历史哲学思想。

董仲舒历史哲学，虽然杂有汉代阴阳、星象、谶纬、术数，然主要还是出于《春秋》大义、儒学正理。它在哲学上，虽然存在着阴阳灾异诸多神秘主义，弥漫着一种宗教氛围，但更多的是天道中正之理，及其经纬天地的宏大气象。董子治国，虽"以《春秋》灾异之变推阴阳所以错行"，但其在学术上的成就，则如刘歆赞之的："仲舒遭汉承秦灭学之后，六经离析，下帷发愤，潜心大业，令后学者有所统一，为群儒首。"① 仲舒虽先后相江都王、胶西王，然在政治上并没有大的建树，没有显出"伊、吕亡以加"的"王佐之材"，但他的学术成就，他治《春秋》所表现出来的历史哲学及形上精神，在汉代精神发展史上却是值得一书的。特别是他的历史哲学，不仅昭明了孔子《春秋》之大义，建立起一元论历史观，更是昭明了一种"大一统"的历史哲学思想。他的"道之大原出于天"的哲学本体论、"正心以正朝廷"的王道政治哲学、"立教化以正万民"的礼教思想，及"求正于天"的纲常伦理之绝对精神，皆是围绕着"《春秋》大一统"的历史哲学展开的，也是影响了中国后来文化历史发展的。本章首先叙述董子"《春秋》大一统"历史哲学思想及一元论历史观，然后围绕这一根本学说，依次展开其他政教思想的叙述，探索董子在精神史上的建树。

## 一　"《春秋》大一统"的历史哲学

历史哲学乃是关乎国家民族文化历史演进的根本学说，它不仅决定历史发展方向，主导着历史发展道路，而且是能够为整个政治历史活动提供体统纲领与历史框架的根本理论。特别是它本体论上是否广大悉备，是否真实无妄，乃是支配其社会历史是否广阔，是否陷入虚妄的最为根本存在。此乃《周礼》所以讲"惟王建国，以辨方正位，体国经野，设官分职，以为民极"者也。故为天下致太平之书，莫大于历史哲学也!《董子春秋》就是这样一部

---

① 《汉书·董仲舒传》。

著作。它的主旨就是"《春秋》大一统"历史哲学思想。

这种思想在当时是有其社会基础的。夏、商、周三代权力更替，虽然中间也有盛衰治乱问题，但时间都不像春秋战国时期那么漫长，经历了五六百年的动乱。因此，渴望天下和平与统一，变成了当时中华民族最大心愿。这也是稷下学派《黄帝四书》大讲"凡守一，与天地同极，乃可以知天地之祸福"①；《吕氏春秋》倡"不二"之说，大讲"一则治，异则乱；一则安，异则危"②的原因。晚周诸子的天下之学，实乃天下统一之学也。凡此，可见建立大一统历史哲学，是多么符合当时国家民族需要了。

但是，景帝时灭六国诸王叛乱，虽然天下平静了些，怎样建立"大一统"的政治体制，它在当时历史哲学上并没有解决。正因为这样，汉武帝才下诏询问董仲舒，"五百年之间"，后王"所持操或悖谬"而"失其统"③的原因所在。董仲舒《春秋》大一统历史哲学思想，就是适应这种时代需要而产生的。

既曰"《春秋》大一统"历史哲学思想，那么，董子的这种哲学思想产生，与孔子作《春秋》是一种什么关系呢？或者说，它是否源于孔子《春秋》呢？弄清这种关系是非常重要的。它不仅可以看出孔子作《春秋》的本义，更可以看出《董子春秋》"大一统"历史哲学本体大用。孔子作《春秋》，面对着当时的世衰道微，邪说横，暴行作，臣弑君，子弑父的混乱局面，无疑是怀着匡世之志，充满着淑世精神的，不然孟子就不会说"《春秋》，天子之事也""孔子成《春秋》而乱臣贼子惧"④了。司马迁更讲《春秋》"上明三王之道，下辨人事之纪，别嫌疑，明是非，定犹豫，善善恶恶，贤贤贱不肖，存亡国，继绝世，补敝起废"，皆"王道之大者也"⑤。孔子自己也说"吾志在《春秋》""欲观我退诸侯之志，在《春秋》"⑥，可知《春秋》对于孔子是多么重要了！

孔子《春秋》"退诸侯之志"，无疑在于述"天子之事"，明"王道之大者"，在于建立"明三王之道，辨人事之纪，别嫌疑，明是非，定犹豫，善善

---

① 《黄帝四经十大经成法》。
② 《吕氏春秋·不二》。
③ 《汉书·董仲舒传》。
④ 《孟子·滕文公下》。
⑤ 《史记·太史公自序》。
⑥ 《孝经·钩命决》。

恶恶，贤贤贱不肖”的王道哲学。它也就是孔子的历史哲学。而讲志在“退诸侯”，述“天子之事”，明“王道之大者”，就是“大一统”的历史哲学。孔子周游列国，当他认识到整个社会历史被各种强大势力所左右而陷入乱世，个人是无力与之抗衡，无法改变历史现实时，由卫返鲁，沉心于上古以来的《诗》《书》《礼》《乐》，“祖述尧舜，宪章文武”，追往事，思来者，对文化历史进行深沉的哲学思考，条例之，贯通之，并通过编撰《春秋》，拟为后世建立起有关“王道大者”的历史学说，是可以理解的。公羊学讲“邱以匹夫徒步以制王法”①，并非虚言也。公羊学派及董仲舒能够从《春秋》看出“大一统”的历史哲学思想，应该说是有历史眼光的。

故《公羊传》解隐公元年经文“元年春，王正月”，开宗明义即提出了《春秋》大一统的思想：

> 元年者何？君之始年也。春者何？岁之始也。王者孰谓？谓文王也。曷为先言王而后言正月？王正月也。何言乎王正月？大一统也。

《公羊传》认为，鲁隐公时，周天子的地位被削弱了，孔子作《春秋》，仍用文王时的历法，在于表明天道与王道之正，隐含着“大一统”思想。《公羊学》认为，所谓《春秋》大义，就是以天道之正以述王道之正。故曰：“拨乱世反诸正，莫近诸《春秋》。”② 但公羊学派只是限于《春秋》原典文本的解读诠释，并没有就“大一统”学说展开更多的哲学阐释，因此，在哲学上贡献不大。这一任务是由董仲舒完成的。

董仲舒《春秋》大一统思想，是源于公羊学派的。但它作为历史哲学，则是有董子独特学说思想的。《史记》讲“言《春秋》于齐鲁自胡毋生，于赵自董仲舒”③，虽将二人并列在一起，然《春秋纬说题辞》说“传我书者公羊高也”④；王充《论衡》所引纬书，更说“董仲舒乱我书也”⑤。由此可以推断，虽胡毋生与董仲舒都治《公羊春秋》，但董子治《公羊春秋》，可能并不死守师法，而是对《春秋》“大一统”之义，作了更为广泛独特的解释。不

① 《公羊传》哀公十二年疏。
② 《公羊传》哀公十四年。
③ 《史记·儒林列传》。
④ 《春秋公羊传》序疏引。
⑤ 《论衡·案书篇》引。

光董仲舒，胡毋生又未尝不是如此。汉朝神秘主义盛行，胡毋生与董仲舒之学，"皆见于图谶也"①。他们发挥图谶的一些说法，各自提出不同见解，是可以理解的。

董仲舒治《春秋》用公羊之言，本已综合了鲁学《穀梁春秋》原始儒家思想，再加发挥图谶一些神秘说法，他的《春秋》"大一统"历史哲学，自然雍容广大而神秘庞杂。但这不等于说董子《春秋》"大一统"历史哲学只是一种宗教神秘主义，而没有刚健中正的内容，没有真实无妄之理。不是的。我们透过董仲舒不同的论述所透露出的思想，仍然是可以看出他《春秋》"大一统"历史哲学之文化本质与历史精神的。

那么，何谓董子《春秋》"大一统"历史哲学呢？它具有怎样的文化本质与历史精神呢？根本理念与见解是什么呢？这就是他答武帝"垂问乎天人之应""条贯靡竟，统纪未终，意朕不明"时，所作的表述：

> 《春秋》大一统者，天地之常经，古今之通谊也。今师异道，人异论，百家殊方，指意不同，是以上亡以持一统。法制数变，下不知所守。臣愚以为诸不在六艺之科，孔子之术者，皆绝其道，勿使并进。邪辟之说灭息，然后统纪可一而法度可明，民知所从矣。②

由上可以看出，董子的《春秋》"大一统"历史哲学，乃是以儒家思想统一天下的历史观。在这个历史观里，不仅有着"天地之常经，古今之通谊"的历史法则，而且包含着"法制数变"所守的本体论思考，但最为根本的是以儒家"大统一"观念统一天下之思想，即"不在六艺之科，孔子之术者，皆绝其道，勿使并进，邪辟之说灭息，然后统纪可一而法度可明，民知所从"。

那么，怎么理解儒家思想"大统一"的历史观念呢？它仅是一种思想统治吗？仅是以儒家思想统一中国思想吗？或者是通常所说的"罢黜百家、独尊儒术"吗？要是仅仅如此，没有本体论思考，没有历史法则论述，也就谈不上历史哲学了，最多是一种儒家法制思想。那么，究竟应该怎样看待理解这个历史观，怎样看待董子所说"天地之常经，古今之通谊"的历史法则，

---

① 《春秋公羊传》序疏。
② 《汉书·董仲舒传》。

及"法制数变"所守的本体论思考呢？这些问题是和董仲舒怎样看待孔子作《春秋》联系在一起的，或者说，他怎样看待孔子作《春秋》，其为"大一统"的历史观，就具有什么样的本质。这个本质也就是董仲舒《春秋》"大一统"历史哲学的根本精神所在。他对孔子《春秋》之作，是这样讲的：

> 仲尼之作春秋也，上探正天端，王公之位，万民之所欲，下明得失，起贤才以待后圣。故引史记理往事，正是非，序王公。史记十二公之间，皆衰世之事，故门人惑。孔子曰："吾因其行事而加乎王心焉。"以为见之空言，不如行事博深切明。①

这就是说，在董仲舒看来，《春秋》"记理往事，正是非，序王公"，乃是孔子通过衰世的历史事实，体会圣人之心，"上探正天端，下明得失"而作的，是为"贤才后圣"，后世改制，"行事博深切明"而作的。"上探正天端"，就是天道本体论的思考；"下明得失"，就是明乎历史法则。这就是他告诉汉武帝的"天地之常经，古今之通谊"的《春秋》"大一统"之道。其为本体大用，也就是他告诉司马迁的，孔子作《春秋》，乃是"知言之不用，道之不行也，是非二百四十二年之中，以为天下仪表，贬天子，退诸侯，讨大夫，以达王事"②。这就是董仲舒通过对孔子作《春秋》理解，所阐明的《春秋》"大一统"历史哲学。它的核心是《春秋》"大一统"之道及此道的本体大用，即"贬天子，退诸侯，讨大夫，以达王事"。

董仲舒《春秋》"大一统"历史哲学思维，影响是非常深远的。它不仅为汉代政治提供了一个体统纲领，也为中国文化历史发展提供了历史框架与文化模式。我在这里所要强调的是，这种"大一统"思维，这种历史框架与文化模式，自孔子、董仲舒之后，其影响在中国文化历史上是不可动摇的。后世，虽有藩镇割据、军阀混战，但是，谁要是称王称霸，割据一方，打破春秋"大一统"的思维，打破"大一统"的历史框架与文化模式，搞分裂，闹独立，则天下必共伐之诛之。这虽是孔子所倡《春秋》大义之功，但也是与董仲舒阐述《春秋》大义所建立起来的"大一统"历史哲学思想不断深入人心分不开的。只要《春秋》大义在，只要"大一统"的历史哲学思想在，

---

① 《春秋繁露·俞序》。
② 《史记·太史公自序》。

就会使任何乱臣贼子、闹分裂独立者惧！

　　《董子春秋》是如何支撑起"大一统"历史哲学的呢？这就是他"道之大原出于天"的本体论。

## 二　"道之大原出于天"的本体论

　　武帝即位举贤良文学之士，前后百数人，而诏制仲舒对策者，乃在于"闻五帝三王之道，改制作乐而天下洽和，百王同之"，而今"圣王已没，钟鼓管弦之声未衰，而大道微缺，陵夷至乎桀、纣之行，王道大坏矣。夫五百年之间，守文之君，当涂之士，欲则先王之法以戴翼其世者甚众，然犹不能反，日以仆灭"，究竟为什么？"三代受命，其符安在？灾异之变，何缘而起？性命之情，或夭或寿，或仁或鄙，习闻其号，未烛厥理"，而"夫子大夫明先圣之业，习俗化之变，终始之序，讲闻高谊之日久矣"，谁能告诉我这其中的道理呢？特别是"三王之教所祖不同，而皆有失"，而"谓久而不易者道"，这个"道"是什么呢？其含义有什么差别呢？这就是武帝"广延四方之豪俊，郡国诸侯公选贤良修洁博习之士，欲闻大道之要，至论之极"的原因，也是希望董仲舒"其尽心，靡有所隐"，告诉他，他所要"将亲览"回答的。对于汉武帝提出的这些问题，如果不能从哲学最高本体论给予回答，只是以世俗的经验知识回答，或者以形下物的小知小识回答，恐怕是很难让武帝满意的，也解决不了汉朝四百年之治的。

　　董仲舒不愧是"三年不窥园"，观阴阳之变，通古今之学者，他上溯唐虞，纵观夏、商、周三代历史之变，对于武帝所提出的根本性问题，作出了历史哲学本体论回答：

　　　　臣闻夫乐而不乱，复而不厌者谓之道。道者万世之弊，弊者道之失也。先王之道必有偏而不起之处，故政有眊而不行，举其偏者以补其弊而已矣。三王之道所祖不同，非其相反，将以救溢扶衰，所遭之变然也。故王者有改制之名，亡变道之实。然夏上忠，殷上敬，周上文者，所继之救，当用此也。孔子曰"殷因于夏礼，所损益可知也。周因于殷礼，所损益可知也。其或继周者，虽百世可知也"。此言百王之用，以此三者矣。夏因于虞，而独不言所损益者，其道如一而所上同也。道之大原出于天，天不变，道亦不变，是以禹继舜，舜继尧，三圣相受而守一道，亡救弊之政也，故不言其所损益也。繇是观之，继治世者其道同，继乱世者其道变。今汉继大乱之后，若宜少损周之文致，用夏之忠者。①

本体论，即万物原于何处、本于何处的理论，即万物从哪里来、归于何处的回答。历史哲学本体论，即历史原于何处、何者规定着历史本质、支配历史发展方向的理论。不论是一般哲学本体论，还是历史哲学本体论，只要不流于形而下的解释，都是追问万物本原，回答天地万物终极存在的。董仲舒答武帝问，讲"道之大原出于天，天不变，道亦不变，是以禹继舜，舜继尧，三圣相受而守一道，亡救弊之政也，故不言其所损益也"，就是讲的这样一种存在。特别是他讲"一元者，大始也"；讲"元犹原也，其义以随天地终始也。元者为万物之本，而人之元在焉"②；讲"元者，始也，言本正也"③等等，不仅是讲这个本体论，这个终极存在，更是依这个本体论，这个终极存在，在形而上学高度阐述一种一元论历史观，昭明了一种"大一统"历史哲学思想。

中国文化是本于天的，是以天的法则、宇宙法则为万物本原，为最高法则，为大道本体存在的。故董子讲"道之大原出于天"。只此一句，即可知董子历史哲学源于何处、本于何处，知其懂得《春秋》大义，懂得将人类历史安于何处，春秋二百四十多年历史最终之本质。其言"天不变，道亦不变"者，乃指天大本体，指历史本质与绝对精神也。每一个国家民族的历史，虽然都不断变化，但总有不变者，总有永恒不变的存在。这种永恒存在，西方文化叫"逻各斯"或上帝，印度文化叫"梵"，中国文化则称之为"道"；形而上言之，谓之大道。它也就是董仲舒所说"道之大原出于天"者；称"天不变，道亦不变"者，即它的本体论性质与绝对精神。天地万物所原者，是此道也；贯通人类历史者，是此道也；《春秋》大义者，是此道也；春秋二百四十多年历史之所不变者，亦此道也。"道者，万世亡弊。弊者，道之失也"；"继治世者其道同，继乱世者其道变"④。这个"道之大原出于天"者，这个

① 《汉书·董仲舒传》。
② 《春秋繁露·玉英》。
③ 《春秋繁露·王道》。
④ 《汉书·董仲舒传》。

"天不变，道亦不变"者，就是董仲舒历史哲学的本体论所在。

此道也，于本体论处说，于绝对精神上讲是不变的。然其于贯通处说，于流行处说，于政道与治道上说，于王者所守所得失上说，或者于文质之变上说，它又是不断因革损益，不断发生变化的。此即孔子所说"虞夏之文不胜其质，殷周之质不胜其文"① 者也；"殷因于夏礼，所损益可知也；周因于殷礼，所损益可知也"②。亦董子讲"春秋固有常义，又有应变"③；讲"春秋之道，固有常有变，变用于变，常用于常，各止其科，非相妨也。"④ 此乃大道本体周行不息、变动不居者也。正因为道本于流行处是可变的，是周行不息、变动不居的，所以才要考虑不断变化的情况，根据变化的情况，总结新的经验，提出新的问题，以便通变化裁，趋时利用。此董子讲"更化则可善治"⑤ 者也，亦其讲"天下无二道，故圣人异治同理"；"《春秋》之于世事也，善复古，讥易常，欲其法先王"，以一言蔽之曰："王者必改制。"⑥

在董仲舒看来，《春秋》之义，就是圣者法于天，以天道本体为最高法则，为王道之正。故曰"《春秋》修本末之义，达变故之应，通生死之志，遂人道之极者也"；"若是则《春秋》之说乱矣，岂可法哉"⑦。因此他认为，得"《春秋》义之大者也，得一端而博达之，观其是非可以得其正法，视其温辞可以知其塞怨，是故于外道而不显，于内讳而不隐，于尊亦然，于贤亦然，此其别内外、差贤不肖而等尊卑"，乃是通用的大法则；天下治理，不过是"圣者法天，贤者法圣"所获得的"大数"，然"得大数而治，失大数而乱，此治乱之分也"⑧。而所谓"新王必改制者，非改其道，非变其理"，而是"受命于天，易姓更王，非继前王而王"，所改者不过是"徒居处、更称号、改正朔、易服色"；"若夫大纲、人伦、道理、政治、教化、习俗、文义尽如故，亦何改哉？"故董子所说"王者必改制"，乃"有改制之名，无易道之实"⑨ 也。这就是说，不管王者怎样改制，历史怎样发展变化，法于天道本体

---

① 《礼记·表记》。
② 《论语·为政》。
③ 《春秋繁露·精华》。
④ 《春秋繁露·竹林》。
⑤ 《汉书·董仲舒传》。
⑥ 《春秋繁露·楚庄王》。
⑦ 《春秋繁露·玉杯》。
⑧ 《春秋繁露·楚庄王》。
⑨ 《春秋繁露·楚庄王》。

之正的本质是不变的。这就是他"道之大原出于天，天不变，道亦不变"的历史哲学本体论。

"道之大原出于天"，就是大道哲学本于天，以天道之正为最高本体论存在。人们常说"大道至简"，简到什么程度？简到一句话即可道出。尧舜禹三圣相继的"惟精惟一"，是一句话；伊尹的"惟精惟和"，是一句话；《尚书·洪范》的"会其有极，归其有极"，是一句话；《易大传》"寂然不动，感而遂通"，是一句话；老子"大道泛兮，衣养万物而不为主，万物归焉而不为主"，是一句话；孔子"大道者，凝聚万物者也"，也是一句话；发展到王阳明，一句"大道在人心，万古不能改"，把大道哲学本体论落实到了人的心性上，更有一锤定音的感觉。"易则易知，简则易从"①，把大道哲学简易之，弄出几条原则、几条定理，向下贯通，使人明白易懂，是可以的。但不管怎样简，讲大道哲学，都不能离开它的本体论，离开天道义理最高形而上学存在，即使王阳明讲"大道在人心"，也没离开天理良知。离开这个最高存在，离开天道本体，于流行处讲大道，都是细枝末节，都是形下经验小知小识，都是小道而非大道，非大道本体论哲学。但真正讲大道本体论，又能将此本体论向下贯通落实，衣养万物而又使万物归焉，落实为政道治道而又使其有原有本，而不是游谈无根，那就不容易了。

董仲舒讲"道之大原出于天"，以天道存在为大道哲学本体论，应该说是继承发扬了中国上古以天为本哲学思想的。董子说："《春秋》之法，以人随君，以君随天"②，又引孔子的话说："'唯天为大，唯尧则之'。则之者，大也。'巍巍乎其有成功也'，言其尊大以成功也。"③ 由此可以看出，董子明于《春秋》，体悟其大义获得的博极宏深之理，所创造的《春秋》"大一统"历史哲学，包括他的政治哲学、他的礼教思想、他的纲常伦理的绝对精神，全是建立在"道之大原出于天"的哲学本体论基础上的，或者说全是以天道本体论建立起来的。不管这个本体论存在着怎样的神秘主义，或被董子披上了怎样宗教神秘色彩，那个"原出于天"的大道本体存在，那个"禹继舜，舜继尧，三圣相受而守一道"的形上大道本体，则是他全部哲学思想的源头，构成了他全部历史哲学的思想基础。这是研究叙述董子历史哲学应该注意的。

---

① 《周易·系辞上传》。

② 《春秋繁露·玉杯》。

③ 《春秋繁露·奉本》。

离开"道之大原出于天"的本体论，离开这个哲学基础，讲董仲舒的哲学思想，都是不见其真义的浮游之说。

武帝制诏问于董仲舒的，最为关心的是天下之治，是"承至尊休德，传之亡穷"的问题。董仲舒必须站在大道本体论的最高处，首先回答这个问题，方能不负武帝"垂听而问"的圣意。董仲舒怎么回答的呢？这就是他立于天道之正，对武帝说的"正心以正朝廷"的王道政治哲学。

## 三　"正心以正朝廷"的政治哲学

一部《春秋》，最为根本的要义，就是拨乱反正，拯救天下之弊，使春秋二百四十多年混乱历史回归到正道上来。故《董子春秋》最讲一个"正"字，其涵义就是以天道之正，正天下之不正。故董子解《春秋》，不像《公羊春秋》只是从历书意义上解释"元年"为"君之始年"，"正月"为文王之"正月"，以寓天下"大一统"① 之始义，而是从天道本体论上，讲《春秋》大义，"求王道之端，得之于正"，"上承天之所为，而下以正其所为，正王道之端云尔"。在董仲舒看来，"王者欲有所为，宜求其端于天"，就是以天道的法则、宇宙的法则为王者的法则，以此为王政大根本。天之道是刚健中正的，王之道也应该刚健中正；天之道是任德不任刑，王者之道也应该任德不任刑。王者为政，应该正视这个大根本，这个最为本始、最为本元的存在。故曰："一元之意，一者万物之所从始也，元者辞之所谓大也。谓一为元者，视大始而欲正本也"②；故曰："元者，始也，言本正也。道，王道也。王者，人之始也。王正，则元气和顺，风雨时。"③

如何正视呢？如何视大始，归乎本原，归乎本元大始呢？自然是从心开始，从君心之正开始。只有这样，才能正朝廷，正天下，才能一顺百顺，一正百正，使天下祥和而走向兴盛。此乃反乎王道之本，以致天下太平者也。故曰：

　　故为人君者，正心以正朝廷，正朝廷以正百官，正百官以正万民，

---

① 《春秋公羊传注疏》卷一《隐公元年》。
② 《汉书·董仲舒传》。
③ 《春秋繁露·王道》。

正万民以正四方。四方正，远近莫敢不一于正，而亡有邪气奸其间者。是以阴阳调而风雨时，群生和而万民殖，五谷孰而草木茂，天地之间被润泽而大丰美，四海之内闻盛德而皆徕臣，诸福之物，可致之祥，莫不毕至，而王道终矣。①

董子所讲君心正，以正朝廷、正百官、正万民、正四方，就是孔子讲的"政者，正也。子帅以正，孰敢不正"②，"为政以德，譬如北辰，居其所而众星共之"③；孟子讲的"君仁莫不仁；君义莫不义；君正莫不正，一正君而国定"④的道理。不过，董子这里讲《春秋》之正，更为强调的是天道本体之正，即"承天地之所为，继天之所为而终"；"以元之深，正天之端，以天之端，正王之政，以王之政，正诸侯之即位，以诸侯之即位，正竟内之治，五者俱正，而化大行"⑤。整个国家之治、天下之治，全是系于君心之正；而君心之正，则是正于天道本体，以天道之正而正之。这就是董仲舒为汉武帝提出的拯救天下之弊的王道正理，即《春秋》王道政治哲学。实行此王道哲学，则天下大化而归之于正。

如何以天道之正而正心呢？那就是董子提出来的圣人"系心于微而致之著"，就是"览求微细于无端之处"，看出"小之将为大，微之将为著"⑥的变化。要做到这一点，就要"深察名号"。董子认为，"治天下之端，在审辨大"，"辨大之端，在深察名号"，而深察名号，就是"圣人所发天意，不可不深观"⑦；或者"随天之终始，博得失之效，考命象之为，极理以尽情性之宜，则天容"⑧的存在。他在这方面，搞得非常神秘。但不管怎样神秘，无非从《春秋》阴阳灾异，推测历史盛衰凶祸福之变。在董仲舒看来，只要"能系心于微而致之著"，从天道细微变化，以窥其中之事，判断吉凶未形的迹象，深知天意如何，王者正心而行，则是非可知，逆顺自著，几通于天地矣。

---

① 《汉书·董仲舒传》。
② 《论语·颜渊》。
③ 《论语·为政》。
④ 《孟子·离娄上》。
⑤ 《春秋繁露·玉英》。
⑥ 《春秋繁露·二端》。
⑦ 《春秋繁露·深察名号》。
⑧ 《春秋繁露·符瑞》。

这就是他说的"春秋之道，以元之深，正天之端，以天之端，正王之政"①。虽然天人有别，但人类社会毕竟处于大自然界之中，与天地万物是浑然一体存在，不仅人离不开自然界，离不开与天地万物浑然一体存在，而且人类行为亦影响自然界，影响天地万物浑然一体存在的。当人类的行为过度破坏自然界，破坏天地万物浑然一体存在时，那么，天、自然界与万物的存在，必然显现出某种吉凶未形迹象，隐藏着历史盛衰凶祸福之变。董仲舒讲圣人"系心于微而致之著"，或"辨大之端，在深察名号"者，即以知此大端而正其心也。它在天人合一上，就是讲以天道之正，以正君心，以正朝廷百官。这就是董子所讲"天人之际，合而为一，同而通理，动而相益，顺而相受，谓之德道"② 的存在，不过带有宗教神秘主义的性质而已。

　　董仲舒认为，《春秋》之为学，在于"道往而明来"，然而，其为辞也，"体天之微，故难知也。弗能察，寂若无，能察之，无物不在"。因此，能为《春秋》者，体天之微，在于能得其一端而连贯起来思索。若能"得一端而多连之，见一空而博贯之"，天下虽大，古今虽久，兴亡之道可知，"则天下尽矣"③。董仲舒将这个道，这个本体存在，这个天之正，这个贯通天地万物始终而又几微的存在，视为大中之道、中和之体。董子认为，"中者，天地之太极也，日月之所至，长短之隆，不得过中，天地之制也"；"和者，天之正也，阴阳之平也，物之所生也"。故曰："中者，天地之所终始也；而和者，天地之所生成也。夫德莫大于和，而道莫正于中。中者，天地之美达理也，圣人之所保守也。"故"天下之道者，皆言内心其本也"；人之所以外无贪而内清净，就在于"心和平而不失中正"。君子之正心治身不违于天，就是"喜怒止于中，忧惧反之正，中和常在乎其身"④。这个大中之道或中和之体，实际上就是《礼记》所说"中也者，天下之大本也；和也者，天下之达道也。致中和，天地位焉，万物育焉"的存在。此道"莫见乎隐，莫显乎微"，君子慎独正心养身，惟本于此道，才是"天命之谓性，率性之谓道，修道之谓教"⑤根本所在；做君王者，正心修身，正得此，修得此，才能正朝廷、正大臣、正天下。此乃董子持尧舜禹三圣相继"惟精惟一"之道、伊尹"惟精惟和"

---

① 《春秋繁露·二端》。
② 《春秋繁露·深察名号》。
③ 《春秋繁露·精华》。
④ 《春秋繁露·循天之道》。
⑤ 《礼记·中庸》。

之道、《洪范》"皇极"大中之道，及孔子"择乎中庸"之道，教于武帝而治天下者也。

《易传》讲："刚中而应，大亨以正，天之道也"；"刚中而应，大亨以正，天之命也"。① 董仲舒认为，"为人君者，其法取象于天"，应法天之道，以修其身。天之道是"刚中而应，大亨以正"的，那么，为人君者，为天下之主者，也应该坚强，应该刚健中正。董仲舒的政治哲学，虽然重视中正和谐之道，但更强调国君人主之治天下，中正刚强的一面。在他看来，惟人主国君中正刚强，才正得了君臣，正得了天下。故他说："天不可以不刚，主不可以不坚。天不刚，则列星乱其行；主不坚，则邪臣乱其官。星乱则亡其天，臣乱则亡其君。"②

但中国文化哲学本体论，毕竟讲"致中和，天地位焉，万物育焉"。要"天地位焉，万物育焉"，必得致中和之道，坚持天道本体的"仁"。故董仲舒不仅从天道本体刚健中正存在上，讲正君心，正朝廷，更以天道本体之"仁"，于道体流行处，讲仁爱天下，化成天下。董仲舒认为，天的本质就是生化万物、养育万物的存在，其为本体，就是仁体爱体、生生不息之体。故曰"天，仁也"；而人主"受命于天也，取仁于天而仁也"③。取仁于天，就要像天一样，仁爱天下万民，使其生化不息。一切政道与治道，一切法律制度，皆应该以"仁"为根本，以仁义为根本。故曰："仁之法，在爱人，不在爱我。义之法，在正我，不在正人。我不自正，虽能正人，弗与为义，人不被其爱，虽厚自爱，不予为仁。"董子把这看作是人君爱人正己之根本品质。故曰"仁造人，义造我"④。惟以仁爱天下，惟以义正我，才能正天下、治天下；惟功加于百姓，才能治百姓。此即他所说文王"爱施兆民，天下归之"⑤者也。故曰"安诸侯，尊天子，霸王之道，皆本于仁"⑥；故曰"义则世治，不义则世乱"⑦。董子认为，"高其位，所以为尊也；下其施，所以为仁也"⑧，为国君、为人主者，身居高位，惟有以天道至德，仁爱天下，以义为法，正

---

① 《周易·象上传》。
② 《春秋繁露·天地之行》。
③ 《春秋繁露·王道通三》。
④ 《春秋繁露·仁义法》。
⑤ 《汉书·董仲舒传》。
⑥ 《春秋繁露·俞序》。
⑦ 《春秋繁露·王道通三》。
⑧ 《春秋繁露·离合根》。

得自我，不狭隘，不自私，才能从根本上正君臣、正天下。

因此，董仲舒特别反对特权阶层与民争利。董子认为，有权势贵族，食国家俸禄，已获得很大的利益，若"已受大，又取小"，与民争利，是不合天理的。他认为，"身宠而载高位，家温而食厚禄，因乘富贵之资力，以与民争利于下"，乃是造成"民之所以嚣嚣苦不足"的根本原因，也是造成"刑罚之所以蕃而奸邪不可胜"的弊端所在，因为"民不乐生，尚不避死，安能避罪"哉！因此，在董子看来，"虽矫情而获百利兮，复不如正心而归一善"①。惟"受禄之家，食禄而已，不与民争业，然后利可均布，而民可家足。此上天之理，而亦太古之道，天子之所宜法以为制，大夫之所当循以为行"② 的根本道理。天子懂得这一点，以此治天下，才能以天理之正，正朝廷、正百官、正万民、正四方；否则，与民争利，就可以造成奸邪不可胜数而民不避死罪的混乱局面。这就是董子以天道正理为本体论的政治哲学与治道精神。

董仲舒治《春秋》，求天地大义，索王道正理，独得一个"正"字。他不仅以此正君心、正朝廷、正百官，更立礼乐教化，以正天下万民之心。这就是他的"立教化以正万民"的礼教思想。

## 四 "立教化以正万民"的礼教思想

汉武帝制诏，问于董仲舒的，除了"欲闻大道之要，至论之极"的最高本体论问题，还有一个与此有关的问题，即盛衰之理与性命之理。这个问题，是"五百年之间，守文之君，当涂之士"，讲先王之法，所持操而失其统者，也是夙兴夜寐，务法上古者，与世无补者。董仲舒告诉武帝，这个问题所以没有解决，不在于一般地讲法先王，法上古，而在于没有用最高性命之理统理群生。这个最高性命之理，就是天道至正存在，大道本体精一存在。要解决盛衰问题，性命之理问题，为人君者，不仅要以天道之正，"正心以正朝廷，正朝廷以正百官，正百官以正万民，正万民以正四方"，而且要以礼乐教化正万民。为什么？因为"凡以教化不立而万民不正"。历代圣王之继乱世，莫不扫除其迹而悉去之，复修教化而崇起之，待到"教化已明，习俗已成，子孙循之，行五六百岁尚未败也"。这就是董仲舒立教化以正万民的礼教思

---

① 《士不遇赋》，《董仲舒集》第1页。
② 《汉书·董仲舒传》。

想。它的核心思想，就是以天道至理，统理群生。

董仲舒之所以这么看，是和他的人性论，和他的天道性命之理联系在一起的，即他所说的"命者天之令也，性者生之质也，情者人之欲也"①。讲"命者天之令"，也就是《诗经》所说的"天生烝民"②；《礼记》所说的"天命之为性"③；《易传》所说的"一阴一阳之谓道，继之者善，成之者性"④。这就是说，人性是本于天的，是继承天道法则，构成人的本质而存在的。故曰"天有阴阳禁，身有情欲栣，与天道一也"⑤；故曰"人之人本于天，天亦人之曾祖父也"⑥。正因为人性本于天，与天道一致，所以人才能"上承天之所为，而下以正其所为"，接受天道的教化。此礼教所以立也，"王者承天意以从事，故任德教而不任刑"⑦ 者也。

但董仲舒所讲的人性论，与孟子的性善说是不同的。在孟子那里，人生下来就有仁义礼智的先天道德本性，而且这种本性是人内在"固有"的，而非"外铄"⑧ 于人的。董仲舒则不这样认为。他认为，性有内外，"天之所为，有所至而止。止之内，谓之天性，止之外，谓之人事。事在性外，而性不得不成德"⑨；"天所为，有所至而止，止之内谓之天，止之外谓之王教，王教在性外，而性不得不遂"⑩。在孟子那里，人的天性，即道德本性，涵养之、扩充之、大化之，即是人的道德之性。而董仲舒则认为，人虽有"天之所为，止之内"的"天性"，然而"止之外，谓之人事"的性，则并不是先天德性。它只有经过圣人教化，成为觉悟的存在者，才能成为道德之性。故曰：

今万民之性有其质，而未能觉性有善端，动之爱父母，善于禽兽，则谓之善，此孟子之善。循三纲五纪，通八端之理，忠信而博爱，敦厚

① 《汉书·董仲舒传》。
② 《诗经·大雅·烝民》。
③ 《礼记·中庸》。
④ 《周易·系辞上传》。
⑤ 《春秋繁露·深察名号》。
⑥ 《春秋繁露·为人者天》。
⑦ 《汉书·董仲舒传》。
⑧ 《孟子·告子上》。
⑨ 《春秋繁露·深察名号》。
⑩ 《春秋繁露·深察名号》。

而好礼，乃可谓善，此圣人之善也。①

　　董仲舒讲人性，虽然承认人有自然之性，有质朴之性，有"未能觉性"的"善端"，如"动之爱父母"者，即孟子所说先天道德本性，但他认为，这本性之善，乃是未觉醒者。人性之善成为觉醒意识的存在，就像缲茧成丝一样，待渐于教训而后能为善，才是自觉的性善者。故曰"善，教训之所然也，非质朴之所能至也"；故曰"以性为善，此皆圣人所继天而进也，非情性质朴之能至也"，而质朴之性，不可谓之性。"今谓性已善，不几于无教，而如其自然，又不顺于为政之道矣。"② 董子认为，质朴之性，先天道德本性，"质于禽兽之性，则万民之性善矣；质于人道之善，则民性弗及也。万民之性善于禽兽者许之，圣人之所谓善者弗许"③。万民之性，只有经过圣人教化，方能成为善性。故曰：

　　　　天令之谓命，命非圣人不行。质朴之谓性，性非教化不成。人欲之谓情，情非度制不节。是故王者上谨于承天意，以顺命也。下务明教化民，以成性也。正法度之宜，别上下之序，以防欲也。修此三者，而大本举矣。④

　　董仲舒这样讲性，讲先天后天，讲质朴之性与教化之性的不同，不仅仅是为区别于孟子的先天道德本性说，更是为其立教化以正万民的礼教学说提供人性论根据的，即"教化不立而万民不正"，而要万民正，必须立礼教，进行教化。但其讲"天之为人性命，使行仁义"⑤，或讲"性有善端，心有善质"⑥，亦是发挥儒家孔孟先天道德本性之说的，只不过为行教化，而强调质朴之性与教化之性不同而已。

　　董仲舒讲人性，将先天后天、自然本性与教化之性区别开来，更像荀子一样，强调人性的情欲方面，即他说的"人欲之谓情"，或"情者人之欲"

---

① 《春秋繁露·深察名号》。
② 《春秋繁露·实性》。
③ 《春秋繁露·深察名号》。
④ 《汉书·董仲舒传》。
⑤ 《春秋繁露·竹林》。
⑥ 《春秋繁露·深察名号》。

存在。董子不仅认为人本于天，为天所生，更认为人的存在是类于天的："人之形体，化天数而成；人之血气，化天志而仁；人之德行，化天理而义；人之好恶，化天之暖清；人之喜怒，化天之寒暑；人之受命，化天之四时。人生有喜怒哀乐之答，春秋冬夏之类也。"① 这样讲人喜怒哀乐之情性类于天，已不是在形上本体论上讲人的至善之性，而是颇近于西方进化论于形下处将社会机体与生物有机体进行类比了。但不管怎么说，董子是承认人是有情欲的，而且这种情欲经常处于非理性的追求中。他虽然没有像荀子那样把人的这种非理性的情性称为"性恶"，但也认为人的这种情性是需要抑制，需要礼教进行教化的。故曰：

> 天、地、人，万物之本也。天生之，地养之，人成之。天生之以孝悌，地养之以衣食，人成之以礼乐，三者相为手足，合以成体，不可一无也。无孝悌则亡其所以生，无衣食则亡其所以养，无礼乐则亡其所以成也。三者皆亡，则民如麋鹿，各从其欲，家自为俗，父不能使子，君不能使臣，虽有城郭，名曰虚邑。如此者，其君枕块而僵，莫之危而自危，莫之丧而自亡，是谓自然之罚。②

设礼教，教化人性，乃是人类社会"天生之以孝悌，地养之以衣食，人成之以礼乐"的存在；若三者不存在，"则民如麋鹿，各从其欲，家自为俗，父不能使子，君不能使臣"，就成为麋鹿般的动物性存在了，"虽有城郭"，则"名曰虚邑"矣。所谓"虚邑"，也就是变为无法抑制人之非理性的虚设城郭。特别是面对着"大富则骄，大贫则忧。忧则为盗，骄则为暴"的"众人之情"，面对着这种"乱之所从生"的存在，若圣人不能设礼教，制人道，差上下，是很难实现治理的。在董仲舒看来，圣人惟有设礼教，定制度，制人道，差上下，"使富者足以示贵而不至于骄，贫者足以养生而不至于忧"，使"上下相安"，天下方能变得"易治"③。这颇似荀子"人之生不能无群，群而无分则争，争则乱"④，"先王恶其乱也，故制礼义以分之，使有贫富贵贱之

---

① 《春秋繁露·为人者天》。
② 《春秋繁露·立元神》。
③ 《春秋繁露·制度》。
④ 《荀子·富国》。

等，足以相兼临者，是养天下之本"① 的思想。不论是荀子，还是董子，其讲礼乐之治，都是立于群体本位，承认群体地位差别，为"养天下之本"着想的，而不是为了个体人的自由与平等。此乃中国古代"以天下本"的大人本主义，而非西方"个人本位"小人本主义者也。

董仲舒之礼教思想，不仅为立天下之本，使人"上下相安"，更在于心性教化，从根本上抑制人的非理性情欲性欲，使其归于天心，归于质朴天性，以立于天道之正。这就是董仲舒答武帝问所说的：

> 凡以教化不立而万民不正也。夫万民之从利也，如水之走下，不以教化堤防之，不能止也。是故教化立而奸邪皆止者，其堤防完也。教化废而奸邪并出，刑罚不能胜者，其堤防坏也。古之王者明于此，是故南面而治天下，莫不以教化为大务。立太学以教于国，设庠序以化于邑，渐民以仁，摩民以谊，节民以礼，故其刑罚甚轻而禁不犯者，教化行而习俗美也。②

董仲舒认为，人虽有质朴之性，有先天道德本性，然若就其后天"止之外"的社会性而讲，则是尚争趋利的，而且常常处于非理性的状态下，就如"水之走下"，而不知所止。如果不设堤防，就会成为奸邪势力存在，而危害社会，危害天下之治。在董子看来，以礼教治天下，就是设人性洪水泛滥的堤防。从古到今，"教化立而奸邪皆止者，其堤防完也。教化废而奸邪并出，刑罚不能胜者，其堤防坏也"。因此，"古之王者明于此，是故南面而治天下，莫不以教化为大务"。只有以礼教教化天下，"渐民以仁，摩民以谊，节民以礼"，天下刑罚轻而禁者不犯，教化行而习俗成，方可立五六百年不败之地。

董仲舒设礼教之堤防，乃是为了节制人非理性之情欲，并不是像后儒那样，一味地讲"存天理，灭人欲"，而只是"渐民以仁，摩民以谊，节民以礼"，使之提升理性、归于理性，然后"身行正道，所以安其情也"，而"非夺之情也"③，非彻底消灭人合理的情欲。故其讲"圣人之制民，使之有欲，

---

① 《荀子·王制》。
② 《汉书·董仲舒传》。
③ 《春秋繁露·天地施》。

不得过节；使之敦朴，不得无欲。无欲有欲，各得以足，而君道得矣"①。天之道，元亨利贞。元即本原，即大始，即本体大仁，即大化流衍的宇宙生命精神。人本于天，以天为生命源头与性命之理，其为情性，何能完全无情无欲？只要走中道，刚健中正，有欲而不过节，止于天命之性，就归于天心天性，也就合乎理性存在了。故曰："明于天性，知自贵于物。知自贵于物，然后知仁谊。知仁谊，然后重礼节。重礼节，然后安处善。安处善，然后乐循理。乐循理，然后谓之君子。"② 可知董子立教化以正民心，乃是本乎天道之正的，此乃可见其礼教精神处也。

　　立教化以正民心，这在当时乃是非常之举，意义巨大。这诚如董子对汉武帝说的：圣王之继乱世，无不扫除芜杂历史陈迹，"复修教化而崇起之"；然至周之末世，大为亡道，以失天下。"秦继其后，独不能改"，禁文学，焚《诗》《书》，弃礼义，师申商之法，行韩非之说，憎帝王之道，以贪狼为俗，"尽灭先圣之道，自恣苟简之治"，致使立为天子十四岁而国亡。所以他说："自古以来，未尝有以乱济乱，大败天下之民如秦者也。"至汉，遗毒未灭，愈演愈烈，致使习俗薄恶，人民嚣顽，抵冒殊扞，腐败丛生。废先王礼教，独任执法之吏以治民，也不过如秦之"以乱济乱"而已。其结果是，愈治愈乱，"法出而奸生，令下而诈起，如以汤止沸，抱薪救火，愈甚亡益"，以至于"造伪饰诈，趣利无耻""刑者甚众，死者相望，而奸不息"。在董子看来，汉之天下，已是孔子所说的"朽木""粪墙"，到了"虽欲善治之，亡可奈何"的地步。再不改变治国之道，"当更张而不更张，虽有良工不能善调也；当更化而不更化，虽有大贤不能善治也"。因此，他才建议武帝"诸不在六艺之科孔子之术者，皆绝其道，勿使并进"；这样，才能"邪辟之说灭息，然后统纪可一而法度可明，民知所从矣"③。这在当时可是一件大事！是一件要武帝抛弃申韩之说，回归儒家主流文化，改变整个意识形态与治国之道的大事！汉武帝以旷古未有大气派，听了，做了，于是换来汉代四百年之天下。

　　国家民族只有文化上统一，思想上统一，天下才能统一。此董子所以讲立教化以正万民者也，亦其讲"邪辟之说灭息，统纪可一而法度可明，民知所从"者也。而要保持文化上的统一，思想上的统一，维持《春秋》"大一

① 《春秋繁露·立元神》。
② 《汉书·董仲舒传》。
③ 《汉书·董仲舒传》。

统"历史局面，社会人生还必须保持一种纲常伦理的绝对精神。这种精神，亦原于天道本体，原于天道之正的，亦是属于《董子春秋》"大一统"历史哲学的根本思想。这就是本章所要讲的最后一个问题。

## 五　"可求于天"的纲常伦理绝对精神

董仲舒学术影响于世的，除了《春秋》"大一统"的历史哲学，还有一个更为人所道的学术思想，就是他关于"纲常"伦理的论述。但这个学术思想是最遭现代人非议的，认为它压抑了人性，维护君道尊严，是为"封建集权"统治服务的，因而忽略了它绝对精神对于国家民族文化历史的意义。

正如董子的"大一统"历史哲学，是立于天道之正本体论基础上一样，他的"纲常"伦理思想，也是立于天道正常法则秩序上的，或者说也是从天道正常法则秩序获得"纲常"伦理道德精神的。他讲"天之常道，相反之物也，不得两起，故谓之一。一而不二者，天之行也"；讲"不一者，患之所由生也，君子贱二而贵一"；讲"善不一，不足以立身；常不一，不足以致功"① 等，就是天道正常法则秩序获得"纲常"伦理道德精神的说法。中国是个本于天的民族，从唐虞时代就讲"天叙有典""天秩有礼"。典，即常也，即纲常伦理。礼，即理也，即礼教文明。中国几千年的治理，中华民族几千年的绵延，就是靠纲常伦理与礼教文明这两样东西。而《董子春秋》讲礼教，讲纲常伦理，皆不过是发挥唐虞时期"天叙有典""天秩有礼"之说，有功于儒教文明而已。

事实上，国家民族的生存，是离不开常道法则，离不开纲常伦理的。历史上的盛衰治乱，无不与是否坚持常道法则，是否坚持纲常伦理有关。坚持了，则社会有序、天下太平；不坚持，则天下陷入混乱与衰败。此乃箕子告周武王鲧堙洪水，汩陈其五行，不畀《洪范》九畴，天下"彝伦攸斁"者也，亦告武王坚持《洪范》九畴，坚持常道法则，可天下太平、"彝伦攸叙"② 者也。是故，太甲失邦，昆弟五人，与母亲于洛水之滨，作《五子之歌》，劝于太甲的，就是让其不要忘记陶唐时期的常道法则，"今失厥道，乱

---

① 《春秋繁露·天道无二》。
② 《尚书·洪范》。

其纲纪，乃厎灭亡"①；成汤黜夏命，作《汤诰》，告于天下万民的，就是"凡我造邦，无从匪彝，各守尔典，以承天休"②。由此可知，遵守天的常道法则，坚守纲纪伦理，是多么重要了！故董仲舒告诉武帝："夫仁、谊、礼、知、信五常之道，王者所当修饬也。五者修饬，德施于方外，延及群生也。"③

那么，何谓"纲常"伦理呢？纲，即纲纪。常，即常道法则。它见于人伦，即父义、母慈、兄友、弟恭、子孝的五常之教；它在伦理道德上，即是董仲舒所讲的"五纪"，即仁、谊、礼、知、信的五常之道。其见于治理，就是《白虎通德论》所说："纲者，张也。纪者，理也。大者为纲，小者为纪，所以疆理上下，整齐人道也"④。可知，纲，即纲纪，即"疆理上下，整齐人道"的体统纲领、为政大法则。帝禹"其德不违，其仁可亲，其言可信"，以声为律，以身为度，称之以出，"亹亹穆穆，为纲为纪"⑤，即此也。常，即五常之道，即帝舜"举八元，使布五教于四方，父义，母慈，兄友，弟恭，子孝，内平外成"⑥，及命契为司徒"敬敷五教"⑦ 者，亦即后来孟子所说"父子有亲，君臣有义，夫妇有别，长幼有叙，朋友有信"⑧。此董子所讲"循三纲五纪，通八端之理，忠信而博爱，敦厚而好礼"，"圣人之善"⑨ 者也。

由上可知，"纲常"伦理远在上古时期已经存在。董仲舒之讲"纲常"，不过是"王道之三纲，可求于天"，从天道本体论上进一步阐述其伦理精神与现实意义而已。孔子《易传》讲"大哉乾元！万物资始，乃统天""至哉坤元！万物资生，乃顺承天"⑩；以及讲"天尊地卑，乾坤定矣。卑高以陈，贵贱位矣。动静有常，刚柔断矣"⑪，天地之间就是一种覆载、统御、主宰、尊卑、顺承关系。董仲舒讲"纲常"伦理，也是立于天地之道的覆载、统御、主宰、尊卑、顺承关系，讲性命之理，讲君臣、父子、夫妇之义的。在他看来，虽然天道阴阳，是"阳兼于阴，阴兼于阳"的存在，它落实于人伦关系，

---

① 《尚书·五子之歌》。
② 《尚书·汤诰》。
③ 《汉书·董仲舒传》。
④ 《白虎通德论·三纲六纪》。
⑤ 《史记·夏本纪》。
⑥ 《史记·五帝本纪》。
⑦ 《尚书·尧典》。
⑧ 《孟子·滕文公上》。
⑨ 《春秋繁露·深察名号》。
⑩ 《周易·彖上传》。
⑪ 《周易·系辞上传》。

"夫兼于妻，妻兼于夫，父兼于子，子兼于父，君兼于臣，臣兼于君"，具有亲合兼爱的性质，但这种存在，非并列平等的关系，而是一种覆载、统御、主宰、尊卑、顺承的关系。它见诸天道伦理，就是"王道三纲"的存在：

> 凡物必有合。合必有上，必有下，必有左，必有右，必有前，必有后，必有表，必有里，有美必有恶，有顺必有逆，有喜必有怒，有寒必有暑，有昼必有夜，此皆其合也。阴者，阳之合，妻者，夫之合，子者，父之合，臣者，君之合。物莫无合，而合各有阴阳。阳兼于阴，阴兼于阳，夫兼于妻，妻兼于夫，父兼于子，子兼于父，君兼于臣，臣兼于君。君臣、父子、夫妇之义，皆与诸阴阳之道。君为阳，臣为阴，父为阳，子为阴，夫为阳，妻为阴。阴阳无所独行。其始也不得专起，其终也不得分功，有所兼之义。……天之亲阳而疏阴，任德而不任刑也。是故仁义制度之数，尽取之天。天为君而覆露之，地为臣而持载之；阳为夫而生之，阴为妇而助之；春为父而生之，夏为子而养之。王道之三纲，可求于天。①

"君臣、父子、夫妇之义，皆与诸阴阳之道"。这就是《董子春秋》讲"王道之三纲，可求于天"者，亦是其"纲常"伦理学本体论存在。这种伦理学，从本体论上说，它所强调的，无疑是"大哉乾元！乃统于天"的主宰意义。而于君臣、父子、夫妇的伦理关系上讲，它所强调的乃是覆载、统御、主宰、尊卑、顺承关系。这种伦理关系，就是后来纬书所说的"三纲"，即"君为臣纲，父为子纲，夫为妻纲"②。

董仲舒虽然把"君臣、父子、夫妇之义"，提升为"三纲"伦理，但它在董子的伦理学中，仍是一种亲合兼爱关系，一种"阳兼于阴，阴兼于阳，夫兼于妻，妻兼于夫，父兼于子，子兼于父，君兼于臣，臣兼于君"的关系，而非专制、独裁的关系，非一方压迫一方、专制一方、统治一方、独裁一方的关系。董子把"仁、谊（义）、礼、知（智）、信"，称为"五常之道"，就是根于天道元、亨、利、贞之体用，以天地亲合兼爱为之本义，讲覆露、持载、生助之理的。故曰："百物皆有合偶，偶之合之，仇之匹之，善矣。《诗》

---

① 《春秋繁露·基义》。
② 《礼纬·含文嘉》。

云：'威仪抑抑，德音秩秩，无怨无恶，率由仇匹。'此之谓也。"① "纲常"的本质是仁，是爱人，而非专制、独裁。故曰"为人君者，其法取象于天。故贵爵而臣国，所以为仁也"②；故曰"安诸侯，尊天子，霸王之道，皆本于仁"③；而若改变这种本质，变为"君慢侮而怒诸侯"的关系，则"失礼大矣"④。

汉代以前，虽然也讲"纲"讲"常"，但并没有把"三纲""五常"联系起来，构成一个完整"纲常"伦理道德体系，而讲其绝对精神。《董子春秋》的纲常伦理，有功于此的，就是把纲常联系起来，构成这样一个完整体系，而强调"纲常"伦理的绝对精神。汉以前，虽然也讲"纲常"，讲"父子有亲，君臣有义"，但并没有规定君不君，臣应该如何，父不父，子应该如何，没有规定君与臣、父与子的天地大义及其不可改变的伦理法则与绝对精神，而只是坚持一种自然的、相对的等差伦理关系。治墨学之夷子，讲"儒者之道，古之人若保赤子"，"爱无差等，施由亲始"，而孟子认为，人之爱其兄弟，与邻之子本有差等⑤，以及批评杨朱"为我"是"无君"，墨子"兼爱"为"无父"⑥，就是讲一种自然的、有差等的伦理关系。按照这种自然差等关系，君不君，臣可以不臣；父不父，子可以不子，整个伦理道德都是相对的，而没有任何绝对的权利与义务。那么，君不君，臣可以不臣，则臣可以弑君矣；父不父，子可以不子，则子可以弑父矣。如此，岂不天下大乱！《董子春秋》讲"纲常"伦理，就是强调它的绝对精神，即君臣关系、父子关系，乃是天地大义，乃是一种永恒的、绝对存在的伦理法则。君不君，臣不能不臣；父不父，子不能不子，都必须按照天道法则，遵守自己应有的角色地位与规范。此即董子所谓"春秋之法，以人随君，以君随天"⑦者也。

《董子春秋》"纲常"伦理的提出，是有当时社会历史背景的。汉朝建立是从春秋战国乱世走过来的。春秋时期，子弑父，臣弑君，混乱到了极点，二百四十二年间，弑君三十六，亡国七十二，诸侯奔走不得保社稷者，不可

---

① 《春秋繁露·楚庄王》
② 《春秋繁露·天地之行》。
③ 《春秋繁露·俞序》。
④ 《春秋繁露·竹林》。
⑤ 《孟子·滕文公上》。
⑥ 《孟子·滕文公下》。
⑦ 《春秋繁露·玉杯》。

胜数。秦之短暂，只是战国的继续。入汉，诸王之叛，吕氏之乱，亦是"纲常"伦理秩序未立造成的。汉初，虽有叔孙通制礼，但并没有真正从伦理上解决法则秩序问题。董仲舒诸大儒出，反思春秋战国以来社会历史，看出天下所以乱，乃在于缺少"纲常"伦理法则，缺少"纲常"伦理的绝对精神，于是在"五常"的基础上，提出了"三纲"之说。它的根本要义，就是要求君臣、父子、夫妇，各自坚持应有的角色地位与行为规范，维护君臣、父子、夫妇之间基本伦理关系，使之归于理性与绝对精神，并非后来所说的"君叫臣死，臣不得不死；父叫子亡，子不得不亡"，只是片面的权利与义务。

一个礼教，一个"纲常"伦理，维护了中国几千年的文化历史之绵延垂续。《董子春秋》所提出的"纲常"伦理及其绝对精神，即使在废除了君主制的今天来看，也仍然是有其合理性的。因为君臣关系，从本质上说，乃是一种上下关系，而不只是君主政治体制下的君臣关系。《易传》讲"有君臣，然后有上下"，就是指上下关系。上下关系，古代称之为"君臣关系"，现代社会不这么称呼了，称之为领导与被领导关系。不管怎么称呼，夫妇、父子、君臣的伦理关系，即使到了今天，也是存在的，它的理性法则与绝对精神，也是不容改变、不可废除的。故朱子说："三纲五常，亘古亘今不可易。"①近现代以来，特别是五四运动以来，许多人批判"纲常"伦理，把它看成是为"封建专制"制度服务的思想。其实，这是一种误解，一种对"纲常"伦理的极为片面、极为肤浅的看法。试想，如果整个社会只有相对的伦理道德，只有此亦一是非，彼亦一是非的伦理道德标准，只有因是因非、因非因是的相对真理性，而没有绝对真理，那么社会还有真理、正义乎？如果每一个人都按照因是因非、因非因是的相对真理性行事，都按照此亦一是非，彼亦一是非的道德标准处理一切问题，那么整个社会还能判断是非吗？若进一步言之，如果每一个人都坚持"他不仁就不要怪我不义"，坚持"我之所以如此，就是因为他如此"的行事方式，甚至走向疯狂与种种非理性，那样，国家还可治乎，天下还可平乎？这是稍微明白事理的人，都能做出回答的。正是因为这样，所以我在《中国文化精神的现代使命》一书中说："一个国家、一个民族的文化，如果只有相对的东西，没有绝对的东西，那是非常危险的！"②

---

① 《朱子语类》卷二四。

② 《中国文化精神的现代使命》，山西教育出版社 2007 年版，第 229 页。

# 第六章 《史记》的历史哲学精神

**内容提要：**中国立于天道之正的刚健中正文化历史精神，经夏、商、周三代而浩荡于天下。晚周诸子，皆执道之一偏；而孔子编《诗》《书》，正《礼》《乐》，著《春秋》，传《周易》，祖述尧舜，宪章文武，金声玉振，集上古文化之大成，使整个上古文化历史精神定于儒家一尊。仲尼没而微言绝，七十子丧而大义乖，战国诸子蠭起，各以其所学易天下之道。汉兴，武帝从董仲舒言，废黜百家，表彰《六艺》，中国主流文化历史精神，开始归儒家之正矣。显示这一精神转变的，则是司马迁的《史记》；而完成这一精神转变，使其归于中国文化精神大中以正的，则是刘向之论、班固之史。这中间掺杂着今古文之争及经学定向，宣、成时期，虽有翼奉、匡衡、谷永诸人积极参与者，但汉代精神发展中董仲舒、司马迁、刘向、班固四公对于定儒学精神于一统之功，则是不可淹没的。上章叙述了《董子春秋》的历史哲学思想。司马迁曾问学于董子，所著《史记》，是继《董子春秋》之后，完成汉代文化精神转换的关键性著作。故本章接续上章，叙述《史记》的历史哲学精神。刘向之论、班固之史，分别留待后面第八章、第十章叙述。

中国刚健中正的文化历史精神，发端于伏羲，积蓄于炎黄，大备于唐虞，经夏商周三代而浩荡于天下。晚周诸子，皆执道之一偏；而孔子编《诗》《书》，正《礼》《乐》，著《春秋》，传《周易》，祖述尧舜，宪章文武，金声玉振，集上古文化之大成，使整个上古文化历史精神定于儒家孔子一尊。仲尼没而微言绝，七十子丧而大义乖，战国诸子蠭起，各以其所学易天下之道。汉兴，武帝从董仲舒言，废黜百家，表彰《六艺》，中国主流文化历史精神，开始归儒家之正矣。显示这一精神转变的，则是司马迁的《史记》；而完成这一精神转变，使其归于中国文化精神大中以正的，则是刘向之论、班固之史。这中间掺杂着今古文之争及经学定向，宣、成时期，虽有翼奉、匡衡、谷永诸人积极参与者，但汉代精神发展中董仲舒、司马迁、刘向、班固四公对于定儒学精神于一统之功，则是不可淹没的。上章叙述了《董子春秋》的历史哲学思想。司马迁曾问学于董子，所著《史记》，是继《董子春秋》之后，完成汉代文化精神转换的关键性著作。故本章接续上章，叙述《史记》的历史哲学精神。刘向之论、班固之史，分别留待后面第八章、第十章叙述。

司马迁，字子长，夏阳龙门（今陕西韩城）人，为太史令司马谈之子。史说"迁生龙门，耕牧河山之阳。年十岁则诵古文。二十而南游江、淮"①。《史记·太史公自序》亦如是说。生卒年不详，考者颇多。依王国维《太史公行年考》，说司马迁生于汉武帝建元六年，即公元前135年，卒年"虽未可遽知，然视为与武帝相终始，当无大误也"②。武帝卒于后元二年，即公元前87年。依王国维之说，司马迁活了不到50岁。唐人张守节《史记·正义》，依《自序》，所说太史公"卒三岁而迁为太史令""五年而当太初元年"云云，断定是年"迁年四十二岁"，如是司马迁当生于汉景帝中元五年，即公元前145年。此说与王国维《太史公行年考》相差10年。若考虑到《史记·孝武帝本纪》纪事之始终，司马迁当卒于昭帝初年，如是则活60岁左右，比较合理。

司马迁《史记》记自黄帝至汉武帝之间事，包括《本纪》《表》《书》《世家》《列传》五大部分，共计130卷，乃贯通上下数千年盛衰存亡的通史，亦贯通上古精神之通史，时称《太史公书》，东汉末年始名曰《史记》。司马迁之功，不仅在于史书体例上的创造，更在于他史实的严肃态度。这一点，连批评司马迁的班固也不得不说："刘向、扬雄博极群书，皆称迁有良史之材，服其善序事理，辨而不华，质而不俚，其文直，其事核，不虚美．不隐恶，故谓之实录。"③

司马迁所撰《史记》130卷，《汉书》说其"十篇有录无书"④；裴骃《史记·太史公自序》卷《集解》引张晏语对"十篇有录无书"的解释："迁没之后，亡《景纪》、《武纪》、《礼书》、《乐书》、《律书》、《汉兴已来将相

---

① 《汉书·司马迁传》。
② 见《观堂林集》第2册，中华书局1991年版，第481、506页。
③ 《汉书·司马迁传》。
④ 《汉书·艺文志》。

年表》、《日者列传》、《三王世家》、《龟策列传》、《傅靳列传》"，并且说
"元成之间，褚先生补阙，作《武帝纪》、《三王世家》、《龟策》、《日者列
传》，言辞鄙陋，非迁本意也"。但王应麟作《汉书艺文志考证》，则否定了
此说。他引东莱吕氏语则说：

> 以张晏所列亡篇之目校之，《史记》或其篇具，或草具而未成，非皆
> 无书也。其一曰《景纪》，此其篇具在者也，所载间有班书所无者。其二
> 曰《武纪》，十篇唯此篇亡。……其三曰《汉兴以来将相年表》，其书具
> 在，但前阙叙。其四曰《礼》，其叙具在，自"礼由人起"以下则草具
> 而未成者也。其五曰《乐书》，其叙具在，自"凡音之起"而下则草具
> 而未成者也。其六曰《律书》，其叙具在，自"《书》曰：七正二十八
> 舍"以下则草具而未成者也。其七曰《三王世家》，其书虽亡，然《叙
> 传》云："三子之王，文辞可观，作《三王世家》。"则其所载不过奏请
> 及策书，或如《五宗世家》，其首略叙其所自出，亦未可知也。赞乃真太
> 史公语也。其八曰《傅靳蒯列传》，此其篇具在而无邱缺者也，张晏乃谓
> 褚先生所补。褚先生论著附见《史记》者甚多，试取一二条与此传并观
> 之，则雅俗工拙自可了矣。其九曰《日者列传》，自"余志而著之"以
> 上，皆太史公本书。其十曰《龟策列传》，其序具在，自"褚先生曰"
> 以下，乃其所补尔。方班固时，东观兰台所藏，十篇虽有录无书，正如
> 《古文尚书》，两汉诸儒皆未尝见，至江左始盛行。固不可以其晚出，遂
> 疑以为伪也。①

以王应麟的考证，班固所说"十篇有录无书"；裴骃《集解》引张晏语
所说"迁没之后，亡《景纪》、《武纪》、《礼书》、《乐书》、《律书》、《汉兴
已来将相年表》、《日者列传》、《三王世家》、《龟策列传》、《傅靳列传》"，
及"元成之间，褚先生补阙，作《武帝纪》、《三王世家》、《龟策》、《日者列
传》"云云，是不可靠的。所以不可靠，乃"方班固时，东观兰台所藏，十篇
虽有录无书，正如《古文尚书》，两汉诸儒皆未尝见，至江左始盛行"。因此，
王应麟认为，班固"不可以其晚出，遂疑以为伪也"。司马迁作《太史公自

---

① 《汉书艺文志考证》卷三。

序》，所列十二本纪、十表、八书、三十诸侯世家、七十列传，是清清楚楚的。不能因为东观兰台所藏《史记》，十篇有录无书，就说司马迁《史记》未完成或缺。《太史公书》被视为"谤书"，司马迁知其不可行于世，本欲"藏于名山，留与后人"，东观兰台所藏或缺，是可以理解的。但这不等于司马迁未完成《史记》也。现存《史记》130 卷，虽有后人补处，但它为太史公之书，应该是可信的。

考证《史记》130 卷真实性，无疑是非常重要的。但撰写精神史所关心的，并不只是《史记》130 卷的收藏流行问题，而是其 130 卷历史事实所隐藏的形而上学存在及其所贯通的上古文化精神问题。这种精神，在董仲舒那里，只是建立在二百四十二年鲁史《春秋》基础上的，而司马迁则是立于五帝至汉武两千五百多年历史基础上的。因此，这就涉及司马迁《史记》"究天人之际，通古今之变，成一家之言"① 的创作精神及其在精神史上的地位问题。要解决这一问题，就不能不研究司马迁怎样毕集古史创作《史记》及以经为史的大史学观，研究《史记》的黄老思想向儒学精神转向，及研究他怎样以大道哲学统合六家之旨了。

## 一　毕集古史而写《史记》

王充说："太史公汉之通人也。"② 人的一生，想创造什么，不想创造什么，以及能不能创造，成为通人，虽然与其知性悟性能力有关，但也并不是随意所能创造的，而总是和他遇到的历史条件、独一无二的环境及其时代所提供的材料联系在一起的。司马迁撰写《史记》，所以能进行"究天人之际，通古今之变，成一家之言"的创造，也与他的先人身世、家庭环境与史官传承所提供的独特条件分不开。司马迁的先人，"昔在颛顼，命南正重以司天，北正黎以司地。唐虞之际，绍重黎之后，使复典之，至于夏商，故重黎氏世序天地"。因此太史公告诉他说："余先周室之太史也。自上世尝显功名于虞夏，典天官事。"正因为先人于颛顼、唐虞之际，皆是"典天官事"，管天文历法的，所以司马迁才能"究天人之际"，才能明于天道变化，"律居阴而治阳，历居阳而治阴，律历更相治，间不容翲忽"，以太初之历为本元，对黄

---

① 《报任少卿书》，见《汉书·司马迁传》。
② 《论衡·案书篇》。

帝、颛顼、夏、商、周五代不同历书说个究竟，而作《历书》，也才能对荒诞不经的星气之书，"推其文，考其应，比集论其行事，验于轨度"；而作《天官书》。可知，司马迁"究天人之际"，非夸饰之言也。

同样，司马迁能"通古今之变"，也不是无端造次的。他在谈到汉兴百年间，天下遗文古事无不集太史公，父子相续其职，所获得的优厚条件时说：

> 维我汉继五帝末流，接三代绝业。周道废，秦拨去古文，焚灭诗书，故明堂石室金匮玉版图籍散乱。于是汉兴，萧何次律令，韩信申军法，张苍为章程，叔孙通定礼仪，则文学彬彬稍进，诗书往往间出矣。自曹参荐盖公言黄老，而贾生、晁错明申、商，公孙弘以儒显，百年之间，天下遗文古事靡不毕集太史公。太史公仍父子相续纂其职。

"周道废，秦拨去古文，焚灭诗书，故明堂石室金匮玉版图籍散乱"，自然给写史带来了困难。汉兴"百年之间，天下遗文古事靡不毕集太史公"，而"太史公仍父子相续纂其职"，自然可尽得石室金匮玉版图书而读之。司马迁讲，太史公死后三年，"迁为太史令，䌷史记石室金匮之书"，即是讲此事也。司马迁能尽读石室金匮玉版图书，则毕集"天下遗文古事"而为史，此其所以能"通古今之变"者也。

司马迁撰写《史记》，不论是先人"典天官事"，为其"究天人之际"提供天文历法知识，还是父子相续纂太史令之职，能读石室金匮玉版图书，毕集"天下遗文古事"而为史，"通古今之变"，都是其先人身世、家庭环境与史官传承所提供的既定历史条件。但能不能创造性地撰写《史记》，使其成为"一家之言"，具有历史精神，还是不能确定的事儿。司马迁终其一生，所以写成《史记》，成为"究天人之际，通古今之变，成一家之言"的创造，有两件事是最为能驱动他心灵，获得巨大动力的。一件事是他父亲司马谈作为太史令的临终前的嘱托；另一件事是司马迁因李陵之祸蒙受屈辱。司马迁叙述父亲临终嘱托，是很动情的：

> 是岁天子始建汉家之封，而太史公留滞周南，不得与从事，发愤且卒。而子迁适反，见父于河、洛之间。太史公执迁手而泣曰："余先，周室之太史也。自上世尝显功名于虞、夏，典天官事。后世中衰，绝于予

乎。汝复为太史，则续吾祖矣。今天子接千岁之统，封泰山，而余不得从行，是命也夫，命也夫！余死，汝必为太史。为太史，无忘吾所欲论著矣。且夫孝，始于事亲，中于事君，终于立身。扬名于后世，以显父母，此孝之大者。夫天下称诵周公，言其能论歌文武之德，宣周召之风，达太王王季之思虑，爰及公刘，以尊后稷也。幽厉之后，王道缺，礼乐衰，孔子修旧起废，论《诗》《书》，作《春秋》，则学者至今则之。自获麟以来四百有余岁，而诸侯相兼，史记放绝。今汉兴，海内一统，明主贤君，忠臣义士，余为太史而弗论载，废天下之史文，余甚惧焉，汝其念哉。"迁俯首流涕曰："小子不敏，请悉论先人所次旧闻，弗敢阙。"①

"是岁天子始建汉家之封"，即汉武帝元封元年建汉家封疆，司马迁被任命为郎中，奉汉武帝之命出使西南地区，而太史公留滞周南，不得从与其事，因而发愤且卒。司马迁是出使西南回来，见父于河洛之间，太史公执迁手而泣，嘱托其接受撰写《史记》使命的。此事不仅是关乎"且夫孝，始于事亲，中于事君，终于立身。扬名于后世，以显父母，之此孝之大也"，而且是"幽厉之后，王道缺，礼乐衰，孔子修旧起废，论《诗》《书》，作《春秋》，则学者至今则之。自获麟以来四百有余岁，而诸侯相兼，史记放绝"的历史担当问题。父亲身为太史，对于"废天下之史文"而不能担当，感到非常恐惧不安，临终嘱咐司马迁"余死，汝必为太史；为太史，无忘吾所欲论著矣。……汝其念哉！"司马迁俯首流涕说："小子不敏，请悉论先人所次旧闻，弗敢阙。"父亲执迁手而泣的嘱托，对司马迁来说，是非同小可的，是时时不敢忘怀的终生大事！此其撰写《史记》原始动力也。

司马迁因李陵之祸蒙受屈辱，则是其政治遭际。司马迁在任太史令的第七年，李陵征伐匈奴，"转斗千里，矢尽道穷，救兵不至，士卒死伤如积"，最后因寡不敌众而投降。司马迁认为，李陵"身虽陷败，彼观其意，且欲得其当而报汉"。因此，"推言陵功，欲以广主上之意，塞睚眦之辞"。这被认为是为李陵游说，触怒武帝，于是下狱，遭受腐刑。这对司马迁来说，不仅是遭受肉体上的折磨，更是人格上的污辱、精神上的打击。司马迁因此"肠一

---

① 上引均见《史记·太史公自序》。

日而九回，居则忽忽若有所亡，出则不知其所在。每念斯耻，汗未尝不发背沾衣"①，可知其精神之痛苦也。他曾痛不欲生，但每想到父亲临终之嘱托，想到撰写《史记》大业尚未完成，还是活了下来。此即他所说的"所以隐忍苟活，函粪土之中而不辞者，恨私心有所不尽，鄙没世而文采不表于后"② 者也。

　　人生没经过苦难是不能成熟的，也不可能将自己的思想提升到极高境界的。笔者在《大道运行论》一书中曾说："一个人没有一定的社会经历，没有经过成功与失败、痛苦与欢乐、幸福与不幸，没有吃过大苦、耐过大劳，没有饿过肚子、尝过辛酸，没有经过世态炎凉、人情冷暖，没有受过凌辱、遭过白眼，没有挨过批判、斗争，甚至铁与火、真与假、善与恶、美与丑、生与死的搏斗，是很难真正体验、领悟到社会人生的普遍价值和意义的"，"世态的炎凉、人情的冷暖、凌辱、冤枉、委屈、白眼、鄙视、疏远以及真与假、善与恶、美与丑、生与死的搏斗，常常把人逼到绝路上，使人万念俱灭，灵魂达到了'死寂'的程度。然而正是经过这生命的冲突，人、自我才会发现宇宙普遍的生命法则及社会历史纯粹真理的存在，才会发现天道义理的存在及自我的社会历史使命，才会远离具体的是是非非及眼前的利害冲突，去为永恒的真理和正义而刚健不息、奋发所为，才会变得愈来愈成熟，愈来愈深沉，愈来愈具有生命内涵与价值"。③ 司马迁蒙受李陵之祸的屈辱正是这样。它不仅使司马迁经历了世态炎凉、人情冷暖，变得成熟，更使他超越自我，不再感叹呼唤"是余之罪也夫！是余之罪也夫！身毁不用矣"，而是获得了坚强的生命意志，走向了博大人生！故退而深思："夫诗书隐约者，欲遂其志之思也。昔西伯拘羑里，演《周易》；孔子厄陈蔡，作《春秋》；屈原放逐，著《离骚》；左丘失明，厥有《国语》；孙子膑脚，而论兵法；不韦迁蜀，世传《吕览》；韩非囚秦，《说难》、《孤愤》；诗三百篇，大抵贤圣发愤之所为作也。此人皆意有所郁结，不得通其道也，故述往事，思来者"也，亦司马迁"卒述陶唐以来，至于麟止，自黄帝始"④，而撰写《史记》者也。

　　太史公临终执迁手而泣的嘱托，李陵之祸蒙受屈辱，这两件事，使司马

---

① 《汉书·司马迁传》。
② 《报任少卿书》，见《汉书·司马迁传》。
③ 《大道运行论》，华夏出版社 2012 年版，第 281～282 页。
④ 《汉书·司马迁传》。

迁变成了一个使命担当的自觉存在者。只有变为这种自觉存在者，那先人"典天官事"，那"天下遗文古事靡不毕集太史公"的"明堂石室金匮玉版图籍"，才会变成活的东西，变成为其驱使利用的存在，不论是究天人，还是通古今，才有价值与意义。如此，司马迁才能真正毕集古史而撰写《史记》，而十二本纪、十表、八书、三十诸侯世家、七十列传，不过是太史公为史之创造而已。

自然，除这两件事外，司马迁成为使命担当的自觉存在者，也是和他"二十而南游江、淮，上会稽，探禹穴，窥九疑，浮于沅、湘；北涉汶、泗，讲业齐、鲁之都，观孔子之遗风，乡射邹、峄；戹困鄱、薛、彭城，过梁、楚以归"，及其"仕为郎中，奉使西征巴、蜀以南，南略邛、笮、昆明"[1] 的文化考察与社会实践分不开的。这不仅使司马迁增加了文化历史知识，更激活了文化历史存在，使之成为他撰写《史记》的可靠资源，而不失之历史真实。例如有人作《黄帝考》，只是引《史记》"百家言黄帝，其文不雅驯，缙绅先生难言之"一句，便言所有关于黄帝的传说都是不可靠的。而司马迁则认为，虽然"百家言黄帝，其文不雅驯，缙绅先生难言之"；虽然"孔子所传宰予问《五帝德》及《帝系姓》，儒者或不传"，但他经过实地考察，"西至空桐，北过涿鹿，东渐于海，南浮江淮矣，至长老皆各往往称黄帝、尧、舜之处，风教固殊焉，总之不离古文者近是。予观《春秋》、《国语》，其发明《五帝德》、《帝系姓》章矣，顾弟弗深考，其所表见皆不虚。书缺有间矣，其轶乃时时见于他说。非好学深思，心知其意，固难为浅见寡闻道也"。司马迁经过这些考察，孔子所传宰予问，或《春秋》《国语》所发明的《五帝德》《帝系姓》则是彰显不虚的，只是"书缺有间"而已。惟有经过这种考察与深思，才能"心知其意"，打破"浅见寡闻"见解，"择其言尤雅者"，将黄帝存在列为《五帝本纪》之首。[2] 此司马迁通过文化考察与社会实践，变死古史而为活者也，亦其毕集古史而能撰写《史记》者也。此即《汉书》说司马迁"据《左氏》、《国语》，采《世本》、《战国策》，述《楚汉春秋》，接其后事，讫于天汉"而为史者也。虽然《史记》采经摭传，分散数家之事，有疏略或抵牾处，然"其涉猎者广博，贯穿经传，驰骋古今，上下数千载间"，

---

① 《史记·太史公自序》。
② 《史记·五帝本纪》。

刘向、扬雄"皆称迁有良史之材"①，非虚言也。

司马迁的贡献及其在精神史的地位，不仅在于他毕集古史而撰写《史记》，更在于《史记》以贯通于《六艺》而为史，在于它贯通《六经》之道而为史的精神性存在。这就是司马迁宗经为史的大史学观。

## 二　以六艺为史的大史学观

司马迁《史记》，虽以十二本纪贯通古今，并辅以三十诸侯世家、七十列传，构成以人为中心的上古以来两千五百多年文化历史，但它作为通史，并不仅仅在于叙述历史事实，而在于它以六艺而为史，于贯通圣人之道，贯通上古两千五百多年文化历史精神的。

中国古代史，从来都不单纯是物的历史，亦不单纯是宗教史，而是圣人开物成务、政教天下之史。故史者，王化之行，政教之迹也。圣人开物成务、政教天下，不仅需要天文历法知识，更需要通志定业、解惑断疑的性命之理以及行教化的礼乐、诗歌、法律等礼法制度。这就是古代的六艺。六艺者，乃三代之典章法度，圣王经纬宇宙灿然大法也。故班固说："古之儒者，博学六艺之文。六艺者，王教之典籍，先圣所以明天道，正人伦，致至治之成法也。"② 中华文明，始自黄帝，设百官，立太史，掌管天下之政，圣王经纬治世，太史记而守之，以垂后世，即六艺也。发展到周时，六艺乃周公思兼三王，集羲农诸圣之大成，则成为一代治天下致太平之典籍也。待孔子祖述尧舜，宪章文武，赞《易》，删《诗》《书》，定《礼》《乐》，作《春秋》，笔削损益，制法明理，集周公之大成，为万世立名教，则成为儒家礼教经典存在。孔子说："六艺于治一也。《礼》以节人，《乐》以发和，《书》以道事，《诗》以达意，《易》以神化，《春秋》，以道义。"③ 太史公引此孔子之言而赞之曰："天道恢恢，岂不大哉！言谈微中，亦可解纷。"④《史记》以六艺为史，即以圣王经世大法，太史所守教于后世者而为史也。此乃古代太史之传统，亦章学诚所说"《六经》皆史"⑤ 者也。

---

① 《汉书·司马迁传》。
② 《汉书·儒林传》。
③ 《史记·滑稽列传》。
④ 《史记·滑稽列传》。
⑤ 《文史通义·易教上》。

　　自然，古代之为史，与后世之史，是非常不同的；六艺之大法，也是不断发展变化的。章士诚说："三代以上，记注有成法，而撰述无定名；三代以下，撰述有定名，而记注无成法。"① 三代以上，"上古结绳而治，后世圣人易之以书契"②，"黄帝垂衣裳，仓颉造文字，然后书契始作"③。故其为史也，撰述并无一定规矩，只是因事而立，并无体例。如《尚书》典、谟、训、诰，只是因事命篇而已，并无定体。故曰"记注有成法，而撰述无定名"。史料不备，取材难以定夺，故曰"记注无成法"。后世为史纪，传因袭陈规，代无变革，故曰"撰述有定名"。古代为史，不仅方法体例不同，而且圣王经世之大法，太史所守之六艺，也是不断发展变化的。孟子讲："王者之迹熄而《诗》亡，《诗》亡然后《春秋》作。晋之《乘》，楚之《木寿杌》，鲁之《春秋》，一也；其事则齐桓、晋文，其文则史。孔子曰：'其义则丘窃取之矣'。"④ 此可知《春秋》，乃是王者之迹熄，政教号令不及于天下，孔子窃其义之所为也。曰"窃"者，谦辞也。"盖言断之在己，所谓笔则笔，削则削，游夏不能赞一辞者也。"⑤

　　司马迁以六艺为史也是这样。《史记》以六艺为史，非法其名也，宗其义也。《史记》之本纪、世家、列传，即宗《尚书》《春秋》之义也。它除发明《五帝德》《帝系姓》而彰显之，更"采《左氏》、《国语》，删《世本》、《战国策》"⑥ 而为之；《三代世表》《十二诸侯年表》，即考诸谱牒旧闻之推演，宗《春秋》编年而变之也；《礼书》《乐书》，即宗《礼》《乐》之义，发明古代《诗》《书》《礼》《乐》的仁义礼智之教也；《历书》《天官》《封禅》，即宗《尚书》的《尧典》《洪范》之义也；《河渠》《平准》，即宗《尚书》之《禹贡》之义也。由上可知，太史公一部《史记》，乃宗六艺之为史也。

　　六艺经孔子笔削损益、心识别裁，为后世立教而成为《六经》。秦后，《乐》失传，《六经》只剩下《五经》，即《易》《诗》《书》《礼》《春秋》。故章学诚讲"《六经》皆史也"，实乃"《五经》皆史也"。但不论是讲"《六经》皆史"，还是讲"《五经》皆史"，其根本精神则是一致的，即其皆是贯

---

① 《文史通义·书教上》。
② 《周易·系辞下》。
③ 皇甫谧：《帝王世纪第一》。
④ 《孟子·离娄下》。
⑤ 朱熹：《孟子集注》卷四。
⑥ 《后汉书·班彪列传》。

通六艺圣人之道，贯通上古根本精神！故王阳明先生讲："以事言谓之史，以道言谓之经，事即道，道即事，《春秋》亦经，《五经》亦史。《易》是包牺之史，《书》是尧、舜以下史，《礼》、《乐》是三代史，其事同，其道同，安有所谓异？"①

以六艺为史，以圣人开物成务、政教天下为史，就构成了《史记》的大史学观。它以六艺为史，已非《易》之伏羲至文王的哲学史，《书》之尧舜至秦穆公的政治史，《诗》之汤武至灵王的诗歌史，《礼》《乐》之二帝三王礼乐发展史，《春秋》之东周鲁隐公至哀公的编年史，而是以十二本纪、十表、八书、三十诸侯世家、七十列传，贯通整个上古圣人开物成务、政教天下之史，而为其根本精神者也。《史记》"罔罗天下放失旧闻，王迹所兴，原始察终，见盛观衰，论考之行事，略推三代，上记轩辕"②，即宗上古精神；本纪所讲"维昔黄帝，法天则地，四圣遵序，各成法度；唐尧逊位，虞舜不台；厥美帝功，万世载之""维禹之功，九州攸同，光唐虞际，德流苗裔""维契作商，爰及成汤；太甲居桐，德盛阿衡；武丁得说，乃称高宗"，即以五帝三王圣王开物成务、政教天下之道根本精神；《礼书》讲"维三代之礼，所损益各殊务，然要以近性情，通王道"；《乐书》讲"乐者，所以移风易俗也。人情之所感，远俗则怀"；《河渠书》讲"维禹浚川，九州攸宁；爰及宣防，决渎通沟"，讲礼乐之教，讲决渎通沟，即以三代圣王开物成政教之精神也。其他像《周公世家》讲"依之违之，周公绥之；愤发文德，天下和之；辅翼成王，诸侯宗周"；《吴世家》讲"太伯避历，江蛮是适；文武攸兴，古公王迹"③ 等，亦均可见古代圣王明哲开物政教精神之所在。此史观所以宏大者，乃贯五帝三王经纬宇宙灿然之迹也。《史记》以六艺为史，即太史公开拓五帝三王经纬宇宙灿然之迹而为史，以其经世大法，政教之道，为根本精神，整齐之、系统之而为上古史也。

《史记》以六艺为史，非简单模拟六艺，亦非采摘无稽，不可收拾，漫无次第而为古史，而是以六艺根本精神为史。章学诚说："《六经》不可拟也。"所谓"《六经》不可拟"，实乃"六艺不可拟"也。看章氏所说"《六经》皆先王得位行道，经纬宇宙之迹，而非托之空言"，实指孔子未曾笔削之史，即

---

① 《传习录上》，《王阳明全集》卷一，上海古籍出版社 1992 年版。

② 《史记·太史公自序》。

③ 以上所引均见《史记·太史公自序》。

可知也。故曰先儒所论，犹"畏先圣而当知严惮"，"以夫子之圣，又述而不作"；故曰模拟不可不慎，若模拟妄作，就会陷入僭窃之罪。① 司马迁也是基于同类看法，才说"六艺经传以千万数，累世不能通其学，当年不能究其礼"；若简单以《六艺》为法，必然"博而寡要，劳而少功"。② 因此，太史公以六艺为史，最为重要的就是以六艺的根本精神为史，而非简单的模拟，简单模拟，或采摘无稽。以六艺为史，若采摘无稽，则失却根本精神矣。

《史记》以六艺为史，所讲古代圣王开物政教之精神，是极为深厚博大精微的。《礼记》说："温柔敦厚，《诗》教也。疏通知远，《书》教也。广博易良，《乐》教也。洁静精微，《易》教也。恭俭庄敬，《礼》教也。属辞比事，《春秋》教也。"③ 《史记》宗经为史，亦深得此精神。其讲"自黄帝至舜、禹，皆同姓而异其国号，以章明德。故黄帝为有熊，帝颛顼为高阳，帝喾为高辛，帝尧为陶唐，帝舜为有虞"，即"观《春秋》、《国语》，其发明《五帝德》、《帝系姓》章矣"④。其疏通知远，得《书》之教也；其讲"礼之貌诚深矣！其貌诚高矣"；其讲"礼者，人道之极也"⑤；其讲恭俭庄敬，即得《礼》之教也；而其讲"昔者舜作五弦之琴，以歌南风。夔始作乐，以赏诸侯"；讲"乐者，天地之和也。礼者，天地之序也"；讲"《雅》、《颂》之音理而民正，嘄噭之声兴而士奋，郑卫之曲动而心淫"⑥，则得《乐》之教，亦得《诗》之教也；讲"夫《春秋》，上明三王之道，下辨人事之纪，别嫌疑，明是非，定犹豫，善善恶恶，贤贤贱不肖，存亡国，继绝世，补敝起废，王道之大者也"，属辞比事之正，得《春秋》之教也；其讲闻之先人所说"伏羲至纯厚，作易《八卦》。尧舜之盛，《尚书》载之，礼乐作焉。汤武之隆，诗人歌之。《春秋》采善贬恶，推三代之德，褒周室，非独刺讥而已"⑦，则不仅得《易》教之洁静精微，亦得《诗》《书》《礼》《乐》之教根本精神矣。由此可知《史记》宗经为史，深厚博大精神深切著明者也。

中国精神史之发展，上古以来，有尧舜禹讲"惟精惟一"，三圣相继；商

① 《文史通义·易教上》。
② 《史记·太史公自序》。
③ 《礼记·经解》。
④ 《史记·五帝本纪》。
⑤ 《史记·礼书》。
⑥ 《史记·乐书》。
⑦ 《史记·太史公自序》。

有伊尹讲"惟和惟精"相继;周初有箕子讲"会其有极,归其有极"的"皇极"大中之道相继;发展到春秋,有老子发挥黄帝《归藏》易"造化发育之真机"之精神,讲"致虚极守静笃。万物并作,吾以观复。夫物芸芸各复归其根",贯通《归藏》大道真脉相继;亦有孔子编《诗》《书》,正《礼》《乐》,著《春秋》,传《周易》,祖述尧舜,宪章文武,金声玉振,集上古文化精神之大成相继。发展到汉代,以史的形式,贯通继承上古圣王明哲开物政教精神的,则是司马迁的《史记》。虽然中国自黄帝时期,皆以太史掌其典故,天文之察,人文之纪,无不毕集于太史之官,但像司马迁这样以六艺为史,作本纪、十表、八书、世家、列传,以史学创新之形式,毕集整个上古三皇五帝开物政教之根本精神而贯通继承之,不能说不是首功。他开了一个先例,使后世为史者,不论作何史,皆不敢忘记贯通古代圣王明哲开物的政教根本精神。

中国文化是本于天的,是以天道元亨利贞为本体大用的。但它由古代结绳而治,发展到《诗》《书》《礼》《乐》教化天下,是由道法自然,不断通变而大理具备的。虽自有天地而至唐、虞、夏、商,皆圣人而得天子之位,经纶治化,皆出于天道本体大用,然至周公制礼作乐,以行其道,始集千古之大成的;而孔子尽其道而明其教,始成文化精神之大系统的。这既表现为道体大用的发展,亦表现为人文精神不断自觉。司马迁毕集上古而为史,对这种精神发展是很清楚的。他既经汉初黄老之治,又处武帝罢黜百家、独尊儒术的文化历史变革时期,是不可能不受儒道两种文化思想影响的。这反映在《史记》中,就是由黄老思想向儒家文化精神的转换。现在,首先讲《史记》中的黄老思想,然后再看它是怎样由黄老思想转向儒家文化精神的。

## 三 《史记》之重黄老思想

班固曾说司马迁《史记》"涉猎者广博,贯穿经传,驰骋古今,上下数千载间",然批评其"是非颇谬圣人",则是"论大道则先黄老而后六经,序游侠则退处士而进奸雄,述货殖则崇势利而羞贱贫"[1]。班固这个批评,虽是归诸家于儒家正统而言之,然忽略了汉初黄老之治到武帝从董仲舒之言,表章

---

[1] 《汉书·司马迁传》。

《六艺》，罢黜百家的历史发展。武帝以降，虽史定于尼山，学归于儒家正统，然在此之前，主流文化则是黄老思想的天下。司马迁为史，是不能不受黄老思想影响，并将其反映到《史记》中来的。

另外，司马迁家教的影响也是不可忽视的。司马迁的父亲司马谈"学天官于唐都，受《易》于杨何，习道论于黄子"①。黄子，即景帝时与辕固争论汤武灭夏桀是"受命"还是"弑"的黄生。② 《太史公自序》《集解》说："黄生，好黄老之术"。太史公学于黄子，是深受黄老思想影响的。这从其《论六家之要指》，亦可看出司马迁对道家的极为重视：

> 道家无为，又曰无不为，其实易行，其辞难知。其术以虚无为本，以因循为用。无成执，无常形，故能究万物之情。不为物先，不为物后，故能为万物主。有法无法，因时为业；有度无度，因物与合。故曰"圣人不朽，时变是守。虚者道之常也，因者君之纲"也。群臣并至，使各自明也。其实中其声者谓之端，实不中其声者谓之窾。窾言不听，奸乃不生，贤不肖自分，白黑乃形。在所欲用耳，何事不成。乃合大道，混混冥冥。光耀天下，复反无名。凡人所生者神也，所托者形也。神大用则竭，形大劳则敝，形神离则死。死者不可复生，离者不可复反，故圣人重之。由是观之，神者生之本也，形者生之具也。不先定其神形，而曰"我有以治天下"，何由哉？③

司马迁受父亲影响，重视黄老思想，是很自然的事。但这种重视，是有差别的。父亲司马谈所重视的，是道家的虚无本体，故强调"乃合大道，混混冥冥"，强调人的精神性存在，主张精神上与道合一，而不要过度劳于形神。故曰"凡人所生者神也，所托者形也。神大用则竭，形大劳则敝，形神离则死。死者不可复生，离者不可复反，故圣人重之。由是观之，神者生之本也，形者生之具也。不先定其神形，而曰'我有以治天下'，何由哉？"

而司马迁受父亲影响，所重视的是道家的自然无为。它就是司马迁讲老

---

① 《史记·太史公自序》。
② 《史记·儒林传》。
③ 《史记·太史公自序》。

子时，所说的"无为自化，清静自正"①。在司马迁看来，遵守虚无之道，就是遵守自然法则；遵守自然法则，万物自化，自然清静自正，用不着过多人力干预。这正是汉初黄老自然无为的治世思想。它影响于司马迁历史哲学思想，就是尊重自然法则，主张自然无为。

司马迁认为，人类历史发展是有自然规律的，而这种规律是受人的本性，人的本能欲望、追求支配的。他说，夫神农以前，吾不知道，但若就《诗》《书》记载的虞夏以来的历史而言，"耳目欲极声色之好，口欲穷刍豢之味，身安逸乐而心夸矜执能之荣"，使俗之渐民久矣，虽"户说以眇论，终不能化"，即终不能改变人的欲望追求本质。而其为治，只是"善者因之，其次利道之，其次教诲之，其次整齐之"，最下者，就是"与之争"。因此，他就人类社会历史发展，感慨地说：

> 故待农而食之，虞而出之，工而成之，商而通之。此宁有政教发征期会哉。人各任其能，竭其力，以得所欲。故物贱之征贵，贵之征贱，各劝其业，乐其事，若水之趋下，日夜无休时，不召而自来，不求而民出之。岂非道之所符，而自然之验邪！②

司马迁认为，"人各任其能，竭其力，以得所欲"的本质，是非常强烈的，即使礼乐教化，也不能改变这种本质，只能体现这种本质，服从由人性本质所构成"物贱之征贵，贵之征贱，各劝其业，乐其事，若水之趋下"的自然规律。故曰"洋洋美德乎！宰制万物，役使群众，岂人力也哉？余观三代损益，乃知缘人情而制礼，依人性而作仪"③；故曰"凡作乐者，所以节乐。其调和谐合，鸟兽尽感，而况怀五常，含好恶，自然之势也"④。礼乐是表现人性本质的，是随着人性萌发、物欲追求及开物成务的进步而发展的。故他引《管子》"仓廪实而知礼节，衣食足而知荣辱"的话说："礼生于有而废于无。渊深而鱼生之，山深而兽往之，人富而仁义附焉"；"富给之资也，不窥市井，不行异邑，坐而待收，身有处士之义而取给焉。若至家贫亲老，

---

① 《史记·老子韩非列传》。
② 《史记·货殖列传》。
③ 《史记·礼书》。
④ 《史记·乐书》。

妻子软弱，岁时无以祭祀进醵，饮食被服不足以自通，如此不惭耻，则无所比矣"。因此他认为，礼教也应服从自然法则，服从人欲望追求的历史本质。在他看来，礼乐的本质，在于养人，在于顺乎人心人性，而不是奴役人。故曰"礼者养也。稻粱五味，所以养口也；椒兰芬茝，所以养鼻也；钟鼓管弦，所以养耳也；刻镂文章，所以养目也；疏房床第几席，所以养体也。故礼者养也"①；故曰"诗，言其志也；歌，咏其声也；舞，动其容也。三者本乎心，然后乐气从之。是故情深而文明，气盛而化神，和顺积中而英华发外，唯乐不可以为伪"。礼乐只能顺乎人情，不可过也；过，则改变礼乐的本质。故曰"乐也者，情之不可变者也；礼也者，理之不可易者也。乐者，非谓黄钟大吕弦歌千扬也，乐之末节也；布筵席，陈樽俎，列笾豆，以升降为礼者，礼之末节也"②。

　　司马迁认为，人类社会历史是依人性的追求而存在，它构成"天下熙熙，皆为利来。天下攘攘，皆为利往"的历史本质。由于这种本质，是由人的本能欲望追求所决定的，因此，它构成一种自然法则，一种"不召而自来，不求而民出之"的自然本性。它"岂非道之所符，而自然之验邪！"这种自然法则，这种自然本性所构成的历史本质是无法改变的，只能遵循它、顺从它，而不能干预它、改变它。因此，他像所有道家一样，主张自然无为，反对人力干预。司马迁述太史公《六家之要指》，讲"道家无为，其术以虚无为本，以因循为用。无成执，无常形，究万物之情；不为物先，不为物后，为万物主。有法无法，因时为业；有度无度，因物与合"③，其意不正在于此吗？司马迁这种自然无为的观点，颇有现在有些人主张市场经济，反对政府干预的味道。它实际上乃是道家自然无为思想，见于《史记》关于社会历史本质之论述者。

　　正因为人的欲望追求决定着历史的本质，所以司马迁不仅主张自然无为，反对人力干预，而且赋予了人物欲追求、财富拥有的合理性。他说："富者，人之情性，所不学而俱欲者也"，"夫千乘之王，万家之侯，百室之君，尚犹患贫，而况匹夫编户之民乎？"因此他认为："凡编户之民，富相什则卑下之，伯则畏惮之，千则役，万则仆，物之理也。"从这一点出发，他甚至认为：

----

① 《史记·礼书》。
② 《史记·乐书》。
③ 《史记·太史公自序》。

"谚曰'千金之子，不死于市'，非空言也"，"千金之家比一都之君，巨万者乃与王者同乐"，都具一定合理性。司马迁认为："富无经业，则货无常主，能者辐凑，不肖者瓦解。"因此他认为，不管干什么，即使低贱行业，"掘冢，奸事也，而田叔以起。博戏，恶业也，而桓发用富。行贾，丈夫贱行也，而雍乐成以饶。贩脂，辱处也，而雍伯千金。卖浆，小业也，而张氏千万。洒削，薄技也，而郅氏鼎食。胃脯，简微耳，浊氏连骑。马医，浅方，张里击钟"，只要能致富，就是"诚壹之所致"；相反，"无岩处奇士之行，而长贫贱，好语仁义，亦足羞也"。这就是班固批评他的"述货殖则崇势利而羞贱贫"的地方。司马迁将人的欲望追求合理化，颇有西方 17、18 世纪启蒙运动思想家将人类"恶欲"理性化的味道。他实际上仍不过是坚持黄老自然无为思想而已。

司马迁不仅对社会人生主张自然无为，而且认为整个社会经济管理，都应尊重自然法则，实行无为而治。在他看来，"旱则资舟，水则资车，物之理也"；"夫粜，平粜齐物，关市不乏，治国之道也"；"论其有余不足，则知贵贱。贵上极则反贱，贱下极则反贵，贵出如粪土，贱取如珠玉，财币欲其行如流水"，既是经济原理，亦是自然法则。司马迁认为，尊重自然法则，无为而治，与人的道德行为并不是相矛盾的；恰恰相反，它是体悟自然之道，得之谓德的行为。范蠡帮助越王勾践灭吴之后，用计然之策，知道岁星在哪一宫，其年为旱、为涝、为丰、为歉，因而"旱则资舟，水则资车"，乃"治产积居，与时逐而不责于人"。此乃"善治生者，能择人而任时"者也；而其"十九年之中三致千金，再分散与贫交疏昆弟"，此乃"所谓富好行其德者也"①。

尽管司马迁讲无为而治，不与人的道德行为相悖，但当其讲"君子乐得其道，小人乐得其欲"②；或讲"故君子富，好行其德；小人富，以适其力"③时，他实际上已经承认人性有先天后天差别了；而其讲"先王恶其乱，故制雅颂之声以道之，使其声足以乐而不流，使其文足以纶而不息，使其曲直繁省廉肉节奏，足以感动人之善心而已矣，不使放心邪气得接焉"，则是承认人性存在着善恶矣。那么，怎样解决人性好德适力及其善恶呢？特别面对汉代

---

① 以上所引均见《史记·货殖列传》。

② 《史记·乐书》。

③ 《史记·货殖列传》。

"法律贱商人，商人已富贵矣；尊农夫，农夫已贫贱矣。上下相反，好恶乖迕，而欲国富法立，不可得也"；以及武帝时所出现的役财骄横与土地并兼，"豪党之徒以武断于乡曲；宗室有土，公卿大夫以下争于奢侈，室庐车服僭上亡限"①，恐怕仅靠自然无为是不行的。更为重要的是，司马迁学术上不仅受道家黄老之学影响，也问学于董仲舒，受当时儒学兴起的熏陶。特别武帝接受董仲舒建议，罢黜百家，表章《六艺》，大势所趋，自然会影响司马迁的思想。因此，司马迁撰写《史记》，适应时代需要，精神上转向儒学，是很自然的事。

## 四　《史记》的儒学精神转向

司马迁虽然受黄老思想影响，但他并不认为黄老思想与儒家思想是对立的。故他说："世之学老子者则绌儒学，儒学亦绌老子。'道不同不相为谋'，岂谓是邪？"② 古之太史，天子之史也。天子之治天下，天文地理之察，社会人事之纪以及百物正名，百官听治，太史之官录之，即是《六艺》。东周以后，天之失官，老聃为守藏之史，尽太史之职，记述黄帝上古之言，而著《道德经》，始为道家。故班固说："道家者流，盖出于史官，历记成败存亡祸福古今之道，然后知秉要执本，清虚以自守，卑弱以自持，此君人南面之术也。"然它"合于尧之克攘，《易》之嗛嗛，一谦而四益"，还是综合了上古文化之长的。故其为六艺之源、百家之祖，为后来孔子所师承。它只是到后来，"放者为之，则欲绝去礼学，兼弃仁义"，"独任清虚可以为治"③，才逸出为虚静无为之道家的。从这里可以看出，司马迁认为黄老思想与儒家思想并非对立的见解，是有道理的。就道家哲学而言，其讲虚静无为，万物自化，不干预自然法则，无疑有利于安天下性命之情。但若抛却天道本体，只是在人生层面谈论伦理之道，"虽然有族，有祖，可以为众父，而不可以为众父父"。如此，则"治，乱之率也，北面之祸也，南面之贼也"④，亦可知其最高本体论之重要。但道家之学作为君人南面之术，若只是讲天道自然，无为

---

① 《汉书·食货志上》。
② 《史记·老子韩非列传》。
③ 《汉书·艺文志》。
④ 《庄子·天地篇》。

而治，或者像荀子所批评庄子的那样："蔽于天而不知人"①，那么，面对着人之非理性物欲情欲追求，离开礼义之教，离开伦理道德，天下也是无法治理的。特别是在政治生态领域，人受名誉地位和权力意志支配，谁都想称帝称王，没有纲常伦理与礼教大法，天下就必然陷入混乱秩序。汉高祖打下天下，为摆平功臣，一个个封王，一个个反，一个个灭，到景帝时，连刘氏诸王也反了！它说明人的权力欲望是多么炽热不可熄了。汉初以来，这种政治生态急剧变化，司马迁之为史官，见之闻之睹之，怎么能不思考其中的历史哲学问题呢？思考的结果，就是发现离开儒家学说，不要礼教与伦理道德，只是靠自然无为，并不能解决社会历史领域人性与人的存在问题，不能解决政治领域权力维系及天下治平问题，道家哲学的这种失落与缺陷，必须用儒家学说来弥补！于是司马迁在历史哲学上转向了儒家学说，追求儒家礼教之说及其伦理道德精神！

这就是司马迁所以高度评价孔子《春秋》的原因所在：

> 夫《春秋》，上明三王之道，下辨人事之纪，别嫌疑，明是非，定犹豫，善善恶恶，贤贤贱不肖，存亡国，继绝世，补敝起废，王道之大者也。拨乱世反之正，莫近于《春秋》。故有国者不可以不知《春秋》，前有谗而弗见，后有贼而不知。为人臣者不可以不知《春秋》，守经事而不知其宜，遭变事而不知其权。为人君父而不通于《春秋》之义者，必蒙首恶之名。为人臣子而不通于《春秋》之义者，必陷篡弑之诛，死罪之名。其实皆以为善，为之不知其义，被之空言而不敢辞。夫不通礼义之旨，至于君不君，臣不臣，父不父，子不子。夫君不君则犯，臣不臣则诛，父不父则无道，子不子则不孝。此四行者，天下之大过也。以天下之大过予之，则受而弗敢辞。故《春秋》者，礼义之大宗也。夫礼禁未然之前，法施已然之后；法之所为用者易见，而礼之所为禁者难知。②

司马迁所说《春秋》"王道之大者"，即董仲舒所说"贬天子，退诸侯，讨大夫，以达王事"，即《春秋》大义，即《春秋》"大一统"历史法则。它不仅是判断春秋 242 年是非的历史标准，也是"别嫌疑，明是非，定犹豫，

---

①　《荀子·解蔽》。

②　《史记·太史公自序》。

善善恶恶，贤贤贱不肖”的最高伦理准则。故曰“为人君父而不通于《春秋》之义者，必蒙首恶之名；为人臣子而不通于《春秋》之义者，必陷篡弑之诛，死罪之名”。能知此《春秋》大义，知此“大一统”的历史大法则，试问谁还敢违背《春秋》大义，而行臣弑其君，子弑其父乎？谁还冒天下之大不韪，妄自称帝称王，割裂天下，陷于不义，而被共讨之乎？故曰“拨乱世反之正，莫近于《春秋》”。而曰“《春秋》，礼义之大宗”者，乃天地大义、伦理大法所在，人君臣子不可不知者也。故司马迁说，孔子于《春秋》，“笔则笔，削则削，子夏之徒不能赞一辞”①。

　　虽然六艺为三皇五帝经世大法、政教之道，然若没有孔子集羲农诸圣文化创造之大成，祖述尧舜，宪章文武，致制明理，为万世立教，是不能成为儒家名教经典的。孔子赞《易》，删《诗》《书》，定《礼》《乐》，作《春秋》，乃集羲农诸圣文化创造经世大法、政教之道大成，当笔则笔，当削即削，因革损益，存大道，明至理，为万世立名教者也。故孔颖达称孔子作《春秋》为“上遵周公之遗制，下以明将来之法”②。张尔田先生曾以先圣后圣论周公与孔子之生说：“孔子以前不必有周公，而周公以后则不可无孔子；天不生周公，不过关系一姓之兴亡而已，而羲农尧舜禹汤文武之书犹在也；天不生孔子，则群圣人之道尽亡，虽有王者，无从取法矣。”③ 周公制礼作乐，虽思兼三王，鉴于二代，然不过是集典章制度之大成，致一代之太平耳；而孔子为万世立名教，则不仅在于制法，建立一套典章制度，更在于形而上学高度阐明天道性命之理，使人建立起信仰与信念，为万世开太平！故孔子说：“曩吾修《诗》、《书》，正礼乐，将以治天下，遗来世；非但修一身，治鲁国而已。”④ 对孔子来说，心识别裁，把六艺提升为《易》《诗》《书》《礼》《乐》《春秋》而成为儒家经典，乃是一种立名教、平万世的理性自觉与历史担当。此乃司马迁赞“自天子王侯，中国言六艺者折中于夫子”⑤ 者也。

　　正是孔子修《诗》《书》，正礼乐，完成了六艺向《六经》的精神转换，使之具有平治大用，所以司马迁撰写《史记》，精神上转向儒家，不仅称赞其立名教的理性担当之自觉，更对《六经》本体大用给予了充分肯定。他说：

---

① 《史记·孔子世家》。
② 《春秋》序，《春秋左传正义》卷一。
③ 《史微·古经论》，上海书店出版社 2006 年版。
④ 《列子·仲尼篇》。
⑤ 《史记·孔子世家》。

　　《易》著天地阴阳四时五行，故长于变；《礼》经纪人伦，故长于行；《书》记先王之事，故长于政；《诗》记山川溪谷禽兽草木牝牡雌雄，故长于风；《乐》乐所以立，故长于和；《春秋》辨是非，故长于治人。是故《礼》以节人，《乐》以发和，《书》以道事，《诗》以达意，《易》以道化，《春秋》以道义。拨乱世反之正，莫近于《春秋》。《春秋》文成数万，其指数千。万物之散聚皆在《春秋》。春秋之中，弑君三十六，亡国五十二，诸侯奔走不得保其社稷者不可胜数。察其所以，皆失其本已。①

　　"春秋之中，弑君三十六，亡国五十二，诸侯奔走不得保其社稷者不可胜数"，察其所以，所谓"皆失其本"者，即失却《六经》本体大用，失却纲常伦理精神也。秦焚书，废《六经》，即废却其本体大用与纲常伦理精神也。在司马迁看来，《六经》乃儒家制法明理立名教的根本精神，是不可废的。废《礼》则无法经纪人伦，人不可立于世矣；废《书》则废先王政治大法，不可行政天下矣；废《诗》则人不能抒胸臆，不可知世风矣；废《乐》则不能和乐人生，不可建和谐社会矣；废《春秋》则无法辨是非，人的存在不可治理矣。此三代之典章法度变为孔子之书垂教后世，六艺归于儒家《六经》而为大用者也；亦司马迁写《史记》，据《左氏》《国语》，采《世本》《战国策》，述《楚汉春秋》，意在述"自周公卒五百岁而有孔子，孔子至于今五百岁，绍而明之，正《易传》，继《春秋》，本《诗》、《书》、《礼》、《乐》之际"，而不敢"攘焉"②者也。从这个意义上说，司马迁《史记》乃本于儒家《六经》根本精神而绍明于世者也。

　　《六经》最能贯通三皇五帝之道与上古文化精神的，是《易》之为书。《易》本为筮书，经文王、周公、孔子三圣，才成为一部伟大哲学，此乃三圣有功于中国精神史者也。特别是《易传》十翼，贯通形上形下、先天后天，成大道哲学浑然一体之精神存在，此功非孔子何人能为？后人多疑《易传》十翼非孔子所作，而司马迁以太史公之身份与地位，斩钉截铁地说："孔子晚而喜《易》，序《彖》、《系》、《象》、《说卦》、《文言》"，并且说孔子"读

---

　　① 《史记·太史公自序》。
　　② 《史记·太史公自序》。

《易》，韦编三绝。曰'假我数年，若是，我于易则彬彬矣'。"① 现在马王堆出土帛书《易传》中一篇《要》所说"后世之疑丘者，或以《易》乎？吾求其德而已"②，恰证明司马迁所说孔子传《易》十翼的正确与不可惑。这已不只是从历史角度肯定孔子作《易》十翼矣，而是在大道最高本体论上赞许孔子为后世立教，提供最高性命之理了。

《六经》除《易》为化道之最高精神，《春秋》之为"礼义之大宗"外，最能体现儒家学说根本精神的，是《诗》《书》《礼》《乐》四经。《诗》《书》为秦之所焚，《礼》《乐》最为墨家攻击。然此四经，乃是孔子承二帝三王之道，贯通中国文化根本精神者。因此，《史记》怎样看待儒家《诗》《书》《礼》《乐》四经，是最能看出司马迁之精神倾向的。《史记》说："孔子之时，周室微而礼乐废，诗书缺，追迹三代之礼，序《书传》，上纪唐虞之际，下至秦缪，编次其事。曰：'夏礼吾能言之，杞不足征也。殷礼吾能言之，宋不足征也。足，则吾能征之矣。'观殷夏所损益，曰：'后虽百世可知也，以一文一质。周监二代，郁郁乎文哉！吾从周。'故《书传》、《礼记》自孔氏。"此司马迁对孔子追迹三代之礼，序《书传》，定《礼记》，揭示"一文一质"文化历史精神发展而肯定者也！而司马迁说："古者《诗》三千余篇，及至孔子，去其重，取可施于礼义，上采契后稷，中述殷周之盛，至幽厉之缺，始于衽席，故曰'《关雎》之乱以为风始，《鹿鸣》为小雅始，《文王》为大雅始，《清庙》为颂始'。三百五篇孔子皆弦歌之，以求合《韶》、《武》、《雅》、《颂》之音。礼乐自此可得而述，以备王道，成六艺。"③ 此司马迁对孔子删《诗》三百篇，定礼乐，"备王道，成六艺"大用之肯定也。

司马迁不只是对孔子删《诗》《书》，定《礼》《乐》，给予"备王道，成六艺"大用以肯定，更对儒家以道立礼乐之教充满了赞许！他说："余至大行礼官，观三代损益，乃知缘人情而制礼，依人性而作仪，其所由来尚矣"，"贵本之谓文，亲用之谓理，两者合而成文，以归太一，是谓大隆"，"至矣哉！立隆以为极，而天下莫之能益损也"。④ 在司马迁看来，礼乐之教，乃是

① 《史记·孔子世家》。

② 见《道家文化研究》第3辑，陈松长、廖名春释文，上海古籍出版社1993年版。

③ 《史记·孔子世家》。

④ 《史记·礼书》。

"养人之欲，给人之求，使欲不穷于物，物不屈于欲"的文明之治。故他认为，"以道制欲，则乐而不乱；以欲忘道，则惑而不乐"；通过礼乐之教，"君子反情以和其志，广乐以成其教，乐行而民乡方"，则"可以观德矣"，看出一个时代精神之所在！因此他认为，礼乐之教与刑法之治一样，都是为政不可或缺的："礼以导其志，乐以和其声，政以一其行，刑以防其奸。礼乐刑政，其极一也，所以同民心而出治道"，特别是礼乐，乃圣人"教民平好恶而反人道之正"① 者也。失却《诗》《书》《礼》《乐》教化，灭天理而穷人欲，必然是悖逆诈伪之心起，淫佚作乱之事作，天下陷入混乱。惟"礼节民心，乐和民声，政以行之，刑以防之，礼乐刑政四达而不悖，才能王道备，天下治"②。由上可以看得出，司马迁已由崇尚道家自然无为完全转向儒家礼乐教化矣。

司马迁的这种精神转向，从《史记》对老子、孔子生平著作不同叙述中，也可以看出来。老子及其学说只是放在一般列传中叙述，著书不过"上下篇，言道德之意五千余言"，学说也只是"无为自化，清静自正"③ 而已。而孔子生平著作学说，则谱同十二诸侯世家，讲"《诗》有之：'高山仰止，景行行止'，虽不能至，然心向往之。余读孔氏书，想见其为人。适鲁，观仲尼庙堂车服礼器，诸生以时习礼其家，余只回留之不能去云"，敬慕向往之心情溢于言表；而讲其事业成就曰："天下君王至于贤人众矣，当时则荣，没则已焉。孔子布衣，传十余世，学者宗之。自天子王侯，中国言六艺者折中于夫子，可谓至圣矣"④；讲"大哉孔子，博学而无所成名"，述三王之法，明周召之业，有其德而无其位，已将孔子提升到"素王"之地位矣。孔子不知后世有司马迁也，司马迁继孔子之业，承其学传千百年后世矣。

司马迁不只是在精神上转向了儒家学说，而且通过《史记》的"刚中而应，大亨以正"之道，统合六家之旨，开始使晚周诸子百家文化精神向着纯正的方向复归。

---

① 《史记·乐书》。
② 《史记·乐书》。
③ 《史记·老子韩非列传》。
④ 《史记·孔子世家》。

## 五　以大道统合诸家之旨

班固批评司马迁《史记》"论大道则先黄老而后六经"，"是非颇缪圣人"①；班彪甚至将《史记》"大敝伤道"，与司马迁"所以遇极刑之咎"② 联系起来。由此可知，怎样看待司马迁《史记》的历史哲学精神，乃是一个重要的史学问题。班氏的批评并非全无道理，因为司马迁从父亲那里是继承了黄老思想，对黄老的重视是可以理解的。但不论是司马谈，还是司马迁，都没有全盘否定晚周以来诸家学术思想合理性的一面。例如太史公《论六家之要指》，对阴阳、儒、墨、名、法、道德诸家学术思想，讲其殊途同归的统一性就是这样：

> 《易大传》："天下一致而百虑，同归而殊途。"夫阴阳、儒、墨、名、法、道德，此务为治者也。直所从言之异路，有省不省耳。尝窃观阴阳之术，大详而众忌讳，使人拘而多畏，然其叙四时之大顺，不可失也。儒者博而寡要，劳而少功，是以其事难尽从，然其叙君臣、父子之礼，列夫妇、长幼之别，不可易也。墨者俭而难遵，是以其事不可偏循。然其强本节用，不可废也。法家严而少恩，然其正君臣上下之分，不可改也。名家使人俭而善失真，然其正名实，不可不察也。道家使人精神专一，动合无形，澹足万物。其为术也，因阴阳之大顺，采儒、墨之善，撮名、法之要，与时迁徙，应物变化，立俗施事，无所不宜，指约而易操，事少而功多。儒者则不然，以为人主天下之仪表也，君唱臣和，主先臣随。如此，则主劳而臣佚。至于大道之要，去健羡，黜聪明，释此而任术。夫神大用则竭，形大劳则敝。神形蚤衰，欲与天地长久，非所闻也。③

太史公《论六家之要指》不像荀子《非十二子》那样一味地批评，说其皆"饰邪说，文奸言，以枭乱天下，矞宇嵬琐，使天下混然不知是非治乱之

---

① 《汉书·司马迁传》。
② 《后汉书·班彪传》。
③ 《史记·太史公自序》。

所存者"，而是颇像庄子《天下篇》论道术为天下裂：诸子百家各执一偏，"多得一察焉以自好"，而不能"判天地之美，析万物之理，察古人之全"。太史公《论六家之要指》也是这样。他虽然指出阴阳、儒、墨、名、法、道德各家皆有学术，然其若《易大专》所言，终究是"天下一致而百虑，同归而殊途"的存在，并且一一指出其所长与不足。如阴阳家过分强调四时、八位、十二度、二十四节各有教令，讲"顺之者昌，逆之者亡"，"使人拘而多畏"，但春生、夏长、秋收、冬藏，天道之大经，乃天下之纪纲，则是不可违背的。故曰"四时之大顺，不可失也"。再如儒家以六艺为法，而"六艺经传以千万数，累世不能通其学，当年不能究其礼"，太烦琐了，故曰"博而寡要，劳而少功"，但其讲"君臣、父子之礼，序夫妇、长幼之别"，则是"百家弗能易"的。其他像墨家的"桐棺三寸"丧礼，百姓"俭而难遵"，但其讲"强本节用"，是百家不能废的；法家"不别亲疏，不殊贵贱，一断于法"，使"亲亲尊尊之恩绝"，批评其"严而少恩"，但指出"尊主卑臣，明分职不得相逾越"，则是"百家不能改"的。这种论述，无疑是比较客观的、实事求是的，而且指出其殊途同归、百虑一致的统一性，也不失偏颇。

《论六家之要指》引《易大传》"天下一致而百虑，同归而殊途"，虽出于孔子《周易·系辞下传》，然在太史公心目中，其为一致百虑、同归殊途的大道，则是以黄老道德精神为指归的。因为在他看来，道家之术，"因阴阳之大顺，采儒、墨之善，撮名、法之要，与时迁徙，应物变化，立俗施事，无所不宜，指约而易操，事少而功多"，综合诸家之术，是最为高妙的。特别是讲"道家无为，又曰无不为"，其为学术，"以虚无为本，以因循为用"，"混混冥冥"，合乎大道，更以道家虚无大道本体统合了六家之旨。太史公师道家黄子，此论乃是于建元元封之间，为"愍学者不达其意而师悖"而提出来的。这期间，虽然武帝诏贤良，董仲舒、公孙弘辈已出，但儒家学说尚未取得主导地位，汉代仍然是黄老思想主宰着文化精神世界。因此，太史公《论六家之要指》，以虚无大道本体统合六家之旨，以黄老道德精神为指归，是可以理解的。它自然也影响了司马迁当时的史学思想。

然及至元封司马迁为太史令，汉代思想界则起了很大变化：即儒家学说成了汉代主导思想。这从司马迁见父于河洛间，太史公执迁手所说"天下称诵周公，言其能论歌文武之德，宣周邵之风"，"幽厉之后，王道缺，礼乐衰，孔子修旧起废，论《诗》、《书》，作《春秋》，则学者至今则之"等，不仅可以看出周公、孔子地位的提升，更可看出儒家《六经》及礼乐之教，已经成为汉代主导思想。太史公讲"自获麟以来四百有余岁，史记放绝。今汉兴，海内一统，余为太史而弗论载，废天下之史文，余甚惧焉"，已不只是内心恐惧，而且成为抱恨终生的事了。司马迁俯首流涕讲"小子不敏，请悉论先人所次旧闻，弗敢阙"，是接受了父亲这个嘱托的。接受这个嘱托，即接受以周公、孔子为代表的儒家主流文化与学术思想，使之成为《史记》的史学思想。特别是太初元年司马迁讲先人所言"自周公卒五百岁而有孔子。孔子卒后至于今五百岁，有能绍明世，正《易传》，继《春秋》，本《诗》、《书》、《礼》、《乐》之际"，则意在此为史，而史思想全归于孔子《六经》思想体系矣，归于"《春秋》上明三王之道，下辨人事之经纪，别嫌疑，明是非，定犹与，善善恶恶，贤贤贱不肖，存亡国，继绝世，补弊起废，王道之大者"矣。归于"王道之大者"，即归于五帝三王经纬宇宙大法则、大道原理，亦即归于中国文化根本精神也。

晚周诸子百家，虽各执大道一偏，然其从根本上说，都没有离开形上之道，没有离开大道本体。故《淮南子》说："六艺异科而同道"①，"百家之言指奏相反，其何道一体也"②。司马迁虽受其父影响，崇尚黄老道家自然无为，但若就其所处武帝儒学复兴之世而言，是不能不归复儒家大道本体的。司马迁虽为老子、庄子立传，更作《孔子世家》，称赞"故汉兴至于五世之间，唯董仲舒名为明于《春秋》"③，又从孔安国学习古文，为史引古文《尧典》《禹贡》《洪范》《微子》《金縢》诸篇，由此可知其为史已融儒道及今古文为一体矣。太史公《论六家之要指》引《易大传》"天下一致而百虑，同归而殊途"，亦乃司马迁为史本体论之思想也。

怎样看待孔子《春秋》牵涉到为史的精神问题呢？在有的人看来，孔子作《春秋》仅仅是对当时混乱无序作是非判断，根本不牵涉歌颂历代圣王明哲及功勋人物问题；而今时代变了，为史则无须批判精神，更不必歌颂历代圣王明哲及功勋人物。司马迁无疑是反对这种看法的。他说："余闻之先人曰：'伏羲至纯厚，作《易》八卦。尧、舜之盛，《尚书》载之，《礼》、《乐》作焉。汤、武之隆，诗人歌之。《春秋》采善贬恶，推三代之德，褒周室，非

---

① 《淮南子·泰族训》。

② 《淮南子·齐俗训》。

③ 《史记·儒林列传》。

独刺讥而已也.'余掌其官，废明圣盛德不载，灭功臣、贤大夫之业不述，堕
先人所言，罪莫大焉。余所谓述故事，整齐其世传，非所谓作也。"① 司马迁
认为写史的任务并"非独刺讥而已"，更为主要的任务是书写圣贤明哲盛大纯
厚的道德精神。若"余掌其官，废明圣盛德不载，灭功臣、贤大夫之业不述，
堕先人所言，罪莫大焉"；讲"余所谓述故事，整齐其世传"，就是不废伏羲、
尧、舜、周公、孔子之盛德，以《易》《诗》《书》《礼》《乐》《春秋》的王
道精神统合诸家之旨。可知《史记》的根本精神"非独刺讥"也，而是明圣
贤明哲之盛德及功臣建功立业之精神。李白诗曰："大雅久不作，吾衰竟谁
陈?"② 司马迁《史记》，虽然"其文直，其事核，不虚美，不隐恶"，然其明
圣贤明哲之盛德及功臣建功立业之精神，则使汉代史学开始转向儒家史家雅
颂正学之精神也。

　　中国自古书契之作而有史官，至孔子上断唐尧，下讫秦缪，而为《尚
书》，始有唐虞至秦缪公之政治史。然唐虞以前，虽有遗文，其语不经，言黄
帝、颛顼之事未明，尚未有史也。孔子因鲁史记而作《春秋》，左丘明论辑其
本事以为之传，又撰异同而为《国语》，又有《世本》出，录黄帝以来至春
秋时帝王、公、侯、卿、大夫祖世所出。春秋之后，七国并争，秦兼诸侯，
有《战国策》。汉兴伐秦定天下，有《楚汉春秋》。司马迁据《左氏》《国
语》，采《世本》《战国策》，据楚汉列国时事，撰《五帝本纪》，接其后事，
讫于天汉，始才贯通上古史，使中华民族五千年大道血脉和文化精神相通。
此贯通上古史乃第一人也。

　　汉初，虽黄老之学占统治地位，然及至武帝采董仲舒言，罢黜百家，尊
崇六艺，儒家学说作为中国文化主流，开始归复。《董氏春秋》《史记》虽然
并非儒家纯学，然其史学则体现这一时期文化根本精神的转变。当这一转变
完成时，董仲舒、司马迁之后，儒家经学因文本不同、师法不同以及学术方
向定位不同，一场新的纷争又开始了。它贯通武帝之后的昭帝至成帝期间，
并表现为不同文化精神发展。这就是下一章精神史所要叙述的内容。

---

① 所引皆见《史记·太史公自序》。
② 《古风五十九首》。

# 第七章　昭成时期的儒学精神

**内容提要：** 中国五千多年文化历史发展，不管怎样跌宕起伏、变化多端，但总有一个核心，有一个根本精神，是贯通其间不变的，其他的变化，皆是围绕着这个核心、这个根本精神展开的。它在孔子以前，基本上是沿着五帝三王经纬大法、政教之道发展的，文化形式为六艺；而在孔子对六艺笔削损益，心识别裁，制法明理，为万世立名教，成为《六经》或流而为《五经》后，中国文化精神发展变化，主要是围绕着儒家经学展开的。经学，即中国文化的核心；经学精神，即中国文化根本精神。特别是汉武帝罢黜百家，尊崇儒术，《五经》更成为了中国文化主流，中国文化的学术争论与精神发展，主要是围绕经学的争论而展开的。这种争论，虽然存在今古文问题，家法师法传授问题，及不同学派问题，但最为根本的还是怎样理解、阐释、传承儒家经学的根本教义与精神问题。这就是武帝之后，昭、成期间的文化精神发展。

孔子以前，中国文化精神发端于伏羲，其后基本上是沿着五帝三王经纬大法、政教之道发展的，其文化形式为六艺；天生孔子，赞《易》，删《诗》《书》，定《礼》《乐》，作《春秋》，对六艺笔削损益，心识别裁，制法明理，为万世立名教，成为《六经》，中国文化精神发展，主要是围绕着儒家经学的发展与盛衰展开的。孔子之后，经学乃中国文化的核心，经学精神即中国文化根本精神。

孔子以前，尧、舜、禹三圣相继，是以"惟精惟一"传递中国文化"道"之根本精神的；成汤之诰、伊尹之训、周公制礼作乐，亦继承此精神也；降之晚周，百家争鸣，也只是王官失守，道术为天下裂，各执一边而已，其学术争论和精神传承，主要是围绕着上古以来的道术展开的。孔子集上古文化之大成，笔削损益，制法明理，为万世立名教，《六经》流而为《五经》，遂成为中国文化一大系统；特别是汉武帝罢黜百家，尊崇儒术，《五经》更成为了中国文化主流。因此，孔子之后，中国文化的学术争论、精神发展，则主要是围绕经学的研讨、争议、阐释而展开的。

这种争论是与汉代今古文存在及不同家法师法传授联系在一起的。今古文之名，是由文字异同而产生的。例如《尚书》，"秦燔书禁学，济南伏生独壁藏之。汉兴亡失，求得二十九篇，以教齐鲁之间。迄孝宣世，有《欧阳》、《大小夏侯氏》，立于学官"，谓之《今文尚书》。而《古文尚书》者，出孔子壁中。"武帝末，鲁共王坏孔子宅，欲以广其宫，而得《古文尚书》及《礼记》、《论语》、《孝经》凡数十篇，皆古字也"[1]，"鲁恭王治宫室，坏孔子旧宅，于壁中得先人所藏虞、夏、商、周之书及《左传》、《论语》、《孝经》，皆科斗文字"[2]。这里，包括《左传》在内的《尚书》《礼记》《论语》《孝经》，皆古文也。另外，民间藏于山崖破屋《周官》[3]，也属于古文。因为经有今古文不同，治今文经者称为今文学家，治古文经者称为古文学家。伏生所治《尚书》，今文学也。孔安国《古文尚书》，古文学也。不惟文字不同，治经的家法师法也不同，随着说经之义渐殊，发展下来，形成了不同学派。于是《春秋》有公羊、穀梁、左氏三传，《诗》有齐、鲁、韩、毛四家，《易》有田何、费直、高相之传，《书》有伏生、孔安国、杜林之属，《礼》有大小戴、庆氏三家。

汉代，今古文之学及其不同学派之间的争论是相当激烈的。例如《春秋》三家争论就是这样。武帝元朔六年，治《公羊春秋》的董仲舒与治《穀梁春秋》的江公辩论，《春秋》经的争论就已开始了。公羊学在武帝时大盛，到宣帝时，即转向了穀梁学，开始兴《穀梁春秋》。故五凤三年诏刘向受《穀梁春秋》。由于公羊、穀梁两派争议不下，甘露元年，宣帝不得不召《五经》名儒萧望之等于殿中，评论《公羊》《穀梁》同异，各以经论是非。而到甘露三年不得不在石渠阁诏诸大儒开会，讲论《五经》异同，上亲称制临决。而《左氏春秋》，虽汉初张苍、贾谊等皆修《春秋左氏传》，然终未立于学官。到成帝河平三年求天下之书，诏刘向等校理官藏书籍，因经或脱简，传或间

---

① 《汉书·艺文志》。

② 《尚书》序，《尚书正义》卷一。

③ 《汉书·楚元王传》说："《尚书》初出于屋壁，朽折散绝。"

编，仍不传《左氏春秋》，虽刘歆争之，为众儒所拙；直到平帝时始才立学官。从武帝立《公羊》，宣帝立《穀梁》，平帝立《左传》，可知《春秋》学争论之激烈。

不光是《春秋》经三家的争论如此，其他各经不同学派的争论，也无不如此。如今古文《尚书》在汉代的确立就是这样。伏生及所传《欧阳》《大小夏侯氏》之《今文尚书》世世相传，一直很盛行。汉初，《欧阳尚书》立为博士，宣帝时复立大小夏后氏为博士。而《古文尚书》，武帝末，共王毁孔子宅而出，孔安国悉得其书，以今文读之，隶书写之，增多二十五篇，为五十九篇，共四十六卷。虽"安国献之"，然"遭巫蛊事，未列于学官"，不获上奏，藏于私家。到哀帝时，刘歆欲立《古文尚书》于学官，与博士议，诸博士仍皆不从。直到平帝时，《古文尚书》始立学官。其他像《周官经》《费氏易》《毛诗》的确立，也大多经过汉初至成帝漫长时期争议。武帝罢黜百家、尊崇儒术后，昭帝至成帝之间，这种争议尤为突出明显。

这是一个经学争议的时期，也是汉代儒学精神发展的时期，并且产生了一批有儒学精神的政治思想家。因此，应该怎样理解汉代经学争议，它仅仅是文字异同而产生的抑或仅仅是因家法师法形成不同的学派而产生的？它是私意的还是公心的，是纯学术的还是夹杂着权力意志？它的精神实质是什么，怎样影响汉代精神发展？弄清这些问题，是理解这一时期精神发展的关键所在。这就是本章所要叙述弄清的问题。

## 一　今古文争议及其精神实质

一个时代的文化现象之所以产生，动因是各种各样的。特别是包含文化意识与时代精神的文化现象，它的产生不仅有其直接的原因，而且可能掺杂着不同社会阶层、不同学术群体公开或隐蔽的深层动机。汉代的今古文争议就是这样。唯有透过它的表层现象，深入到这一现象的背后，才能看出它的精神实质及其精神史意义。

汉代今古文争议，无疑有文字不同问题。鲁恭王治宫室，坏孔子旧宅，于壁中得先人所藏虞、夏、商、周之书，皆蝌蚪文字，是文字问题。孔安国以隶书写之，也是文字问题。蝌蚪文是古文字，隶书是汉代文字。将蝌蚪文转换成隶书，这就像翻译一样，即使做到信、达、雅，任何翻译语义也是近似的，而不是绝对真实无误。这自然让人产生古文经不可靠的感觉，产生今古文谁更真实、谁更符合真义的疑问。因而产生争议，产生今古文的不同学派，是可以理解的。刘向"以中古文校欧阳、大小夏侯三家经文"，或"以中古文《易经》校施、孟、梁经"①，也是这样。所谓中古文，就是汉宫中所藏古文经籍文字。故颜师古注说："中者，天子之书也。言中，以别于外耳。"这些皇室古籍，不论是秦亡时萧何所得，还是源于民间藏于山崖破屋，皆古代文字也。已有蝌蚪文，又弄出中古文，不论是用今文写古文，还是用古文校今文，其为文义都有意义转换问题，自然会产生不同文本意义。加上不同家法师法注解阐释及群体参与互动，更会繁衍增殖出新的价值与意义。今古文争议由文字不同而产生，自然是可以理解的。

今古文争议中，统治者的好恶，也是起很大作用的。《春秋》公羊学与穀梁学盛衰就是这样。武帝时，江公与董仲舒辩论《公羊》《穀梁》异同，江公讷于口，不如仲舒，"上因尊《公羊》家，诏太子受《公羊春秋》，由是《公羊》大兴"。太子既通《公羊》，复私问《穀梁》而善之。宣帝即位，闻卫太子好《穀梁春秋》，以问丞相韦贤等人，"言穀梁子本鲁学，公羊氏乃齐学也，宜兴《穀梁》"②，于是上善《穀梁》矣。甘露元年，宣帝召《五经》名儒评论《公羊》《穀梁》同异。甘露三年，又于石渠阁诏诸大儒大会，讲论《五经》异同，上亲称制临决。经对者多从《穀梁》，由是《穀梁》之学大盛。由此可以看出，《公羊》《穀梁》盛衰，乃是与统治者好恶有关也。今古文之立，以朝廷之好恶取舍为准则，故蒙文通先生说："今文者朝廷之所好，古文者朝廷之所恶者也。"③ 以朝廷之好恶，而立废今古文经学，这颇有权力意志的味道。

今古文争议，许多事说明是与学派利益、私意参与相联系的。例如汉代有《逸礼》《书》《春秋》三种古文旧籍，"成帝闵学残文缺，乃陈发秘藏，校理旧文，而以考学官所传，经或脱简，传或间编，抑而未施"，"缀学之士不思废绝，保残守缺，而无从善服义之公心，或怀妒嫉，不考情实，雷同相从，随声是非，抑此三学"④，岂不是私意掺杂其间乎？再如，刘歆讲"左氏

① 《汉书·艺文志》。
② 《汉书·儒林传》。
③ 《经史抉原·今学第四》，巴蜀书社 1995 年版。
④ 《汉书·刘歆传》。

春秋》可立，哀帝纳之，以问诸儒，皆不对。歆于是数见丞相孔光，为言《左氏》以求助，光卒不肯"①。诸儒为什么皆不对？孔光为什么不肯立《左氏春秋》？不是私意是什么？刘歆欲立《左氏春秋》及《毛诗》《逸礼》《古文尚书》于学官，"哀帝令歆与《五经》博士讲论其义，诸博士或不肯置对"②。诸博士为何不肯置对？无私意，岂能如此？凡此，皆今古文争议中，为学派意识、门户之见及种种私意所左右者。

汉代对学术的重视，特别是对经学大师的景仰，是非常罕见的。凡儒家六艺之士，凡通经术，明治道，以学显于世者，在汉代都可以得到礼遇。汉代治世经国者，大都是以经为学问，以经取士获得的，甚至通一经，明一艺者，可做很大的官。如武帝时，公孙弘以治《春秋》而为丞相；宣帝时，治《易》的张禹为丞相，彭宣为大司空，戴崇为九卿，鲁伯为太守，其他像昭帝时的丞相王吉、元帝时的光禄大夫贡禹、宣帝时的太傅萧望之等，都是通经名儒。以经取士，以学择才，敦教化，厉贤才，蔚然成风，使卿大夫士吏皆为彬彬多经术文学之士，对树立良好社会风气，在汉代是起了很大作用的。但长期以经术取士，以六艺择才，也造成了学术垄断及门户之见、学派竞争。特别是"不能通一艺，辄罢之，而请诸能称者"③，慢慢形成一种学术上的特殊集团势力。它造成汉代今古文之争学术上抱残守缺、雷同相从，也构成学术发展的潜在阻力。

今古文之不同、统治者好恶、学术上抱残守缺、私意参与及潜在阻力存在，无疑都是汉代今古文争议的原因。但自武帝立《五经》博士，兴经术，敦教化，劝学尚礼，崇化厉贤，至平帝元始，百余年间，则传业根深叶茂，学术繁衍昌盛，虽是利禄之途掺杂其间使然，然这场争论，经学昌盛，精神复兴，则是可上接夏商周三代的。因此，文化精神的发展，则超越利禄之途，际天蟠地而行的。因此，今古文争论，文字不同、统治者好恶、学术上抱残守缺及私意参与，皆不应看作这个时期的文化本质，它相对于精神发展，则是极为肤浅的表面现象。

那么，今古文争议的实质是什么呢？它就是今文经和古文经两种精神的争议。秦焚书，《诗》《书》散亡，六艺淹没。汉兴，为文化复苏，精神重

---

① 《汉书·儒林传》。
② 《汉书·刘歆传》。
③ 《汉书·儒林传》。

建，高祖诏求贤者，昌明学术，惠帝除挟书律，大收篇籍，广开献书之路，儒家经典始得传授。从汉代所得儒家经籍来源，可以发现一个引人注意的现象：古文经不论是出于孔宅墙壁，还是民间山崖破屋，包括《周官经》《古文尚书》《礼记》《论语》《孝经》《左传》《毛诗》，皆古文字；而伏生之《尚书》和施、孟、梁丘之《易》《公羊春秋》《穀梁春秋》《齐诗》《韩诗》《鲁诗》等，皆今文字。今古文经的不同来源与文字存在，透露出一个不容忽视的事实，即古文经皆夏商周三代以来所传六艺古籍，而今文经乃七十子所传孔子立教之经典也。前者之谓经纬大法、政教之道，乃五帝三王经纬宇宙之迹，它虽也有因革损益，但都是没有经过孔子修改的，多为原汁原味六艺古籍文字。而后者之谓《六经》，乃是孔子为传教布道，折中六艺古籍，心识别裁，制法明礼，为万世立教，所留下的儒家经典，经七十子传授而义有所不同者也。孔宅墙壁或山崖破屋所出典籍，实乃孔子折中六艺古籍所剩者也。因此，今古文之争，求其本质，乃五帝三王经纬宇宙大法原始精神与孔子为万世立教儒家精神之争也，包括《周礼》与《王制》之争等，其最终本质也是如此。

张尔田先生曾把周公视为思三王，监于二代，集羲农群圣之大成，为一代致太平者，而把孔子视为祖述尧舜，宪章文武，集周公之大成，为万世立名教者。他讲"六艺皆周公之旧籍也，而有经孔子别识心裁者，则今文诸说是也；有未经孔子别识心裁者，则古文诸说是也"①，就是指周公集大成之古籍与孔子儒家教典不同之处：前者是一代致太平之书，后者是为万世立教之典籍。虽然后者因于前者，是前者精神的继续与传承，但它所取的是其精义，是古籍的经世要旨与根本精神，而非详备的典章制度。这也是古文经所以偏重于文物训诂，而今文经所以偏重于经世之道者也。

由上不难看出，今古文之争，乃是持周公六艺古籍一派与持孔子儒家教典一派的争议，就其争议实质而言，乃是持周公六艺古籍原始精神者与持孔子儒家教典精神者的争议。争议双方所持典籍，前者出于孔宅墙壁与山崖破屋，后者出于七十子所传；就义理而言，虽然两派根本精神并不相悖，但其精义也有差别：前者多古义，多原始精神；后者多今义，多创新精神。治古文经者，在于精神之坚守；而治今文经者，在于精神之阐释。故其争论，从

① 《史微·古经论》。

总体上说，古文学派维持了六艺古籍的原始精神，使其得以延续与保存；而今文学派在许多地方创新发展了儒家经典精神，使其适应时代发展需要。例如《春秋》"大一统"的精神，就是公羊学派持今文经，为汉代"大一统"需要而加以阐释的。自然，今文学派的讲授与传播，也有《汉书》所说"仲尼没而微言绝，七十子丧而大义乖"① 的地方，但总体上说，今文学派是比较有创新精神的。

这样看待今古文之争，并非说今古文两派完全是对立的，井水不犯河水的。汉兴，古籍经秦火而没，不管什么渠道，能得到古籍阅读就很不容易了。这就像"文革"无书可读，不管什么书，传抄或借到，就不容易了。汉初，除挟书律，大收篇籍，广开献书之路，也是这样。当时古籍来源是比较复杂的，所得并非限于何种文本，而常常是今古文都有，还常杂有非六艺古籍或非儒家经典的情况。"恭王初好治宫室，坏孔子旧宅以广其宫，闻钟磬琴瑟之声，遂不敢复坏，于其壁中得古文经传"，但是，河间献王"修学好古，实事求是，从民得善书"，所得"古文先秦旧书，《周官》、《尚书》、《礼》、《礼记》、《孟子》、《老子》之属"，就并非全是古文经传了。不仅杂有道家《老子》一类书，而且"皆经传说记，七十子之徒所论"。虽然，献王"学举六艺，立《毛氏诗》、《左氏春秋》博士"，属于古文家行为，然与四方道士交往，"修礼乐，被服儒术，造次必于儒者"②，就未必是淳儒家行为。这不仅表现在王者身上，司马迁作为太史公，问学于董仲舒，又从孔安国学古文，《史记》融今古文精神，就是兼今古文而为史学的。其他像孔宅《古文尚书》，安国以今文读之，或刘向以中古文校欧阳、大小夏侯三家今文《尚书》，也都是兼顾今古文而为学的。

但是，董仲舒、司马迁之后，发展到昭成之间，今古文经籍研究愈是深入，愈是陷入利益之途，就愈是形成不同学派，而且随着学派竞争、私意参与，愈来愈陷入学术垄断及门户之见，陷入抱残守缺、雷同相从、随声是非，而无从善服义之公心与纯正之学及纯粹精神了。这种争议，不仅涉及汉代文化意识存在，也影响到当时精神发展。因此，宣帝就不得不召开一次会议，解决这些争议与分歧。这就是中国历史上有名的石渠阁会议。这次会议通过讨论评定《五经》异同，不仅厘清有助于今古文争是非，而且规定了后来经

① 《汉书·艺文志》。
② 《汉书·景十三王传》。

学研究方向及精神发展的路径。

## 二　石渠阁会议及经学发展定向

《汉书》记载说，甘露三年（公元前 51 年）三月，宣帝"诏诸儒讲《五经》同异，太子太傅萧望之等平奏其议，亲称制临决焉。乃立梁丘《易》、大小夏侯《尚书》、穀梁《春秋》博士"①。这就是在汉朝皇宫石渠阁召开的皇家学术会议。石渠阁，据说为萧何主持建造，以石砌渠道得名，规模比天禄阁还大，是皇家最大图书档案馆，从秦灭所得律令图书及汉兴所得各种典籍，皆收藏在这里。石渠阁会议，乃是一次全国性的学术会议。因其涉及儒家《五经》典籍教义问题，因此，它也可看作是一次全国性文化宣教会议。这在中国历史上还是第一次。会议由宣帝亲自主持，可见其政治重视。宣帝"诏诸儒讲《五经》同异，太子太傅萧望之等平奏其议，亲称制临决焉"，是此次会议召开；而"乃立梁丘《易》、大小夏侯《尚书》、穀梁《春秋》博士"云云，则是这次会议的结果。有人视其为两回事，非也。

为什么召开这次会议，从《汉书》说："自武帝立《五经》博士，开弟子员，设科射策，劝以官禄，讫于元始，百有余年，传业者浸盛，支叶蕃滋，一经说至百余万言，大师众至千余人，盖禄利之路然也。《书》唯有欧阳，《礼》后，《易》杨，《春秋》公羊而已。"② 这就是说，武帝诏贤良，立《五经》博士，开弟子员，设科射策，劝以官禄，讫于元始，百有余年，经学研究与发展，虽然"传业者浸盛，支叶蕃滋"，取得了很大成就，但"一经说至百余万言，大师众至千余人"，也只是利禄之路使然。经学研究，也只是《书》有欧阳，《礼》有后苍，《易》有杨何，《春秋》公羊而已，而且陷入抱残守缺的争议。这种经学状况，若不能弥合分歧，归于一是，各持异说，无论如何是不能适应武帝后社会经济发展需要的。故诏诸儒讲《五经》同异于石渠阁，以经处是非，宣帝亲称制临决焉，欲决永远定制。

这次会议的规模是很大的，收获也颇丰。据王先谦《汉书补注》引钱大昭曰："时与议石渠者，《易》家博士沛施雠，黄门郎东莱梁丘临。《书》家博士千乘欧阳地余，博士济南林尊，译官令齐周堪，博士扶风张山拊，谒者

---

① 《汉书·宣帝纪》。
② 《汉书·儒林传赞》。

陈留假仓。《诗》家淮阳中尉鲁韦元成，博士山阳张长安，沛薛广德。《礼》家梁戴圣，太子舍人沛闻人通汉。《公羊》家博士严彭祖，侍郎申挽、伊推、宋显、许广。《穀梁》家议郎汝南尹更始，待诏刘向，梁周庆、丁姓，中郎王亥。其可考者凡二十三人。《议奏》之见于《艺文志》者，《书》四十二篇，《礼》三十八篇，《春秋》三十九篇，《论语》十八篇，《五经杂议》十八篇，凡一百六十五篇。《易》《诗》二经独无议奏，班氏失载之耳。"①

　　参加这次会议的多是经学大师或经学博士，因此，它在汉代学术史和精神史上的地位、作用及影响是很大的。这首先是经学进一步政治意识形态化。武帝罢黜百家，独尊儒术，已经把儒学变成汉代主流文化意识形态。但它毕竟还没有一体化，还存在着内部分歧，没有归于一是，它尚不能彻底解决伦理道德及信仰信念诸多精神世界的问题。昭帝诏曰："朕以眇身获保宗庙，战战栗栗，夙兴夜寐，修古帝王之事，通《保傅》，传《孝经》、《论语》、《尚书》，未云有明。"② 宣帝诏曰："朕不明六艺，郁于大道"③ 云云，就是属于这种情况。昭帝、宣帝作为最高政教首脑，虽"夙兴夜寐，修古帝王之事"，尚不能明经传，通大道，可知政教之道不明，文化意识之混乱！这自然是不行的。当时，"吏或以不禁奸邪为宽大，纵释有罪为不苛，或以酷恶为贤"，如此种种非中正之道流行，"奉诏宣化如此，岂不谬哉！"当时多少事，弄虚作假，欺上瞒下，而未有政事法理之士，精其能，核其实，只是"上计簿，具文而已"。这用今天的话说，只是统计数字欺骗而已。故宣帝怒其欺瞒，诏曰："三公不以为意，朕将何任？"这些政治混乱，从根本上说乃是学术混乱、政教不明、政德不中正使之然也。此宣帝所以"诏诸儒讲《五经》同异，亲称制临决焉"者也；亦"数申诏公卿大夫务行宽大，顺民所疾苦，将欲配三王之隆，明先帝之德"④ 者也。宣帝之召开石渠阁会议，诏诸儒讲《五经》同异，使经术归于一是，无疑在于建立汉家政教系统，使儒家学说服从"大一统"最高政教法则。石渠论礼，讨论"诸侯之大夫如何服丧礼"，戴圣讲"诸侯之大夫为天子当穗缞，既葬除之，以时接见于天子"；受后仓授《礼》的闻人通汉讲："大夫之臣，陪臣也，未闻其为国君也"⑤，就是要诸侯之礼

---

① 《汉书补注》，上海古籍出版社 2008 年版。
② 《汉书·昭帝纪》。
③ 《汉书·宣帝纪》。
④ 以上所引皆见《汉书·宣帝纪》。
⑤ 戴圣：《石渠礼论》，见《玉函山房辑佚书·经编通礼类》。

数服从天子最高礼教系统的。这不仅是礼数问题，乃明经术，统政教，使儒家学说成为主流意识形态者也。

石渠阁会议不仅在于使儒学变成汉代主流文化意识形态，而且它打破经学门户之见，渐渐使儒学归于汉家学术一统。武帝诏贤良，兴儒学，置《五经》博士，提升经学地位，乃为"方略，一统类，广教化，类风俗也"①。然由于利禄之途使然，及至宣、成之世，经学不仅自立学位，而且家法师法俨然，学者多为显贵，各有门人，车马相从，乃至数百辆。这不仅造成学术腐败，而且门户林立，相互隔绝。石渠阁会议召开，对于打破经学门户之见，使儒学归于汉家学术一统，起了一定作用。如宣帝时，梁丘贺之子梁临，精熟京房《易》，曾参加过石渠阁会议。丞相丙吉通《五经》，"闻临说，善之"；宣帝选高材郎十人从贺临讲授，丙吉使儿子丙骏上疏，从贺临受《易》。这些都是打破门户之见的学术行为。打破门户，消除隔阂，是为了学术上统一。成帝时，刘向校书，考《易》说，"以为诸《易》家说，皆祖何田、杨叔〔元〕、丁将军，大谊略同，唯京氏为异，党焦延寿独得隐士之说，托之孟氏，不相与同"，就是打破门户之见，考之诸家学说，寻求本原，以建立学术思想了。刘向这种治学，不仅是石渠阁会议后的学术新气象，而且可以看出，儒家经学正在慢慢归于汉家学术一统。

石渠阁会议不论是儒家学说成为主流意识形态，还是经学慢慢归于汉家一统，从根本上说，乃在于它影响了汉代精神发展。宣帝时，不仅存在着今古文之争，而且有不同学派经义之争，如齐学、鲁学之争。它从根本上说，乃是经义不同文化精神的争议。但它发展到宣帝召开石渠阁会议时，则要求消除争议，弥合分歧。精熟京房《易》的施雠属于齐学派，而甘露中"与《五经》诸儒杂论同异于石渠阁"②，实际上就是齐鲁学派的一次糅合。经学的糅合，乃精神的会通融合之开始也。特别是以经处义，处理分歧，实乃要求学派以经学根本精神弥合分歧也。但石渠阁会议后，所立梁丘《易》、大小夏侯《尚书》、穀梁《春秋》博士，皆鲁学也。因此，石渠阁会议是有政治倾向的，即倾向具有儒家根本文化精神的鲁学。特别是立穀梁《春秋》，更显示汉代文化精神开始转向，沿着新的方向发展矣。因为穀梁《春秋》蕴含着孔子《春秋》未被七十子乖义的古文化精神。

---

① 《汉书·武帝纪》。

② 以上所引均见《汉书·儒林传》。

宣帝虽意欲统一儒学，以经术治天下，然就其内心而言，是不甚信任儒学的，其行多恃才自用，挟经术而偏恃矫情，天下之治，实乃寄望于法制也；加上萧望之等人知小而不可大受，石渠阁会议之议奏，终没有转化为圣人化成天下之道，托于国家之大者。然召开石渠阁会议，立梁丘《易》、大小夏侯《尚书》博士，特别是立榖梁《春秋》博士，显示汉代学术在文化上开始重新寻求儒家正学精神矣。这种精神寻求，是叙述汉代精神发展应该注意的。

## 三　立《榖梁》寻求儒家正学精神

汉代经学不仅因文字不同形成了今古文学派，而且因文化积累、学术渊源殊别，形成了齐学、鲁学、晋学、楚学等学派；特别是齐、鲁学两大学派的存在，影响了整个两汉及魏晋时期经学研究及精神发展。宣帝时期立属于鲁学的梁丘《易》、大小夏侯《尚书》、榖梁《春秋》博士，所显示的精神转向，就是最为突出表现。特别是立榖梁《春秋》博士，更是汉代文化学术精神转向的标志性事件。

围绕着《榖梁春秋》的废立，远在武帝时期就已存在。治《公羊春秋》的董仲舒与治《榖梁春秋》的江公辩论二经异同，因江公讷于口，不如仲舒，武帝"尊《公羊》家，诏太子受《公羊春秋》，由是《公羊》大兴。太子既通《公羊》，复私问《榖梁》而善之"。宣帝即位，闻卫太子好《榖梁春秋》，以问丞相韦贤等人，"言榖梁子本鲁学，公羊氏乃齐学也，宜兴《榖梁》"①，于是上善《榖梁》矣。元康二年选才郎十人，从蔡千秋受《榖梁》；千秋死后，征江公之孙为博士，诏刘向受《榖梁》助之。甘露元年，宣帝召《五经》名儒评论《公羊》《榖梁》同异。甘露三年又于石渠阁诏诸大儒大会，讲论《五经》异同，上亲称制临决。经对者多从《榖梁》，由是《榖梁》之学大盛。

为什么《公羊》《榖梁》二经立废会如此费周折呢？它仅仅是治经者善辩与否或统治者之好恶吗？若这样看，则只是停留于表面现象。它所以如此，实际上乃是与公羊、榖梁两个学派形成及不同学术追求联系在一起的，与《公羊》《榖梁》二经本身不同内在精神联系在一起的。

---

① 《汉书·儒林传》。

《五经》皆孔子立教之经典，本无所谓齐学、鲁学的；《公羊》《穀梁》《左传》，皆本于孔子《春秋》之经，也无所谓今古文经学的。但孔子死后，七十子都是各以自己的理解传孔子之经的，不仅存在着"大义乖"的问题，更存在着群体参与、文化衍生、意义增殖诸多问题。公羊学派的形成就是这样。它的存在与发展，可以追溯到稷下学派。司马迁《史记》说："宣王喜文学游说之士，自如驺衍、淳于髡、田骈、接予、慎到、环渊之徒七十六人，皆赐列第，为上大夫，不治而议论。是以齐稷下学士复盛，且数百千人。"①这些人不论是来源，还是其为学，都是比较复杂的。如接子，战国齐人。环渊，战国楚国人。宋钘，战国宋人。淳于髡、田骈、环渊、捷子、季真、邹衍、邹奭等都是稷下先生。游于稷下的人物，有道家如彭蒙、田骈、接子、环渊、宋钘、尹文，亦有法家如慎到，阴阳家如邹衍、邹奭。更有儒家，不仅自孟轲之徒皆游于齐，而且荀卿亦修列大夫之缺，三为祭酒。孔子《六经》，也许是这时候传到齐国的。以稷下学派为背景发展起来的齐学派，自然学术思想比较驳杂。如齐辕固传《齐诗》，燕韩生传《韩诗》，"或取《春秋》，采杂说"，孟喜"得《易》家候阴阳灾变书，诈言师田生，且死时枕喜膝，独传喜，诸儒以此耀之"②，就是齐学之驳杂处。此亦公羊《春秋》之驳杂，何休解《公羊》多异义可怪之论者也。特别是杂容稷下学派思想解释孔子经典，更使经义浸淫杂糅散漫。丙吉通《五经》，能为《驺氏春秋》，讲"《春秋》大一统者，六合同风，九州岛共贯"③，即杂糅邹衍之学，附会《公羊》之义，而解《春秋》"大一统"者也。凡此，即蒙文通先生所说"孔氏之学入于齐，义浸淫于邹氏者"④ 者也。因此，公羊《春秋》虽富有创造性思维，然其经学义理并不纯正也。

鲁学相对说来，则属儒家正学。鲁学即邹鲁之学，即孔子之乡的学派。它以六艺为宗，比较传统，严于师法，不采杂说，浸淫邹衍之学，没有怪诞异义之说，属儒家正学也。《史记》说"高皇帝诛项籍，举兵围鲁，鲁中诸儒尚讲诵习礼乐，弦歌之音不绝。汉兴，然后诸儒始得修其经艺"⑤，即指鲁学《诗》《书》《礼》《乐》传统也。汉兴，《诗》有齐、韩、鲁，《鲁诗》即鲁

① 《史记·田敬仲完世家》。

② 《汉书·儒林传》。

③ 《汉书·丙吉传》。

④ 《经史抉原·鲁学齐学第八》。

⑤ 《史记·儒林列传》。

学也。《鲁诗》乃鲁申公"受《诗》于浮丘伯，以《诗经》为训故以教，无《传》，疑者则阙不传"①，可知申公是守师法的。《齐诗》，齐人辕固所作诗传，其后"《齐诗》有翼、匡、师、伏之学"②，就比较杂了。《韩诗》，韩婴推《诗》之意，作《内外传》，亦杂。《论语》有《齐论》《鲁论》，《鲁论》即鲁学也。《鲁论》者，鲁人所传，即今所行《论语》之篇次。而《齐论》者，齐人所传，别有《问王》《知道》二篇，较《鲁论》二十篇，多出两篇。"安昌侯张禹受《鲁论》于夏侯建，又从庸生、王吉受《齐论》，择善而从，号曰《张侯论》，最后而行于汉世"③，此《齐论》之杂取者也。《易》自"孔子传于瞿，瞿传楚人馯臂子弘，弘传江东人矫子庸疵，疵传燕人周子家竖，竖传淳于人光子乘羽，羽传齐人田子庄何"④，属鲁学，尚不失儒家《易》义。然及至汉兴，田何授东武王同子中及洛阳周王孙、梁人丁宽，也就比较复杂了。汉有施雠、孟喜、梁丘贺三家之《易》，皆源于丁宽。孟喜"得《易》家候阴阳灾变书"，已浸淫稷下邹衍、淳于髡之学及巫术，鲁学《易》已完全变为齐学而盛行矣。其他像《尚书》《春秋》也都存在着这种情况。《尚书》为孔子所编撰，秦焚书，"济南伏生独壁藏之，汉兴亡失，求得二十九篇，以教齐鲁之间"⑤，鲁学也。然及至夏侯胜"从始昌受《尚书》及《洪范五行传》，说灾异多"；欧阳氏"所问非一师，善说礼服，受诏撰《尚书论语说》"；或夏侯胜及欧阳高"左右采获，又从《五经》诸儒间与《尚书》相出入者，牵引以次章句，为《小夏侯氏学》"⑥，则沦为齐学矣。《春秋》之公羊、穀梁、左氏三传，虽皆本于孔子《春秋》而作，然惟瑕丘江公受《穀梁春秋》及《诗》于鲁申公，为鲁学也。而《公羊》者，齐学也。《左传》，乃"左邱明因孔子史记，具论其语"⑦ 而成，传《春秋》者也。由上不难看出，《鲁学》乃儒家之正学也；穀梁《春秋》亦然。

穀梁《春秋》，即《春秋穀梁传》，为鲁人穀梁子所作《春秋》之传。唐人杨士勋《春秋穀梁传》注疏说："穀梁子名淑，字元始，鲁人，一名赤，受

①　《经典释文序录》。
②　《汉书·儒林传》。
③　《经典释文序录》。
④　《史记·仲尼弟子列传》。
⑤　《汉书·艺文志》。
⑥　《经典释文序录》。
⑦　《史记·十二诸侯年表序》。

经于子夏，为经作传，故曰《榖梁传》。传孙卿，孙卿传鲁人申公，申公传博士江翁。其后鲁人荣广大善《榖梁》，又传蔡千秋，汉宣帝好《榖梁》，擢千秋为郎，由是《榖梁》之传大行于世。"① 《汉书》说："往者博士《书》有欧阳，《春秋》公羊，《易》则施、孟，然孝宣皇帝犹复广立榖梁《春秋》，梁丘《易》，大小夏侯《尚书》，义虽相反，犹并置之。"② 所谓"义虽相反，犹并置之"，即《榖梁春秋》，梁丘《易》，大小夏侯《尚书》，与欧阳《尚书》、公羊《春秋》、施、孟《易》的义理不同，根本精神不同，并置之也。郑玄谈及《春秋》三传更说："《左氏》善于礼，《公羊》善于谶，《榖梁》善于经。"③ 《左传》善于礼，即其所传朝聘、会盟、祭祀、田猎之礼，不违背周之典籍也；所谓"《公羊》善于谶"，即其所传浸淫驳衍、淳于髡之说，多巫术鬼神之事也；而曰"《榖梁》善于经"者，即其所传善于解释儒家孔子《春秋》义理与根本精神。

宣帝时"《书》有欧阳，《春秋》公羊，《易》则施、孟"，所以"犹复广立榖梁《春秋》，梁丘《易》，大小夏侯《尚书》，义虽相反，犹并置之"者，乃在于求已失古籍之真精神也。特别是榖梁《春秋》，几经周折不得立于官学，处于野的地位，在当时在宣帝看来，这有古籍被淹没的趋势。立榖梁《春秋》，梁丘《易》，大小夏侯《尚书》于官学，即拯救这些古籍被淹没的趋势也。它在义理上即是拯救古籍精神！这也说明，由武帝兴儒学，发展到宣帝时期，驳杂的齐学及浸淫驳衍之说的公羊《春秋》，在义理已不能满足汉朝政治需要，学术上开始转向鲁学，追求被淹没的儒家古籍真精神矣。

蒙文通先生讲到宣帝召开石渠阁会议时说："王褒云：'宣帝时修武帝故事，讲论六艺群书。'是白虎焉修石渠故事，石渠焉修武帝故事，武帝又原于文帝之作《王制》。而今文之学能自相同者，帝王称制临决之故也。"④ 故事，即传统，即做法，即武帝以来帝王的好恶取向。学术问题，自然受统治者好恶支配，但精神的发展，有它自己的规律，不是统治者一时好恶所左右的；更为主要的是，真正能为国家提供为治之理的，能长久持续维护其文化意识的，必为纯正之理，虚妄之说、谬诱之理，皆不足为此大用。鲁学乃《五经》

---

① 《春秋榖梁传序》疏。
② 《汉书·楚元王传》。
③ 《六艺论》。
④ 《经史抉原·今学第四》。

之正宗，孔子之嫡派，穀梁《春秋》毕竟是传鲁学而不可废者。但就孔子立教之精神或传圣人之道而言，也远较稷下齐学派纯正。孔子讲齐鲁文化发展时说："齐一变，至于鲁；鲁一变，至于道。"① 整个汉代乃至国家民族文化发展，只要追求义理纯正的治国之道，而不是一味急于功利目的，何尝不是如此呢？功利之法尽，欲求大正之治，必回到圣人纯正之道上来！此宣帝开石渠阁会议，立穀梁《春秋》，梁丘《易》，大小夏侯《尚书》于官学之精神追求也。

虽然这种追求是可贵的，但完全做到几乎是不可能的。《春秋》三传，虽为经之旨一，然其臧否不同，褒贬殊致，则是三传普遍存在的。不仅《春秋》三传，整个孔子《五经》，皆是在不同学术群体参与、互动中讲授传播的。这就不可避免地存在经籍价值与意义的衍生增殖。《汉书》讲"昔仲尼没而微言绝，七十子丧而大义乖。故《春秋》分为五，《诗》分为四，《易》有数家之传"②，即指这种情况也。这种意义的衍生与增殖，一字之褒，一字之贬，经过群体参与、互动、互渗及远距离作用，其宠则逾华衮之赠，其辱则过市朝之挞，当其成为不同价值意义存在时，而欲以传求经，求其至当无二、本然之理，则若至幽绝之境，择善靡从，难矣哉！即使《春秋穀梁传》也是如此。晋人范甯为《穀梁传》作序，虽然讲"《左氏》艳而富，其失也巫；《公羊》辩而裁，其失也俗"，但也同时指出了"《穀梁》清而婉，其失也短"③。所谓"其失也短"，就是也有短处，也有不足。《穀梁传》注疏谓"元年大义而无传"，即不讲隐公元年正月《春秋》大义，就是不足处。

但不管怎样，宣帝时《书》有欧阳、《春秋》公羊、《易》则施、孟，又复立其义相反的穀梁《春秋》、梁丘《易》、大小夏侯《尚书》，则显示了当时对儒学古典精神新的寻求；特别是面对着浸淫稷下邹衍、淳于髡之学的公羊《春秋》及杂糅谶纬术数的施、孟《易》，处处讲阴阳灾异所造成的神秘主义泛滥，更显示了一次理性精神的胜利。但这种胜利是一个极为复杂的问题，它牵涉到汉代政治合法性及文化意识形态的信仰信念，也涉及天人之间广泛的因果关系与联系。因此，怎样通过无处不弥漫的神秘主义，透视当时儒学理性精神的深层存在，是研究昭、成时期儒学精神发展不可忽视的一个

---

① 《论语·雍也》。
② 《汉书·艺文志》。
③ 《春秋穀梁传序》。

方面。

## 四　神秘主义弥漫下的理性精神

　　一个时代文化意识形态的形成，既有政治意识的主导，也有文化传统的作用，而且两者常常交互影响。汉代的文化意识形态形成就是这样。夏、商、周三代更替，虽然也有政治合法性问题，但它基本上是一个贵族集团代替另一个贵族集团，是延续贵族文化意识合法运演的。汉代就不一样了。高祖出身低微，以三尺剑打天下，取得政权，维护政权，并非贵族文化意识延续。因此，就存在着政治上是否具有合法性问题。为了解决这一问题，汉高祖一开始就求助了中国文化的神秘主义传统，即利用高祖之为"赤帝子"杀大蛇"白帝子"① 的神话及驺子之徒"终始五德"之说，推演制造汉朝政权取代秦王朝的政治合法性。所以，汉代文化意识形态一开始就充满着虚妄之说与神秘主义成分，存在着历史哲学的非理性。后来加上星象、历谱、谶纬一类神秘文化掺杂其间，整个汉朝历史天空弥漫着一种神秘主义氛围。虽然后来武帝推崇儒术，但汉代儒家也非"不语怪力乱神"② 的纯正儒家，而是杂糅阴阳灾异之说的汉儒，即使像董仲舒、刘向、扬雄一些大儒也无不如此。

　　自然，中国星象、历谱、谶纬、术数一类神秘文化，并非完全是虚妄之说，而是包含着天道运行、终而复始的真理，包含着奥秘天体变化的阴阳消长、盈虚进退、邪正存亡信息，而人对它的知觉感通，断其义，驰其说，骋其辞，就是道德、天命、节令。此天之示予人，人之感于天者也。《易传》讲伏羲"仰则观象于天，俯则观法于地，观鸟兽之文与地之宜，近取诸身，远取诸物，于是始作《八卦》，以通神明之德，以类万物之情"③；《尚书》讲帝尧"命羲和，钦若昊天，历象日月星辰，敬授民时"④；讲帝舜"璿玑玉衡，以齐七政，肆类于上帝，禋于六宗，望于山川，遍于群神"⑤，就是对奥秘天体变化之阴阳消长、盈虚进退、邪正存亡信息的知觉与感通。汉代星象、历谱、谶纬、术数一类文化，不过是将其知觉与感通更加神圣化，使之更具神

① 《史记·封禅书》。
② 《论语·先进》。
③ 《周易·系辞下传》。
④ 《虞书·尧典》。
⑤ 《虞书·舜典》。

秘主义成分而已。但这类知觉与感通，在古代是包含着人的信仰、信念及理性思维，包含着中国文化本于天之精神的；特别是讲以天道本体至精至神存在而立教，更是包含着古华夏民族最高的信仰与信念。因此，对待汉代儒家神秘思维及阴阳灾异之说，虽应指出其神秘主义的虚妄性及非理性，同时亦应该透过它的神秘思维看到理性精神所在。昭、成时期的儒学精神发展也是这样。

太史公说："自初生民以来，世主曷尝不历日月星辰！及至五家、三代，绍而明之，内冠带，外夷狄，分中国为十有二州，仰则观象于天，俯则法类于地。天则有日月，地则有阴阳。天有五星，地有五行。天则有列宿，地则有州域。三光者，阴阳之精，气本在地，而圣人统理之。"然而对于天道变化，太史公更说："推古天变，未有可考于今者"；虽"春秋二百四十二年之间，日蚀三十六，彗星三见，宋襄公时星陨如雨"，然"孔子论《六经》，纪异而说不书。至天道命，不传；传其人，不待告；告非其人，虽言不着"①，总是保持着疑惑审慎态度。但汉儒推演孔子《六经》，特别是推演《书》之《洪范》，《易》之象数，《春秋》之阴阳灾异，则建构起了一个神圣神秘的外部世界；加之汉武帝及成、宣诸帝皆好神仙，方家术士的蛊惑参与，汉代对神圣、神秘世界的崇拜与祭祀，发展到了登峰造极的地步。故成帝建始二年，引起匡衡等人以古礼之制，奏罢诸多淫祀：先后罢黜长安厨官、县官给祠，郡国侯神方士使者所祠四百七十五所；其他像高祖所立梁、晋、秦、巫、九天、南山、莱中之属；武帝所忌冥羊、马行、泰一、皋山君、万里沙、八神、延年之属；宣帝祀参山、蓬山、成山、莱山、四时、蚩尤、仙人、玉女、黄帝、天神之属，也皆被奏罢所祀。② 匡衡虽然因第二年大风坏甘泉竹宫，折拔畤中树木，受到一些人蛊惑诽谤而遭坐事免官，但其理性精神是非常可嘉的！

谷永上书成帝，反对方术挟左道，怀诈伪，以欺罔世主，也是这样。成帝颇好鬼神，晚年无继嗣，听信方家术士之言，祠祭上林苑中长安城旁，以巨大费用，求报无福之祠。谷永上书说："明于天地之性，不可或以神怪。知万物之情，不可罔以非类。诸背仁义之正道，不遵《五经》之法言，而盛称奇怪鬼神，广崇祭祀之方，求报无福之祠，及言世有仙人，服食不终之药"等，"皆奸人惑众，挟左道，怀诈伪，以欺罔世主"；说"听其言，洋洋满耳，

---

① 《史记·天官书》。
② 《汉书·郊祀志下》。

若将可遇。求之，荡荡如系风捕景，终不可得。是以明王距而不听，圣人绝而不语"。因而要求成帝"距绝此类，毋令奸人有以窥朝者"，上善其言。①此乃神秘主义泛滥之际，儒家理性精神之不泯者也。

谷永虽精《京氏易》，故善言灾异，然其于经籍，不仅兴趣广泛，而且义理疏达。其言灾异，多意在谏诫。其讲"臣闻灾异，皇天所以谴告人君过失，犹严父之明诫"；讲"皇天勃然发怒，甲己之间暴风三溙，拔树折木，此天至明不可欺之效也"，就是其谏诫于成帝者。在谷永看来，"皇极"大中之道的存在，天心道心的存在，是不可违背的；《洪范》所讲"貌恭、言从、视明、听聪、思睿"五事，乃是通几微，达天心，成圣哲，谋成功，智慧最为盛大者。有国有天下者，只有建此"皇极"大中之道，以承天心，诚明人的信仰与信念，才能建立起人类社会的法则秩序。此即所谓"明王即位，正五事，建大中，以承天心，则庶征序于下，日月理于上"者也；而若"人君淫溺后宫，船乐游田，五事失于躬，大中之道不立，则咎征降而六极至"。因此，"凡灾异之发，各象过失，以类告人"②。由此可知，即使汉儒精《京氏易》，言灾异，亦意在谏诫，而非纯是巫术之事。

天与人的存在，本来是浑然一体的，天体运行，阴阳消长，盈虚进退，邪正存亡，影响人的心性、情感、情绪与生存状态；而人之体天心，行天道，蓄养自我，陶冶灵性，与天地为一，万物并生，兽见人而不走，鸟见人而不飞，与自然界建立起亲合关系，天自会福报人生，赐予吉祥与幸福；而若人的行为，背天地之道，违万物之性，胡乱砍伐，恣意破坏，游猎无度，竭泽而渔，将整个山脉、水文、地理及各种信息场、生态圈都破坏掉，天的存在自然会危及人类自身，从而报以祸殃。这种天人关系，就是匡衡对元帝所说"天人之际，精禖有以相荡，善恶有以相推，事作乎下者象动乎上，阴阳之理各应其感，阴变则静者动，阳蔽则明者淹，水旱之灾随类而至"③ 感报关系。特别是有国有天下者，若背天意而纵人欲，逆民心而忤天道，作恶多端，湎于酒色，自绝于天，就会造成一种"政治阴阳感应"，造成李寻所说的"坏天文，败地理，涌耀邪阴，湛溺太阳，为主结怨于民，宜以时废退，不当得居位"的政治局面。而若能改过，"诚必行之，凶灾销灭，子孙之福不旋日而

---

① 《汉书·郊祀志下》。

② 《汉书·谷永传》。

③ 《汉书·匡衡传》。

至"。在李寻看来，这种"政治感阴阳，犹铁炭之低印，见效可信者也"①。这样说，虽然有点儿神秘，但它的政治谏诫效应，则是不可忽视的。这正如谷永对成帝所说的那样："失道妄行，逆天暴物，穷奢极欲，湛湎荒淫"等等，就会造成"上天震怒，灾异屡降，日月薄食，五星失行，山崩川溃，水泉踊出，妖孽并见，茀星耀光，饥馑荐臻，百姓短折，万物夭伤"；而若"终不改寤，恶洽变备，不复谴告，更命有德"②，即失德失天下了。由此可知，汉代神秘主义的历史天空下，隐藏着一种怎样强烈的政治理性思维了。

汉儒阐释儒家经典，虽然浸淫邹衍之学及阴阳灾异一类神秘文化，但其为学，与当时的江湖术士还是不一样的。其讲"命者，天之令也"③；讲"大帝紫微宫，不言不动，摇斗运度推精，使五帝修名号"；讲"斗为帝令，出号布政，授度四方"④ 等，都是以北辰为中枢，建立起了一个神秘的宗教性信仰系统的。他们对这个系统之真理性，是抱着真诚信仰态度的，而并非像江湖术士卖狗皮膏药那样用来骗人的。正因为如此，他们讲五德终始，讲阴阳灾异，才敢犯颜直谏，不惧个人安危，显现为一种儒家刚直不阿的理性精神。元帝因地震，问政治得失，匡衡上疏直谏："减宫室之度，省靡丽之饰，考制度，修外内，近忠正，远巧佞，放郑、卫，进《雅》、《颂》，明自然之道，博和睦之化，以崇至仁，匡失俗，易民视，道德弘于京师，淑问扬乎疆外，然后大化可成，礼让可兴"⑤；元延元年，为北地太守，时灾异尤数，谷永上疏说："垂三统，列三正，去无道，开有德，不私一姓，明天下乃天下之天下，非一人之天下也"，谏成帝说："祸起细微，奸生所易。愿陛下正君臣之义，无复与群小媟黩燕饮"⑥；元帝时宦官内戚争斗不已，刘向上书以阴阳灾异警示说："和气致祥，乖气致异。祥多者其国安，异众者其国危，天地之常经，古今之通义也"；谏元帝"揆当世之变，放远佞邪之党，坏散险诐之聚，杜闭群枉之门，广开众正之路，决断狐疑，分别犹豫，使是非炳然可知"，则可"百异消灭，众祥并至，太平之基，万世之利"⑦。凡此等等，都是讲阴阳

<hr>

① 《汉书·李寻传》。
② 《汉书·谷永传》。
③ 《春秋元命苞》卷上。
④ 《春秋元命苞》卷下。
⑤ 《汉书·匡衡传》。
⑥ 《汉书·谷永传》。
⑦ 《汉书·刘向传》。

灾异之变的，但它都是透过神秘主义的宗教思维，讲述儒家正学之道，显示为儒学义理精神的。

儒家经典，幽赞神明，通合天人之道者，莫著乎《易》与《春秋》。然而子贡说："夫子之文章可得而闻，夫子之言性与天道不可得而闻也。"① 汉代推阴阳言灾异者，武帝时有董仲舒、夏侯始昌；昭帝、宣帝时有眭孟、夏侯胜；元帝、成帝有京房、翼奉、刘向、谷永；哀帝、平帝时则有李寻等人。这些人，皆是纳其说于时君的著名人物。然察其所言，料事仿佛一端，其假经设谊，依托象类，或不免被其猜中。然其下场并不美妙，董仲舒下吏，夏侯下狱，眭孟诛戮，李寻流放。因此，班固说："此学者之大戒也。京房区区，不量浅深，危言刺讥，构怨强臣，罪辜不旋踵，亦不密以失身，悲夫！"② 

这些人的学识是有局限性的。例如谷永，虽然泛览经籍，思想也比较不疏达，但其于天官位置上，也只是持《京氏易》，善言灾异而已，"前后所上四十余事，略相反复，专攻上身与后宫而已"。生活圈子也比较小，除与杜钦、杜邺等人交往外，终"不能洽浃如刘向父子及扬雄"③。西汉真正有点大家气象、探索精神，能够转相发明儒家义理的，董仲舒、司马迁之后，就属刘向与扬雄了。这就是后面两章所讲"维护帝国秩序的刘向儒学"及"扬雄的玄学与精神追求"。

---

① 《论语·公冶长》。
② 《汉书·眭两夏侯京翼李传》。
③ 《汉书·谷永传》。

# 第八章 维护帝国秩序的刘向儒学

**内容提要**：笔者在《盛衰论》一书曾说过，自然界包括人类社会阴阳两种力量是普遍存在的，它们不仅相推相摩、相激相荡，亦相感相应、相亲相合。不仅如此，它们在政治领域的存在与运演，一动一静，是互为其根的，而当两种力量运演阴盛阳衰，刚柔失位，最高权力虚弱，潜妄势力太盛时，就会造成政治危机，威胁到帝国秩序。贡禹说："天生圣人，盖为万民，非独使自娱乐而已。"因此，每当国家最高政治权力危机时候，历史上总会产生一些不顾个人安危，为万民争生死，进行历史担当的圣贤明哲，并以他们特有的思维方式与精神世界，维护帝国秩序。汉代刘向就是这样的思想家之一。汉帝国发展到元帝期间，已经危机四伏，各种潜妄势力已威胁到帝国秩序，于是就产生了维护帝国秩序的刘向儒学。

秦汉，不论是始皇"以眇眇之身，兴兵诛暴乱"，为始皇帝，欲"至于万世，传之无穷"，还是刘邦"以布衣取天下"，"非刘氏而王"，皆建立了不同于唐虞"天下为公"及夏、商、周三代以此相继的权力私有帝国。其规模之大，国家之统一，都是前所未有的。秦两世而亡，而汉兴自高祖开国，至武帝之后的昭、宣之世末，则已一百五十多年矣；而至元帝建昭末，已一百七十余年矣。虽然汉帝国也是以武力取得政权的，但它自文帝建立以陈平为首的文官政府，特别是自武帝尊儒术，置五经博士，兴礼乐，《五经》成为主流文化意识形态之后，原来的军事政权已演变成天子代表王室，丞相代表政府，御史代表监察机构，由平民知识分子参加的强大中央集权帝国了。它虽曰"天汉"，并把刘氏王室解释为帝尧的后裔，但帝国的性质则并非是唐虞贵族的，而是多少带有平民政权色彩的。然而它发展到元、成期间，由于自身的腐败及权奸之道盛，帝国根基开始动摇，秩序开始紊乱，走向危机与衰败矣。

汉帝国秩序的危机与衰败，从最高哲学上讲，乃是原于两种政治力量运演所造成的权力失衡。如果说代表王权的"皇极"本体，那么，动而生阳，静而生阴，一动一静，互为其根，一旦阴盛阳衰，刚柔失位，"太极"本体处于弱势地位，就会阴阳失衡，潜妄的阴暗势力，威胁天体正常秩序运演。它落实到政治上，就是阴阳两种政治力量运演，阴盛阳衰，造成权力中心虚弱，阴暗潜妄势力太盛，威胁帝国秩序，使其权力合法性渐渐变为非法性。若溯其源，从历史源头上讲，乃是源于秦帝国两代即亡（即权力崩溃）所释放出来的权力空洞。唐虞时代，天下为公，实行禅让制，不存在这个问题。夏、商、周三代，权力传承方式，虽然有变，但王权"天下为公"的本质，并未改变。故孔子说："唐虞禅，夏后、殷、周继，其义一也。"① 因为权力为公，当国守正之臣，一片天下为公之心，没有任何权力私欲。故不论是伊尹放太甲于桐，还是成王年幼，周公摄政，皆没有因太甲无知或成王年幼，造成权力中心虚弱，而产生潜妄势力，威胁帝国秩序。但发展到秦帝国就不一样了。它以巨大的强势统一天下，并设计了一套崭新的政治制度，称皇称帝，本欲万世，传之无穷。它若真能像孔子说的那样，"必世而后仁"②，获得政权后，改变政道与治道，行仁政于天下，传承几百年，也不是不可能的。但秦始皇听信宠臣方士之言，求仙人不死之药，东巡出游无度，死于路途。胡亥即位，愚昧无知，权力中心虚弱，阴盛阳衰，被权奸赵高架空，二世就亡了。这就给秦帝国之后政治统治留下了一个启示，凡最高权力虚弱时，潜妄势力太盛，就会威胁到帝国秩序。汉代元帝期间，萧望之、周堪等君子之道弱，弘恭、石显等权奸之道盛，威胁到汉帝国秩序，就是这样造成的。

汉儒贡禹说："天生圣人，盖为万民，非独使自娱乐而已。"③ 中国历史上，几乎每个时代都会产生一批适应当时政治需要的圣贤明哲，并且由当时情势造就他特有的思维方式与精神世界，用以维护帝国秩序。汉代刘向就是这样的思想家之一。汉帝国发展到元帝期间，已经危机四伏，各种潜妄势力已威胁到帝国秩序。刘向儒家学说就是为维护帝国秩序而产生的。

刘向（公元前 79 年至公元前 8 年），字子政，本名更生（约公元前 77 年至公元前 6 年），沛人（今江苏沛县），楚元王刘交四世孙，刘歆之父。宣帝

① 《孟子·万章上》。
② 《论语·子路》。
③ 《汉书·贡禹传》。

时，刘向为名儒俊材，讲论《五经》于石渠阁。元帝时，因灾异推论时政得失及弹劾宦官外戚专权，曾两次入狱免官。著《疾谗》《摘要》《救危》及《世颂》，凡八篇，依兴古事，悼己及同类。成帝时复用，更名刘向。当时，外戚王氏专权用事，成帝留意《诗》《书》、古文经，诏刘向领校中《五经》秘书。刘向集合上古以来，历春秋六国至秦汉符瑞灾异之记，推迹行事，比类相从，各有条目，著《洪范五行传论》，凡11篇；以为王教由内及外，自近者始，采《诗》《书》所载贤妃、贞妇，兴国显家可为法则者，著《列女传》，凡8篇；采传记行事，陈为政之要，著《新序》《说苑》，凡50篇，建本体，陈法戒，言得失，以维护帝国秩序；每校一书论，论其指归，辩其讹谬，即写一简明内容提要，辄为一录，汇编成书，谓之《别录》。刘歆据此序录，删繁就简，编成《七略》。《别录》已佚，内容从《汉书·艺文志》可见其大略。它是中国最早的目录学。所著《五经通义》亦亡失，清人马国翰《玉函山房辑佚书》辑存1卷。所作文词也失，明人辑有《刘中垒集》。刘向维护帝国秩序的儒学思想及政治理想，主要集中在《新序》《说苑》两书。

刘向是富有政治思想的儒学家。史说他"为人简易无威仪，廉靖乐道，不交接世俗，专积思于经术，昼诵书传，夜观星宿，或不寐达旦"[1]。刘向的学术思想，主要源于儒家《五经》，由儒家经典阐释出来的，但其以宫中收藏古籍校书，特别是宫中收藏来自民间的古籍校书，思想来源比较杂乱。刘向幼时从父辈那里获得淮南《枕中鸿宝苑秘书》，相信神仙使鬼物为金之术，宣帝时献之，其方不验而被治罪，就是一例。但他作为汉代儒家，其主要学术思想应该说是从儒家经典获得的，著作引《王制》讲"假于鬼神时日卜筮以疑于众者，杀也"[2]，说明他虽讲阴阳灾异，但思想上并非迷信鬼神巫术之道，特别是为维护帝国秩序所撰写的《新序》《说苑》两书，所阐述天道义理与政治思想，乃是源自儒家经传，富于原始儒家精神的，其中以《春秋》立本的政治思想、"众贤和于朝"的政治理想及以俭治奢的仁德政治精神，就是源于他从儒家经传所作阐述。

---

① 《汉书·刘向传》。
② 《说苑·臣术》。

# 一　以《春秋》立本的政治哲学

一个作家只写小品、小玩意，不能写出与社会人生重大主题相关的鸿篇巨制，永远成不了大作家、大文学家；一个画家只会画些与人生意义不相关的花鸟鱼虫，不能绘制反映与宗教主题、人生哲学相关的巨大文化历史画卷，永远成不了大画家；一个音乐家只会谱些哼哼唧唧的小曲调，而不能制作波涛滚滚、大江东去的历史交响乐，永远成不了大音乐家；同样，一个演员一辈子只会跑龙套，演小角色，不能大角色，塑造与社会历史主体相关的永恒艺术形象，就成不了大艺术家。哲学思想家也是如此。哲学思想是否博大，精神境界是否高远，道德品质是否醇厚，主要看他的哲学法向何处，于何处建本立法，不管其神圣还是神秘，所述天道义理是否站得住脚，是否有利于社会人生。观察刘向儒学之政治思想也是这样。

司马迁：“《春秋》推见至隐，《易》本隐以之显。”① 不论是《易》的“至隐”，还是《春秋》的“本隐”，讲本体或本原存在，于天道本体处讲，于形而上学处讲，都是无形无象，看不见、摸不着的。但这不是说不能理解领悟这种形上本体存在，不能达于至精至神至妙境界。朱子在谈到《易》与《春秋》之不同时就曾说过：“《易》以形而上者，说出那形而下者；《春秋》以形而下者，说出那形而上者。”② 此所谓说出，就是以形上最高存在，可贯通形下具体事物；以形下具体事物存在，可揭示所隐藏的形上最高真理。这就是说，讲本体论，讲建本立法，可以像董仲舒那样讲“《春秋》大一统者，天地之常经，古今之通谊也”③；或丙吉那样讲“《春秋》大一统者，六合同风，九州岛共贯”④，于宇宙论上讲，于形而上学高度讲，但也可以于形下处讲，于心性本体上讲。刘向儒学虽有大气象的，且带有神秘主义成分，但他讲本体论，讲建本立法，则是将形上天道本体落实到人间伦理，落实到人间正道正理，以心体性体加以解说的。这就是他提出的以《春秋》之义，建本立法的政治哲学：

---

① 《史记·司马相如传》。
② 《朱子语类》卷六七。
③ 《汉书·董仲舒传》。
④ 《汉书·丙吉传》。

　　孔子曰："君子务本，本立而道生。"夫本不正者末必倚，始不盛者终必衰。《诗》云："原隰既平，泉流既清。"本立而道生，《春秋》之义；有正春者无乱秋，有正君者无危国。《易》曰："建其本而万物理，失之毫厘，差以千里。"是故君子贵建本而重立始。

　　魏武侯问元年于吴子。吴子对曰："言国君必慎始也。""慎始奈何？"曰："正之"，"正之奈何？"曰："明智，智不明，何以见正，多闻而择焉，所以明智也。是故古者君始听治，大夫而一言，士而一见，庶人有谒必达，公族请问必语，四方至者勿距，可谓不壅蔽矣；分禄必及，用刑必中，君心必仁，思君之利，除民之害，可谓不失民众矣；君身必正，近臣必选，大夫不兼官，执民柄者不在一族，可谓不权势矣。此皆《春秋》之意，而元年之本也。"①

　　刘向所谓建本，就是务本慎始、本正源清。在刘向看来，天地万物，本初原始贞正是很重要。大凡本始不贞正者，其后必然走向外邪，最初不刚健者后来必柔弱。故曰"本不正者末必倚，始不盛者终必衰"；故曰"君子贵建本而重立始"。但刘向之所谓建本者，非建草之本、木之本也，乃国之本、人君之本也。故魏武侯问《春秋》隐公元年之义？吴子对曰："言国君必慎始也。"而曰"慎始"者，"正之"也；曰"正之"者，"明智，智不明，何以见正，多闻而择焉，所以明智也"。在刘向看来，惟有明智见正，为君者，始听治，才能"大夫而一言，士而一见，庶人有谒必达，公族请问必语，四方至者勿距，不壅蔽"；才可以做到"分禄必及，用刑必中，君心必仁，思君之利，除民之害，不失民众"；惟有君身心刚健贞正，才能"近臣必选，大夫不兼官，执民柄者不在一族"，才能不会形成"权势"集团，天下才立于贞正。此即刘向所说"《春秋》之意，而元年之本"，亦其"本立而道生，乃《春秋》之义"。而若国本不建，君本不立，国家虚弱，君不刚健中正，实行"近臣必选"，或执民柄者集于一族，那么，就会形成"权势"集团，虚其国，弱其君！这样，就不符合《春秋》大义了。

　　由上可知，虽然刘向讲国君以慎始明智为"《春秋》之义，而元年之本"，与公羊学派董仲舒讲"王正月，大一统也"，在建立君权一元论历史观

------

　　①　《说苑·建本》。

上是一致的，但其所强调的本体论存在，则是不一样的，前者是国权君本，后者是宇宙本体论的"大一统"。之所以如此，乃是由于他们所处时代、历史情势不同，所阐述的为治之道不同。董仲舒所处时代，乃是景帝平六国之乱不久，武帝即位，天下之患，仍处于徐乐所说"在于土崩，不在瓦解"的情势下，此时之贤主，在于"独观万化之原，明于安危之机"①，建立大汉"大一统"之天下；而刘向则是处于君道衰微，权奸之道盛行，将危及帝国秩序之时。故刘向所讲"《春秋》之意，而元年之本"者也。它所强调的是国家之本、君权之本，君心慎始明智之本，而非立"天地之常经，古今之通谊"的宇宙本体论"《春秋》大一统"。但从其所讲"天之所生，地之所养，莫贵乎人，人之道，莫大乎父子之亲，君臣之义；父道圣，子道仁，君道义，臣道忠"；讲"君以臣为本，臣以君为本；父以子为本，子以父为本"② 等，实际上乃是以《春秋》之义，建立帝国政治伦理，以维护其法则秩序。

刘向当时乃是处于君道衰微，权奸道盛之世，所以其讲君道，强调其要有"不固溺于流俗，不拘系于左右，廓然远见，踔然独立"的品格，及"大道容众，大德容下"的胸怀；强调人君以德化天下，"犹风靡草，东风则草靡而西，西风则草靡而东"；强调君主"居其室，出其言善，则千里之外应之；居其室，出其言不善，则千里之外违之。枢机之发，荣辱之主，君子之所以动天地，可不慎"的权威性及政治威仪，并提出警告说，若人君"不是之慎而纵恣焉，不亡必弑"。此乃是以《春秋》之义，立君道之威仪，维护汉帝国秩序者也。在刘向看来，"天子失道，则诸侯尊矣；诸侯失政，则大夫起矣；大夫失官，则庶人兴矣"。因此，"人君不可不察而大盛其臣下，此私门盛而公家毁也，人君不察焉，则国家危殆矣。筦子曰：'权不两错，政不二门。'故曰：胫大于股者难以步，指大于臂者难以把，本小末大，不能相使也"③。

但这不等于刘向主张寡头政治，理政不要集贤任能。刘向讲"山薮藏矣，川泽纳污，国君含垢，天之道也"；讲"开天下之口，广箴谏之路，则太平之风，可兴于世"④；讲"明主者有三惧，一曰处尊位而恐不闻其过，二曰得意而恐骄，三曰闻天下之至言而恐不能行"，就是要求君主得贤敬士，以治天下

----

① 《汉书·徐乐传》。
② 《说苑·建本》。
③ 《说苑·君道》。
④ 《说苑·贵德》。

的。但君主不能因此不判断是非，不独立判断而人云亦云，一任各种政治思潮荡漾逸出，那样将造成政治危机、国家灾难。故曰"不能独断，以人言断者殃也"。因为不能独立判断，人云亦云，就会"不能定所去，以人言去；不能定所取，以人言取；不能定所为，以人言为；不能定所罚，以人言罚；不能定所赏，以人言赏"，人云亦云，只是随着各种政治主张流荡，最后必然是"贤者不必用，不肖者不必退，而士不必敬"，天下之至言不闻。如此，则君本不立，帝国秩序破坏，天下不可治矣。此"不能独断，以人言断者殃"者也。

做国君的，既要闻天下之至言，又要善于独立判断，自然要很高的智慧与道德标准。刘向认为，"人才虽高，不务学问，不能致圣"；"愚者妄行，不能保身"，要想致圣，要想立本保身，只有"勤于学问以修其性"，若"诚能砥砺其材，自诚其神明，睹物之应，信道之要，观始卒之端，览无外之境，卓然独立，超然绝世，此上圣之所游神也"，即圣人高尚之精神世界，经过这种修养，"水积成川，则蛟龙生焉；土积成山，则豫樟生焉；学积成圣，则富贵尊显至焉"。故曰"夫学者，崇名立身之本也"①。这乃是刘向以《春秋》之义建本，对君主提出的最高道德精神要求。

刘向以《春秋》之义建本，不仅对君主提出了最高道德精神要求，更以此提出了为政之道的最高要求。他说："政有三品：王者之政化之，霸者之政威之，强国之政胁之，夫此三者各有所施，而化之为贵矣。"所谓化，就是圣王立德，以教化天下，使民慕义礼之荣，而恶贪乱之耻。虽然"化之不变而后威之，威之不变而后胁之，胁之不变而后刑之"，但从根本上说，威胁刑法，皆非王者之所贵。最为根本的王德与治国之道，是爱护人民，使人民富裕起来。故曰"治国之道，爱民而已"。爱民就是"利之而勿害，成之勿败，生之勿杀，与之勿夺，乐之勿苦，喜之勿怒"②。在刘向看来，人民乃是天的存在；贵天，乃在贵民。因为"所谓天者，非谓苍苍莽莽之天也；君人者以百姓为天，百姓与之则安，辅之则强，非之则危，背之则亡"③；为君不能仁爱人民，人民贫穷不堪，相怨一方，"民怨其上，不遂亡者，未之有也"。惟有实行王者教化又能富民，才是最好的为政之道。故曰："富之，既富乃教之

---

① 《说苑·君道》。
② 《说苑·政理》。
③ 《说苑·贵德》。

也，此治国之本也。"① 这就是说，要维护帝国的秩序，不仅需要礼教，更必须富裕；只有在富裕基础实行礼义教化，才是有效的。特别是讲"天之生人也，盖非以为君也；天之立君也，盖非以为位也。夫为人君行其私欲而不顾其人，是不承天意忘其位之所以宜事也，如此者，春秋不予能君而夷狄之"②；特别是为君者"解于义而纵其欲，则灾害起而臣下僻"时，造成潜在的政治危机，更是强调了上古以来的一个政治哲学信念，即"天下者乃天下人之天下，非一人之天下"。刘向的治国之道，已不仅仅是以《春秋》之义建本问题，更涉及一个新的命题，即一个社会发展到一定程度，如何防止政治上的腐败与堕落。这就是刘向儒学立于天道义理，所提出的任贤治奢之策。

## 二　立于天道义理的任贤治奢之策

刘向不仅处君道衰微、权奸道盛之世，而且生存在汉朝走向政治腐败、潜伏各种危机的时期。这是他必须面对的世界，也是其学说必须解决的问题。

那么，这种腐败与危机是怎样造成的呢？秦朝废除井田制，实行亩税制，已开始土地兼并及社会两极分化："庶人之富者累巨万，而贫者食糟糠，有国强者兼州域，而弱者丧社稷"；及至于始皇，遂并天下，"竭天下之资财以奉其政，犹未足以澹其欲也"。汉承秦敝，虽约法省禁，轻田租，量吏禄，度官用，以赋于民，然山川、园池、市肆租税之入，自天子以至封君汤沐邑，皆各为私奉养，不领于天子之经费，而官都之收入，不过数十万石。背本趋末，水旱之灾，急政暴虐，赋敛不时，民失作业而大饥馑。于是有卖田宅、鬻子孙以偿责者，而商贾大者积贮倍息，小者坐列贩卖，操其奇赢，日游都市，乘上之急，所卖必倍。故男不耕耘，女不蚕织，衣必文采，食必粱肉。商人兼并农人，农人流亡者也。造成了晁错上书所说的"今法律贱商人，商人已富贵矣尊农夫，农夫已贫贱矣"的情势；造成了"俗之所贵，主之所贱也；吏之所卑，法之所尊也。上下相反，好恶乖迕，而欲国富法立，不可得"的局面。高祖、文帝、景帝尚俭，及至武帝，因文、景之蓄，忿胡、粤之害，即位数年用兵，费以亿计，国库大空。富商贾或滞财役贫，封君皆氐首仰给焉。实行煮盐专制，财或累万金，虽欲佐公家之急，所置盐铁之官，皆与天

① 《说苑·贵德》。
② 《说苑·君道》。

下争利，黎民愈穷困；而郡国铸五铢钱，本末不相称，商贾以币之变，积货逐利，更造成了通胀民贫。成、元之时，虽已停止对外用兵，天下已息兵革之事，然追求安乐享受，俗好豪华靡费，国家已不以蓄养积累为意，走向了豪华奢侈。当整个社会人生以利益为最高价值追求与终极目的时，伦理道德与天理良知也就淹没在冰冷的算计与无情的冲突之中了；加之权奸道盛，淫祀泛滥，社会已无中坚力量，堕落衰败之势成矣！欲求不腐败，天下太平，难矣！此汉帝国之衰者也。

元帝时，贡禹曾上书，陈述当时社会矛盾发展与政治腐败现状说：

> 孝文皇帝时，贵廉洁，贱贪污，贾人、赘婿及吏坐赃者皆禁锢不得为吏，赏善罚恶，不阿亲戚，罪白者伏其诛，疑者以与民，亡赎罪之法，故令行禁止，海内大化，天下断狱四百，与刑错亡异。武帝始临天下，尊贤用士，辟地广境数千里，自见功大威行，遂从耆欲，用度不足，乃行一切之变，使犯法者赎罪，入谷者补吏，是以天下奢侈，官乱民贫，盗贼并起，亡命者众。郡国恐伏其诛，则择便巧吏书习于计簿能欺上府者，以为右职。奸轨不胜，则取勇猛能操切百姓者，以苛暴威服下者，使居大位。故亡义而有财者显于世，欺谩而善书者尊于朝，悖逆而勇猛者贵于官。

面对这种政治腐败的颓势与危机局面，贡禹上书元帝时，曾进谏说："欲兴至治，致太平，宜除赎罪之法。相、守选举不以实，及有赃者，辄行其诛，亡但免官"，并提出"贵孝弟，贱贾人，进真贤，举实廉"，"进忠正，诛奸臣，远谄佞，罢倡乐，绝郑声，去甲乙之账，退伪薄之物，修节俭之化，驱天下之民皆归于农"[①] 的建议。这些建议无疑是非常具有针对性的，但其为政策与治策，并没有更深哲学义理的阐释。

一个时代要解决它所遇到的根本问题，特别是牵涉到政治信仰、信念与理念的问题，若在根本理论上得不到解决，或者说不能获得真实无妄之理，"名不正，言不顺"，以虚妄之说治天下，是不可能不陷入错误道路的。汉儒虽然于"理"上并不纯粹，然其言"天"处，则是浑然一体、相当深厚的。

---

① 《汉书·贡禹传》。

刘向的儒学，就是其中之一。

刘向虽然也讲当时的政治危机，有时甚至是冒着生命危险，上书直指王氏及权贵大臣，讲弘恭、石显等专权误国，讲"大臣操权柄，持国政，未有不为害者"的，但他更多的时候，是从纯哲学的角度讲这些问题的。他讲"贤不肖混淆，白黑不分，邪正杂糅，忠谗并进"，所造成的危机，就是从儒家《易》学阴阳之道、损益泰否之理，讲这个问题的：

> 原其所以然者，谗邪并进也。谗邪之所以并进者，由上多疑心，既已用贤人而行善政，如或谮之，则贤人退而善政还。夫执狐疑之心者，来谗贼之口。持不断之意者，开群枉之门。谗邪进则众贤退，群枉盛则正士消。故易有"否""泰"。小人道长，君子道消，君子道消，则政日乱，故为"否"。否者，闭而乱也。君子道长，小人道消，小人道消，则政日治，故为"泰"。泰者，通而治也。

整个宇宙、自然界及人类社会，皆是存在着阴阳两种力量、正负两种能量的，政治生态环境的存在也是这样。这两种力量、能量，是既相推相摩、相激相荡，又相感相应、相契相合，存在着进退、损益、泰否诸多关系的。当阳刚力量处于主导地位，正能量处于旺盛之时，天地泰然，万物熙熙，一片光明；而当阴柔力量、负能量不断侵蚀、腐败、剥落阳刚的力量，损害正能量，并处于主导地位时，则天昏地暗，万物衰败，正大光明消失。此《易》学阴阳之道，"损""益""泰""否"之理也。它表现在政治生态领域，就是君子与小人、贤人与奸邪之道的进退，真理与虚妄、善良与邪恶之势的消长。当君子贤人之道长，真理、善良处于中正通畅地位时，则天下治理，此即刘向所说"君子道长，小人道消，小人道消，则政日治"者也；而当阴柔邪恶势力占优势的时候，天下则处乱世也，此即刘向所说"小人道长，君子道消，君子道消，则政日乱"者也。特别是当"太极"之道，"皇极"大中之体，不能主宰阴阳两种力量的相推相摩、相激相荡及其进退消长的时候，或者被阴柔力量胁迫的时候，就会造成天地万物的乖离异常。它在政治生态中，就是最高权力中心虚弱，被邪恶势力胁迫，就会造成整个政治腐败、堕落及危机！

西汉王朝，至成、元时，国家权力先后被权奸外戚把持，帝王最高权力已成虚位，特别是成帝时，帝元之舅王凤为大将军秉政，倚靠太后，专权当国，兄弟七人皆封为列侯，外戚权贵势重，帝王最高权力被胁迫，造成了"无以率道"衰弱，及"帝王之道日以陵夷，意招贤选士之路郁滞而不与"①情势。刘向讲《易》学阴阳之道、损益泰否之理，讲"乘权借势之人，子弟鳞集于朝，羽翼阴附者众"等，实际上乃是针对权奸外戚当国，把持权力，所造成政日乱、国日危的。在他看来，"众邪之积，祸无不逮也"②。一切政治危机，亡国之祸，皆是阴柔邪恶势力积累的结果。惟用贤人，行善政，改变贤不肖之易位，使阳刚中正的力量健行天下，才能挽救帝国衰败危亡，维护其秩序存在，才是"泰者，通而治"的天下。

这在当时，主要的是尊贤贵德，抑制腐败堕落，实现仁爱天下的王德政治。在刘向看来，"治乱之端，在乎审己而任贤也。国家之任贤而吉，任不肖而凶"。是故，"人君之欲平治天下而垂荣名者，必尊贤而下士。夫朝无贤人，犹鸿鹄之无羽翼也，虽有千里之望，犹不能致其意之所欲至矣"。惟有尊贤下士，才能像《易》之所说："自上下下，其道大光。"刘向认为，"尊贤者而贱不肖者，贤者负任，不肖者退，是以分别而相去"，乃是帝王的责任。而要尊贤者而贱不肖，要贤者负任，不肖者退，就要分辨抑制小人。因为"夫美女者，丑妇之仇也。盛德君子，乱世所疏也。正直之行，邪枉所憎也"，故帝王"远近之人，不可以不察也"③。此亦是刘向讲"君子道长，小人道消"之理也。

讲尊贤下士，讲"君子道长，小人道消"之理，最为要紧的是抑制奢侈，解决政治腐败，化解政治危机。在刘向看来，惟"贤君之治国，其政平，其吏不苟，其赋敛节，其自奉薄，不以私善害公法"④；惟有贤人君子，才"通乎盛衰之时，明乎成败之端，察乎治乱之纪，审乎人情。知所去就，故虽穷不处亡国之势，虽贫不受污君之禄"⑤，保持清醒的头脑和清廉的作风。"成帝时，天下亡兵革之事，号为安乐，然俗奢侈，不以蓄聚为意"⑥，已经走向

---

① 《汉书·成帝纪》。
② 《说苑·丛谈》。
③ 《说苑·尊贤》。
④ 《说苑·政理》。
⑤ 《说苑·杂言》。
⑥ 《汉书·食货志上》。

奢侈，造成政治危机。刘向讲"齐宣王为大室，三年不能成，群臣莫敢谏者"①，实乃刺奢也。刘向认为，这种奢侈乃是国家政治走向腐败堕落者也，非常危险！在刘向看来，"王国富民，霸国富士"，而"仅存之国富大夫，亡道之国富仓府"，乃是"上溢而下漏"②的财政政策与敛财之道，它迅速造成两极分化与对立乃是不祥之兆。这自然不是不要国家积累，但刘向认为，国家积累在于藏富于民。"夫君者民之父母，取仓之粟，移之于民"，应知"此非吾之粟"的道理，"粟之在仓与在民，于我何择？"惟天下之民，皆"知其私积与公家为一体也"，皆"知富邦"③的道理，才能达到国家财富积累的目的。刘向认为，"圣人之于天下百姓也，其犹赤子乎。饥者则食之，寒者则衣之，将之养之，育之长之，唯恐其不至于大也"。因此，"圣王布德施惠，非求报于百姓也"，但"山致其高，云雨起焉。水致其深，蛟龙生焉。君子致其道德，而福禄归焉"④；"道之所在，天下归之。德之所在，天下贵之。仁之所在，天下爱之。义之所在，天下畏之。屋漏者，民去之。水浅者，鱼逃之。树高者，鸟宿之。德厚者，士趋之。有礼者，民畏之。忠信者，士死之"⑤。可知刘向讲任贤能以治奢，实乃以厚王德为其政治精神导向的。这些政治精神，是建立在儒学基础上，显示为《易》学阴阳之道、损益泰否之理的。

讲任贤能以治奢，提倡君子之道及其刚健中正精神，反对阴柔奸邪的存在，无疑是刘向儒学所蕴藏的积极向上政治精神，但这并不是说他于宇宙阴阳两种力量之交互感中追求单方面的偏颇存在，或在政治生态中主张一方压抑一方、打击一方、消灭一方。否也！他是以追求政治和谐而为大治的。这就是他"众贤和于朝"的理想思想。

## 三　"众贤和于朝"的政治理想

中国圣贤明哲，自唐虞时候起，就讲聪明文思，光宅天下，允恭克让，光被四表，格于上下，察天地之道，观万物之和，就从天道法则、宇宙秩序存在，获得一种博大道德感与政治精神，那就是有国有天下者，不仅要克明

---

① 《说苑·刺奢》。
② 《说苑·政理》。
③ 《说苑·刺奢》。
④ 《说苑·贵德》。
⑤ 《说苑·丛谈》。

俊德，以亲九族，更要平章百姓，协和万邦，使天下黎民随变和化，至于风和俗淳天地。天下之治，要至此天地，有国有天下者，就不能自私，不能只考虑家族及小集团的利益，不能实行孤家寡人政治，也不能陷入佞邪险诐群枉之门，而要以天地之道，乾元之德，博大无私，治理天下，具有一种兼覆兼载、道济天下品格，其为政也，能使"万物并育而不相害，道并行而不相悖"，天地歙合，万物并流。这就是立于天地之道的中和之理，就是儒家所讲"致中和，天地位焉，万物育焉"① 的道理。

刘向"众贤和于朝"的政治理想，就是立于"致中和，育万物"的儒家哲学基础上提出来的。他说：

> 臣闻舜命九官，济济相让，和之至也。众贤和于朝，则万物和于野。故箫《韶》九成，而凤皇来仪；击石拊石，百兽率舞；四海之内，靡不和宁。及至周文，开基西郊，杂沓众贤，罔不肃和，崇推让之风，以销分争之讼。文王既没，周公思慕，歌咏文王之德，其《诗》曰："于穆清庙，肃雍显相。济济多士，秉文之德。"当此之时，武王、周公继政，朝臣和于内，万国欢于外，故尽得其欢心，以事其先祖。其《诗》曰："有来雍雍，至止肃肃，相维辟公，天子穆穆。"言四方皆以和来也。诸侯和于下，天应报于上，故《周颂》曰"降福穰穰"。此皆以和致和，获天助也。

在刘向看来，惟"济济相让"，才能达到政治上的最高和谐；惟"众贤和于朝"，致天下和平，才能"万物和于野"。这也就是"致中和，天地位焉，万物育焉"存在。刘向最为理想的和谐政治，是唐虞时期的"四海之内，靡不和宁"及周公执政时期的"崇推让之风，以销分争之讼"的"杂沓众贤，罔不肃和"的政治和谐，及其所达到的"朝臣和于内，万国欢于外"，"尽得其欢心，以事其先祖"的状态。它也就是刘向所讲的，以文王、周公之德，"以和致和"存在。在刘向看来，惟有"以和致和""济济相让"，才能达"至和"状态；惟"众贤和于朝，则万物和于野"，实现至和，才能"诸侯和于下，天应报于上"，得到上天之助。可知，刘向之政治理想，乃是天人协和

---

① 《礼记·中庸》。

之最高存在！

刘向认为，"和气致祥，乖气致异"，"祥多者其国安，异众者其国危，天地之常经，古今之通义也"。在他看来，"今贤不肖浑淆，白黑不分，邪正杂糅，忠谗并进，朝臣舛午，胶戾乖剌，更相谗诉，转相是非"，及"乘权借势之人，子弟鳞集于朝"，不断党争，已经造成"日月无光，雪霜夏陨，海水沸出，陵谷易处，列星失行"的乖异之象，并且认为，此皆"怨气之所致也"①。在刘向看来，要平此怨气，就要遵守"天地之常经，古今之通义"，解决"和气致祥，乖气致异"的问题；而这惟有"遵衰周之轨迹，循诗人之所刺，而欲以成太平，致《雅》、《颂》，求及前人"才行。可知刘向之政治理想世界，乃是消除阴邪怪异之存在，追求一个祥和之治也。

但这不等于说刘向政治理想为单极世界。刘向政治理想，无疑是以《易》学天地之道、阴阳之理为基础的。这一点，从他引《易传》，讲"一阴一阳之谓道，道也者，物之动莫不由道也"②，可以看出来。在刘向看来，天地、宇宙之间，阴阳两种力量或两种势力，总是处于此消彼长、此进彼退的状态，是不能势均力敌存在的。故曰："意不并锐，事不两隆，盛于彼者必衰于此，长于左者必短于右。"③ 问题是怎样驾驭这两种力量或势力。刘向是讲任贤治奢的政治思想家，自然不主张阴柔奸邪的势力占据主导地位。因为"国家之任贤而吉，任不肖而凶"，"尊贤者而贱不肖者，贤者负任，不肖者退，是以分别而相去"。但是，只是阳刚的力量存在，没有阴柔的力量，失去两种力量的平衡与相互制约也是不行的。故曰："侮贤者而轻不肖者，贤不肖俱不为用，是以亡也。"④

因此，要想实现政治上最高和谐状态，最为根本的原则，就是为君者，以天地之大德，兼覆兼载，道济天下，不仅要依靠贤者，依靠阳刚的力量，亦要团结兼载阴柔的力量，使"万物并育而不相害，道并行而不相悖"，各执力量或势力都能放任自得之场而不相互伤害。这样，为君者自然要有高尚的道德、博大的胸怀，不仅要"清净无为，务在博爱，趋在任贤"，而且要"廓然远见，踔然独立"，特别是要有一种大道的旷然胸怀，要有容量，容异己，

---

①　以上所引皆见《汉书·刘向传》。

②　《说苑·辨物》。

③　《说苑·丛谈》。

④　《说苑·尊贤》。

容不同政见，容反对自己的人。"大道容众，大德容下"，"无为而能容下"①，不仅是人君做事应有的胸怀，也是人君应有的品格。人君有此品格，才能"睿作圣"，"众贤和于朝，则万物和于野"，顺安万物，造就升平和睦世界，建立起帝国永恒法则秩序。

建此理想，建此永恒法则秩序，自然是不容易的。因为天下并非一姓永恒之天下，"世之长短，以德为效，故常战栗，不敢讳亡"。此即孔子所谓"富贵无常"② 者也。所以富贵无常，就是善能不能传于子孙的问题。因此，刘向认为，要建立和谐的政治理想及永恒法则秩序，除了以至公之德，推恩于天下，把国家积累用于民生之外，更为重要的问题是解决"官二代""富二代"的教育问题。在刘向看来，"虽有尧、舜之圣，不能化丹朱之子。虽有禹、汤之德，不能训末孙之桀、纣。自古及今，未有不亡之国"，故高祖灭秦，"依周之德"③。刘向引孔子之言说："以富贵为人下者，何人不与？以富贵敬爱人者，何人不亲？"④ 引孟子之言说："推恩足以及四海。不推恩不足以保妻子，古人所以大过人者无他焉，善推其所有而已"⑤，都说明至公之德，推恩于天下，解决民生问题的重要。但他认为，解决"官二代""富二代"的教育问题，更是绵延帝国秩序的根本。故曰："夫世子者，国之基也，而百姓之望也；国既无基，又使百姓失望，绝其本矣。"⑥

要上下和谐，建立帝国永恒秩序，刘向认为必须以礼乐教化天下。刘向认为，"礼乐者，行化之大者也"。它是圣人本天道，修礼文，设庠序，陈钟鼓，以行德化的所在，是教化天下，可善民心，节民性，使人安其位，不相夺的所在。君子与小人之分，人与禽兽之别，全在于有无礼义教化。故曰"君子无礼，是庶人也。庶人无礼，是禽兽也"⑦。因此，刘向认为，国家欲含生气之和，道五常之行，上下和谐，建立秩序，无不以礼教治天下也。无礼而能治国家者，未之闻也，并引孔子之言说："成人之行达乎情性之理，通乎物类之变，知幽明之故，睹游气之源，若此而可谓成人。既知天道，行躬

---

① 《说苑·君道》。
② 《汉书·刘向传》引。
③ 上引均见《汉书·刘向传》。
④ 《说苑·杂言》。
⑤ 《说苑·贵德》。
⑥ 《说苑·建本》。
⑦ 上引皆见《说苑·修文》。

以仁义，饬身以礼乐。夫仁义礼乐成人之行也，穷神知化德之盛也。"① 这就是他讲的"大圣至治之世，天地之气合以生风"② 的最为美好的社会政治形态。

这种美好社会政治形态，既是刘向的政治理想，也包含着他的文化观及汉儒的宗教信仰，特别是当他将理想世界与神秘上天存在联系在一起的时候，更显现出汉儒特有的神圣宗教信仰。但他的这种信仰尚是理性的，并没有完全陷入非理性的神秘主义，在汉代神秘主义泛滥的背景下，尚存在着一种清醒的理性精神。这是研究刘向儒学不可忽视的。

## 四 "公生明偏生暗"的理性精神

中国文化虽然是早熟的，隐退上帝，代之以"道"的存在，以宇宙原理，天道法则，建立信仰信念，无疑是理性的，但讲"以神道立教"③；讲"天则不言而信，神则不怒而威"④；讲天道本体的至精至神存在，还是带有神圣性的；特别是讲"精气为物，游魂为变，知鬼神之情状"；讲"阴阳莫测之谓神"⑤；讲"神者，妙万物而言之也"⑥；以及讲万物的灵性与生命精神，更是带有泛神论信仰倾向的。这发展到汉代，就是神圣的天道信仰及泛神的淫祀。由此可以看出，汉代神秘主义泛滥，固然有政治合法性解释的因素，但也是它文化哲学神圣传统及神秘存在的。因此，我们不能笼统地看待汉代神秘主义存在，它存在着非理性淫祀现象亦包含着汉代神圣合理的宗教信仰。这是汉代儒学普遍存在的问题。

刘向儒学也是这样。当他讲古者圣王，"定律历，考天文，揆时变，登灵台以望气氛"，讲尧曰"咨尔舜，天之历数在尔躬，允执其中"；讲《书》曰"在璇玑玉衡，以齐七政"时，无疑继承了唐虞时期"唯天为大""惟精惟一"的哲学精神。但当他讲"璇玑谓此辰勾陈枢星也，以其魁杓之所指二十

---

① 《说苑·辨物》引。
② 《说苑·修文》。
③ 《周易·象上传》。
④ 《礼记·乐记》。
⑤ 《周易·系辞上传》。
⑥ 《周易·说卦传》。

八宿为吉凶祸福；天文列舍盈缩之占，各以类为验"① 时，则把天道变化成了神秘的星象、占卜学，并赋予了阴阳灾异、吉凶祸福的神秘性。

但总的说来，刘向在汉代神秘主义泛滥之际，虽然亦讲阴阳灾异，但在精神上还是比较理性的。这一点，如果将他对阴阳灾异的解释与董仲舒比较，就能较为清楚地看出来。如《春秋》严公（即庄公）二十年说："夏，齐大灾。"大灾，即大疫流行。董仲舒以为，齐国之所以有此大灾害，乃是因为鲁夫人哀姜淫于齐，齐桓姊妹不嫁者七人，丧德伤本造成的。因为"国君，民之父母。夫妇，生化之本。本伤则末夭，故天灾所予也"，即上天给予的惩罚。而刘向则认为，齐桓公好色，听女人的话，"以妾为妻，适庶数更，故致大灾"②，即桓公不寤，及死，适庶分争，九月不得葬，尸虫出户造成的。董仲舒的解释，虽涉及丧德伤本的伦理道德问题，但把齐国大灾流行看成是上天惩罚，则是带有非理性神秘主义的。而刘向的解释则偏重于知识理性及人之不觉悟。再如《春秋》昭公十八年说"五月壬午，宋、卫、陈、郑灾"，即四国同日遭受火灾。董仲舒对此解释，以为象征着王室将乱，天下莫救，故灾四国，意思是说，此乃亡周四方之国也。加上宋、卫、陈、郑之君，皆荒淫于乐，不恤国政，与周室同行，"阳失节，则火灾出，是以同日灾也"③。而刘向则认为，"宋、陈，王者之后。卫、郑，周同姓也。时周景王老，刘子、单子事王子猛，尹氏、召伯立王子朝。朝，楚之出也。及宋、卫、陈、郑皆外附于楚，无尊周室之心。后三年，景王崩，王室乱，故天灾四国"④。虽然董仲舒、刘向的解释都涉及人事及心向问题，但董氏不论是将其解释为象征着王室将乱，还是四国荒淫造成"阳失节，则火灾出"，都是充满神秘主义的。而刘向从景王时期血缘政治关系疏远及当时四国分离主义倾向，解释"景王崩，王室乱，故天灾四国"，则是符合当时政治现实及历史逻辑的。其他，像对《春秋》成公十六年"正月，雨，木冰"，即冰挂的解释，刘向认为，"冰者，阴之盛，木者少阳，贵臣卿大夫之象也。此人将有害，则阴气胁木，木先寒，故得雨而冰也。是时叔孙侨出奔，公子偃诛死"⑤。虽然刘向解释冰挂现象与"叔孙侨出奔，公子偃诛死"联系起来，有点神秘主义味道，

---

① 《说苑·辨物》。
② 《汉书·五行志上》。
③ 《汉书·五行志上》。
④ 《春秋穀梁传》卷一八。
⑤ 《春秋穀梁传》卷一四。

但他对冰挂形成本身的解释，却是充满自然知识的。他甚至对灾异本身的解释，也是看作自然现象的。如他说："天所以有雷霆风雨霜雪雾露，何欲成岁润万物，因以见灾异也。"① 从这些解释可以看出，在汉代神秘主义泛滥背景下，知识理性也在发展，尽管它的解释常常伴随神秘思维，但知识理性发展，则使中国本于天文化哲学并没有因神秘主义泛滥，全部回归到宗教神学上去，而是仍然保持着"定律历，考天文，揆时变"的根本精神。

这并不是说刘向儒学只有知识理性，而没有价值理性、没有价值判断的理性精神。刘向讲上天存在，讲文王灵台之设等，都是从人的道德领悟讲其神圣性存在，讲价值判断的。刘向曾引孔子所讲"巍巍乎！惟天为大，惟尧则之"，讲尧之所以将天道法则"推之于此，刑之于彼，万姓之所戴，后世之所则"，乃是因其德大至公也。在他看来偏私、不诚实、没有灵性，是不能获此道德感与神圣存在的。故曰："公生明，偏生暗，端悫生达，诈伪生塞，诚信生神，夸诞生惑，此六者，君子之所慎也。"② 刘向虽然讲"神灵者，天地之本，而为万物之始也"③，然其讲"古者圣王既临天下，必变四时，定律历，考天文，揆时变，登灵台以望气氛"形成，及"知幽明之故"，还是"天文地理、人情之效存于心，则圣智之府"④ 的存在。文王灵台之设及道德感的获得也是这样。在刘向看来，文王设灵台，乃在于"修礼文，设庠序，陈钟鼓，天子辟雍，诸侯泮宫，以行德化"；而"灵台之所以为灵者，积仁也"，是"积恩为爱，积爱为仁，积仁为灵"⑤ 的积累与发展。由此可以看出，刘向讲上天存在，讲灵台之设的自然理性认识，乃是建立在"公生明，偏生暗"的价值理性基础上的，是以此为根本前提，蕴含着道德精神的。

这也是与刘向的学术渊源联系在一起的。这一点，从刘向与董仲舒不同学术继承上可以看得更清楚。伏羲《八卦》之作，《易传》讲得很清楚，就是"包牺氏之王天下也，仰则观象于天，俯则观法于地，观鸟兽之文与地之宜，近取诸身，远取诸物，于是始作八卦，以通神明之德，以类万物之情"⑥。这就是说，《八卦》之作及精神产生，虽然"观鸟兽之文与地之宜，近取诸

---

① 刘向：《五经通义》，见《玉函山房辑佚书·五经总类》。
② 《说苑·至公》。
③ 《说苑·修文》。
④ 《说苑·辨物》。
⑤ 《说苑·修文》。
⑥ 《周易·系辞下传》。

身，远取诸物"，有各种观察与内心体验，但主要是"仰则观象于天，俯则观法于地"，根据天地的法则制定的。但汉儒根据《易大传》所说"天垂象，见吉凶，圣人象之；河出图，洛出书，圣人则之"①，则把《八卦》与《河图》《洛书》联系起来。刘歆则更分辨之，把《河图》《洛书》分别视为《八卦》《洪范》的不同来源，讲"虙羲氏继天而王，受《河图》，则而画之，《八卦》是也。禹治洪水，赐《洛书》，法而陈之，《洪范》是也"②。刘歆此说多大程度上是否受父亲刘向的影响不得而知，但刘向著《洪范五行传论》11篇，集上古以来历春秋六国至秦汉符瑞灾异，以"推迹行事，连传祸福，著其占验，比类相从"③，可知其学原于《洪范》也。有此不同学术源头，所以班固比较刘向与董仲舒的学术不同说："董仲舒治《公羊春秋》，始推阴阳，为儒者宗。刘向治《穀梁春秋》，数其祸福，传以《洪范》，与仲舒错。"④ 笔者在本书第一卷第二章讲由《九丘》发展到《洪范》九畴时就曾指出，《洪范》较之《九丘》，不仅在知识分类上愈来愈明确，而且理论范畴也愈来愈纯正。董仲舒以《公羊春秋》推阴阳灾异，虽然也本于天道法则，但充满齐学的驳杂。而刘向以《公羊春秋》数其祸福，传《洪范》，虽然也充满神秘主义，但其义理毕竟出于儒家正学，相对说来则比较纯正些。

刘向的学术根基是非常深厚的。他于宣帝五凤三年诏受《穀梁春秋》，成帝河平三年受诏领校秘书，以中古文校汉宫中所藏古文经籍。刘向讲六艺传记及诸子、诗赋。他把古籍分为七类，每校一书，简要写出内容与评价，汇集在一起，称为《七略别录》，简称《别录》。刘向死后，刘歆继承父业，在《别录》的基础上删减为《七略》。刘向《别录》虽然已失，但刘歆《七略》大体可见于《汉书·艺文志》。刘向以中古文校宫中古籍，作《别录》，有点孔子编辑整理上古《诗》《书》《礼》《乐》的性质。它虽无孔子在文化上集上古之大成的继承性，但也不只是目录分类学价值，而是在陈发秘臧、校理旧文的基础上，作出了自己的评价，弥合了古籍的文化精神。它是古文经学的，也是汉儒文化精神的，是与当时回归儒家正学的精神发展联系在一起的；是与后来刘歆继承父业，校集群书联系在一起的。故这一部分内容就不单独

---

① 《周易·系辞上传》。
② 《汉书·五行志上》。
③ 《汉书·刘向传》。
④ 《汉书·五行志上》。

叙述，附录于"刘歆古文经的精神发明"了。

## 五　附：刘歆古文经的精神发明

刘歆，字子骏，刘向少子，以通《诗》《书》，能属文，召见成帝，为黄门郎。河平中，受诏与父刘向领校秘书，史说其"讲六艺传记，诸子、诗赋、数术、方技，无所不究"①。刘向死后，刘歆承父业，复为校尉。哀帝初即位，大司马王莽举刘歆宗室有材行者，为侍中太中大夫，迁奉车光禄大夫，复领《五经》讲授，接父前业。刘歆集六艺群书，在父亲《别录》基础上，别为《七略》。《汉书·艺文志》说："会向卒，哀帝复使向子侍中奉车都尉歆卒父业。歆于是总群书而奏其《七略》，故有《辑略》，有《六艺略》，有《诸子略》，有《诗赋略》，有《兵书略》，有《术数略》，有《方略》。"刘歆《七略》多大程度上删改了父亲《七录》，尚难考定，但《隋书·经籍志》说："《七略》七卷，刘歆撰。"由此可知刘歆《七略》的独立地位。《七略》久失，大体可见《汉书·艺文志》。现在《问经堂丛书·经典集林》有洪颐煊辑《刘歆七略》一卷；《全前汉文》有严可均所辑《七略》；《玉函山房辑佚书续编·史编总类》，有王仁俊辑《七略》一卷等。

哀帝崩，王莽持政，因莽少与歆俱为黄门郎，非常重刘歆，告诉太后。太后留刘歆为右曹太中大夫，迁中垒校尉、京兆尹，使治明堂、辟雍，封红休侯。刘歆为典儒林史卜之官，考定律历，著《三统历谱》。及王莽篡位，刘歆为国师，为其褒扬功德，遂为后世诟病。

刘歆及父刘向始皆治《易》，宣帝时诏向受《穀梁春秋》，十余年，大明习。及至歆校秘书，见古文《春秋左氏传》，大好之。当时《左传》多古字古言，学者也只是传训故而已。及歆治《左传》，引传文以解经，转相发明其精神，由是章句义理备焉。刘向刘歆父子俱好古，博见强志。刘歆以为左丘明好恶与圣人同，而且亲见孔子，而公羊、穀梁俱在七十子后，与左丘明相比，传闻之与亲见之，所传详略各不同。刘歆曾就此与其父发生争辩，可知其强烈的追求古籍精神矣！刘歆欲建立《左氏春秋》及《毛诗》《逸礼》《古文尚书》皆列于学官。哀帝令刘歆与《五经》博士讲论其义，诸博士或不肯

---

① 《汉书·刘歆传》。

置对，刘歆愤而作《移让太常博士书》，讲《逸礼》《古文尚书》及《左氏春秋》，皆古文旧书，臧于秘府，伏而未发。成帝闵学残文缺，稍离其真，乃陈发秘臧，校理旧文，而以考学官所传，经或脱简，传或间编；传问民间，则有鲁国桓公、赵国贯公、胶东庸生之遗学与此同，抑而未施。"此乃有识者之所惜闵，士君子之所嗟痛也"。刘歆愤而上疏批评当时学界说：

> 往者缀学之士不思废绝之阙，苟因陋就寡，分文析字，烦言碎辞，学者罢老且不能究其一艺。信口说而背传记，是末师而非往古，至于国家将有大事，若立辟雍、封禅、巡狩之仪，则幽冥而莫知其原。犹欲保残守缺，挟恐见破之私意，而无从善服义之公心，或怀妒嫉，不考情实，雷同相从，随声是非，抑此三学，以《尚书》为备，谓左氏为不传《春秋》，岂不哀哉！①

特别是立《左传》，列于学宫之事，哀帝已经下诏，而学界仍然"深闭固距，而不肯试，猥以不诵绝之，欲以杜塞余道，绝灭微学"。刘歆说："此乃众庶之所为耳，非所望士君子也。"他更拿宣帝广立《穀梁春秋》《梁丘易》《大小夏侯尚书》，而批评当时学士的胸襟狭小、学识偏绝、抱残守缺说：

> 夫礼失求之于野，古文不犹愈于野乎。往者博士《书》有欧阳，《春秋》公羊，《易》则施、孟，然孝宣皇帝犹复广立《穀梁春秋》，《梁丘易》，《大小夏侯尚书》，义虽相反，犹并置之。何则？与其过而废之也，宁过而立之。传曰："文武之道未坠于地，在人。贤者志其大者，不贤者志其小者。"今此数家之言所以兼包大小之义，岂可偏绝哉！若必专己守残，党同门，妒道真，违明诏，失圣意，以陷于文吏之议，甚为二三君子不取也。②

刘歆批评之言甚切！批评学界士人"胸襟狭小、学识偏绝、抱残守缺"，尚且只是学识问题；而攻其"党同门，妒道真，违明诏，失圣意"，则已上升到政治问题了。这还了得！当时的名儒光禄大夫龚胜以刘歆"移书"上疏深

---

① 《移让太常博士书》，见《汉书·刘歆传》。
② 《汉书·楚元王传》。

自罪责，愿乞骸骨罢；而另一位大儒，大司空师丹则大怒，上奏刘歆"改乱旧章，非毁先帝所立"。哀帝虽讲"歆欲广道术，亦何以为非毁哉！"然刘歆因此事忤执政大臣，招惹众怒与怨恨，为众儒所诽谤，惧被杀，不得不求出补吏，而为河内太守。

刘歆"移书"上疏，虽有情绪化倾向，追求古籍之精神，仍然是可贵的！而且这种追求，是符合成、哀以来归复儒家正学之方向的。刘歆所批评当时学界士人，实乃今文学派把持之学风也。"移书"把《逸礼》《古文尚书》及《左氏春秋》之来源讲得清清楚楚，今人仍站在今文学的立场上，讲"王莽以伪行篡汉国，刘歆以伪经篡孔学"，把刘歆立《逸礼》《古文尚书》《左氏春秋》等于学宫，归复儒家正学，看作是为王莽篡位做准备的"新学"①，过矣。

班固虽汉臣，然并无此偏狭之说，而是赞秦汉诸儒说："自孔子后，缀文之士众矣，唯孟轲、孙况、董仲舒、司马迁、刘向、扬雄，此数公者，皆博物洽闻，通达古今，其言有补于世。传曰'圣人不出，其间必有命世者焉'，岂近是乎！刘氏《洪范论》发明《大传》，著天人之应。《七略》剖判艺文，总百家之绪。《三统历谱》考步日月五星之度，有意其推本之也。指明梓柱以推废兴，昭矣。岂非直谅多闻，古之益友与！"②

---

① 康有为：《新学伪经考》，生活·读书·新知三联书店 1989 年版，第 147 页。
② 《汉书·楚元王传》。

# 第九章　扬雄的玄学与精神追求

**内容提要：**哲学家的任务，不在于形下处获得物的知识，而在于形而上学的高度，会通玄极，于浩浩大化中告诉人们知觉主宰处，应于何处安身，何处立命，如何使生命之舟在汪洋颠簸之中驶向安全的港湾。这在儒学，就是极深而研几问题，玄极会通问题，通志、断疑、解惑问题，而不只是于形下处玩弄象数或训诂注释问题。汉代儒学，真正于形而上学处有所追求，并将儒家哲学向前推进的，就是扬雄。然而他的《太玄》，却被讥笑为"用覆酱瓿"的著作，而且扬雄死于孤寂凄苦中。因此，怎样看待扬雄的著作及其在精神史的地位，是撰写两汉精神史必须面对的一个极为重要的问题。

汉代学术史与精神史是围绕着儒家经学展开的。大多数儒家都忙于儒家经典的文字训诂注释，一句话可以注出一万多字，但却很少有哲学上的创造，很少有人把儒家经典从哲学上向前推进，创造出新的文化精神。尽管有的训诂注释也试图以自己的理解重新阐释儒家经典的思想，如公羊学派，抑或探赜索隐、钩深致远，表达自己的精神追求与思想倾向，如穀梁学派，但谁也没有化裁通变，另辟蹊径，开创出一片新天地，在哲学上将汉代文化精神向前推进。黄莺真的在黄昏时出现了！鸣啼不已，然后非常孤独地死去了。这就是西汉末年的扬雄！

扬雄（公元前53年至公元18年），字子云，蜀郡成都人，文学家、哲学家。扬雄，或写为"杨雄"。《汉书》说扬雄"少而好学，不为章句，训诂通而已，博览无所不见。为人简易佚荡，口吃不能剧谈，默而好深湛之思，清静亡为，少耆欲，不汲汲于富贵，不戚戚于贫贱，不修廉隅以徼名当世。家产不过十金，乏无儋石之储，晏如也。自有下度，非圣哲之书不好也；非其意，虽富贵不事也"①。

扬雄年轻时，羡司马相如赋的弘丽温雅，壮心为之，有《甘泉》《河东》《羽猎》《长杨》四大赋名于世；及长，认为辞赋乃"童子雕虫小技，壮夫不为也"②，就不再写赋了。晚年，校书天碌阁，不参与朝政，埋头著书立说，以求成名于后世，属于"大隐于朝"者。扬雄"好古而乐道，其意欲求文章成名于后世，以为经莫大于《易》，故作《太玄》；传莫大于《论语》，作《法言》"。《太玄》《法言》，皆是"用心于内，不求于外"③的著作。《太玄》汉末有宋衷、陆绩的注本，晋有范望的《解赞》，唐有王涯等人的注，除范望的《解赞》，旧注都已散失，部分保存在司马光《太玄经集注》中。明清则有叶子奇的《太玄本旨》、刘斯组的《太玄别训》及焦袁熹的《太玄解》。《汉书·扬雄传》详载《法言》13 篇内容，可见当时对《法言》的重视。其后，注解《法言》的有侯芭、宋衷、李轨、辛德源、柳宗元、宋咸、吴秘、司马光等人，以司马光的《法言集注》最为有影响。当代，中华书局出版有韩敬教授的《法言注》，巴蜀书社出版有纪国泰教授的《扬子法言》今读。浙江人民出版社《百子全书》出版有晋人郭璞解的《方言》。其他诗文，则见于由上海古籍出版社出版的张振泽教授的《扬雄集校注》。扬雄的哲学思想及精神追求，主要表现在《太玄》《法言》两书中。

但不论是扬雄的为人，还是其著作，皆不好懂。要读懂扬雄，读懂扬雄的一生，弄清其著作在精神史上的地位，唯有从其所处生活环境与时代环境中，揭开他精神世界的来源、存在及其矛盾性，才有可能。

扬雄《答刘歆书》说："雄少不师章句，亦于《五经》之训所不解。尝闻先代辀轩之使，奏籍之书，皆藏于周秦之室。及其破也，遗弃无见之者。独蜀人有严君平、临邛林闾翁孺者，深好训诂，犹见辀轩之使所奏言。翁孺与雄外家牵连之亲，又君平过误有以私遇，少而与雄也。"④ 从这封书信可知，扬雄年轻时不仅不师章句，不解《五经》之训，连巡游万国的辀轩之使所奏籍之书，也只是听说过，并没有看到过。看到这些书的，只有深好训诂的蜀人严君平和临邛林闾翁孺。林闾翁孺是扬雄远房亲戚，而严君平则是扬雄的

① 《汉书·扬雄传上》。
② 《法言·吾子》。
③ 《汉书·扬雄传下》赞。
④ 见《艺文类聚》卷八五。

老师。林闾翁孺深好训诂，见过輶轩之使所奏各地方言。他影响扬雄的是文字训诂及辨章风谣的方言异趣。这也许是扬雄著作晦涩艰深难懂的原因。但在思想及精神追求影响于扬雄的，则是严君平。

《汉书》说："蜀有严君平，卜筮于成都市，得百钱足自养，财闭肆下帘而授《老子》。博览亡不通，依老子、严周之指著书十余万言。扬雄少时从游学，以而仕京师显名，数为朝廷在位贤者称君平德。君平年九十余，遂以其业终，蜀人爱敬，至今称焉。及雄著书言当世士，称此二人。蜀严湛冥，不作苟见，不治苟得，久幽而不改其操。"① 扬雄不仅少时从严君平游学，而且京师显名，也未忘记称君平之德，可知其如何受严君平之影响。严君平虽博览无不通，然其并非儒家，而是以老子、庄子之指，著书《道德指归》，阐述道家思想者也。故其为人"湛冥，不作苟见，不治苟得，久幽而不改其操"。扬雄"默而好深湛之思，清静亡为，少耆欲，不汲汲于富贵，不戚戚于贫贱，不修廉隅以徼名当世"，应该说是受严君平影响的。

《汉书》还记载一件事，即班彪家藏书甚富，父辈的扬子云以下，莫不造门，而桓谭欲借其书，班彪的叔伯兄弟班嗣欲阻止，说了下面一段话：

　　若夫严子者，绝圣弃智，修生保真，清虚淡泊，归之自然，独师友造化，而不为世俗所役者也。渔钓于一壑，则万物不奸其志，栖迟于一丘，则天下不易其乐。不绁圣人之罔，不嗅骄君之饵，荡然肆志，谈者不得而名焉，故可贵也。今吾子已贯仁谊之羁绊，系名声之缰锁，伏周、孔之轨躅，驰颜、闵之极挚，既系挛于世教矣，何用大道为自炫耀？②

班嗣这段话，虽然是班嗣说予桓谭的，但它在某种意义上，亦颇适用于扬雄，即他既受严君平"绝圣弃智，修生保真，清虚淡泊，归之自然"的影响，欲"独师友造化，而不为世俗所役"，然其又接受儒家思想，"贯仁谊之羁绊，系名声之缰锁"，不能不"伏周、孔之轨躅，驰颜、闵之极挚"，系挛于世教。这就使他永远不能像庄子那样"渔钓于一壑，则万物不奸其志，栖迟于一丘，则天下不易其乐。不绁圣人之罔，不嗅骄君之饵，荡然肆志"，自由自在地生活。扬雄的一生，特别是四十二岁进入京城，步入仕途之后，可

---

① 《汉书·王贡两龚鲍传》。
② 《汉书·叙传》。

以说一直处于道家师友造化与系挛于儒家世教的两难与矛盾之中。然观其所说"好书而不要诸仲尼，书肆也。好说而不要诸仲尼，说铃也"①，"书不经，非书也。言不经，非言也"，"言天、地、人经，德也。否，愆也。愆语，君子不出诸口"② 等，可知扬雄的基本哲学思想与精神追求，还是以儒家经典为主导的，而对道家思想，则是有选择、有弃取的。故其说："老子之言道德，吾有取焉耳。及捶提仁义，绝灭礼学，吾无取焉耳"，"吾焉开明哉！惟圣人为可以开明，它则苓。大哉圣人，言之至也"。③

扬雄所处的汉代，虽然神秘主义泛滥，但自然知识、元气论哲学亦极为盛行；社会人生哲学，汉朝更是一个追求功德利益的时代，可以说，追求功业，追求名义，追求显赫的地位与事业成功，乃是整个汉代的风尚。扬雄在此自然知识与功利追求盛行的时代，作《太玄》，追求形而上学存在，追求社会人生最高真理，并以此默然独守，自然招到别人的嘲笑。即使在他的好友刘歆看来，扬雄作《太玄》，追求形而上学存在，也是"空自苦。今学者有禄利，然向不能明《易》，又如《玄》何？吾恐后人用覆酱瓿也"④。现在人们谈及扬雄作《太玄》，引刘歆"用覆酱瓿"的话，只是作嘲笑语看，实亦包含着老友之规劝也。然而扬雄"笑而不应"者，自有他的追求、他的理想，只是这种追求与理想，别人不能理解而已。但它并不能使扬雄放弃这种追求与理想，即使"空自苦"，也要追求一种理想的人生境界，追求一个煌煌光明的精神世界而默然独守之。

## 一 默然独守《太玄》的精神追求

人作为意识的存在者，追求生存法则与人生真理，乃是一种理性的自觉。特别是新的知识发现打破外部世界的存在秩序，而现实生活的扑朔迷离，使人愈来愈无所适从，不断陷入迷惘与悖谬的时候，寻求更为真实普遍的法则与真理存在，建立新的信仰与信念，必然成为人的精神追求。扬雄"观大易之损益兮，览老聃之述倚伏"而作《太玄》，就是这样。其目的在于使人认识

---

① 《法言·吾子》。
② 《法言·问神》。
③ 《法言·问道》。
④ 《汉书·扬雄传下》。

日月运行的宇宙大法则与贞一之理，省察"忧喜共门，吉凶同域"的道理。"自夫物有盛衰兮，何况人事之所极？"人怎么能忽视这最高法则和人生真理，"贪婪于富贵兮，迄丧躬而危妄族"[①]，而盲目生存呢？故仿《周易》而作《太玄》，讲述元亨利贞的天德大用与人生最高真理。

说扬雄仿《周易》而作《太玄》，那只是形式上的。如《周易》有作为卦辞的《彖传》，《太玄》有卦辞的《首》；《周易》有解说象辞的《象传》，《太玄》有此解释作用的《测》；《周易》有解说《乾》《坤》及元亨利贞大用的《文言》，《太玄》亦有《文》；《周易》有通论易理的《系辞传》，《太玄》则有《摛》《莹》《掜》《图》《告》，通论其意涵；《周易》有《说卦》，叙说八卦所象征事物，《太玄》则有《数》讲此；《周易》有《序卦》，《太玄》有《冲》；《周易》有《杂卦》，《太玄》有《错》，皆是类于《周易》者也。仅就《太玄》的范式、结构、取象、叙事而言，无疑是模仿《周易》而作的。但从本质上说，扬雄《太玄》是新的哲学本体论创作。扬雄为什么作《太玄》，什么是他所说的"玄"？桓谭谈到扬雄作《玄》书时说："以为玄者，天也、道也，言圣贤制法作事，皆引天道以为本统，而因附属万类、王政、人事、法度。故宓羲氏谓之易，老子谓之道，孔子谓之元，而扬雄谓之玄。"[②] 因此，完全把扬雄《太玄》看成是模仿《周易》而作，或者看成是"屋下架屋，床上加床"[③] 的无益之作，也是不对的。

但《太玄》不论是抽象思维的宇宙论、知识论基础，还是所用的范畴概念，皆是不同于《周易》的。中国古代《易》学，伏羲作《八卦》之后，总是随着天文历法发展而不断改变的。如夏之《连山》艮起，艮上艮下。艮者，万物之终始，东北之卦。故《连山》以纯艮为至变之理，历岁建之于寅，以十三个月为正月。殷之《归藏》坤起。坤为地，万物莫不藏于其中，而且包含着"造化发育之真机"。《归藏》以纯坤为首，造历岁首取丑未为地统，故建于丑，以十二月为正月。《周易》乾坤并建，以太极为浑然之全体，故周历法岁建于子，以十一月为正月。夏正建寅为人统，商正建丑为地统，周正建子为天统，即三统说。三统，即三律，即以天体运行规律制定的三大历法。天统之正，始于子半，日萌色赤；地统受之于丑初，日肇化而黄，至丑半，

① 《太玄赋》，见《古文苑》。
② 《新论·闵友》。
③ 《河南程氏遗书》卷一九。

日牙化而白；人统受之寅初，日孽成而黑。三统之赤、白、黑三色，依"五德始终"而被神秘化。秦至汉所用颛顼历，因其与天道运行有差错，故邓平、司马迁等上书武帝说"历纪坏废，宜改正朔"。于是武帝下诏造汉历。邓平等以武帝元封七年为太初元年，制定《太初历》。但此历法一直遭到太史令张寿王的反对。到成帝时，"刘向总六历①，列是非，作《五纪论》。向子歆究其微渺，作《三统历》及《谱》以说《春秋》，推法密要，故述焉"②。刘向《五纪论》讲金星属少阴，不能经天运行；若经天运行，就会白昼出现，就预示着战争、死亡等，属于神秘主义。因此，刘向《五纪论》虽总六历，多附会当时星象、术数之说，并未详稽古代历法。刘歆所作《三统历》，乃是在《太初历》基础上，引入"三统说"的哲学思考，会通乐律、易数、五行等，"究其微渺"而制定的。该历法推理极为密要，解释《春秋》，给予阴阳灾异以知识理性。但它也保留邓平等人所制《太初历》的八十一分法，即一统为八十一章，一统为一千五百三十九年，一万九千零三十五月，五十六万二千一百二十日。经此周期，朔旦、冬至又回到在同一天夜半。一元为三统，即四千六百一十七年。经此周期，朔旦、冬至又同在甲子的那一天夜半。以此推算，三统以后，又回到甲子日的开始。扬雄的《太玄》将天体宇宙分为八十一首，七百二十九赞，其价值抽象思维，实际上是以《颛顼历》《太初历》到《三统历》的宇宙论、知识论发展为基础，隐退其神秘主义而展开的。当时天文学关于天体运行理论，出现了以张衡为代表的浑天说，代替了过去的盖天说。扬雄是接受了张衡浑天说的，其作"难盖天八事"③，以及《太玄》讲"驯乎玄，浑行无穷正象天"④ 等，就是证明。因此，扬雄《太玄》，实乃发挥了浑天说的宇宙论、知识论而作也。故扬雄本传在谈到《太玄》之作时说：

> 大潭思浑天，参摹而四分之，极于八十一。旁则三摹九据，极之七百二十九赞，亦自然之道也。故观《易》者，见其卦而名之。观《玄》者，数其画而定之。《玄》首四重者，非卦也，数也。其用自天元推一昼

---

① 六历，即黄帝历、颛顼历、夏历、殷历、周历、鲁历。

② 《汉书·律历志上》。

③ 《隋书·天文志》。

④ 《太玄·玄首序》。

一夜阴阳数度律历之纪，九九大运，与天终始。故《玄》三方、九州岛、二十七部、八十一家、二百四十三表、七百二十九赞，分为三卷，曰一二三，与《泰初历》相庆，亦有颛顼之历焉。①

　　《太玄》不仅与《周易》有不同的宇宙论、知识论基础，而且创造了一系列不同于《周易》的范畴概念。如以"玄"说明"幽摛万类而不见形"②的存在，说明天道、地道、人道的本原存在；以"太玄"的"玄有二道，一以三起，一以三生"③，代替"《易》有太极，是生两仪，两仪生四象，四象生八卦"④ 的存在，以说明不同的宇宙模式；以"罔、直、蒙、酋、冥"为《玄》之五德，代替《周易·文言传》的"元、亨、利、正"的四德，说明天道本体大用；以《摛》《莹》《掜》《图》《告》代替《周易·系辞传》，通论玄道的创作、义蕴与大用。其他像《太玄》以"数"的概念代替《周易·说卦》，论述九首所象征之事物；以"冲"的概念代替《周易·序卦》，序列八十一首存在；以"错"的概念代替《周易·杂卦》，错综较杂解释八十一首意义等，都是有创造性的。《太玄》不仅创造了这些不同范畴概念用以解释表述外部世界的存在与意义，而且以"玄有二道，一以三起，一以三生。以三起者，方、州、部、家也，以三生者，参分阳气以为三重，极为九营，是为同本离末，天地之经也。旁通上下，万物并也。九营周流，终始贞也"，构成了一个贯通一切、旁通一切的宇宙自然体系。

　　然而《太玄》之所以是玄学，是形而上学，具有形上精神，不在于它思玄天，参宇宙，极于八十一首，七百二十九赞，所揭示的自然之道，也不在于它"一以三起，一以三生"，贯通一切、旁通一切，以象数所构成的宇宙自然体系，而在于它形而上学追求，在于它宇宙浩浩大化中思考知觉主宰处及性命之理存在，思考宇宙大化流行、浩浩不息、万起万灭、浑然全体不穷终极本体。惟此，才是扬雄作《太玄》的根本思考，才是他默然独守的存在。而要实现这种追求，获得这种存在，就需要对宇宙万象进行价值抽象与本体论思考，并将这种抽象与思考提升到玄极的神妙存在。获得这种存在，虽然

①　《汉书·扬雄传下》。
②　《太玄·玄摛》。
③　《太玄·玄图》。
④　《周易·系辞上传》。

"贵其有循而体自然"，但更为重要的是人之心性精正能守及其主体性存在。"精以立正，莫之能仆。精以有守，莫之能夺。故夫抽天下之蔓蔓，散天下之混混者，非精其孰能之？"故曰"质干在乎自然，华藻在乎人事"，在乎人的精正能守的灵明之心。这种价值抽象与本体论思考，虽然也有所损益，但只要有一颗精正能守的灵明心，"一一所以摹始而测深也，三三所以尽终而极崇也，二二所以参事而要中也"，那么，就可以"终始幽明，表赞神灵"，循其大，体其浑，达到天道本体极其幽深而又崇高神妙境界。这种价值抽象与本体论思考，即扬雄所说"玄术莹之"①。进行这种价值抽象与本体论思考，虽"幽摛万类而不见形者"，然资陶虚无，通同古今，摛措阴阳，则天、地、人之理备矣。此即扬雄讲"仰以观乎象，俯以视乎情，察性知命，原始见终"，性命之理"莹矣"② 者也。莹，即明，即明白通晓天、地、人之事理。

因此，一部《太玄》，八十一首，七百二十九赞，皆是价值世界与形上思考。尽管它作出"阴质北斗，日月畛营，阴阳沈交，四时潜处，五行伏行，六合既混，七宿轸转，驯幽历微，六甲内驯，九九实有"③，皆是立于天文历法之经验实在，但它并非仅仅是日月运行、四时变化、万物盛衰的自然现象描绘，而是处处伴随着形上思考与人生价值判断的，甚至与人的终极追求联系在一起的。例如《太玄》首《中》，所包含的人生哲学意义就是这样。首《中》，于汉《易》相当于《中孚》。按照汉《易》卦气的说法，《中孚》初一，日离牵牛初度，冬至气应，阳气始生。故《太玄》说："《中》则阳始。"④ 首《中》，即甲子卦气初起，节气转换之初也。然扬雄于首《中》初一赞说："昆仑旁薄，幽。"又以《测》解释说："昆仑旁薄，思之贞也。"这样，就把日月运行，天之浑仑，地之幽隐及万物盛衰与思虑幽深玄远的人生哲学联系起来了。司马光注此说：

> 赞者，明圣人顺天之序，修身治国，而示人吉凶者也。昆仑者，天象之大也。旁薄者，地形之广也。夫以天地之广大而人心可以测知之，则心之为用也神矣。一者，思之始也。君子之心，可以钩深致远，仰穷

---

① 《太玄·玄莹》。
② 《太玄·玄摛》。
③ 《太玄·玄图》。
④ 《太玄·太冲》。

天神，俯究地灵，天地且不能隐其情，况万类乎？以其思而未形也，故谓之幽。《法言》曰："或问'神'，曰：'心。'请问之？曰：'潜天而天，潜地而地。'天地，神明而不测者也。心之潜也，犹将测之，况于人乎？况于事偷乎？"君子思虑之初，未始不存乎正，故曰"思之贞也。"《易》曰："正其本，万物理。"孔子曰："一言以蔽之，曰：思无邪。"①

　　人心之思虑，可以潜天潜地而行，其钩深致远，仰穷天神，俯究地灵，可以思考天地神明不测的存在，几微未形的存在，并且把这种几微幽深的思考与性命之理联系起来，贞于一，存乎理，立于天理之正而默然独守。其他如首《周》。《太玄冲》说："《周》，复乎德。"《太玄错》说："《周》，旋也。"故首《周》者，即冬至过后，阳气初动，生机之始，即《易》之《复》也。虽神妙万物，但尚闭塞不通。故初一赞曰："还于天心，何德之僭，否。"所以闭塞不通者，心尚不够仁恕也。故《测》曰："还心之否，中不恕也。"《戾》阳气微弱，万物始化，卵之化，草之萌，各以其类，处于相乖离之中；而若不乖离，唯有正心以待物。故次二赞曰："正其腹，引其背，酋贞。"其《测》曰："正其腹，中心定也。"《达》阳气动出，物得其理，无不畅顺以达。君子若能内明默识，则通达无方也。故初一赞曰："中冥独达，迥迥不屈。"《测》之曰："中冥独达，内晓无方也。"但若偏颇，贪图小利而不识大道，也会走向失败。故次四赞曰："小利小达，大迷，扁扁不救。"《测》曰："小达大迷，独晓隅方也。"再如《强》，即《易》之《乾》，阳气刚健，阴气潜藏，万物生长，莫不强壮。故次二赞曰："凤鸟于飞，修其羽，君子于辰，终莫之圉。"《测》曰："凤鸟于飞，君子得时也。"《盛》，即《易》之《大有》。《盛》之初一，阳气隆盛充塞，万物盛大尽满其意。及至次二，即二十四节之芒种，阳极生阴，物极必反，盛极必衰，天道自此反也。因此，人不可自满骄傲而不自制。故上九赞曰："极盛不救，祸降自天。"《测》曰："极盛不救，天道反也。"《廓》，即《易》之《丰》卦。此时虽阴气掩匿，阳气盛大，弘恢辽阔，但若无盛大道德，也是不足于自辅而发生过失。故次五赞曰："天门大开，恢堂之阶，或生之差。"《测》曰："天门大开，德不能满堂也。"及至《减》，即《易》之《损》卦。初一乃处暑之始，阴气息，阳气

---

① 司马光：《太玄集注》卷一。

消，阴盛阳衰，万物走向衰微。人若不能认识这种变化，自我收敛，则必自损。故初一赞曰："善灭不灭，冥。"《测》曰："善灭不灭，常自冲也。"冥，即陷入昏暗也。冲，即陷入虚弱也。此皆善灭不灭之过也。由上不难看出，一部《太玄》，无不以一年三百六十五日又四分之一日的日月运行及阴阳消长、四时变化、万物盛衰为根据，思考人生哲学与性命之理。其几微幽深与神圣高妙，无不与形上天道本体联系着，与贞一之理联系着，无不心潜天潜地而明乎精微至神存在。此扬雄所以《太玄》默然独守者也。

在扬雄看来，面对涡流旋转、浩浩大化的宇宙，以及日月运行、阴阳消长、四时变化、万物盛衰，作何判断与形上思考，是极为重要的。因为它不仅只是日月的错行、阴阳的更替、死生的纠缠，而且判之断之，还是定始终、一生死、知性命之情的所在。"自夫物有盛衰兮，况人事之所极？"① 人在这个大法则面前，"炎炎者灭，隆隆者绝；攫拏者亡，默默者存；位极者宗危，自守者身全"，怎么能不"知玄知默，守道之极"，而贪婪于富贵，迷恋于可欲，造成族危、身殁、名灭呢？此扬雄面对着权倾一时、旋即覆灭的丁姬氏、傅太后、董贤之势力，思考"深者入黄泉，高者出苍天，大者含元气，纤者入无伦"的存在，作十万余言之《太玄》者也，亦扬雄不愿与当时显赫于世者为伍，面对着各种嘲笑，"默然独守吾《太玄》"，而能泊如者也。扬雄反击嘲笑者，说其"以鸱枭而笑凤皇，执蝘蜓而嘲龟龙"②，固然讽喻其低俗，然在那个风云变幻的时代，若欲保全天命，没有高明的人生哲学与博大的精神世界恐怕还是不行的。这就是扬雄"明哲煌煌，旁烛无疆"天道义理境界追求。

## 二　"明哲煌煌，旁烛无疆"的境界

西汉末年，哀、平之世，王莽、董贤位极三公，权倾人主，政治生态已经失去平衡。当时，不仅阴阳灾异层出不穷，而且政治氛围也变得异常诡秘。在此历史情势下，政治势力旋起旋灭，人的生命之光闪烁不定。扬雄虽恬于势利，也不能不寻求一种高明的哲学与博大的精神，超越冷酷的现实，保护自我的生命。这就是他著《法言》所说的："明哲煌煌，旁烛无疆，逊于不

---

① 《太玄赋》。
② 上均引自《解嘲》，见《汉书·扬雄传下》。

虞,以保天命。"① 煌煌,即皓盰光明也。"明哲煌煌",即明哲内心一片光明也。"逊于不虞",即避免不测也。

怎样获得这样的人生哲学与精神境界呢？在扬雄看来,"天地开辟,宇宙拓坦。周运历统,群伦品庶",皆是源于宇宙开拓、天地阖闭、日月运行的大法则。因此,惟"假哉天地,唉函启化",获此天地之道,获此周流宇宙、包容万物、开化成务的大法则,获此天地造化之道,包罗吉凶祸福的存在,然后"精以立正,莫之能仆;精以有守,莫之能夺"②,才能获得人生大哲学,并将精神世界推向至精至神境界。扬雄讲"一判一合,天地备矣;天日回行,刚柔接矣;还复其所,始终定矣;一生一死,性命莹矣";讲"仰以观乎象,俯以视乎情,察性知命,原始见终",皆是讲这个天地之道的大法则,讲"阖天谓之宇,辟宇谓之宙"③ 博大存在。扬雄"好古而乐道,以为经莫大于《易》,作《太玄》;传莫大于《论语》,作《法言》",皆是本此天地大法则、大道本体存在也;而其欲建立人生大哲学,获得博大精神世界,也是立于此大法则、大道本体存在也。这就是扬雄建立人生哲学与精神世界的本体论所在。

这个天地大法则,这个人生哲学与精神世界,赖以建立的本体论存在,虽曰"自然之道"④,但它不是停留在宇宙开拓、天地阖闭、日月运行的自然知识或经验实在上讲的,而是超越这种知识与实在,在"幽擒万类而不见形"⑤ 的意义上讲的,在"天以不见为玄,地以不形为玄"⑥ 的形而上学意义上讲的,在"道也者,通也,无不通也"⑦ 的意义上讲的。这个形而上学的天道本体,乃是"晦其位而冥其畛,深其阜而眇其根,攘其功而幽其所以然"的存在,是"虚以藏之,动以发之,崇以临之,刻以制之,终以幽之,渊乎其不可测也,耀乎其不可高"的存在。故曰"天炫炫出于无畛,煇煇出于无

---

① 《法言·问明》。
② 《太玄·玄莹》。
③ 《太玄·玄摛》。
④ 中国文化的"自然"概念,乃自然而然之义也,并非指生物物理世界存在。因此,自然之道,亦非生物物理法则,而是指自然而然或必然的存在。
⑤ 《太玄·玄摛》。
⑥ 《太玄·玄告》。
⑦ 《法言·问道》。

垠"①；故曰"天地，神明而不测者也"②。因此，这个形而上学的天道本体，乃是宇宙所以开拓、天地所以阖闭、日月所以运行的存在，是宇宙开拓、天地阖闭、日月运行背后的存在，而非宇宙开拓、天地阖闭、日月运行本身。它不仅神圣不测，而且博大高明。故其大用，"卓然示人远矣，旷然廓人大矣，渊然引人深矣，渺然绝人眇矣"③。惟以此道为本体论，才能建立人生哲学，才能"明哲煌煌，旁烛无疆"，见吉凶，知善否，"逊于不虞，以保天命"，把人的精神世界提升到煌煌光明的境界，提升到"皇矣上帝"④的存在。

那么，人为什么能够获得天道，获得这个形上存在呢？因为人有超越经验实在的能思之心，能获得至精至神存在。因此，扬雄所说的"心"，并非是生物有机体或一块血肉存在，而是操存舍亡存在，即精神性存在。故问"神"，曰"心"。问心之功能，曰"潜天而天，潜地而地"。天地，神明而不测者也。"心之潜也，犹将测之。"心之潜，即全身心地投入知觉与思考。而对天的知觉与思考，对形上之道的知觉与思考，就是超越一切经验实在，潜天潜地，知觉思考那"幽摘万类而不见形"的存在，知觉思考那炫炫熿熿、无畛无垠、超越一切具体时空的存在。故曰"赫赫乎日之光，群目之用也。浑浑乎圣人之道，群心之用也"⑤；故曰"天神天明，照知四方。天精天粹，万物作类。人心其神矣夫。操则存，舍则亡"⑥。

那么，获得天道，获得这个形上存在，为何就能"明哲煌煌，旁烛无疆"，使人"逊于不虞，以保天命"呢？这涉及人生应该以何建立哲学，获得真理问题。这个形上真理获得，靠什么？靠自我意识吗？自我今天这么想，明天那么想，是最不可靠的。靠群体意识吗？群体同意识是各种各样的，而且常常是此一是非，彼一是非，也是不可靠的。最为广大高明的存在，是天，是宇宙。但天与宇宙的存在，不是那苍苍者，而是道，是理，是法则秩序。它不仅广大高明悠远，而且真实无妄。圣人是以此道立教的，扬雄也是以此建哲学本体论的。"天岂去人哉！人自去也。"在扬雄看来，天道运行，"日一

---

① 《太玄·玄文》。
② 《法言·问神》。
③ 《太玄·玄摘》。
④ 《诗经·大雅·皇矣》。
⑤ 《法言·五百》。
⑥ 《法言·问神》。

南而万物死，日一北而万物生。斗一北而万物虚，斗一南而万物盈。日之南也右行而左还。斗之南也左行而右还，或左或右，或死或生"①，是最无差忒、最无妄者。故曰"善言天地者以人事，善言人事者以天地。明晦相推，而日月逾迈，岁岁相荡，而天地弥陶，之谓神明不穷"②。形而上言之，此道乃是"圣人之作事也，上拟诸天，下拟诸地，中拟诸人"获得的，其价值抽象，是圣人"存见知隐，由迩拟远，推阴阳之荒，考神明之隐"获得的，而其价值提升，是拟"天地作函，日月固明，五行该丑，五岳宗山，四渎长川，《五经》括矩"，体其玄极存在获得的。故曰"可听者，圣人之极也。可观者，圣人之德也。可久者，天地之道也"。这样一个无差忒、不无妄的天道本体，岂是可以违背的？故曰"天违地违人违，天下之大事悖矣"③。惟不违，以此无妄之道，进退自如，天下事才能不谬不悖！

这个形上之道，这个人生哲学本体论，"天道也，地道也，人道也，兼三道而天名之，君臣父子夫妇之道"④。因此，体得此道，悟得此道，形上本体之用大矣至矣："见而知之者，智也。视而爱之者，仁也。断而决之者，勇也。兼制而博用者，公也。能以偶物者，通也。无所系辖者，圣也。时与不时者，命也。虚形万物所道之谓道也，因循无革，天下之理得之谓德也，理生昆群兼爱之谓仁也，列敌度宜之谓义也，秉道德仁义而施之之谓业也"；将其往下落实，则"夫天地设，故贵贱序；四时行，故父子继；律历陈，故君臣理；常变错，故百事析"⑤矣。人生做事，虽"贵其有循而体自然"，然"其所循也大，则其体也壮；其所循也小，则其体也瘠；其所循也直，则其体也浑；其所循也曲，则其体也散"，若总是处于狭小偏僻之野，是不能获得天道运行、至极神动的无妄之理的，更何况瞬息即变的人事呢？惟立乎天道之大，本乎自然，刚中而应，大亨以正，"不擢所有，不强所无"，而不随华藻人事旋转，所得之理，真实无妄，"其可损益与？"⑥获此无妄之理，所建立的人生哲学与精神世界，则"明哲煌煌，旁烛无疆。逊于不虞，以保天命"矣。

---

① 《太玄·玄摛》。
② 《太玄·玄告》。
③ 《太玄·玄掜》。
④ 《太玄·玄图》。
⑤ 《太玄·玄摛》。
⑥ 《太玄·玄莹》。

能不能获得道体存在，获此真理性存在，"逊于不虞，以保天命"，关键是心之灵与不灵、明与不明。《诗》曰"既明且哲，以保其身"①。中国文化自古以来，皆是讲"明哲保身"的。不能保身，何以能成为明哲？但"明哲保身"对于扬雄来说，则不仅是保身、保命问题，而且是一种思想境界，一种道体清明的精神世界。"立天之经曰阴与阳，形地之纬曰纵与横，表人之行曰晦与明。"② 人生行为，吉凶祸福，最为根本者，在于天理的晦与明，在于是否知觉天理、明白天理。惟明得天理，明得天理煌煌的存在，旁烛无疆，获得无限光明的存在，才能"逊于不虞，以保天命"。故问"哲"，曰："旁明厥思。"问"行"，曰："旁通厥德。"③ 扬雄这里所讲"旁明厥思""旁通厥德"，就是知觉《太玄》首《中》所讲"昆仑旁薄，幽"的存在。"昆仑旁薄"者，"大容也"④。知觉昆仑大容，就是"明哲煌煌，旁烛无疆"。知觉大容，旁烛无疆，方是明哲，才能明乎天地，昭乎日月，齐乎天下事。所谓"幽"者，即司马光引唐人王涯注所说"人之思虑幽深玄远也"⑤。它也就是扬雄所说"贤人天地思而包群类，昆（混）诸中未形乎外，独居而乐，独思而忧，乐不可堪，忧不可胜"⑥ 的境界。既要知觉广大、旁烛无疆，又要知觉几微幽深、贞一之理，"幽必有验乎明，远必有验乎近，大必有验乎小，微必有验乎著"⑦，天下之事何妄何悖？

扬雄讲"明哲煌煌，旁烛无疆"，虽在"逊于不虞，以保天命"，但从根本上说，则在于精神追求，在于以"昆仑旁薄，资怀无方"的广大思维，追求天道"渊乎其不可测，耀乎其不可高"⑧ 的存在，追求一个炫炫无畛、煋煋无垠而又几微幽深、大齐万事的世界。而要追求这样一个世界，没有操存舍亡、知照四方的心是不行的。在扬雄看来，虽然人皆能思能默、能喊能叫，但能够潜天潜地，思考神明不测之天地法则，存神索至，昭若日月，齐乎万理者，则惟圣人之心。圣人"仰天庭而知天下之居卑也哉！"⑨ 圣人之心站得

①　《诗经·大雅·烝民》。
②　《太玄·玄莹》。
③　《法言·问神》。
④　《太玄·玄文》。
⑤　《太玄集注》卷一。
⑥　《太玄·玄文》。
⑦　《法言·问神》。
⑧　《太玄·玄文》。
⑨　《法言·修身》。

是很高的。圣人所以能站得如此之高，在于"能高其目而下其耳"，超越经验实在，"惟天为聪，惟天为明"，获得了"大聪明"①。要获得"大聪明"，就要修身，就要"藏心于渊，美厥灵根"，涵养心性，使灵明心性获得"明哲煌煌，旁烛无疆"的境界。

## 三　"藏心于渊，美厥灵根"的修养

动物亦非常灵性，有的动物甚至有很强烈的情感、情绪及知觉能力。但动物没有悟性，没有精神，没有形而上的思考。精神的发展，形而上学的思考及精神世界存在是人与动物的根本区别。因此，撰写精神史，研究人的心性发展、形上思考、精神创造与提升就成了重要内容。扬雄讲"藏心于渊，美厥灵根"②，就是讲人心性本体涵养与精神发展与提升的。扬雄是继孟子之后，以心性本体论讲述人的形上思考及精神发展的重要思想家。因此，研究扬雄在精神史上的地位，不能不研究他的心渊灵根之说。

"藏心于渊，美厥灵根"，即养心于内，精神灵性也。故《测》曰："藏心于渊，神不外也。"但这个藏于渊的灵性，并不是人生下来就有的，它最初也不是精神性存在。因此扬雄说："天降生民，倥侗颛蒙，恣乎情性，聪明不开"，需要"训诸范"。这就是说，在扬雄看来，一个孩子生下来，内心乃是倥侗的存在，而且还常常凭着生物本能恣意放纵。要想改变这种蒙昧无知状态，就要对其进行伦理道德教化，训诸天道义理，涵养心性，建立起道德规范。故曰"学者，所以修性也。视、听、言、貌、思，性所有也"。儿童的心性存在，只有经过伦理道德的教化、涵养、修行，才能走上正路；否则，就会走到歪门邪道上去。故曰"学则正，否则邪"③。扬雄的人生哲学，他的整个形而上学，就是以此为心性本体论，建立人之性命之理与精神世界的。

那么，扬雄哲学的心性本体究竟是什么样的？是善的，还是恶的，是仁义礼智之性，还是物欲情欲之性？只有首先弄清这个心性本体存在，才知扬雄为何要"藏心于渊"，为何启开"倥侗颛蒙，聪明不开"的心性，而对恣意放纵的心性，要"训诸"道德规范？这是讲"藏心于渊，美厥灵根"的关

---

① 《法言·问明》。
② 《太玄·养》初一赞。
③ 上引均见《法言·学行》。

键所在。

扬雄说："人之性也善恶混。修其善则为善人，修其恶则为恶人。"若以此说，扬雄之所谓心性，乃是善恶混合论的。但扬雄这里"修善则善""修恶则恶"之说，乃是在人浑朴的气质之性上说的，而不是在人的天命之性上讲的，不是在"继之者善，成之者性"上讲的。故其说："人气也者，所以适善恶之马也与。"人无疑有气质之性，有物欲情欲一类生物本能。但扬雄不仅讲人的气质之性，更承认人有继善成性的先天道德本性。他的"三门"说，即"由于情欲，入自禽门；由于礼义，入自人门；由于独智，入自圣门"①，就是对人先天道德本性的承认。气之质之性，物欲情欲一类生物本能是人与动物共同具有的。仅仅凭着这种本性，凭着物欲情欲，只能"入自禽门"。但人不同于动物的是有道德本性，有形上思考智慧。正是人有此本性及形上思考智慧，才可以"由于礼义，入自人门；由于独智，入自圣门"，即获得人的本质与精神世界。孟子认为人是有先天道德本性的，故引《诗》曰"天生烝民，有物有则。民之秉彝，好是懿德"，讲"仁义礼智，非由外铄我也，我固有之也，弗思耳矣"②。扬雄也是承认人的先天道德本性的。在他看来，人本身是有道、德、仁、义、礼的天然需要的。故曰："夫道以导之，德以得之，仁以人之，义以宜之，礼以体之，天也。"③ 这里，天，即天然，即自然之性，先天本性，即孟子讲的"天爵"；而讲"道以导之，德以得之"云云，就是孟子讲的"修其天爵"④。人有此自然本性，修之以天爵，继善成性，浑然一体，才是人身之心性全体。故曰："合则浑，离则散，一人而兼统四体者，其身全乎！"⑤

由上可知，扬雄讲"藏心于渊，美厥灵根"的心，并不只在气质之性，生物有机体意义上讲的，而是在心的知觉、悟性、形上思考和精神性存在上讲的，即所讲乃"潜天而天，潜地而地"而行之心，知觉"幽摛万类而不见形"之心，亦即"人心其神矣夫"⑥ 的存在。惟此，心才是"灵根"，才是

---

① 上引均见《法言·修身》。
② 《孟子·告子上》。
③ 《法言·问道》。
④ 《孟子·告子上》。
⑤ 《法言·问道》。
⑥ 《法言·问神》。

精、气、神的存在。《管子》讲"灵气在心，一来一逝，其细无内，其大无外"①，就是讲心的精、气、神之灵根性存在。惟养得此灵根，涵养得此灵根，保护得此灵根与精神性存在，及至它灵动神飞，穷通天地，意被四海，才能知照万物、神明至极。

司马光注"藏心于渊，美厥灵根"，说"存神固本，所以养生"②。此注说扬雄之重内心涵养生息也。这与《测》曰"藏心于渊，神不外也"，是比较一致的。但扬雄所以"藏心于渊，美厥灵根"者，在于内心道德精神修养，而内心之道德精神修养，在于守住做人的根本。因此，藏心于渊，内藏其神，就是守住灵根，守住心神，守住那一点灵明，不让其驰骛不息，外在于人，就是在天下物欲汹汹，驰骛不息，心不能守，性不能安的情况下，守住道德，守住仁义，守住礼义，而不失其自我精神性存在。故曰"神心忽恍，经纬万方，事系诸道、德、仁、义、礼"③。在扬雄看来，天地万物，皆有其本性，物不失其性，方为物的本质，人不失其仁，才是人的本质。故曰"物以其性，人以其仁"④。战争时期，为功利目的，"鼓之以道德，征之以仁义，舆尸血刃，皆所不为也"；政争之中，为了达到某种政治目的，不惜扭曲事实而鼓噪之，"妄誉，仁之贼也；妄毁，义之贼也"。凡此都不符合做人的基本原则。扬雄做人的原则，是"藏心于渊，美厥灵根"，保持一点灵明，保持自我心性之身，"不屈其意，不累其身"⑤。扬雄特别重视道德言行修养，"言重则有法，行重则有德，貌重则有威，好重则有观"；而若做人没有根底，一生轻浮，那么，"言轻则招忧，行轻则招辜，貌轻则招辱，好轻则招淫"⑥。他认为，君子做人应华实有礼，就像玉一样"纯沦温润，柔而坚，玩而廉，队乎其不可形"⑦。

扬雄藏心于渊，默然自守者，乃在于上天的纯正之道，贞一之理。只有获得这个道体最高存在，默然自守，才能真实无妄；否则，就会走到邪路上去。故《太玄》说："墨养邪，元函匪贞。"《测》曰："墨养邪，中心败

---

①　《管子·内业》。
②　《太玄集注》卷六。
③　《法言·问神》。
④　《法言·君子》。
⑤　上引均见《法言·渊骞》。
⑥　《法言·修身》。
⑦　《法言·君子》。

也。"① 王涯注此说："失养之宜，默然养其邪僻之道。"② 司马光说："人之恶，虽未著于言行，养其邪端，内含非正，终不能人于君子之涂。"③ 可知人"藏心于渊，美厥灵根"，存养一种纯正之道、贞一之理，是多重要了。养其邪僻之道，默然自守，则守其邪僻之道也；守其邪僻之道，不纯正美好，如何能成为君子，立于不败之地呢？惟养以天道，涵养天德，育之于根茎，云行雨施，洽于四方，才是真正的"藏心于渊，美厥灵根"。此即"粪以肥丘，育厥根荄"④，及"黄心在腹，上德天"⑤ 者也。灵根能如此涵养，自然灵通，自然超越实在而无所不通，其为精神世界，自然真贞、光明、和平，而为明哲，自然内心煌煌，旁烛无疆。《管子》讲"精存自生，其外安荣，内藏以为泉原，浩然和平，以为气渊；渊之不涸，四体乃固；泉之不竭，九窍遂通；乃能穷天地，被四海，中无惑意，外无邪菑"⑥，正是扬雄"藏心于渊，美厥灵根"的精神世界。

那么，如何获得上天的纯正之道、贞一之理，而建立起穷天地，被四海，浩然和平，不妄不惑的精神世界呢？它就是扬雄说的"《锐》执一，而《昆》大同"⑦。所谓"《锐》执一"，就是《太玄·锐》首所说的"专一而不二"。昆，即混也。《昆》大同，即混大同，即老子所说的"挫其锐，解其纷，和其光，同其尘，是谓玄同"⑧ 的存在；或庄子所说"恢恑憰怪，道通为一"⑨ 的存在。人玄观天地万物，于"无"处观其妙，于"有"处观其徼，于那玄之又玄，微妙玄通，深不可识处，抱一以为天下式，就是形上之"道"的存在。故《太玄·锐》初二赞说："锐一无不达。"《测》曰："锐一之达，执道必也。"精神专一，即执其道，乃锐力所在。如果像螃蟹一样多足躁动，不能专一，就锐力失矣。故《太玄·锐》初一《测》曰"蟹之郭索，心不一也"。扬雄认为，人之不同于动物者，就在于人能"存见知隐，由迩拟远，推阴阳

---

① 《太玄·养》次二《赞》。
② 《太玄集注》卷六引。
③ 《太玄集注》卷六。
④ 《太玄·养》次三《赞》。
⑤ 《太玄·养》次五《测》。
⑥ 《管子·内业》。
⑦ 《太玄·太冲》。
⑧ 《老子》第五十六章。
⑨ 《庄子·齐物论》。

之荒，考神明之隐"①，"生神莫先乎一"，而人的本事，就是能"思心乎一"，思考那至精至神存在。故曰"夫一也者，思之微者也"②。"《锐》执一，而《昆》大同"，获得纯正之道、贞一之理而默守之，才能定终始，一生死，不惑、不妄、不悖。此即扬雄所说"圣人存神索至，成天下之大顺，致天下之大利，和同天人之际，使之无间者也"③。那炫炫熿熿的世界，皓旰光明的世界，乃是明哲"藏心于渊，美厥灵根"，将内在精神提升至"明星皓皓"存在。这个境界，就是圣人的精神境界，就是人生的最高准则。一切价值判断，就应该折中于此，准乎于此。

## 四　"群言淆乱折诸圣"的价值判断

汉朝武帝之后，虽然儒学取得了主流地位，但以经取士，也使经学成了功利之学，成了某些人获得功名富贵的工具与手段。因此，当时的经学，分文析字，烦言碎辞，抱残守缺，不考情实，雷同相从，随声是非者，比比皆是。因此，当时的经学研究不仅学界胸襟狭小、学识偏绝、抱残守缺，而且如刘歆所批评的那样："专己守残，党同门，妒道真，违明诏，失圣意，以陷于文吏之议"④ 境地。这样，经学讲授与传递也就失却了真义，失却了儒学的根本精神。不明经学就不能通大道，知圣教，从根本上化成天下；而不禁奸邪，纵释有罪，以酷恶为贤，弄虚作假，欺上瞒下，就会陷入政治危机与精神混乱。因此，如何观万化之原，明安危之机，使经学保持圣人之学的根本精神，也就成武帝之后的重要文化哲学课题。这就是董仲舒、丙吉、刘向等人讲以"《春秋》大义"或"《春秋》大一统者"，为天地之常经，古今之通谊者。董氏诸人所提"《春秋》大义"的历史法则，虽然涉及宇宙论、本体论问题，但它主要是将天道本体落实到政治伦理学上讲的，至于怎样在道体形而上学高度与圣人精神保持一致，则是缺乏深刻阐述的，而且笼罩着神秘主义。对此作出理性阐述并提出最高判断准则的，则是扬雄。这就是他所说的"万物纷错则悬诸天，众言淆乱则折诸圣"⑤。

---

① 《太玄·玄挽》。
② 《太玄·玄图》。
③ 《法言·问神》。
④ 《移让太常博士书》，《汉书·刘歆传》。
⑤ 《法言·吾子》。

扬雄认为，圣人之心，乃是一个天渊灵根的存在。它能洞察宇宙奥秘知其变化莫测存在，故其言行能成为道德规范，治世经典。此即其所讲"圣人聪明渊懿，继天测灵，冠乎群伦，经诸范"① 者也。正如扬雄讲精神发展是以心渊灵根为心性本体一样，他"折诸圣"的整个价值判断，也是以"聪明渊懿"的心性本体展开的。但这个心性本体并不是纯粹的主观，而是涵养得天道义理的天渊灵根，知确道体的精神性存在。因此，在扬雄看来，炫炫煌煌的天道，乃是"圣人印天则常穷神掘变，极物穷情，与天地配其体，与鬼神即其灵，与阴阳蜓其化，与四时合其诚"，所获的至精至神存在，是圣人"视天而天，视地而地，视神而神，视时而时，天地神时皆驯，而恶人乎逆"② 的正道。这个正道，就是尧、舜、文王之道。因此他认为，天地之道，即圣人之道。故曰"圣人之言，天也"③，故曰"观乎天地，则见圣人"④。扬雄认为，"适尧、舜、文王者为正道，非尧、舜、文王者为它道。君子正而不它"。因此，君子之道，应以圣人之道为正道；君子之学，应以圣人之学为正学；而君子的精神世界，应该像圣人一样开明，"廓然见四海，阒然不睹墙之里"⑤。尧、舜、文王之后，他认为，最能继承圣人之道的是孔子。故曰："仲尼，圣人也"⑥，"仲尼之道，犹四渎也，经营中国，终入大海。它人之道者，西北之流也，纲纪夷貉，或入于沱，或沦于汉"⑦。

不仅圣人之道，为天地之正道，圣人之精神世界，是至精至神的世界，而且圣人之书，亦"白日以照之，江河以涤之，浩浩乎其莫之御也"⑧。为什么呢？因为天道皇皇，美盛通达，其大根大本，都在圣人的言辞中，过则失大中之体，不及则不能达其纯真至正境界。此扬雄讲"芒芒天道，昔在圣考，过则失中，不及则不至，不可奸罔"⑨ 者也。故《法言》或问："圣人之经不可使易知与？"曰："不可。天俄而可度，则其覆物也浅矣。地俄而可测，则

---

① 《法言·五百》。
② 《太玄·玄文》。
③ 《法言·五百》。
④ 《法言·修身》。
⑤ 《法言·问道》。
⑥ 《法言·问明》。
⑦ 《法言·君子》。
⑧ 《法言·问神》。
⑨ 《法言·问道》。

其载物也薄矣。大哉，天地之为万物郭，五经之为众说郭。"① 圣人之书，所以如此不可易知，乃在于它立于天道本体，纯正不杂，而不染乎杂多的小知小识。"多闻见而识乎正道者，至识也。多闻见而识乎邪道者，迷识也。"②故曰"大哉圣人，言之至也"③；故曰"惟圣人为不杂。书不经，非书也。言不经，非言也。言、书不经，多多赘矣"④；故曰"圣人之言，天也。舍之而用它道，亦无由至矣"⑤。这无疑包含着对驳杂汉代儒学的批评。

圣人虽不在了，但是书还在。人在则讲人，人不在则观其书，众言淆乱，还是可以折诸圣的。故曰"在则人，亡则书，其统一也"⑥。这些书，就是儒家经典，就是孔子编撰《五经》的存在。这些书，虽许多篇章已经遗失了，出现了空缺，如《尚书》，然就整个浑然叙事及浩荡精神而言，则"《虞夏之书》浑浑尔，《商书》灏灏尔，《周书》噩噩尔"，还是深远存在的。上古以来的圣人之道与文化精神，就是靠这些书传递的。故曰"弥纶天下之事，记久明远，著古昔之昏昏，传千里之忞忞者，莫如书"⑦；故曰："观书者譬诸观山及水，升东岳而知众山之峛崺也，况介丘乎！浮沧海而知江河之恶沱也，况枯泽乎！舍舟航而济乎渎者，末矣；舍五经而济乎道者，末矣。委大圣而好乎诸子者，恶睹其识道也！"⑧

这并不意味着扬雄对其他诸子的不重视。扬雄的玄学本来就不是单纯儒学，许多地方是吸收了道家哲学思想的。如他的"玄有二道，一以三起，一以三生"⑨，就来源于老子讲"道生一，一生二，二生三，三生万物"⑩；而讲"贵其有循而体自然"⑪，亦不能说不受庄子"乘天地之正，以游无穷"⑫ 等等的影响。但这也只是扬雄有所取而已，他的玄学思想并非全盘接受老庄哲学。是故他说："老子之言道德，吾有取焉耳。及捶提仁义，绝灭礼学，吾无取焉

---

① 《法言·问神》。
② 《法言·寡见》。
③ 《法言·问道》。
④ 《法言·问神》。
⑤ 《法言·五百》。
⑥ 《法言·吾子》。
⑦ 《法言·问神》。
⑧ 《法言·吾子》。
⑨ 《太玄·玄图》。
⑩ 《老子》第四十二章。
⑪ 《太玄·玄莹》。
⑫ 《庄子·逍遥游》。

耳"；或曰"庄周有取乎？"曰"少欲"；"邹衍有取乎？"曰"自持。至周罔君臣之义，衍无知于天地之间，虽邻不觌也"①。扬雄虽然对诸子之学有所取舍，但就其学术之纯正而言，则远不如孔子编撰的《五经》。故曰："好书而不要诸仲尼，书肆也。好说而不要诸仲尼，说铃也"，"述正道而稍邪哆者有矣，未有述邪哆而稍正也"；而孔子之道，"谓其不奸奸，不诈诈也。如奸奸而诈诈，虽有耳目，焉得而正诸？"② 诸子与圣人相比，与孔子相比，不仅有邪正问题，学术上更有小成大成之别。在扬雄看来，"仲尼，神明也，小以成小，大以成大，虽山川、丘陵、草木、鸟兽，裕如也。如不用也，神明亦未如之何矣"；而"庄、杨荡而不法，墨、晏俭而废礼，申、韩险而无化，邹衍迂而不信"。故曰"圣人之材，天地也"③。

所谓"圣人之材，天地也"，乃是说圣人之道，即天地之道，它有一种根本精神，是永恒不变的。扬雄基于天地开辟、阴阳消长，认为世界上的一切事物皆处于永恒不息的运动变化中。为什么？因而其为道，也"有因有循，有革有化"④；圣人之经，也是不断发展的，如"《易》始八卦，而文王六十四，其益可知也。《诗》、《书》、《礼》、《春秋》，或因或作而成于仲尼，其益可知也。故夫道非天然，应时而造者，损益可知也"⑤。但这不等于基于天地之道没有永恒不变的存在，圣人之道没有永恒不变的精神。故《法言》或曰"圣人之道若天，天则有常矣，奚圣人之多变也？"曰"圣人固多变。子游、子夏得其书矣，未得其所以书也。宰我、子贡得其言矣，未得其所以言也。颜渊、闵子骞得其行矣，未得其所以行也。圣人之书，言、行，天也。天其少变乎？"⑥ 天地开辟、阴阳消长，虽然变化；圣人之经书，也不断变化。但是，圣人所以书、所以言、所以行，以及天地所以开辟、阴阳所以消长背后的存在，天其变化乎？而这个永恒不变者，才是玄道，才是形而上学存在，才是天道本体，才是天之所以为天，圣人之学之所以为圣人之学的绝对精神存在，才是扬雄所默然独守者，亦"万物纷错悬诸天，众言淆乱折诸圣"者也。

---

① 《法言·问道》。
② 《法言·吾子》。
③ 《法言·五百》。
④ 《太玄·玄莹》。
⑤ 《法言·问神》。
⑥ 《法言·君子》。

扬雄以此永恒存在默然独守，精神是非常可贵的。然它周流宇宙、贯通万物，落实为大化流行、涡流旋转的存在，远比默然独守者更显现出疾雷破山、飘风振海的巨大力量，显现为人自以为知之其实不知的超常存在。特别是社会历史大变革时期各种恢恑憰怪力量的运作，更以现实的利害之端、死生之变，造成无法逃避而又无可奈何的社会历史悖论，从而毁灭人生，造成悲剧。扬雄"投阁"的时代悲剧，就是这样造成的。

## 五　扬雄"投阁"及其时代悲剧

关于扬雄的评价，众说纷纭，历来不一：说他"超度诸子"①，称其为"圣人"②，为"西道孔子"③ 者，有之；而称其为"莽大夫扬雄"④ 者，亦有之。特别是他与新莽的关系及"投阁"之事，更是评价各异。而这恰是与他的哲学思想与精神世界联系在一起的，不可不研究追述的。

关于扬雄与新莽的关系，《汉书》本传只是说扬雄"给事黄门，与王莽、刘歆并。哀帝之初，又与董贤同官。当成、哀、平间，莽、贤皆为三公，权倾人主，所荐莫不拔擢，而雄三世不徙官。及莽篡位，谈说之士用符命称功德获封爵者甚众，雄复不侯，以耆老久次转为大夫，恬于势利乃如是"⑤。此可知扬雄并非世俗功利之徒，称颂王莽功德者，更谈不上对王莽卖身投靠。桓谭《新论》更说"扬子云为郎，居长安，素贫。比岁亡其两男，哀痛之，皆持归，葬于蜀，以此困乏"⑥。此可知扬雄"恬于势利"，直到老死都是很贫穷的，并没有从王莽新政获得任何好处。但扬雄毕竟写过《剧秦美新》，对王莽俯首称臣，美其"至圣之德，配五帝，冠三王"⑦，并接受莽诏，为新室文母太皇太后之死作诔，颂其"德被海表""与新有成"⑧。

---

① 《汉书·扬雄传》说："今扬子之书文义至深，而论不诡于圣人，若使遭遇时君，更阅贤知，为所称善，则必度越诸子矣。"
② 《华阳国志·蜀志·先贤士女总赞（上）》。
③ 桓谭，《新论·启寤》说，张子侯（衡）曰："扬子云西道孔子也。"吾应曰，"子云亦东道孔子也。昔仲尼岂独是鲁孔子。亦齐、楚圣人也"。
④ 朱熹：《资治通鉴·纲目》。
⑤ 《汉书·扬雄传》。
⑥ 《新论·识通》。
⑦ 《剧秦美新》序，《昭明文选》卷四八。
⑧ 《元后诔》，《艺文聚类》卷一五。

关于扬雄"投阁"之事,《汉书》只是说:诛杀甄丰之子甄寻,逮捕连及之人时,"雄校书天禄阁上,治狱使者来,欲收雄,雄恐不能自免,乃从阁上自投下,几死"。莽闻之曰:"雄素不与事,何故在此?"间请问其故,刘棻讲雄不知情,王莽曾"有诏勿问"。然京师则为之语曰:"惟寂寞,自投阁。爱清静,作符命。"① 此可知扬雄"投阁"之事,与刘歆、甄丰之子的"政治事件"② 无关。但从京师世人议论可知,当时社会上对扬雄甘于"寂寞""清静",还是有看法、有所讽喻的。此事具体情境如何,不得而知,后人出于不同观点,作出各种价值判断也是可以理解的。但宋儒程子,对扬雄"投阁"之事,则颇为疑惑。他说:"世之议子云者,多疑其投阁之事。以《法言》观之,盖未必有。又天禄阁世传以为高百尺,宜不可投。然子云之罪,特不在此。睡勉于莽、贤之间,畏死而不敢去,是安得为大丈夫哉?"③ 这就是说,在程子看来,扬雄之过,只是面对王莽之篡,"畏死而不敢去",不够大丈夫!其他都算不了什么。不管具体情境如何,据《汉书》本传所载,扬雄"投阁"之事还是存在的,而且此事涉及他的为学、人品及精神世界存在。为后世保持精神世界计,对扬雄"投阁"之事,是可作精神史分析的。

本章开始就讲了扬雄思想的矛盾性。虽然那是从学术渊源上讲的,但若深入到他的精神世界,这种矛盾性依然是存在的。应该说,扬雄在思想上是有超越性的,本传讲他"恬于势利",是不为假的;桓谭讲他"达圣道,明于死生"④,也不是没有道理的。他于《法言》讲"明哲煌煌,旁烛无疆,逊于不虞,以保天命";讲"芒芒天道,昔在圣考,过则失中,不及则不至,不可奸罔";于《太玄》讲"大阳乘阴,万物该兼;周流九虚,祸福绛罗",以立正精守,讲因革损益的之道,"革而化之,与时宜之。因革乎因革,国家之矩范"⑤ 等,不能说他不"达圣道,明于死生",知性命之理。然扬雄所以写《剧秦美新》《元后诔》,歌颂新莽王朝,而以至于"投阁"者,乃在于思想不彻底,精神上不纯粹,他较之于微子、箕子、比干、伯夷、叔齐诸多贤者,则是一个弱者。他一方面讲大道,讲天道性命之理,讲"明哲煌煌,旁烛无

① 《汉书·扬雄传》。
② 《汉书·扬雄传》说:"王莽时,刘歆、甄丰皆为上公,莽既以符命自立,即位之后,欲绝其原以神前事,而丰子寻、歆子棻复献之。莽诛丰父子,投棻四裔。"
③ 《河南程氏遗书》卷四。
④ 《新论·识通》。
⑤ 《太玄·玄莹》。

疆；逊于不虞，以保天命"；另一方面，当人问"君子只需守住自己的节操，何必要与人交往"时，则讲"天地交，万物生；人道交，功勋成，奚其守？"① 由此可知，扬雄的哲学思想及精神世界并未完全超越功利目的，在仕途利禄上还是有功利思考的。"功勋成"，难道可以放弃道德操守吗？这就是王莽篡朝后，扬雄何以"畏死而不敢去"的原因。人的一生，在功利面前内心稍有萌动，或在仕途前程威逼诱惑面前，自我稍有不慎，就会陷入政治泥潭与人生不幸。扬雄虽"恬于势利"，不急于功利之求，然就其内心而言，还是畏惧新莽势力的。因此，扬雄的性命哲学是不彻底的，带有生命自保性质的。故程子伊川说"扬雄去就不足观"，其讲"'明哲煌煌，旁烛无疆'，此甚悔恨，不能先知。'逊于不虞，以保天命'，则是只欲全身也"②。

汉朝在哲学上是充满神秘主义的。特别是王莽篡位，势利之士，纷纷用符命称其功德，以获封爵。新莽元年秋，曾"遣五威将王奇等十二人班签金四十二篇于天下。德祥五事，符命二十五，福应十二，凡四十二篇"。所谓"皇天降瑞，出丹石之符"；"赤帝行玺某传予黄帝金策书"③ 云云，无非是说王莽当代汉而有天下，讲其篡位具有合理性。当时，群臣谀佞，颂莽功德，为莽篡逆，制造舆论，波流簧鼓，已成不可遏之势。在此疯狂非理性背景下，扬雄仍能"恬于势利"，"好古而乐道"，作《太玄》《法言》，"意欲求文章成名于后世"，"用心于内，不求于外"④，其精神世界之内敛，是不应忽视的。但扬雄的哲学乃是以知识理性为基础建立起来的，其讲"日动而东，天动而西，天日错行，阴阳更巡，死生相樛，万物乃缠"；讲"日一南而万物死，日一北而万物生；斗一北而万物虚，斗一南而万物盈"等，只具有知识合理性，并不具有本体论与价值论的合理性。即使它之谓玄理，也只是"进而未极，往而未至，虚而未满，故谓之近玄"的存在，并非形而上学的最高存在与绝对真理。由此可知，扬雄的玄学，虽有知识合理性，但关于"玄卓然示人远矣，旷然廓人大矣，渊然引人深矣，渺然绝人眇矣"⑤ 形而上学存在以及它如何构成历史哲学与性命之理，并没有阐述得十分清楚，或者说，他的道体形而上学原理并不是像孔子《易传》讲得那么清楚的。正是因为这样，所以扬

---

① 《法言·修身》。

② 《河南程氏遗书》卷一八。

③ 《汉书·王莽传上》。

④ 《汉书·扬雄传》。

⑤ 《太玄·玄摛》。

雄一遇到变化莫测政治风云及神秘诡异的政治操作，就会迷失方向，不能寂然不动、保持心性纯然存在，是可以理解的。

自然，扬雄有着自己的个性、情感。桓谭说："子云达圣道，明于死生，宜不下季札，然而慕恋死子，不能以义割恩，自令多费而致困贫。"① 一个"达圣道，明于死生"的哲学家，一个默然独守自己精神世界的人，居然慕恋自己两个已死之子而不能割爱，为厚葬他们，"自令多费"，以致困贫，可知扬雄具有一种怎样的亲情与爱情。这对那些丧失良知、一味追求功利目的的人来说，对于那些为夺取权力而牺牲人之生命的人来说，扬雄的思想和情感，简直就是"妇人之仁"，是应该被讽刺嘲笑的。但扬雄就是这样一个活生生的人，一个慕恋爱子而情感不能割舍的人。这样的人，怎能适应残酷无情的政治斗争，怎能适应官场的尔诈我虞呢？怎能超越生死，像庄子一样妻死鼓盆而歌呢？扬雄两子之死与王莽之篡，时间上是否有交集，不得而知；此事是否与"畏死而不敢去"，不够大丈夫，也不得而知。但由此可以看出，扬雄是不适于官场与政治斗争的。与帝王、政客们相比，扬雄只是一个学者，一介书生。他在官场周旋、政治斗争中，怎么能不造成自己的人生悲剧呢？

究竟应该怎样评价扬雄呢？有人问："扬子云何人邪？"桓谭答说："扬子云才智开通，能入圣道，卓绝于众，汉兴以来，未有此也"；又说："《玄经》，数百年外其书必传"。② 扬雄的一生，从本质上说，乃是一个纯学者的一生，一个精神上有所追求，且能默然独守的一生，然他并不是政治家，也不能适应政治斗争。因此，后人虽然可以《春秋》大义，责备扬雄的晚节不贞，但不能完全以政治视野要求扬雄、看待扬雄，把他视为"莽大夫"，因为他并没有助纣为虐。与此相反，他能够在世道混乱、圣教衰微中坚持，在功利之求汹汹中默然独守，亦是"儒者陵夷此道穷，千秋只有一扬雄"③ 了。他在涡流旋转的政治斗争中不能立定脚跟，站稳立场，写《剧秦美新》《元后诔》，歌颂新莽王朝，以至于走到"投阁"自尽，固可哀也，但此悲剧发生，亦乃时之势也。

因此，扬雄的悲剧，实乃是时代的悲剧。西汉末年，政治混乱、社会动荡、经济衰败、民生凋敝、蒙昧盛行、异象丛生，凡此皆显示王朝已处于时

---

① 《新论·识通》。
② 《新论·闵友》。
③ 王安石：《临川文集》卷三三。

代末日。当时，无情的政治斗争一个接着一个，政治漩涡激流直下，各种利害冲突不断，迫使每个人讲明自己存在的理由，或者放弃自身的存在。冷酷无情的政治斗争及利害冲突，不仅造成了人性的毁灭、良知的丧失，也使整个人生处于一个恍惚怪异的时代，一个涡流旋转、吉凶祸福瞬变的时代。处于这样一个时代，人是很难适应的。特别是面对政治阴谋与权变，一个纯粹的学者或书生，是很难识别其中的真意与心计的。王莽未篡之前，献符命称其功德者，获得封爵。然而当莽既以符命自立，即位之后，欲绝其原，以神圣前事时，甄丰之子甄寻、刘歆之子刘棻再献符命而获罪，就是属于不识谋篡者权变与心计者。政治斗争的涡流旋转、瞬息万变，每每会吞噬许多无辜的生命，造成种种人生悲剧。那些哲学上抱有信念，精神上有所守候而不能变通其学的人，更是会成为时代的牺牲品。扬雄的悲剧，正是其处此漩涡之中而不能脱身造成的，是其默然独守而不能完全适应权变造成的，而这种不能适应、默然独守正是扬雄的可贵处。因此，扬雄的悲剧，归根到底是那个时代的悲剧，是那个时代功利之求汹汹使社会历史陷入腐败衰微没落所造成的。但正是对这种衰微没落的形上思考，本体追求，造就了扬雄"入圣道，卓绝于众"的哲学思想家，并以"明哲煌煌，旁烛无疆"，点燃了时代精神之光。黄莺在黄昏时候出现了，但黄莺只是凄凉悲哀地叫了几声就消失在夜空中了。

# 第十章　东汉复兴与道德重建

　　**内容提要：** 王莽篡朝，西汉灭亡。刘秀起兵，消灭新莽政权，光复汉朝，是为东汉。西汉之亡，东汉之兴，乃鼎革之变也。这场变革留下许多重大值得思考的问题：不仅有个新王朝政权的正当性与合法性问题，更为主要的是，武帝兴儒术一百余年，儒学已成官方主流文化意识形态，为什么王莽篡朝，有那么多懂儒学人为其弄符命，著丹书，造歌谣，制造舆论，歌功颂德呢？难道这就是儒学所要建树的人格精神与道德情操吗？如果不是，那么，《春秋》大义及儒家伦理，究竟应该怎样见诸道德实践呢？凡此，皆牵涉到何谓儒家正学，何谓儒学根本精神的问题，牵涉到儒学究竟应该担当何种新的使命，究竟应该为东汉王朝提供怎样一种"复兴梦"，建立何种法则秩序的问题。这种种问题，都是光武帝作为开辟之君必须考虑的，也是儒学所面临的新的选择。儒学进入东汉以后，也必须寻找新的方向，不能失却前进目标。因此可以说，整个东汉文化哲学与精神发展，全是由东汉权力变更新现实存在开出的。

　　王莽篡朝，西汉灭亡，新莽政权存在 15 年。刘秀起兵，经过一场战争，消灭了新莽政权，光复汉朝，称之为东汉。这场权力更替，与商朝盘庚、武丁、高宗几次衰而复兴，与周朝平王东迁，西周变而为东周非常不同的。因为后者属于"和平演变"，政治权力有其连续性；而东汉的建立，则是经过一场大规模战争，间隔 15 年，重新获得政权。这场权力的更替，是许多人付出了生命代价换来的。因此，这就存在着东汉政权及其新王位是否有正当性与合法性问题。不管有多少人对这个政权的建立称赞、美化，然登此王位，君临天下，都不能不提出这个疑问。光武帝刘秀避吏新野，卖谷于宛，宛人李通等以图谶说光武"刘氏复起，李氏为辅"，光武初不敢当。刘秀起兵后，三分天下而有其二，跨州据土，带甲百万，有武力者，皆莫敢与之抗，诸将上奏说："臣闻帝王不可以久旷，天命不可以谦拒，惟大王以社稷为计，万姓为心"，要其即天子位，光武又不听①。光武这些行为，虽然可能出于谋略与韬晦，但也不能不说其对取得政权是否具有正当性与合法性存在着疑虑。

但光武帝毕竟取得了政权，登上了东汉王位，于是应该怎样说明新王权的正当性与合法性，就成了当时政治意识必须回答的问题，也是东汉学术必须解决的问题。班彪《王命论》，虽非应光武之命而作，但它至少也反映了汉儒对谁可获得新王权的历史见解。不光如此，西汉武帝罢黜百家，独兴儒术，一百余年，儒学已成汉朝官方主流文化意识形态，为什么对王莽之篡没有警觉呢？王莽未篡之前，少时，称其"折节恭俭，受《礼经》，勤身博学，被服如儒生"；当政后，则"起明堂、辟雍、灵台，立《乐经》，益博士员"，"征天下通一艺教授十一人以上，及有逸《礼》、古《书》、《毛诗》、《周官》、《尔雅》，通知其意者，皆诣公车"②；即使篡逆之后，更是"意以为制定，则天下自平，制礼作乐，讲合《六经》之说"③。王莽如此通儒学，如此了解儒学，如此讲合《六经》之说，为什么不守儒道，反而利用儒家经学篡位呢？难道儒家经学是可以随便解释滥用的吗？还有，王莽之篡，为什么有那么多懂儒学、通儒学的人，为其歌功颂德呢？永始五年，莽不受新野之田，上书称颂其德者，前后四十八万多人，"诸侯、王公、列侯、宗室见者，皆叩头言，宜亟加赏于安汉公"，更不要说那些弄符命，著丹书，造歌谣，颂功德，"告安汉公莽为皇帝"④ 的人有多少了。难道这就是儒学所要建树的人格精神与道德情操吗？如果不是，那么，《春秋》大义及儒家伦理，究竟应该见诸怎样的道德实践呢？这就是东汉光武复兴之后，儒学所以脱离过去的功利追求，走向尊崇道德节义、敦厉名实的原因。这一切，从根本上说，皆牵涉到何谓儒家正学，何谓儒学根本精神问题。特别是面临着东汉新的复兴，儒学究竟应该担当什么新的使命，它作为主流文化意识形态，究竟应该为东汉王朝提供怎样一种"复兴梦"？建立何种法则秩序？这些都是儒学必须回答的。此白虎观会议所以召开者也。西汉之亡，东汉之兴，乃鼎革之变也。大变之后，

---

① 《后汉书·光武帝纪》。
② 《汉书·王莽传上》。
③ 《汉书·王莽传中》。
④ 《汉书·王莽传上》。

这种种问题，都是光武帝作为开辟之君必须考虑的，也是儒学所面临的选择。儒学进入东汉以后必须寻找新的方向，不能失却前进目标。因此可以说，整个东汉文化哲学与精神发展，全是由东汉权力变更现实存在开出的。

这段文化历史变革，由班彪作《王命论》开始，到班固撰写《汉书》为止，中间经过白虎观会议，规划学术发展。它大体上反映了新王朝对文化意识形态发展的要求。班固作《白虎通德论》（简称《白虎通》），属白虎观会议之总结，也是阐述"纲常"伦理的绝对精神。班固所撰《汉书》，是西汉以来回归儒家正学的历史性著作。纵观班氏父子所经历的东汉复兴这段历史，既反映了儒家文化精神的发展变化，也可以看出儒学所面对的新的历史转折。这就是本章精神史叙述的任务。

文化哲学不仅传承原有文化精神，它还必须为新时代提供新的学说与理念，建树新的时代精神。儒家学说也是这样。光武即位时，虽然天下未定，但当时历史发展的显露，已经提出一个世人所必须关注的最为根本性问题，就是历史承运迭兴，成败以何而定？当时班彪感伤时艰，作《王命论》，提出了根于民，以兴王道的使命观。这实际上也是东汉王朝之君，必须面对思考的新使命。

## 一　根民以兴王道的新使命

光武帝于建武元年六月即皇帝位于冀州之鄗（即河北省高邑县，又名凤城，今隶属于石家庄市）。然天下仍纷争未定，光武即位之前的四月，公孙述已自称天子；光武即位之后，相继又有赤眉立刘盆子为天子、刘永自称天子。当时，就连"素有名、好经书"① 的隗嚣（字季孟），据陇右之地，亦拥兵自重。可知，当时天下承运迭兴，成败以何而定，仍是一个大问题。

班彪，字叔皮，扶风安陵（今陕西扶风县，安陵位于陕西咸阳东北）人，史称其"沈重好古"②，"唯圣人之道，然后尽心焉"③。年二十，遭王莽败，世祖即位于冀州时，隗嚣拥众天水，班彪避难从之。当时，面对着天下承运迭兴，成败未定，隗嚣问了班彪一个问题，说："往者周亡，战国并争，天下

---

① 《汉书·隗嚣传》。
② 《后汉书·班彪传》。
③ 《汉书·叙传上》。

分裂，数世然后乃定，其抑者从横之事复起于今乎？将承运迭兴在于一人也。愿先生论之。"班彪回答说："周之废兴与汉异。昔周立爵五等，诸侯从政，本根既微，枝叶强大，故其末流有从横之事，其势然也。汉家承秦之制，并立郡县，主有专己之威，臣无百年之柄。至于成帝，假借外家，哀、平短祚，国嗣三绝，危自上起，伤不及下。故王氏之贵，倾擅朝廷，能窃号位，而不根于民。是以即真之后，天下莫不引领而叹，十余年间，外内骚扰，远近俱发，假号云合，咸称刘氏，不谋而同辞。方今雄桀带州城者，皆无七国世业之资。《诗》云：'皇矣上帝，临下有赫，鉴观四方，求民之莫。'今民皆讴吟思汉，乡仰刘氏，已可知矣。"隗嚣听完后说："先生言周、汉之势可也。至于但见愚人习识刘氏姓号之故，而谓汉家复兴，疏矣。昔秦失其鹿，刘季逐而羁之，时人复知汉乎？"班彪对隗嚣的说法极为不高兴，史说其"既疾嚣言，又伤时方艰，乃著《王命论》，以为汉德承尧，有灵命之符，王者兴祚，非诈力所致，欲以感之"①；或说其"既感嚣言，又愍狂狡之不息，乃著《王命论》，以救时难"②。其辞曰：

昔在帝尧之禅曰"咨尔舜，天之历数在尔躬"，舜亦以命禹。暨于稷、契，咸佐唐、虞，光济四海，奕世载德，至于汤、武，而有天下。虽其遭遇异时，禅代不同，至乎应天顺民，其揆一也。是故刘氏承尧之祚，氏族之世，著乎《春秋》。唐据火德，而汉绍之，始起沛泽，则神母夜号，以章赤帝之符，由是言之，帝王之祚，必有明圣显懿之德，丰功厚利积累之业，然后精诚通于神明，流泽加于生民，故能鬼神所福飨，天下所归往，未见运世无本，功德不纪，而得屈起在此位者也。……悲夫！此世所以多乱臣贼子者也。若然者，岂徒暗于天道哉！又不睹之于人事矣。

夫饿馑流隶，饥寒道路，思有短褐之袭，儋石之畜，所愿不过一金，然终于转死沟壑。何则？贫穷亦有命也。况乎天子之贵，四海之富，神明之祚，可得而妄处哉！故虽遭罹厄会，窃其权柄，勇如信、布，强如梁、籍，成如王莽，然卒润镬伏质，亨醢分裂，而欲暗奸天位者乎？是故驽蹇之乘不骋千里之途，燕雀之畴不奋六翮之用，楶棁之材不荷栋梁

①　《汉书·叙传上》。
②　《后汉书·班彪传》。

之任，斗筲之子不秉帝王之重。《易》曰"鼎折足，覆公𫗧"，不胜其任也。

……

盖在高祖，其兴也有五：一曰帝尧之苗裔，二曰体貌多奇异，三曰神武有征应，四曰宽明而仁恕，五曰知人善任使。加之以信诚好谋，达于听受，见善如不及，用人如由己，从谏如顺流，趣时如向赴。当食吐哺，纳子房之策。拔足挥洗，揖郦生之说。寤戍卒之言，断怀土之情。高四皓之名，割肌肤之爱。举韩信于行陈，收陈平于亡命，英雄陈力，群策毕举：此高祖之大略，所以成帝业也。……

历古今之得失，验行事之成败，稽帝王之世运，考五者之所谓，取舍不厌斯位，符端不同斯度，而苟昧于权利，越次妄据，外不量力，内不知命，则必丧保家之主，失天气之寿，遇折足之凶，伏铁钺之诛。英雄诚知觉寤，畏若祸戒，超然远览，渊然深识，……则福祚流于子孙，天禄其永终矣。①

《后汉书·班彪传》称彪作《王命论》时"年二十余"；《汉书·叙传》则称彪作《王命论》"年二十，遭王莽败，世祖即位于冀州"，答隗嚣问后；而《资治通鉴》载此事则为建武五年②。班彪作《王命论》的具体时间，虽无法确切认定，但大体上说，应在光武即位冀州，隗嚣拥众天水，班彪避难从之，答隗嚣问之后。此时，班彪也就二十几岁。但班彪幼时"家有赐书，内足于财，好古之士自远方至，父党扬子云以下莫不造门"③，可知其家学渊源，文化历史学识是很深厚的。

班彪著《王命论》虽是答隗嚣问之后，"既疾嚣言，又伤时方限"而作，然此论作于光武即位冀州之后，则更多属于新王命的历史哲学思考。这种思考，虽意在讲"汉德承尧，有灵命之符，王者兴祚，非诈力所致"，但更多的是讲承天受命之德，讲"帝王之祚，必有明圣显懿之德，丰功厚利积累之业"，然后才能"精诚通于神明，流泽加于生民，鬼神所福飨，天下所归往"，而"未见运世无本，功德不纪，而得屈起在此位者"。因此，在班彪看来，承

---

① 《汉书·叙传上》。
② 《资治通鉴》卷四一。
③ 《汉书·叙传上》。

天受命而有天下，无圣明懿德，无丰功德业，并不是具韩信、黥布之勇，梁父、项籍之强，或像王莽那样窃其权柄，就可以暗奸天位的。此即"驽蹇之乘不骋千里之途，燕雀之畴不奋六翮之用，楶棁之材不荷栋梁之任，斗筲之子不秉帝王之重"者也。故引《易》曰"'鼎折足，覆公悚'，不胜其任也"。

班彪作《王命论》，光武已即位冀州，因此，虽然此论是写给隗嚣看的，希望感动他，使之觉悟，但也是写给新王朝之主，向东汉光复者提供精神支持的。隗嚣终不寤，班彪避河西之地，为大将军窦融"画策事汉"① 者，实乃为光武新王室"画策事汉"也。因此，把班彪《王命论》视为东汉复兴而作，为新王权延续祚命谋划政策与治策而作，应该说是不过分的。这首先是为东汉新王权建立之正当性与合法性提供道义上的支持。《王命论》讲"刘氏承尧之祚，氏族之世，著乎《春秋》"；讲"高祖曰帝尧之苗裔"，以及讲"唐据火德，而汉绍之"等，尽管讲得很神秘，但从根本上说，就是为东汉光复提供理论正当性与合法性及不可替代性。这些讲法，虽然带有阴阳家、谶纬神学的性质，但讲"帝王之祚，必有明圣显懿之德，丰功厚利积累之业"，以及答隗嚣问，讲"民皆讴吟思汉，乡仰刘氏"等，则不仅明于天道，亦是睹于人事的。

班彪作《王命论》，不仅为东汉光复提供正当性与合法性及不可替代性，更是为东汉帝国复兴提出了新的政治使命。这个新使命就是如何复兴西汉王朝，延续西汉王朝祚命。如何复兴，如何延续？最为根本的办法，就是扎根人民，重建功德世业。《后汉书·班彪传》讲班彪答隗嚣之问，较之《汉书·叙传》，于"王氏之贵，倾擅朝廷，能窃号位"之后，略去了"而不根于民"一句。这可是非常重要的一句话！《班彪传》所以略去这句话，说明范晔处南朝宋时，撰《后汉书》，远不如汉朝班固撰《汉书》时，对父班彪思想理解之深切！班彪答隗嚣"承运迭兴"之问，讲"周之废兴，与汉殊异"，虽然是从"周爵五等"的分封制与汉"改立郡县"制不同，解释前者"本根既微，枝叶强大，末流有从横之事"；后者"主有专己之威，臣无百年之柄"，讲王莽擅朝，"危自上起，伤不及下"的。但其讲民之所以"皆讴吟思汉，乡仰刘氏"，还是因汉家功德植根于民；而即使王莽篡窃号位，天下所以"莫不

---

① 《后汉书·班彪传》。

引领而叹，十余年间，外内骚扰，远近俱发，假号云合，咸称刘氏，不谋而同辞"，就在于莽之篡窃"不根于民"。这是班彪答隗嚣"承运迭兴"问所揭示的政治真理！也是其作《王命论》，为东汉帝国复兴所提出的新政治使命！

这个新使命对东汉帝国复兴，无疑是重要的；甚至可以说，它对任何新王朝来说，都是重要的。因为从根本上说，政治的要义就在于保护人民的生存、维护人的生命存在。故《尚书》讲"德惟善政，政在养民"①，"民之所欲，天必从之"②。不管谁当政，谁治天下，离开天德王道、仁爱天下，离开根于民的政治基础，不养民，不保护人民，都是不行的，都是要倒台的。故曰："不敬厥德，早坠天命。"③ 班彪作《王命论》就是提醒新王朝不要忘记这一根本政治要义。

根于民不仅是养民、保护人民生存问题，更是一个赢得人民信任的问题。任何朝代，任何政权，任何王室或帝王个人，失去人民的信任，都是无法存在的，轻则被人民抛弃，重则被人民推翻赶下台。因此，一个政权建立或者王朝复兴，惟有赢得人民的信任，才是真正根植于民，也才能绵延祚命，长期存在。并且赢得人民的信任不是以一时的小恩小惠所能办到的。这诚如曹刿所说"小惠未徧，民弗从也"④，是不能真正赢得人民信任的。只有经过几代或数代有德于天下民，才能真正赢得信任的。周之于歧，经过后稷、公刘、古公、公季到文王、武王、周公数代人努力，以德立国，根于民，赢得人民信任，百姓怀之，才有八百年之治。汉朝高祖得天下，虽然有五，然"宽明而仁恕"，则是其根本。继世者也是只有不断有德于民，扎根于民，才能赢得人民信任，而有王莽之篡，人民才"皆讴吟思汉，乡仰刘氏"。一个失去人民信任的帝王或政权，不管是谁，不管是何种帝王或王室，都是寸步难行，最终不行的。此乃王莽以小恩小惠终不能赢得人民信任，所以"率群臣至南郊，搏心大哭，气尽伏而叩头"⑤ 者也。此班彪作《王命论》所告于为东汉帝国复兴者也。

由上可知，班彪作《王命论》所要求于新王朝，复兴东汉帝国的，乃是治天下，理万民，根于民，德于民，取信于民。这不能只是小恩小惠，不能

---

① 《尚书·大禹谟》。
② 《尚书·泰誓上》。
③ 《尚书·诏诰》。
④ 《左传》庄公十年。
⑤ 《汉书·王莽传下》。

是假的、伪善的，而必须是长期真诚的、大德的，必须当成代天理民的天道命令，当成执政的新使命，理性自觉地去实行，见诸道德实践。故面临着东汉复兴，东宫初建，诸王国并开，而官属未备，师保多阙，班彪鉴于王莽之篡，因而上疏光武帝曰：

> 孔子称"性相近，习相远也"。贾谊以为"习为善人居，不能无为善，犹生长于齐，不能无齐言也。习与恶人居，不能无为恶，犹生长于楚，不能无楚言也"。是以圣人审所与居，而戒慎所习。昔成王之为孺子，出则周公、邵公、太史佚，入则大颠、闳夭、南宫括、散宜生，左右前后，礼无违者，故成王一日即位，天下旷然太平。是以《春秋》"爱子教以义方，不纳于邪。骄奢浮佚，所自邪也"。《诗》云"诒厥孙谋，以宴翼子"，言武王之谋遗子孙也。①

惟有恢复礼教，以仁德亲民，根于民，理民止于至善，惟有遵守《礼记》所说"自天子至于庶人，一是皆以修身文本"②，才能获得王权的正当性与合理性，使"左右前后，礼无违者"，才能使东汉复兴，即帝王位，才能天下旷然太平，也才能建立德业、绵延世泽。因此，重建天德王道之治，以至诚不息之德，化成天下，乃是东汉光复后，新王朝继德垂善的一个重要使命。

## 二　道德重建在于尊崇节义

西汉末年，王莽之篡，朝野有一个非常奇特现象，即满朝文武及地方官员，无不为其歌功颂德：不仅用丹书、符命为之篡朝制造舆论，而且颂王莽伪德，比之周公。这些人并非完全是不学无术世俗之辈，而是通晓儒学的公卿大夫、博士、议郎、列侯等，论则"以《六艺》通义，经文所见"者，讲则"《周官》、《礼记》所宜于今"者。王莽明明擅权，却说成是辅政；明明是擅权危及汉室，却美其曰为"安汉公"；明明是欺君专权，却说成是周公居摄；明明以女配帝为皇后，是巩固其权力，却被美化为"明诏圣德巍巍如彼，安汉公盛勋堂堂"；明明是内心奸诈、诡计多端，却被美化为"清静乐道，温

---

① 《后汉书·班彪传》。
② 《礼记·大学》。

良下士，惠于故旧，笃于师友"；明明权欲熏心，却说"虽与崇有属，不敢阿私"；明明是篡权夺位，却说成顺从符命；明明是专制独裁，却伪成"受言事"的民主之制；明明"更名天下田曰王田"，是霸占土地资源，却说成实行古之井田制；明明铸五铢钱是维护权贵集团利益，却说"钱大小两行难知"，而对"诸挟五铢钱，言大钱当罢者，投四裔"，造成"农商失业，食货俱废"①。此即《汉书》所说"莽诵《六艺》以文奸言"② 者也。凡此种种，就提出了如下文化历史哲学问题：儒家学说是可以随便篡改骗人的吗？国家权力是可以奸诈滥用的吗？人格品质是可以随便伪装、欺世盗名的吗？进一步言之，光复的东汉新王室，究竟应该以怎样真实无妄之理，重新开辟历史道路，建立诚明不息之天下呢？它是可以用虚假言辞，伪装圣义，忽悠天下，哄骗世人的吗？孔子说："名不正，则言不顺；言不顺，则事不成。"③ 因此，东汉王室复兴之后，执政的一个重要任务，就是如何以儒家正学及伦理精神，尊崇节义，敦厉名实，重建伦理道德精神，以正天下之不正，治天下之不治。

正是面临着如此儒家正学及伦理道德精神的重建，所以"光武中兴，爱好经术，未及下车，而先访儒雅"。建武五年，乃修起太学，稽式古典。中元元年，初建三雍，"明帝即位，亲行其礼"，而且"帝正坐自讲，诸儒执经问难于前"，当时"冠带缙绅之人，圜桥门而观听者"，史书说计"亿万"人。其后，凡功臣子孙及所选高能以受其业者、希望做羽林之士者等，皆令其通读《孝经》。建初中，肃宗章帝为归复儒家正学，专门召开白虎观会议，要求诸儒参加大会，考详同异，连月乃罢，而且"肃宗亲临称制"④。从光武中兴，爱好经术，经明帝正坐亲自讲经，到章帝召开白虎观会议，肃宗亲临称制，可以说东汉光复后，不仅道德精神得到重建，而且天下之治，也按照儒家正学，迈开新的历史道路矣。范晔论及这个时期道德精神变化时说：

论曰：自光武中年以后，干戈稍戢，专事经学，自是其风世笃焉。其服儒衣，称先王，游庠序，聚横塾者，盖布之于邦域矣。若乃经生所处，不远万里之路，精庐暂建，赢粮动有千百，其著名高义开门受徒者，

①　《汉书·王莽传上》。
②　《汉书·王莽传下》。
③　《论语·子路》。
④　《后汉书·儒林传上》。

编牒不下万人，皆专相传祖，莫或讹杂。至有分争王庭，树朋私里，繁其章条，穿求崖穴，以合一家之说。故人识君臣父子之纲，家知违邪归正之路。①

"人识君臣父子之纲，家知违邪归正之路"，即儒家正学及伦理道德精神重建，迈开新的历史道路也。

顾炎武先生更对东汉复兴后，道德精神恢复重建描述说：

> 汉自孝武表章《六经》之后，师儒虽盛，而大义未明，故新莽居摄，颂德献符者遍于天下。光武有鉴于此，故尊崇节义，敦厉名实，所举用者莫非经明行修之人，而风俗为之一变。至其末造，朝政昏浊，国事日非，而党锢之流、独行之辈，依仁蹈义，舍命不渝，风雨如晦，鸡鸣不已，三代以下风俗之美，无尚于东京者。……光武躬行俭约，以化臣下；讲论经义，常至夜分。一时功臣如邓禹，有子十三人，各使守一艺，闺门修整，可为世法。贵戚如樊重，三世共财，子孙朝夕礼敬，常若公家。以故东汉之世，人才之倜傥不及西京，而士风家法似有过于前代。②

虽然后来桓、灵之间，君道秕僻，朝纲日陵，国隙屡启，东京之末，节义衰而文章盛，但东汉复兴后，尊崇节义，敦厉名实，所建笃厚世风与道德精神，根于社会，还是非常深远的。桓、灵之间，主荒政缪，国命委于太监，士子羞与为伍，于是匹夫抗愤，处士横议，名声激扬。当时朝廷听从宦官之言，逮捕党人，先后造成两次党锢事件：第一次李膺、陈寔等二百多人被捕；第二次李膺、杜密、范滂等一百多人冤死狱中。第二次党锢事件发生时，朝廷收捕党人，李膺隐居故乡，乡里人听到消息，劝他赶紧逃走。李膺却说："事不辞难，罪不逃刑，臣之节也。"前往诏狱投案，壮烈而死。汝南督邮吴导奉命拘捕范滂，他却"抱诏书，伏床而泣"，可知多么同情范滂，而难以从命了。范滂听到后，到县狱投案。县令解挂印绶，想与之逃走。范滂却说："滂死则祸塞，何敢以罪累君？"其与母诀别，告诉母亲说："弟弟仲博孝敬，足以供养。惟大人割不忍之恩，勿增感戚！"而母亲则说："汝今得与李、杜

---

① 《后汉书·儒林传下》。
② 《日知录》第十三章《两汉风俗》。

齐名，死亦何恨！"滂跪受教，再拜而辞，行路闻之，莫不流涕。时年三十三①。李膺、杜密、陈蕃、范滂等人，抗击权奸，虽任气以行，不择而怒，不知节制，相激相荡，酿成党争，并非理性政治行为，然其秉正气，忿奸邪，临危犯难，忠而忘身，死不屈节，还是有德操气节的！甚至连范滂之母，都认为自己儿子与李膺、杜密齐名，死而无恨，可知东汉复兴后，尊崇节义，敦厉名实，道德名节之深入人心，及世风之笃厚！然此风俗提升为道体形而上学的存在，则可建构高尚道德精神世界。故程子说"汉人之名节，成于风俗，未必自得也。然一变可以至道"②。

东汉复兴后，尊崇节义，敦厉名实，注重道德名节，风气之深远纯厚，不仅表现在李膺、杜密、陈蕃、范滂党锢诸人，抗击权奸的节烈行为中，亦同样表现在当时儒林文苑士人义理明辨、道德修身上。汉阳赵壹（字符叔），作《刺世疾邪赋》，讲"乘理虽死而非亡，违义虽生而匪存"③；东平刘梁（字曼山），著《辩和同之论》，讲"周而不比，和而不同，以救过为正，以匡恶为忠"，"君子之于事也，无适无莫，必考之以义焉"④ 等，都是以道德情操、义理明辨为重的。班固于永平初，曾向东平王刘苍推荐当时有德行的人说：

> 司空掾桓梁，宿儒盛名，冠德州里，七十从心，行不逾矩。京兆祭酒晋冯，结发修身，白首无违，好古乐道，玄默自守，古人之美行，时俗所莫及。扶风掾李育，经明行著，教授百人，客居材陵，茅室土阶。京兆督邮郭基，孝行著于州里，经学称于师门。凉州从事王雍，躬卞严之节，文之以术艺，凉州冠盖。弘农功曹史殷肃，达学洽闻，才能绝伦，诵《诗》三百，奉使专对。此六子者，皆有殊行绝才，德隆当世。⑤

从班固的推荐，可知当时儒林文苑之士道德名节之重及义理深厚也。朝代兴盛，需要道德笃厚、民风淳朴及人的刚健正直与道德节义。道德浅薄，民风不正，妖妄横行，小人汹汹，歪理邪说，浸淫弥漫，天下氾滥滔滔，四

---

① 《后汉书·党锢列传》。
② 《河南程氏遗书》卷一。
③ 《后汉书·赵壹传》。
④ 《后汉书·刘梁传》。
⑤ 《后汉书·班固传》。

海驰骛狂奔，风气淫乱，人心恍惚，整个社会风气愚昧而不可禁，祸眚生于不测而不可察，不要说国家兴盛强大了，恐怕祚命能否绵续也成问题矣。此哀帝死，白雉献，黄龙见，人皆称莽之功德，权移势危者也。故王船山说："天下之风俗，波流簧鼓而不可遏，国家之势，乃如大堤之决，不终日溃以无余。"① 东汉光复，加强道德建设，尊崇节义，敦厉名实，此知治国平天下之根本者也。没有纯正民风，没有道德节义，没有刚健的力量，没有笃厚淳朴、刚健正直、立于不折不挠之地的节烈之士，社会是不能形成中坚力量的，及至国家社稷危难，也是没有人秉国以正，持天下以平，进行历史担当的。惟此，范晔虽指出党锢诸人任气以行、不知节制的非理性行为，有"矫枉故直必过"之弊，但就道德人品节操而言，还是对他们能为"一世之所宗""能以德行引人"的君子道德行为加以赞美的：

> 论曰：李膺振拔污险之中，蕴义生风，以鼓动流俗，激素行以耻威权，立廉尚以振贵势，使天下之士奋迅感慨，波荡而从之，幽深牢破室族而不顾，至于子伏其死而母欢其义。壮矣哉！②

政治之得失，世运之盛衰，民风之好坏，乃是与学术联系在一起的。清人李颙先生曾说：人心之邪正，由"夫天下之根本，莫过于人心；天下大肯綮处，莫过于提醒天下之人心。然欲醒人心，惟在明学术，此在今日为匡时第一要务"。又说："天下之治乱，由人心之邪正，学术之明晦。"③ 西汉之末，天下所以歪理邪说、浸淫弥漫，所以风气淫乱、人心恍惚，所以谶纬丹书波流簧鼓而不可遏，乃在于儒家学术明晦之失，无法贞正天下人心也。但是，天下之治，真正使"人识君臣父子之纲，家知违邪归正之路"，并不是件容易的事；特别是不昌明学术，是很难使天下人心归于正路的。因此，东汉光复后，不仅尊崇节义，敦厉名实，加强道德精神重建，更注重经术纯正。这就是由"光武中兴，爱好经术"，发展到章帝召开白虎观会议，以正定经学。这个任务完成了没有呢？它怎样影响着东汉后来的文化精神发展呢？这就是不得不讲的白虎观会议及其经学正定问题。

---

① 《读通鉴论》卷五。
② 《后汉书·党锢列传》。
③ 《二曲集》卷一二。

## 三　白虎观会议及经学正定

白虎观会议是东汉章帝于建初四年（公元 79 年），亲自召集主持的一次诸儒讨论《五经》同异的学术会议。关于这次会议的召开，《后汉书·儒林传》说得比较简单："建初中，大会诸儒于白虎观，考详同异，连月乃罢。肃宗亲临称制，如石渠故事，顾命史臣，著为通义。"① "考详同异，连月乃罢"，开的时间够长的，而且是章帝亲自主持的。可知此会之重要。所谓"顾命史臣，著为通义"，就是后来著作的《白虎通义》。关于这次会议为何召开，怎样召开、会议内容、哪些人参加及会议开法与会议研讨成果，《后汉书·章帝纪》讲得比较详细清楚：

> 建初四年，十一月壬戌，诏曰："盖三代导人，教学为本。汉承暴秦，褒显儒术，建立《五经》，为置博士。其后学者精进，虽曰承师，亦别名家。孝宣皇帝以为去圣久远，学不厌博，故遂立《大、小夏侯尚书》，后又立《京氏易》。至建武中，复置《颜氏、严氏春秋》，《大、小戴礼》博士。此皆所以扶进微学，尊广道艺也。中元元年诏书，《五经》章句烦多，议欲减省。至永平元年，长水校尉儵奏言，先帝大业，当以时施行。欲使诸儒共正经义，颇令学者得以自助。孔子曰：学之不讲，是吾忧也。又曰：博学而笃志，切问而近思，仁在其中矣。于戏，其勉之哉。"于是下太常、将、大夫、博士、议郎、郎官及诸生、诸儒会白虎观，讲议《五经》同异，使五官中郎将魏应承制问，侍中淳于恭奏，帝亲称制临决，如孝宣甘露石渠故事，作《白虎议奏》。

章帝召开白虎观会议，正如西汉宣帝召开石渠阁会议一样，都是由中央召开、皇帝亲自主持的学术会议。这是自武帝诏贤良，立《五经》博士以来，汉朝召开的第二次官方学术会议。此可知汉代对学术发展的重视。对学术发展的重视，实乃是对经学精神及文化意识形态的重视。但白虎观会议召开所面临的任务及召开这次会议的目的是与石渠阁会议不同的。宣帝召开石渠阁

---

① 《后汉书·儒林列传》。

会议所面临的是武帝诏贤良，立《五经》博士，开弟子员，设科射策，劝以官禄，讫于元始，百有余年后，经学发展"传业者寖盛，支叶蕃滋"，"一经说至百余万言，大师众至千余人"，即章帝诏书所说宣帝"以为去圣久远"，陷入了禄利之途，从而使经学研究走到了抱残守缺的地步。所以，那次会议的任务乃在于弥合分歧，追求儒家正学。

章帝召开白虎观会议，所面临的文化历史形势与任务是不同的，即《五经》的主旨究竟是什么，根本精神究竟是什么？王莽之篡也讲经学，也考论《五经》，起明堂、辟雍、灵台，定制度，当时的公卿大夫、博士、议郎、列侯，也以六艺通义，经文所见，以及《周官》《礼记》之根据，为王莽请命，刘歆、陈崇等十二人，"皆以治明堂，宣教化，封为列侯"①，以丹书、符命为王莽之篡歌功颂德者，更是不计其数。因此，东汉复兴之后，就不能不提出究竟什么是《五经》主旨，什么是它根本精神的问题。这是东汉复兴后文化历史形势所提出的问题，也是东汉政治教化所要解决的问题。此明帝时所以"亲御讲堂，命皇太子、诸王说经"② 者也，亦章帝所以召开白虎观会议，诏书"欲使诸儒共正经义"，亲自"称制临决"者也。所谓"欲使诸儒共正经义"，就是让太常、中郎将、大夫、博士、议郎、郎官及诸生、诸儒都去参加白虎观会议，讨论正定儒家《五经》主旨与根本精神。

这次会议，不仅章帝亲自"称制临决"，而且使"五官中郎将魏应承制问，侍中淳于恭奏"，也是比较有权威性，能服人的。魏应（字君伯），史说其"经明行修，弟子自远方至，著录数千人。肃宗甚重之，数进见，论难于前，特受赏赐"；又说其"不交僚党，京师称之"③。淳于恭（字孟孙），史说其"善说《老子》，清静不慕荣名"，"进对陈政，皆本道德"④。班固将淳于恭推荐给东平王刘苍时，也说其"经明行著，教授百人"，可知其不论人品学问，皆是为人尊重的。白虎观会议由此二人承制问奏，应该说是受大家尊重的。

这次会议问奏所形成的《白虎议奏》，隋唐已亡。但顾命史臣，所著通义，即《白虎通义》，则保存下来了。《白虎通义》，简称《白虎通》，实乃根

---

① 《汉书·王莽传上》。
② 《后汉书·明帝纪》。
③ 《后汉书·魏应传》。
④ 《后汉书·淳于恭传》。

据当时诸儒讲论五经同异议奏，所撰写统一经义之著作。《后汉书》说："天子（即肃宗章帝）会诸儒讲论《五经》，作《白虎通德论》，令固撰集其事。"① 可知《白虎通德论》，乃章帝令班固集诸儒讲论五经之事即《白虎议奏》撰写而成的。它是否就是《白虎通义》？《白虎通义》为何又名《白虎通德论》，值得研究。《隋书·经籍志》载《白虎通》六卷，未注明作者；《旧唐书·经籍志》反而将其注为"汉章帝撰"。这不过是突出章帝裁决经义地位而已，但裁决经义不等于撰写《白虎通义》。《新唐书·艺文志》出，始题"班固等《白虎通义》六卷"。可知《白虎通义》虽为班固所撰，但它毕竟是在《白虎议奏》的基础上写成的，也有他人之功。直到北宋王尧臣撰《崇文总目》，始才明确标注《白虎通德论》十卷，"汉班固撰，凡四十四篇"。南宋藏书目录学家陈振孙撰《直斋书录解题》，亦作十卷，凡四十四门。今传本为元代大德年间刘世常所藏，亦为四十四篇，但卷数为四卷。《白虎通义》清时陈立作疏证。《白虎通义疏证》中华书局 1994 年纳入"新编诸子集成"出版。《白虎通德论》四卷，浙江人民出版社 1984 年纳入"百子全书"出版，无注，但书脊所示，则是《白虎通》卷次。可知浙江人民出版社是视《白虎通德论》即为《白虎通》，亦即《白虎通义》的。现存二书，内容并无差别，文字基本一致，因此，二书实乃一书异名也。但若仅就其命名之义而言，曰《白虎通义》者，意在贯通经义者也；而曰《白虎通德论》者，即所论通向《五经》道德精神世界者也。前者为白虎观会议之旨义也，然后者得无班氏精神之义蕴乎？前者虽为流传之名，后者则见于本传。故本章叙述，皆称呼《白虎通德论》，简称《通德论》。

虽然《白虎议奏》已不存，然根据《白虎议奏》所撰写的《白虎通德论》则保存了下来。今天通过此书，则大体上可以看出白虎观会议讲论《五经》情况及议奏内容。那么，从篇籍所载看，这次会议是否真正完成了正定儒家《五经》主旨与根本精神的任务呢？现存此书四十四篇内容，可以说《五经》之义，礼教所设，虽非完全本于儒家正学，然若从汉儒之学看，则是无不疏理贞正。它涉及天文、地理、政治、经济、宗教、道德、伦理、法律、礼仪、制度，及婚丧、嫁娶、风俗诸多文化历史内容。研判白虎观会议是否真正完成了正定儒家《五经》主旨与根本精神的任务，是不能对如此众多繁

---

① 《后汉书·班固传》。

杂内容——指涉的，只能就其所涉及的天道先验论、本体论、形而上学存在，看其所表达的最高宗旨与道德精神，是否符合《五经》教义。弄懂于此，亦即明白它是否真正完成了正定儒家《五经》主旨与根本精神之任务。

中华民族是本于天的。但中国文化讲"天"，从来不在"苍苍耳"上讲，而是在"理"的存在、"道"的存在、宇宙法则秩序存在上讲。此唐虞时代讲"惟精惟一"① 者也。唐虞之后，不论是讲"会其有极，归其有极"的"皇极"② 大中之道，还是讲"刚中而应，大亨以正"③ 的天道本体，讲"大哉乾元！万物资始""至哉坤元！万物资生"④ 的存在，无不是在道体形而上学上讲的，无不是讲此道此理的至刚至健、至正至和、至精至变存在。即使讲其至妙至神存在，也是在道体变化莫测、妙不可言上讲的。中国远古早期文明时期，虽然也存在宗教，经过宗教文明发展阶段的。《诗》《书》讲"昊天上帝"⑤ "皇矣上帝"⑥ 或"皇天上帝"⑦ 等等，就是《诗》《书》所保留下来的远古宗教文明阶段神性形而上学信仰。但中国文化是早熟的，在其他国家民族尚处于蒙昧野蛮阶段时，中国文化就已经隐退"上帝"，代之以形上之"道"的信仰，并以此建立起了一套礼义教典与文化制度。这就是中国古代文化超越宗教文明所发展出来的礼教文明。此即《尚书》讲"天叙有典""天秩有礼"⑧ 者也，亦即《易传》所"以神道设教"⑨ 者也。此处曰"神道"者，乃谓神圣之道、妙不可言存在也。它虽曰"神圣"，但它已经不是神性形而上学存在，不是"上帝"的宗教性存在，是中国圣人超越宗教神性存在，"脱魅"所建立起来的理性文明形态，亦即中国古代文化超越宗教文明所发展出来的礼教文明。

然而就是在这一根本问题上，在天道先验论、本体论、形而上学存在及礼教文明发展上，白虎观会议并没有将《五经》之义与根本精神讲通讲透，反而以纬书为据，落入形而下物性存在，增魅天道本体的神秘性，陷入新的

---

① 《尚书·大禹谟》。
② 《尚书·洪范》。
③ 《周易·彖上传》。
④ 《周易·彖上传》。
⑤ 《诗经·大雅·云汉》。
⑥ 《诗经·大雅·皇矣》。
⑦ 《尚书·诏诰》。
⑧ 《尚书·皋陶谟》。
⑨ 《周易·彖上传》。

宗教性神秘主义。它是这样讲天地、日月的宇宙论的存在及其价值大用的：

> 天者何也？天之为言镇也，居高理下，为人镇也。地者，易也，言养万物怀任，交易变化也。
>
> 始起之天，始起先有太初，后有太始，形兆既成，名曰太素。混沌相连，视之不见，听之不闻，然后剖判清浊。既分，精出曜布，度物施生。精者为三光，号者为五行。行生情，情生汁中，汁中生神明，神明生道德，道德生文章。故《乾凿度》云："太初者，气之始也。太始者，形兆之始也；太素者，质之始也。阳唱阴和，男行妇随也。"①

在这里，天已不是"大哉乾元！万物资始"者，而是变成了居高理下、威镇人间的最高存在；地已不是"至哉坤元！万物资生"者，而是变成了"交易变化"者。这样讲，乾道"刚、健、中、正、纯、粹、精"②的本体存在及旁通一切、贯通一切大用没有了，只剩下万物"各正性命"的"主宰"意义了；坤道的"厚德载物，德合无疆，含弘光大，品物咸亨"③的大用也没有了，只剩下"柔顺利贞"的地位了。丢掉天地之道的本体存在及大用，讲其太初、太始、太素存在及天体形成，颇似现代天体物理学通过粒子、微子的不断发现，讲解宇宙的形成。它看似多了一点知识论，然而宇宙最高本体论及其大用则不见了，而文化及道德精神世界也变成气的"精汁"生成之物性存在。这样讲，天地之间，整个道德形而上学就不存在了，变成了一个生物物理世界。

但是，白虎通会议并没有放弃天的主宰地位，不但没放弃，反而并赋予了它一种居高临下、威镇人间的最高神性存在。因此，白虎观会议所体认的天，乃是最高神性形而上学存在。它至神至灵、具有至高无上的权威性。故王者易姓而起，受命之时，改制应天，要封禅告于天。而"王者承统理，调和阴阳，阴阳和，万物序，休气充塞，故符瑞并臻，皆应德而至。德至天则斗极明，日月光，甘露降；德至地则嘉禾生，蓂荚起，秬鬯出，太平感；德至文表则景星见，五纬顺轨；德至草木朱草生，木连理；德至鸟兽则凤皇翔，

---

① 《白虎通德论·天地》。
② 《周易·文言传》。
③ 《周易·象上传》。

鸾鸟舞，麒麟臻，白虎到，狐九尾，白雉降，白鹿见，白鸟下"等等，亦是上天对王德的神密符瑞显示。此即所谓"天下太平，符瑞所以来至者"① 者也。由此不难看出，白虎观会议在天道的先验论、本体论、形而上学存在这一根本问题上，所贞定的《五经》之义，实际上乃是按照当时的谶纬之学，增魅其神秘性，使之变成了至上神宗教性存在。这显然是与《五经》所讲"惟精惟一"的天道先验论、本体论、形而上学存在，及"脱魅"所建立起来的礼教文明相背而行的。《白虎通德论》所述者，不仅六艺并录，付以谶记，援纬证经，而且班固本身也是笃信谶纬神学的。他认为"汉绍尧运，以建帝业"②，就是这样。东汉王室，虽然反对以丹书、符命为王莽之篡歌功颂德，但他们本身也是相信这些玩意儿的。光武就是相信所献《赤伏符》讲"刘秀发兵捕不道"③ 云云，即位冀州的。更何况参加白虎观会议及对此会议起作用的杨终、丁鸿等，都是相信谶纬之学的呢。这就不难想象白虎观会议为何不能在天道的先验论、本体论、形而上学存在方面，继承唐虞三代"脱魅"所建立礼教文明与根本精神了。从这方面讲，可以说白虎观会议并没有真正完成贞定儒家《五经》主旨与根本精神的任务。它实际上乃是由礼教文明回归宗教文明，将儒家天道形而上学不同程度神学化了。因此，班固《通德论》所通之道德精神世界，很大意义乃是通向神秘宗教世界。故程子伊川说："东汉士人尚名节，只为不明理。若使明理，却皆为大贤也。"④ 不论是出于政治合法性需要，还是重建国民信仰，这种宗教性回归与精神导向，都是偏执、迷狂的。因为中国文化的早熟，已把中华民族上层推向天道的理性信仰，不可能再由高级阶段礼教文明重新回到低级形态宗教文明。这也是东汉出现桓谭、王充、张衡等人理性批判主义反弹的原因所在。

　　自然，这并不是说白虎观会议完全是非理性、没有任何成就的，班固《通德论》所宣扬道德精神世界全部属于纯粹宗教迷狂世界。白虎观会议及《通德论》所阐明的"纲常"伦理道德精神，还是具有很强伦理学意义的。

---

① 《白虎通德论·封禅》。
② 《后汉书·班固传》。
③ 《后汉书·光武纪》。
④ 《河南程氏遗书》卷一八。

## 四　《通德论》的纲常精神

一个国家民族文化，若只有相对的东西，没有绝对精神，只有旋起旋灭的东西，没有永恒的存在，那是非常危险的，是不能永恒存在的。这种永恒存在与绝对精神，中国文化就是天道的先验论、本体论、形而上学存在，就是"道"的精神，大道本体论的精神。它落实为伦理道德，就是父义、母慈、兄友、弟恭、子孝的"五常"之教精神或"纲常"伦理的绝对精神。有人不喜欢"纲常"的绝对精神。其实，西方基督教讲上帝的"永有"，讲个人自由"服从上帝的意志"，也是讲绝对精神的，不过它是在上帝神性形而上学意义上讲的，中国文化是在天道的真实无妄之理意义上讲的。

中国自古就是追求常道法则的民族。《尚书》讲"天叙有典""天秩有礼"①。典，即常也，即父义、母慈、兄友、弟恭、子孝的五常之教。礼，即理也，即以天理设教，教化天下者也。可知中国礼教文明一开始就是包含着常道法则与绝对精神的。有常，则有秩序；无常，则天下大乱。故周武王伐纣灭殷之后，不知该如何治理，去请教箕子，箕子告之以《洪范》九畴，其中一个根本道理，就是使天下"彝伦攸叙"；否则，天下则陷入"彝伦攸斁"②。彝，常也。彝伦，即常道伦理。有常道伦理，则天下攸叙；无常道伦理，彝伦攸斁，则天下大乱也。斁，即坏也，败也，乱也。以"彝伦攸叙"治天下，"亹亹穆穆，为纲为纪"③，就是"纲常"伦理。它的伦理学本体论，就是天道法则，道体形而上学存在，就是董仲舒所说"仁义制度之数，尽取之天"，"王道之三纲，可求于天"④者。

为什么讲"纲常"，第五章叙述《董子春秋》时已经讲过了，即他看到春秋战国时期只有自然、相对的伦理法则，没有"纲常"绝对精神，不能制止天下大乱；惟有将自然、相对的伦理法则提升为"纲常"绝对精神，才能消弭乱象，使天下归于大治。即他所说"循三纲五纪，通八端之理，忠信而博爱，敦厚而好礼，乃可谓善"⑤。但这种"纲常"精神，在西汉并没有真正

---

① 《尚书·皋陶谟》。
② 《尚书·洪范》。
③ 《史记·夏本纪》。
④ 《春秋繁露·基义》。
⑤ 《春秋繁露·深察名号》。

得到落实，见诸道德实践，特别是公、卿、大夫的道德实践，更是名实不副，因而有王莽之篡。东汉复兴，强调尊崇节义、敦厉名实的道德实践，召开白虎观会议，重新提出"纲常"伦理的绝对精神，自然就是必要的了。这就是班固《通德论》于董仲舒"三纲五纪"之说基础上，所提出"三纲六纪"论述：

> 三纲者何谓也？谓君臣、父子、夫妇也。六纪者，谓诸父、兄弟、族人、诸舅、师长、朋友也。故君为臣纲，夫为妻纲。又曰："敬诸父兄，六纪道行，诸舅有义，族人有序，昆弟有亲，师长有尊，朋友有旧。"何谓纲纪？纲者，张也；纪者，理也。大者为纲，小者为纪，所以张理上下，整齐人道也。人皆怀五常之性，有亲爱之心，是以纲纪为化，若罗纲之有纪纲而万目张也。《诗》云："亹亹我王，纲纪四方。"①

董子"五纪"是讲"仁、义、礼、知、信"的五常之道。《通德论》所提"六纪"，则将五常之道，扩充到了诸父、兄弟、族人、诸舅、师长、朋友的关系中。"三纲"讲君臣、父子、夫妇关系的人伦之纲，要求"君为臣纲，夫为妻纲"；"六纪"讲诸父、兄弟、族人、诸舅、师长、朋友的常道之理，要求"敬诸父兄，六纪道行，诸舅有义，族人有序，昆弟有亲，师长有尊，朋友有旧"。"纲者，张也；纪者，理也。大者为纲，小者为纪。"不论是纲是纪，皆是以"五常之性，亲爱之心"，"张理上下，整齐人之道"，纲纪四方，化成天下的。纲是根本，纪是义理。它的核心是"五常之性，亲爱之心"；要义是以人的此心此性为根本存在，"张理上下，整齐人道"，即以天道义理涵养扩充调适上下人伦关系，整齐人类社会历史道路，建立一个既温情脉脉又有伦理纲纪的人类社会。治国平天下，惟有举此纲纪，才能纲举目张，化成天下，建立起有情有义的社会。这就是《通德论》所讲"纲常"伦理道德精神，就是试图以此精神所建立的理想社会。它一点也没有后人所说"吃人"的味道，倒是充满了温情脉脉的社会理想！现在，工业社会毁掉了传统社会一切温情脉脉的存在，吞噬了人天然的心性与灵性，使之变成了恶魔般的物欲存在，现代人反而咒骂礼教"吃人"，岂不是一幅极力自嘲自讽的图画吗？

---

① 《白虎通德论·三纲六纪》。

班固讲纲讲纪，讲人心人性，讲常道义理，无疑也像董子一样，皆是"尽取之天"，"可求于天"，以天道为本体论的。此《通德论》讲"性者，阳之施；情者，阴之化也。人禀阴阳气而生，故内怀五性六情"① 者也。正如董子讲"君臣、父子、夫妇之义，皆与诸阴阳之道"② 一样，班固讲"君臣、父子、夫妇"之"三纲"，也是基于天道阴阳法则的。"三纲"即君臣、父子、夫妇应遵守的伦理道德规范。它的法则，就是"一阴一阳谓之道"的天地之道、性命之理。以此为纲，就是使"阳得阴而成，阴得阳而序，刚柔相配"，建立起阴阳和谐、刚柔相济的法则秩序。"三纲六纪"并非只是谁主宰谁、谁压迫谁的关系，而是阴阳化育、转相生成、成己成物、亲恩相连、相互支持、帮助的关系。故曰：

> 三纲法天、地、人，六纪法六合。君臣法天，取象日月屈信归功天也。父子法地，取象五行转相生也。夫妇法人，取象人合阴阳有施化端也。师长君臣之纪也，以其皆成己也；诸父兄弟父子之纪也，以其有亲恩连也；诸舅朋友夫妇之纪也，以其皆有同志为纪助也。③

人类社会，惟有以此"三纲六纪"，才能阴阳化育、转相生成，才能不断生存绵延垂续，也才能得以均衡、和谐与有序地维系。这与西方近现代所提倡的"生存竞争"关系是完全不一样的。它并不是谁压迫谁、谁统治谁、谁主宰谁的法则，而是将人的存在，社会的存在，及师长君臣、诸父兄弟、诸舅朋友夫妇的存在看作是一个生命共同体。它的垂续绵延，是不可分离的。而要维系这个生命共同体的存在及垂续绵延，就得有个大法则、大哲理。这个大法则、大哲理，就是天地之道、阴阳之理，就是"天叙有典""天秩有礼"的宇宙原理。法于此，用以维系人类社会的垂续绵延，就是纲常伦理，就是《通德论》所讲"三纲六纪"。它所包含的天道义理及其伦理道德精神，较之西方主张"生存竞争"的达尔文主义法则，不知该有多少合理性呢！近现代以来，它反而遭到无情的批判。现在，人们不加判断，将达尔文主义的"生存竞争"法则，引入人类社会，争财产、争名誉、争地位、争一切自私自

---

① 《白虎通德论·性情》。
② 《春秋繁露·基义》。
③ 《白虎通德论·三纲六纪》。

利的东西，成为了无法阻挡的风气。为了那么一点房产，一切亲情都不要了，撕破脸面，对簿公堂，弄得父不父、子不子，已不成任何体统！面对此情此景，还有什么理由批判嘲讽纲常伦理及其道德精神呢？

东汉复兴，相当于第二次革命。故明帝读班固《两都赋》后说："夫大汉之开原也，奋布衣以登皇极，繇数期而创万世，盖六籍所不能谈，前圣靡得而言焉。当此之时，功有横而当天，讨有逆而顺人，故娄敬度势而献其说，萧公权宜以拓其制"，"王莽作逆，汉祚中缺，天人致诛，六合相灭"。而光武复兴，乃"绍百王之荒屯，因造化之荡涤，体元立制，继天而作"。故曰："建武之元，天地革命，四海之内，更造夫妇，肇有父子，君臣初建，人伦实始，斯乃虑羲氏之所以基皇德也。"①

东汉光复不仅是一场文化革命、学术重建，同时也牵涉礼仪制度、行为规范以及醇厚风俗诸多问题。因此，讲纲纪，讲伦理道德，就不能不讲行为规范，不能不讲不同角色、地位及品行的规定性。《通德论》曰爵曰号者，虽为封爵称号，但就其本质而言，亦意味着所爵所号者的不同角色、地位及行为规范的规定性。如讲"爵者，尽也，各量其职尽其才也。公之为言，公正无私也；卿之为言，章善明理也；大夫之为言，大扶进人者也"②，"号者功之表也，所以表功明德"③，就是对不同爵号者角色、地位与行为规范所作规定。社会有此规定，不论地位高低、贵贱卑微，每一个人都遵守自己的角色、地位与行为规范，才井然有序而不乱。《通德论》虽然承认"帝王之德有优劣"，但它也认为，不是任何人都可以称帝称王称天子的。其讲"王者受之于天，不受之于人"④，固然神化了王者地位。它较之孟子讲"天子能荐人于天，不能使天与之天下"，"天与之"，实乃"人受之"⑤，不能说不是一个退步。然它讲"王者父天母地，为天之子"⑥；"德象天地称帝，仁义所在称王"⑦，规定做天子帝王者，必须具天地之德，仁爱天下，才能成为天子帝王，则是继承了上古以来天德王道思想的。根据"三纲之义，日为君，月为

---

①　《后汉书·班固传》。

②　《白虎通德论·爵》。

③　《白虎通德论·号》。

④　《白虎通德论·三正》。

⑤　《孟子·万章上》。

⑥　《白虎通德论·爵》。

⑦　《白虎通德论·号》。

臣"①；讲"地之承天，犹妻之事夫，臣之事君也"②，好像天子帝王对臣子具有绝对的统治地位。但实际上，天子帝王做错了事，臣子也是可以劝告批评的。这劝告批评，称为"谏"。谏的方式多种多样：有讽谏、顺谏、窥谏、指谏等。讽谏是一种智慧，发现患祸之萌，深睹其事，虽尚未彰，而以讽喻方式告之。顺谏是谏者怀仁爱之心，出词谦逊，不逆君心而能把道理讲清楚的进谏。窥谏者，视君颜色，找机会进谏也。指谏直指其事而谏，后世包拯、海瑞之类是也。凡此等等，皆是臣子可以向天子帝王劝告批评者也。但不管怎样劝告批评，都是怀仁义之心，讲究礼义方式方法的，而不是像现在有地方的民主议会那样拍桌子、摔板凳、抢话筒、吐沫四溅、相互指骂。说实在话，那时候的君臣政治关系还是比较文明的。自然，大臣们也是不怕天子帝王不听劝告批评。如果天子帝王不听劝告批评，仍然坚持错误，甚至走到偏颇危险道路上去，还有其他谏诤手段，纠正其错误的，那就是"王失度，则史书之，工诵之，三公进读之，宰夫撤其膳"③。史书记之，百工诵之，三公进读，特别是宰相有权不给饭吃，这些进谏手段都是非常严厉的。所以做天子帝王的，也"不得为非"。可知《通德论》讲"三纲六纪"，讲"纲常"伦理精神，并非像现在一些人所说的那样是维护"封建专制独裁"统治，而是为了保障政治通畅，所建立的一套完备礼教制度。

这并不是说《通德论》没有偏颇处。如讲"天子爵连言天子，诸侯爵不连言王侯何？即言王侯以王者同称，为衰弱僭差生篡弑，犹不能为天子也"④，自然是为防备诸侯篡夺天子之位，因为已经有了王莽之篡的教训。但既承认"帝王之德有优劣"，那么，讲天子或帝王，不论有无王者之德，只要上接天受，"得号天下至尊言称，以号令臣下"⑤，就陷入"天赋人权"、不可动摇的神权统治了。《通德论》虽然承认公、卿、大夫及诸大臣有谏诤的权力，但又规定"士不得谏"，因为"士贱，不得豫政事"⑥。此非"政出于民"，亦乃轻视下层人士者也，亦是剥夺一般庶民有进谏权力者也。这用今天的眼光看，与现代民主制度还是非常不同的。《通德论》讲夫妻关系也是这样。承认"妻

---

① 《白虎通德论·日月》。
② 《白虎通德论·京师》。
③ 《白虎通德论·谏诤》。
④ 《白虎通德论·爵》。
⑤ 《白虎通德论·号》。
⑥ 《白虎通德论·谏诤》。

者，与己一体"，讲妻子"恭承宗庙，上承先祖，下继万世，传于无穷"的地位，是很尊重妇女的，但王者不能称臣下之妻为"臣"①，以今天的眼光看，则有点儿轻视妇女的味道。讲"妻者，齐也，与夫齐体"②；讲"妻得谏夫者，夫妇荣耻共之"，夫妻是有平等地位的，但讲"谏不从不得去之者，一与齐，终身不改（嫁）"③，就有点"嫁鸡随鸡，嫁狗随狗"的味道了；讲"匹，偶也。与其妻为偶，阴阳相成之义也，一夫一妇成一室。明君人者，不当使男女有过，时无匹偶也"④ 的婚姻制度，无疑是合理的，但讲"阳倡阴和，男行女随"；"夫有恶行，妻不得去"；讲"妇者，服也，服于家事，事人者也"⑤；甚至讲妇人有"三从"之义"未嫁从父，既嫁从夫，夫死从子"⑥，就已经不是一般的轻视妇女，而是将妇女完全置于服从、奴役地位了。这样讲"三纲六纪"，讲纲常伦理精神，也就出现偏颇了。理论上的偏颇，必然给实践带来偏执。"三纲六纪"及纲常精神发展到后来，走向僵化，出现衍礼，成为束缚人性的东西，并引起"卑名教而任自然"的反弹，也就可以理解了。

但班固《白虎通德论》讲"三纲六纪"，讲纲常伦理精神，基本上是站在儒家仁义立场，坚持天道刚健中正法则的。此其讲"夫礼者，阴阳之际也，百事之会也，所以尊天地，傧鬼神，序上下，正人道"⑦ 者也。即使他讲谏诤，也是以孔子"事君，进思尽忠，退思补过，去而不讪，谏而不露"⑧，为礼义之教的。不仅《白虎通德论》如此，《汉书》也是如此，无不是以归于儒家中正之学为己任的。

# 五　《汉书》回归儒家正学

班固，字孟坚，扶风安陵人，班彪之子。《后汉书》说他"年九岁，能属文诵诗赋，及长，遂博贯载籍，九流百家之言，无不穷究。所学无常师，不

---

① 《白虎通德论·王者不臣》。
② 《白虎通德论·嫁娶》。
③ 《白虎通德论·谏诤》。
④ 《白虎通德论·爵》。
⑤ 《白虎通德论·嫁娶》。
⑥ 《白虎通德论·爵》。
⑦ 《白虎通德论·社稷》。
⑧ 《白虎通德论·谏诤》引。

为章句，举大义而已。性宽和容众，不以才能高人，诸儒以此慕之"①。和帝永元四年六月"窦宪潜图弑逆，及窦宪败，固先坐免官"②，"吏人窦氏宾客皆逮考，竟因此捕系固，遂死狱中，时年六十一"③。永元四年（公元 92 年）班固死时 61 岁。以此推算，班固当生于光武帝建武七年（公元 31 年）。

班固的"博贯载籍，九流百家之言，无不穷究"，自然是和父辈"家有赐书，内足于财，好古之士自远方至，父党扬子云以下莫不造门"的家庭环境有关。家里没有这么多藏书，班固何以能"博贯载籍"，何以能"九流百家之言，无不穷究"？不仅如此，班固为学为人，也是深受祖辈伯、斿、稚及父辈影响的。这从他作《汉书·叙传》，讲祖伯诏受《尚书》《论语》"既通大义，又讲异同于许商"；祖斿"博学有俊材，与刘向校秘书。每奏事，受诏进读群书"；祖稚"少为黄门郎中常侍，方直自守"。莽秉政，采颂声，"而稚无所上"，"由是班氏不显莽朝，亦不罹咎"等可以看出，他对祖辈的学识与正直还是非常敬佩的。特别是对父亲班彪"唯圣人之道然后尽心焉"及王莽之篡，父亲答隗嚣之问，讲"周之废兴与汉异"，及其著《王命论》，叙述"历古今之得失，验行事之成败，稽帝王之世运"，讲"审神器之有授，毋贪不可几"，对班固的正统思想是有极大影响的。

班固受父亲影响最大的是史学观。这一点可以从他们父子先后对司马迁的评价上看出来。最早对司马迁《史记》提出批评的是班彪。他虽然承认司马迁"采《左氏》、《国语》，删《世本》、《战国策》，据楚、汉列国时事，上自黄帝，下讫获麟，作本纪、世家、列传、书、表百三十篇"，"善述序事理，辩而不华，质而不野，文质相称，盖良史之才"，但对其"采经摭传，分散百家之事"，则认为"甚多疏略，不如其本，务欲以多闻广载为功，论议浅而不笃"。特别是对《史记》"论术学则崇黄老而薄《五经》，序货殖则轻仁义而羞贫穷，道游侠则贱守节而贵俗功"，认为"大敝伤道"，甚至认为司马迁"遇极刑"，也是咎由自取④。班固对司马迁的评价受父亲影响是很深的。他撰《汉书》，评价司马迁《史记》之作，几乎完全采用了他父亲班彪的说法：

---

① 《后汉书·班固传》。
② 《后汉书·和帝纪》。
③ 《后汉书·班固传》。
④ 《后汉书·班彪传》。

> 司马迁据《左氏》、《国语》，采《世本》、《战国策》，述《楚汉春秋》，接其后事，讫于天汉。其言秦、汉，详矣。至于采经摭传，分散数家之事，甚多疏略，或有抵牾。亦其涉猎者广博，贯穿经传，驰骋古今，上下数千载间，斯以勤矣。又其是非颇缪于圣人，论大道而先黄老而后《六经》，序游侠则退处士而进奸雄，述货殖则崇势利而羞贱贫，此其所蔽也。然自刘向、扬雄博极群书，皆称迁有良史之材，服其善序事理，辨而不华，质而不俚，其文直，其事核，不虚美，不隐恶，故谓之实录。呜呼！以迁之博物洽闻，而不能以知自全，既陷极刑，幽而发愤，书亦信矣。迹其所以自伤悼，《小雅》巷伯之伦。夫唯《大雅》“既明且哲，能保其身”，难矣哉。[①]

不论是班彪批评司马迁“论术学则崇黄老而薄《五经》，序货殖则轻仁义而羞贫穷，道游侠则贱守节而贵俗功”，还是班固批评司马迁“论大道而先黄老而后《六经》，序游侠则退处士而进奸雄，述货殖则崇势利而羞贱贫”，皆是认为司马迁的《史记》敝伤了儒家哲学大道，违背了儒家经典的精神。虽然班氏父子皆承认司马迁《史记》“善序事理，辨而不华，质而不野，文质相称”，或“辨而不华，质而不俚”，具有良史之才，但班彪认为，“诚令迁依《五经》之法言，同圣人之是非，意亦庶几矣”；而班固更认为，《史记》的“其文直，其事核，不虚美，不隐恶”，也只是《小雅》之美，而不具《大雅》的纯正。虽然做到这一点是很难的，但为史也是应以《大雅》精神要求自己的。在班彪、班固看来，凡为史必须贯通儒学纯正之道，贯通儒家仁义礼智之教，贯通儒家经典的根本精神，反对“论术学崇黄老而薄《五经》”或“论大道而先黄老而后《六经》”的做法，反对违背儒家仁义礼智之教，违犯礼教尊亲亲、君臣、父子的叙述。这用今天的话说，就是为史要以儒家思想为指导，反对敝伤儒学大道，违背儒家经典精神。班彪虽“好述作，专心史籍之间”，并且于司马迁著《史记》后，“继采前史遗事，傍贯异闻，作后传数十篇，因斟酌前史而讥正得失”[②]，但并没有像班固那样撰写成《汉书》，叙述西汉二百余年事，因此，其为史学，贯通儒学经典思想者并不充分。班固就不同了，一部《汉书》起于高祖，终于孝平王莽之诛，十有二世，

① 《汉书·司马迁传》。
② 《后汉书·班彪传》。

二百三十年，综其行事，傍贯《五经》，上下洽通，为《春秋》考纪、表、志、传凡百篇。该书"自永平中始受诏，潜精积思二十余年，至建初中乃成"①。其贯通经籍思想，归于儒家正学，则成了班固撰写《汉书》的主旨。

班固继承父亲史学思想是很自觉的。但其著《汉书》，则招惹来一段是非：

> 父彪卒，归乡里。固以彪所续前史未详，乃潜精研思，欲就其业。既而有人上书显宗，告固私改作国史者，有诏下郡，收固系京兆狱，尽取其家书。先是扶风人苏朗伪言图谶事，下狱死。固弟超恐固为郡所核考，不能自明，乃驰诣阙上书，得召见，具言固所著述意，而郡亦上其书。显宗甚奇之，召诣校书部，除兰台令史，与前睢阳令陈宗、长陵令尹敏、司隶从事孟异共成《世祖本纪》。迁为郎，典校秘书。固又撰功臣、平林、新市、公孙述事，作列传、载记二十八篇，奏之。帝乃复使终成前所著书。②

这里所说父亲"所续前史未详"，就是指司马迁著《史记》后，班彪"继采前史遗事，傍贯异闻，作后传数十篇"。班彪死后，班固"潜精研思，欲就其业"者，就是继承乃父亲所作"后传数十篇"之未竟事业，即撰写一部完整的《汉书》。但没想到此事被人诬告私作国史，而被下狱。幸被弟弟班超上书营救，被显宗发现其才，变坏事为好事，才在明帝支持下，最终完成《汉书》。

班固谈及所以要撰写《汉书》，撰写这部与《史记》不同的断代史时说："固以为唐虞三代，《诗》、《书》所及，世有典籍，故虽尧、舜之盛，必有典谟之篇，然后扬名于后世，冠德于百王，故曰'巍巍乎其有成功，焕乎其有文章也'。汉绍尧运，以建帝业，至于六世，史臣乃追述功德，私作本纪，编于百王之末，厕于秦、项之列。太初以后，阙而不录，故探撰前记，缀辑所闻，以述《汉书》。"③ 这就是说，在班固看来，唐虞三代之史，已有《诗》《书》所及，世有典籍，虽尧、舜之盛，有典谟诸篇所载，"巍巍乎其有成功，

---

① 《后汉书·班固传》。
② 《后汉书·班固传》。
③ 《汉书·叙传下》。

焕乎其有文章也"。而汉朝之初，《史记》虽有所记，也只是到武帝元封年间，太初之后，则阙而不录。班固撰写《汉书》，最初的动机，乃是为追述"汉绍尧运，以建帝业，至于六世"的功德，方法是"私作本纪"。这大概就是被人为"私改作国史"者，以至于被捕入狱的原因。但从这个叙述中也可以看出，班固《汉书》之作，一开始就是为了阐述"汉绍尧运，以建帝业"的正统性与政治合法性而撰写的。由此也就不难理解班固《汉书》之作的真正动机了。

因此，班固撰《汉书》归于儒家正学，并非归于孔子原始儒家正学，而是汉儒所理解的《六经》之学。何者为雅，何者为正，是汉儒依据儒家经典所理解的涵义而定的。《毛诗序》说："言天下之事，形四方之风，谓之雅。雅者，正也，言正王之所以废兴也。"① 这是兼《雅》之正与变而说的。凡《雅》述其政之美者为正，刺其政之恶者为变。但不论正变，凡《雅》必是正王之所以废兴，言王有风化之功，有政善可述者。政有大小，故有《小雅》焉，有《大雅》焉。《大雅》以《文王》始，十八篇，皆言国之大事也。这虽是汉儒《诗》教的雅正之述，但它也是班固撰写《汉书》所遵守的原则。基于这样的原则，故班固撰《汉书》，述西汉二百年兴废，起于高祖，终于孝平、王莽之诛，十有二世，将刘邦视为"皇矣汉祖，纂尧之绪，实天生德，聪明神武，革命创制，应天顺民"的兴废之始，放在《帝纪》之首，而将陈胜、吴广视为"上嫚下暴，惟盗是伐"② 者，将项羽、项燕视为"赫赫炎炎，遂焚咸阳，宰割诸夏，命立侯王，诛婴放怀，诈虐以亡"者，放在列传里叙述。这与司马迁在《史记》中将项羽放入"本纪"叙述，陈胜、吴广放入"世家"叙述是非常不同的。由此可见，班固的《汉书》如何以汉代儒学雅正王者之所以废兴，亦可见其如何归于儒学之正了。

《汉书》归于儒家正学，乃是一次文化发展、学术道路转换。汉初，虽然社会需要休养生息，黄老道家"无为而治"之说曾一度成为占主导地位的思想，但整个汉代文化精神与政治意识发展，则是以武帝设置《五经》博士，尊崇儒术为契机，"宪章六学，统一圣真"③，开辟路径，完成转换的。这个转换是通过《汉书》撰写显现出来的。因此可以说，《汉书》撰写不仅完成了由黄老之学向儒家正学的转变，而且开出一个不同以往的新时期汉代儒学。

---

① 《毛诗正义》卷一。
② 《汉书·叙传下》。
③ 《汉书·叙传下》。

"汉之得人，于兹为盛，儒雅则公孙弘、董仲舒、倪宽，笃行则石建、石庆，质直则汲黯、卜式，推贤则韩安国、郑当时，定令则赵禹、张汤，文章则司马迁、司马相如，滑稽则东方朔、枚皋，应对则严助、朱买臣，历数则唐都、洛下闳，协律则李延年，运筹则桑弘羊，奉使则张骞、苏武，将率则卫青、霍去病，受遗则霍光、金日磾，其余不可胜纪"①。这各色人等，不论是好是坏、是纯是杂，都是适应当时文化发展与学术道路转换所孕育出来的人物。它所显示的，乃是《汉书》不同于《史记》"论大道而先黄老而后《六经》"的儒学精神。因此，《汉书》归于儒家正学者，并非完全具《大雅》之纯正。它只能视为一次由黄老之学向儒家正学的转变。

自然，这并不是说《汉书》归于儒家正学，只是一次文化发展与学术道路转换，而这种转换是没有统绪，没有儒家正学坚持与守正的。不是的。班固认为，整个汉代儒学就是承续孔子儒家正统发展出来的。故撰《儒林传》说："是综是理，是纲是纪，师徒弥散，著其终始。"在他看来，秦火之后，儒学断绝，河间献王刘德，修学好古，实事求是，从民间所献，得到许多古文先秦旧书，皆经传说记，并且学举六艺，立《毛氏诗》《左氏春秋》博士，修礼乐，被服儒术，造次必于儒者，就是"四国绝祀，河间贤明，礼乐是修，为汉宗英"② 者。汉初文帝时，贾谊弱冠登朝，以为汉兴，应定官名，兴礼乐，并以儒家仁义之道，数上疏陈政事，欲求匡建，立君臣，等上下，使父子有礼，六亲有纪，讲"若夫经制不定，是犹度江河亡维楫，中流而遇风波，船必覆矣"③。虽其疏陈政事，多遭非议，而没得到实施，但班固引刘向话说："贾谊言三代与秦治乱之意，其论甚美，通达国体，虽古之伊、管未能远过也。使时见用，功化必盛。"④ 武帝时，董仲舒以《春秋》大义，"求王道之端，得之于正"；要求王者"任德教而不任刑"，"为人君者，正心以正朝廷"，讲"夫仁、谊、礼、知、信五常之道，王者所当修饬也"⑤。在班固看来，其"论道属书，说言访对，为世纯儒"⑥。至于刘向采传记行事，著《新序》《说苑》，数上疏言得失，陈法戒，虽不能尽用，亦助观览，补遗阙，值

① 《汉书·公孙弘卜式倪宽传》赞。

② 上引均见《汉书·叙传下》。

③ 《汉书·贾谊传》。

④ 《汉书·贾谊传》赞。

⑤ 《汉书·董仲舒传》。

⑥ 《汉书·叙传下》。

得肯定的。扬雄恬于势利，好古而乐道，其"草《法》撰《玄》"，亦是"斟酌《六经》"①的，虽文义至深，然引桓谭的话说，也是"论不诡于圣人"②的。即使司马迁《史记》，虽有"论大道而先黄老而后《六经》"的偏颇，但他还是认为，自孔子之后能述文者，则将司马迁与孟轲、荀子、董仲舒、刘向、扬雄数公并列，认为是"皆博物洽闻，通达古今，其言有补于世"③者。由此不难看出，班固怎样把汉代儒学视为承续了原始儒家学术文化精神了。

《汉书》回归儒家正学，不仅是承续原始儒家学术文化精神，更在于以此精神叙事立传、阐述儒家正学精神。这可以从两个方面看：一是对儒家礼教精神的坚持，二是坚持儒家政治的清正精神。虽然《史记》有《礼书》《乐书》，《汉书》有《礼乐志》，皆略存大纲，以统旧文，传承了儒家礼教的精神，但《汉书》则更强调礼教的实践性与根本大用。《史记》中，叔孙通说于高祖所制定的，只是朝仪，而在《汉书》中，董仲舒说于武帝的，则不仅是"南面而治天下，莫不以教化为大务""凡教化不立而万民不正"，把以礼教"统理群生"视为政治之根本，而且要求"立太学以教于国，设庠序以化于邑，渐民以仁，摩民以谊，节民以礼"④。汉代不只是把礼教视为一种传统，而且发展成了一门重要的儒家经典学术。《礼》有大戴、小戴、庆氏之学，就是这样。礼教不仅是学术，更把它变为了整个社会从上到下的伦理道德实践。王吉上疏宣帝，讲"宣德流化，必自近始；朝廷不备，难以言治；左右不正，难以化远"；讲"夫妇，人伦大纲，夭寿之萌也。世俗嫁娶太早，未知为人父母之道而有子，是以教化不明而民多夭"⑤；刘向以为王教应"由内及外，自近者始"。故采取《诗》《书》所载"贤妃贞妇，兴国显家可法则，及孽嬖乱亡者，序次为《列女传》，凡八篇，以戒天子"⑥等，就是坚持儒家礼教精神，将其推向整个社会伦理道德实践的。礼，乃因人情而节文者也，过则成为僵化的东西。礼教讲"三纲"的绝对精神，无疑是有利于彝伦攸叙、社会稳定的，但把君臣、父子、夫妻关系变为片面义务而必须绝对地服从，也就发展为非理性了。像王吉那样，妻子取邻家一颗枣子让其吃，就以其非礼，

---

① 《汉书·叙传下》。
② 《汉书·扬雄传》。
③ 《汉书·楚元王传》。
④ 《汉书·董仲舒传》。
⑤ 《汉书·王吉传》。
⑥ 《汉书·刘向传》。

而非要休之不行①，则视小为大，将礼教僵化过头矣。许多教义发展到东汉末以至于成为衍礼，就变为僵死的礼教了。到魏晋之际，嵇康之辈，"卑名教而任自然"，就成为对汉代僵化礼教的强烈反叛了。

《汉书》撰写汉代武帝之后，坚持儒家政治清正精神，也是归于儒家正学的表现。儒家崇尚礼乐，主张以礼教治天下，但也是反对侈肆而不知节俭，主张以清正廉洁为根本精神的。故孔子说："乐节礼乐，乐多贤友，益矣。乐骄乐，乐佚游，乐宴乐，损矣。"② 为了清廉及防止腐败堕落，汉朝明文规定，商人及其子女不得做官，不得介入政治。然至武帝时，由于大量用兵，造成国库空虚，遂用东郭咸阳、孔僅为大农丞，领盐铁事，"以盐铁家富者为吏，吏道益杂不选，而多贾人矣"。自此以后，政治遭到商人侵袭，腐败也随之而生了。王吉上疏谏昌邑王刘贺，讲"大王不好书术而乐逸游，驰骋不止，口倦乎叱咤，身劳乎车舆"③；刘向上疏成帝，讲"陛下即位，躬亲节俭，始营初陵，其制约小，天下莫不称贤明。及徙昌陵，增埤为高，积土为山，发民坟墓，积以万数，营起邑居，期日迫卒，功费大万百余。死者恨于下，生者愁于上，怨气感动阴阳"④，就是属于当时废清政廉洁，走上奢靡乃至腐败堕落，造成民怨的情况。元帝时，贡禹上疏就已经指出，争相奢侈，转转益甚，臣下相仿效，乱于主上，"今大夫僭诸侯，诸侯僭天子，天子过天道，其日久矣"。贡禹对元帝说："承衰救乱，矫复古化，在于陛下。臣愚以为尽如太古难，宜少放古以自节焉"，建议元帝"从其俭，大减损乘舆服御器物，三分去二"⑤，及至官家得私贩卖，与民争利，造成"天下奢侈，官乱民贫，盗贼并起，亡命者众"；"亡义而有财者显于世，欺谩而善书者尊于朝，悖逆而勇猛者贵于官"。贡禹更建议元帝："今欲兴至治，致太平，宜除赎罪之法。相、守选举不以实，及有臧者，辄行其诛，亡但免官，则争尽力为善，贵孝弟，贱贾人，进真贤，举实廉，而天下治矣。"⑥ 此皆《汉书》追求儒家清正廉洁精神者也。具此精神，能自治者不易，而能治人者更难。故班固说："春秋列

---

① 《汉书·王吉传》说："吉少时学问，居长安。东家有大枣树垂吉庭中，吉妇取枣以啖吉。吉后知之，乃去妇。东家闻而欲伐其树，邻里共止之，因固请吉令还妇。里中为之语曰：'东家有树，王阳妇去。东家枣完，去妇复还。'其厉志如此。"

② 《论语·季氏》。

③ 《汉书·王吉传》。

④ 《汉书·刘向传》。

⑤ 《汉书·贡禹传》。

⑥ 《汉书·贡禹传》。

国卿大夫及至汉兴将相名臣，怀禄耽宠以失其世者多矣。是故清节之士于是为贵。"① 然班固《汉书》对于正直死节之士，叙述判断也有不够处。故范晔说，班氏父子皆讥迁是非颇谬于圣人，"然其论议常排死节，否正直，而不叙杀身成仁之为美，则轻仁义，贱守节愈矣"。班固虽"伤迁博物洽闻，不能以智免极刑"，然自己"亦身陷大戮，智及之而不能守之"② 也。

　　整部班固《汉书》，都想挽救西汉以来非正学之失，力求归复儒家正学精神。但有些学术问题比较复杂，是不容易解决的。如阴阳灾异现象，《春秋》只是记述其事，很少解释判断，但它发展到西汉，由稷下黄老之学发展为"五德终始"及星象、阴阳、谶纬、术数一类神秘主义文化，泛滥于学术界，成了一种思潮，一种政治意识形态，虽然包含着非理性成分，但却是非常难解决的。因为它作为政治意识形态在为汉朝权力存在提供着政治合法性。所以东汉复兴，汉王室一方面反对一些人以丹书、图谶为王莽之篡歌功颂德，但另一方面他们自己也相信这些东西。所以，班固《汉书》想解决这一问题，归复儒家正学，就不能不陷入两难境地：所以它一方面撰写董仲舒、刘向等人的阴阳灾异之说；另一方面则又指出，"幽赞神明，通合天人之道者，莫著乎《易》、《春秋》。然子赣犹云'夫子之文章可得而闻，夫子之言性与天道不可得而闻'已矣"③。然这股神秘主义文化泛滥，已经影响到人的理性思维与纯正学术发展，故东汉复兴以来，在神秘主义文化泛滥的同时，存在着一种非常强烈的理性批判精神。

---

① 《汉书·王贡两龚鲍传》。
② 《后汉书·班固传》论。
③ 《汉书·眭两夏侯京翼李传》。

# 第十一章 东汉的理性批判精神

**内容提要：**现代人是从市场获得信息生存的，而中国古代华夏民族，则是靠从宇宙获得信息生存的。不论当时是讲岁星运行与旱涝丰歉的关系，还是讲一元为三统的历法，皆非荒唐之事、无稽之谈，而是包含着他们对宇宙运行大法则、大机枢、大门户的感知与认识。它是不能以非理性的神秘主义看待的。但是，汉代的星象、阴阳、谶纬、术数一类神秘主义文化，泛滥于学术界，成了一种思潮，一种政治意识形态，亦非儒家之正学，中国文化根本精神也。它虽有某些形上的东西，但其所讲，也只是神性形而上学，非儒家形上乾坤之道、仁义之理也。故其为精神，是极不纯正、极不具合理性的。道无内外，至大无外，至小无内。有道则有数，无道外之数，亦无道外之理者。任何以道外之数，讲道外之理者，皆是非理性神秘主义也。此船山说"孔子赞《周易》以前民用，道而已矣，阴阳柔刚仁义之外无道"，批评"至于汉，乃有道外之数以乱道"① 者也。此东汉安、顺之后，所以出现桓谭《新论》、王充《论衡》、王符《潜夫论》，一批判图谶一类神秘主义，追求理性精神者也。

现代人是从市场获得信息生存的，古代华夏民族则是靠从宇宙获得信息生存的。例如，中国古代天文学把整个宇宙（上天）星系划分为十二宫，以其天象之不同，分别命为玄枵、星纪、析木、大火、寿星、鹑尾、鹑头等名，然后分别以子、丑、寅、卯等十二地支代之。木星称为"太阴"或"岁阴"。它在天空的位置不断移动，每十二年周而复始地回到原来的位置。古代星相学认为，岁星在哪一宫，是旱是涝、是丰是歉、年景好坏，以及有何灾情，

---

① 《读通鉴论》卷六。

都有个说法。这一点《史记》《越绝书》皆有记载①。范蠡根据岁星 "太阴" 在哪一宫是旱是涝、是丰是歉，"六岁穰，六岁旱，十二岁一大饥" 的规律；对越王勾践讲 "平粜齐物" 的市场管理与治国之道及他后来乘扁舟浮于江湖，变名易姓，之陶为朱公，成为大商人、大富翁，就是靠从宇宙获得信息而取得成功的。计倪对越王勾践讲 "太阴三岁处金则穰，三岁处水则毁，三岁处木则康，三岁处火则旱。故散有时积，籴有时领"，以及讲 "天下六岁一穰，六岁一康，凡十二岁一饥，是以民相离也。圣人早知天地之反，为之预备"，也是根据宇宙信息进行市场管理和国家治理的。这种宇宙信息，十二岁一个反复，一个周期，就是宇宙星象运行规律。故曰 "物之理也"。它就是后来汉儒李寻所说 "岁星主岁事，为统首"② 的道理。今天的人们已不懂得星象学，也无法获得这种宇宙信息，但它的存在，则是华夏祖先经过长期宇宙观察及经验积累获得的，是不能完全视为迷信或虚妄之说的。

天地开合，乾坤阖辟，不仅是宇宙最原始根本的创造力量，而且构成了统摄万物，融溶浃化的大机枢、大门户。一切庶物首出，一切财富创造，包括农之所食，虞之所出，工之所成，商之所通，哪一点都离不开天道运行、乾坤翕辟的大源头，抓住天道运行、乾坤翕辟的大机枢，实际上就是抓住阳变阴合、生化万物的大法则，以此通变趋时，唯变所适，就是顺乎天地自然之道。班固所说 "人者继天顺地，序气成物，统八极，调八风，理八政，正八节，谐八音，舞八佾，监八方，被八荒，以终天地之功。《书》曰：'天工人其代之'"③，就是抓住宇宙的大机枢、大门户，从那里获得信息经世致用、代天理民的。此亦帝舜察 "璿玑玉衡，以齐七政"④ 者也。

那么，这个宇宙的大机枢、大门户，究竟有多大呢？有没有比岁星十二年反复一次更大的周期呢？按照汉代《太初历》八十一分法，一统为一千五百三十九年，一万九千零三十五月，五十六万二千一百二十日。经此周期，

---

① 《史记·货殖列传》说 "岁在金，穰（丰年）；水，毁；木，饥；火，旱。旱则资舟，水则资车，物之理也。六岁穰，六岁旱，十二岁一大饥。……上不过八十，下不减三十，则农末俱利，平粜齐物，关市不乏，治国之道也"。《越书·计倪内经第四》说："太阴三岁处金则穰，三岁处水则毁，三岁处木则康，三岁处火则旱。故散有时积，籴有时领，则决物不过三岁而发矣。以智论之，以决之，以道佐之"；"水则资车，旱则资舟，物之理也。天下六岁一穰，六岁一康，凡十二岁一饥，是以民相离也。故圣人早知天地之反，为之预备"。

② 《汉书·李寻传》。

③ 《汉书·律历志》。

④ 《尚书·舜典》。

朔旦、冬至又回到在同一天夜半。一元为三统，即四千六百一十七年。经此周期，朔旦、冬至又同在甲子那一天夜半。以此推算，三统以后，又回到甲子日的开始。按照《太初历》，一统是一个周期，一元则是一个更大的周期。这是从天地开合、乾坤阖辟上讲的。道无内外，至大无外，至小无内。如果在更大宇宙时间空间，从更大宇宙尺度看问题，是否还有无数大小不同的周期呢？若作此设想，那么，邹衍深观阴阳消息，讲五德终始，是否也有一定道理呢？它"必先验小物，推而大之，至于无垠"，虽然其语有点"闳大不经"，但它认为"儒者所谓中国者，于天下乃八十一分居其一分耳"，认为"大瀛海环其外，天地之际"的"中国外"，尚有"如赤县神州者九"①，谁能说其视野不宏深巨大呢？而其讲五德终始，是否亦如《太初历》讲统与元一样，深观阴阳消息，所获得的天地开合、阴阳阖辟之更大周期性存在呢？这些宇宙消息的获得，应该说是包含着中华民族先祖极大智慧的，把它完全视为迷信与虚妄之说，恐也不尽合理。

　　自然，中国文化发展也是经过原始宗教文明阶段的。《尚书》一方面讲帝舜察"璿玑玉衡，以齐七政"，省察摄政行为是否符合天道法则；另一方面讲其摄政遂"类于上帝，禋于六宗，望于山川，遍于群神"②。这里所讲上帝、六宗、山川诸神，就是远古宗教文明的遗存。但中国文化毕竟是早熟的，当其他民族尚处于蒙昧阶段时，中国文化也就渐渐隐退上帝，发展出以天道为最高本体论的礼教文明。故汉唐儒家注《尚书》曰"帝者，天之一名"③；或曰"上帝，天也"④。但秦汉之后，"始皇推终始五德之传，以为周得火德，秦代周德，从所不胜"⑤；或高祖用张苍之说，信五德之运不惑，伴之以禨祥度制与世运盛衰之说，则归复上古宗教遗存，使"五德终始"之说及星象、阴阳、谶纬、术数一类文化泛滥于学术界，则渐渐陷入非理性神秘主义信仰矣。特别是高祖信上天有五帝之说，建立黑帝祠，曰"北畤"，以祭祀之，以及汉儒用"汉绍尧运，以建帝业"的神秘主义支持汉朝政治的合理性与合法性。它不仅恢复了上帝鬼神的宗教信仰，而且其神秘主义存在成为汉朝神圣不可亵渎的官方意识形态了。

---

① 《史记·孟子荀卿列传》。
② 《尚书·舜典》。
③ 《尚书·正义》卷一。
④ 《尚书·正义》卷二。
⑤ 《史记·秦始皇本纪》。

　　这种神秘主义的文化意识形态，从西汉初一直延续于整个东汉时期。推动这种文化意识发展的，汉兴，推阴阳言灾异者，孝武时则有董仲舒、夏侯始昌；昭、宣时则有眭孟、夏侯胜；元、成时则有京房、翼奉、刘向、谷永；哀、平时则有李寻、田终术。汉儒持此阴阳灾异之说，虽有谏政之用，但其内容，大部分属于"假经设谊，依托象类"①，皆不过是将天人现象加以类比而已。它在哀、平时期，发展为非理性，尤为疯狂、尤为强烈。但东汉王室并没有用从哀、平时期那些以丹书、谶图为王莽歌功颂德，使之从实现篡朝的政治行为中吸取教训。从光武帝开始，一直到明帝、章帝等，都没有改变这种神秘主义文化意识形态，而是仍然把它视为圣人之学，视为神圣不可亵渎的儒家经术。正因为这样，所以建武七年，光武帝问郑兴于郊祀事说："吾欲以谶断之，何如？"郑兴说："臣不为谶。"光武帝听此非常愤怒地说："卿之不为谶，非之邪？"郑兴惶恐地辩解说："臣于书有所未学，而无所非也。"帝意乃解②。而光武帝于中元元年诏会议灵台所建，谓桓谭说："吾欲（以）谶决之，何如？"谭默然良久说："臣不读谶。"光武帝问其故，桓谭"极言谶之非圣人经术"。光武帝大怒曰："桓谭非圣无法，将下斩之！"谭叩头流血，良久乃得解③。通过这两件事，可以看出东汉王室是怎样强烈地维护神秘主义文化意识形态，将它视为圣人之学，视为神圣不可亵渎的儒家经术。即使它在知识上已经陷入非理性，精神上已陷入虚妄之说，已不利于天下之化，但为了维护帝国政治存在的合法性与合理性，也是不允许改变的。相反，为了维护政治合法性与合理性的需要，它不但不能反对，反而会得到加强，明帝即位，樊鯈等人以张明先帝大业为由，用谶纬之记，以正《五经》异说，使谶纬取得了经学正宗地位，就是这样。

　　不管汉王室怎样维护神秘主义文化意识，也不管这种意识怎样陷入非理性与虚妄之说，西汉后期，人们的知识理性已有所提高，价值意识已有所觉醒。谷永说成帝禁祭祀方术，讲"明于天地之性，不可或以神怪；知万物之情，不可罔以非类。诸背仁义之正道，不遵《五经》之法言，而盛称奇怪鬼神，广崇祭祀之方，求报无福之祠"，及言仙人、服药等，"皆奸人惑众，挟

———————

① 《汉书·眭两夏侯京翼李传》。
② 《后汉书·郑兴传》。
③ 《后汉书·桓谭传》。

左道，怀诈伪，以欺罔世主"① 等，就是属于理性意识提高与价值判断觉醒的表现。进入东汉以后，随着天文历法的发展以及政治实践愈来愈陷入价值悖谬，人们的知识理性意识更加进一步觉醒，对天文现象与社会现象的认识理解与价值判断已渐渐从"五德终始"之说及星象、阴阳、谶纬、术数一类术数文化中解脱出来，开始思辨地考虑这些问题，对"汉绍尧运，以建帝业"一类价值设定开始引起怀疑。建武七年，朝廷大议郊祀制，多以为"周郊后稷，汉当祀尧"，杜林以为"周室之兴，祚由后稷，汉业特起，功不缘尧"②，就是属于对"汉绍尧运"之说的怀疑。凡此等等可以看出，东汉以来的学术界，渐渐发展出了一种理性批判精神，一种对"汉绍尧运"之说及星象、阴阳、谶纬、术数一类神秘文化的深深的怀疑及新的精神追求。桓谭《新论》的辨惑精神、王充《论衡》的疾虚妄精神、张衡上疏禁图谶的理性精神以及王符《潜夫论》的疑天命精神，就是属于这种理性批判精神与追求。这种批判与追求不仅是知识理性的，也是价值理性的，是伴随着形上道德精神思考的。张溥、张衡"始于间应，终于玄思"③，即此也。因此，叙述东汉精神发展，理性批判精神与追求是不可忽视的。现在先从桓谭《新论》的辨惑精神讲起。

## 一　桓谭《新论》的辨惑精神

桓谭字君山，沛国相（今安徽宿县）人，好音律，善鼓琴，博学多通，遍习《五经》诂训大义，行为简易，不修威仪。历哀、平两朝，位不过郎。哀帝时，董贤为大司马，闻谭名，欲与之交。"谭先奏书于贤，说以辅国保身之术，贤不能用，遂不与通。"王莽时为掌乐大夫。当王莽居摄篡弑之际，天下之士，莫不竞褒称德美，作符命以媚之，"谭独自守，默然无言"④，不谀王莽。

桓谭生卒年，所著《新论》说："余年十七为奉车郎中，卫殿中小苑西

---

① 《汉书·郊祀志》。
② 《后汉书·杜林传》。
③ 《汉魏六朝三百家集题辞注·张河间集》。
④ 《后汉书·桓谭传》。

门"①；又说"余少时为奉车郎，孝成帝出祠甘泉河东"②。成帝祠甘泉河东，即帝纪所说"幸甘泉，郊泰畤"③。它分别是元延二年（公元前 12 年）和绥和二年（公元前 7 年）。桓谭生年，若以此上推十七年，则分别是成帝河平元年（公元前 28 年）和阳朔元年（公元前 24 年）。至于卒年，《后汉书》本传说，光武帝诏会议灵台所处，桓谭时任议郎给事中，因屡忤光武帝言谶，几被杀，贬"为六安郡丞，意忽忽不乐，道病卒，时年七十余"④。光武帝"初起明堂、灵台、辟雍，及北郊兆域，宣布图谶于天下"⑤，为中元元年（公元56 年）。桓谭生年若以元延二年（公元前 12 年）推算，则年过八十矣。因此，桓谭生卒年视为公元前 24 年至公元 56 年比较合理，虚岁八十，实岁七十九，说"时年七十余"尚可。

桓谭著《新论》二十九篇，另著有、诔、书、奏凡二十六篇。桓谭《新论》二十九篇，《隋书·经籍志》载入儒家，曰《桓子新论》十七卷，注"后汉六安丞桓谭撰"，新、旧《唐书》所载，皆同于此。此书已佚。今有清人孙冯翼辑《桓子新论》一卷（见 1935 年商务印书馆出版的王云五编《丛书集成初编·哲学类》），严可均所辑《桓子新论》三卷（见《全后汉文》卷一三一五），1976 年上海人民出版社出版的桓谭《新论》单行本，中华书局2009 年出版的竖排繁体字本《新辑本桓子新论》。

桓谭谈到为何写作《新论》及此书命名时说："余为《新论》，术辨古今，亦欲兴治也，何异《春秋》褒贬邪。谭见刘向《新序》、陆贾《新语》，乃为《新论》。"⑥ 可知《新论》乃为"欲兴治"而作。桓谭讲"术辨古今"，则是书无异于"《春秋》褒贬"。他将《新论》视为刘向《新序》、陆贾《新语》之作，可见其对此书之重视也。最初，桓谭著此书二十九篇，"号曰《新论》，上书献之，世祖善焉"⑦。《新论》能得到光武帝好评，亦可见其看重。但桓谭认为，《新论》与司马迁《史记》、扬雄《太玄》还是没法相比的。故他说："通才著书以百数，惟太史公为广大，余皆丛残小论，不能比之子云所

① 《新论·离事》。
② 《新论·道赋》。
③ 《汉书·成帝纪》。
④ 《后汉书·桓谭传》。
⑤ 《后汉书·光武帝纪下》。
⑥ 《新论·本造》。
⑦ 《后汉书·桓谭传》。

造《法言》《太玄》也。《玄经》数百年外，其书必传。世咸尊古卑今，贵所闻、贱所见也，故轻易之。老子其心玄远，而与道合。若遇上好事，必以《太玄》次《五经》也。"①

《后汉书》说：桓谭"能文章，尤好古学，数从刘歆、扬雄辨析疑异。意非毁俗儒，由是多见排抵"②。"数从刘歆、扬雄辨析疑异"者究竟为何种问题，本传虽无更多叙述，当从《新论》所讲盖天说之数，"子云无以解也"；由盖天说而为浑天说，"子云立坏其所作"，及刘歆致雨，具作土龙、吹律，及诸方术，无不备设，谭责问其"求雨所以为土龙何也"③ 云云，可知其辨析疑异的，主要是与天文历法有关的学术问题，而桓谭所批评的，则主要是与这些学术联系在一起的谶纬、术数一类神秘主义。由此可知，桓谭《新论》虽然是一本政论集，但其主旨则是反对当时流行的谶纬、术数一类神秘主义的。此即桓谭《新论》辨惑析疑精神之所在也。

桓谭《新论》为何把批评的矛头指向谶纬、术数一类神秘主义呢？因为桓谭认为，这类神秘主义的虚妄之说，已远离儒家政道，丧失了先王仁本精神，遮蔽了儒学发展道路。故他批评说："兴起六艺，广进儒术，自开辟以来，惟汉家最为盛焉，故显为世宗，可谓卓尔绝世之主矣。然上乃多过差，既欲斥境广土，又乃贪利，争物之无益者"及至陈皇后"听邪臣之谮，卫后以忧死，太子出走，灭亡不知其处，信其巫蛊，多征会邪僻，求不急之方，大起宫室，内竭府库，外罢天下，百姓之死亡不可胜数"，也就造成了天下之"通蔽"④。光武东兴之后，不但没有扫除此蔽，反而尤信谶纬，常常以谶纬决定嫌疑。面对天下此种"通蔽"，于是桓谭上疏说：

> 有益于政道者，以合人心而得事理也。凡人情忽于见事而贵于异闻，观先王之所记述，咸以仁义正道为本，非有奇怪虚诞之事。盖天道性命，圣人所难言也。自子贡以下，不得而闻，况后世浅儒，能通之乎？今诸巧慧小才伎数之人，增益《图》、《书》，矫称谶记，以欺惑贪邪，诖误人主焉，可不抑远之哉。臣谭伏闻陛下穷折方士黄白之术，甚为明矣，

---

① 《新论·闵友》。
② 《后汉书·桓谭传》。
③ 《新论·离事》。
④ 《新论·识通》。

而乃欲听纳谶记，又何误也！其事虽有时合，譬犹卜数只偶之类。陛下宜垂明听，发圣意，屏群小之曲说，述《五经》之正义，略雷同之俗语，详通人之雅谋。①

桓谭认为，天下之治，应"有益于政道者，以合人心而得事理"，观先王治理天下的记述，其为合人心之事理者，"咸以仁义正道为本，非有奇怪虚诞之事"。那些"巧慧小才伎数之人，增益《图》、《书》，矫称谶记，以欺惑贪邪"，皆是"讠圭误人主"的，是"可不抑远之"的。今上"欲听纳谶记"，是非常误政事的！上疏所说"盖天道性命，圣人所难言也"，是指子贡所讲"夫子之文章，可得而闻也；夫子之言性与天道，不可得而闻也"②。这句话的本意是说，孔子所讲"性与天道"的形而上学存在，是非常不好理解的。而桓谭讲此话，意在说明"性与天道"是形而上学存在，连圣人都不轻易讲的，更非"巧慧小才伎数之人"，可以随便说清楚的。桓谭以此谏于光武帝，在于说明，政治要"以仁义正道为本"，而不要听信小才伎数之人所说的丹书、谶纬一类"奇怪虚诞之事"。

桓谭虽然认为"天道性命，圣人所难言也"，但这并不等于说，他只是于形而下处讲物的知识，讲天文星象，否定形而上学的天道本体存在。不是的。他称赞扬雄"才智开通，能入圣道，卓绝于众，汉兴以来，未有此也"，其"作《玄》书，以为玄者天也、道也，言圣贤制法作事，皆引天道以为本统，而因附属万类、王政、人事、法度"，就是对形上天道本体的承认。他认为，"宓羲氏谓之易，老子谓之道，孔子谓之元，而扬雄谓之玄"③ 者，就是说的形上天道本体存在。在他看来，"道"的存在，形上天道本体存在，"惟人心之所独晓，父不能以禅子，兄不能以教弟也"，只能用心去领悟，或像老子那样，"其心玄远，而与道合"才行，而若相信盖天说，以象数计算之、知识之，虽扬子云亦"无以解也"，更不要说谶纬之数了。此亦刘歆致雨，作土龙、吹律、诸方术无不备设，而桓谭责问"求雨所以为土龙何也"，刘子骏词穷，"无以应"④ 者也。由此可知，桓谭反对谶纬一类神秘主义，并不是不要

---

① 《后汉书·桓谭传》。
② 《论语·公冶长》。
③ 《新论·闵友》。
④ 《新论·离事》。

天道本体论，不具形上精神，而是像扬雄那样，"才智开通，能入圣道，卓绝于众"，作《玄》书，"以为玄者天也、道也"；或像老子那样，"其心玄远，而与道合"，体验领悟天道本体存在，发挥其形上精神的。

桓谭《新论》，虽不于形而上学高度讲究本体论存在，但它却是极为强调社会历史发展大趋势、大情势的。这种大趋势、大情势，桓谭称之为"大体"。何谓大体？"大体者，皆是当之事也。"这种大体，这种大趋势、大情势，是包括"耳目所闻见，心意所知识，性情所好恶，利害所去就"的总体趋向与价值判断的，亦即他所讲的"皆同务"存在。桓谭认为，人"材能有大小，智略有深浅，听明有暗照，质行有薄厚"，知识理性与价值判断是各不一样的。因此，在他看来，"非有大材深智，则不能见其大体"。治国平天下，用权智谋，只有"常守正，见事不惑，内有度量，不可倾移而诳以谲"，方能知识大体；否则，若无大材，即使"威权如王翁（指王莽），察慧如公孙龙，敏给如东方朔，言灾异如京君明，及博见多闻，书至万篇，为儒教授数百千人"，也不能算知识得大体。在桓谭看来，帝王识大体者，莫若高帝刘邦！其讲"张良、萧何、韩信，此三子者，皆人杰也。吾能用之，故得天下"，此其知大体之效也；其怀大智略，能自揆度，制事定法，政合于时，此知大体者也。桓谭认为，"圣王治国，崇礼让，显仁义，以尊贤爱民为务"，方能识得大体；而若陷入卜筮祭祀、巫祝之道，则远离识得大体矣。桓谭认为，王莽的失败，就在于他不识大体，而是"好卜筮，信时日，而笃于事鬼神，多作庙兆，洁斋祀祭。牺牲淆膳之费，吏卒办治之苦，不可称道。为政不善，见叛天下"①。

桓谭认为，治国平天下，不识大体，是非常危险的。他在《新论》中，讲了这样一个故事：邻家灶突直，积薪在旁，淳于髡至邻家，告诉他说"此有火灾"，灶家不听，后果灾，经过邻里并力救击乃灭。于是邻家烹羊具酒，以劳谢救火者，而不肯呼淳于髡饮饭。智者讥之云"教人曲突远薪，固无恩泽。焦头烂额，反为上客"。桓谭讲这个故事，不仅在于说明不识大体，积累下来的祸害，是非常危险的，更是隐喻地告诉帝王，这种危险"人病国乱，亦皆如斯"②。王莽不识大体，"好卜筮，信时日，而笃于事鬼神"，积累下来，"为政不善，见叛天下"，不亦如是乎！

---

① 上引均见《新论·言体》。

② 《新论·见征》。

桓谭不仅讲究社会历史情势，主张识得大体，行当行之大行，更讲究修德善政，以道德为根本，修身治国，大行天下。他认为，"夫异变怪者，天下所常有，无世而不然"，关键是怎样对待它。桓谭认为，这类事，明主贤臣、智士仁人，惟"修德善政、省职慎行以应之"，才能"咎映消亡而祸转为福"。殷时，帝武丁祭成汤有雉升鼎之鸣，身享百年之寿。周时，成王遇雷风折木之变，而获反岁熟之报。凡此，皆是修德善政，上天归于常道者也。因此，桓谭认为，咎映消亡，祸转为福，莫善于以德义精诚"报塞"，即精诚道德消除所遇到的异变怪现象。故引《周书》曰："天子见怪则修德，诸侯见怪则修政，大夫见怪则修职，士庶见怪则修身，神不能伤道，妖亦不能害德。"①在他看来，"衰世薄俗，君臣多淫骄失政，士庶多邪心恶行，是以数有灾异变怪"；而又"不能内自省视，畏天戒而反，外考谤议，求问厥故，惑于佞愚"，"皆违天逆道者也"②。

桓谭《新论》的辨惑析疑，不仅在于反对谶纬、术数一类虚妄之说，更在于指出其虚妄之处，追求真实无妄之理，使天下教化，归于王道纯粹。《易传》讲"河出图，洛出书，圣人则之"③，乃是说天地之象吉祥征兆也，非《易》取于此也。以此附会《周易》，则诬矣。故桓谭说："谶出河图洛书，但有兆朕，而不可知。后人妄复加增依托，称是孔丘，误之甚也。"桓谭认为，"昔仲尼岂独是鲁孔子，亦齐、楚圣人也"。孔子"以四科教士，随其所喜，譬如市肆，多列杂物，欲置之者并至"，其"圣人天然之姿"，别人差远了。即使像颜渊那样高才，对孔子的学说，"闻一知十"，也不能达其境界，何能"妄复加增依托"，硬加给他，"称是孔丘"④呢！

汉代文化意识的虚妄，不仅在于形上世界的附会依托，更在于人生哲学流入了虚幻追求。秦汉以来，方士之术流行，求仙、食药，相信长生可以不死之风极盛。秦始皇即死于此也。这蔓延到汉代，上亦极为好之。武帝所爱姬王夫人死，让方士李少君致其神；元帝病，广求方士，汉中道士示以耐寒之术，裸体卧于上林昆明池冰面；以及哀、平间，好方道，道士佯病死，既而复活，就是最为突出的事实。桓谭认为，本"无仙道"，乃"好奇者为之"

---

① 此《逸周书》也，见《后汉书·杨赐传》引《周书》。桓谭《新论》所引，较之《杨赐传》，多"神不能伤道，妖亦不能害德"两句。

② 《新论·谴非》。

③ 《周易·系辞上传》。

④ 《新论·启寤》。

也；"圣人皆形解仙去，言死者，示民有终也"。本无神仙，"凡人欲为之，欺罔甚矣"①。正是在这个意义上，桓谭以烛之燃灭讲形神之关系的。其义在于解除人生哲学之虚妄也，说明"贪利长生，多求延寿益年，则惑之不解者也"。在桓谭看来，"生之有长，长之有老，老之有死，若四时之代谢矣。而欲变易其性，求为异道，惑之不解者也"②。南朝梁僧佑编撰《弘明集》，收桓谭《新论·祛蔽篇》，编为《新论·形神篇》，弘道明教，讲佛教义理。后人讲此篇，撇开文化的形而上学存在，于形而下处讲个体生命与精气神关系，将烛灭光灭之喻，说个体生命之死，而文化形上道德精神世界亦不存在，则误矣。

　　不论是谶纬、术数的形上虚妄之说，还是人生哲学流入虚妄，皆是文化意识以虚假价值设定为判断。《史记》说："法度不明，假威鬼神，以欺远方，实不称名，故不久长。"③ 虚妄之说，不仅使人生陷入荒诞，也最终影响王权祚命。因此，排除虚妄，回归天道真实无妄之理，在东汉就成了精神能否纯正发展的大问题。理性地批判各种虚妄之说及虚假价值设定，不仅表现在桓谭《新论》辨惑精神，亦表现为王充《论衡》的疾虚妄精神。

## 二　王充《论衡》的疾虚妄精神

　　王充，字仲任，会稽上虞（今浙江上虞）人。"建武三年，充生"④，即王充生于公元 27 年。"王充少孤，乡里称孝，后到京师，受业太学，师事班彪。后归乡里，屏居教授。仕郡为功曹，以数谏争不合去"⑤；"元和三年（公元 86 年），徙家辟诣扬州部丹阳、九江、庐江。章和二年（公元 88 年），罢州家居。年渐七十，时可悬舆"⑥。本传更说，肃宗章帝时，王充被"特诏公车征，病不能行。年渐七十，志力衰耗，永元中，病卒于家"⑦，即王充死于永元年间。永元元年为公元 89 年，王充应死于此年之后，享年 70 有余。

---

① 上皆见《新论·辨惑》。
② 《新论·祛蔽》。
③ 《史记·秦始皇本纪》。
④ 《论衡·自纪篇》。
⑤ 《后汉书·王充传》。
⑥ 《论衡·自纪篇》。
⑦ 《后汉书·王充传》。

《后汉书》本传说："充好博览而不守章句。家贫无书，常游洛阳市肆，阅所卖书，一见辄能诵忆，遂博通众流百家之言"，又说"充好论说，始若诡异，终有理实。以为俗儒守文，多失其真，乃闭门潜思，绝庆吊之礼，户牖墙壁，各置刀，著《论衡》八十五篇，二十余万言，释物类同异，正时俗嫌疑"。刘汝霖《汉晋学术编年》根据《论衡》诸篇言及章帝时事，"辄曰今上云"，认为此书大部分写成于章帝时；又据《恢国篇》言及建初六年事，《宣汉篇》言北匈奴贡献牛马事等，与《后汉书·南匈奴列传》相较，认为《论衡》于建初元年至元和元年十年间，"当为工作最力之时"①。除《论衡》外，王充还曾闲居作《讥俗》《节义》十二篇；疾俗情，作《讥俗》之书；"闵人君之政，徒欲治人，不得其宜，不晓其务，愁精苦思，不睹所趋，故作《政务》之书"；晚年"虽惧终徂，愚犹沛沛，乃作《养性》之书，凡十六篇"②，皆不传。表现王充疾虚妄精神的，则主要是《论衡》一书。现存《论衡》版本较多，主要有明代嘉靖中吴郡苏氏通津草堂刻本，《四部备要》本等。注解本有 1938 年长沙商务印书馆出版的黄辉《论衡校释》，1957 年中华书局出版的刘盼遂《论衡集解》。

正如司马迁讲"西伯拘羑里，演《周易》；孔子厄陈蔡，作《春秋》；屈原放逐，著《离骚》；左丘失明，厥有《国语》"③ 等等一样，王充也认为，"圣人作经，艺者传记"，也皆是为了"匡济薄俗，驱民使之归实诚也"。因此他认为，"周道不弊，则民不文薄。民不文薄，《春秋》不作。杨、墨之学不乱儒义，则孟子之传不造；韩国不小弱，法度不坏废，则韩非之书不为；高祖不辨得天下，马上之计未转，则陆贾之语不奏；众事不失实，凡论不坏乱，则桓谭之论不起"。在他看来，"贤圣之兴文也，起事不空为，因因不妄作"，凡"作有益于化，化有补于正"。因此，可以认为，《论衡》之作，正是为"作有益于化，化有补于正"。他在谈到《论衡》创作时说：

　　是故《论衡》之造也，起众书并失实，虚妄之言胜真美也。故虚妄之语不黜，则华文不见息；华文放流，则实事不见用。故《论衡》者，所以铨轻重之言，立真伪之平，非苟调文饰辞为奇伟之观也。其本皆起

---

① 刘汝霖：《汉晋学术编年》卷四，中华书局 1987 年版，第 88 页。
② 《论衡·自纪篇》。
③ 《史记·太史公自序》。

人间有非，故尽思极心，以讥世俗。世俗之性，好奇怪之语，说虚妄之文。何则？实事不能快意，而华虚惊耳动心也。是故才能之士，好谈论者，增益实事，为盛溢之语；用笔墨者，造生空文，为虚妄之传。听者以为真然，说而不舍；览者以为实事，传而不绝。不绝，则文载竹帛之上；不舍，则误入贤者之耳。至或南面称师，赋奸伪之说；典城佩紫，读虚妄之书。明辨然否，疾心伤之，安能不论！①

可以看出，王充《论衡》之作，乃是起于汉代"众书并失实，虚妄之言胜真美"的经传讲授与文化传播。儒家经典在不同师法家法中传授，经过不同群体参与、互动、互渗，发生感应、效应及远距离作用，因而衍生出不同的经义阐释与文化意义是可以理解的。但世俗之性，存在着"好奇怪之语，说虚妄之文"的弱点，不断地"增益实事，造生空文"，从而使儒家经典成了"盛溢之语，虚妄之传"的存在，甚至发展到了"南面称师，赋奸伪之说"的荒唐悖谬地步。这自然就扭曲了经传纯正文化精神。惟此，王充才面对"世书俗说，多所不安，幽处独居，考论实虚"。王充认为，"虚妄之语不黜，则华文不见息；华文放流，则实事不见用"，是故"铨轻重之言，立真伪之平"，而作《论衡》，"尽思极心，以讥世俗"。目的，仍是为"匡济薄俗，驱民使之归实诚"，使经传之书，"有益于化，有补于正"，回归儒学自然纯正的精神，即他所说的"没华虚之文，存敦庞之朴，拨流失之风，反宓戏之俗"②。

王充所疾之虚妄，有书之虚、变之虚、感之虚、福之虚、祸之虚、龙之虚、雷之虚、道之虚；另外，讲"谴告""变动""感类"等，属精神流于虚妄者。《论衡》八十五篇，批评非理性的虚妄价值判断与思维悖谬，涉及精神发展的，则主要是《书虚篇》《变虚篇》《感虚篇》《福虚篇》《祸虚篇》《道虚篇》及《谴告篇》《变动篇》《感类篇》等。

虚者，不实也。妄者，虚而流入荒诞者也。因此，不论是书之虚、变之虚、感之虚，还是福之虚、祸之虚，及"谴告""变动"之类，所说之事皆是因虚妄而流入荒诞者。这种虚妄与荒诞，有人性"好奇怪之语，说虚妄之文"的弱点，有群体参与、互动、互渗、感应、效应、远距离作用等衍生文

---

① 《论衡·对作篇》。

② 所引均见《论衡·自纪篇》。

化意义的因素，但更为主要的是社会风气与文化意识流入了虚妄。汉代最为流行的社会风气与文化意识，就是相信天人感应。相信人君有善行，天必应之；人君有恶行，天必报之。中国文化讲究天人一体，人本来就生活在自然界，生活在天之中，人若大规模地破坏自然界，破坏天人关系，天、自然界作出反应是很自然的事情。但这只是自然因果关系，而不是人类与上天神性存在的关系，或后来道教所说"祸福无门，惟人自召；善恶之报，如影随形，是以天地有司过之神"① 的存在。但汉代社会文化则认为，彗星出现，使人禳之可以除秽；修善之义笃，会有瑞应之福；天有灾异，乃是上天谴告王者，讲"夫王者有过，异见于国，不改，灾见草本；不改，灾见于五谷不改，灾至身"② 等，皆是属于当时的天人感应之说，要在将自然因果关系扭曲为人类与上天神性存在的因果报应关系。在王充看来，"天之去人，高数万里，使耳附天，听数万里之语，弗能闻也。人坐楼台之上，察地之蝼蚁，尚不见其体，安能闻其声？人不晓天所为，天安能知人所行？"因此，在他看来，"君无秽德，又何禳焉；若德之秽，禳之何益？"景公有恶行，"不改政修行，坐出三善言，安能动天？天安肯应？"③ 同样，王充认为，灾异之说，也是不可信的。他说："祸福之实未可知，桑谷之言安可审？"因为，"和者，天用成谷之道，从天降而和，且犹谓之善，况所成之谷从雨下乎？极论订之，何以为凶。夫阴阳和则谷稼成，不则被灾害。阴阳和者，谷之道也，何以谓之凶？"④

　　汉代文化意识之虚妄，更在于相信方士黄白之术，相信食药养生成仙，及长生不死之说。秦始皇、汉武帝就是相信方士入海求仙人，索不死药的道术。这种虚妄风气与文化意识延续到东汉时期尤盛。例如说黄帝成仙升天，淮南王刘安谋反被杀，反被说成仙升天。其他像东方朔、李少君，皆武帝时人，太史公所见也，亦说其入海求药，不死成仙等。这些说法，在王充看来是非常虚妄荒诞的。故他说：

　　　　淮南王学道，招会天下有道之人，倾一国之尊，下道术之士。是以道术之士，并会淮南，奇方异术，莫不争出。王遂得道，举家升天，畜

---

① 《太上感应篇》。
② 《论衡·异虚篇》。
③ 《论衡·变虚篇》。
④ 《论衡·异虚篇》。

产皆仙，犬吠于天上，鸡鸣于云中。此言仙药有余，犬鸡食之，并随王而升天也。好道学仙之人，皆谓之然。此虚言也。

吞药养性，能令人无病，不能寿之为仙。……天之与地，皆体也。地无下，则天无上矣。天无上升之路，何如穿天之体？如天之门在西北，升天之人，宜从昆仑上。今不言其从之昆仑，亦不言其身生羽翼，空言升天，竟虚非实也。

作道术之书，发怪奇之文，道人也，入水不濡，入火不燋，故在鼎三日三夜，颜色不变。此虚言也。

天地不生，故不死；阴阳不生，故不死。死者，生之效。生者，死之验也。夫有始者必有终，有终者必有死。唯无终始者，乃长生不死。人之生，其犹冰也。人可令不死，冰可令不释乎？诸学仙术，为不死之方，其必不成，犹不能使冰终不释也。①

哲学家追求圆满，道家则追求寂静，故曰"能圆则为哲，寂静则为仙"。人希望通过养生，益寿延年，或动乱之世，逃避动荡不安及战争杀戮，追求一种安静的生活，原是可以理解的、无可非议的，但幻想通过食药养性成仙，长生不死，则陷入虚妄荒诞矣。特别是淮南之术的流行，道术之士，奇方异术，莫不争出。其讲淮南王得道，"举家升天，畜产皆仙，犬吠于天上，鸡鸣于云中"，更是荒诞虚妄！王充对此批判，不仅违诡于俗，更有挑战当时社会文化意识形态虚妄的意味。它对于补正教化，回归儒学自然纯正的精神，无疑是有益的。

但是，王充是站在经验实在论立场，而不是立于道体形而上学高度进行这种批判的。在他看来，天的存在，人与万物的存在，皆是物的存在，皆是由元气化生；而其生生化化，皆是一个自然过程，并非有意而为。故曰："天者，气邪，体也"②，"天之动行也，施气也，体动气乃出，物乃生矣"，"天动不欲以生物而物自生，此则自然也"③。王充正是从元气论的立场出发，经验实证当时社会文化意识之荒诞与虚妄的。如他讲天瑞灾变，认为"瑞应犹灾变也"。它皆源于"阴阳之气，天地之气"的变化，"遭善而为和，遇恶而

---

① 《论衡·道虚篇》。
② 《论衡·谈天篇》。
③ 《论衡·自然篇》。

为变，岂天地为善恶之政，更生和变之气乎？"因此，在他看来，"瑞以应善，灾以应恶，善恶虽反，其应一也。灾变无种，瑞应亦无类也"①。出于同样的立场，他认为论灾异，谓古之人君为政失道，天用灾异谴告之说，也是值得怀疑的。"夫国之有灾异也，犹家人之有变怪也。有灾异，谓天谴人君。有变怪，天复谴告家人乎？"王充认为，人意即天意，"上天之心，在圣人之胸"；"不信圣人之言，反然灾异之气，求索上天之意，何其远哉！"② 这些知识论、经验实在论的讲法，对当时社会文化意识的荒诞与虚妄，无疑具有非常强劲的批判作用，但它把人、社会、文化与精神皆看成气的存在、物的存在，也常常流于浅薄。如讲"夫天地合气，人偶自生也"，颇有海德格尔讲"人是偶然被抛到人世间"的味道；讲天地之生人，"犹夫妇合气，子则自生也"，则是抛弃哲学最高本体论，讲个体生命存在；而讲"人生于天地也，犹鱼之于渊，饥虱之于人也"③，则更是将人的存在贬低为鱼虫饥虱存在矣。凡此知识论、经验实在论的批判，无不远离道德形而上学，泯灭人的精神发展，将人的精神性存在流于形下物性存在矣。有时为了强调立意，以立异为高，忽视神话意义，也一并视为虚妄批判。如讲"尧之时，十日并出"的神话，为"言虚也"④；"禹母吞燕卵而生禹，后稷母履大人迹而生后稷"的神话，为"虚言之也"⑤；甚至连修辞学的夸饰，如《诗》云"鹤鸣九皋，声闻于天"，也说"言其闻于天，增之也"⑥。这样，就不要说形上精神了，连文化象征意义也泯灭不存矣。可知《论衡》者，所论只有相对的东西，没有绝对精神，只有旋起旋灭的东西，没有永恒的存在也。

这种批判是非常矛盾的。王充《论衡》的理性批判，一方面将人与天地万物视为气的存在、物的存在，视为"天动不欲以生物而物自生"的自然存在；另一方面，则又一再强调天命存在，强调人之命运决定于天的存在。其讲"凡人遇偶及遭累害，皆由命也。有死生寿夭之命，亦有贵贱贫富之命""命贵之人，俱学独达，并仕独迁。命富之人，俱求独得，并为独成"；讲

① 《论衡·讲瑞篇》。
② 《论衡·谴告篇》。
③ 《论衡·物势篇》。
④ 《论衡·感虚篇》。
⑤ 《论衡·奇怪篇》。
⑥ 《论衡·艺增篇》。

"信命者，则可幽居俟时，不须劳精苦形求索之也"①　等，就是强调天命或命运存在的说法。而且这种命运，包括人的吉凶祸福、国命所系及盛衰治乱，皆是与上天星象联系在一起的。其讲"国命系于众星，列宿吉凶，国有祸福。众星推移，人有盛衰。人之有吉凶，犹岁之有丰耗，命有衰盛，物有贵贱。一岁之中，一贵一贱；一寿之间，一衰一盛；物之贵贱，不在丰耗；人之衰盛，不在贤愚"②，就是将人的命运及国命所系与星象联系在一起的说法。它颇似古代星相学讲岁星在哪一宫，是旱是涝、是丰是歉的说法。但人不是物的存在，个体命运不是由个别星体决定的，国命所系、历史盛衰也不是服从岁星运行周期的。王充这么讲，是将人的命运与人所秉之元气联系在一起，其讲"人禀元气于天，各受寿夭之命"，是"用气为性，性成命定"③　的，但是，讲"富贵所禀，得众星之精。众星在天，天有其象。得富贵象则富贵，得贫贱象则贫贱"④；讲"凡人禀贵，命于天"⑤；甚至讲"上天一命，王者乃兴，不复更命也。得富贵大命，自起王矣"；讲"上天一命，王者乃兴，不复更命也。得富贵大命，自起王矣"⑥，则将人的命运及整个国家命运与历史盛衰，推向先验论、神性形而上学存在矣。它的疾虚妄，由于知识论上存在着非理性，其理性批判，则陷入新的非理性虚妄矣。

　　由上可知，批判非理性的虚妄存在，没有形上真实无妄之理，只是停留于形下物性存在，于浅薄知识论上讲是不行的，特别是涉及形而上学及精神世界存在，更是这样。此是王充不如桓谭及稍后的张衡者也。特别是张衡思玄赞玄，上疏禁图谶，不仅坚持很高的知识理性，更不失价值理性与形上精神。

### 三　张衡禁谶思玄的矫枉精神

　　张衡，字平子，南阳西鄂（今河南南阳）人，生于汉建初三年（78 年），卒于汉永和四年（139 年）。少善属文，后游长安、洛阳，入太学，通《五

---

① 《论衡·命禄篇》。
② 《论衡·命义篇》。
③ 《论衡·无形篇》。
④ 《论衡·命义篇》。
⑤ 《论衡·吉验篇》。
⑥ 《论衡·初禀篇》。

经》，贯六艺。安帝闻其善术学，征拜郎中，后升为太史令，掌天象星历，曾作浑天仪，又造候风地动仪。顺帝初，复为太史令。衡不慕当世，所居之官，辄积年不徙，自去史职，五载复还，后迁侍中，帝引在帷幄，讽议左右，为宦官所妒忌；永和初，出任河间相，视事三年，征拜尚书，年六十二，永和四年卒。著《周官训诂》；欲补《东观汉记》，又欲继孔子《易》说《彖》《象》残缺者，竟不能就；拟班固《两都》，作《二京赋》，因以讽谏，精思傅会，十年乃成。所著诗、赋、铭、七言、《灵宪》、《应间》、《七辩》、《巡诰》、《悬图》凡三十二篇。《隋书·经籍志》录有《张衡集》11卷，已佚。今存《张河间集》为明代张溥所辑，收入《汉魏六朝百三名家集》，初刊于明崇祯年间。清或民国时期埽叶山房发行《重校精印汉魏六朝百三名家集》，有为张衡著、张溥校《张河间集》。

张溥说："东汉之有班、张，犹西汉之有两司马也"。班固的成就不在文学也，在于史也；张衡的成就，也不在于文学也，在于以知识理性和价值理性批判虚妄也。它也就是张溥说"政权下移，图谶繁兴，发愤陈论，务矫时枉"①。汉代文化意识的虚妄，主要表现为阴阳灾异之说、食药成仙之说及图谶之说。这些文化，虽然包含着上古乃至远古民族宗教信仰成分，夹杂着古代学术的某些材料，但从根本上说，并非真实无妄之理。它发展为阴阳灾异之说，在于以上天谴告王者，所谓"王者有过，异见于国"。天人本为一体，人破坏自然界，天反馈以灾害，并非完全无道理。人养生食药，成仙之说，不过长寿而已。曰仙者，不过守住寂静而已，说"举家升天，畜产皆仙"，则妄矣。图谶之说，据以为国运如何，天下怎样，它所显示的，最多是某种和气吉祥象征而已，据以为无妄之理，岂不流于虚妄！然东汉中兴，光武却笃信图谶之说。樊鯈等以谶记正《五经》异说，光武帝好谶记，与群臣论谶，斥责杜林、桓谭等不为谶。桓谭"言谶之非圣人经术"，几乎要杀掉他。显宗明帝、肃宗章帝，继承了祖宗思想，皆信图谶。因上有所好，下必投其所好。所以中兴之后的儒者，争学图纬，附会妖言，遂成时代风气。其结果就是天道真实无妄之理失，造成精神世界的虚妄与荒诞。正是在这种背景下，张衡上疏顺帝，讲述"以图纬虚妄，非圣人之法"的道理，维护儒家正学精神：

---

① 张溥：《张河间集》题辞。

　　臣闻圣人明审律历以定吉凶，重之以卜筮，杂之以九宫，经天验道，本尽于此。或观星辰逆顺，寒燠所由，或察龟策之占，巫觋之言，其所因者，非一术也。立言于前，有征于后，故智者贵焉，谓之谶书。谶书始出，盖知之者寡。自汉取秦，用兵力战，功成业遂，可谓大事，当此之时，莫或称谶。若夏侯胜、眭孟之徒，以道术立名，其所述着，无谶一言。刘向父子领校秘书，阅定九流，亦无谶录。成、哀之后，乃始闻之。《尚书》尧使鲧理洪水，九载绩用不成，鲧则殛死，禹乃嗣兴。而《春秋谶》云"共工理水"。凡谶皆云黄帝伐蚩尤，而《诗谶》独以为蚩尤败，然后尧受命。《春秋元命包》中有公输班与墨翟，事见战国，非春秋时也。又言"别有益州"。益州之置，在于汉世。其名三辅诸陵，世数可知。至于图中讫于成帝。一卷之书，互异数事，圣人之言，势无若是，殆必虚伪之徒，以要世取资。往者侍中贾逵摘谶互异三十余事，诸言谶者皆不能说。至于王莽篡位，汉世大祸，八十篇何为不戒。则知图谶成于哀、平之际也。且《河洛》、《六艺》，篇录已定，后人皮傅，无所容篡。永元中，清河宋景遂以历纪推言水灾，而伪称洞视玉版。或者至于弃家业，入山林。后皆无效，而复采前世成事，以为证验。至于永建复统，则不能知。此皆欺世罔俗，以昧势位，情伪较然，莫之纠禁。且律历、封侯、九宫、风角，数有征效，世莫肯学，而竞称不占之书。譬犹画工。恶图犬马而好作鬼魅，诚以实事难形，而虚伪不穷也。宜收藏图谶，一禁绝之，则朱紫无所眩，典籍无瑕玷矣。①

　　在张衡看来，谶图之说，虽经天验道，观星辰逆顺，寒燠所由，但从本质上说，不过是杂卜筮、龟占、巫觋、河图、洛书、星象之术而来，"立言于前"，设一虚假之说，"有征于后"，得到所谓"验证"而已。它看似很聪明，其实是一种愚弄人的办法。汉兴灭秦，这样大的事，当时并没有人称谶。其后，"若夏侯胜、眭孟之徒，以道术立名，其所述着，无谶一言。刘向父子领校秘书，阅定九流，亦无谶录"。谶图之说，乃是起于成、哀期间。纬书所记，"一卷之书，互异数事，圣人之言，势无若是"，皆是"虚伪之徒，以要世取资"而已。故过去侍中贾逵摘谶互异三十余事，诸言谶者，皆不能说。

――――――――――

① 《后汉书·张衡传》。

由此可知，图谶乃是成于哀、平之际的事。张衡认为，《河图》《洛书》《六艺》篇录已定，后人皮傅，无所容篡。故永元中，清河宋景遂以历纪推言水灾，而伪称洞视玉版，是非常荒诞的事。所以如此，张衡认为，"皆欺世罔俗，以昧势位，情伪较然"，故"莫之纠禁"；而"律历、封侯、九宫、风角，数有征效"，这些具有知识理性的学术，"世莫肯学，而竞称不占之书"。这就像画工"恶图犬马而好作鬼魅，诚以实事难形，而虚伪不穷也"。因此，张衡建议，"收藏图谶，一禁绝之"，这样也就"朱紫无所眩，典籍无瑕玷矣"。由此不难看出，张衡是如何坚持知识理性，反对谶图一类虚妄之说了。

《后汉书》说，张衡"善机巧，尤致思于天文、阴阳、历算"；又说其"研核阴阳，妙尽璇机之正，作浑天仪"；所"造候风地动仪"，"验之以事，合契若神"，可知他的天文、阴阳、历算知识及创造性的技术知识，都是很高明精致的。但是，张衡的知识并非仅仅是天文物理知识或仅仅是精于算计和技巧性知识，而是包含着很高儒学修养与精神追求的。《后汉书》说，张衡"著《周官训诂》，崔瑗以为不能有异于诸儒也。又欲继孔子《易》说《彖》、《象》残缺者，竟不能就"；又说"为侍中，上疏请得专事东观，收捡遗文，毕力补缀。又条上司马迁、班固所叙与典籍不合者十余事"[1]。崔瑗乃是与班固齐名"尽通古今训诂百家之言"的经学家崔骃之子，曾"从侍中贾逵质正大义"，明天官、历数、京房易传，"诸儒宗之"[2] 者。崔瑗说张衡著《周官训诂》，"以为不能有异于诸儒"，可知张衡之儒学功底深厚及治学之精勤。他之欲补《东观汉记》，欲继孔子《易》说《彖》《象》残缺者及条上司马迁、班固所叙与典籍不合者十余事，也说明这个问题也。可知，张衡并非只是个浅薄的知识论者，而是通儒家经术，具有天文、阴阳、历算诸多高深精妙知识的大学问家。因此，他对虚妄谶图的批判，就格外显得深邃地道有力。

张衡不仅通儒家经术，具有天文、阴阳、历算诸多高深精妙知识，而且追求玄学，追求形而上学至精至神境界。《后汉书》说，张衡常耽好《玄经》，谓崔瑗曰"吾观《太玄》，方知子云妙极道数，乃与《五经》相拟，非徒传记之属，使人难论阴阳之事，汉家得天下二百岁之书也。所以作者之数，必显一世，常然之符也。汉四百岁，《玄》其兴矣"[3]。张衡曾称赞"扬子云

---

① 上引均见《后汉书·张衡传》。
② 《后汉书·崔瑗传》。
③ 《后汉书·张衡传》。

西道孔子也"①。他对玄学家扬雄的称赞，亦即对形而上学赞美与追求也。桓谭说："扬雄作《玄》书，以为玄者天也、道也"，"宓羲氏谓之易，老子谓之道，孔子谓之元，而扬雄谓之玄"。② 可知张衡对玄学的称赞，对形而上学的称赞与追求，亦即追求天道本体形上存在与道德精神世界也。

那么，张衡追求的是怎样一种形上存在与精神世界呢？这从他的《思玄赋》可以看出来。他表明自己为何强烈追求先哲玄远目标，写道：

> 仰先哲之玄训兮，虽弥高其弗违。
> 匪仁里其焉宅兮，匪义迹其焉追？
> 潜服膺以永靓兮，绵日月而不衰。
> 伊中情之信修兮，慕古人之贞节！
> ……
> 愿竭力以守义兮，虽贫穷而不改。
> 庶斯奉以周旋兮，要既死而后已。
> 俗迁渝而事化兮，泯规矩之圜方。

然而现实生活风雨变幻极其艰难莫测，不能不使他发出疑问，并表明心迹：

> 惟天地之无穷兮，何遭遇之无常？
> 不抑操而苟容兮，譬临河而无航。
> 欲巧笑以干媚兮，非余心之所尝。

他认为，"彼天监之孔明兮，用棐忱而佑仁"，于是去追求，"追慌忽于地底兮，轶无形而上浮"。张衡表示，"聘王母于银台兮，羞玉芝以疗饥"，"载太华之玉女兮，召洛浦之宓妃"的神仙美女的世界，"虽色艳而赂美兮"，然其"志浩荡而不嘉"，并不是他的追求。但其所咏诗及清歌："天地烟煴，百卉含花。鸣鹤交颈，雎鸠相和"，则是非常美好的。而那"纷翼翼以徐戾，焱回回其扬灵"乐舞，不能不使人"考理乱于律钧，意建始而思终"。他"乘

---

① 见桓谭：《新论·启寤》。
② 《新论·闵友》。

天潢之泛泛兮，浮云汉之汤汤"，"廓荡荡其无涯兮，乃今穷乎天外"，出入天界，尽览无穷，但"悲离居之劳心兮，情惆惆而思归"，仍想收逸放之心，回到现实中来，从事六艺研究，游览圣人道德精神世界：

> 收畴昔之逸豫兮，卷淫放之遐心。
> 修初服之娑娑兮，长余佩之参参。
> 文章焕以粲烂兮，美纷纭以从风。
> 御六艺之珍驾兮，游道德之平林。
> 结典籍而为罟兮，欧儒、墨而为禽。
> 玩阴阳之变化兮，咏《雅》、《颂》之徽音。①

由上可知，张衡所追求的玄学或形而上学世界，不是神性形而上学存在，不是玉芝疗饥成仙或太华玉女的存在，也不是巫咸占梦的虚妄之求，而是天道的光明、熙和与仁爱，是先哲玄训与仁宅义迹。这个形上世界，虽然高远难求，张衡亦是竭力守义，虽贫穷而不改，死而后已，泯灭规矩矍方，追求其存在的。由此可知，张衡思玄，追求形而上学存在，乃在追求儒家天道的真实无妄之理，反对图谶之说、方士仙术或巫咸占梦的非理性，排除其虚妄存在。此本传说他"为吉凶倚伏，幽微难明，乃作《思玄赋》"者也；亦是其讲"仲尼不遇，故论《六经》以俟来辟，耻一物之不知，有事之无范"，而"所考不齐，如何可一"②原因所在。正是这样，他穷乎天外，出入无穷，发现图谶种种虚妄之后，才"收畴昔之逸豫兮，卷淫放之遐心"，回到儒家六艺之学，重新游览圣人道德精神之世界。

由上可知，张衡对图谶虚妄的理性批判，并非只是从知识理性出发，而是包含着极高价值理性判断在内的。但它是研核阴阳，妙于璇机，以天文、阴阳、历算极高知识理性为基础的。因此，《后汉书》本传论及张衡，引崔瑗之言，称其"数术穷天地，制作侔造化"③，并推其知识说"围范两仪，天地无所蕴其灵；运情机物，有生不能参其智。故知思引渊微，人之上术"。可以说，张衡既有极高天文、阴阳、历算知识，又有神妙形上道德修养。因而本

---

① 《张河间集》卷二。
② 《应间》，《张河间集》卷七。
③ 此引崔瑗撰：《河间相张平子碑文》。

传赞张衡说："三才理通，人灵多蔽。近推形算，远抽深滞。不有玄虑，孰能昭晰！"

图谶之虚妄，在于它假天命以附会妖言。因此，稍有理性思维的人，怀疑它、批判它，发奋陈论，以矫时枉，乃是社会人生富有理性精神的表现。这发展到王符《潜夫论》，就是疑天命精神。

## 四 王符《潜夫论》的疑天命精神

王符，字节信，生卒约85～163年，安定临泾（今甘肃镇原）人。《后汉书》本传说他"少好学，有志操，与马融、窦章、张衡、崔瑗等友善"，可知与张衡、崔瑗等为同时代人。因其庶出，为乡人所贱。和帝、安帝之后，开始世务游宦，按照当地风俗，当官需要有权势者相荐引，而王符"独耿介不同于俗，以此遂不得升进"。于是"志意蕴愤，乃隐居著书三十余篇，以讥当时失得，不欲彰显其名，故号曰《潜夫论》"①。晚年受曾任度辽将军皇甫规器重知名安定，然其不仕，终于家；而其书《潜夫论》，汉晋后始受世人重视。

王符《潜夫论》三十六篇。《隋书·经籍志》载"《潜夫论》十卷，后汉处士王符撰"。《旧唐书·经籍志》《唐书·艺文志》《宋史·艺文志》《崇文总目》《四库全书总目》等，皆将其放入子部儒家，载其书亦为十卷。可知《隋书·经籍志》所载《潜夫论》十卷，流传至清，旧本仍存。1954年中华书局出版国学整理社编辑的"诸子集成"第8册，有汪继培笺的《潜夫论》；1985年该社出版汪继培笺、彭铎校正的《潜夫论笺校正》，1979年中华书局出版将其纳入"新编诸子集成"重新出版。1999年三秦出版社出版有《潜夫论》单行本。2011年南京大学出版社出版有刘文英所撰《王符评传》。

王符《潜夫论》三十六篇，乃"志意蕴愤，以讥当时失得"之书。因此，它的内容所属于政论。故《后汉书》本传所录，乃《贵忠》《浮侈》《实贡》《爱日》《述赦》五篇，可知范晔对其政论思想之重视也。王符"与马融、窦章、张衡、崔瑗等友善"的这些人，皆是重视知识理性与道德教化，反对阴阳灾异、巫术占卜、谶纬术数的。王符与之交往，必然有此共同倾向。

① 《后汉书·王符传》。

它反映在《潜夫论》中，就是王符的疑天命思想，反对巫术占卜之类虚妄之说，主要见于《卜列》《巫列》《梦列》《本训》《德化》诸篇。

关于巫术、占卜、问鬼神一类事，王符认为，天地开辟，虽有神民，但那时是"民神异业"的，只是精气神相通而已。至于"行有招召，命有遭随，吉凶之期，天难谌斯！"因此，圣贤察于此，"不自专，故立卜筮，以质神灵"。但那也只是像孔子所说的，乃是"蓍之德圆而神，卦之德方以智"，"君子将有行也，问焉而以言，其受命而向"，皆不过是"君子闻善则劝乐而进德，闻恶则循省而改尤"而已。因此，"卜筮者，所问吉凶之情，言兴衰之期"，也不过是"令人修身慎行以迎福"而已。圣人虽重卜筮，"然不疑之事，亦不问也。甚敬祭祀，非礼之祈，亦不为"。故曰"圣人不烦卜筮，敬鬼神而远之"。"夫鬼神与人殊气异务，非有事故，何奈于我！"而今"俗人筴于卜筮，而祭非其鬼，岂不惑哉！"以至于相宅，讲"商家之宅，宜西出门"，"宅有宫商之第"，有当值之岁星等，皆欲使人而避鬼。其讲某"道路不可行，室庐不复居"，更是虚妄至极！王符说："夫人之所以为人者，非以此八尺之身也，乃以其有精神也。人有恐怖死者，非病之所加也，非人功之所害也。然而至于遂不损者，精诚去之也"；"移风易俗之本，乃在开其心而正其精。今民生不见正道，而长于邪淫诳惑之中，其信之也，难卒解也"。①

王符认为，"凡人吉凶，以行为主，以命为决"，人生是祸是福，寿命或命运如何，主要决定于自己的行为。这才是命运的本质，其他事情，皆是外在的因素，有些因素是不可知的。故曰："行者，己之质也。命者，天之制也。在于己者，固可为也。在于天者，不可知也。巫觋祝请，亦其助也，然非德不行。"至于大命如何，如人之寿命或国家盛衰，这就像"民人之请谒于吏，可以解微过，不能脱正罪"，自我"不克己心，思改过善，而苟骤发请谒，以求解免，必不几矣"；"故鲁史书曰'国将兴，听于民。将亡，听于神'。楚昭不禳云，宋景不移咎，子产距裨灶，邾文公违卜史，此皆审己知道，身以俟命者也"。命运或国家盛衰，在于自我道德修养，在于正德而不是相信虚妄存在。故王符说："夫妖不胜德，邪不伐正，天之经也。虽时有违，然智者守其正道，而不近于淫鬼。"至于说天命或上天保佑之类的事情，乃孔子所说"天之所助者，顺也。人之所助者，信也"②。其他像相面讲"气色为

---

① 上引皆见《潜夫论·卜列》。
② 《潜夫论·巫列》。

吉凶候，部位为年时，德行为三者招。天授性命，决然表有显微，色有浓淡，行有薄厚，命有去就，是以吉凶期会，禄位成败，有不必。非聪明慧智，用心精密，孰能以中"①。讲人之梦寐"凡察梦之大体，清絜鲜好，貌坚体健，竹木茂美，宫室器械，新成方正，开通光明，温和升上，向兴之象，皆为吉喜。谋从事成，诸臭污腐烂，枯槁绝雾，倾倚征邪，剿削不安，闭塞幽昧，解落坠下，向衰之象，皆为计谋不从，举事不成，妖孽怪异，可憎可恶之事，皆为忧患"② 等，皆是和人精神与心性是否美好联系在一起讲的，因而劝人不要相信那些相面、释梦的虚妄荒诞说法。

王符疑天命，反对巫术、占卜、谶纬一类虚妄说法，但这不等于他不承认天道存在，不承认天道性命之理。他讲"阴阳有体，实生两仪，天地一郁，万物化淳，和气生人，以统理之"③，就是对天道本体及其为性命之理的承认。王符讲天道，讲天道本体，虽然有时也涉及形而上学存在问题，如讲"天地之道，神明之为，不可见也"④，但从根本上说，王符的天道本体论，不是在形而上学意义上讲的，而是在元气论上讲的。他讲"上古之世，太素之时，元气窈冥，未有形兆。万精合并，混而为一，莫制莫御，若斯久之，翻然自化"，"道德之用，莫大于气。道者气之根也，气所变也，神气之所动也"⑤；讲"天之以动，地之以静，日之以光，月之以明，四时五行，鬼神人民，亿兆丑类，变异吉凶，何非气然"⑥，就是讲的元气论天道本体存在。他的疑天命，反对巫术、占卜、谶纬的虚妄非理性，正是从这种本体论出发，讲天道，讲心性，讲德化，讲体用而诉诸理性批判的："天本诸阳，地本诸阴，人本中和，三才异务，相待而成，各循其道，和气乃臻，玑衡乃平"⑦；而"人君之治，莫大于道，莫盛于德，莫美于教，莫神于化。道者，所以持之也。德者，所以苞之也。教者，所以知之也。化者，所以致之也。民有性有情，有化有俗。情性者，心也，本也。化俗者，行也，末也。末生于本，行起于心，是以上君抚世，先其本而后其末，顺其心而理其行。心精苟正，则奸匿无所生，

---

① 《潜夫论·相列》。
② 《潜夫论·梦列》。
③ 《潜夫论·本训》。
④ 《潜夫论·赞学》。
⑤ 《潜夫论·本训》。
⑥ 《潜夫论·德化》。
⑦ 《潜夫论·本训》。

邪意无所载矣"①。在他看来，此正"五帝三王所以能画法像而民不违，正己德而世自化"者也，后世"欲历三王之绝迹，臻帝皇之极功者"，想治民事而致政理，兴大化而升太平，就"必先原元而本本，兴道而致和，以淳粹之气，生敦庞之民，明德义之表，作信厚之心，然后化可美而功可成也"②。

于元气论上讲天道与心性，虽然对人气质之性形成与教化，比较能给予确切说明，但于此讲道德与德化，则流于秦汉黄老道家精、气、神之说，而于形上道体与精神世界上，则有缺矣。缺此，它虽有移风易俗之用，但并不能真正解决巫术占卜、谶纬术数一类虚妄问题，因为这些虚妄多涉及形而上学存在问题。尽管它多属神性形而上学问题，但离开道体形而上学，仍然不能从根本上给予解释。同时，离开道体形而上学，也不能从根本上建立人的信仰信念及精神世界问题。人不能以道体形而上学建立性命之理，于浩浩大化中立以知觉主宰，解决信仰信念问题，在形下处流连，仍然随时可陷入新的虚妄。王符在哲学本体论上是带有矛盾性的。他不能于道德形而上学上，讲化变民心，道之为用，而讲"必有其根，其气乃生"，那么，其根者为何？讲"必有其使，变化乃成"，那么，所使者又为何？如果说"四时五行，鬼神人民，亿兆丑类，变异吉凶，何非气然"，那又怎么能说"道之为物，至神以妙"③ 呢？凡此种种问题，离开道体形而上学，是不能给予根本解释的。此东汉诸家知识理论批判之弊端也。

不论是巫术、占卜、谶纬术数虚妄之说的盛行，还是桓谭、王充、张衡、王符以强烈的理性精神对此进行批判，除当时社会文化背景，从学术上讲，皆是和东汉中兴以后整个经学发展联系在一起的。《六经》源于六艺，乃孔子集上古文化之大成，继承其根本精神编辑整理发展而来。因此，经学乃是中国诸多学术的中枢与文化精神的核心，各种理论学说及精神发展，皆是由经学引申出来的。要理解东汉包括后来魏晋文化精神发展，还必须回到经学研究及精神发展上来。这就是汉魏经学精神及其走向问题。

---

① 《潜夫论·德化》。
② 《潜夫论·本训》。
③ 《潜夫论·德化》。

# 第十二章　汉魏经学精神发展

　　**内容提要：**两汉精神的刚健中正发展及其逸出，是以儒家经学盛衰为核心展开的。经学是汉代学术的中枢与文化价值核心，它主导影响着两汉精神发展，也起落其盛衰。那么，东汉经学与西汉有什么不同呢？周予同先生曾把经学复杂的发展归纳为三大派：西汉今文学、东汉古文学与宋学。他实际上是把经学发展划分为三个阶段，前两个阶段就是西汉今文学与东汉古文学。虽然这个说法并不太准确，但它道出了一个基本的事实，即影响西汉精神发展的主要是今文经学，而影响东汉精神发展的则主要是古文经学。那么，东汉特别是白虎观会议之后，古文经学是怎么发展并影响于精神发展的呢？它由东汉发展到汉魏时期，精神发展又怎样依经学研究为学术导向，表现为不同的路径、走向及内在性演变呢？要弄清这些问题，就必须首先研究东汉经学研究走向及其内在发展。这种发展，最初主要表现为郑兴、贾逵的古文经学。它发展为马融经学，就是依经注义；东汉末年，发展为郑玄的经学研究，综合诸经，颇有集大成性质；然而及至发展到汉魏时期的王肃经学，其依经辩理，就走向形而上学了。这就是汉魏经学精神发展的内在逻辑，也是本章所要叙述的主要内容。

　　周予同先生谈到复杂经学史时说，假使用史学家手段处置史料，可以将许多繁重著作归纳为"经学的三大派"：一"西汉今文学"，二"东汉古文学"，三"宋学"①。他说的"经学的三大派"，实际上是经学发展的三大阶段。这三大阶段，汉代就占了两大阶段，即西汉今文学与东汉古文学。

　　西汉今文经学，自武帝立《五经》博士，以经取士，劝以官禄，然后大

---

　　①　皮锡瑞：《经学历史》序言。

昌。初，《书》有欧阳，《礼》有后苍，《易》有杨何，《春秋》公羊。至孝宣世，复立大小夏侯《尚书》、大小戴《礼》、施孟梁丘《易》《穀梁春秋》。至元帝世，复立京氏《易》，平帝时，又立《左氏春秋》、《毛诗》、逸《礼》、《古文尚书》，网罗遗失，兼而存之，"讫于元始，百有余年，传业者浸盛，支叶蕃滋"，经学盛矣。这种兴盛是包含着古文经学《左氏春秋》、《毛诗》、逸《礼》、《古文尚书》在内的。西汉今文经学的始盛，是以董仲舒持公羊学，说武帝《春秋》大义，礼教治天下为标志性事件的。至元帝、成帝，乃发展为极盛。然后来的发展，由"一经说至百余万言，大师众至千余人，盖禄利之路然也"①。有利禄，就有矛盾冲突。它反映在学术上，就是刘歆所批评的"因陋就寡，分文析字，烦言碎辞，老且不能究其一艺"，及"专己守残，党同门，妒道真，违明诏，失圣意，陷于文吏之议"②等弊端。这就不能不使西汉经学走向衰败。

东汉古文经学兴起，应该说从西汉甘露三年宣帝召开石渠阁会议，诏诸儒讲《五经》同异，立梁丘《易》、大小夏侯《尚书》、穀梁《春秋》博士，就已经开始了。应该说，立《穀梁春秋》是汉代学术由今文学转向古文学的标志性事件。因为穀梁《春秋》虽然属今文经学，但它蕴含着孔子《春秋》未被七十子乖义的古文化精神。立《穀梁春秋》即表示对古文化精神的追求。但东汉古文经学真正的兴起，应该说是光武中兴之后，至明帝永平时期始盛。范晔所说"光武中兴，爱好经术。建武五年，乃修起太学。中元元年，初建三雍。明帝即位，亲行其礼。缵射礼毕，帝正坐自讲，诸儒执经问难于前，冠带缙绅之人，圜桥门而观听者盖亿万计。其后复为功臣子孙、四姓末属别立校舍，搜选高能以受其业，自期门羽林之士，悉令通《孝经》章句，匈奴亦遣子入学。济济乎！洋洋乎！盛于永平矣"，就是指的永平经学之盛。及至"建初中，大会诸儒于白虎观，考详同异，连月乃罢"，章帝"亲临称制，如石渠故事，顾命史臣，著为通义，又诏高才生受《古文尚书》、《毛诗》、《穀梁》、《左氏春秋》"，"皆擢高第为讲郎"，"网罗遗逸，博存众家"，已是古文经学之天下矣。然自安帝薄于艺文，本初元年，梁太后诏大将军以下子弟就学，每岁辄于乡射月一飨会之，以此为常，而游学盛，则东汉经学衰矣。

讲西汉为今文学，东汉为古文学，此乃清儒治经说法，颇带门户之见。

---

① 《汉书·儒林传》。
② 《汉书·刘歆传》。

它实际上并非是如此严格划分的。虽西汉今文学盛，但古文学也是存在的。河间献王好儒学，"被服造次必于儒者，山东诸儒多从之游"①。这些人就多是古文经学者。景帝后元年间，毛公，治《诗》，作《毛诗故训传》，为河间王博士，也是古文学家。"武帝末，鲁共王坏孔子宅，所得《古文尚书》及《礼记》、《论语》、《孝经》凡数十篇，皆古字也"②，不是古文经学又是何学？如此等等，怎么能说西汉为今文学呢？同样，东汉古文学兴起及发展也是这样。它在早期不过是私学，占主流地位的仍是今文经学。即使古文经兴盛以后，今文经学也是存在的。当时，许多人是既习今文经又通古文经的，如李育少习《公羊春秋》，沉思专精，博览书传，知名太学，深为班固所重，后涉猎古学，读《左氏传》，以为陈元、范升之徒多引图谶，不据理体，于是作《难左氏义》四十一事。又如尹敏初习《欧阳尚书》，后受《古文尚书》，兼善《毛诗》《穀梁》《左氏春秋》。因此，不能简单地把汉代经学划分为西汉今文学与东汉古文学，它最多是西汉今文学与东汉古文学，曾分别处于主流地位而已。

但不管怎么说，东、西汉经学作为学术中枢与文化核心，乃是主导影响了两汉精神发展的。今文经学对于西汉文化精神的主导与影响，已如前述。那么，古文经学又是怎样主导影响了东汉文化精神发展的呢？要弄清楚这个问题，必须弄清东汉经学与西汉经学有何不同？它仅仅是古文经与今文经的区分吗？若不是，它在东汉发展又表现为怎样的特色呢？特别它是由东汉发展到汉魏时期，其为文化精神发展，表现为怎样的路径、走向及沿革呢？支配这种变革的原因又是什么呢？凡此种种，都是牵涉到汉魏经学精神发展最为内在的根本问题，是撰写这段精神发展史不可不研究陈述的。现在就从研究东汉经学精神发展及其走向开始。

## 一　东汉经学发展及其走向

一个时代的学术能不能成为主流文化意识，发展成为支配人们文化意识的精神性存在，乃是一个极为复杂的社会思想潮流与时代文化变迁问题。它虽然主要取决于学术本身是否具有真实无妄之理，是否具真理的统御性及强

---

① 《史记·五宗世家》。
② 均见《汉书·艺文志》。

烈的感染力与吸引力，但也是与当时统治者是否提倡，提倡的强度与力度，他们本身的学识与教养，以及当时人们文化上的信仰、信念与精神追求。无周公，就无周朝的礼乐之教；无汉武帝，也就无西汉的儒学复兴，更不要说后来成为支配西汉的文化意识与精神性存在了。东汉经学发展及它成为卿士大夫普遍道德意识与精神性存在也是这样。

东汉与西汉经学之立，首先是当国主政者本身的学识与教养之不同。西汉马上取天下，用郎中令张武等人迎代王，立文帝时议论的话说，"汉大臣，皆故高帝时将，习兵事，多谋诈"①，大多是不修儒学修养的。有一位儒生郦食其还被刘邦臭骂一顿，受尽污辱。文帝虽开始置《论语》《孝经》《孟子》《尔雅》之博士，然其所好乃刑名之言。孝景不任儒，窦太后又好黄老术，所以当时的主导思想仍是相信黄老之治。直到武帝置五经博士，黜百家，崇儒学，立国主政思想才有所改变，儒家经学才得以兴盛发展。而东汉就不同了，武帝中兴之后，建武五年，乃修起太学；中元元年即起明堂、灵台、辟雍及北郊兆域。显宗明帝十岁能通《春秋》，立为太子，师事博士桓荣，学通《尚书》；即位后，永平九年，为四姓小侯开立学校，置《五经》师；永平十五年，幸孔子宅，祠仲尼及七十二弟子，"亲御讲堂，命皇太子、诸王说经"②。章帝更是"少宽容，好儒术"，即位后，建初四年，召开白虎观会议，让诸儒讲议《五经》同异，亲称制临决；建初八年，诏"令群儒选高才生，受学《左氏》《榖梁春秋》《古文尚书》《毛诗》，以扶微学，广异义焉"③。其他像安帝"年十岁，好学《史书》，和帝称之，数见禁中"及即位永初四年"诏谒者刘珍及《五经》博士，校定东观《五经》、诸子、传记、百家艺术，整齐脱误，是正文字"④ 等，皆是从小深受儒学教育熏陶，而后倡导儒学的。只有当国主政者本身深受儒学教育熏陶，才能理解儒学的深厚博大，才能懂得叔孙通所说"儒者难与进取，可与守成"⑤ 的道理，才能将提倡经学变成意识上的政治自觉，把集上古文化大成的《五经》化为国家文化意识及民族精神性存在，也才能以此文化意识与精神性存在化成以天下。立《五经》博士，崇尚儒学，虽自西汉武帝起，然始终贯彻一种意识上的政治自觉，则是东汉

---

① 《汉书·文帝纪》。
② 《后汉书·明帝纪》。
③ 《后汉书·章帝纪》。
④ 《后汉书·安帝纪》。
⑤ 《史记·叔孙通传》。

经学发展不同于西汉的地方。

东西汉经学，不仅当国主政者学识与教养及以经治世自觉不同，而且经学本身也是不断由单一到综合纵深发展的。西汉时期，经学初兴，秦火之后，藏书始出，能得一经而专治者，已经不易。《汉书》所说"汉兴，言《易》自淄川田生，言《书》自济南伏生，言《诗》，于鲁则申培公、于齐则辕固生、燕则韩太傅，言《礼》，则鲁高堂生，言《春秋》，于齐则胡毋生，于赵则董仲舒"①，就是指的这种情况。能够像夏侯始昌那样通《五经》，能以《齐诗》《尚书》教授者，是极少数的。到昭帝、元帝时，王吉始兼"通《五经》，能为驺氏《春秋》，以《诗》、《论语》教授，好梁丘贺说《易》"②，则知东汉则不同矣。治经者，不仅兼治兼通，而且大家蜂起。如当时的经学家尹敏（字幼季）初习《欧阳尚书》，后受《古文尚书》，兼善《毛诗》《穀梁》《左氏春秋》；景鸾（字汉伯）能理《齐诗》《施氏易》、兼受《河》《洛》图纬，作《易说》及《诗解》，又撰《礼内外记》《月令章句》，凡所著述五十余万言；程曾（字秀升）习《严氏春秋》，积十余年，还家讲授，著书百余篇，皆属《五经》通难者，又作《孟子章句》等。他们不仅《五经》兼治，而且极为精通。如何休"精研《六经》，世儒无及者"；陈蕃作"《春秋公羊解诂》，覃思不窥门，十有七年，又注训《孝经》、《论语》，皆经纬典谟，不与守文同说，又以《春秋》驳汉事六百余条，妙得《公羊》本意"；许慎"以《五经》传说臧否不同，于是撰为《五经异义》，又作《说文解字》十四篇"③等。正因他们为经兼治兼通而又极为精通，才能综合治经，会通《五经》精神而成为东汉经学大家。贾逵、马融、郑玄等，就是东汉这样的大家。

皮锡瑞说汉代经学："前汉重师法，后汉重家法。"④汉代经学研究，无疑存在着师法与家法。这是与秦火后经书的保存、发掘、讲授、传递联系在一起的。但这个问题不能绝对化，不能孤立断绝地看待经学发展。当时经籍，皆为竹简，不论有音训、义训问题，而且皆是面传口授。故当时治经，无师之学，无师则无传授者。师法者，师之传授也。家法者，家之传授也。师法

---

①　《汉书·儒林传》。

②　《汉书·王吉传》。

③　《后汉书·儒林传》。

④　皮锡瑞：《经学历史·经学极盛时代》。

家法不同，传授经义各异，自然具不同精神。惟此，元初四年，安帝才"以经传之文多不正定，乃选通儒谒者刘珍及博士良史诣东观，各雠校家法，令伦监典其事"①。但是，随着经学发展，不同家法师法之经学，人数甚众，如宋登少传《欧阳尚书》，教授数千人。魏时应经明行修，弟子自远方至，著录数千人，有的发展至上万人，各有不同经义与精神。至此，则家法已不仅只是家法，遂成一家之学；师法也不仅仅是师法，遂成不同宗师学派。因此，家法师法是不能简单地看成不同传授方法及家门师门的。东汉之后的经学大家，实际上是源于不同家法师法，卓有成就者。《后汉书》所说"光武中兴，立《五经》博士，各以家法教授，《易》有施、孟、梁丘、京氏，《尚书》欧阳、大小夏侯，《诗》齐、鲁、韩，《礼》大小戴，《春秋》严、颜，凡十四博士，太常差次总领焉"②，就是当时《五经》不同家法师法所发展出来的派别。汉初，虽《诗》有齐、鲁、韩三家，但并不分派。武帝之后，《诗》《礼》《春秋》，于邹、鲁、梁、赵间，是由先师。宣帝石渠会议，诸儒讲论《五经》同异，一经分数家，始有派系产生。学派形成，说明卓有成就，但它也像夏侯胜所批评那样，"章句小儒，破碎大道"③；或刘歆所说的那样，"因陋就寡，分文析字，烦言碎辞，学者罢老且不能究其一艺"④。但是，随着经学的发展，不仅希望打破烦言碎辞的章句之学，如章帝"中元元年诏书，《五经》章句烦多，议欲减省"⑤，而且经学自身发展也在走向会通综合，愈来愈打破家法师法的隔阂，超越其阻隔与分离，领悟经学大义与根本精神。桓谭的"博学多通，遍习《五经》，皆诂训大义，不为章句"⑥，就是这样。

东汉经学不同于西汉更为重要的一点，是由利禄之求走向明经践行。西汉"自武帝立《五经》博士，开弟子员，设科射策，劝以官禄，讫于元始，百有余年，传业者浸盛，支叶蕃滋，一经说至百余万言，大师众至千余人，盖禄利之路然也"⑦。一句"禄利之路然也"，班固道破了西汉经学发展的本质。"百有余年，传业者浸盛，支叶蕃滋，一经说至百余万言，大师众至千余

---

① 《后汉书·蔡伦传》。
② 《后汉书·儒林传》。
③ 《汉书·夏侯建传》。
④ 《汉书·刘歆传》。
⑤ 《后汉书·章帝纪》。
⑥ 《后汉书·桓谭传》。
⑦ 《汉书·儒林传》。

人"，乃是为了追求利禄！故西汉经学之盛，经学文化精神并未得到发挥与践行，所以新莽一来，颂德献符者遍天下，全为其篡朝服务去了！光武中兴，与西汉"设科射策，劝以官禄"不同，举逸民，宾处士，凡是取士，不仅看其是否通经，文章如何，更要考其道德实践，褒崇节义，观其人品，看其是否践行经义。正因为这样，所以东汉儒林多明经修行、道德节义之士。如杨伦（字仲理）师事司徒丁鸿，习《古文尚书》，安帝崩，弃官奔丧，号泣阙下不绝声，数进忠言，一生耿直不阿；伏恭（字叔齐）性孝，事所继母甚谨，教授伏氏学，拜为司空，建初二年冬，肃宗行飨礼，以恭为三老；孙堪（字子稺）明经学，有志操，清白贞正，爱士大夫，然一毫未尝取于人，以节介气勇自行；楼望（字次子）习《严氏春秋》操节清白，有称乡间；许慎（字叔重）性淳笃，少博学经籍，马融常推敬之，等等。凡此皆儒学明经修行，精神见诸道德实践者也。故范晔评价东汉儒学精神说：

> 自光武中兴以后，干戈稍戢，专事经学，自是其风世笃焉。其服儒衣，称先王，游庠序，聚横塾者，盖布之于邦域矣。若乃经生所处，不远万里之路，精庐暂建，赢粮动有千百，其著名高义开门受徒者，编牒不下万人，皆专相传祖，莫或讹杂。……然所谈者仁义，所传者圣法也。故人识君臣父子之纲，家知违邪归正之路。
>
> 自桓、灵之间，君道秕僻，朝纲日陵，国隙屡启，自中智以下，靡不审其崩离。而权强之臣，息其窥盗之谋，豪俊之夫，屈于鄙生之议者，人诵先王言也，下畏逆顺势也。……迹衰敝之所由致，而能多历年所者，斯岂非学之效乎。故先师垂典文，褒励学者之功，笃矣切矣。不循《春秋》，至乃比于杀逆，其将有意乎![1]

汉人治经，崇尚名节，成于风俗，发展到东汉，发展出一种仁义笃厚道德精神，而不像西汉人追求功名利禄。如邓禹（字仲华）笃行淳备，事母至孝，助光武取天下，"天下既定，常欲远名势，有子十三人，各使守一艺，修整闺门，教养子孙，皆可以为后世法"[2]；樊重（字君云）"性温厚，有法度，

---

[1]　《后汉书·儒林传论》。

[2]　《后汉书·邓禹传》。

三世共财，子孙朝夕礼敬"①，就是经学培育的仁义笃厚道德精神之表现。正是东汉发展出了如此仁义笃厚道德精神，所以顾炎武才说："三代以下风俗之美，无尚于东京者。"② 虽东汉经学精神不纯粹，然经学从西汉到东汉之变，颇有孔子所说"齐一变至于鲁，鲁一变至于道"③ 的味道。故顾氏又说："武、明、章，果有变齐至鲁之功。鲁之功，而惜其未纯乎道也。"④

　　范晔谈及东汉经学兴起时说："光武中兴，爱好经术，未及下车，而先访儒雅，采求阙文，补缀漏逸。先是，四方学士多怀协图书，遁逃林薮。自是莫不抱负坟策，云会京师，范升、陈元、郑兴、杜林、卫宏、刘昆、桓荣之徒，继踵而集。于是立《五经》博士，各以家法教授。"⑤ 光武帝不仅爱好经术，集拢了一大批儒学人才，而且自己读经，"数引公卿、郎、将，讲论经理，夜分乃寐"⑥。一个时代的学术要想兴盛，只有当国主政者自己带头学习，自己"乐此不疲"，才能形成学术空气与氛围，才能使其学术成为经世致用之学，并使之转化为政治意识与文化精神而盛之于当世。正是光武帝自己爱好经术，带动主政者读经，所以东汉经学兴盛，亦经生"服儒衣，称先王，游庠序，聚横塾者，盖布之于邦域"，"其风世笃"⑦ 者也。然"自安帝览政，薄于艺文，博士倚席不讲，朋徒相视怠散"矣。顺帝虽更修学校，扩建校舍规模，然自本初元年，梁太后诏"大将军下至六百石，悉遣子就学，每岁辄于乡射月一飨会之，以此为常"，自是游学增盛，读经之风靡矣。诚如范晔所说："章句渐疏，而多以浮华相尚，儒者之风盖衰矣。"起于桓帝延熹九年的党锢事件，发展到灵帝时成为冤狱，党人被杀，许多"高名善士多坐流废，后遂至忿争"，以至于发展到有人"私行金货，定兰台漆书经字，以合其私文"⑧。东汉经学发展至此衰势已定矣。到汉魏时期，经学愈来愈玄学化，随着根本精神逸出，则经学逐渐变为浮华之说矣。

　　"光武中兴，笃好文雅，明、章继轨，尤重经术。"⑨ 因此，自光武中兴，

---

① 《后汉书·樊宏传》。
② 《两汉风俗》，《日知录》第十三章。
③ 《论语·雍也》。
④ 《两汉风俗》，《日知录》第十三章。
⑤ 《后汉书·儒林传》。
⑥ 《后汉书·光武帝纪》。
⑦ 《后汉书·儒林传论》。
⑧ 《后汉书·儒林传》序。
⑨ 《隋书·经籍志》。

学者云会京师，东汉经学兴起，到魏晋经学玄学化，精神逸出，经师众矣。范升、陈元、郑兴、杜林、卫宏、刘昆、桓荣、郑众、贾逵、马融、许慎、何休、郑玄、服虔、荀爽、王肃、虞翻诸人，皆是成就卓著者。关于东汉经学的兴起与发展，《后汉书》说："中兴，北海牟融习《大夏侯尚书》，东海王良习《小夏侯尚书》，沛国桓荣习《欧阳尚书》。荣世习相传授，东京最盛。扶风杜林传《古文尚书》，林同郡贾逵为之作训，马融作传，郑玄注解，由是《古文尚书》遂显于世"①；"自桓、灵之间，君道秕僻，朝纲日陵，国隙屡启，自中智以下，靡不审其崩离。而权强之臣，息其窥盗之谋，豪俊之夫，屈于鄙生之议者，人诵先王言也，下畏逆顺势也"②。皮锡瑞更说："郑学出而经学衰，王肃出而郑学亦衰。"③ 经学乃中国学术中枢和文化精神核心。东汉至魏晋时期文化精神，是以经学为核心中枢向前发展演变的：经学盛则精神盛，经学衰则精神衰矣。这个阶段的经学走向及精神发展，若以其经师治学方向为标识，它大体经过郑兴贾逵的古文经学、依经注义的马融之学、综合诸经的郑玄之学、依经辩理的王肃之学几个阶段。要撰写这个时期中国文化精神发展史，以此几位经学大家为标识，弄清经学内在精神发展与演变，是非常必要的。现在，首先讲郑兴、贾逵等的古文经学。

## 二　郑兴、贾逵的古文经学

今古文经学争论，在西汉成、哀期间已展开。刘歆欲立《左氏春秋》及《毛诗》《逸礼》《古文尚书》于学官，哀帝令其与《五经》博士讲论其义，诸博士不肯置对，刘歆愤而作《移让太常博士书》，上疏批判"缀学之士不思废绝之阙，信口说而背传记，是末师而非往古"；特别是欲立《左氏传》于学官，哀帝已经下诏，而学界仍"深闭固距，而不肯试"，刘歆更批评其"专已守残，党同门，妒道真，违明诏，失圣意"④。可以说，西汉末年，今、古文经学的争论与对立，已经几乎达到了白热化程度。

这种争论与对立，即使发展到东汉也没有停下来。建武初，时议欲立

---

① 《后汉书·儒林传上》。
② 《后汉书·儒林传下》。
③ 《经学历史·经学中衰时代》。
④ 《汉书·刘歆传》。

《左氏传》博士，自以为年老深明经学的范升博士，立即奏以为"《左氏》不祖孔子，而出于丘明，师徒相传，又无其人，非先帝所存"，不宜立，并"奏《左氏》之失凡十四事"；又"上太史公违戾《五经》，谬孔子言，及《左氏春秋》不可录三十一事"①。与范升不同，少传父业，受《左氏》学，并为之训诂的陈元闻之，则上疏说："今论者沉溺所习，玩守旧闻，固执虚言传受之辞，以非亲见实事之道"；并说范升议奏《左氏春秋》不可立，讲太史公违戾凡四十五事，所言"前后相违，皆断截小文，抉瑕摘衅，掩其弘美"，乃"小辩破言，小言破道"② 者。范升与陈元相辩难，反复上疏，凡十余次。光武帝遂立《左氏》学，太常选博士四人。即使如此，诸儒仍以《左氏》之立，论议讙哗，自公卿以下，数廷争之，弄得《左氏传》不得不立而复废。此可知今古经文争论对立之不休也。

东汉经学，发展到章帝建初中，大会诸儒于白虎观，经过考详同异，连月的争议讨论，并且肃宗亲临称制，使"顾命史臣，著为通义"，然后又"诏高才生受《古文尚书》、《毛诗》、《穀梁》、《左氏春秋》"，古文经的地位始才确立。高才生受《古文尚书》等，虽不立学官，然皆擢其高第者为讲郎，给事近署，通过此事则达到了"网罗遗逸，博存众家"的目的。到和帝时，这些人"亦数幸东观，览阅书林"③，具有经学平等地位了。

古文经学能取得与今文经学平等地位，甚至古文经学盛而今文经学衰，除章帝、和帝政治上的支持外，也是和古文经学本身的发展及一大批古文经学家锐精覃思研究，善于训诂明义，而成为诸儒所宗古文经学大家分不开的。这就不能不首先谈及东汉中兴之后的郑兴、贾逵等古文经学大家。

郑兴，字少赣，河南开封人，生年不详。《后汉书》本传说，郑兴少学《公羊春秋》，晚善《左氏传》，遂积精深思，通达其旨，同学者皆师之。王莽天凤中，从刘歆讲正《左氏》大义。刘歆赞美郑兴之才，使其撰《左传》条例、章句、训诂，及校正《三统历》。建武六年，侍御史杜林（字伯山）与郑兴同寓陇右，曾向光武推荐说："窃见河南郑兴，执义坚固，敦悦《诗》、《书》，好古博物，见疑不惑，有公孙侨、观射父之德，宜侍帷幄，典职机

---

① 《后汉书·范升传》。
② 《后汉书·陈元传》。
③ 《后汉书·儒林传》序。

密"①，乃征为太中大夫。杜林博洽多闻，当时通儒，以善《苍颉》闻名于世。史说："杜林行义，烈士假其命。"② 郑兴能得到德高望重、博学大儒的杜林推荐，足见其儒学才能非同一般。郑兴不仅得到杜林的推荐，还得到另一位儒学家卫宏（字敬仲）的赏识。卫宏初从九江谢曼卿受《毛诗》，因作《毛诗序》，善得《风雅》之旨，传于世，后从杜林受《古文尚书》，为作《训旨》。史说卫宏"从林受学，亦以儒显，由是古学大兴"③。关于郑兴如何得到卫宏赏识及古文经学如何大兴于世，《后汉书》有个叙述说：

> 河南郑兴、东海卫宏等，皆长于古学。兴尝师事刘歆，林既遇之，欣然言曰："林得兴等固谐矣，使宏得林，且有以益之。"及宏见林，暗然而服。济南徐巡，始师事宏，后皆更受林学。林前于西州得漆书《古文尚书》一卷，常宝爱之，虽遭难困，握持不离身。出以示宏等曰："林流离兵乱，常恐斯经将绝。何意东海卫子、济南徐生复能传之，是道竟不坠于地也。古文虽不合时务，然愿诸生无悔所学。"宏、巡益重之，于是古文遂行。

由上可知，东汉中兴之后，郑兴、卫宏皆师杜林，以杜林为首的古文经学，已开始大兴于世。杜林曾"得漆书《古文尚书》一卷"，爱不释手。他虽知道"古文不合时务"，但为了"道竟不坠于地"，还是"愿诸生无悔所学"。诸生日益重之，"于是古文遂行"。建武九年（公元33年），郑兴随大司马吴汉征南，曾转为莲勺令，辞去客授，闻乡，三公连辟不肯应，卒于家。清马国翰《玉函山房辑佚书》辑有《周礼郑大夫解诂》一卷。可惜辑录极为简略，只有天官冢宰之小宰、地官司徒、春官宗伯之小司徒诸职的解释，无法更多地理解郑兴古文经学思想。

郑兴之子郑众，字仲师，从小从父受《左氏春秋》，精力于学，明《三统历》，作《春秋难记条例》，兼通《易》《诗》，受诏作《春秋删》十九篇，亦知名于世。清马国翰《玉函山房辑佚书》辑有《周礼郑司农解诂》六卷、《婚礼谒文》一卷、《春秋牒例章句》一卷、《国语章句》一卷。这些辑录下

---

① 《后汉书·郑兴传》。

② 《后汉书·杜林传论》。

③ 《后汉书·卫宏传》。

来的著作中《周礼郑司农解诂》最为重要。它较之其父《周礼郑大夫解诂》详备得多。其解"惟王建国，辨方正位"，曰"别四方，正君位，君南面而臣北面之属"，大体上是符合西周建国思想的；其解"主以利得民"，曰"主谓公卿大夫，世世食采不绝，民税薄利也"①，也是具民本思想的。特别是在形上本体论上解"昊天上帝"，曰"昊天，天也。上帝，元天也"②，解《国语章句》引《诗》"昊天有成命"，曰"昊天，天大号也"③，较之"假经设谊，依托象类"的解释神秘天象要理性得多。它在东汉图谶神秘主义泛滥之际，此理性解释更为可贵。后来郑玄注《周礼》，亦本于郑众此说也。

贾逵，字景伯，扶风平陵（今陕西咸阳）人也。九世祖贾谊，文帝时为梁王太傅。曾祖父贾光，为常山太守。父贾徽，从刘歆受《左氏春秋》，兼习《国语》《周官》，又受《古文尚书》于涂恽，学《毛诗》于谢曼卿，作《左氏条例》二十一篇。贾逵悉传父业，史说其"弱冠能诵《左氏传》及《五经》本文，以《大夏侯尚书》教授，虽为古学，兼通五家《穀梁》之说"，"尤明《左氏传》、《国语》，为之《解诂》五十一篇"，"所著经传义诂及论难百余万言，又作诗、颂、诔、书、连珠、酒令凡九篇，学者宗之，后世称为通儒。永元十三年（公元 101 年）卒，时年七十二"④。以此上推，贾逵应生于光武帝建武六年（公元 30 年）。

《隋书·经籍志》录有《贾逵集》一卷，今已佚。《全后汉文》卷三一存奏疏两篇，及《永平颂》《连珠》残文。其经学著述，今存清马国翰《玉函山房辑佚书》辑《周礼贾氏解诂》一卷、《春秋左氏传解诂》二卷、《春秋左氏长经章句》一卷、《国语章句》二卷，清王仁俊辑《玉函山房辑佚书续编》辑《周易贾氏义》一卷、《古文尚书训》一卷、《尚书古文同》一卷、《毛诗贾氏义》一卷、《周礼贾氏注》一卷。

章帝肃宗特好《古文尚书》《左氏传》。建初元年，诏贾逵入讲北宫白虎观、南宫云台，让其讲说《左氏传》。章帝非常喜欢贾逵之说，使其阐发《左氏传》大义长于《公羊传》《穀梁传》二传者。于是贾逵具条奏之说：

---

①　《周礼郑司农解诂》卷一，《玉函山房辑佚书·经编周官类》。

②　《周礼郑司农解诂》卷三，《玉函山房辑佚书·经编周官类》。

③　《国语章句·周语中》，《玉函山房辑佚书·经编国语类》。

④　《后汉书·贾逵传》。

　　臣谨摘出《左氏》三十七事尤著明者，斯皆君臣之正义，父子之纪纲。其余同《公羊》者十有七八，或文简小异，无害大体。至于祭仲、纪季、伍子胥、叔术之属，《左氏》义深于君父，《公羊》多任于权变，其相殊绝，固以甚远，而冤抑积久，莫肯分明。

　　建平中，侍中刘歆欲立《左氏》，不先暴论大义，而轻移太常，恃其义长，诋挫诸儒，诸儒内怀不服，相与排之。孝哀皇帝重逆众心，故出歆为河内太守。从是攻击《左氏》，遂为重仇。至光武皇帝，奋独见之明，兴立《左氏》、《穀梁》，会二家先师不晓图谶，故令中道而废。凡所以存先王之道者，要在安上理民也。今《左氏》崇君父，卑臣子，强干弱枝，劝善戒善，至明至切，至直至顺。①

　　由上不难看出，贾逵认为《左传》优于《公羊传》者，不在于别的，在于明于"君臣之正义，父子之纪纲"。同样是撰写春秋时期祭仲、纪季、伍子胥、叔术之类政治人物，"《左氏》义深于君父"，而"《公羊》多任于权变"。这种不同，是相去甚远的。在贾逵看来，建平中，刘歆欲立《左氏》，不先畅明大义，而轻移太常，恃其义长，诋挫诸儒，诸儒内怀不服，始才相与排之的。哀皇帝怕逆众人之心，才出刘歆为河内太守的。但是，从那时候开始，"攻击《左氏》，遂为重仇"。光武皇帝，以独见之明，立《左氏》《穀梁》，但因二家先师不晓图谶，遂中道而废。但在贾逵看来，"凡所以存先王之道者，要在安上理民"。此先王之道所以长存的根本道理。"今《左氏》崇君父，卑臣子，强干弱枝，劝善戒善，至明至切，至直至顺"，如何能不立《左传》，传其道，以立根本呢？故书奏，章帝嘉之，令贾逵自选《公羊》严、颜诸生高才者二十人，教以《左氏》。

　　虽然贾逵奏书也提到《左氏》尤明于图谶所说的刘氏为尧后者云云，但他认为，最为根本的在于《左传》具"君臣之正义，父子之纪纲"，在于它"义深于君父"，具有"安上理民"的政治伦理精神。此贾逵所说"孔子览史记就是非，立素王之法"②者也。《春秋》隐公元年，春，鲁惠公薨，隐公立其子桓公为太子而奉之，并未得到周王室册封。故此处孔子书"王周正月"，不书即位。《左传》于此说"不书即位，摄也"。三月隐公与邾国国君邾仪父

---

① 《后汉书·贾逵传》。
② 贾逵：《春秋左氏传解诂》序，《玉函山房辑佚书·春秋类》。

私下会盟。此时邾仪父，也还没有受周朝正式册封。故《春秋》"不书爵。曰'仪父'，贵之也"。在贾逵看来，鲁隐公与桓公，或隐公与邾仪父，"皆实即位，孔子修经，乃有不书"，所以不书，有个伦理道德深浅问题："恩深不忍，则传言不称；恩浅可忍，则传言不书。"① 由此可知，贾逵讲文化历史是坚持政治伦理准则及道德精神的，而且这种坚持是有原则、实事求是的，而非一般地讲鲁隐公黜周为王，名不正则言不顺问题。在他看来，"隐公人臣而虚称以王，周天子见在上而黜公侯，是非臣名而言顺也"。同样，在他看来，《公羊传》以郑国相祭仲之立公子突及纪国国君之弟纪季为免除大国威胁，主动去齐国为附属，皆不是"兄弟同心存国"，而是"服罪"；而伍子胥不以"推刃之道"营救被楚平王要杀的父亲伍奢，而是后来以吴师入郢为父报仇，如此等等，皆是缺乏伦理判断和道德精神的。因此，贾逵认为，撰写史书，"尽而不污，惩恶而劝善，非圣人孰能修之！"② 正是因为贾逵看重《左传》，所以他才极力向章帝推荐之。这一点，从何休讲"传《春秋》者非一，本据乱而作，其中多非常异义可怪之论，说者疑惑，有倍经任意、反传违戾者"，"至使贾逵缘隙奋笔，以为《公羊》可夺，《左氏》可兴"③，也可以看出来。

贾逵不仅长于《左传》大义，亦明于《国语》是非。《后汉书》谈及贾逵"尤明《左氏传》、《国语》，为之《解诂》五十一篇"时，曾说其"永平中，上疏献之，显宗重其书，写藏秘馆"④，可见章帝之重视二书也。司马迁说："左丘失明，厥有《国语》"⑤；班固说司马迁"据《左氏》、《国语》"⑥而为史。《国语》是否为左丘明所写，后人固有不同意见，但至少司马迁是将《左氏》《国语》二书视为左氏所撰的，班固也是将二书联系起来思考的。贾逵尤明二书，为之解诂，可知二书在思想上也是有内在联系的。《国语》所记犹如《左传》一样，皆是议论政治得失和伦理是非的，贾逵重视二书，一并为之解诂是可以理解的。正如他视《左传》在于明于"君臣之正义，父子之纪纲"一样，其视《国语》亦是如此。如周穆王将征伐犬戎，祭公谏之说："先王耀德不观兵"，并引《诗经·周颂·时迈》"载戢干戈"云云，讲"先

① 贾逵：《春秋左氏传解诂》卷上，《玉函山房辑佚书·春秋类》。
② 贾逵：《春秋左氏长经章句》，《玉函山房辑佚书·春秋类》。
③ 何休：《春秋公羊传注序》。
④ 《后汉书·贾逵传》。
⑤ 《史记·太史公自序》。
⑥ 《汉书·司马迁传》。

王之于也，懋正其德而厚其性，阜其财求而利其器用"①的道理。贾逵即特别重视"先王耀德不观兵"及"载戢干戈""懋正其德""阜其财求"之句，训"耀，明也"，"戢，藏也"，"阜，长也，厚也，亦盛也，大也"。在他看来，只有王者厚其德，诸侯才能宾服，而诸侯宾服，才能贡献。同样，周襄王时面对着晋文公必霸，欲赐其命圭。周之太宰文公、内史兴两位大夫讲"德以导诸侯，诸侯必归之"，施行"忠、信、仁、义"之礼以观之，"忠分则均，仁行则报，信守则固，义节则度"。若能这样，"施三服义，仁也"，臣入晋境，则"晋侯其能礼矣"②。贾逵于"施三服义，仁也"训释曰："三谓忠、信、仁也。"周襄王二十一年，晋文公率诸侯会盟，"于是乎始霸"句，贾逵训释说："霸犹把也，言把持诸侯之权也。"③凡此，皆可以知贾逵明于"君臣之正义"也。越国被吴王夫差所灭，勾践更加关心他的人民，不仅实行生育奖励制度，亦深刻反省自己的过错，讲"昔者之战也，非二三子之罪也，寡人之罪也"，"寡人闻古之贤君，不患其众之不足也，而患其志行之少耻也"。勾践基于此伐吴，"国人皆劝，父勉其子，兄勉其弟，妇勉其夫"，于是"败吴于囿"④。贾逵训释"父勉其子，兄勉其弟"说："勉，犹劝强也，谓劝教之也。"⑤此可知，贾逵不仅重"君臣之正义"，亦是重父子兄弟伦理纲纪之教的。从上面贾逵对《左传》《国语》的训释可以看得出，古文经学发展应该说开阔了文化领域及文化精神发展的空间。

　　贾逵除尤明《左氏传》《国语》，曾数为章帝"言《古文尚书》，与经传《尔雅》诂训相应，诏令撰欧阳、大小夏侯、《尚书古文》同异，集为三卷，帝善之；复令撰《齐》、《鲁》、《韩》诗与《毛氏》异同，并作《周官解故》"；建初八年（公元83年），"乃诏诸儒各选高才生，受《左氏》、《穀梁春秋》、《古文尚书》、《毛诗》，由是四经遂行于世。皆拜逵所选弟子及门生为千乘王国郎，朝夕受业黄门署，学者皆欣欣羡慕焉"。可知当时贾逵古文经学之盛行。和帝即位，永元三年（公元91年），以贾逵为左中郎将；八年（公元96年），贾逵复为侍中，"内备帷幄，兼领秘书近署，甚见信用"⑥，其

---

① 《国语·周语上·祭公谏穆王征犬戎》。
② 《国语·周语上·内史兴论晋文公必霸》。
③ 贾逵：《国语解诂》卷上，《周语上》，《玉函山房辑佚书·国语类》。
④ 《国语·越语上·勾践灭吴》。
⑤ 贾逵：《国语解诂》卷下，《越语上》，《玉函山房辑佚书·国语类》。
⑥ 《后汉书·贾逵传》。

为古文经学，已为政治所用矣。

光武中兴，建武初，经学发展，陈元"与桓谭、杜林、郑兴俱为学者所宗"①。从郑兴到贾逵的古文经学，乃是东汉主流经学发展，逐渐形成古文经学派。《后汉书》说，郑兴"好古学，尤明《左氏》、《周官》，长于历数，自杜林、桓谭、卫宏之属，莫不斟酌焉。世言《左氏》者多祖于兴，而贾逵自传其父业，故有郑、贾之学"②；说"中世儒门，贾、郑名学，众驰一介，争礼毡幄"③，"郑、贾之学，行乎数百年中，遂为诸儒宗"④。凡此可知，郑、贾之学是怎样主导了建武之后经学发展方向了。

自然，郑、贾之学是不纯的。郑兴面对光武帝郊祀事"欲以谶断之何如"之问，虽对曰"臣不为谶"，但发生日食，还是讲"国无善政，则谪见日月，变咎之来，不可不慎"⑤ 的。贾逵更是讲"永平中上言《左氏》与图谶合者"，讲"《五经》家皆无以证图谶明刘氏为尧后者，而《左氏》独有明文；《五经》家皆言颛顼代黄帝，而尧不得为火德。《左氏》以为少昊代黄帝，即图谶所谓帝宣"⑥ 等。星象、图谶乃神秘天道说之，而为汉代神性存在与信仰者也。宗教信仰盛于此，郑、贾之学杂此神性存在与信仰而说之，是可以理解的。郑、贾之学虽然不纯，亦不成熟，但它毕竟开拓了文化领域及精神空间。郑、贾之学，以尤明《左氏传》《国语》为长，但也有人说郑、贾注《左氏春秋》"贾君精而不博，郑君博而不精"，追求"既精既博"⑦ 者。这个人就是善于依经注义的通儒马融。

## 三　依经注义的马融之学

马融，字季长，扶风茂陵（今陕西兴平）人，生于东汉章帝建初四年，卒于桓帝延熹九年（公元 79 年～166 年）。其叔祖乃是功勋卓著的马援，援兄马余之孙，马严之子。马援之女，为明德皇后。可知马融乃出生于外戚显

---

① 《后汉书·陈元传》。
② 《后汉书·郑兴传》。
③ 《后汉书·郑范陈贾张列传》。
④ 《后汉书·贾逵传》。
⑤ 《后汉书·郑兴传》。
⑥ 《后汉书·贾逵传》。
⑦ 《后汉书·马融传》。

贵之家，故父兄多为权贵。马融初师名儒挚恂（字季直），博通经典。永初二年（公元 108 年）被大将军邓骘召为舍人，后任校书郎，于东观典校秘书。后任议郎、武都太守、南郡太守等职，遭大将军梁冀迫害被流放，遇赦复任议郎，再入东观著述。范晔说马融"才高博洽，为世通儒，教养诸生，常有千数，涿郡卢植，北海郑玄，皆其徒也"；又说其为人"善鼓琴，好吹笛，达生任性，不拘儒者之节"；其浪漫情怀"尝坐高堂，施绛纱帐，前授生徒，后列女乐，弟子以次相传，鲜有入其室者"①。可知马融不仅是有学识的大儒，又是极富情怀者。著有《三传异同说》，遍注《孝经》《论语》《诗》《易》《三礼》《尚书》《列女传》《老子》《淮南子》《离骚》诸书，著赋、颂、碑、诔、书、记、表、奏、七言、琴歌、对策、遗令，凡二十一篇。其为经术，因其善依经注义理，又广收门徒，所以极大地影响了当时经学发展。

马融经学著作有《隋书·经籍志》载有《马融集》九卷，已亡；另载有《周易马郑二王四家集解》十卷、马融注《毛诗》十卷、《周官礼》十二卷，皆亡。清马国翰《玉函山房辑佚书》辑有《周易马氏注》三卷、《尚书马氏传》四卷、《毛诗马氏注》一卷、《周官传》一卷、《丧服经马氏传》一卷、《礼记马氏注》一卷、《春秋三传异同说》一卷、《论语马氏训说》二卷。另外，清王仁俊辑《玉函山房辑佚书续编》辑有《孝经马氏注》一卷。今人陈邦福作有《马季长谱》。

正因为马融是有学识的大儒，又是极富情怀者，所以他的经学著述，并不像早期经学家那样停留于章句及文物训诂注释，而是立于汉代政治伦理需要依经注经，赋予义理。例如孔子讲"殷因于夏礼，所损益，可知也；周因于殷礼，所损益，可知也。其或继周者，虽百世，可知也"②，本是讲夏商周三代礼的因革损益问题，而马融则将此与纲常伦理及三统历联系起来，解释事物因革损益的自然法则说："所因谓三纲五常也，损益谓文质三统也。物类相招，势数相生，其变有常，故可预知也。"③孔子讲"诗，可以兴，可以观，可以群，可以怨。迩之事父，远之事君"，而对伯鱼说："女（汝）为《周南》、《召南》矣乎？人而不为《周南》、《召南》，其犹正墙面而立也

---

① 《后汉书·马融传》。

② 《论语·为政》。

③ 《论语·马氏训说》卷上，《玉函山房辑佚书·论语类》。

与!"① 本是称赞《周南》《召南》中周公、召公教化之德的，而马融则将此与三纲王教联系起来解释说："《周南》、《召南》国风之始，得淑女以配君子，三纲之首，王道之端。故人而不为，如何向壁而立也。"② 凡此，皆是赋予经学汉儒倡导之纲常伦理精神者。其他像《仪礼·丧服经传》传"侯为天子"说："天子至尊也"，马融解释说："天下所尊，故曰至尊也"。传君曰："君至尊也"，马融解释说："君一国所尊，故至尊也"。传父曰"为父何以斩丧也，父至尊也"，及传"妻为夫"曰："夫至尊也"等，马融也无不从纲常伦理给予解释。可知马融之依经注义，已非繁琐于章句，而是以天德王道、纲常伦理注释儒学最高精神矣。

这种依经注义，实乃赋予经以汉儒之义，即以汉儒所理解的纲常伦理精神注疏经义也，目的乃在于加强汉代宗法伦理道德。马融注《周礼·地官司徒·师氏》"以三德教国子"条，释"一曰至德以为道本"说："至德者，中德也。以至道天命之谓性，率性之谓道，失中庸，则无以至道，故曰以为道本"；释"三曰孝德以知逆恶"说："教以孝德，使知逆恶之不可为也。"汉代是以孝治天下的，故特别强调孝德。孝行在三德，故讲孝德强调"教三行"。孝莫大于亲父母，友莫大于尊贤良，顺莫大于师师长。故孝德之三行曰："一曰孝行以亲父母；二曰友德以尊贤良；三曰顺行以事师长。"马融于"友行"条注曰："教以朋友之行，使择益友"；注"师德"条曰："师德所以不如也，长老者。"以"三德教国子"，即以"三德"教育公卿士大夫之子弟，使其知君臣父子长幼之道。马融认为，德乃是兼内外修行而说的，即"在心为德，施之为行"。在马融看来，以大中之至道，以为天道命令，修此至德，方是人生道德根本，故曰"以为道本"③。天下这个真理，那个真理，惟天理为最高真理；这个道，那个道，惟天大中之道，为至道大道。观此，谁能说汉儒不通道、不懂理呢？

马融依纲常伦理注疏经义，不仅在于加强宗法伦理道德教育，亦在表达为政以德之理想。例如他注《尚书·尧典》"钦明文思"，曰"威仪表备谓之钦，照临四方谓之明，经纬天地谓之文，道德纯备谓之思"；注帝舜"慎徽五典，宾于四门，四门穆穆"，曰"徽，美也。四门，四方之门，诸侯群臣朝

---

① 《论语·阳货》。
② 《论语·马氏训说》卷下，《玉函山房辑佚书·论语类》。
③ 《周官传》，《玉函山房辑佚书·周官礼类》。

者，舜宾迎之，皆有美德也"①。这可以说既是对尧舜美德的称赞，亦是马融抒发其为政以德之理想。其注《尚书·洪范》"敛时五福，用敷锡厥庶民。惟时厥庶民于汝极"，曰"当敛是五福之道，用布与众民。以其能敛五福，故众民于汝取中正以归心也"；注"皇极之敷言，是彝是训，于帝其训，凡厥庶民"，曰"王者当尽极行之，使臣下布陈其言，是大中而长行之用，是教训于天下，于天为顺也"② 等，皆是讲王者当行"皇极"大中之道行于天下，天下方可顺治的道理。这和孔子讲"为政以德，譬如北辰，居其所而众星共之"③ 一样，皆是立于"皇极"大中之道，立于天道本体，讲为政以德理想的。要实现这种理想，就要当敛五福之道，用布于众民，就要执大中之道，用中于民。惟此，众民才能取中正之道以归心，使天下得到大治。故马融注《尚书·洪范》"惟天阴骘下民"说："阴，覆也。骘，升也，犹举也。举犹生也。"④ 此马融为政以德之理想，有望王者思济天下苍生者也。

要以天下苍生为念，就要把人的生存放在重要地位，就不能不抑制王者的欲望、逸乐。马融注《左传》昭公十二年"祭公谋父作祈招之诗，以止王心"条，释"招"为"圻〔qí〕"，说："圻为王圻千里，王者游戏不过圻，内昭明也，言千里之内是明德。"⑤ 这较之贾逵注"作祈招之诗"说："祈求也，招，明也，求明德也"⑥，应该说更符合祭公谋父谏周穆王"欲肆其心，周行天下，将皆必有车辙马迹焉"⑦ 的本义，也足见马融注重王者为政以德，而非放荡其心、游乐天下。正是马融解"祈招之诗"之"招"为"圻"，所以他注《左传》"王是以获没于祇宫"⑧ 曰"祇宫，圻内游乐之宫也"⑨。将"祇宫"解释为"圻内游乐之宫"，是杜预等人所不理解的。从这些地方可以看出马融注疏经义之见识与精细。

可以看出，马融依经注义，并非仅作训诂注释，而是以经求治，解释经典的本义与精神，达到经世致用的目的。例如注《左传》僖公五年"遂登观

---

① 《尚书·马氏传》卷一，《玉函山房辑佚书·尚书类》。
② 《尚书·马氏传》卷三，《玉函山房辑佚书·尚书类》。
③ 《论语·为政》。
④ 《尚书·马氏传》卷三，《玉函山房辑佚书·尚书类》。
⑤ 《春秋三传异同说》，《玉函山房辑佚书·春秋类》。
⑥ 贾逵：《春秋左氏传解诂》卷下，《玉函山房辑佚书·春秋类》。
⑦ 《左传》昭公十二年。
⑧ 《左传》昭公十二年。
⑨ 《春秋三传异同说》，《玉函山房辑佚书·春秋类》。

台"曰："明堂在南郊，就阳位，而宗庙在国内，告朔行政谓之明堂。"① 这较之贾逵、许慎、卢植、服虔等人，皆谓"祖庙与明堂为一"要明确得多，至少就周代礼制讲如此。再如注《尚书·尧典》"□肇十有二州"说："禹平水土置九州。舜之以冀州之北广大，分置并州，燕齐辽远，分燕置幽州，分齐为营州，于是为十二州，在九州之后也"②，以及注《尚书·洪范》"沈潜刚克，高明柔克"，曰："沈，阴也。潜，伏也。阴伏之谋，谓乱臣贼子非一朝一夕之渐。君亲无将，将而诛。高明君子，亦以德怀也。"③ 凡此依经注义，不论是礼制、行政，还是政治刚克柔克，皆是以经求治，为有利于帝王经世致用。

马融依经注义，不仅精细，亦颇多见识。如注《论语·颜渊》"在邦必闻，在家必闻"条，曰"佞人，党多也"④；注《周易·师卦》"以此毒天下"，曰"毒，治也"⑤ 等，就是颇有见识的注释。但马融依经注义也有很大局限性。其一是局限于汉代元气论及天文、历法、阴阳、五行、星象一类说法，使经义注疏流于形下知识论。如注《左传》昭公十二年"三坟、五典"，曰"三坟，三气阴阳始生，天地人之气也。五典，五行也"⑥。《周易·系辞上传》"三极之道"，本指天道、地道、人道，而马融注，曰"三极，三统也"⑦。注《周易·无妄》象辞"天命不右"，右即佑也，即上天不保佑也，马融注此，曰"谓天不右行"⑧；注《尚书·尧典》"肆类于上帝"，曰"上帝，太一神，在紫微宫，天之最尊者"⑨。凡此等等，皆是局限于汉儒元气论及天文、历法、阴阳、五行、星象一类说法，使经注流于浅薄知识论矣，反不如郑兴更具形上本体论思考。其二是主观妄断者亦不少。如《易传》说"复则不妄矣，故受之以无妄"⑩。"无妄"指无妄之天理也，而马融则注之曰："妄犹望，为无所希望也。"⑪ 虽然古代"妄"与"望"通，但将"无

① 《春秋三传异同说》，《玉函山房辑佚书·春秋类》。
② 《尚书·马氏传》卷一，《玉函山房辑佚书·尚书类》。
③ 《尚书·马氏传》卷三，《玉函山房辑佚书·尚书类》。
④ 《论语·马氏训说》卷下，《玉函山房辑佚书·论语类》。
⑤ 《周易·马氏传》卷上，《玉函山房辑佚书·经编易类》。
⑥ 《春秋三传异同说》，《玉函山房辑佚书·春秋类》。
⑦ 《周易·马氏传》卷下，《玉函山房辑佚书·经编易类》。
⑧ 《周易·马氏传》卷上，《玉函山房辑佚书·经编易类》。
⑨ 《尚书·马氏传》卷一，《玉函山房辑佚书·尚书类》。
⑩ 《周易·序卦传》。
⑪ 《周易·马氏传》卷上，《玉函山房辑佚书·经编易类》。

妄"解释为"无所希望"，则不合本义，亦影响了后来王肃注《周易》。其他像注《左传》僖公二十四年"昔周公弔二叔之不咸"，郑众、贾逵皆以"二叔"指管叔、蔡叔，而马融则注为与周公无涉的"夏、殷之叔世"①，亦显然不通。上古三代以来，政治腐败乃亡国失天下者也。正是因为这样，所以箕子才告诉武王："作福作威玉食，其害于而家，凶于而国。"② 而马融注"惟辟作福，惟辟作威，惟辟玉食"，竟然曰："辟，君也。玉食，美食。不言王者，关诸侯也。"③ 这意思是说，惟有王者可以"作福作威玉食"，诸侯及其他人不可以。这不仅违背《洪范》本义，而且是献媚帝王，鼓励其腐败堕落矣！

马融依经注义无疑是有卓识见地的，但是，从他一方面注"祈招之诗"之"招"为"圻"，试图抑制王者欲望逸乐，另一方面注《洪范》"惟辟作福，惟辟作威，惟辟玉食"，讲惟有王者可以"作福作威玉食"，可知其与儒家思想是有矛盾的。这不能不说和他一方面为有学识的大儒，另一方面处豪门权贵之家。这不同处境地位，必然给他的思想行为带来矛盾性。他虽然在仕途上遭受过挫折，如忤邓太后，"滞于东观，十年不得调"④，但他却是为安帝延光三年（公元124年）东巡泰山而作《东巡颂》者。特别是马融为邓氏所惩，不敢复违忤势家，而为大将军梁冀写奏章诬李固，又作大将军《西第颂》，则为正直所羞。故范晔感慨地说："马融辞命邓氏，逡巡陇汉之间，将有意于居贞乎！既而羞曲士之节，惜不赀之躯，终以奢乐恣性，党附成讥，固知识能匡欲者鲜矣。"⑤

汉代经学，西汉以今文经为主流，东汉发展为以古文经主流，否定之否定，经学该走向另一个新阶段，即今文经与古文经实现综合。实现综合诸经精神的人物，就是经学大家郑玄。

## 四　综合诸经精神的郑玄之学

郑玄，字康成，北海高密（今山东高密）人，东汉集大成的经学家。《后

---

① 《春秋三传异同说》，《玉函山房辑佚书·春秋类》。
② 《尚书·洪范》。
③ 《尚书·马氏传》卷三，《玉函山房辑佚书·尚书类》。
④ 《后汉书·马融传》。
⑤ 《后汉书·马融传》。

汉书》本传说，郑玄建安五年（公元200年）"六月卒，年七十四"。由此年上推，郑玄生卒应是公元127～200年。

郑玄虽学于马融，为其学生，然其出身、家境、处世、为人、行事、追求，皆与马融不同。马融出身外戚权贵之家，而郑玄家贫，客耕东莱，"少为乡啬夫"。马融讲"左手据天下之图，右手刎其喉，愚夫不为"[1]，追求功名富贵，而郑玄"尝诣学官，不乐为吏，父数怒之，不能禁"；马融奔走于权贵之间，上疏以乞自效，曾因贪浊而免官，郑玄则屡请不仕。大将军何进迫胁玄而至，郑玄不受朝服，以幅巾见，一宿逃去。大将军袁隗表为侍中，郑玄以父丧而不行；袁绍举郑玄为茂才，表为左中郎将，皆不就；公车征为大司农时，给安车一乘，派遣高级官吏送迎，郑玄则以病自乞还家；董卓迁都长安，公卿推荐郑玄为赵王相，郑玄以道断为由不至。建安十四年，举贤良方正有道者，被大将军、三司府一再征召，而郑玄"念述先圣之元意，思整百家之不齐"，恐怕"庶几以竭吾才"，仍然"闻命罔从"，而"闲居以安性，贾思以终业"。马融诬李固为正直所羞，而建安元年，道遇黄巾数万人，他们"见玄皆拜，相约不敢入县境"[2]。凡此可知二人道德处世为人相异之远矣。郑玄是个纯学者，而马融则多功利追求。

正因为郑玄是纯学者，不为功利分心，不为庶务琐事耽误时间，竭尽才华，所以他才能一心一意思考先贤圣人之义，整理百家之说，写那么多著作。《后汉书》本传说，郑玄除答门人诸弟子问《五经》，依《论语》作《郑志》八篇外，凡《周易》《尚书》《毛诗》《仪礼》《礼记》《论语》《孝经》《尚书大传》《中候》《乾象历》无不注释。另著《天文七政论》《鲁礼禘祫义》《六艺论》《毛诗谱》《驳许慎五经异义》《答临孝存周礼难》，凡百余万言。《隋书·经籍志》录其注《周易》九卷、《尚书》九卷、《尚书大传注》三卷、《周官礼》十二卷、《仪礼》十七卷、《丧服谱》一卷、《礼记》二十卷、《驳何氏汉议》二卷、《论语》十卷、《孟子》七卷、《尚书纬》三卷、《尚书中候》五卷、《礼纬》三卷、《礼记默房》二卷，另有《郑玄集》二卷。《经典释文·叙录》除说其注《周易》《尚书》《周官礼》《仪礼》《礼记》《论语》等书，大体与《隋书·经籍志》相同外，尚著有《毛诗故训传》（即《毛诗笺》）二十卷、《诗谱》二卷。这些著述，除《毛诗笺》《周礼注》《仪礼注》

---

① 《后汉书·马融传》。
② 《后汉书·郑玄传》。

《礼记注》尚保留在《十三经注疏》中，其他著述多已散佚。今有王应麟辑《周易郑康成注》一卷，附《易赞》《易论》一卷（见《四库全书，经部易类》）；朱彝尊辑《郑氏周易注》（见《经义考·易八》）、《郑氏孝经注》（见经义考，孝经一）》；黄奭辑《驳五经异义》一卷、《尚书大传注》一卷、《尚书古文注》十卷（见《黄氏逸书考，通德堂经解》）；袁钧辑、袁尧年校补《尚书大传注》三卷、袁钧辑《尚书注》九卷（见《郑氏佚书》，光绪十四年浙江书局本）；袁钧辑《诗谱》三卷（见《郑氏佚书》）；胡元仪辑《毛诗谱》一卷（见《皇清经解续编》）；马国翰《玉函山房辑佚书》辑有《郑氏丧服除》一卷、《周礼郑氏音》一卷、《鲁礼禘祫义》一卷、《论语郑注》一卷、《孟子郑氏注》一卷、《六艺论》一卷、《尚书中候》三卷，及《尚书纬璇玑钤》《尚书纬考灵曜》《尚书纬刑德》《尚书纬帝命》《尚书纬运期》各一卷。关于郑玄生平事迹，《隋书·经籍志》录有魏侍中郑小同撰的《郑志》十一卷、郑玄弟子撰的《郑记》六卷，已失，辑本有上海辞书出版社图书馆藏光绪二十五年刻本《皮锡瑞全集》有《郑志疏证》八卷、附《郑记疏证》一卷。今有陈鳣编撰、袁钧订正的《郑君年纪》（见《郑氏佚书》内，光绪十四年浙江书局刊本）、孙星衍的《郑司农年谱》（见《黄氏逸书考》第 156 册至第 157 册，1933 年江都本）、丁晏《汉郑君年谱》（《颐志斋丛书》本）。

　　郑玄乃是东汉今古经学兼修，囊括儒典，网罗百家，遍注群经，综合经学精神的一世通儒和经学大家。杜甫诗说："别裁伪体亲风雅，转益多师是汝师。"[①] 郑玄所以能够综合经学精神，成为一世通儒和经学大家，是和他转益多师、别裁伪体分不开的。《后汉书》本传说，"郑玄神思敏睿，年少即诵五经，号为神童"，可知其天性灵明。这是其治学领悟经学精神的先天性存在。他"后入太学受业，师事京兆第五元先，始通《京氏易》、《公羊春秋》、《三统历》、《九章算术》"。第五元先，京兆人，曾任兖州刺史。第五元先，唐《郑公祠碑》作"第五元"。郑玄师事京兆第五元，首先是弄通了今文经学《京氏易》《公羊春秋》，也增加了《三统历》《九章算术》的知识。后来又从东郡张恭祖受《周官》《礼记》《左氏春秋》《韩诗》《古文尚书》。虽《礼记》《韩诗》为今文经学，而《周官》《左氏春秋》《古文尚书》，则属古文经学。今文经学、古文经学都师从了、学习了、弄通了，以至于"山东无足问

---

　　① 《戏为六绝句》，《杜工部诗集注》卷一六。

者"，乃西入关，"因涿郡卢植，事扶风马融"①。卢植字子幹，涿郡（今河北涿县）人。他自称"少从通儒故南郡太守马融受古学"。郑玄师马融，可能是通过卢植介绍去的。他们同师马融，习古文经学。卢植"合《尚书》章句，考《礼记》失得，庶裁定圣典，刊正碑文"②，作《尚书章句》《三礼解诂》。而郑玄在马融处是不太被看得起的。当时马融门徒四百余人，升堂进者五十余生。马融素骄贵。范晔说，郑玄在其门下，三年不得见，"乃使高业弟子传授于玄"。郑玄日夜循诵，未尝怠倦。直到马融集诸生考论《图》《纬》，闻郑玄善算，乃召见于楼上。郑玄因从质诸疑义，问毕则辞归。马融喟然谓门人曰："郑生今去，吾道东矣。"③ 郑玄虽不被重视，但毕竟与卢植为伴，同事马融，日夜循诵，进一步学习了古文经学。然郑玄是弄通今文经学之后又学习古文经学的。今古兼修，融通大典，因此，郑玄之去，所带走的已经不仅仅是马融之道，而是转益多师，别裁伪体，网罗众家，会通儒家经典精神的古今相通之道。

郑玄能实现经学融通与综合，也是适应了经学发展情势。今文经学自西汉武帝立《五经》博士，迄于元始，百有余年，传业者浸盛，支叶蕃滋，一经说至百余万言，大师众至千余人。诸儒讲论《五经》同异，一经分数家，随着派系产生，说经或注释，章句小儒，已破粹大道。古文经学也出了不少问题。这正如卢植于灵帝熹平四年（公元 175 年）诏刻石经上书所说的那样，不仅今文经"《礼记》特多回冗"，即纡曲难解，而且古文经如"《周礼》诸经"，也多"秕谬"；古文经乃是科斗文，虽然近于真实，然而厌抑流俗，降在小学研究。"中兴以来，通儒达士班固、贾逵、郑兴父子，并敦悦之"，《毛诗》《左氏》《周礼》始才"各有传记，与《春秋》共相表里"④。其他各经学的发展，也大体是经过今古文经学家努力，由今文经发展至古文经，到郑玄时逐渐实现融通与综合的。如《易》学，"建武中，范升传《孟氏易》，以授杨政，而陈元、郑众皆传《费氏易》，其后马融亦为其传。融授郑玄，玄作《易注》，荀爽又作《易传》，自是《费氏》兴，而《京氏》遂衰"。《尚书》经学，"中兴，北海牟融习《大夏侯尚书》，东海王良习《小夏侯尚书》，沛

---

① 《后汉书·郑玄传》。
② 《后汉书·卢植传》。
③ 《后汉书·郑玄传》。
④ 《后汉书·卢植传》。

国桓荣习《欧阳尚书》。荣世习相传授，东京最盛。扶风杜林传《古文尚书》，林同郡贾逵为之作训，马融作传，郑玄注解，由是《古文尚书》遂显于世"①。这种由今文经学到古文经学的发展反映出一种趋势，即古文经愈来愈融合今文经学，愈来愈与原始儒家《五经》互为表里，从而实现经学精神的相互融通与综合。

那么，郑玄是怎样使经学实现融通与综合的呢？这首先是他能会通诸经根本精神，用以贯通自己的著述，以实现自己的文化理想。例如他对"三礼"即《周礼》《仪礼》《礼记》的注释就是这样。他不仅对"三礼"进行极为详细的名物考古、文字音训义训形释，而且博览旁通、探颐索隐、会通群书，以考其创制、论其因革、讲其故事、说其存亡，推其原，述其真，综合其要义。不论是今文古文、何派何家，皆或从或取、或驳或箴，不拘于一家之说，一派之言，而是括囊六艺、淘尽古今、网罗百家、兼采众长，然后删裁繁诬、刊改漏失，会通之、综合之、融会之，使之成为礼学的一家之言。范晔述其成就说："中兴，郑众传《周官经》，后马融作《周官传》，授郑玄，玄作《周官注》。玄本习《小戴礼》，后以古经校之，取其义长者，故为郑氏学。玄又注小戴所传《礼记》四十九篇，通为《三礼》焉。"② 唐陆德明也叙述此事说："汉初，立高堂生《礼》博士，后又立大小戴、庆氏三家，王莽又立周礼。后汉，《三礼》皆立博士。唯郑注《周礼》《仪礼》《礼记》并列学官，而《丧服》一篇又别行于世。今《三礼》俱以郑为主。"③。不论说《三礼》成为"郑氏学"，还是说《三礼》"俱以郑为主"，皆承认郑玄成为汉代集大成的经学家，经学一代综合者。郑玄笺《毛诗·国风·绿衣》"我思古人"句说："古人谓制礼者。我思此人，定尊卑，使人无过差之行，心善之也。"④由此可以看出，郑玄之治三礼，建立郑氏礼学，其根本思想乃在于定尊卑，善人心，重建汉代宗法社会之秩序。其他像讲"孝为百行之本"，"德者无为，譬犹北辰志不移，而众星拱之也"⑤；以及讲"天下有达尊三：曰爵也，德也，齿也"⑥ 等，也皆是为宗法社会秩序重建，主张以礼教治天下者也。

---

① 《后汉书·儒林传上》。
② 《后汉书·儒林传下》。
③ 《经典释文序录》。
④ 郑玄：《毛诗笺》卷二。
⑤ 《论语郑玄氏注》卷一，《玉函山房辑佚书·论语类》。
⑥ 《孟子郑氏注·公孙丑下》。

　　郑玄综合经学，要实现宗法社会秩序重建，更在纵深文化历史背景下，以理注经，究其要义与根本精神，述说宗法社会理想。例如讲"《易》者阴阳之象，天地之所变化，政教之所生，自人皇初起，遂皇之后，历六纪九十一代至伏羲，始作十二言之教①，以厚君臣之别"；讲"孔子求书，得黄帝元孙帝魁之书，迄秦穆公，凡三千二百四十篇，断远取近，定可以为世法者百二十篇，以百二十篇为《尚书》，十八篇为《中候》"②。此虽本于祕纬之说，然其如此纵深地讲文化历史，讲远古历史哲学发生与伦理治道发展，不仅需要胆识，也颇具探索精神。东汉末年，乃中国中古宗法社会衰微时期。郑玄不仅想以礼学为宗法社会秩序重建提供义理，而且想以其诗学，重建宗法社会的伦理道德之理想。故其于《关雎》毛传讲"后妃说乐君子之德，无不和谐，又不淫其色，然后可以风化天下。夫妇有别，则父子有亲；父子有亲，则君臣有敬；君臣有敬，则朝廷正；朝廷正，则王化成"之后，笺曰"挚之言至也"③。其《诗谱》论《周南》《召南》，历举大姜、大任、大姒之德，讲周历世有贤妃之助以致其治，皆说"二《南》之诗，以后妃、夫人之德为首"④。其论贤妃助治之德，亦乃王者教化之精神也。惟具此教化精神，才能重建宗法社会伦理道德。其他像笺《苤苢》序"后妃之德美也和平"句，曰"天下和，政教平也"；笺《野有死麕》"无感我帨兮"句，曰"奔走失节"；"笺《行露》"何以速我狱"句，曰"强暴之男，变异也"⑤ 等，皆是为重建宗法社会秩序，褒贬社会人生行事者。

　　灵帝时，党锢事起，许多学者杜门不出，隐修经业。但当时对待经学义理问题还是有争论的。当时何休"作《春秋公羊解诂》，又以《春秋》驳汉事六百余条，以为妙得《公羊》本意，追述李育意以难二传⑥，作《公羊墨守》、《左氏膏肓》、《穀梁废疾》"⑦。而郑玄本传，则述此事说："何休好《公羊》学，遂著《公羊墨守》、《左氏膏肓》、《穀梁废疾》。玄乃发《墨

---

① 伏羲"十二言之教"，即乾、坤、震、巽、坎、离、艮、兑、消、息，十言之教也。"二"字，衍也。
② 郑玄：《六艺论》，《玉函山房辑佚书·五经总类》。
③ 郑玄：《毛诗笺》卷一。
④ 郑玄：《周南召南谱》。
⑤ 郑玄：《毛诗笺》卷一。
⑥ 此处指李育作《难左氏义》四十一事和以《公羊》义难贾逵二事（见《后汉书·李育传》）。
⑦ 《后汉书·何休传》。

守》，针《膏肓》，起《废疾》"①；并说"玄答何休，义据通深"。许慎"以《五经》传说臧否不同，撰《五经异义》"②，而郑玄则有《驳许慎五经异义》，又著《六艺论》《毛诗谱》《答临孝存周礼难》及《郑志》等书。凡此，皆涉及宏通经学义理与根本精神问题。这些书虽然后来多已佚失，但从清人朱彝尊、黄奭、袁钧、胡元仪、马国翰等人不同辑本中，仍可以看出郑玄切合经义，综合诸家之长，所作经注，良多阐释。例如古代有无摄政问题，何休《左氏膏肓》认为"古制诸侯幼弱，命贤大夫辅相为政，无摄代之义，昔周公居摄，死不记崩，今隐公生称侯，死成薨"。而郑玄《箴左氏膏肓》认为："周公摄政，仍以成王为王，直摄其政事而已。所有王事禀王命以行之，致政之后乃死，故卒称薨不称崩。隐公所摄，则位亦摄之，以桓为太子，所有大事，皆专命以行，摄位被杀，在君位而死，故生称公，死称薨"③。再如父在，太子是否可以理政问题，何休《左氏膏肓》认为，"左氏以人子安处父位，尤非衰世救失之宜，于义左氏为短"；而郑玄《箴左氏膏肓》对此则说："必如是言，父有老耄罢病，孰当理其政？预王事也。"④ 可知郑玄所箴于何休《左氏膏肓》者是严于义理的。古制有无摄政？父老罢病，儿子能否代父理政，这在古代政治制度乃是大问题，郑玄箴何休《左氏膏肓》对中古宗法社会而言，还是极富政治哲学意义的。像这样的经学义理争辩，当时经学各派争论还是很激烈的。郑玄大多是究其要义与根本精神，以理注经的。因此，从其综合义理则能看出各家之长短而提出自己的见解。如他综合《春秋》三传，提出"左氏善于礼，公羊善于谶，穀梁善于经"⑤，就是颇富独到见解的。

综上所述应该说，郑玄在东汉乃是经学大家，融通经典，网罗众家之长，在广泛学术领域取得了前所未有的成就。故范晔评论郑玄融通与综合的经学地位说：

自秦焚《六经》，圣文埃灭。汉兴，诸儒颇修艺文。及东京，学者亦各名家。而守文之徒，滞固所禀，异端纷纭，互相诡激，遂令经有数家，

---

① 郑玄：《发公羊墨守》《箴左氏膏肓》《起穀梁废疾》三书，均已遗失，清王复《问经堂丛书》、黄奭《黄氏逸书考》、袁钧《郑氏逸书》分别有不同辑本。
② 《后汉书·许慎传》。
③ 《左传》隐公元年孔疏引，《春秋左传正义》卷一。
④ 《左传》桓公九年孔疏引，《春秋左传正义》卷七。
⑤ 郑玄：《六艺论》，《玉函山房辑佚书·五经总类》。

家有数说，章句多者或乃百余万言，学徒劳而少功，后生疑而莫正。郑玄括囊大典，网罗众家，删裁繁诬，刊改漏失，自是学者略知所归。①

郑玄是经学家，而不是哲学家，故其治经，多"质于辞训，通人颇讥其繁"②，缺乏哲学精神。明儒李承箕更以诗讥之说："莫笑老慵无著述，真儒不是郑康成。"③ 郑玄注经，还有一条为后人诟病的，就是他引纬书注释古代经籍。然《易》亦曰"河出图，洛出书"④。上古乃至远古文化创造，本来就包含着许多天地万象神秘思维的价值肯定形式，包括"图""书"及文化象征类存在。孔子叙述六经，明古代天人之道，其中自然也包含着天地万象神秘思维价值肯定形式。汉儒不能理解其义，将之神秘化，别立纬谶。虽然其理幽昧，但究其道则至神。郑玄以纬注经，自然不类圣人之旨。然它也包含着对上古文化创造及神秘思维价值肯定形式的承认。这对理解上古乃至远古纵深文化创造及复杂背景不能说毫无意义。特别是王莽好符命，光武以图谶兴，谶纬盛行于世，它已成为汉代世俗宗教信仰组成部分。汉代俗儒，以此章句《五经》，从命谶纬之说，自然陷入虚妄。此孔安国、毛公、贾逵等人以其妖妄乱典而非之者也。孔子不语怪力乱神之事，而郑玄认为恶人"其死为厉鬼"，有德者死后则"附和气而兴利"⑤，承认鬼神存在，无疑具有非理性一面。但郑玄毕竟是一代经学大家，不仅经传纯熟，义理深远，且为学纯正，无功利之思。故其"称为纯儒，齐、鲁间宗之"⑥。

树大招风、物极必反。著书立说，言多有失，亦如此也。郑玄遍注群经，安能尽善尽美？汉世一过，发展到三国时，就出现不同声音，开始异于郑玄经学。蜀有李譔，"著《古文易》、《尚书》、《毛诗》、《三礼》、《左氏传》、《太玄指归》，皆依准贾、马，异于郑玄"⑦；吴有虞翻，责郑玄"所注五经，违义尤甚者百六十七事"⑧。曹魏更有一位经学造反者，治经多以郑玄为批判对象，而且风流波转，发展成与"郑学"不同的"王学"。这个人就是东海

---

① 《后汉书·郑玄传》。

② 《后汉书·郑玄传》。

③ 《明儒学案·白沙学案上》附《孝廉李大厓承箕》。

④ 《周易·系辞上传》。

⑤ 《左传》邵公七年孔疏引，《春秋左传正义》卷四四。

⑥ 《后汉书·郑玄传》。

⑦ 《三国志·李譔传》。

⑧ 《三国志·虞翻传》裴注引《翻别传》。

王肃。

## 五 依经辩理的王肃之学

王肃，字子雍，魏东海郯（位今山东郯城西南）人。黄初中，为散骑黄门侍郎；太和中，迁散骑常侍；青龙末，领秘书监，兼崇文观祭酒、河南尹；正始初，征拜议、侍中，迁太常，后为光禄勋，迁中领军，加散骑常侍。生于汉献帝兴平二年（公元 195 年），卒于魏甘露元年（公元 256 年），享年 62岁。其父王朗，通经书，"著《易》、《春秋》、《孝经》、《周官传》，奏议论记，咸传于世"①。王肃"年十八从宋忠读《太玄经》，而更为之解"，"善贾马之学，而不好郑氏，采会同异，为《尚书》、《诗》、《论语》、《三礼》、《左氏》解，及撰定父朗所作《易传》，皆列于学官。其所论驳朝廷典制、郊祀、宗庙、丧纪、轻重，凡百余篇"，并"集《圣证论》以讥短玄"②。

本传所说的"解"，即注也。故《隋书·经籍志》载王肃著述有《周易注》十卷、《毛诗注》二十卷、《周官礼注》十二卷、《仪礼注》十七卷、《礼记注》三十卷、《左氏春秋传注》三十卷、《论语注》十卷等皆曰注。王肃著作繁，大多佚失。清人马国翰《玉函山房辑佚书》辑有《周易王氏注》二卷、《周易王氏音》一卷、《尚书王氏注》二卷、《毛诗王氏注》四卷、《毛诗义驳》一卷、《毛诗奏事》一卷、《毛诗问难》一卷、《丧服经王氏注》一卷、《王氏丧服要记》一卷、《礼记王氏注》二卷。严可均《全三国文》卷二三辑有王肃其部分表、疏、奏、议等篇章文字。

王肃"年十八从宋忠读《太玄经》，而更为之解"。《三国志》说："州界群寇既尽，表乃开立学官，博求儒士，宋忠等撰《五经章句》，谓之后定。"③宋忠抑或为宋衷。宋衷，字仲子，南阳章陵人，后汉荆州五等从事。《经典释文序录》录宋衷《周易注》九卷。清吴承仕《经典释文序录疏证》认为，宋衷即撰《五经章句》的宋忠④。《隋书·经籍志》载《扬子太玄经》九卷，宋衷注。此亦可证王肃本传说"从宋忠读《太玄经》"，应为从宋衷读《太玄

---

① 《三国志·王朗传》。
② 《三国志·王肃传》。
③ 《三国志·刘表传》裴注引《英雄记》。
④ 吴承仕撰：《经典释文序录疏证》。

经》。虽此事阙略难考，但可知王肃年轻时即受玄学影响，追求形上存在，而不是注重名物考古。王肃本传说"撰定父朗所作《易传》，皆列于学官"。《隋书·经籍志》《旧唐书·经籍志》《新唐书·艺文志》及《经典释文》皆载王肃《周易注》十卷。王肃此《周易注》可能是其在父亲所作《易传》基础上撰定，列入学官的。此书已佚失，现有马国翰《玉函山房辑佚书》的《周易王氏注》、黄奭《逸书考》的《王肃易注》等辑本。从这些辑本文字，则可以看出王肃经学形上思维及精神追求。例如于《周易·系辞上传》注"天下之理得，而成位乎其中矣"，曰"极之道也"；注"六爻之动，三极之道也"，曰"阴阳、刚柔、仁义为三极"；注"是故《易》有大极"，曰"此章首独言是故者，总众章之意也"①等，虽然本于郑玄"三才"之说、马融"三统"之说，然其于至极处，讲"极道"或"三极之道"，则属形上本体论存在论述矣。王肃为追求形上存在，其注易也，常常是弃象数而言理。例如于《文言传》注"水流湿，火就燥"，曰"水之性润万物而退下，火之性炎盛而上升"②，已脱离水火之象而言形上自然法则矣。王肃注易，弃象数而言理，不仅开启王弼摈落一切象数言理的玄学追求，也对后来程朱理学产生了极大影响，从而构成易学象数派与哲理派。自然王肃注易，并没有完全脱离象数，但即使他讲象数，亦是以经释象。如以《周易·说卦传》解释一些卦象。但从根本上说，王肃注易，在于追求玄理，追求形而上学存在。王肃依经辩理，乃在于从《易》学本体论拓展出新的义理，开出新《易》学精神。

"善贾马之学，而不好郑氏。"如果说王肃注《周易》尚有采取郑玄注的地方，那么，其注礼也，则几乎无与郑玄相异矣。例如《礼记·王制》说："□天子七庙，三昭三穆，与太祖之庙而七。"天子七庙，即高祖之父及高祖之祖，并为始祖，及亲庙四，谓之七庙。郑玄注此曰："此周制，七者，太祖，及文王、武王之祧，与亲庙四、太祖、后稷。殷则六庙。契及汤与二昭二穆。夏则五庙。无大祖、禹与二昭二穆而已。"王肃则以《圣证论》难之曰："周之文、武，受命之王，不迁之庙，权礼所施，非常庙之数。殷之三宗，宗其德而存其庙，亦不以为数。凡七庙者，皆不称周室。"③再如天子诸侯的祭祀之礼，《王制》说："子诸侯宗庙之祭，春曰礿，夏曰禘，秋曰尝，

---

① 《周易王氏注》卷下，《玉函山房辑佚书·经编易类》。
② 《周易王氏注》卷上，《玉函山房辑佚书·经编易类》。
③ 《礼记·正义》卷十七。

冬曰烝。"此乃论夏、殷天子诸侯大祭及时祭之事。郑玄注此曰："此盖夏、殷之祭名。周则改之，春曰祠，夏曰礿，以禘为殷祭"①，并说："《王制》记先王之法，祫为大祭"；"儒家之说禘祫，通俗不同，或云岁祫终禘，或云三年一祫，五年一禘"②。而王肃则引贾逵等人说法，坚持认为："禘大祫小。"③其他《王制》说："以三十年之通制国用，量入以为出。"郑玄注此曰："通三十年之率，当有九年之蓄。"④ 而王肃认为："二十九年有九年之蓄，而言三十年者，举全数"⑤。《礼记·礼运》讲："郊之用辛也，周之始郊日以至。"郑玄注此说："天之月而至日，周礼也。三王之郊，一用夏正。周衰礼废，儒者见周礼在鲁，因推周礼以言周事。"王肃持《圣证论》讥之说："郊特牲曰：'郊之祭也，迎长日之至'"，下云"'周之始郊日以至'。玄以为迎长日谓夏正也。郊天日以至，玄以为冬至之日。说其'长日至'，而妄为之说，又徙其'始郊，日以至'，非其义。玄又云'周衰礼废，儒者见周礼在鲁，因推周礼以言周事'若儒者愚人也，刚不能记斯礼也"⑥。凡此等等，王肃之注《礼记》无不以郑玄为非。古代礼制传递，失之甚多，产生混乱或衍生不同说法，本是自然之事。"国之大事，在祀与戎。"⑦ 古代之祭祀，不论是郊祭天地，还是祭祀祖宗家庙，皆是国之大事，争之可也，但在一些礼仪细节，过于纠缠，则是无必要的。

然王肃所争者，并非仅仅是具体礼制细节也，而是在于礼义的阐释，目的在于由此开出新义，从而创造新的精神，以别于郑学。《礼记·乐记》讲"物至知知，然后好恶形焉"。郑玄注此说："至，来也。知知，每物来则又有知也。"⑧ 此处讲"知"者，知觉也，感觉也。而王肃注此句曰："事至以智知之，然后情之好恶见。"⑨ 此注第一个"知"字为"智"者也，虽形上言之，然不合本义也。同样，《乐记》讲"好恶无节于内，知诱于外，不能反躬，天理灭矣"。郑玄注此说："节，法度也。知，犹欲也。诱，犹道（导）

---

① 《礼记·正义》卷十七。
② 《鲁礼禘祫志》。
③ 《礼记·王氏注》卷上，《玉函山房辑佚书·礼记类》。
④ 《礼记·正义》卷十七。
⑤ 《礼记·王氏注》卷上，《玉函山房辑佚书·礼记类》。
⑥ 《礼记·正义》卷三十五。
⑦ 《左传》成公十三年。
⑧ 《礼记·正义》卷四十七。
⑨ 《礼记·王氏注》卷下，《玉函山房辑佚书·礼记类》。

也，引也。躬行犹已也。理，犹性也。"① 此言感知外物陷入非理性也，特别是讲"理犹性也"，以开理学家之先声也。而王肃则注此曰："内无定节，智为物所诱于外，情从之动而失其天性。"② 撇开人的知觉、感觉一类知性，讲"智为物所诱于外"，而非玄"知，犹欲也"，则不仅不同于"知诱于外"之本义，亦难从人的知性上讲通也。但王肃注礼之所以如此，正如他依经辩理，乃在于从《易》学本体论拓展出新的义理，开出新《易》学精神一样，亦在于从礼教开出新的精神也。

但这种经学精神的开出，仍是服务于当时宗法社会的。中国几千年宗法社会发展到汉魏时期，不仅礼教繁多，且宗族组织亦相当完备庞大，但当时轻视礼教思想亦在萌发。所以王肃之释经，无疑深知男女婚配的大义。如王肃注《归妹·象传》"归妹，天地之大义也。天地不交而万物不兴"句，说"男女交而后人民蕃，天地交然后万物兴，故归妹以及天地交之义也"，但他还是强调婚姻家庭之宗法伦理之重要。如《周易·咸卦·象传》说："咸，感也。柔上而刚下，二气感应以相与。止而说，男下女，是以'亨利贞，取女吉也'。"王肃强调男女相爱，应以礼感通，故注此说："山泽以气通，男女以礼感。男而下女，初婚之所以为礼也。通义正，取女之所以为吉也。"再如《家人·象传》说："家人，女正位乎内，男正位乎外。男女正，天地之大义也。家人有严君焉，父母之谓也。父父，子子，兄兄，弟弟，夫夫，妇妇，而家道正。正家而天下定矣。"王肃不仅强调婚姻家庭的礼义，更强调家庭父权夫权的地位与尊严，故注此说："男女所以能各得其正者，由家人有严君也。家人有严君，故父子夫妇各得其正，家家咸正，而天下之治大定矣。"③其他像注《尚书·顾命》"牖间南向，敷重篾席，黼纯，华玉仍几"句，曰"见群臣觐诸侯之坐"④；注《毛诗·绿衣》"绿兮衣兮，绿衣黄裹"句，曰"夫人正嫡而幽微，妾不正而尊显"⑤；注《春秋左传》襄公 14 年"君义，嗣也"句，曰"义，宜也。嫡子嗣国，得礼之宜也"⑥；以及注《孝经·天子章》孔子曰"教加于百姓，刑于四海，盖天子之孝也"句，曰"天子居于四

---

① 《礼记·正义》卷四十七。
② 《礼记·王氏注》卷下，《玉函山房辑佚书·礼记类》。
③ 上引均见《周易王氏注》卷下，《玉函山房辑佚书·经编易类》。
④ 《尚书·王氏注》卷下，《玉函山房辑佚书·尚书类》。
⑤ 《毛诗·王氏注》卷上，《玉函山房辑佚书·诗类》。
⑥ 《春秋左传·王氏注》。

海之上，为教训之主，为教易行，故寄易行者宣之"① 凡此等等，皆是王肃欲以经学服务于汉魏时期宗法伦理者也。

汉魏乃是一个政治动荡、仕途险恶的时期。魏明帝曾问王肃"司马迁以受刑之故，内怀隐切，著史记非贬孝武，令人切齿"之事有无，王肃对曰："司马迁记事，不虚美，不隐恶。刘向、扬雄服其善叙事，有良史之才，谓之实录。汉武帝闻其述史记，取孝景及已本纪览之，于是大怒，削而投之。于今此两纪有录无书。后遭李陵事，遂下迁蚕室。此为隐切在孝武，而不在于史迁也。"当时大将军曹爽专权，任用何晏、邓飏等。王肃与太尉蒋济、司农桓范论及时政，正色说："此辈即弘恭、石显之属，复称说邪！"曹爽闻之，戒何晏等曰："当共慎之。公卿已比诸君前世恶人矣！"② 凡此，可知王肃意识到当时政治处境亦潜藏危机也。他生活在这样一个危机四伏的时期，虽然治经意欲寻求新的精神，但为其无咎，亦不得不终日乾乾，进德修业以保其身。故王肃之经学，依经辩理，更在于人生义理。如注《周易·乾卦》爻辞九二"见龙在田，利见大人"句，说"大人，圣人在位之目"；注《习坎·象传》"险之时用大矣哉"句，曰"守险以德，据险以时，成功大矣"③。大人在上，风险在前，怎么办？在王肃看来，"内文明而外柔顺，以蒙大难"，"唯文王能用之"④。但从根本上说，还是进德修业，以知进退存亡之道，惟此才是圣人；而若不能进德修业，知进退存亡之道，处得失存亡之际，不能理性选择，则是非常愚蠢的。故其注《文言传》"亢龙有悔"说："亢之为言也，知进而不知退，知存而不知亡，知得而不知丧，其唯愚人乎！知进退存亡而不失其正者，其唯圣人乎。"⑤ 正是从这种哲学出发，所以王肃注《春秋左传》闵公元年认为，文王时，太伯已知天命在王季，奔吴不返，是很聪明的。因为"虽去，犹可有命名"，而若不去，则说不定"何与其坐而及祸也"⑥。凡此，皆可知王肃经学在汉魏政治环境下，是多么重明哲保身及性命之理了。

虽然王肃一生亦处于政治危机之中，但他不像郑玄那样是一个纯粹学者，而是做到了领军、常侍的地位，死以"薨"言之，追赠卫将军，谥曰景侯。

---

① 《孝经注疏》卷一《天子章第二》引《孝经正义》。

② 《三国志·王肃传》。

③ 《周易·王氏注》卷上，《玉函山房辑佚书·经编易类》。

④ 《周易·王氏注》卷下，《玉函山房辑佚书·经编易类》。

⑤ 黄奭：《逸书考》辑《王肃易注》。

⑥ 《春秋左传·王氏注》，《玉函山房辑佚书·春秋类》。

而且他为《尚书》《诗》《论语》《三礼》《左氏》作解及撰定父朗所作《易传》，皆列于学官，死时门生缞经者百数人，可知其当时政治地位与学术地位之高矣。但是皮锡瑞说："郑学出而汉学衰，王肃出而郑学亦衰。"① 这恐怕只是今文学家的立场与看法，从经学精神发展看，如此评价王肃经学及其地位，似乎并不确切。西汉经学，本来就有今文、古文，以今文经为盛。然其受功利的诱惑，走向禄利之路，一经说至百余万言，大师众至千余人，至元帝、成帝时，也就走向衰败了。而古文经的发掘与发现，越来越引起人们的注意。郑玄先师今文学家第五元等，弄通《京氏易》《公羊春秋》等文经学，然后师从古文经学家马融，弄通杜林、郑兴、卫宏、贾逵以来古文经《费氏易》《毛诗》《左氏》《周礼》《古文尚书》等，在此基础上，发掘古文经精神，融合今文经，会通整个今古文，遍注群经，集古今经学之大成，何言"郑学出而汉学衰"？王肃注经，虽"不好郑氏"，然其继郑玄后，亦是兼通今古文者。他的《周易注》，虽有吸取《孟氏易》者，但主要还是宗费氏，而不取其互体、卦变、纳甲诸说，追求马融，但亦有取于郑者。故王肃注《周易》，依经辩理，并未违背费氏"以《彖》、《象》、《系辞》十篇之言，解说上下经"② 之师法。其他经注虽未必都合经义，但基本上仍然是沿着马融、郑玄等人所开辟的经学道路，意欲开拓新的精神，以适应即将到来的大变革时代。因此，说"王肃出而郑学亦衰"，亦未洞察经学精神发展深层里路也。

王肃经学，虽依经辩理，但其注《周易》脱离象数而言理，则颇有一种废家法师法而独立言经的精神。此精神发展到魏晋正始时期，何晏、王弼摈落一切象数而言经，就走向玄学时代了。因此，王肃不仅处于社会动荡、政治变革时期，而且从文化哲学上讲，也处于思想解放、精神走向逸出的时期。这个时期最明显的标志，就是经学向玄学转化，或说经学哲学化。王肃说："圣人之门，方壅不通。孔氏之路，积棘充焉。岂得不开而辟之哉！"③ 王肃所开辟者，岂是孔子家语？而是那个大变革时代的学术！王肃经学的哲学化，所开启的是那个时代学术大门的钥匙。这种开启是随着汉末礼教僵化衰微，以及新的人本精神追求开始的。

---

① 《经学历史·经学中衰时代》。
② 《汉书·儒林传》。
③ 《孔子家语》解序，《全三国文》卷二三。

# 第十三章　才性·玄学及精神逸出

**内容提要**：魏晋之际，王肃的依经辩理，向郑玄礼学挑战，不仅是关乎殷周礼义的认知问题，更是以一种哲学先验论、本体论、形而上学思考及世界观和宇宙论，揭开了一场深刻巨大文化历史变革。它涉及整个社会信仰信念与人生意义及精神世界追求问题。因此，这场变革是社会历史的，更是人性的、精神世界的。可知这场变革不仅有社会经济根源，而且是植根于文化历史变化及形上精神追求的。因此，研究撰写这一时期精神发展，必须深入到文化历史的内部，从其内在目的论为出发点，研究其精神传承、转化与开拓，研究精神的运动与发展以及它如何从一种精神结构演变为另一种精神结构的。这就不能不从东汉末世礼教僵化与汉魏才性人本追求讲起，看它是如何由笃道德而竞智谋，启开时代才性发展，走向新的形而上学，发展出玄学精神的。它最初表现为荀悦、徐干、仲长统诸人，突破礼教外在形式，由经学开出的新人本哲学，追求心性人本精神；继之则有何邵《人物志》以心性本体论为哲学基础，通过才性领悟与品评，启开人本精神发展；及至发展为正始何晏、王弼"以无为本"的玄学，摈落一切象数，追求形上之道存在，因为哲学上游谈无根，文化精神也就走向逸出了。

魏晋之际，王肃依经辩理，向郑玄礼学挑战，不仅是关于殷周礼义不同认知问题，更是以一种哲学先验论、本体论、形而上学思考及世界观和宇宙论，揭开了一场深刻巨大文化历史变革。这场变革是社会历史的，更是人性的、精神世界的。它涉及整个社会的信仰信念与人生意义问题，涉及人应该怎样活着、怎样处世及建立何种信仰与精神世界问题。这场变革的深刻与巨大，超乎一般历史学家的想象！

这场变革无疑有深刻社会历史根源。汉代实行世袭制度，"为吏者长子孙，居官者以为姓号"，初虽"人人相爱而重犯法，先行义而后黜耻辱"，然及至"罔疏而民富，役财骄溢，或至兼并豪党之徒，以武断于乡曲，宗室有土，公卿大夫以下，争于奢侈无度"，则"物盛而衰，固其变也"①。这发展到汉末，由奸佞专权、政治腐败，发展至州牧势盛，割据诸方，汉朝"大一统"政治大厦坍塌，历史陷入社会动荡、政治混乱、经济凋敝之境矣。富者不得自保，贫者无以自存，起为盗贼，为乱四方，加上当时权力争夺、政治杀戮、战争连年，社会经济破坏，已如曹操《军谯令》所说"旧土人民，死丧略尽，国中终日行，不见所识"②矣。此时，清节之士，厌世避乱，遁入山林，朝野之士，引入黄老，崇尚虚无，于是清谈之风起矣，玄学兴矣。

　　社会经济变革，虽然影响时代精神发展，但若就文化根本精神而言，它并不是直接由外在社会经济变化决定的，而是依然赖于原有文化根本精神及形而上学存在的。魏晋之际，国家衰亡，宗庙还在；经济凋敝，精神尚存。因此，看魏晋时人物的言谈举止、品格德性与精神风貌，总有一种气宇轩昂、品行高端的感觉。当时文化精神发展，虽遭世积乱离，风衰俗怨，但"观其时文，雅好慷慨，志深而笔长"，依然是"梗概而多气也"③。此种雄健深沉、慷慨悲壮的文化精神，即所谓"汉魏风骨"也。

　　因此，如何认识魏晋这一时期的精神发展，是不能作简单化处理的，必须深入到这段文化历史内部，从其内在目的论出发，研究其精神传承、转化与开拓，研究它的运动与发展，以及它如何从一种精神结构演变为另一种精神结构，然后才能给予深刻的分析与说明。要做到这一步，就不能不从东汉末世礼教僵化与汉魏才性人本追求讲起，看它是如何由笃道德而竞智谋，启开时代才性发展，走向新的形而上学，发展出玄学精神的。

## 一　突破礼教僵化的人本追求

　　一个国家民族的精神，是由它的风俗、习惯、伦理、道德、礼仪、制度诸多文化特质相互联结构成的统一体而内在于历史存在中的，当其中某种特质发生变化时，那个时代的心性品格与精神风貌也将随之而发生变化。故

---

① 《史记·平准书》。
② 《魏志·武帝纪》。
③ 《文心雕龙·时序》。

《文心雕龙》说："时运交移，质文代变"，"文变染乎世情，兴废系乎时序"。① 汉代文化精神变化也是这样。它发展到东汉末年，一个重要的而且带有根本性文化特质变化，就是礼教走向了僵化。应该说，汉代礼教发展出的道德是非常淳厚的。这一点，前面讲东汉光武复兴，尊崇节义，敦厉名实，以礼教重建笃厚世风与道德精神时，已经讲过了。此种淳厚道德风气，影响是非常深远的。但是它发展到后来，随着礼教的僵化，道德亦变成窒息人性的外在僵死形式。如伦理道德就是这样。人皆父母所生，父母生之育之，其恩甚厚，不爱父母而爱他人自然悖德，不敬父母而敬他人自然悖礼。然而礼教发展到东汉末年，居然有因自幼孤生不识其母自悲，而偶见一老母载归家供养者②；有少丧考妣，不及供养，而刻木为人而事之者③。朋友死了，去吊唁一下，然后再问问得了什么病，怎么死的，也就算为友谊尽了礼节。然而在汉末，居然有为朋友之死，渡越山川、经三千里而哭于坟前者。④ 礼教所发展出的这种伦理道德，不能说是虚伪，但它至少违背了道德纯然存在，变成了外在束缚人的僵死外在形式。

然圣人之制礼，虽然是为"事有其制，曲有其防"，但从本质上讲，乃是人的生命"为其可传，为其可继"，不是钩绳规矩削其性。是故"子路丧姊期而不除，仲尼以为大讥，况于忍能矫情直意而已也哉！"此应劭"注近世苟妄曰愆礼"⑤ 者也。礼教是人制定的，应该随着时代变化与人性发展，有所变通，才能不悖不谬；而若礼教存在，使人丧己于物，失性于俗，那样，礼教也就丧失其存在的本质。故曰："礼义法度者，应时而变者也。"⑥ 天地之间，性不可易，时不可止，道不可壅，若礼教不能应时而变，成为钩绳规矩削其

---

① 《文心雕龙·时序》。

② 《风俗通义·愆礼》云：九江太守武陵陈子威生不识母，常息悲感。游学京师，还于陵谷中，见一老母，年六十余，因就问母姓为何，曰："陈家女李氏。""何故独行？"曰："我孤独，欲依亲家。"子威再拜长跪自白曰："子威少失慈母，姓陈，舅氏亦李。又母与亡亲同年，会遇于此，乃天意也。"因载归家，供养以为母。

③ 《初学记》卷一七引《逸人传》云："丁兰者，河内人也。少丧考妣，不及供养，乃刻木为人，仿佛亲形，事之如生，朝夕室省。"

④ 《后汉书·徐稚传》云："徐稚，字孺子，豫章南昌人也……稚尝为太尉黄琼所辟，不就。及琼卒归葬，稚乃负粮徒步到江夏赴之，设鸡酒薄祭，哭毕而去，不告姓名。"又《高士传》云："太守黄琼亦尝辟稚，至琼薨，归葬江夏。稚既闻，即负笈徒步豫章三千余里至江夏琼墓前，致酹而哭之。"

⑤ 《风俗通义·愆礼》。

⑥ 《庄子·天运篇》。

性的存在，那么，破除某些礼教，顺乎大道，追求新的人本精神，以返性情之初，归复本真自我，就成为自然而然的情势了。于是汉魏之际就出现了荀悦、徐干、仲长统诸人突破礼教束缚，进行新的心性人本精神之追求。

《文心雕龙》说："陶铸性情，功在上哲"，是以"子政论文，必征于圣；稚圭劝学，必宗于经"①。由此可知，精神开拓与发展，是离不开文化原典的。正如印度诸多文化精神从《伏陀》经典开出，西方文艺复兴精神由古希腊罗马哲学开出一样，中国秦汉以后精神的开出与发展也是离不开儒家《五经》原典的。只有"伫中区以玄览，颐情志于典坟"②，从典籍中获得涵养，引起才性与思考，才能开拓出新的精神。这种精神开出与发展，汉代主要有两条路径：一条是经学本身的研究与开拓。西汉今文学《书》有欧阳、《礼》有后苍、《易》有杨何、《春秋》有公羊，至孝宣世，复立大小夏侯《尚书》、大小戴《礼》、施孟梁丘《易》《榖梁春秋》；古文经学则有《古文尚书》《毛诗》《榖梁》《左氏春秋》。古文经学有郑兴贾逵之学、马融之学，发展到郑玄始走向综合，至王肃大变，则向玄学发展矣。

另一条路径，是由《五经》开出经世致用之学。它不像经学本身研究途径那样看重章句，注重名物注释，而是根于经学，以经学根本教义与精神阐释新的文化历史哲学，开出经世致用之学，发展精神。这条路径，西汉陆贾、贾谊已经开始了，后来刘向、扬雄也走了这条路径。它发展到东汉，则有桓谭、王充、张衡、王符诸人，针对图谶一类神秘主义，辨疑惑，疾虚妄，阐述一种知识理性与价值理性精神。发展到汉魏之际，文化历史不仅陷入了社会危机、政治危机、经济危机，而且随着人的生存与意义的丧失，更发生了人道危机，发生了与人的存在联系在一起的精神危机。它要求圣贤明哲提供一种新的历史哲学与人生哲学以适应时代需要。适应这种需要，就呼唤出了荀悦、徐干、仲长统诸人，由经学开出的新人本哲学，以追求新的心性人本精神。这种开拓与追求，虽没有彰显出太大影响，但它却开启了汉魏时期文化精神的转换，即由形而上学思考逐渐开出魏晋玄学，发展出了新的哲学精神。

荀悦（公元148年~209年），字仲豫，颍川颍阴（今河南许昌）人。东汉史学家、文学家。灵帝时退身穷处，汉末被曹操辟为幕府，后迁黄门侍郎、

---

① 《文心雕龙·征圣》。
② 〔晋〕陆机《文赋》，《文选》卷十七。

秘书监，受诏撰《汉纪》三十卷；又著《崇德》《政论》等数十篇。其人文思想主要见于讨论时政的五篇《申鉴》。荀悦认为，儒家经典的根本精神在于仁义之道。此道乃是天地之本，古代圣王所坚持的。故他说："夫道之本，仁义而已矣。五典以经之，群籍以纬之，咏之歌之，弦之舞之。前鉴既明，后复申之。故古之圣王，其于仁义也，申重而已。"虽《易传》讲"立天之道曰阴与阳，立地之道曰柔与刚"，然在他看来，惟体悟得"立人之道曰仁与义"，才能"阴阳以统其精气，刚柔以品其群形，仁义以经其事业"。因此，他认为，仁义之道，乃"圣汉统天，功格宇宙"的本体论存在，政之大经法教存在，是"承天惟允，正身惟常，任贤惟固，恤民惟勤，明制惟典，立业惟敦"，以成"政体"者。"天地之大德曰生，万物之大极曰死。"因此，生生不息，存在绵延，乃是万物的根本，人类存在的根本。因此，治国平天下，要有仁义之道，要有中正仁恕之心。"恕者，仁之术也。正者，义之要也。至哉，此谓道根，万化存焉尔"，是"不思而得，不为而成，执之胸心之间，而功覆天下"[①] 者也。礼教能不能立，国家能不能治，民能不能化，天下能不能平，就在于能否实行仁义之道，以仁恕之心，体恤民生。此荀悦于汉魏之际，重申儒家仁义之道，以立文化历史之根本者也。

徐干（公元170年~217年），字伟长，北海郡剧县（今山东省寿光市）人，东汉末年文学家，建安七子之一。徐干少年时正值汉灵帝末年，权奸满野，天下无主，故其乃专志经学，"闭户自守，不与之群，以六籍娱心而已"[②]。建安中，归附曹操，曹丕时，为五官将，通《五经》，著《中论》两卷二十篇。魏文帝曾称徐干"怀文抱质，恬澹寡欲，有箕山之志"[③]；曾巩作《中论》目录序引《先贤行状》，称徐干"笃行体道，不耽世荣"[④]；明杜思刻《中论》作序，更说"伟长独能恬淡体道，不耽荣禄，逡巡浊世，而玄就显晦之节，皭然不污"[⑤]。徐干晚年"疾稍沉笃，不堪王事，潜身穷巷。颐志保真，淡泊无为，惟存正道。环堵之墙，以庇妻子，并日而食，不以为戚。养浩然之气，习羡门之术"[⑥]，颇有道家之气。但从《治学》《法象》《修本》

① 《申鉴·政体》。
② 无名氏：《中论》序。
③ 《又与吴质书》，《全三国文》卷七。
④ 〔宋〕曾巩：《中论》目录序。
⑤ 〔明〕杜思：《中论》序。
⑥ 无名氏：《中论》序。

《虚道》《务本》诸篇看，徐干《中论》的基本思想，还是以儒家经世致用为其根本思想的。他认为，"道有本末，事有轻重，圣人之异乎人者无他焉，盖如此而已矣"；而人君、政治家的大患，"莫大于详于小事而略于大道，察于近物而暗于远图。自古及今，未有如此而不乱，未有如此而不亡"者。因此，他认为，殷民阜利，平治天下，君之所务，最为重要的是在"大道远数"，即抓住根本，远离琐碎的象数。惟"大道远数者，为仁足以覆帱群生，惠足以抚养百姓，明足以照见四方，智足以统理万物，权足以应变无端，义足以阜生财用，威足以禁遏奸非，武足以平定祸乱"，能够"达于兴废之原，通于安危之分，如此则君道毕矣"①；而持"一隅之偏说也，非大道之至论也"②。徐干所讲"大道远数"，实乃荀子之讲"大清明"③者也。徐干能将治道提升到形上"大道至论"的高度，讲殷民阜利，讲天下之治，其为大道政治哲学，已是"考混元于未形，补圣德之空缺，诞长虑于无穷，旌微言之将坠"④，具有很高的人道精神；特别是讲"大道远数"，其形上哲学思维，已近于王弼玄学摈落一切象数而为道矣。

仲长统（公元180年~220年），字公理，山阳高平（今山东微山）人。《后汉书》说其"少好学，博涉书记，赡于文辞"，"性俶傥，敢直言，不矜小节。每州郡命召，辄称疾不就"。仲长统认为，凡游帝王者，欲以立身扬名耳，而名不常存，人生易灭，而优游偃仰，则可以自娱。故欲卜居清旷，以乐其志。故论之曰："睥睨天地之间，不受当时之责，永保性命之期。如是则可以陵霄汉，出宇宙之外矣，岂羡夫入帝王之门哉！"有诗曰："大道虽夷，见几者寡。任意无非，适物无可。"⑤凡此，可知仲长统之思想已近于魏晋道家人物矣。尚书令荀彧奇之，举为尚书郎，后参曹操军事。仲长统每论说古今及时俗行事，恒发愤叹息，因著《昌言》，凡三十四篇。此书久佚，本传存《理乱》《损益》《法戒》三篇，《全后汉文》收残文多篇。仲长统虽然个性俶傥，不矜小节，但处汉魏动乱周复、存亡迭代之世，却不得不面对腐败堕落、走向衰亡的时代，即长期世袭、权力掠夺，一方面造就了"豪人之室，连栋数百，膏田满野，奴婢千群，徒附万计，废居积贮，满于都城，琦赂宝货，

---

① 《中论·务本》。
② 《中论·慎所从》。
③ 《荀子·解蔽》。
④ 无名氏：《中论》序。
⑤ 《后汉书·仲长统传》。

巨室不能容"的特权集团及阶层；另一方面则是"奔其私嗜，骋其邪欲，君臣宣淫，上下同恶"，"荒废庶政，弃亡人物，澶漫弥流，无所底极"①的政治腐败。整个时代迷失了前进的方向，变得困惑而又迷惘，要么寻找出路，要么沉沦堕落下去。处此之世，仲长统的政治哲学，不是让人"奔其私嗜，骋其邪欲"，放纵人生，沉沦堕落，而是主张以"骋邪欲"为戒。他认为，虽"时政凋敝，风俗移易，纯朴已去，智惠已来，出于礼制之防，放于嗜欲之域久矣"，然"收其奕世之权，校其从横之势，善者早登，否者早去"，使"下土无壅滞之士，国朝无专贵之人"，解决世袭特权问题，乃是"变之善，可遂行者也"②。仲长统此言，虽是想从政治制度上解救衰世的腐败堕落，但就其《昌言》根本要义而言，仍在于戒除人之非理性的"骋邪欲"，以礼教原本教义追求一种永恒的理性精神。故曰："教化以礼义为宗，礼义以典籍为本。常道行于百世，权宜用于一时。"③

汉魏之际，政治动荡及杀戮不断、战争连年，不仅造成了经济凋敝、社会荒乱、生民不宁，而其世积乱离也造成风衰俗怨。在此情势下，天下之士，凡关心社稷存亡以及苍生为念者，无不存思变之志，发求新之想，故其发愤叹息、志深笔长，以书己见，追求新的人本精神。这些人不只是荀悦、徐干、仲长统，其他像袁涣讲"鼓之以道德，征之以仁义，兼抚其民而除其害"；讲"明君善于救世，世乱则齐之以义，时伪则镇之以朴"；魏初言于太祖曹操说："今天下大难已除，文武并用，长久之道也。以为可大收篇籍，明先圣之教，以易民视听，使海内斐然向风，则远人不服可以文德来之"④等，都是从政治上寻求新的人本精神的。这种精神寻求虽然不再是拘于礼教揖让百拜的外在形式，但根于人性的礼教还是不能废除。这用荀悦的话说，就是"匹夫匹妇，处畎亩之中，必礼乐存焉尔"⑤，礼教何以能完全废除。故其只在突破僵化礼教形式，追求新的人本精神。它还没有达到后来嵇康那种轻礼法，置之而不顾的程度。故荀悦讲"礼度之典，不旷于目。先哲之言，不辍于身"⑥，"教

---

① 《昌言·理乱篇》。
② 《昌言·损益篇》。
③ 《昌言·杂篇》。
④ 《三国志·袁涣传》。
⑤ 《申鉴·杂言上》。
⑥ 《申鉴·杂言上》。

初必简，刑始必略，教化之隆，莫不兴行。虚教伤化，峻刑害民，君子弗由也"①；徐干讲"夫礼也者，敬之经也"，"过则生乱，乱则灾及其身"②。礼者，理也，本于天理，根于人性者也，是人继之者善，成之者性的存在。因此，礼教，特别是它立以为教的天道本体论，乃中国文化精神核心存在。魏晋之际，突破礼教外在形式，根其本体论的精神寻求，实际上仍然是沿着中国文化历史内在目的论向前发展的。

这种礼教之变与精神追求，发展到魏晋之际，积累成了一种情势，一种潜藏着文化巨变与人性解放的变革趋势。它就是笃道德而竞智谋的文化历史巨变。

## 二　大转变：笃道德而竞智谋

人类历史上的大变革，并不是按照某种预先设计或人力意志出现的，而是各种社会文化积累到一定程度，所造成某种不可遏止的历史趋势或情势而发生的。魏晋之际的巨大文化历史变革就是这样。它一方面是社会动荡、政治杀戮、连年战争所造成的世积乱离、民生凋敝，而衰败的政治体制、僵化的礼教制度，对此又无能为力；另一方面，则是人性的觉醒，追求新的人生哲学及才性、道德、功业。徐干讲"圣人贵才智之特能立功立事益于世"，讲"如愆过多，才智少，作乱有余，而立功不足"，讲"末业之士，苟失一行，而智略褊短，亦可惧矣"以及讲"明哲之士者，威而不慑，困而能通；决嫌定疑，辨物居方；禳祸于忽杪，求福于未萌；见变事则达其机，得经事则循其常"③ 等，就是属于人性觉醒的新追求论述。仲长统讲"选士而论族姓阀阅，交游趋富贵之门，畏服不接于贵尊"的"三俗"，及"慕名而不知实，不敢正是非于富贵，向盛背衰"的"三可贱"④；荀悦讲"古之所以谓才也本，今之所谓才也未也"；及讲才德"合而用之，以才为贵；分而行之，以行为贵"⑤ 等，也是人性觉醒后的才性、道德、功业追求的新论述。这种人性觉醒与新追求，汉魏之际已不是个别士人的想法，而渐渐成了一种风气、一种

---

① 《申鉴·时事》。
② 《中论·法象》。
③ 《中论·智行》。
④ 《昌言·杂篇》。
⑤ 《申鉴·杂言下》。

文化氛围。

这种人性觉醒与新追求，若不被政治唤醒，它只是一种潜在的文化意识，即使形成一种风气、一种文化氛围，也只是一种社会意识，并不会构成文化力量，构成历史变革的政治力量。但若它一旦被政治唤醒，发展成为一种政治意识，则构成一种文化力量、一种政治力量，使历史变革为不可阻挡、不可遏止之势。曹操的《求贤令》就是这样一种唤人的觉醒与新追求的政治宣言。它不仅标榜"受命及中兴之君，得贤人君子与之共治天下"的政治理念，而且公开提出来"唯才是举"的人才标准。他认为，天下"被褐怀玉而钓于渭滨者"，或"无盗嫂受金而未遇无知者"，皆可"佐我明扬仄陋，唯才是举，吾得而用之"。在他看来，"今天下尚未定，此特求贤之急时也"，而"若必廉士而后可用，则齐桓其何以霸世?"① 可知曹操之求才是多么立于功利之用了。特别是他的《举贤勿拘品行令》更是一篇打破一切身份、地位、等级、藩篱的"唯才是举"号召书和动员令：

> 昔伊挚、傅说出于贱人，管仲，桓公贼也，皆用之以兴。萧何、曹参，县吏也，韩信、陈平负污辱之名，有见笑之耻，卒能成就王业，声著千载。吴起贪将，杀妻自信，散金求官，母死不归，然在魏，秦人不敢东向，在楚则三晋不敢南谋。今天下得无有至德之人放在民间，及果勇不顾，临敌力战。若文俗之吏，高才异质，或堪为将守。负污辱之名，见笑之行，或不仁不孝而有治国用兵之术。其各举所知，勿有所遗。②

社会历史变革时期，受命或中兴之君，谁得到了人才，谁就能赢得胜利，获得天下；谁丧失人才，谁就会变为孤家寡人，成为丧失天下的失败之君。曹操处汉魏之际，面临着群雄割据以及即将到来的历史大变革，急于积聚人才，发布《求贤令》，甚至饥不择食地发布《举贤勿拘品行令》，讲有"负污辱之名，见笑之行，或不仁不孝而有治国用兵之术，其各举所知，勿有所遗"，其求贤之心切是可以理解的。历史上伊尹、傅说，皆出身低贱，管仲，乃齐桓公政敌之臣，萧何、曹参的地位，也不过县吏而已，韩信、陈平更是"负污辱之名，有见笑之耻"者，吴起"杀妻自信，散金求官，母死不归"，

---

① 《魏志·武帝纪》，《全三国文》卷二。
② 《魏志·武帝纪》注引《魏书》，《全三国文》卷二。

更没有好名声。但在曹操看来，"有行之士，未必能进取，进取之士，未必能有行。陈平岂笃行，苏秦岂守信邪？"然而"陈平定汉业，苏秦济弱燕"。曹操据此认为，士有偏短，其为用是不可废的，有司若都能明思此义，"则士无遗滞，官无废业矣"①。是故，当时曹操认为，天下尚未定，急需贤才，若能成就霸业，即是"负污辱之名，见笑之行，或不仁不孝而有治国用兵之术"者，不必廉士而后可用，皆应举而用之。这和权奸当道时，刘向讲"人才虽高，不务学问，不能致圣"② 是不一样的。

可以看出，曹操人才观所追求的，乃是王者之业、霸者之术，是其天下尚未定，急求贤才之用。但其讲"负污辱之名，见笑之行"者，"各举所知，勿有所遗"，并不是完全不重视人才的道德品质。曹操在兖州时，以东平毕谌为别驾。张邈反叛，劫持毕谌母弟妻子。曹操对毕谌说："你老母在彼，可以过去。"毕谌顿首，表示无二心，曹操嘉之，毕谌曾为之流涕。然而既出，他就逃走了。曹操破吕布，活捉毕谌，众人皆为其惧，而曹操却说："夫人孝于其亲者，岂不亦忠于君乎？吾所求也"③，不仅没有杀毕谌，反以其为鲁相。由此可以看出，曹操透过人才表现，还是非常看重其内在品质的。曹操曾称赞卢植"名著海内，学为儒宗，士之楷模，乃国之桢干"④；美王修"澡身浴德，流声本州岛，忠能成绩，为世美谈，名实相副，过人甚远"⑤，也可以看出曹操对人道德品质之重视。

但评价是评价，用人是用人。在天下尚未定，急需治国贤才之时，能够举荐匡时济世的人才，才是最为重要的。因此，曹操虽然发布过《整齐风俗令》《礼让令》，欲整齐风俗，讲究礼让，但皆抵不上他的《求贤令》适应那个时代，为天下响应，具有威力与影响力。即使他的《修学令》，讲"丧乱已来，十有五年，后生者不见仁义礼让之风，吾甚伤之"，令"郡国各脩文学，县满五百户置校官，选其乡之俊造而教学之，庶几先生之道不废，而有以益于天下"⑥，但在急功近利的时代，人皆抵不上功名利禄的诱惑。实际上，曹操的《求贤令》乃是抛弃东汉以来所倡导的尚节义、敦名实、经明行修的儒

---

① 《敕有司取士毋废偏短令》，《全三国文》卷二。
② 《说苑·建本》。
③ 《三国志·武帝纪》。
④ 《告涿郡太守令》，《全三国文》卷二。
⑤ 《与王修书》，《三国志·王修传》注引《魏略》。
⑥ 《魏志·武帝纪》，《全三国文》卷二。

家经学思想，改为以刑名法术治国。所以，它发展到魏晋之际，整个天下风气为之一变。过去那种尊崇节义、敦厉名实的笃厚世风不见了，代之而起的则是好名利、竞智谋。人人驰说匡济之策，个个夸饰治世之术，成为新的时代士人风气。看过《三国演义》的人都会知道那些策士谋臣，只要一张嘴就是"我有一个计谋"如何如何。它虽然是小说，属文学作品，但基本上还是反映了那个时代人物性格特征及精神风貌的。故好名利、竞智谋，则基本上是曹魏之世的风尚。这种世风，虽然张扬了士人的个性才智，但也使社会流于了浮躁与轻狂，并影响到社会风尚与人生追求。对此，董昭于太和四年上疏陈末流之弊说："凡有天下者，莫不贵尚敦朴忠信之士，深疾虚伪不真之人者，以其毁教乱治，败俗伤化也。当今少年，不复以学问为本，专更以交游为业；国士不以孝悌清修为首，乃以趋势游利为先。"①

但汉魏之际的好名利、竞智谋，并不完全同于极其奢侈的物欲之求或浅薄的利欲之心，而是属于立于刑名法术的建功立业之求。从精神发展上看，它仍然是沿着汉初追求德操、功业的思想发展延续的，不过是突破了儒家礼教僵化思想束缚，变得更加自由与解放而已。不过，随着魏晋玄学发展，人的个性和才性，则变得更加解放与自由，但它也使精神渐渐走向了逸出。而刘邵《人物志》的才性领悟品评则启开了时代才性发展，则以心性本体论为才情精神发展奠定了哲学基础。

## 三 《人物志》的才性领悟品评

汉魏之际，礼教衰微，个性解放，使文化历史进入巨变时期。特别是进入曹魏建安时期，更是进入了一个人才辈出的时代，一个才气洋洋与风云并驱的时代。文人学士不仅思虑敏捷，而且才华横溢，慷慨多气。魏文帝谈到"建安七子"②时，说其"于学无所遗，于辞无所假，咸以自骋骐骥于千里，仰齐足而并驰"③，就是指这个时代人之才性特征。但这种才性张扬，是"才力居中，肇自血气，气以实志，志以定言，吐纳英华，莫非情性"④，带有非

① 《三国志·董昭传》。
② "建安七子"为鲁国孔融、广陵陈琳、山阳王粲、北海徐干、陈留阮瑀、汝南应玚、东平刘桢。
③ 《典论·论文》，《全三国文》卷八。
④ 《文心雕龙·体性篇》。

理性的。因此，不仅为君者处治乱之端，审己任贤，不可不慎，即使君子交友，也不可不审己度人，免于斯累。学者所以反情治性尽才者，乃在于亲贤者，致学问，增进道德，而非一味狂狷耶！此魏初刘邵作《人物志》，"叹中庸以殊圣人之德，尚德以劝庶几之论，训六蔽以戒偏材之失，思狂狷以通拘抗之材，疾悾悾而无信，以明伪似之难保"者也，亦其"察其所安，观其所由，以知居止之行"①，人物之察者也。刘邵《人物志》品评人物，领悟才性，不仅启开了时代才性发展，也以心性本体论为其发展奠定了哲学基础。

刘邵，字孔才，广平邯郸人也。邵建安中为太子舍人，迁秘书郎；黄初中为尚书散骑侍郎；太和中出为陈留太守，征拜骑都尉，迁散骑常侍；正始中封关内侯，卒赠光禄勋。著三卷《人物志》外，尚著有《法论》十卷、文集二卷。青龙中，诏书博求众贤，散骑侍郎夏侯惠曾向魏明帝推荐刘劭，说其"深忠笃思，体周于数，凡所错综，源流弘远，是以群才大小，咸取所同而斟酌焉。故性实之士服其平和良正，清静之人慕其玄虚退让，文学之士嘉其推步详密，法理之士明其分数精比。凡此诸论，皆取适己所长而举其支流"②。此可知刘邵《人物志》之受人重视。

人性是个极为复杂的问题，但它又是一切哲学社会科学的基础。关于人的本性为何及它与天道本体的关系，上古《诗》《书》已有所论述，延及春秋战国，儒家孔子、孟子有先天道德本性之说，道家老子、庄子亦有自然之性论述。两汉儒家最为关注心性者，西汉当属董仲舒、刘向，东汉则有王充。董仲舒虽承认"凡人之性，莫不善义"③，但却反对孟子先天道德本性之说，认为"以性为善，皆圣人所继天而进"，为教训所得，"非情性质朴之能至"，"故不谓之性"④。在他看来，"天两有阴阳之施，身亦两有贪仁之性。天有阴阳禁，身有情欲柜"，故"与天道一"者，方可谓之性。故"天地之所生，谓之性情。性情相与为一瞑，情亦性也"⑤。此董仲舒以天道阴阳之谓性者也。刘向论性，也是沿着董仲舒的路子走的，即"性，生而然者也，在于身而不发；情，接于物而然者也，出形于外。形外则谓之阳，不发者则谓之阴"⑥ 的

---

① 刘邵：《人物志》序。
② 《三国志·刘邵传》。
③ 《春秋繁露·玉英》。
④ 《春秋繁露·实性》。
⑤ 《春秋繁露·深察名号》。
⑥ 王充：《论衡·本性篇》引。

存在。此乃"情为阳、性为阴"者也。阴阳者，气也。所以阴阳者，道也。可知汉儒讲心性，仍然是停留在气质之性上的，非在天道本体上言性也。

王充论心性、才情，也是以气质言之的。他认为，"人，物也。物，亦物也"，"人之所以生者，精气也，死而精气灭，能为精气者，血脉也"。因此在他看来，人性的本质，就是元气，"人未生，在元气之中，既死，复归元气"①。"夫天道，自然也，无为"②，"夫天地合气，人偶自生也，犹夫妇合气，子则自生"③。依照此说，则人乃天道自然无为产物，是偶然无端被抛到尘世上来的。如此说，人则可凭着一腔血气，放纵自我，任性而为，不必顾及其他矣。王充虽然疾虚妄，批判非理性天命观，然心性的元气论，则自陷入非理性矣。

刘邵认为，"夫圣贤之所美，莫美乎聪明；聪明之所贵，莫贵乎知人"，但要知人"达众善而成天功"，就不能不"依圣训，志序人物"④。圣训者，著爻象，知几微，叙诗志，立君子小人之则，以别风俗雅正者也。刘邵言心性与才情，乃立于知几微形上本体而说之。故《人物志》开篇便说：

> 盖人物之本，出乎情性。情性之理，甚微而玄，非圣人之察，其孰能究之哉！凡有血气者，莫不含元一以为质，禀阴阳以立性，体五行而著形。苟有形质，犹可即而求之。⑤

刘邵虽讲"禀阴阳以立性，体五行而著形"，然其讲心性、才情，首先是在形上本体论上立论的。这个形上本体论存在，就是天道至极存在，一元本体存在。惟此形上存在，才几微，才非圣人莫察。故曰"人物之本，出乎情性。情性之理，甚微而玄，非圣人之察，其孰能究之哉"，"凡有血气者，莫不含元一以为质"。这里的"微玄"存在，"元一"存在，已非汉儒"元气论"宇宙观，而是形而上学天道本体存在。虽然"元气论"宇宙观在汉代占主导地位，但发展到汉末，随着经学的哲学化，讲天道本体已愈来愈走向形

---

① 《论衡·论死篇》。
② 《论衡·谴告篇》。
③ 《论衡·物势篇》。
④ 《人物志》序。
⑤ 《人物志·九征》。

而上学。张衡讲"吾观《太玄》，方知子云妙极道数，乃与《五经》相拟"①；桓谭讲"扬雄作《玄》书，以为玄者天也道也"②；王符讲"天地之道，神明之为，不可见也"③；荀悦讲"幽深谓之玄，理微谓之妙"，"莫不为道，知道之体，大之至也。莫不为妙，知神之几，妙之至也"④；以及王肃讲"乾知泰始，易行乎其中矣"，"阴阳、刚柔、仁义为三极之道"⑤，皆是把天道本体提升到形而上学高度，讲其几微神妙存在的。故刘邵讲："盖人物之本，出乎情性。情性之理，甚微而玄，非圣人之察，其孰能究之哉！"故刘昞注此曰："知无形状，故常人不能睹，惟圣人目击而照之。"⑥ 凡此可知，刘邵只讲心性才情，虽然仍保留着某些汉代范畴概念，但从根本上说，已突破汉儒"元气论"宇宙观，在形上天道本体上建立自己的人性论学说了。

但这不等于刘邵只讲心性或才情，不讲气或气质。中国文化认为，讲心性或才情，不讲形上天道本体纯粹至善的法则，就没有本原处，也不能使心性才情获得纯情至善至美；但若只讲形上天道本体纯粹至善的法则，不讲气或气之质，也不能构成人的生命。因此，中国文化讲心性才情，总是先讲形上天道本体纯粹至善法则，然后将其向下贯通落实于道体大化流行处，贯通于气或气之质，讲人的存在及其生命精神。这样，人的生命及心性才情存在，才先天后天、形上形下浑然一体而不割裂。正如王肃讲"阴阳、刚柔、仁义为三极之道"一样，刘邵讲阴阳五行，亦是具形而上学性质的。他所谓"阴阳"，亦非指一般的阴阳二气，而是指阴阳之道及"精气为物"⑦ 的存在，即依阴阳之道能生能化的精气。而"五行"亦非指金木水火土五种物质元素，而是指万物皆具有的五种常性。曰金木水火土者，只是五种常性的表示符号，就像今天用 A、B、C、D、E 的符号表示不同性质元素存在一样。在刘邵看来，虽然将阴阳之精气及金木水火土五种常性向下贯通落实，大化流行，以仁义礼智信之质，构成人的弘毅、文理、贞固、勇敢、通微五种本质的恒性，及"五质内充，五精外章"，则构成心性的神、精、筋、骨、气、色、仪、

① 《后汉书·张衡传》。
② 《新论·闵友》。
③ 《潜夫论·赞学》。
④ 《申鉴·杂言下》。
⑤ 《周易·王氏注》卷下。
⑥ 〔凉〕刘昞《人物志·九征》注。
⑦ 《周易·系辞上传》。

容、言的九大特征。

　　同样，刘邵认为，天道流行，阴阳之精及五种常性向下贯通落实，构成人的恒性及心性本质，流为人才百家之业，不过清节、法家、术家、国体、器能、臧否、伎俩、智意、文章、儒学、口辩、雄杰十二家人才而已。在刘邵看来，这十二家人才，德行高妙，容止可法者，是清节之家，如延陵、晏婴；建法立制，强国富人，是法家，如管仲、商鞅；思通道化，策谋奇妙，是术家，如范蠡、张良；德、法、术三才兼备，"德足以厉风俗，法足以正天下，术足以谋庙胜"者，是能建国体之家的人才，如伊尹、吕望。非德无以正法，非法无以兴术，其他器能、臧否、伎俩、智意、文章、儒学、口辩、雄杰八种人才之业，皆离不开德、法、术三才。故曰"凡此八业，皆以三材为本。虽波流分别，皆为轻事之材也"①。

　　各种人才都是非常重要的，凡此十二种人才，皆是可作"人臣之任"者的，关键是人君作为主德者，怎样"聪明平淡，总达众材"，怎样识别人才和管理人才。因为"人材异，则情诡。情诡，难通，则理失而事违"，所以怎样以理而定人才至为重要。刘邵认为，"理有四部，明有四家，情有九偏，流有七似，说有三失"等，认识"思心玄微能通自然"的道理，"权略机捷，能理烦速"的事理，"能论礼教，辨其得失"的义礼，"推情原意，能适其变"的情理，是非常重要的。明白此四理，待质而行，质于理合，才能识别选择不同人的才能。四理之异，则有九偏之情；性不精畅，则流有七似，即各种似是而非的人才流行。它不仅辞穷而自以为妙，理屈而牵强附会，而且造成人才难辨，迷惑难求。因此刘邵认为，识别人才，能通于天下之理是非常重要的，"通于天下之理，则能通人矣"②。至于说怎样管理好人才，刘邵认为，各种人才是有利害冲突的，最好的人才管理，就是了解不同类型的人才，识别不同情性恒定的人才，"达视其所举，富视其所与，穷视其所为，贫视其所取，然后乃能知贤否"，获得"知人之效"③ 而用之。自然，还要解决好人才争斗问题。争者，"道之奇，物之变也"。老子讲"夫惟不争，故天下莫能与之争"。因此刘邵认为，释争，"夫唯知道通变者，然后能处之"④。

------

① 《人物志·流业》。
② 《人物志·材理》。
③ 《人物志·效难》。
④ 《人物志·释争》。

　　刘邵《人物志》在精神史上的地位，不在于它的人物品鉴，而在于它为人之心性才情存在重新寻求到天道的先验论、本体论与形而上学根据，并以阴阳之精及五常之性，揭示了人之心性的虚灵不昧及才情的美好，以大道美学寄托了自己才情审美理想与精神世界。人心性的本质，虽有五种本质的恒性及九大特征，但其最为根本的规定性，仍是继天而为性的存在。天之为道，"刚中而应、大亨以正"①，乃是至刚至健、至善至和的存在。它流行贯通人的生命，其为心性才情，亦应该以天道的刚健中正、至善至和而为生命根本存在。故刘邵论人心性才情，以中和为其根本品质。他说：

　　　　凡人之质量，中和最贵矣。中和之质必平淡无味，故能调成五材，变化应节。是故观人察质，必先察其平淡，而后求其明。聪明者，阴阳之精。阴阳清和，则中睿外明。圣人淳耀，能兼二美。知微知章，自非圣人莫能两遂。故明白之士，达动之机，而暗于玄虑。玄虑之人，识静之原，而困于速捷。二者之义，盖阴阳之别也。②

　　人有不同心性才情，正如万物各有其性一样。但人性之根本，本于天道。天道中正和平，人继善成性，惟其中正和平才符合天道精神，才是根本品质。这种中和品质与精神境界，看似平淡无味，却可以"调成五材，变化应节"，就像伊尹讲鼎俎调羹，将众多麦粟稻粮，以"惟和惟一"或"协于克一"③之法，达于至和最佳状态一样。人心性才情的至和境界，与鼎俎调羹不同的地方，在于它是"阴阳清和"的精气存在，而非浑浊粗暴之气的充塞。因此，人具此"阴阳清和"精气心性，不仅可以看出他的本质，更可显露出他的聪明、才情及具有怎样淳厚光耀的精神世界。故曰"阴阳清和，则中睿外明"。一般人，"明白之士，达动之机，而暗于玄虑；玄虑之人，识静之原，而困于速捷"。惟圣人兼"阴阳清和"之美，识别天理"微玄"存在，虚灵不昧，知微知章。故其阴阳动静，能守其中和本质规定性。刘邵认为，"物生有形，形有神精，能知精神，则穷理尽性"；人"性之所尽"，则为"九质之征"，若能"质素平澹，中睿外朗，筋劲植固，声清色怿，仪正容直，则九征皆至，

---

　　① 《周易·象上传》。
　　② 《人物志·九征》。
　　③ 《尚书·咸有一德》。

则纯粹之德也"; 而若"九征有违, 则偏杂之材也"。① 此乃刘邵以天道的中正和平的根本存在, 追求人"九征皆至"的中和之性和纯粹品德者也。

中和之性见诸人的品质, 即中庸之德。刘邵认为, 不论是"骨植而柔"的弘毅之性, "气清而朗"的文理之性, 还是"体端而实"的贞固之性, "筋劲而精"的勇敢之性, "色平而畅"的通微之性, 皆属于五常之性, 属于仁义礼智信的五德之性, 是依乎五常五德的本质规定性存在而显示的不同心性美好存在。故曰: "五常之别, 列为五德。虽体度无穷, 犹依乎五质。故其刚柔明畅贞固之征, 著乎形, 见乎声色, 发乎情味, 各如其象。心质亮直, 其仪劲固; 心质体决, 其仪进猛; 心质平理, 其仪安闲。夫仪动成, 各有态度: 直容之动, 矫矫行行; 休容之动, 业业跄跄; 德容之动, 颙颙卬卬。"② 但人有"九征皆至, 纯粹之德"者, 亦有"九征有违, 偏杂之材"。刘邵认为, 强毅之人, 狠刚不和, 每持其强以搪突; 柔顺之人, 缓心宽断, 遇事而不能决断; 雄悍之人, 气奋勇决, 但常常肆无忌惮; 惧慎之人, 虽谦恭谨慎, 但畏患多忌; 强硬刚健之人, 虽可支撑稳定局面, 但容易流于固执; 善于辨推事理之人, 虽可解难释疑, 但遇事浮游不定, 拿不定主意; 弘普之人, 虽胸襟博大周遍, 然其交游混杂, 为人不够纯真; 狷介之人, 虽节操坚笃, 然其道则流于隘狭; 果断磊落之人, 虽存志慕超越, 然以静为滞, 果敢锐进, 而不顾及后果; 沉静之人, 善于反复精微思考, 但容易流于空疏; 其他像质朴之人, 虽忠诚可靠, 然内心浅露; 韬谲之人, 虽多智谋, 但诡诈不可靠。如此等等, 皆是"学不入道, 恕不周物, 偏材之益失"者也。惟具"中庸之德"者, 虽"其质无名", 好像含盐的清水, 虽淡而无味, 质而不具纹饰, 不炫耀色彩, 然而却"能威能怀, 能辨能讷, 变化无方, 以达为节"③。在刘邵看来, "德行也者, 《大雅》之称也。偏材, 《小雅》之质也。间杂, 无恒之人也。无恒、依似, 皆风人末流", 是不足称道的。④ 可以看出, 在刘邵的思想中, 具中庸之德者, 乃是具王者之风; 雅正精神的人, 乃最具审美品格者。

刘邵认为, "天地气化, 盈虚损益, 道之理也; 法制正事, 事之理也; 礼教宜适, 义之理也; 人情枢机, 情之理也", 而不论是"质性平淡, 思心玄微

---

① 《人物志·九征》。
② 《人物志·九征》。
③ 《人物志·体别》。
④ 《人物志·九征》。

能通自然"的道理之家，"质性警彻，权略机捷，能理烦速"的事理之家，还是"质性和平，能论礼教，辨其得失"的义礼之家，"质性机解，推情原意，能适其变"的情理之家，无不是"质于理合，合而有明，理足成家"的。刘邵认为，凡能通天下治理者，皆可成为人才。"听能听序，思能造端，明能见机，辞能辩意，捷能摄失，守能待征，攻能夺守，夺得易予。兼此八者，然后乃能通于天下之理"者。刘邵认为，人不能兼有八美，只是"适有一能"者，虽思能造端，辞能辩意，捷能摄失，守能待征，攻能夺守，夺能易予，仍是偏才；惟通才之人，既兼此八才，才能行之以道。刘邵认为，"与通人言，则同解而心喻"，而"与众人言，则察色而顺性"。通人"虽明包众理，不以尚人；聪睿资给，不以先人；善言出已，理足则止"，"夺与有宜，去就不留；胜而不矜，心平志谕，无适无莫，期于得道而已矣，是可与论经世而理物也"。① 此刘邵以通人兼八才而行之以道，寄托心性审美理想者也。

　　刘邵处于一个礼教衰微、个性解放的时期，一个才气横溢、人才辈出的时期，他能够以自己的哲学为人心性才情存在，提供天道先验论、本体论与形而上学根据，并以材质论从美学上揭示了人的心性才情的美好，以中和之质和中庸之德，抒发其才情理想与精神世界，是非常可贵的。但他讲"道也者，回复变通"②；讲"草之精秀者为英，兽之特群者为雄"；"英以其聪谋始，以其明见机；雄以其力服众，以其勇排难"③，并持材质殊异之说以论之，则不仅为各种偏才"各从其心之所可以为理"④ 的非理性存在制造了根据，也启开了正始时期傅嘏、锺会、王广、李丰才性异同合离之论。刘邵以玄微天道本体及人性的一元论看待人性才情本质的规定性，但其讲"独乘于玄路，则光晖焕而日新，德声伦于古人"⑤，则为心性本体论，已经接近玄学矣。特别是他托"玄休先生弃世遁名，藏身于虚廓，绝影于无形"，讲至人之生世，"必承天地之时势，统万物之纮纲，生有九州岛之秩，没有祀典之常"，以此"陈天下之远图，论品物之弘式，规人事之荣华，传情志之所极"⑥，已不仅仅是讲心性才情，而俨然以一位玄学先生为天下陈远图、论弘式、规荣华、

①　《人物志·材理》。
②　《人物志·八观》。
③　《人物志·英雄》。
④　《人物志·材理》。
⑤　《人物志·释争》。
⑥　《七华》，《全三国文》卷三二。

传情志之理想了。它发展到正始玄学时期，不仅成为占主流地位的玄学思潮，而且以其本体论空寂玄虚造成了一个时代的精神逸出。

## 四　正始玄学确立与精神逸出

何谓正始玄学？正始为魏齐王曹芳年号，历时公元 240 年～249 年。当时何晏、王弼诸人，高谈《老》《庄》，辨言析理，大畅玄风，即谓之玄学。它实乃一种以崇尚虚无玄谈的学风或思潮。它起始于正始期间，故谓正始玄学，但其存在则经历了整个魏晋时期，故又称魏晋玄学，代表人物有何晏、王弼、阮籍、嵇康、向秀、郭象等人。正始玄学时期的代表人物，除王弼、何晏之外，尚有夏侯玄、裴徽、钟会、荀融等人。正始玄学是魏晋玄学肇始期与确立期，是中国文化精神经西汉本原期、东汉中正期发展，开始走向逸出的时期。它本质上仍然是两汉文化精神的发展与绵续，但它又有许多不同于两汉精神的特殊风尚与追求。因此，研究正始玄学时期精神的转换与逸出，对于理解领悟中国文化精神新的发展与延续是非常重要的。

玄学，就是虚无玄谈之学。它哲学上就是以道体虚无存在而为宇宙万物本原，以此解释宇宙万象生化及人生处世之道。这种道体虚无的存在，就是老子所讲"道可道，非常道；名可名，非常名""玄之又玄"[1] 的存在。刘孝标注《世说新语》，所说"正始中，王弼、何晏好庄老玄胜之谈，而世遂贵焉"[2]，就是指的正始玄学。这种玄学，主要是以《老子》《庄子》《周易》道体形而上学，即所谓"三玄"的形上道体存在为根据，辨言析理，互相诘难。史说何晏"为吏部尚书，有位望，时谈客盈坐"，辨理人以为已极，王弼作难，"一坐人便以为屈"；王弼自为辩难，"皆一坐所不及"[3]，就是指的何、王引领正始玄学之风。他们的形而上学，虽然尚讲《易》道，然玄学根本精神，已经转向了《老》《庄》哲学，从儒家道学的刚健中正精神逸出矣。故他们的为人及处世哲学，被称为新道家。

那么，正始玄学是怎样出现的呢？它在精神上为何有此转换和逸出呢？其转换逸出表现为何种精神特质与绵延方向呢？正始玄学出现，除历史巨变

---

① 《老子》第一章。
② 《世说新语·文学篇》注引《续晋阳秋》。
③ 《世说新语·文学篇》。

所造成社会动荡、经济凋敝、政治混乱、人心不安外，更是直接与当时杀戮不断、法制溃败、礼教衰微、个性解放、才性张扬及贵族豪门与寒族对立诸多因素变化分不开的。战争连年，白骨敝野，造成了人生无常，连曹操"对酒当歌"，都发出"人生几何"的感慨；政治动荡、杀戮不断，"妖言者必戮，告之者辄赏"①，使人感到恐惧，有话不敢直说，只好玄谈以避祸；以名法治国，法制溃败，"豪强擅恣，亲戚兼并，下民贫弱，代出租赋，衒鬻家财，不足应命"②，造成豪门与寒门严重对立，使人生感到名实不符，没有真理、正义可言；而礼教衰微所造成的个性解放、才性张扬，更使士子才人陷入了游戏人生，不为功名所累，力求自我解脱。凡此种种文化历史巨变，都改变了正常社会人生，也改变了人生处世哲学。正始虽处于相对稳定时期，但由于上述种种文化历史积累的发展趋势，于是一种发端于曹魏正始，经历晋之元康至永嘉的玄谈世风就盛行起来。《文心雕龙》曾描述这种世风说：

> 魏之初霸，术兼名法，傅嘏、王粲，校练名理。迄至正始，务欲守文，何晏之徒，始盛玄论，于是聃周当路，与尼父争途矣。详观兰石之《才性》，仲宣之《去伐》，叔夜之《辨声》，太初之《本玄》，辅嗣之两《例》，平叔之二《论》，并师心独见，锋颖精密，盖论之英也。③

曹魏初期，是以名法治天下的，意在求名实相符。"夫名不正，则其事错矣。物无制，则其用淫矣。"④ 但曹操以名法治天下，并没有取得成功。故当时傅嘏讲"建官均职，清理民物，所以务本也；循名考实，纠励成规，所以治末也"⑤。王粲也是讲名理的，"博物多识，问无不对。时旧仪废弛，兴造制度"，王粲皆"恒典之"⑥。但发展到正始玄学盛，老庄虚无本体论哲学占

---

① 高柔：《除妖谤赏告之法疏》，《全三国文》卷二七。
② 《三国志·武帝纪》。
③ 《文心雕龙·论说篇》。
④ 刘廙：《正名》，《全三国文》卷三四。
⑤ 傅嘏：《难刘劭考课法论》，《全三国文》卷三五。
⑥ 《三国志·王粲传》。

据主导地位，及至傅嘏作《才性论》①、王粲作《去伐论》②、嵇康作《声无哀乐论》、夏侯玄作《本无论》③、王弼作《老略例》《易略例》④、何晏作《道》《德》两论⑤，虽皆独出心裁，论点极为精密锐利，然由于"聃周当路，与尼父争途"，则文化精神已远离中正之道逸出矣。

魏晋玄学，虽历晋元康至永嘉之世，但它的肇起确立，则在正始年间。因此，其精神逸出，亦自正始起。这种精神逸出，首先是出于哲学本体论上的空寂虚无。《晋书》讲："魏正始中，何晏、王弼等，祖述老、庄，立论以为：天地万物，皆以无为本。无也者，开物成务，无往而不存者也。阴阳恃以化生，万物恃以成形，贤者恃以成德，不肖恃以免身。故无之为用，无爵而贵矣"⑥，就是讲的何晏、王弼等人，以老、庄之学立论，天地万物，皆以"无"为本的正始玄学。中国圣贤明哲立根宇宙本体论，以玄而又玄的思辨和艰苦卓绝的形上努力，将宇宙万物本体提升为"有"与"无"存在，建立起深远博大的思想体系，使中华文明登上了人类文化精神与智慧之巅。那个天道本体，那个先于天地、化生万物形而上学存在，本来就无名，就无形无象，老子强字之曰"道"⑦，或孔子称之为"荡荡乎无能名"⑧者，是可以理解的。从这一点讲，正始何晏、王弼诸人之玄学，讲"以无为本"，并无大错，夏侯玄讲"夫唯无名，故可得遍以天下之名名之"⑨；何晏讲"夫道之而无语，名之而无名，视之而无形，听之而无声，则道之全"⑩也不能说不对。

---

① 傅嘏，字兰石，三国时魏人。《世说新语·文学篇》注云"论才性同异合离，傅嘏论同，李丰论异，锺会论合，王广论离"。《文心雕龙》所说"兰石之《才性》"，应指"傅嘏论同"说的。

② 王粲，字仲宣，山阳郡高平县人，著有《去伐论集》三卷，今已不存。

③ 夏侯玄，字太初，谯郡谯县（今安徽亳州）人，所著《本玄论》无可考，《列子·仲尼篇》注所讲夏侯玄曰："天地以自然运，圣人以自然用。自然者，道也。道本无名，故老氏曰疆为之名"等，或为其残句。

④ 《新唐书·艺文志》载王弼撰《老子指略例》二卷，注释《周易》，作《撰易略例》一卷。

⑤ 《世说新语·文学篇》说："何平叔注《老子》始成，诣王辅嗣，见王注精奇，酒神伏，曰：'若斯人，可与论天人之际矣！'若斯人，因以所注为《道》、《德》二论。"又说："何晏注《老子》未毕，见王弼自说注《老子》旨，何意多所短，不复得作声，但应诺诺，遂不复注，因作《道德论》。"老子《道德经》上下，本分《道经》《德经》，何晏见王弼时，所注始成的《道》《德》二论，即应为后来所著《道德论》。

⑥ 《晋书·王衍传》。

⑦ 《老子》第二十五章。

⑧ 《论语·泰伯》。

⑨ 《列子·仲尼篇》注引。

⑩ 《列子·天瑞篇》注引《道论》。

但其"开物成务，无往而不存"的"无"本体怎样存在，怎样"阴阳恃以化生，万物恃以成形"，成为"无之为用"的本体大用？他们把"道"归诸"无所有"① 的存在，并搬出了"自然"二字，就与儒家正学不同了。"自然"的本体论意义，就是夏侯玄讲的"天地以自然运，圣人以自然用。自然者，道也"② 的存在，或王弼所说的"自己而然，谓之天然"③ 的存在。既然一切皆自然无为，皆自然而然，那么，人顺乎自然就行了，就不要有所为了。此乃老子、庄子讲自然无为者也，亦王广批评何晏"虚而不治"④ 者也。魏晋时期，人们为了避祸，试图远离政治而不作为，是可以理解的。然其以自然无为人生哲理，一切皆力主闲适无为，就脱离君子终日乾乾，修道进业，至诚不息的文化精神而走向逸出矣。违背自然法则，干预自然法则，任意而作，胡乱作威，自然会受到惩罚，但一切讲顺乎自然而不作为，亦消极应世者也。《大戴礼记》引《易》说："正其本，万物理。失之毫厘，差之千里。"⑤ 正始玄学精神逸出，正是本体论失其正所致也。

正始玄学的精神逸出，不仅是本体论的，更是价值论的。中华民族自上古以来，在宇宙浩浩大化中，于何处安身立命，何处获得知觉主宰处，以为性命之理，建立虔诚信仰信念及精神世界而不颠沛流离的？全是靠大道本体，靠天道真实无妄之理存在。此理无妄，中华民族生存才能真实无妄，不陷入虚妄；此理为真实无妄、实有是理存在，中华民族的性命之理才可靠，才不流于荒诞。此即《礼记》讲"诚则明，明则诚"⑥ 者也。然中国文化发展为正始玄学，崇尚虚无，则成为世风，使人生流于虚妄矣。当时，虽然夏侯玄、何晏、阮籍等人，皆著有《道德论》，然其所谓道德，皆是以虚无为本的。其他像侍中乐广（字彦辅）、兵部侍郎刘汉（字冲嘏）等人，讲究体道，亦皆是以虚无言约为是的。这发展到王衍"讲理而才虚"，则陷入才理虚妄矣。其他人像散骑常侍戴奥以学道为业等，也皆是"希慕简旷"⑦ 的。裴颀作《崇有论》，欲与乐广辩驳，而乐"自以体虚无，笑而不复言"⑧，可知其怎样崇

---

① 《列子·仲尼篇》注引何晏《无名论》。
② 《列子·仲尼篇》注引。
③ 《庄子·齐物论》注。
④ 《三国志·王凌传》注引《汉晋春秋》。
⑤ 《大戴礼记·保傅篇》，卢辩注云："据《易说》言也。"
⑥ 《礼记·中庸》。
⑦ 《世说新语·文学篇》注引《晋诸公赞》。
⑧ 《世说新语·文学篇》注引《晋诸公赞》。

尚虚无，自以为是矣。体虚无之道，以为性命之理，人生何以能不陷入虚无呢？人生不能于真实无妄之理获得知觉主宰，在宇宙浩浩大化中，何以能不漂浮、不颠沛流离呢？此魏晋人物所以纵横流漫、希慕清旷，乃起于正始玄学体道虚无，以为最高价值存在，造成精神虚妄逸出所致也。

　　正始玄学精神逸出，不仅出于本体论失正与价值论失误，更见于心性论偏颇。当时，论才性同异合离，不论是傅嘏论同、李丰论异，还是锺会论合、王广论离，皆不见刘邵所说"中和之质"与"中庸之德"，不见立于阴阳之道及五种常性的永恒本性和纯粹品德，所见者乃自以为高远而实离道德本性的偏执之性与偏杂之才。王弼讲"明足以寻极幽微，而不能去"的所谓"自然之性"①，不过生物本能而已，不过是何晏所讲"性者，人之所受以生"②而已。人虽有此自然之性，有"先天而天弗违"的本质规定性以及不同气质的蠢笨或灵性，但此自然之性，此本质规定性，并非是完全不可改变的，用墨子的话说，乃是"人性如素丝，染之黄则黄，染之苍则苍"③ 的存在，关键在于受何种文化教育。因此，人性或才情如何，还有"后天而奉天时"问题，有个心性教化与涵养问题，包括他的交往及其接受的宗教、哲学、信仰。这也正是荀子讲"君子居必择乡，游必就士，所以防邪僻而近中正"④ 的道理。据《世说新语》记载，傅嘏善言虚胜，荀粲谈尚玄远，每至共语，争论起来，互不相让，而裴徽说："释二家之义，通彼我之怀，常使两情皆得，彼此俱畅。"⑤ 此记载不正说明，人心性畅快与否是与其所接受哲学相关的。其实，魏晋时期，一些人狂妄，一些人刻薄，一些人旷达，一些人自私，甚至每个人都怪怪的，虽不能完全否定先天自然本性差别，但更多的则是受当时政治环境及老庄哲学影响，所造成心性偏颇所致。此正始玄学时期，因心性偏颇而致使精神逸出者也。

　　自然，对于正始玄学所造成的心性偏颇及精神逸出，是不能用任意的政治挥洒来解释的。读那时的书，看那时的人，虽然有浪漫，有轻狂，有放荡不羁与浩然狂放，但总还给人一种凝重感，一种厚重、宁静、高明、飘逸、致远的感受，一种悲苦与逸乐交际的君子情怀。他们在危机与重压下仍有一

---

①　《三国志·锺会传》注。

②　《论语集解》卷三。

③　《墨子·所染》。

④　《荀子·劝学》。

⑤　《世说新语·文学篇》。

种热烈的追求，一种理想的向往并表现为那个时代特有的风度、风骨与风流。何晏讲做学问要"进取于大道"①，"说绎道义，发明大体"②，"通于物理"③，"识其义理"④ 等，就属哲学上的进取与开拓。他们创造自己的玄远哲学，但又不能不在名教与自然、才性与名理之间，甚至在儒教、老庄与禅理之间，做出自己的选择。这中间有背离的地方，但在他们创造性思维中，即体即用，即用即体，体用相即，渐渐将名教与自然、才性与名理、儒教与老庄，甚至与禅理，圆融无滞地契合在一起了。因此，所谓魏晋玄学，实乃一种新的哲学创造，即现在被称为的新道家哲学。它在正始期间的确立及精神逸出，亦实乃是一种哲学精神崛起，一种新道家哲学精神崛起。

　　这种新道家哲学，实际上乃是一种新的形而上学，一种对天道本体及人生哲学新的领悟与阐释。何晏的"圣人无喜怒哀乐论"及王弼的"摈落一切象数之为道"，就是属于这种新领悟与阐释。它有高明处，也有失落处。下面，先讲何晏"圣人无喜怒哀乐论"，然后再讲王弼"摈落一切象数之为道"的新形而上学。

## 五　何晏的圣人无喜怒哀乐论

　　人皆有七情六欲。无七情六欲，可为人乎？然人仅有此七情六欲，有此动物本能，可为圣人乎？人与动物的"几希"差别是什么？圣人与一般庶民百姓的差别又是什么？这在哲学上是个关乎人性先天后天、形上形下的本质存在问题，也是精神发生建构的心性本体论所在及精神史经常遇到的问题。这个问题，虽孔问于老、荀辩于孟，秦汉以后，很少有人为此激辩，但正始时期，不仅论才性同异合离，有傅嘏论同、李丰论异、锺会论合、王广论离之不同，而且圣人有无喜怒哀乐，亦成了何晏、王弼心性之辩的命题。

　　何晏认为，圣人无喜怒哀乐。圣人为何无喜怒哀乐？《三国志·锺会传》裴注说："何晏以为圣人无喜怒哀乐，其论甚精，锺会等述之"，没有具体解释。《三国志·锺会传》只是说"会尝论《易》无互体、才性异同。及会死

———————

① 《论语集解·公冶长》注。
② 《论语集解·为政》注。
③ 《论语集解·雍也》注。
④ 《论语集解·学而》注。

后，于会家得书二十篇，名曰《道论》，而实刑名家也，其文似会"，关于何晏的圣人无喜怒哀乐之论，亦无更多记述。那些属刑名家的《道论》篇什，且不去管它。至于说会"论才性异同"者，即《世说新语》所说锺会撰《四本论》，但其注说"文多不载"①，也难细究。锺会的其他著作，《隋书·经籍志》录有《老子道德经》两卷、《周易尽神论》一卷，《七录》载有《周易无互体论》三卷，均已遗失。因此，关于何晏为圣人无喜怒哀乐论的内容，于锺会性论处无可求，只能从何晏现存著作去理解。

何晏，字平叔，南阳宛人（今河南南阳）人，大将军何进之孙。文帝时拜驸马都尉，明帝时为冗官，齐王即位，进散骑侍郎，迁侍中，后为吏部尚书，封关内侯，坐曹爽诛。著有《论语集解》十卷，《老子道德论》两卷，《何晏集》十一卷。《论语集解》现存，《道德论》已佚，但从张湛《列子注》所引《无名论》《道论》，大体可以看出何晏《道德论》的形而上学解释，亦可见其对圣人无喜怒哀乐的理解与领悟。特别是所引《无名论》关于何谓圣人的论述，不仅涉及圣人的超越性本质，亦可见其精神性存在。《列子·仲尼篇》说，商太宰见孔子，问："三王圣者欤？"孔子说："三王善任智勇者，圣则丘弗知。"问："五帝圣者欤？"孔子说："五帝善任仁义者，圣则丘弗知。"问："三皇圣者欤？"孔子说："三皇善任因时者，圣则丘弗知。"于是，商太宰大骇，说："然则孰者为圣？"孔子动容有间，说："西方之人，有圣者焉，不治而不乱，不言而自信，不化而自行，荡荡乎民无能名焉。"张湛于《列子》此处注引何晏《无名论》说：

> 为民所誉，则有名者也；无誉，无名者也。若夫圣人，名无名，誉无誉。谓无名为道，无誉为大。则夫无名者，可以言有名矣；无誉者，可以言有誉矣。然与夫可誉可名者，岂同用哉？此比于无所有，故皆有所有矣。而于有所有之中，当与无所有相从，而与夫有所有者不同。同类无远而相应，异类无近而不相违。……详此异同，而后无名之论可知矣。凡所以至于此者何哉？夫道者，惟无所有者也。自天地已来皆有所

---

① 《世说新语·文学篇》说："钟会撰《四本论》始毕，甚欲使嵇公一见，置怀中，既定，畏其难，怀不敢出，于户外遥掷，便回急走。"注引《魏志》说："会论才性同异，传于世。""《四本》者，言才性同，才性异，才性合，才性离也。尚书傅嘏论同，中书令李丰论异，侍郎钟会论合，屯骑校尉王广论离。"文多不载。

有矣；然犹谓之道者，以其能复用无所有也。故虽处有名之域，而没其无名之象；由以在阳之远体，而忘其自有阴之远类也。①

何晏认为，圣人是"名无名，誉无誉"的；"无名为道，无誉为大"，圣人是按照"无名""无誉"之道存在的。既然"名无名，誉无誉"，既然按照"无名""无誉"之道存在，自然超越刑名誉毁而无喜怒哀乐。只有站在"无名""无誉"道体形而上学高度，方可言"有名""有誉"的本质存在；然此名此誉，已不是世俗名誉，而是超越世俗的名誉，无所有的名誉，是道的"无所有者"，是圣人"处有名之域，而没其无名之象"，或"在阳之远体，而忘其自有阴"的存在。圣人以道体"无名""无誉"而存在，"与夫可誉可名者，岂同用哉？"由此可知，何晏讲圣人无喜怒哀乐，乃追求一种超越性生活与精神世界。何晏讲"有之为有，恃无以生；事而为事，由无以成"；讲"玄以之黑，素以之白，矩以之方，规以之员"②，亦是以道体形上存在，追求超越性生活及精神世界。故其注《论语》"颜回者好学，不迁怒，不贰过"说："凡人任情，喜怒违理。颜回任道，怒不过分。迁者，移也。怒当其理，不移易也。不贰过者，有不善，未尝复行。"③ 颜回的"任道，怒不过分"，"不移易""不贰过"，"有不善，未尝复行"，也就是圣人无喜怒哀乐之典范。

人之生也，陷于世俗的名与誉，时时与生死荣辱相勾连，处处与别人的誉毁相计较，像鸟儿一样过分爱护自己的羽毛，自然就把生命交给痛苦与烦恼，陷入没完没了的喜怒哀乐境地；而若经过铁与火、真与假、善与恶、美与丑、生与死的考验，真正体验领悟到社会人生的普遍价值与意义，体验领悟到去一时之誉毁、一时之是非、一时之盛衰的纯粹真理性与永恒普遍法则，生死荣辱抛却后，一生万事淡如水，不再在自己身上起意，而是去尽根尘，除却生死，与道浑然一体，将天地万物一例看，超越世俗的名誉荣毁，也就没有什么烦恼、痛苦可以纠缠自己、折腾自己，将自己拖入喜怒哀乐境地了。此圣人高尚精神境界也。然而人在现实生活中能获得此种境界吗？或者说，圣人真的能超越一切名誉而无喜怒哀乐地生存吗？王弼认为是不可能的。故他难何晏圣人无喜怒哀乐论说：

---

① 《列子·仲尼篇》注引何晏《无名论》。
② 《列子·天瑞篇》注引何晏《道论》。
③ 何晏：《论语集解·雍也第六》注。

圣人茂于人者神明也，同于人者五情也。神明茂，故能体冲和以通无。五情同，故不能无哀乐以应物。然则圣人之情，应物而无累于物者也。今以其无累，便谓不复应物，失之多矣。①

在王弼看来，圣人是茂于神明存在者，但圣人也是具喜、怒、哀、乐、怨五种情感者。神明茂，固然故能体验道体冲和境界，泯灭一切差别，通于道体"无"的存在，而追求无名誉、无喜怒哀乐人生与精神境界。但圣人亦是具喜、怒、哀、乐、怨之五情者，故其"不能无哀乐以应物"。因此，王弼认为，圣人之情，乃是"应物而无累于物者"，并非完全"无哀乐以应物"；而今讲无累，便谓"不复应物，失之多矣"。

王弼难何晏圣人无喜怒哀乐论，讲圣人并非完全"无哀乐以应物"，他自己在心性论上也有所偏颇，即他答荀融书所说，人之"自然之性"不能去、不能革：

弼注《易》，颖川人荀融难弼《大衍义》。弼答其意，自书以戏之曰："夫明足以寻极幽微，而不能去自然之性。颜子之量，孔父之所预在，然遇之不能无乐，丧之不能无哀。又常狭斯人，以为未能以情从理者也，而今乃知自然之不可革。足下之量，虽已定乎胸怀之内，然而隔逾旬朔，何其相思之多乎？故知尼父之于颜子，可以无大过矣。"②

王弼所谓自然之性，即道家自然而然之性也，即人之自然本性也。王弼注《老子》，讲"道不违自然，乃得其性"；讲"万物以自然焉性，故可因而不可为也，可通而不可执也"，就是讲的人的自然而又不可改变的本性。故曰"物有常性，而造之为之，故必败也。物有往来，而执之，故必失矣"。因此，在他看来，"圣人连自然之性，畅万物之情，故因而不为，顺而不施。除其所以迷，去其所以惑，一心不乱而物性自得之也"③。人之所以为人，自然有人的本性，有此本质的规定，否则，就不能成为人的存在了。但人的自然本性，

①　《三国志·锺会传》注引何邵《王弼传》。
②　《三国志·锺会传》注引何邵《王弼传》。
③　王弼：《老子注》第二、二十九章。

不仅是吃喝拉撒睡，不仅是喜怒哀乐怨，更为主要的是有"好是懿德"的先天道德本性。此《诗》《书》所道，孟子称之为人与动物"几希"① 差别，不视人为猪狗者也。王弼只是看到人喜怒哀乐怨的自然之情性，而忽视了人的道德本性。忽视人的道德本性，就不能涵养之、扩充之、大化之，建构人道德精神世界，有悖于王弼自己所说"德者，得也。何以得德？由乎道"② 者也。道德精神世界乃依其道德本性，领悟道体形而上学存在，涵养之、扩充之、大化之所致也。人达此博大、高明、悠远之精神世界，可以大其心而应天下之物，亦可面对天下之变，寂然不动，岂可以小我、私我之存在，而为世俗喜怒哀乐怨之情所牵动！此王弼以物情为理，不能通透颜子之量，孔父之至情者也。

撇开王弼难何晏圣人无喜怒哀乐论，何晏之讲圣人无喜怒哀乐论，亦非真正理解领悟圣人应物之精神境界者。史说"晏，何进孙也。母尹氏，为太祖夫人。晏长于宫省，又尚公主，少以才秀知名，好老庄言"③；又说"晏尚主，又好色，故黄初时无所事任。及明帝立，颇为冗官。至正始初，曲合于曹爽，亦以才能，故爽用为散骑侍郎，迁侍中、尚书。晏前以尚主，得赐爵为列侯，又其母在内，晏性自喜，动静粉白不去手，行步顾影"④。可知何晏实乃长于宫中的贵族阔少，而且是一个善于讨好皇上的好色之徒。这样一个"动静粉白不去手，行步顾影"的阔少，如何能体悟圣人之道，达于无喜怒哀乐之境界呢？笔者在《大道运行论》一书中曾说："如果一个人没有一定的社会经历，没有经过成功与失败、痛苦与欢乐、幸福与不幸，没有吃过大苦、耐过大劳，没有饿过肚子、尝过辛酸，没有经过世态炎凉、人情冷暖，没有受过凌辱、遭过白眼，没有挨过批判、斗争，甚至铁与火、真与假、善与恶、美与丑、生与死的搏斗，是很难真正体验、领悟到社会人生的普遍价值和意义的。试想，一个公子哥儿或纨绔子弟能够体验、领悟天下老百姓的劳苦与辛酸吗？一个整天泡在豪华宾馆的当权者，能够体验、领悟那些一家数口挤在七八平方米房子中的人是怎样生活的吗？没有这种体验与领悟怎么能够拥有同然之心呢？又怎么能够以天下的事为自己分内的事、自己分内事即是天

---

① 《孟子·离娄下》。
② 王弼：《老子注》第三十八章。
③ 《三国志·何晏传》。
④ 《三国志·何晏传》注引《魏略》。

下的事呢？其德又怎么能够修之于身、修之于家、修之于乡、修之于邦、修之于天下呢？那么自私，那么有身，那么贵己，又怎么能够以无身寄天下、使天下可托可寄呢？"① 何晏处宫闱之中，过着"动静粉白不去手，行步顾影"的阔少生活，是很难体悟圣人之道与天下同然之心，达于无喜怒哀乐之境界的。"初，夏侯玄、何晏等名盛于时，司马景王亦预焉"，而何晏讲"唯深也，故能通天下之志，夏侯泰初（玄）是也；唯几也，故能成天下之务，司马子元（师）是也；惟神也，不疾而速，不行而至，吾闻其语，未见其人"，不过是"欲以神况诸己"② 而已。自然，这可能为何晏介入政治之后，穷于党派之争，于困境而思解脱，有感于圣人之道者。

王弼辩于何晏，承认人有自然本性，并提醒治世者不要随便改变扭曲人的自然之性，无疑是对的。但其忽视人的先天道本性，将圣人之心性降而为物性自然本能，讲其"不能无哀乐以应物"，则将圣人之道及精神世界降而为形下物性存在，降物性自然本能为矣。圣人之情，非世俗之情，非自我、小我、私我之情性也，乃打开胸怀，接纳天地万物之理，至诚不息，与天地参，与万物化，其生也天行，其死也物化，静与阴同德，动与阳同波，纵浪大化中，不喜亦不惧之情怀也。此乃圣人道德之心所达理性自觉最高境界也。圣人具此道德与人格精神，纵浪大化之中，不喜亦不惧，自然应物无有世俗喜怒哀乐之情矣。此王弼所不能通透体悟圣人之道与圣人之心者也。故其注《易》《老》，讲摈落一切象数之为道，虽有其高明处，然亦有悖于圣人之道者。

## 六　王弼"摈落象数之为道"

王弼，字辅嗣，山阳高平人。汉时，王弼之祖王凯与王粲为族兄。王粲曾祖父王龚，乃山阳高平一带"世为豪族"③。据《兖州府志》，王粲墓位于兖州南五十二里，为济宁市郊区喻屯乡，属金乡县阳高平王氏家族。故王弼应为今山东济宁市金乡县人。《三国志·钟会传》说："初，（钟）会弱冠与山王弼并知名。弼好论儒道，辞才逸辩，注《易》及《老子》，为尚书郎，

① 《大道运行论》，华夏出版社 2012 年版，第 281～282 页。
② 《三国志·何晏传》注引《魏氏春秋》。
③ 《后汉书·王龚传》。

年二十余卒。"裴松之注引何劭《王弼传》说:"正始十年,曹爽废,以公事免。其秋遇疠疾亡,时年二十四,无子绝嗣。"由正始十年(公元 249 年)上推二十四年,王弼应生于公元 226 年。

王弼主要著作是《周易注》六卷、《老子注》两卷。《周易注》现保留在《汉魏古注十三经》(中华书局 1989 年版)中,附有《周易略例》;《老子注》保留在《诸子集成》第三册(中华书局 1954 年版)。王弼还著有《老子指略》《论语释疑》。《新唐书·艺文志》载有王弼撰《老子指略例》两卷,《宋史·艺文志》载王弼作《道德略归》一卷,郑樵《通志·艺文略》载有王弼《老子指略例》两卷。《老子指略》已佚。据王维诚考证,《云笈七签》所载《老君指归略例》,可能是《老子指略》一部分。《论语释疑》亦佚,部分散见于梁皇侃《论语义疏》和宋邢昺《论语注疏》中。另外,《旧唐书·经籍志》载王弼撰有《周易大演论》一卷,《新唐书·艺文志》载王弼撰有《周易大衍论》三卷。《周易大衍论》已佚,韩康伯《系辞上》注所引王弼大衍论,可能是其中的一部分。据说王弼还著有《周易穷微论》一卷、《易辨》一卷,《文集》五卷。《全三国文》卷四四仅录有《戏答荀融书》《难何晏圣人无喜怒哀乐论》两篇。今人楼宇烈有《王弼集校释》(中华书局 1980 年版),附录辑有《老子指略》《论语释疑》等佚文。

王弼虽然只活了二十几岁,但其智慧是很高的,特别是关于道体形上本体论思考,摈落象数为之道,于形上极高处讲道体存在与精神存在,可为曹魏时期最具才华哲学家。故何晏注《老子》始成,诣王弼,见王弼之注精奇,"迺神伏",讲"若斯人,可与论天人之际矣!"① 关于道体形而上学存在,虽然孔子传《周易》已讲得很清楚:"形而上者谓之道,形而下者谓之器";"夫《易》,圣人之所以极深而研几也。唯深也,故能通天下之志;唯几也,故能成天下之务;唯神也,故不疾而速,不行而至"②,但两汉《易》学,除费氏古文《易》以外,其他施、孟、梁之《易》,京房之《易》,几乎全是沉浸于象数,讲阴阳灾异的。东汉陈元、郑众始传费氏之学,马融为之传。郑玄虽为费氏《易》作注,荀爽亦为之作传,但费氏《易》的形而上学精神并未得到发挥,只有到曹魏时期,王肃、王弼并为之注,费氏《易》始大兴。王弼道体形而上学,不仅承续汉末《易》学由象数走向形而上学发展的趋向,

---

① 《世说新语·文学篇》。
② 《周易·系辞上传》。

更在于以《老》解《易》，出入象数，摈落象数，直视形上大道本体，从而建立起了新的《易学》体系与道体精神。

王弼道体形而上学形成，还有一个重要因素，即受荆州学风影响。汉末，中原大乱，国人南迁，"士之避乱荆州，皆海内之俊杰也"①。刘表"少知名，好八俊"②，其学受于王畅③，即王粲之祖父。刘表为荆州牧，"开立学官，博求儒士，使綦母闿、宋衷等，撰定《五经》章句，谓之后定"④，形成了一种荆州学风，即删除旧注，创立新意，追求经学形上之义，亦即刘表"镇南碑"所说洪生巨儒，"虽洙泗之间，学者所集，方之蔑如也"。所以如此者，因为"深愍末学远本离质"。于是刘表"乃令诸儒改定《五经》章句，删划浮辞，芟除烦重"，对经籍"赞之者用力少，而探微知机者多"⑤，即追求经义形而上学者多。《钟会传》注引《博物志》说："初，王粲与族兄凯俱避地州，刘表欲以女妻粲，而嫌其形陋而用率，以凯有风貌，乃以妻。凯生业，业即刘表外孙也。蔡邕有书近万卷，末年载数车与粲，粲亡后，邕所与书悉入业。业字长绪，位至谒者仆射。子宏，字正宗，司隶校尉。宏，弼之兄也。"王弼之父为王业⑥。王宏乃王弼之兄。王业为王凯之子，而王凯为刘表之婿。"初，王粲与族兄凯俱避地州"，王弼是否在荆州住过，不得而知，但王弼之祖，为刘表之婿，出于荆州刘表世家，可知也。从家学传承上讲，亦可知王弼之学与荆州学风有很深渊源。荆州洪生巨儒，以宋衷为首。宋衷学于郑玄，异于郑玄，重视心性与天道，而王弼好玄理，"厌旧喜新，摈弃师法，攘老庄虚无之论"，其间之影响，可见矣。

汉末儒学发展到正始玄学，《周易》研究已经不是纯粹儒家《易》学，而是转向了《老》《庄》玄学；同样，王弼注《周易》，亦不是原来儒家《易》学思维，而是援老入儒发展成了新道家哲学。正因为这样，所以王弼注《周易》，基本上是援老入儒，以《老子》思想解释道体形而上学存在的。在他看来，不论是《老子》所谓"道"，还是《易传》"形而上者谓之道"，皆

---

①　《三国志·王粲传》。

②　《三国志·刘表传》注张璠引《汉纪》曰："表与同郡人张隐、薛郁、王访、宣靖、公褚恭（公绪恭）、刘祇、田林为八交，或谓之八顾。"

③　《三国志·刘表传》注谢承引《后汉书》。

④　《三国志·刘表传》注引《英雄记》。

⑤　《刘镇南碑》，《全三国文》卷五六。

⑥　《三国志·王粲传》。

不是在形下器物、形名、象数上讲的，而是在超越这些存在，于形而上学本体论上讲的。它是无形无象、看不见、摸不着的存在。故其注《老子》"道可道，非常道，名可名，非常名"说："可道之道，可名之名，指事造形，非其常也。"王弼认为，凡"有"的存在，皆始于"无"，始于道体"未形无名"的存在。故曰"未形无名时，则为万物之始"。及其"有形有名时，则长之、育之、亭之、毒之，为其母也"。这就是老子所讲"无名天地之始，有名万物之母"的道理。这个道理，讲"道以无形无名始成万物，[万物]以始以成而不知其所以[然]。玄之又玄"，是极为玄妙几微的！"万物始于微而后成，始于无而后生"。故于"常无欲空虚"处，"可以观其始物之妙"。王弼认为，天下之事，皆是有之为利，无之为用的。不论是处"无"之为"始"阶段，还是处"有"之为"母"的阶段，两者同出于玄，出于形而上学道体存在。它"在首则谓之始，在终则谓之母"。"玄者冥（也），默（然）无有也，始母之所出也，不可得而名，故不可言同名曰玄"；而"言[同]谓之玄者，取于不可得而谓之然也。[不可得而]谓之然，则不可以定乎一玄而已，[若定乎一玄]则是名则失之远矣。故曰玄之又玄也。众妙皆从（同）[玄]而出，故曰众妙之门也"①。由此可知，王弼之所谓"玄"，所谓"玄之又玄"、抽象又抽象的存在，仍然是指形上之道，指道体无形无名存在也；而其曰"始物之妙"者，曰"玄之又玄，众妙之门"者，仍指其化育万物之神妙也，亦即《易传》所说"神也者，妙万物而言之者也"②。

正始时期，何晏、王弼认为，天地万物，皆以无形无名之"道"而为本体大用的。故何晏讲"道有统，故殊途同归，异端而不同归也"③；讲"善有元，事有会，天下殊途同归，知其元则众善举矣"④。同样，王弼也认为，"物无妄然，必由其理"；万物皆是"统之有宗，会之有元"⑤ 的。王弼虽然承认万物各有其性，如讲"不性其情，何能久行其正？""静专动直，不失大和，岂非正性命之情者邪？"⑥ 但王弼更讲本体大用。在他看来，"夫动不能制动，制天下之动者，贞夫一者也。故众之所以得咸存在者，必主于一也；

---

① 《老子注》第一章注。
② 《周易·说卦传》。
③ 《论语集解·为政第二》注。
④ 《论语集解·卫灵公第十五》注。
⑤ 《周易略例·明象》。
⑥ 《周易·乾卦》注。

动之所以咸运者，原必无二也"；惟有"统之有宗，会之有元"，才能"繁而不乱，众而不惑"①。天下事物虽繁虽众，然"自统而寻之，则知可以执一御也"。懂得这个道理，然后再看《周易》，则"六爻相错，可举一以明也；刚柔相乘，可立主以定也"②。王弼这里所讲"理"的存在，宗主与本元的存在，就是形上之道、两仪之理。它作为本体论的存在，就是无形无名的虚无之道。王弼认为，惟此无形无名的虚无之道，才能成为万物之宗，成为万物本体存在，并发挥无穷大用；其他一切有形实体性存在，不管这种存在是什么样的，作用都是有局限的。因此，他注《老子》"道冲，而用之或不盈。渊兮，似万物之宗"说：

> 夫执一家之量者，不能全家；执一国之量者，不能成国；穷力举重，不能为用。故人虽知万物治也，治而不以二仪之道，则不能赡也。地虽形魄，不法于天，则不能全其宁；天虽精象，不法于道，则不能保其精。冲而用之，用乃不能穷。满以造实，实来则溢。故冲而用之又复不盈，其为无穷亦已极矣。形虽大，不能累其体；事虽殷，不能充其量。万物舍此而求主，主其安在乎？不亦渊兮似万物之宗乎？锐挫而无损，纷解而不劳，和光而不污其体，同尘而不渝其真，不亦湛兮似或存乎？地守其形，德不能过其载；天慊其象，德不能过其覆。③

"道冲而用之"，冲者，虚也。形上之道，惟其虚也，为无限时空存在，才盛得下万物而不盈，才能发挥无穷大用；而若其是实体性存在，形虽大，也必然为形体所累，不能发挥无穷大用。即使形体像天地，"地虽形魄，不法于天，则不能全其宁；天虽精象，不法于道，则不能保其精"。天地不法道，不像道形上虚无，"地守其形，德不能过其载；天慊其象，德不能过其覆"，其为功用，也是有限的。故曰"冲而用之，用乃不能穷。满以造实，实来则溢"。因此王弼认为，道体虚无存在，乃天地万物之宗主，渊渊其渊之存在。宇宙"万物舍此而求主，主其安在乎？不亦渊兮似万物之宗乎？"同样，治国平天下，舍弃形上之道、两仪之理，若只是执一家一国之是非，穷力而为，

---

① 《周易略例·明象》。
② 《周易略例·明象》。
③ 《老子注》第四章注。

也是不能进行历史担当，实现天下大治的。

那么，道体虚无存在，是怎样化生万物，成为万物之宗，成为最高本体存在的呢？这就是王弼所阐述的大衍之数定律。他说：

> 演天地之数，所赖者五十也。其用四十有九，则其一不用也。不用而用以之通，非数而数以之成，斯《易》之太极也。四十有九，数之极也。夫无不可以无明，必因于有，故常于有物之极，而必明所由之宗也。①

对于这个大衍之数定律，后世有各种各样的解释，但并不能尽通大道本体大用。衍者，衍生也。大衍者，推衍生至变者也。大衍论，可说是最早之《天演论》也。推衍，推衍生变化，亦即推演也。怎么推演呢？按照阴阳之道、两仪之理推演，即按照天之数五奇为二十五，地之数五偶为三十，凡天地之数五十有五推算，以此成变化，见生化之妙。此《易》以至极之数，穷极幽微之变，通神明之德，极未形之理，可以开物成务，冒天下之道者也。天地之数五十有五，余数不用，故大数为五十。"潜龙勿用，阳气潜藏"，"乾元用九，乃见天则"②，故大衍之至数为九。天地之数五十，减一不用，其用四十九，以为大衍之数。此乃中国文化最早推算宇宙大演化之数学公式！这个数学公式，包含着阴阳之道、两仪之理，包含着整个宇宙大化流衍、生生不穷的大法则，也包含着从至极之变到几微幽深之变的神妙原理。整个宇宙生化演变，皆可以以此数学公式推演出来。故王弼说："范围天地之化而不过，曲成万物而不遗，通乎昼夜之道而无体，一阴一阳而无穷。非天下之至变，其孰能与于此哉！"③王弼认为，演天地之数五十，其用四十有九，其一不用，然其"不用而用以之通，非数而数以之成"，乃不用之大用也。故此不用之数一，乃"《易》之太极也"；"数之始而物之极也，各是一物之生，所以为主也"④。它乃最高本体而为万物所宗的存在，是流通一切、贯通一切的存在。有此太极之道，"无不可以无明，必因于有，故常于有物之极，而必明

---

① 《周易·系辞上传》韩康伯注引王弼语。
② 《周易·文言传》。
③ 《周易例略·明爻通变》。
④ 《老子注》第三十九章注。

所由之宗也"。故其注《老子》"大道泛兮，其可左右"句曰："道泛滥无所
不适，可左右上下周旋而用，则无所不至也。"① 此一之为道，周流一切，贯
通一切，无所不至，为万物所宗，亦即朱子讲"事事物物皆个极"② 的存在。
韩康伯受业于王弼，其学承王弼之旨，注《系辞传》引此王弼大衍之说，乃
知其造化所生，以道为宗，为最高本体者也。故其讲《爻辞》说："王氏之
《例》详矣。"③

　　王弼所说太极之道的不用之大用，就是指天道的大功用，亦即天之大功
德所在。宇宙万物，惟得此大功用，才能生化，才能成长，才为有根有本的
存在。故其注《老子》注"上德不德是以有德"句说："德者，得也。常得
而无丧，利而无害，故以德为名焉。何以得德？由乎道也"；注"道生之，德
畜之，万物莫不尊道而贵德"说："凡物之所以生，功之所以成，皆有所由。
有所由焉，则莫不由乎道也。道者，物之所由也，德者，物之所得也。"④ 物
得之，为之生所由；人得之谓德，宜之为义，则为之道德，即"圣人则天之
德"或"与天合其德"的存在。王弼于此，不仅重申中国文化自上古以来皆
为天道为宇宙万物本体的理论，亦为人的道德精神世界建立，重新寻找到形
而上学根据，即圣人之德本于天，本于天道无形无名存在。这无形无名之天
道，即是道德本体论所在，即整个中华民族道德精神世界所出所立者。这个
天道，乃是"无之称也，无不通也，无不由也"的存在，是"寂然无体，不
可为象"⑤ 的存在。故"与天合德，体道大通，则乃至于〔穷〕极虚无也。
穷极虚无，得道之常，则乃至于不穷极也"⑥。此中华民族道德精神世界之所
以广大深远者也。

　　在王弼那里，不论是道之所由，还是物之所得，皆是无欲的，是不受欲
望、目的、动机一类意识支配的，道生之，德畜之，长之育之，亭之毒之，
养之覆之，皆是"莫之命而常自然"⑦ 的事情，乃是万物本性使然者。故其
注《老子》"道法自然"句说："道不违自然，乃得其性。"因此，王弼认为，

---

① 《老子注》第三十四章注。
② 《朱子语类》卷九四。
③ 《周易·系辞传下》韩康伯注。
④ 《老子注》第三十八、五十一章注。
⑤ 《论语释疑·述而篇》注，楼宇烈《王弼集校释》下册，中华书局1980年版，第624页。
⑥ 《老子注》第十六章注。
⑦ 《老子》第五十一章。

自然即天，即道，即性，即无称之称，即宇宙普遍法则，即万物本然的存在。故曰："自然者，无称之言，穷极之辞也。"曰"法自然"者，即"在方而法方，在圆而法圆，于自然无所违也"①。这是一切名教的出发点，也是圣人无为治天下而为根本者。故王弼说："夫物之所以生，功之所以成，必生乎无形，由乎无名。无形无名者，万物之宗也"，"圣行五教，不言为化。天不以此，则物不生；洽不以此，则功不成"②。而其注《论语》"大哉！尧之为君也！巍巍乎唯天为大，唯尧则之"句说："圣人有则天之德。唯尧于时全则天之道也。则天成化，道同自然，不以私其子而君其臣。"③ 在王弼看来，"天地任自然，无为无造，万物自相治理"，是用不着设立仁义礼智之教的；而若设立礼教，"造立施化，有恩有为"，不仅物失其真性，而且"不足以备载"④，即不能普化众生。只有"载之以道，统之以母，显之而无所尚，彰之而无所竞"，"用夫无名"为教，才淳朴笃厚，用夫以成化。仁义礼智之教，乃"母之所生，非可以为母"者也；而若"舍其母而用其子，弃其本而适其末，名则有所分，形则有所止，虽极其大，必有不周，虽盛其美，必有患忧"⑤。但是，观王弼所讲"忠者，情之尽也。恕者，反情以同物者也。未有反诸其身而不得物之情，未有能全其恕而不尽理之极也。能尽理极，则无物不统。极不可二，故谓之一也。推身统物，穷类适尽，一言而可终身行者，其唯恕也"云云，可知其并非完全非仁义礼智之教，而在于追求其最高存在，追求"执一统众之道也"⑥。

天道形而上学，乃是"无之称""寂然无体，不可为象"存在，"穷极虚无"存在。那么，人是如何明白、意识、领悟、把握这个形上之"道"的存在呢？王弼提出来一个类似现象学的办法，即"得象而忘言""得意而忘象"的方法论。王弼认为，表达外部存在，无非是象、意、言之间的关系："象者，出意者也。言者，明象者也。尽意莫若象，尽象莫若言。言生于象，故可寻言以观象；象生于意，故可寻象以观意。意以象尽，象以言著。故言者所以明象，得象而忘言；象者，所以存意，得意而忘象。犹蹄者所以在兔，

① 《老子注》第二十五章注。
② 《老子指略》，楼宇烈《王弼集校释》下册，中华书局 1980 年版，第 195 页。
③ 《论语释疑·泰伯篇》注，楼宇烈《王弼集校释》下册，中华书局 1980 年版，第 626 页。
④ 《老子注》第五章注。
⑤ 《老子注》第三十八章注。
⑥ 《论语释疑·里仁篇》注，楼宇烈《王弼集校释》下册，中华书局 1980 年版，第 622 页。

得兔而忘蹄；筌者所以在鱼，得鱼而忘筌也"。所谓"得象而忘言""得意而忘象"，就是把"言"与"象"隐退，或如现象学家胡塞尔所说的那样，把它先放在括号内，然后直接把握"意"的存在。这就像渔猎得兔忘掉它奔跑的蹄子，得鱼忘掉捉鱼的篓子一样。形上之"道"的"寂然无体，不可为象"存在，"穷极虚无"存在，乃是无象之象，只可意会而不可言传的大象，要想明白、意识、领悟、把握它的存在，只有暂时把它外在表象及表达它之言辞全部隐退或放在括号内，然后以灵明之心直视无碍地领悟、把握它存在，才能在心灵上获得"道"的无形无象存在。这就是王弼所说的"得象而忘言""得意而忘象"① 之方法论。这种方法，虽然可以追溯到《庄子》"筌者所以在鱼，得鱼而忘筌；蹄者所以在兔，得兔而忘蹄；言者所以在意，得意而忘言"② 之说，及"忘物""忘我""忘忘"诸多悟道论述，但王弼把它作为一种道体形而上学方法论提出来，在当时对形上精神发展还是非常有意义的，尽管后来精神发展走向了逸出。

王弼把这种方法论推演到了整个《易》学研究及形而上学思维。在王弼看来，一部《周易》"两仪生四象，四象生八卦"，八八六十四卦，三百八十四爻，皆是一阴一阳之道所显示的法则秩序，而"象者，各辩一爻之义者也"③。由于当时文字有限，不能完全用概念表达，借用各种物象，以为文化象征表示，如以"牛""马"表示刚健、强壮、顺从一类意义。但这"牛""马"已不是动物存在，而是象征意义的表示。这就是王弼说的"触类可为其象，合义可为其征"的《周易》表达方式。王弼认为，这只是文字有限、概念不足的表现。如果文字发达，概念丰富，何必借用物象而为象征表示呢？故曰："类苟在健，何必马乎？类苟在顺，何必牛乎？义苟合顺，何必《坤》乃为牛？义苟应健，何必《乾》乃为马？而或者定马于《乾》？"如果不看到这种象征意义及其局限，按照字面解释各卦，一卦推出一卦，一爻推出一爻，"伪说滋漫，难可纪矣"，就荒唐了。金木水火土作为五行，亦是万物常性之表示符号，以此推变为各种神秘意义，亦是非常荒唐的。因此，在王弼看来，《周易》推演及形上思维"一失其原，巧愈弥甚"，即使所讲有对的地方，亦"义无所取"，不具有根本价值。所以如此，"盖存象忘意之由也"，即执着于

---

① 《周易例略·明象》。

② 《庄子·外物篇》。

③ 《周易例略·略例下》。

卦象而忘却它背后的形而上学意义所造成的。如果摈落象数，"妄象以求其意，义斯见矣"①。这就是王弼所主张的摈落一切象数而为道的形而上学思维。它作为一种方法论，不仅开出了《易》研究的义理派，影响了《易》学研究，更为重要的是它综合《周易》《老子》《庄子》的形上思维，将道体形而上学及精神发展推向了一种新的高度与境界。从这点上说，王弼不愧为有才华的哲学家，他在形而上学方面的贡献是应该给予充分肯定的。

　　但是，形而上学追求并非易事，特别涉及阴阳莫测的变化及其至精至神存在时，更是不容易把握的。故东晋孙盛谈到王弼注《周易》时说："《易》之为书，穷神知化，非天下之至精，其孰能与于此？世之注解，殆皆妄也。况弼以傅会之辨而欲笼玄旨者乎？故其叙浮义则丽辞溢目，造阴阳则妙赜无间。至于六爻变化，群象所效，日时岁月，五气相推，弼皆摈落，多所不关。虽有可观者焉，恐将泥夫大道。"② 在孙盛看来，摈落群象，不讲"六爻变化，五气相推"的精妙阴阳变化，仅"以傅会之辨"，追求形而上学的"玄旨"，恐怕是很难不违大道旷荡，亭毒含灵，周行万物，无不成就之旨的。王弼摈落一切象数而为道的形而上学思维，不在于他"得意而忘象"之方法论，也不在于他对泥于象数《易》研究的"存象忘意"之批评，而在于他道体形而上学存在并非实有是理、真实无妄存在，而是空寂虚无存在。王弼注《老子》"孔德之容，惟道是从"句，不是注"孔"为"大"，而曰"孔，空也"。讲"惟以空为德，然后乃能动作从道"③，以及讲"虚而不得穷屈，动而不可竭尽"；"若无所中然，乃用之不可穷极"④ 等，即是把形上之"道"视为空寂虚无存在的。故程子批评说："王弼注《易》，元不见道，但却以老、庄之意解说而已。"⑤ 这种虚无玄学，发展到魏晋的嘉平、景元期间，竹林七贤辈出，放情肆志，游谈无根，走向本体虚无，于宇宙浩浩大化中失却主宰，走向洪荒的宇宙与洪荒的人生，就流于迷惘与荒诞了。

---

① 《周易例略·明象》。
② 《三国志·锺会传》注引《王弼传》。
③ 《老子注》第二十一章注。
④ 《老子注》第五、三十五章注。
⑤ 《河南程氏遗书》卷一。

# 第十四章　竹林七贤的旷达与迷失

**内容提要：** 正始期间，曹爽大权独揽，排斥司马懿势力。正始十年即嘉平元年，司马懿以迅雷不及掩耳之势，一举消灭了曹爽集团，正始时代结束。尽管晋武帝初立，正郊庙，罢禁锢，立谏官，征废逸，禁谶纬，增吏俸，推行了诸多崇宽弘雅正治术，但在国家处于内乱外逼，腐败堕落糜烂之际，则并不能解决政治上的动荡不安。与此相悖而行，精神上则进入了狂放不羁、超拔脱俗的时期。其主要人物，就是以嵇康、阮籍为代表的竹林七贤。这个时期，不仅儒学已经衰微，老庄之学成时髦话语，而且整个文化哲学，转向了一种新的形而上学，一种非儒非道、亦儒亦道、玄学化的新名教。因此，这是一个社会大动荡、文化大变迁、价值大转换的时代，亦是各种人生哲学与性命之理铺天盖地而来，每个人都必须自觉或不自觉地作出价值判断与选择的时代。竹林七贤诸人，虽然极力挣脱礼教的束缚，然而他们又是带着前代道德遗产的清节、坚贞而来的；他们持老庄之学追求旷达超越，然又被秦汉以来神仙方术仙术神秘文化所纠缠。因此，他们的追求，包含着非理性，包含着任性而为、荒诞不稽，然他们又以自己的风格与才性、道德情操与超拔精神构成了一个铁骨铮铮、才华横溢的时代，一个英雄本色、名士风流的时代。因此，不论是嵇康讲"卑名教而任自然"，还是阮籍讲"大人之风"，抑或是向秀讲"无待常通"的存在，无不表现出旷阔、高远、超拔、卓绝的精神追求。尽管这种追求后来走向了浮华与虚无，从而造成了精神逸出，然它在魏晋精神史上的存在，则牵涉到那个时代人性发展和精神现象最为核心的问题，即文化历史转向与精神流变问题，因此，是值得撰写精神史认真研究思考的。

正始期间，曹爽引用何晏、邓飏、丁谧、毕轨、李胜、桓范等人于中央政权机构，大权独揽，排斥司马懿势力。正始十年（公元 249 年），亦即嘉平元年，司马懿以迅雷不及掩耳之势，一举消灭了曹爽及其党羽，何晏被杀。王弼因何晏之荐，于曹爽擅权执政时补为台郎，亦被免职，其秋，遇疠疾而亡。及至嘉平六年夏侯玄、李丰被杀，于是，以何晏、王弼为代表的正始玄学时代结束，政治进入了一个更加动荡不安、杀戮不断的时期；与此相悖而行的精神上则进入了一个狂放不羁、超拔脱俗的时期。这个时期，精神史上达到形而上学高度的人物，就是以嵇康、阮籍为代表的"竹林七贤"。

王船山曾说，"何晏、夏侯玄、李丰之死，皆司马氏欲篡而杀之也"。当时，为人士所推而后世称道不绝者，则有傅嘏、王昶一类人。但这些人多是"以全身保家为智，以随时委顺为贤，以静言处谄为道，役于乱臣而不怍，国之亡、君之死，漠然而不动于心"的"贼德乡原"① 之流！然这个时期，亦有清节之士，他们就是嵇康、阮籍为代表的"竹林七贤"。

何谓"竹林七贤"？《晋书》说："嵇康字叔夜，谯国铚人也。所与神交者，唯陈留阮籍、河内山涛，豫其流者，河内向秀、沛国刘伶、籍兄子咸、琅琊王戎，遂为竹林之游，世所谓竹林七贤也。"②《世说新语》说："陈留阮籍、谯国嵇康、河内山涛、沛国刘伶、陈留阮咸、河内向秀、琅琊王戎。七人常集于竹林之下，肆意酣畅，故世谓竹林七贤。"③ 孙盛说："康寓居河内之山阳县，与之交游者，未尝见其喜愠之色，与陈留阮籍、河内山涛、河内向秀、籍兄子咸、琅琊王戎、沛人刘伶，相与友善，游于竹林，号为七贤。"④ 从这些记载可以看出，所谓"竹林七贤"，就是嵇康、阮籍、山涛、向秀、刘伶、阮咸、王戎七名志同道合的士林朋友，游乐于竹林者。嵇康祖籍会稽上虞（今浙江绍兴），后迁至谯国铚（今安徽宿县西南）。官至中散大夫，退居河内山阳。故《晋书·嵇康传》《魏氏春秋》皆说嵇康说"寓居河内山阳县"，"与之交游者，未尝见其喜愠之色"云云。河内山阳，即今河南修武县，遗址位于焦作市东南山阳区。郦道元《水经·清水》注引郭缘生《述征记》说："山阳县城东北二十里，魏中散大夫嵇康园宅，今悉为田墟，而父老犹谓嵇公竹林地，以时有遗竹也"；又说其长泉有"七贤祠，向子期山阳旧居也，

---

① 《读通鉴论》卷十。
② 《晋书·嵇康传》。
③ 《世说新语·任诞》。
④ 《三国志·嵇康传》注引《魏氏春秋》。

后人立庙于其处，左右筼簹列植，冬夏不变贞萋"①。此处所记山阳县陈迹，即嵇康、阮籍等竹林七贤友善游乐旧址也。

　　人生不能无群，然人依不同身份、地位、教养、志趣、好恶，群体相聚，又是各种各样的。就士林群体而言，依其贤而称之者，中国上古唐虞时期有"八恺""八元"，本书第一卷已注释；而汉魏以来，则有"三君""八俊""八顾""八及""八厨"② 等士林群体贤者称谓。这些士林群体的德行品质，虽也一时为人所称道，但都没有像竹林七贤那样在精神史上留下不同凡响，以其高论旷达，超拔脱俗，卓然一世，影响于后人。当时，袁伯彦作《名士传》，正始玄学虽以夏侯玄、何晏、王弼为名士，然其他名士，影响于世者，并为世人所称道者，则是竹林七贤③。1960 年南京西善桥出土的南朝大墓及1965 年江苏丹阳出土的南齐大墓等，皆有"竹林七贤"画像砖；另外，唐时孙位所画《高逸图》，皆可见竹林七贤当时的神情与精神风貌。

　　那么，竹林七贤究竟是怎样一个士林群体呢？它为何能以其不同的凡响影响于后世呢？它是在怎样政治背景和学术背景下形成的呢？在精神史上具何种深远意义呢？这是叙述竹林七贤必须首先弄清楚的。

## 一　竹林七贤追求超拔脱俗的精神

　　怎样看待魏晋时期竹林七贤，并不只是一个文化群体风格范儿的研究，也并不只是士林群体离经叛道的追诉，而是牵涉到那个时代人性发展和精神现象最为核心的问题，即精神史上深刻的文化历史转向与精神流变问题。

---

① 《艺文类聚》卷六十四。

② 《后汉书·党锢传》称窦武、刘淑、陈蕃为"三君"。君者，言一世之所宗也。李膺、荀翌、杜密、王畅、刘佑、魏朗、赵典、朱宇为"八俊"。俊者，言人之英杰也。郭林宗、宗慈、巴肃、夏馥、范滂、尹勋、蔡衍、羊陟为"八顾"。顾者，言能以德行引人者也。张俭、岑晊、刘表、陈翔、孔昱、苑康、檀敷、翟超为"八及"。及者，言其能导人追宗者也。度尚、张邈、王考、刘儒、胡母班、秦周、蕃向、王章为"八厨"。厨者，言能以财救人者也。另外，《后汉书·周举传》称周举、杜乔、周栩、冯羡、栾巴、张纲、郭遵、刘班为"八俊"；《三国志·刘表传》注张璠引《汉纪》说，刘表与同郡人张隐、薛郁、王访、宣靖等为"八交"，或谓之"八顾"，上章已注；又引《汉末名士录》，八俊指刘表、陈翔、范滂、孔昱、范康、檀敷、张俭、岑晊八人，后人称"江夏八俊"。

③ 《世说新语·文学篇》袁伯彦作《名士传》条注说："袁以夏侯太初、何平叔、王辅嗣为正始名士。阮嗣宗、嵇叔夜、山巨源、向子期、刘伯伦、阮仲容、王濬冲为竹林名士。斐叔则、乐彦辅、王夷甫、庾子嵩、王安期、阮千里、卫叔宝、谢幼舆为中朝名士。"

竹林七贤是个什么样的士林群体呢？从《晋书》所载，不论是讲与嵇康交往者，皆是"神交者"，还是讲刘伶"与阮籍、嵇康相遇，欣然神解"①，都可以看出，竹林七贤是一个精神群体，一个有着形上精神追求的群体，而非一般志趣相投者。这种精神追求，就是儒学少有的"旷迈不群，高亮任性，不修名誉，宽简有大量"的超拔脱俗，就是嵇康著《养生篇》所追求的"超然独达，途放世事，纵意于尘埃之表"，及集圣贤高士传而赞之的"求之于宇宙之内，而发之乎千载之外者"②的形上精神。虽然竹林七贤各有个性，所达到的精神高度亦不尽同，然就其狂放、超然、脱俗及不涉世务而言，与正始何晏、王弼的热衷仕途政治，则是非常不一样的。它表现为一种前所未有的旷迈不群、超拔脱俗的精神！

正是具有这种精神，竹林七贤才狂放傲慢，鄙视世务，不为世俗所羁。景元二年，山涛领吏部，将去选官，请嵇康代自己出任尚书吏部郎，嵇康以"不堪者七，甚不可者二"③为由，加以拒绝，就是一种鄙视世务、超拔脱俗的精神。特别是他讲"不喜俗人，而当与之共事，或宾客盈坐，鸣声聒耳，嚣尘臭处，千变百伎，在人目前"，"但愿守陋巷，教养子孙，时与亲旧叙阔，陈说平生。浊酒一杯，弹琴一曲，志愿毕矣"④，更显出一种超然独处、鄙视世务的精神。阮籍的"旷达不羁，不拘礼俗"，"纵酒昏酣，遗落世事"⑤及刘伶的"兀然而醉，怳尔而醒，静听不闻雷霆之声，熟视不睹泰山之形，不觉寒暑之切肌，利欲之感情"⑥，也无不表现出这种精神与感情。即使山涛出

---

① 《晋书·刘伶传》。

② 《三国志·嵇康传》注引《嵇氏谱》嵇康兄嵇喜为《康传》。

③ 嵇康《与山巨源绝交书》说："人伦有礼，朝廷有法。自惟至熟，有必不堪者七，甚不可者二：卧喜晚起，而当关呼之不置，一不堪也。抱琴行吟，弋钓草野，而吏卒守之，不得妄动，二不堪也。危坐一时，痹不得摇，性复多虱，把搔无已，而当裹以章服，揖拜上官，三不堪也。素不便书，又不喜作书，而人间多事，堆案盈机，不相酬答，则犯教伤义，欲自勉强，则不能久，四不堪也。不喜吊丧，而人道以此为重，已为未见恕者所怨，至欲中伤者，虽瞿然自责，然性不可化，欲降心顺俗，则诡故不情，亦终不能获无咎无誉。如此，五不堪也。不喜俗人，而当与之共事，或宾客盈坐，鸣声聒耳，嚣尘臭处，千变百伎，在人目前，六不堪也。心不耐烦，而官事鞅掌，机务缠其心，世故繁其虑，七不堪也。又每非汤、武而薄周、孔，在人间不止，此事会显，世教所不容，此甚不可一也。刚肠疾恶，轻肆直言，遇事便发，此甚不可二也。"《全三国文》卷四七。

④ 《与山巨源绝交书》。

⑤ 《三国志·阮籍传》注引《魏氏春秋》。

⑥ 《酒德颂》，《晋书·刘伶传》。

入仕途，参与政治，然其"介然不群"，"每隐身自晦"①，也是深隐着一种脱俗情怀的。

正是竹林七贤具有一种狂放傲慢、超拔脱俗的精神，所以他们的行为才怪怪的，常常做出一般人所做不出的事情。当初，嵇康居贫，尝与向秀打铁于大树之下，以此自以赡给。钟会乃是当时有名的贵公子，乘肥衣轻，宾从如云，又被大将军司马师所幸昵，闻康名而来造访。嵇康不为之礼，只管打他的铁不停，旁若无人，一个多时辰不说一句话。钟会离去时，嵇康则谓曰："何所闻而来，何所见而去？"钟会曰："闻所闻而来，见所见而去。"钟会以此憾之②。后来，钟会记恨此事，诋毁嵇康，甚至将其置于死地，乃小人作风也。但嵇康对来访者不为之礼，最多示以鄙视，又何必来访者临去，还要挑衅之，问"何所闻而来，何所见而去"呢？即使为旷世大才，似也不应以此方式，戏谑对方。此乃嵇康之怪也。其他人，像阮籍"时率意独驾，不由径路，车迹所穷，辄恸哭而反"③，及其能为青白眼，见礼俗之士，以白眼对之④。刘伶常乘鹿车，携一壶酒，使人荷锸而随之，谓曰"死便埋我"⑤。这些行为，也皆是非常怪异、不同寻常的，有时甚至是荒诞的。例如邻家少妇有美色，当垆沽酒。阮籍尝诣饮，醉便卧其侧；兵家女有才色，未嫁而死，籍不识其父兄，径往哭之，尽哀而还⑥。这些行为，虽然坦荡至淳，但在社会生活中则非常情所允许，而是近乎荒诞可笑的。

但在这些怪异、近乎荒诞的行为背后，却隐藏着人性异常发展和精神世界非同寻常的追求，隐藏着精神史上最为深刻的文化转向与精神流变。造成这种发展变化的原因，固然是极为复杂的，是由各种文化历史因素积累趋势所构成的，但最为直接的原因，还是当时政治权谋的诡谲多变与杀戮不断，所造成的人心恐惧及士林阶层精神危机。何晏、王弼在魏晋政治集团的权谋与斗争中不过是棋盘上的卒子，被人利用的工具。然在这场斗争中，曹爽集团的失败与司马懿集团的胜利，何晏被杀害，王弼被驱逐出政治之外，不久疾病而终，其他像夏侯玄、李丰等人，也都成了牺牲品。何晏与曹氏有姻亲

---

① 《晋书·山涛传》。
② 《晋书·嵇康传》，另见《世说新语·简傲》《三国志·嵇康传》注引《魏氏春秋》。
③ 《三国志·阮籍传》注引《魏氏春秋》。
④ 《晋书·阮籍传》。
⑤ 《晋书·刘伶传》，另见《世说新语·文学》注引《名士传》。
⑥ 《晋书·阮籍传》。

关系，当时，虽位高势重，然终不过一介书生，根本不理解"位峻者颠，轻豪者亡"① 的政治哲学。王弼当时才二十几岁，本来就"为人浅而不识物情"②，哪懂得何为政治，哪懂得如何斗得过那些老谋深算者？曹爽辅政时，已"识者虑有危机。晏有重名，与魏姻戚，内虽怀忧，而无复退也"；然何晏之诗"鸿鹄比翼游，群飞戏太清，常畏大网罗，忧祸一旦并，岂若集五湖，从流唼浮萍，永宁旷中怀，何为怵惕惊"，乃"盖因辂言，惧而赋"③ 者也。据此可知，当时何晏已意识到危机矣。虽其"内虽怀忧"，然当退而不退，等到中流击水，浪遏飞舟，则已来不及矣。凡此种种政治斗争及其诡谲多变的政治权谋与杀戮不断，引起当时所有士林迫切思考又必须面对的现实问题是：在这种政治斗争中牺牲自己是值得的吗？于是他们清醒了，觉悟了，现实了，那就是保护好自己而不介入政治，甚至躲避政治、逃避政治。此嵇康、阮籍诸贤，所以携手集于竹林之下者也，亦嵇康寓居河内之山阳县，"与之交游者，未尝见其喜愠之色"；阮籍言行"至慎，每与之言，言皆玄远，未尝臧否人物"④ 者也。这就不难理解锺会来访，嵇康打铁锻之不辍，不为之礼了；也不难理解为何阮籍"时率意独驾，不由径路，车迹所穷，辄恸哭而反"，或为青白眼，见礼俗之士，以白眼对之；刘伶常乘鹿车，携一壶酒，使人荷锸随之，谓"死便埋我"了。这些怪异荒诞行为背后，实乃寓意着那个时代士林心性异常及精神世界苦闷，无法排解、无法解脱，所采取的清醒而又无奈之行为。

造成士林心性异常、精神危机及行为怪诞的另一个原因，是礼教的破坏与道德的毁灭，它已由追求至精至纯的道德变为僵死的外在规范，变成了桎梏人心性的伪善说教与虚伪道德。东汉末年，礼教不仅僵化，而且发展出许多衍礼，社会伦理道德已不如光武复兴后，尊崇节义，敦厉名实，精神淳朴与世风笃厚了。及至魏晋时期，礼教道德已名不符实，变成了虚假与伪善：

---

① 正始九年，身为吏部尚书的何晏，对管辂说："闻君著爻神妙，试为作一卦，知位当至三公不？"管辂告之说："今君侯位重山岳，势若雷电，而怀德者鲜，畏威者众，殆非小心翼翼多福之仁。位峻者颠，轻豪者亡，不可不思害盈之数，盛衰之期。"
② 《三国志·王弼传》注引何劭《王弼传》。
③ 《世说新语·规箴》注引《名士传》。
④ 《世说新语·德行》。

明明是篡夺，却说是"禅让"；明明是自己怀奸篡权，却责备别人"有子不能教"①。这样的虚伪的礼教与伪善的道德，还如何能教化人生，诚明人性，使人心悦诚服地以礼教教义支配自己的精神生活与心性行为？如何能不反叛这种礼教而追求自由的道德精神生活？此嵇康所以说"非汤武而薄周孔"② 者也，亦何晏讲"礼岂为我设邪"③ 者也。既然虚伪的礼教与伪善的道德已经不能支配人的心性行为，满足人的精神生活，人们自然就要寻求新的人生哲学、新的礼教教义，以满足自己的心性行为与精神生活的要求，因为人的内心与精神世界是不能永远处于空白状态的。于是儒学礼教思想发展到魏晋之际，在文化变迁中发生了一种价值转换，即由儒家相传的礼法，变为道家老庄的放达。它实际上乃是一种礼教的丧失。如果说汉末尚有人"高自标持，欲以天下名教是非为己任"④，那么，到魏晋时期，名教已不是儒家所讲的礼法，不是孔子讲的"必也正名乎！名不正则言不顺，言不顺则事不成，事不成则礼乐不兴，礼乐不兴则刑罚不中，刑罚不中则民无所措手足"⑤，而是变成了以老庄哲学为时尚，追求一种无拘无束的心性自由、自我放任的无法无天天地。此嵇康"好言老庄，而尚奇任侠"⑥ "旷迈不群，高亮任性"⑦ 者也；亦阮籍"倜傥放荡，以庄周为模则"⑧ "傲然独得，任性不羁"⑨ 者也。但什么都有个度，有个分寸，过者则悖、则谬、则异、则怪，则陷入非理性，则走向荒诞不稽。阮籍"母将死，与人围棋如故，对者求止，籍不肯，留与决赌。既而饮酒三斗，举声一号，呕血数升"⑩，或"葬母，蒸一肥豚，饮酒二

① 《三国志·三少帝纪》注引《魏略》说：景王将废帝，遣郭芝入自太后，太后与帝对坐。芝谓帝曰："大将军欲废陛下，立彭城王据。"帝乃起去。后不悦。芝曰："太后有子不能教。今大将军意已成，又勒兵于外以备非常，但当顺旨，将复何言！"太后曰："我欲见大将军，口有所说。"芝曰："何可见邪？但当速取玺绶。"太后意折，乃遣傍侍御取玺绶著坐侧。
② 《与山巨源绝交书》。
③ 《晋书·阮籍传》。
④ 《世说新语·德行》说："李元礼风格秀整，高高自标持，欲以天下名教是非为己任。"注引薛莹《后汉书》曰："李膺，子元礼，颍川襄城人。抗志清妙，有文武俊才。迁司隶校尉。为党事自杀。"
⑤ 《论语·子路》。
⑥ 《三国志·嵇康传》。
⑦ 《三国志·嵇康传》注引《嵇氏谱》嵇康兄嵇喜为《康传》。
⑧ 《三国志·阮籍传》。
⑨ 《晋书·阮籍传》。
⑩ 《世说新语·认诞》注引邓粲《晋纪》。

斗，然后临诀，直言：'穷矣！'都得一号，因吐血，废顿良久"①，就是其偶傥放荡、任性不羁，心性被扭曲，陷入非理性，陷入荒诞的行为。这在当时成了一种风尚，一种违情背理的时尚追求。阮籍"嗜酒荒放，露头散发，裸袒箕踞。其后贵游子弟阮瞻、谢鲲、胡毋辅之之徒，皆祖述于籍，谓得大道之本。故去巾帻，脱衣服，露丑恶，同禽兽，甚者名之为通，次者名之为达"②，就是属于当时违情背理的时尚追求与荒诞行为。其悖、其谬、其怪、其异、其荒诞与非理性，走到登峰造极、忘乎所以的地步，发展到了裸体不以为羞，盗饮不以为耻③的地步，社会人生也陷入非理性了。乐广所谓"名教中自有乐地"④ 者，实际上乃打着行名教的幌子，以放达为名，放任自我、无法无天，任其所为。此魏晋时期礼教破坏与毁灭，所造成士林心性变异、精神危机及行为怪诞者也。

魏晋之际，士林心性变异、精神危机及行为怪诞，虽然与政治权谋的诡谲多变、杀戮不断及礼教常破坏与毁灭有关，但从根本上说，乃是当时整个文化变迁与历史转向，所带来的新价值取势造成的。这个时期，不仅儒学已经衰微，由王肃、王弼发展出了新形而上学，而且《周易》《老子》《庄子》的形而上学成了最为时尚的精神追求。加上大乘佛教传入及其格义学的兴起，整个时代的文化哲学及精神追求，转向了一种新的形而上学，一种非儒非道、亦儒亦道、玄学化的新名教。社会大动荡，文化大变迁，价值大转换，各种人生哲学与性命之理铺天盖地而来，每个人对此自觉或不自觉地都必须对此作出判断与价值选择。因此，当时的文化变迁与历史转向，支配并分化了整个知识上层及士林群体。有"素有德业，言行无玷"⑤ 者；有以"淳酪养性，人无嫉心"⑥ 为贵者；有"三日不读《道德经》，便觉舌本闻强"者；有读"林无静树，川无停流"诗，便"觉神超形越"⑦ 者；有终生陶醉于酒，讲

---

① 《世说新语·认诞》。
② 《世说新语·德行》引王隐《晋书》。
③ 《世说新语·认诞》说，刘伶恒纵酒放连，或脱衣裸形在屋中。人见讥之，伶曰："我以天地为栋宇，屋室为裈衣，诸君何为入人我裈中！"《晋书·毕卓传》说，毕卓少希放达，为吏部郎，比舍郎酿熟，因醉夜至其瓮间盗饮之，为掌酒者所缚，明旦视之，乃毕吏部也，遽释其缚。卓遂引主人宴于瓮侧，致醉而去。卓尝谓人曰："得酒满数百斛船，四时甘味置两头，右手持酒杯，左手持蟹螯，拍浮酒船中，便足了一生矣。"
④ 《世说新语·德行》。
⑤ 《世说新语·德行》。
⑥ 《世说新语·言语》。
⑦ 《世说新语·文学》。

"一手持蟹螯，一手持酒杯，拍浮酒池中，便足了一生"，或讲"使我有身后名，不如即时一杯酒"① 者；但在大变革的政治高压下，亦有与其同流合污，不以为耻者，或变得畏首畏尾，自私自利，走向船山先生所说的"以全身保家为智，以随时委顺为贤，国之亡、君之死，漠然而不动于心"的"贼德乡原"② 者。但更多的是追求旷达与超越者，如竹林七贤以老庄哲学为是非，鄙视世务，追求放任与旷达的人生境界，追求放荡不羁、独立傲世、旷迈不群、超拔脱俗的精神世界。嵇康的"旷迈不群，高亮任性"，阮籍的"傲然独得，任性不羁"，就是属于旷达与超越的追求。

竹林七贤试图以老庄哲学支撑起自己的精神世界，求得世俗生活的解脱，其实内心是很痛苦的。因为当时被偷换内涵的所谓名教，已不具有儒家经典之魂，不具兼覆兼载、道济天下的根本精神以及仁义礼智的核心价值观，只剩下旷达、醉饮、酣歌、放纵与自适了。这用晋时王恭的话说，就是"名士不必须奇才，但使常得无事，痛饮酒，熟读《离骚》，便可称名士"③。但这不等于没有烦恼，没有痛苦，没有内心的悲伤。阮籍虽嗜酒沉醉，忘却形骸，其实内心是很痛苦的，阮籍"胸中垒块"，不过是"以酒浇之"④ 而已。他于母死居丧期间，"饮酒二斗，举声一号，吐血数升"，或"饮二斗酒，举声一号，吐血数升，毁瘠骨立，殆致灭性"，不仅显示出内心的悲痛，亦可见其心性的损伤。刘伶以酒为名，"一饮一斛，五斗解醒。妇儿之言，慎不可听"，"引酒御肉，隗然复醉"，其实也不过以此对抗礼法而已。故《酒德颂》说："有贵介公子、搢绅处士，闻吾风声，议其所以，乃奋袂攘襟，怒目切齿，陈说礼法，是非蜂起。先生于是方捧罂承槽，衔杯漱醪，奋髯箕踞，枕曲藉糟，无思无虑，其乐陶陶。"⑤ 但不管怎么说，从正始玄学家到竹林七贤，一批士林学人在沧桑巨变、政治高压下，并没有完全倒下，没有丧失自己的人格，放弃自己的道德节操，没有与世俗同流合污，更没有向权贵低下士子学人的头颅。夏侯玄"格量弘济，临斩，颜色不异，举止自若"⑥；嵇康将刑东市，太学生三千人，请以为师，弗许。临当就命，仰视太虚，索琴在手，快弹一

① 《世说新语·任诞》。
② 《读通鉴论》卷十。
③ 《世说新语·简傲》。
④ 《世说新语·任诞》。
⑤ 《晋书·刘伶传》。
⑥ 《世说新语·方正》注引《魏志》。

曲，何其酷也！临终尚不忘他的"《广陵散》于今绝矣！"时年仅四十，"海内之士，莫不痛之"①，可知其精神超拔与情操气节之感人矣！

竹林七贤的旷达与超越，虽然包含着非理性，包含着任性而为、荒诞不稽，然他们以自己的风格才性，自己的道德情操与超拔精神，构成了一个铁骨铮铮、才华横溢的时代，一个英雄本色、名士风流的时代。他们极力挣脱礼教的束缚，然又是带着前代道德遗产的清节、坚贞而来的；他们以老庄哲学追求旷达超越，然又被秦汉以来神仙方术仙术神秘文化所纠缠。但这一切都不能淹没他们旷阔、高远、超拔、卓绝的精神世界，这是撰写这段精神史不可忽视的。特别是嵇康的"卑名教而任自然"解脱精神、阮籍"大人之风"的寥廓精神及向秀"无待常通"的自由精神，是值得认真思考与探索的。

竹林七贤是以嵇康为首，寓居河内山阳竹林为中心展开"神交"活动的。因此，要弄清"竹林七贤"的"神交"活动，应该首先弄清嵇康"越名教而任自然"的解脱精神，然后再述阮籍、向秀等人的精神追求。

## 二　嵇康"越名教而任自然"的解脱精神

关于嵇康的生平事迹，《三国志·嵇康传》只有"谯郡嵇康，文辞壮丽，好言老庄，而尚奇任侠，至景元中，坐事诛"一行字。关于嵇康生卒年，干宝《晋纪》、孙盛《魏氏春秋》、习凿齿《汉晋春秋》，皆说其卒年于高贵乡公正元二年（公元 255 年）。《三国志·嵇康传》裴松之注对此则提出疑问：认为山涛为选官，欲举康自代，康书告绝，这是史实。而涛始于景元二年除吏部郎的，景元与正元相差七八年，怎么能在景元二年之前杀嵇康呢？又考锺会景元四年始授相国位，与锺会友善的吕巽为相国掾，时陷害吕安，焉能在此之前杀嵇康？故力证"干宝之疏谬，及自相连伐也"。据此，后人如戴明扬所著《嵇康事迹》、陆侃所著《中古文学系年》等，皆认为嵇康被杀在景元四年（公元 263 年）。《晋书·嵇康传》说嵇康被杀时年四十。以此推定其生年，应为黄初五年（公元 224 年）。

《三国志·嵇康传》关于嵇康的生平事迹记述极为简单，但《三国志·嵇康传》注引《嵇氏谱》说："康父昭，字子远，督军粮治书侍御史。兄喜，

---

① 《晋书·嵇康传》。

字公穆，晋扬州刺史、宗正。"特别是父兄嵇喜为《康传》，则比较详细地介绍了嵇康的家学渊源、思想品性、人格精神及学术成就：

> 家世儒学，少有俊才，旷迈不群，高亮任性，不修名誉，宽简有大量。学不师授，博洽多闻，长而好《老》、《庄》之业，恬静无欲。性好服食，尝采御上药。善属文论，弹琴咏诗，自足于怀抱之中。以为神仙者，禀之自然，非积学所致。至于导养得理，以尽性命，若安期、彭祖之伦，可以善求而得也，注《养生篇》。知自厚者所以丧其所生，其求益者必失其性，超然独达，途放世事，纵意于尘埃之表。撰录上古以来圣贤、隐逸、遁心、遗名者，集为传赞，自混沌至于管宁，凡百一十有九人。盖求之于宇宙之内，而发之乎千载之外者矣。故世人莫得而名焉。

另外，《晋书·嵇康传》则说其"先姓奚，会稽上虞人，以避怨徙焉。铚有嵇山，家于其侧，因而命氏。康早孤，有奇才，远迈不群。身长七尺八寸，美词气，有风仪，而土木形骸，不自藻饰，人以为龙章凤姿，天质自然，恬静寡欲，含垢匿瑕，宽简有大量。学不师受，博览无不该通，长好《老》、《庄》"。

从上述有关记载可以看出，嵇康的思想，主要来源于老庄哲学及道家养生学，而非儒学。相反，从小就因"家世儒学，少有俊才"，因而"学不师授，博洽多闻，长而好《老》、《庄》之业"。嵇康说："老子、庄周，吾之师也。"[1] 嵇康以老庄为师，追求老庄哲学，但他之好《老》《庄》者，已不是原始道家老子、庄子的学说，而是魏晋时期玄学化的形而上学，是综合《周易》《老子》《庄子》三玄之义，重新解释的新道家哲学。它在嵇康的玄学思想中的根本要义，就是旷达与超越，追求心性的自由与自适，抗争儒家礼法名教。它就是嵇康讲的"非汤武而薄周孔""越名教而任自然"。

"非汤武而薄周孔"是嵇康《与山巨源绝交书》中提出来的。嵇康叙述自己说："少加孤露，母兄见骄，不涉经学，性复疏嫩"，"又纵逸来久，情意傲散。简与礼相背，懒与慢相成"，"又读《庄》、《老》，重增其放，故使荣进之心日颓，任实之情转笃"，"虽饰以金镳，飨以嘉肴，逾思长林而志在丰

---

① 《与山巨源绝交书》。

草"，无意于仕途政治。其"至性过人"，"不识人情，暗于机宜"，于政治仕途，有"不堪者七，甚不可者二"，既不能应世，又不能应帝王，"在人间不止"，最为"世教所不容"者，就是"每非汤武而薄周孔"。从嵇康所说"每非汤武而薄周孔"，可知此乃平时之言行者，非偶尔为之也。嵇康虽然承认"人伦有礼，朝廷有法"，但自己乃是一个不"为礼法之士所绳"的人，一个"不喜俗人，当与之共事，或宾客盈坐，鸣声聒耳，嚣尘臭处，千变百伎在人目前"的人，一个"循性而动，各附所安，处朝廷而不出，入山林而不反"者，一个"思长林而志在丰草"者，他如何能适应世俗伦理、朝廷礼法呢？此其所说"每非汤武而薄周孔"者也。

"越名教而任自然"是嵇康在《释私论》中提出的。它的主旨在于超越刑名之教是是非非，以淑亮之心，追求不措乎是非的体清神正境界，不丧失本然之性。故他说：

> 夫称君子者，心无措乎是非，而性不违乎道者也，何以言之？夫气静神虚者，心不存乎矜尚，体亮心达者，情不系于所欲。矜尚不存乎心，故能越名教而任自然，情不系于所欲，故能审贵贱而通物情。物情通顺，故大道不违，越名任心，故是非无措也。①

名教在孔子所说"必也正名乎！名不正则言不顺，言不顺则事不成，事不成则礼乐不兴，礼乐不兴则刑罚不中"的意义上讲，即礼法之教；而若在措乎是非上讲，在名实之辩上讲，刑名即形名也，刑名之教即措乎是非之教也。嵇康这里讲"越名教而任自然"，虽意在反对礼教措乎是非，削弱人之自然情性，但亦在于超乎世俗是非，追求无措乎是非的自然本真境界。在嵇康看来，人生所以不能笃行，所以违背自己天性，所以陷入恶与不善，就在于措乎是非，违乎大道本然存在。若君子笃行，虚心无措，以大道言，"及吾无身，吾又何患？"这就是他讲的"心无措乎是非，而性不违乎道者也"。要做到这一点，达此人生境界，就要气静神虚，"心不存乎矜尚，体亮心达者，情不系于所欲"。嵇康认为，能"矜尚不存乎心，情不系于所欲"，就"能审贵贱而通物情"；而能"物情通顺，大道不违，越名任心，是非无措"，就能

---

① 《释私论》，《全三国文》卷五十。

"越名教而任自然"。

任自然，就是随性所适，心不措乎是非，不执着于价值判断，一任自然。这用嵇康的话说，就是"君子之行贤也，不察于有度而后行也，任心无邪，不议于善而后正也，显情无措，不论于是而后为也"。在他看来，"至人之用心"，本来就"不存有措"的。"君子行道，忘其为身"，"傲然忘贤，而贤与度会；忽然任心，而心与善遇；傥然无措，而事与是俱"，才是至人的精神状态。在嵇康看来，"论公私者，虽云志道存善，□无凶邪，无所怀而不匿者，不可谓无私；虽欲之伐善，情之违道，无所抱而不显者，不可谓不公"。为什么呢？因为一措乎是非，"重其名而贵其心，则是非之情不得不显矣"。嵇康认为，"善之与不善，物之至者也"，乃是自然本然的存在，"心无所矜，而情无所系，体清神正，而是非允当"，是用不着措乎是非，"执必公之理，以绳不公之情"的。故曰："措善之情，亦甚其所病也。'唯病病，是以不病'，病而能疗，亦贤于疗矣。"嵇康认为，一任自然，就是"无措之所以有是，以志无所尚，心无所欲，达乎大道之情，动以自然，则无道以至非也；抱一而无措，而无私无非，兼有二义，乃为绝美耳"，"寄胸怀于八荒，垂坦荡以永日"，才是贤人君子高行美德之境界。① 由此可以看出，嵇康所说"任自然"，实际上就是追求《庄子》虚无恬淡、忘物忘我境界，以不措是非，反对名教礼法以是非仁义之情，削弱奴役人之真情性！

嵇康所以讲"非汤武而薄周孔"，"越名教而任自然"，在当时政治诡谲与杀戮不断的情况下，还有一个重要原因，就是对自我生命的珍惜与保护。这就是重视养生。在嵇康看来，"物全理顺，莫不自得，饱则安寝，饥则求食，怡然鼓腹，不知为至德之世也。若此，则安知仁义之端，礼律之文？及至人不存，大道陵迟，乃始作文墨以传其意；区别群物，使有类族，造立仁义，以婴其心"。因此，嵇康认为，礼教是违背人之天性的，不利于人的自然生命的："《六经》以抑引为主，人性以从容为欢。抑引则违其愿，从欲则得自然"，"自然之得，不由抑引之《六经》；全性之本，不须犯情之礼律。故知仁义务于理伪，非养真之要术"②。嵇康之所以"托好庄老"，亦在"贱物贵身，志在守朴，养素全真"③。这就是他讲养生的道理。嵇康认为，人不仅

---

① 以上所引皆见《释私论》，《全三国文》卷五十。

② 《难张辽叔自然好学论》，《全三国文》卷五十。

③ 《幽愤诗》，《晋书·嵇康传》。

是自然生命，还是精神存在者："精神之于形骸，犹国之有君也。神躁于中，而形丧于外，犹君昏于上，国乱于下也。是以君子知形恃神以立，神须形以存，悟生理之易失，知一过之害生，故修性以保神，安心以全身；爱憎不栖于情，忧喜不留于意，泊然无感，而体气和平。"嵇康受当时道家养生学影响，虽然亦采药食药，但他认为，那是辅助性的，最为根本的养生是内在心性之养与精神保护。因此他认为，神农所说"上药养命，中药养性"，诚然是"知性命之理，辅养以通"的养生之道。但若"措身失理，亡之于微，积微成损，积损成衰，从衰得白，从白得老，从老得终，闷若无端"，若不觉悟，则是"害成于微，而救之于著，无功之治"。他认为，"善养生者则不然。清虚静泰，少私寡欲。知名位之伤德，故忽而不营；识厚味之害性，故弃而弗顾。外物以累心不存，神气以醇白独著。旷然无忧患，寂然无思虑，又守之以一，养之以和，和理日济，同乎大顺"；然后再"蒸以灵芝，润以醴泉，晞以朝阳，绥以五弦，无为自得，体妙心玄，忘欢而后乐足，遗生而后身存"，若此以往，则不必比寿争年，则自然长寿。"驰骋常人之域，故有一切之寿。仰观俯察，莫不皆然"，养生之道，"天地之理，尽此而已矣"①，岂有他哉！若不是这样，"上以周、孔为关键，毕志一诚，下以嗜欲为鞭策，欲罢不能，驰骤于世教之内，争巧于荣辱之间，多同自灭"。如此这般，讲"思不出位，使奇事绝于所见，妙理断于常论，以言变通达微，未之闻也"。若"夫俟此而后为足，谓之天理自然者，皆役身以物，丧志于欲，原性命之情，有累于所论矣"②。可知，嵇康讲"齐物养生"，最为根本的还是"与道逍遥"③。

由上可知，嵇康之讲养生，虽在珍惜保护自我生命，但更在于形上精神追求。嵇康处在一个"鸟尽良弓藏，谋极身必危；吉凶卑在己，世路多崄巇"④的时代，一个"法令滋章寇生"，"大人玄寂无声"⑤的时代，一个"唐虞旷千载，三代不我并。洙泗久以往，微言难为听"⑥的时代，深深地感到一种人生的无常和生命的危机。因此，他希冀追求一种永恒超越的境界，求得内心安静与精神解放。嵇康的诗"多谢世间人，息驾惑驱驰。冲静得自

---

① 上引均见嵇康《养生论》，《全三国文》卷四十八。
② 嵇康：《答向子期难养生论》，《全三国文》卷四十八。
③ 《四言诗》十一首其十，殷翔、郭全芝《嵇康集注》卷一，黄山书社 1986 年版，第 86 页。
④ 《五言古意》一首，《嵇康集注》卷一，黄山书社 1986 年版，第 1 页。
⑤ 《六言诗》十首其三，《嵇康集注》卷一，黄山书社 1986 年版，第 37 页。
⑥ 《阮德如答》二首其一，《嵇康集注》卷一，黄山书社 1986 年版，第 71 页。

然，荣华何足为"，"晨登箕山岭，日夕不知饥。玄居养营魄，千载长自绥"①，"详观凌世务，屯险多忧虞。施报更相市，大道匿不舒。至人存诸己，隐朴乐玄虚"②，"人生譬朝露，世变多百罗。苟必有终极，彭聃不足多"，"一纵发开阳，俯视当路人。哀哉世间人，何足久托身？"③ 就是属于追求永恒超越境界，求得内心安静与精神解放的诗。嵇康这类诗，有的写的是非常深情豪迈、境界深远，具有超越精神。如：

> 浩浩洪流，带我邦畿。萋萋绿林，奋荣扬晖。驾言游之，日夕忘归。流磻平皋，垂纶长川。目送归鸿，手挥五弦。俯仰自得，游心太玄。④

嵇康不仅以诗的题咏，驰情运想，游心玄默，思行八极，更以音乐追求憧憬自然、醇和玄远境界。嵇康认为，音乐具有"导养神气，宣和情志"的作用。但他同时认为，不论是哪个层次的音乐，是《广陵》《止息》《东武》《太山》《飞龙》《鹿鸣》《鹍鸡》《游弦》一类雅乐，还是《王昭》《楚妃》《千里》《别鹄》一类俚俗曲谣，弹奏者都必须具有音乐的熏陶与素养，"非夫旷远者，不能与之嬉游；非夫渊静者，不能与之闲止；非夫放达者，不能与之无吝；非夫至精者，不能与之析理也"。惟"性洁静以端理，含至德之和平"，"诚可以感荡心志，而发泄幽情矣"。不仅弹奏音乐是这样，欣赏音乐也是这样，也要极高的道德修养和音乐素质。"若和平者听之，则怡养悦愉，淑穆玄真。恬虚乐古，弃事遗身，是以伯夷以之廉，颜回以之仁，比干以之忠，尾生以之信，惠施以之辩给，万石以之讷慎。其余触类而长，所致非一；同归殊途，或文或质。总中和以统物，咸日用而不失，其感人动物，盖亦弘矣"。特别是沉下心来，"齐万物兮超自得，委性命兮任去留"，扬和颜，攘皓腕，扬《白雪》，发《清角》，或涉《渌水》，奏《清征》，以宽明弘润的心态，徘徊顾慕，拥郁抑案，盘桓毓养，从容秘玩，弹奏这些清和、肃穆、温柔的乐曲，"疾而不速，留而不滞，翩绵飘邈，微音迅逝。远而听之，若鸾凤

① 《述志》二首，《嵇康集注》卷一，黄山书社1986年版，第29、32页。
② 《言诗三首答二郭》，《嵇康集注》卷一，黄山书社1986年版，第65页。
③ 《五言诗》三首其一其三，《嵇康集注》卷一，黄山书社1986年版，第88、96页。
④ 《赠兄秀才入军十八首》其十三、十四，《嵇康集注》卷一，黄山书社1986年版，第11、12页。

和鸣戏云中；迫而察之，若众葩敷荣曜春风"，则"既丰赡以多姿，又善始而令终；嗟姣妙以弘丽，何变态之无穷"①，达到极为美妙、弘丽、高远的境界。

稽康认为，音乐、歌舞、赋颂，其为体制风流，虽"称其材干，则以危苦为上；赋其声音，则以悲哀为主；美其感化，则以垂涕为贵。丽则丽矣，然未尽其理也"，"览其旨趣，亦未达礼乐之情"②。真正的礼乐之情，高雅的音乐，"当以善恶为主，则无关于哀乐"。若"哀乐自当以情感，则无系于声音，名实俱去，则尽然可见矣"。他认为，季子在鲁，采《诗》观礼，以别《风》《雅》，岂徒任声以决臧否？仲尼闻《韶》，叹其一致，是以咨嗟，何必因声以知虞舜之德，然后叹美邪！稽康认为，不论什么事，皆应"推类辨物，当先求之自然之理；理已定，然后借古义以明之耳"。在稽康看来，虽然"心应感而动，声从变而发，心有盛衰，声亦降杀，哀乐之情，必形于声音"，但"声俱一体之所出，何独当含哀乐之理也？《咸池》《六茎》《大章》《韶夏》，此先王之至乐，所以动天地、感鬼神。今必云声音莫不像其体而传其心，此必为至乐不可托之于瞽史，必须圣人理其弦管，尔乃雅音得全也"。稽康与人反复辩答，其意在于追求一种音乐虚静、清和至极的境界。故曰："五味万殊，而大同于美；曲变虽众，亦大同于和。美有甘，和有乐，随曲之情，尽于和域；应美之口，绝于甘境，安得哀乐于其间哉！"故曰："古之王者，承天理物，必崇简易之教，御无为之治"，"和心足于内，和气见于外，歌以叙志，舞以宣情。然后照之以风雅，播之以八音，感之以太和，导其神气，养而就之。使心与理相顺，气与声相应，合乎会通，以济其美。故凯乐之情，见于金石，含弘光大，显于音声也"。故其"芳荣济茂，馥如秋兰，不期而信，不谋而诚，穆然相爱，犹舒锦彩，而粲炳可观也"。在稽康看来，"大道之隆，莫盛于兹，太平之业，莫显于此"③，乃是礼乐一类高雅音乐最高境界！可知稽康之反礼教，认为礼教乃僵化奴役人天性之教。但也并不反对高雅礼乐境界，相反，他是极为推崇赞美"含弘光大""穆然相爱"的礼乐境界与大道精神的。此乃稽康通过音乐寻找真、善、美的存在，寻找宇宙奥秘与生命意义，追求形上"大道之隆"精神境界者也。他在另一个地方，赞美以琴瑟演奏的自然、高雅、纯正的音乐境界与美好精神说：

---

① 《琴赋》（并序），《全三国文》卷四十七。
② 《琴赋》序，《全三国文》卷四十七。
③ 《声无哀乐论》，《全三国文》卷四十九。

懿吾雅器，载朴灵山。体具德贞，情和自然。澡以春雪，澹若洞泉。温乎其仁，玉润外鲜。昔在黄农，神物以臻。穆穆重华，纪以五弦。闲邪纳正，其迁。宣和养气，介乃退年。①

嵇康一生，虽然只活了四十岁，然其旷迈不群、超然独达，纵意于尘埃之外的精神追求是极高的。自然，有的追求思与仙家乘云游八极，讲"受道王母，遂升紫庭"②云云，具有一定消极避世情绪，但就嵇康整个精神追求而言，则是超越的、旷达的，是心地皓素，尊严矫抗，禀自然之理，尽性命之情，达于清净微妙、守玄抱一之境，极富人格理想的。如果说《卜疑》中"弘达先生"的"恢廓其度，寂寥疏阔"，"超世独步，怀玉被褐，交不苟合，仁不期达，常以为忠信笃敬，直道而行之"，属于嵇康的自况，那么，其文最后，借太史贞父之口所称赞的"文明在中，见素表璞，内不愧心，外不负俗，交不为利，仕不谋禄，鉴乎古今，涤情荡欲"，而"吕梁可以游，汤谷可以浴，将观大鹏于南溟"，不"忧于人间之委曲"的弘达先生，就是嵇康人格理性最高追求！这"观大鹏于南溟"，不"忧于人间之委曲"的弘达先生形象，就是阮籍《大人先生传》所追求的寥廓精神世界。

## 三　阮籍《大人先生传》的精神追求

阮籍，字嗣宗，陈留尉氏（今河南尉氏）人，父阮瑀，魏丞相掾，知名于世。《晋书·阮籍传》说："籍容貌瑰杰，志气宏放，傲然独得，任性不羁，而喜怒不形于色，或闭户视书，累月不出；或登临山水，经日忘归。博览群籍，尤好《庄》、《老》。嗜酒能啸，善弹琴。当其得意，忽忘形骸"。又说他"景元四年冬卒，时年五十四"。由景元四年（公元 263 年）上推 54 年，阮籍应生于建安十四年（公元 209 年），年长嵇康十四岁。竹林七贤是以嵇康为首，集其所寓居河内山阳竹林展开"神交"活动的，故本章开始先叙述了嵇康"越名教而任自然"的解脱精神。阮籍于竹林七贤中属著述精神博大寥廓

---

① 《琴赞》，《全三国文》卷四十七。
② 《重作六言诗十首，代秋胡歌诗七首》，即《重作四言诗七首》之七，《嵇康集注》卷一，第48 页。

者，精神史是不可不给予其地位的。

阮籍善属文，有《咏怀诗》八十余篇，为世所重。著有《通志论》《达庄论》《通易论》《道德论》《乐论》《大人先生传》，有《文集》十二卷，已佚。后人辑有《阮步兵集》，又称《阮嗣宗集》。1987 年中华书局出版有陈伯君撰《阮籍集校注》。

阮籍志气宏放、旷达不羁、不拘礼俗，"当其得意，忽忘形骸，时人多谓之痴"，"由是咸共称异"①。《三国志·阮籍传》注引《魏氏春秋》又说其："性至孝，居丧虽不率常检，而毁几至灭性"，"纵酒昏酣，遗落世事"。其实，阮籍这些怪异性格行为，皆是由当时政治环境所致，乃是为躲避政治迫害，不得已而为之。《晋书·阮籍传》所说"籍本有济世志，属魏晋之际，天下多故，名士少有全者，籍由是不与世事，遂酣饮为常。文帝初欲为武帝求婚于籍，籍醉六十日，不得言而止。钟会数以时事问之，欲因其可否而致之罪，皆以酣醉获免"，就是属于躲避政治迫害的醉酒行为。其实，阮籍这样做，内心是非常痛苦的。"母终，正与人围棋，对者求止，籍留与决赌，既而饮酒二斗，举声一号，吐血数升"，及"将葬，食一蒸肫，饮二斗酒，然后临诀，直言穷矣，举声一号，因又吐血数升"②，可知内心痛苦，所造成的伤害。

阮籍虽然内心极为痛苦，为躲避政治迫害，不得不以醉酒为常。但这并非说阮籍一直是处于非理性状态的。其实，他内心是很清醒的，也是很理智的。嵇康说阮籍"口不论人过"③，不仅是赞美他人格，亦是说其处理人事的谨慎与理性，生存处于极为自觉理性状态的。一方面是内心痛苦，另一方面是清醒的人生自觉，要超越而不能超越，总是处于理想与世俗的矛盾冲突中，这反映在他的咏怀诗中，就是他精神上理想与现实、出世与入世的两难选择。

他一方面于"清风肃肃，修夜漫漫，啸歌伤怀，独寐寤言"时，表明自己"志存明规，匪慕弹冠，我心伊何？其芳若兰"；另一方面又在"月明星稀，天高气寒，桂旗翠旌，佩玉鸣鸾，濯缨醴泉，被服慧兰"之夜，想到"灵幽聪微"娥皇女英，"思从二女，适彼湘沅"④。一方面看见"夭夭桃李花，灼灼有辉光，流盼发姿媚，言笑吐芬芳"的美好春光，想到人生"携手

---

① 《晋书·阮籍传》。
② 《晋书·阮籍传》。
③ 《与山巨源绝交书》。
④ 《咏怀》四言三首，其二、其三。

欢爱"的情景，就"愿为双飞鸟，比翼共翱翔，丹青著明誓，永世不相忘"；另一方面，又感到"朝阳不再盛，白日忽西幽，人生若尘露，天道邈悠悠"，想孔子临长川，忽然惜逝若浮，"去者余不及，来者吾不留"，于是"愿登太华山，上与松子游"①。他追思"昔年十四五，志尚好《书》、《诗》，被褐怀珠玉，颜闵相与期，轩公临四野，登高有所思"的理想。但看到"丘墓蔽山冈，万代同一时，千秋万岁后，荣名安所之"时，又感到"岂知穷达士，一死不再生，视彼桃李花，谁能久荧荧？"感慨"君子何许"，叹息不止，说惟"瞻仰景山松，可以慰吾情"②。他追思壮士慷慨，志威八荒，驱车行役，受命自忘，不顾生死，效命疆场，"忠为百赴荣，义使令名彰"，希冀声名垂于后世的德操与功业，但又感到"性命岂自然，势路有所由，高名令志惑，重利使心忧"，因而"更希毁珠玉"，思忘忧遨游③。现实生活是如此无情与残酷，阮籍面对社会人生，愈是走向实际，愈是感到孤独和寂寞，"独坐空堂上，谁可与欢者"，"日暮思亲友"，谁可与晤言？只能以纸笔抒写内心无限孤独和寂寞。"出门临永路，不见行车马。登高望九州，悠悠分旷野"，惟有"孤鸟西北飞，离兽东南下"④，正是其孤独和寂寞的心情写照。阮籍不仅感到孤独和寂寞，更感到道路艰难、人生无常，因而发出"春秋非有讬，富贵焉常保""北临太行道，失路将如何"⑤的感慨！在阮籍看来，人的一生，"岂为夸与名，憔悴使心悲""岂与蓬户士，弹琴诵言誓"⑥，而应该俯仰运天地，抚摩四海，超越世俗，升遐去忧，不为名利所累，进行更高的精神追求。其为诗曰："挥袂抚长剑，仰观浮云征。云间有玄鹤，抗志扬声哀，一飞冲青天，旷世不再鸣。岂与鹑鹦游，连翩戏中庭"⑦。其为赋曰："振沙衣而出门兮，缨委绝而靡寻，步徙倚以遥思兮，喟叹息而微吟"⑧，"游平圃以长望兮，乘修水之华旗。长思肃以永至兮，涤平衢之大夷"⑨，就是属其精神追求的写照。

---

① 《咏怀》五言八十二首，其十二、三十二。
② 《咏怀》五言八十二首，其十五、十八。
③ 《咏怀》五言八十二首，其三十九、七十二。
④ 《咏怀》五言八十二首，其十七。
⑤ 《咏怀》五言八十二首，其四、五。
⑥ 《咏怀》五言八十二首，其八、五十八。
⑦ 《咏怀》五言八十二首，其二十一。
⑧ 《首阳山赋》，《全三国文》卷四十四。
⑨ 《清思赋》，《全三国文》卷四十四。

　　阮籍不仅通过诗赋抒发这种精神追求，亦通过论述表达其理想世界存在。那个"阴阳不测，变化无伦，飘遥太素，归虚反真"①世界，那个"明于天人之理，达于自然之分，通于治化之体，审于大慎之训"的"太素之朴，百姓熙怡"②世界，那个"至道之极，混一不分，同为一体，得失无闻"的世界，那个"大均淳固，不贰其纪，清静寂寞，空豁以俟，善恶莫之分，是非无所争"③的世界。其实，这就是阮籍所追求的精神世界。这种追求，不论是诗赋抒发，还是论述表达，其为精神存在，皆是在超越性思维中，"以微妙无形，寂寞无听"，"睹窈窕而淑清"之境达到的。心超越了世俗存在，牺牲一切，抛弃一切，"志不骩而神正，心不荡而自诚"，"既不以万物累心兮，岂一女子之足思"④？如此超越与解脱，那个理想世界，还能达不到，实现不了吗？

　　阮籍在不停的超越与探索中，他的精神追求最终实现了。这就是他游苏门山时，虚灵不昧之心豁然洞开，超乎尘外，周乎八极，弥纶天地，贯通古今，忽然感悟到一种超越性人生真理与精神世界存在。这就是他所写《大人先生传》成圣成哲，卓然异于世俗的伟大生命世界。《晋书·阮籍传》是这样叙述他获得灵感，写作是书的：

　　　　籍尝于苏门山遇孙登，与商略终古及栖神导气之术，登皆不应，籍因长啸而退。至半岭，闻有声若鸾凤之音，响乎岩谷，乃登之啸也。遂归著《大人先生传》。

　　苏门山在今河南省新乡市辉县百泉镇，属于太行山支脉。它背有崇山峻岭，俯临碧波清流，景色奇异有趣。山顶啸台即是魏晋时孙登隐居长啸处。《晋书·阮籍传》说阮籍"尝于苏门山遇孙登"，即于此处也。阮籍遇孙登，与之商谈的乃是"终古及栖神导气之术"，可知其当时内心所关注的乃是世界终极真理及道家"栖神导气"的神仙世界。登皆不应，阮籍因此长啸而退，于半山岭，忽然知觉所感悟者，即此终极真理及神仙世界也。"闻有声，若鸾凤之音，响乎岩谷，乃登之啸"，不过是知觉感悟的触景生情、思触求理之

---

①　《老子赞》，《全三国文》卷四十五。

②　《通老论》，《全三国文》卷四十五。

③　《达庄论》，《全三国文》卷四十五。

④　《清思赋》。

端，真正的玄妙处，乃在通悟道家终极真理及神仙世界存在。故其叙大人先生曰：

> 大人先生盖老人也。不知姓字。陈天地之始，言神农、黄帝之事，昭然也。莫知其生年之数。尝居苏门之山，故世咸谓之。闲养性延寿，与自然齐光，其视尧舜之所事，若手中耳。以万里为一步，以千岁为一朝。行不赴而居不处，求乎大道而无所寓。先生以应变顺和，天地为家，运去势隤，魁然独存，自以为能足与造化推移，故默探道德，不与世同之。

其实，这位大人先生，就是《庄子》中那位"乘天地之正，而御六气之辩，以游无穷"，追求"至人无己，神人无功，圣人无名"的列子。那位姑射之山，"肌肤若冰雪，淖约若处子，不食五谷，吸风饮露，乘云气，御飞龙，而游乎四海之外"[①] 的神人，或"大泽焚而不能热，河汉沍而不能寒，疾雷破山、飘风振海而不能惊，乘云气，骑日月，而游乎四海之外，死生无变于己"，无"利害之端"[②] 的至人，等等。他在阮籍著作中，就是所描写那位"徘徊翱翔，迎风而游，往遵乎赤水之上，来登乎隐垒之丘，临乎曲辕之道，顾乎泱漭之州"；"抚琴容与，慨然而叹，俯而微笑，仰而流昤，嘘噏精神"[③] 的道家先生。他们皆是道家理想神人物。不过，阮籍在《大人先生传》里则赋予了这位神秘人物以新的价值理想与精神追求。

那么，阮籍描写的这位大人先生，究竟赋予了他怎样的价值理想与精神追求呢？《晋书·阮籍传》是这样叙述其游苏门山，归著《大人先生传》之胸怀本趣的：

> 归著《大人先生传》，其略曰："世人所谓君子，惟法是修，惟礼是克，手执圭璧，足履绳墨。行欲为目前检，言欲为无穷则。少称乡党，长闻邻国。上欲图三公，下不失九州岛岛牧。独不见群虱之处裈中，逃乎深缝，匿乎坏絮，自以为吉宅也。行不敢离缝际，动不敢出裈裆，自

---

① 《庄子·逍遥游》。
② 《庄子·齐物论》。
③ 《达庄论》。

以为得绳墨也。然炎丘火流，焦邑灭都，群虱处于裈中而不能出也。君子之处域内，何异夫虱之处裈中乎！"此亦籍之胸怀本趣也。

阮籍本传所说其撰《大人先生传》胸怀本趣，乃是以大人先生站在"与造物同体，天地并生，逍遥浮世，与道俱成，变化散聚，不常其形"的宇宙论或庄子所说"廖天一"① 高度，与天为徒，不一与人为徒，携妙道之行，游乎尘垢之外，看人世间之是非的，"天地制域于内，而浮明开达于外"，许多问题是"非世俗之所及"的，没有意义的，包括"君立而虐兴，臣设而贼生；从制礼法，束缚下民"的礼教。礼教本人生不可须臾而废者也。然其发展为托礼以文其倡，讲礼售其奸者，礼教为天下患，再"惟法是修，惟礼是克，手执圭璧，足履绳墨"的存在，礼教也就丧失它的人生意义了。以此闹闹攘攘，争名于朝，争利于市，若站在"与造物同体，天地并生"的高度，看天地间"变化散聚"，看人生之争斗，岂不像于地缝或砖缝中求生存的甲壳虫一样吗？《大人先生传》讲其像"虱之处于裈之中""行不敢离缝际，动不敢出裈裆，自以为得绳墨"，固然含有调侃嘲讽之意，但其讲，若有一天"炎斤火流，焦邑灭都，群虱死于裈中而不能出"，君子处区之内，"何异夫虱之处裈中"②！岂不是提醒人生之不自觉者会像虱虫一样可悲吗？人的一生，应该怎样活着，具何气节，建立何种宇宙观与精神世界，阮籍答复朋友是这样说的：

　　夫人之立节也，将舒网以笼世，岂樽樽以入罔？方开模以范俗，何暇毁质以适检！若良运未协，神机无准，则腾精抗志，邈世高超，荡精举于玄区之表，摅妙节于九垓之外而翱翔之；乘景跃蹠，踔陵忽慌，从容与道化同逌，逍遥与日月并流，交名虚以齐变，上乎无上，下乎无下，居乎无室，出乎无门，齐万物之去留，随六气之虚盈，总玄网于太极，抚天一于寥阔。徒寄形躯于斯域，何精神之可察！③

人不能冲破笼世，处处毁灭自己本质，以适应礼教法网，"徒寄形躯于斯

---

① 《庄子·齐物论》。
② 《大人先生传》，《全三国文》卷四十六。
③ 《答伏义书》，《全三国文》卷四十五。

域"，那也就不能"从容与道化同逌，逍遥与日月并流"，谈不上精神，谈不上精神世界了！阮籍讲"总玄网于太极，抚天一于寥廓"，在于超越世俗，建立高远之精神世界。此亦即《大人先生传》讲"世人所谓君子，惟法是修，惟礼是克，手执圭璧，足履绳墨"之反礼教者也。

但是，《大人先生传》的胸怀本趣并非仅在于反礼教，而在于它的精神追求，追求一个"与阴守雌，据阳为雄，志得欲从，物莫之穷"，"能自达"而不"畏夫世笑"的世界，一种"至人不处而居，不修而治，日月为正，阴阳为期"，不"希情乎世，系累于一时"的存在。这位大人先生是这样描述这个理想世界及其存在的：

> 昔者天地开辟，万物并生；大者恬其性，细者静其形；阴藏其气，阳发其精；害无所避，利无所争。放之不失，收之不盈；亡不为夭，存不为寿；福无所得，祸无所咎。各从其命，以度相守。明者不以智胜，暗者不以愚败；弱者不以迫畏，强者不以力尽。盖无君而庶物定，无臣而万事理，保身修性，不违其纪。惟兹若然，故能长久。

这个理想世界，实际上就是《庄子》中所说"一而不党，命曰天放"的"至德之世"[①]；或"阴阳和静，鬼神不扰，四时得节，万物不伤，群生不夭，人虽有知，无所用之"，"莫之为而常自然"的"至一"[②] 之世。它在阮籍其他论述中，就是那个"天地合其德，日月顺其光，自然一体，则万物经其常"[③] 的世界，等等。

这种精神存在，这个理想世界，在阮籍思想上，是有它先验论、本体论与形而上学根据的。它就是自然之道的先验存在及人性的自然无为。阮籍认为，自然之道乃是生化天地万物自然而然、无内无外的存在。故曰："天地生于自然，万物生于天地。自然者无外，故天地名焉。天地者有内，故万物生焉。"[④] 它用大人先生的话说，就是"飘遥于天地之外，与造化为友，将变化迁易，与道周始"的存在；并且认为，"不通于自然者，不足以言道；暗于昭

① 《庄子·马蹄》。
② 《庄子·缮性》。
③ 《达庄论》。
④ 《达庄论》。

昭者，不足与达明"。对此，喜奇者异之，康慨者高之，不以为然，或蔑视它，但不懂自然之道，终"不知其体，不见其情，猜耳其道，虚伪之名，莫识其真，弗达其情"。惟"神贵之道存乎内，而万物运于外"，即使天下终不知其用，为人行事，乃"逌乎有宗"。人心逌乎有宗，怀此自然之道，与造物同体，天地并生，逍遥浮世，与道俱成，素朴无为，即是人的自然本性。故其赞真人至人的道德情性与精神世界曰：

> 太初真人，惟天之根，专气一志，万物以存，退不见后，进不睹先。发西北而造制，启东南以为门。微道而以德久娱乐，跨天地而处尊。夫然成吾体也。是以不避物而处，所睹则宁；不以物为累，所逌则成；彷徉足以舒其意，浮腾足以逞其情。故至人无宅，天地为客；至人无主，天地为所；至人无事，天地为故；无是非之别，无善恶之异，故天下被其泽而万物所以炽也。①

他在《达庄论》中，更赞美真人至人的道德情性与精神世界说：

> 夫至人者，恬于生而静于死。生恬则情不惑，死静则神不离，故能与阴阳化而不易，从天地变而不移。生究其寿，死循其宜，心气平治，不消不亏。是以广成子处崆峒之山以入无穷之门，轩辕登昆仑之阜而遗玄殊之根，此则潜身者易以为活，而离本者难与永存也。

可知，阮籍所追求者，乃道家老庄之精神世界也。虽然阮籍讲《易》道，亦讲"圣人以建天下之位，守尊卑之制，序阴阳之适，别刚柔之节"；讲先王的"省方观民，明罚敕法"；讲君子"佐圣扶命，翼教明法"；讲"王后不称，君子不错，上以厚下，道自然也"等，但阮籍的自然之道，主要是在形而上学高度讲的，在"分阴阳，序刚柔，积山泽，连水火，杂而一之，变而通之"上讲的，是"本天地，因阴阳，推盛衰，出自幽微以致明著"的；《易》之为道，是"覆焘天地之道，囊括万物之情，道至而反，事极而改"提升出来的。故曰"《易》，顺天地，序万物，方圆有正体，四时有常位，事

---

① 《大人先生传》。

业有所丽，鸟兽有所萃，故万物莫不一也"①。正是因为自然之道是在形而上学高度讲的，在"杂而一之，变而通之"上讲的，所讲是极其幽微的通变无穷之道，是故才曰"至道之极，混一不分，同为一体，得失无闻"②；而讲领悟此道，才是"形之可见，非色之美；音之可闻，非声之善"③ 者。在这个高度，在极其幽微无穷的悟道，得之谓德，宜之为义，其为道德精神，才是极为宏达、寥廓、虚无、玄远的，而不是停留在"尊卑之制""明罚敕法"上。"夫山静而谷深者，自然之道也。得之道而正者，君子之实也。"④ 这就是阮籍于虚无寥廓的自然之道所获得的道德。但虚无寥廓的自然之道，不管怎样极其幽微，怎样通变无穷，怎样"形之可见，音之可闻"，毕竟"自然者无外"⑤。因此，自然之道不仅是"法自然而为化"⑥ 者，更是无上无下、无外无内的存在。人的生命，与天地合其德，与万物并生，与自然一体，其为道德者，在阮籍看来，"至德之要，无外而已"⑦，就是要从无上无下、无外无内的自然之道，获得道德，获得精神世界。站在这个高度，"圣人以道德为心，不以富贵为志，以无为为用，不以人物为事，尊显不加重，贫贱不自轻，失不自以为辱，得不自以为荣。无穷之死犹一朝之生，身之多少，又何足营！"以此黕达道德观和极高精神看问题，"枝叶托根柢，死生同盛衰；得志从命升，失势与时隤；寒暑代征迈，变化更相推；祸福无常主，何忧身无归？"故大人先生乃歌曰："天地解兮六合开，星辰霄兮日月聩，我腾而上将何怀！"这是何等高远的道德情怀与精神世界啊！

若不是"与造物同体，天地并生，逍遥浮世，与道俱成"者，谁能有如此高远的道德情怀与精神世界！而且站在这个高度看待人世间，讲无贵无贱，讲"贵不足尊"，"富不足先"；讲"无贵则贱者不怨，无富则贫者不争，各足于身而无所求"；讲"彼句句者自以为贵夫世矣，而恶知夫世之贱乎兹哉"；讲"福无所得，祸无所咎；各从其命，以度相守；明者不以智胜，暗者不以愚败；弱者不以迫畏，强者不以力尽"，颇有众生平等的味道！而且认为，不

① 《通易论》，《全三国文》卷四五。
② 《达庄论》。
③ 《清思赋》。
④ 《达庄论》。
⑤ 《达庄论》。
⑥ 《通老论》。
⑦ 《达庄论》。

争不斗，知足不求，"恩泽无所归，则死败无所仇，奇声不作则耳不易听，淫色不显则目不改视，耳目不相易改"，才能"无以乱其神"，保持精神世界的安静。可知阮籍不仅讲究众生平等，而且是追求精神自由的。这种精神追求，无疑是可贵的！但它只能在天地开辟，君臣不立，贫贱不分，太初原始先世存在，而在后世君臣立，富贵生，贫贱出，不断争夺权力地位与富贵荣誉的人类社会，是很难实现的。

大人先生被发飞鬓，含奇芝，嚼甘华，兴朝云，飏春风，"奋乎太极之东，游乎昆仑之西"，或"飘遥于天地之外，与造化为友"，实乃宇宙人也。而且其人是处太初，处于"至人无宅，天地为客；至人无主，天地为所；无是非之别，无善恶之异"洪荒宇宙的。处此洪荒宇宙，讲大人先生之"不处而居，不修而治，日月为正，阴阳为期"，不"希情乎世，累于一时"，讲其"乘东云，驾西风，与阴守雌，据阳为雄，志得欲从，物莫之穷"，"自达"而不"畏夫世笑"① 等等，则不过是新道家按照老庄哲学所希冀的社会人生而已。阮籍所讲"天道未究，善恶未淳"状态，就是一种洪荒未造的人类社会存在。处此洪荒社会，"明夫天之道者不欲，审乎人之德者不忧"，自然"在上而不凌乎下，处卑而不犯乎贵，故道不可逆，德不可拂"②。这种希冀与追求，在"君立而虐兴，臣设而贼生；从制礼法，束缚下民"的背景下，不能说不具一定合理性。但是，当阮籍希冀追求此理想的社会人生时，哲学上以老庄本无为据，讲"守其有者有据，持其无者无执"③ 时，则摆脱失却任何主宰、任何屏障，走向洪荒宇宙矣。这样的人生是可能吗？笔者在《大道运行论》中曾说过下面一段话：

> 我写完了本部著作的"天书"部分，因要转入人学，脑子里总是萦回着一个假想的问题，即假如原始初造，一个人孤零零地来到茫茫宇宙，回顾四周，全是空空荡荡，全是无边无际的死寂，他没有凭仗，没有依托，没有着落处，没有扎根的地方，没有信仰或信念的支撑，也感觉不到同类的存在，心里该是多么的恐慌，多么的不安！由此我也想到现代人的生存应该具有怎样的文化基础，应该以什么样的强大哲学建立理想、

---

① 上引均见《大人先生传》。
② 《通易论》。
③ 《达庄论》。

信仰和信念，否则，他不也会感到同样的恐慌和不安吗？①

人在宇宙的浩浩大化中，内心是不能没有知觉主宰处，没有一个安宅，一个性命之理，没有信仰和信念，没有精神世界支撑的！没有了这些，在浩茫的宇宙中就没有立根处，没有停泊处，就会为大化所驱使，在洪涛巨浪中迷失方向。这只是靠超越、豪放和旷达，是没有用的。因此，不管外部环境多么恶劣艰险，多么瞬息万变，内心主宰与精神支柱时时刻刻都是非常重要的，否则，即有迷失之虞。魏晋包括嵇康、阮籍在内的竹林七贤，超越已超越矣，豪放已豪放矣，旷达已旷达矣，但是做洪荒宇宙人，处浩浩茫茫宇宙，本于虚无，若只是讲自由，讲"无执"，讲不累于世，"独立无闷，大群不益"②，恐怕还是要迷失方向的。竹林七贤的豪迈旷达与种种迷惘，岂不正在于此乎！故史臣曰："学非常道，则物靡不通；理有忘言，则在情斯遣"，"至于嵇康遗巨源之书，阮氏创先生之传，军谇散发，吏部盗樽，岂以世疾名流，兹焉自垢？"然对其"旨酒厥德，凭虚其性"，终有"不玩斯风，谁亏王政"③之叹！

虽然嵇康、阮籍有洪荒迷惘之处，但毕竟"与造物同体，逍遥浮世"，具有旷达高远之道德精神与豪迈情怀。这发展到向秀，讲万物"小大虽殊，放于自得之场"，就是另一种心境与精神世界了。但它仍是竹林七贤精神世界的延续，是不可不叙述的。

## 四　向秀注《庄》的"放任自得"精神

西方文化有一种追求自由的精神，一种不自由、毋宁死的精神。中国文化则有一种追求逍遥、自在的精神，一种不愿为一官半职，牺牲逍遥、自在的精神。原始道家老子、庄子有这种精神，魏晋竹林七贤也有这种精神。向秀就是这种精神的追求者，尽管是将这种精神掩饰在一官半职的外衣下。

向秀，字子期，河内怀人（在今河南武陟西南），竹林七贤之一。史说向

---

① 《大道运行论》，华夏出版社 2012 年版，第 267 页。

② 《通易论》。

③ 《晋书·阮籍传》等评赞。

秀"清悟有远识，雅好老庄之学"①；又说其"有不羁之志"②。向秀自己也说，与嵇康、吕安"并有不羁之才"③，可知其追求自由精神矣。嵇康打铁，"秀为之佐，相对欣然，旁若无人"，就是其自由精神的表现。嵇康被杀后，向秀应举郡计入洛，"后为散骑侍郎，转黄门侍郎、散骑常侍，卒于位"④。臧荣绪《晋书》亦说向秀"为黄门郎，卒"⑤。何启民先生据此考证认为，向秀约太和元年（公元 227 年）生，泰始八年（公元 272 年）卒，享年约四十六岁或左右⑥。而汤一介先生则认为，向秀生年约为魏明帝太和（公元 227 年）初，卒年约为西晋武帝咸宁（公元 280 年）末⑦。

向秀的主要著作是《庄子注》。其他著作，留于今世者，只有一文一赋（《难嵇叔夜养生论》《思旧赋》并序）。它书说其著《儒道论》《易义》⑧，今已不存，不足以论述向秀精神追求，它最多说明向秀早期研修过儒学。即使别传说"注《周易》，大义可观，而与汉世诸儒互有彼此，未若隐庄之绝伦也"⑨，残存本也不足以研究向秀著作精神。见其著作精神的，惟有《庄子注》。此书《隋书·经籍志》说"向注二十卷，今阙"；《旧唐书·艺文志》仍载二十卷；《经典释文序录》说向秀注二十卷二十六篇，但宋已亡。《经典释文》的《庄子音义》仅存三十六条。现在流传下来，可见《庄子注》者，则有唐人成玄英《庄子疏解》三十卷，清末郭庆藩《庄子集释》及王先谦《庄子集解》。郭氏《庄子集释》不仅收录了《庄子注》、成玄英《疏解》及陆德明《音义》，还摘引了清代汉学家王念孙、俞樾等人的考证，故是书是研究向秀《庄子注》精神的较好集本。

---

① 《晋书·向秀传》。
② 《文选·思旧赋》并注引臧荣绪《晋书》。
③ 《思旧赋》序，《文选》卷十六。
④ 《晋书·向秀传》。
⑤ 《文选·思旧赋》并注引臧荣绪《晋书》。
⑥ 《竹林七贤研究》附录《竹林七贤年谱》，1966 年台北中国学术著作奖助委员会排印本。
⑦ 《郭象与魏晋玄学》，北京大学出版社 2000 年版，第 127 页。
⑧ 《世说新语·语言》注引《向秀别传》说，秀"弱冠，著《儒道论》，弃而不录。好事者或存之。或云'是其族人所作，困于不行'，乃告秀，欲假其名。秀笑曰：'可复尔耳！'"《经典释文序录》于《易》，载张璠《集解》十二卷，疏证说，集二十二家解，序云："依向秀本"，并载二十二家名氏及解《易》，说"向秀字子期，河内人，晋散骑常侍，为《易义》"。《世说新语·笺疏·文学》注，余嘉锡案："秀《周易注》，《隋志》不著录。"而清孙堂《汉魏二十一家易注》、马国翰《玉函山房辑佚书》、黄奭《汉学堂丛书》则均辑有向秀《周易义》一卷。
⑨ 《世说新语·文学》注引《向秀别传》。

即使如此，以《庄子注》研究向秀的精神追求，也是比较困难的。因为现存《庄子集释》是将向秀与郭象注合在一起的，哪些是向秀的注，哪些是郭象的注，要分辨清楚是不容易的。《世说新语·文学》说："初，注《庄子》者数十家，莫能究其旨统。向秀于旧注外而为解义，妙演奇致，大畅玄风，惟《秋水》《至乐》二篇未竟而秀卒。秀子幼，其义零落，然犹有别本迁流。象为人行薄，有俊才，见以秀义不传于世，遂窃以为己注，乃自注《秋水》《至乐》二篇，又易《马蹄》一篇，其余众篇或点定文句而已。其后秀义别本出，故今有向、郭二《庄》，其义一也。"《晋书·郭象传》所记与此相同。按照此说，郭象《庄子注》，除《秋水》《至乐》二篇，及所易《马蹄》一篇，其他诸篇，皆不过是"点定文句而已"，而且是抄袭剽窃向秀注的。但也有人认为，《晋书·郭象传》所说，乃本于《世说新语》，未必可信①。而且《晋书·向秀传》也说，向秀所注《庄子》，"惠帝之世，郭象又述而广之，儒墨之迹见鄙，道家之言遂盛焉"；《经典释文序录》谈及《庄子注》，更说"唯子玄所著特会庄生之旨，故为世所贵"，对郭象的注，还是很肯定的。因此，是不能简单地否定郭注的，只能把它看作是在向秀注基础上"述而广之"，或者像《四库提要》所说的那样，属"向立义而郭因之"。但向秀是魏明帝太和元至晋武帝泰始年间人，而郭象则是属于魏齐王芳嘉平至晋怀帝永嘉年间人。他们所处时代及其哲学思想追求已经发生变化，是有很大差别的，而且郭象不属竹林七贤，将二人不分彼此，一并放于此章论述，显然是不合适的。

那么，怎样区分《庄子集释》中的向、郭不同注呢？或者说，怎样确定哪些注属于向秀所作，可看出其精神追求呢？许多专家花了很大功夫，考证研究其区别，但所用多是语言文字比较或文本对照之法。这种考证研究，虽然也可区分其某些不同，但并不能从根本精神上区别二者不同旨趣，更不能独立地研究向秀精神追求旨趣。解决这个问题最为有效办法，就是以《向秀注》的玄学即形而上学追求，区别于郭象杂形上形下而注之，前者在本体论上追求"无"的存在，后者在本体论上则追求"有"的存在。向秀处魏晋玄学时代，与嵇康、阮籍诸人神交，不可能停留在形下小知小识思维上，只有以共同的玄学即形而上学思维，才能成为竹林七贤士林群体的精神交往互动

---

① 《经典释文序录疏证》引清代钱曾《读书敏求记》。

者。因此，向秀注《庄子》，不可能停留在形下知识论，必然提升为道体形上本无存在，才能与之精神交往互动。史说其注《庄子》，"为之隐解，发明奇趣，振起玄风，读之者超然心悟"①；或说其"妙演奇致，大畅玄风"②，就是证明。另外，从《列子》注引向秀的话说："吾之生也，非吾所生，则生自生耳。生生者岂有物哉？故不生也。吾之化也，非物之所化，则化自化耳。化化者岂有物哉？无物也，故不化焉。若使生物者亦生，化物者亦化，则与物俱化，亦奚异于物？明夫不生不化者，然后能为生化之本"③，就是承认宇宙万物有个不生不化的虚无本体存在！这与郭象讲"物皆自然，故无不然"④；讲万物职职，"皆自殖耳"⑤ 等，在本体论上还是不同的。郭象注《庄》的玄学思维，从根本上说，非"以无为本"，乃是"与物冥而循大变，能无待而常通"⑥ 的存在，或"有物无已，明物之自然"⑦ 的存在，乃属于崇有论的。这一点，下一章讲郭象以"无待而独化"之思注《庄》时，再作论述。

　　自然，向秀的哲学思想及精神追求也是在发展变化的。景元四年嵇康被杀，是年阮籍卒，阮咸亦死，山涛在吏部尚书任上，竹林七贤群体，实际上已不存在。此时向秀应本郡计入洛阳，大将军司马文王（昭）问曰："闻君有箕山之志，何以在此？"对曰："巢、许狷介之士，不足多慕。"王大咨嗟，遂转至黄门侍郎、散骑常侍。⑧ 向秀为生计，虽屈从了政治，但史书说"在朝不任职，容迹而已"⑨，不过是由隐于野转换为隐于朝。向秀深知"官人之职，必绝于时"⑩，但他思想仍在于野，在于山阳竹林那帮朋友，在于共同所追求的精神世界。因此，怀念"并有不羁之才"的嵇康、吕安，是可以理解的。"嵇志远而疏，吕心旷而放"，皆被杀。嵇康被杀时，"临当就命，顾视日影，索琴而弹之"，怎么能使他忘怀呢？故其离京西行，"经其旧庐，于时日薄虞渊，寒冰凄然，邻人有吹笛者，发声寥亮"，追思昔日游宴之好，感音而叹，

---

① 《晋书·向秀传》。
② 《晋书·郭象传》。
③ 《列子·天瑞》注引。
④ 《庄子·秋水》注。
⑤ 《庄子·至乐》注。
⑥ 《庄子·逍遥游》注。
⑦ 《庄子·知北游》注。
⑧ 《晋书·向秀传》，另见《世说新语·语言》及注引《向秀别传》。
⑨ 《晋书·向秀传》。
⑩ 《晋书·阮咸传》。

作赋曰：

　　　　济黄河以泛舟兮，经山阳之旧居。
　　　　瞻旷野之萧条兮，息余驾乎城隅。
　　　　践二子之遗迹兮，历穷巷之空庐。
　　　　叹黍离之愍周兮，悲麦秀于殷墟。
　　　　惟追昔以怀今兮，心徘徊以踌躇。
　　　　……
　　　　悼嵇生之永辞兮，顾日影而弹琴。
　　　　托运遇于领会兮，寄余命于寸阴。
　　　　听鸣笛之慷慨兮，妙声绝而复寻。①

　　由上可以看出，虽然向秀后期由隐于野变为隐于朝，容迹于官僚体制之中，但其思嵇、吕"志远而疏，心旷而放"的心情，并没有改变；虽然山阳旧居已成空庐，但仍然追昔怀今，追思嵇康永别之辞，领悟临终之托的感情没变。昔日与嵇、吕为友，虽然趣舍不同：嵇康傲世不羁，吕安放逸迈俗，而向秀雅好读书，然其"并有拔俗之韵"②，则是相同的。难道向秀入洛以后，会变成世俗之辈吗？向秀注《庄子》，康、安不以为然，认为此书不须注，不过是"徒弃人作乐事耳"，然而及至《庄子注》成，则得到康、安赞扬，嵇康说其恢复了《庄子》胜境，吕安则惊叹说："庄周不死矣！"③戴逵（字安道）更说，向秀注《庄》义，"读之者无不超然，若已出尘埃而窥绝冥，始了视听之表，有神德玄哲，能遗天下，外万物。虽复使动竞之人顾观所徇，皆怅然自有振拔之情矣"④。不管向秀后来是否修改过所注《庄子》，但其"遗天下，外万物"的超越精神，应是不会改变的。即使注曰"夫小大虽殊，而放于自得之场，则物任其性，事称其能，各当其分，逍遥一也，岂容胜负于其间哉"⑤，亦是讲怡情适性，"任自然而覆载，则名利之饰，皆为

---

① 《思旧赋》，《全晋文》卷七二。
② 《世说新语·语言》注引《向秀别传》。
③ 《世说新语·文学》注引《向秀别传》。
④ 《世说新语·文学》注引《竹林七贤论》。
⑤ 《庄子·逍遥游》注。

弃物";"得全于天者，自然无心，委顺至理"①。此亦王先谦先生讲黄帝、尧天下不能"以虚静治"，庄子"求其术而不得，将遂独立于寥阔之野，以幸全其身而乐其生"② 者也，而非小私有者安于名利之场也。

因此，向秀注《庄子》，精神上是不可能停留于世俗小知小识价值判断的。《庄子》内篇讲幽微之妙理，外篇讲彰显妙理之事，《逍遥游》为内篇之首，乃一部《庄子》主旨所在也。因此，如何解释《庄子·逍遥游》要义，则可看出向秀注《庄子》主旨与根本精神所在。刘孝标之讲向子期、郭子玄《逍遥义》曰：

> 夫大鹏之上九万，尺鷃之起榆枋，小大虽差，各任其性，苟当其分，逍遥一也。然物之芸芸，同资有待，得其所待，然后逍遥耳。唯圣人与物冥而循大变，为能无待而常通，岂独自通而已。又从有待者不失其所待，不失则同于大通矣。③

现存《庄子集释》本《逍遥游》题注则为：

> 夫小大虽殊，而放于自得之场，则物任其性，事称其能，各当其分，逍遥一也，岂容胜负于其间哉！④

题注无"夫大鹏之上九万，尺鷃之起榆枋"一句，可知此句非题注；"小大虽差"则为"小大虽殊"；此句之后，有"而放于自得之场"一句，然后讲"物任其性，事称其能，各当其分"云云；"逍遥一也"之后，末句为"岂容胜负于其间哉"。题注无"唯圣人与物冥而循大变，为能无待而常通，岂独自通而已"一段话。这段话乃是后面注"若夫乘天地之正，而御六气之辩，以游无穷者，彼且恶乎待哉"中的几句话。由上可知，虽然《逍遥义》可能有郭象"述而广之"者，但题注应是向秀之注也。刘孝标《世说》所讲向子期、郭子玄《逍遥义》，实其综合向秀、郭象注《逍遥游》义也。《逍遥

---

① 《列子·黄帝》注引向秀语。
② 《庄子集释》序。
③ 《世说新语·文学》注引。
④ 《庄子·逍遥游》注。

游》为内篇之首，从题注可知向秀注《庄子》之主旨与根本精神矣。

这种精神，首先是建立在自然本体论基础上的。向秀讲精神，与嵇康讲善养生者"清虚静泰，少私寡欲。外物以累心不存，神气以醇白独著，旷然无忧患，寂然无思虑，又守之以一，养之以和。然后蒸以灵芝，润以醴泉"①云云不同，而是强调物性自然，讲"小大虽殊，物任其性，事称其能，各当其分"，就能获得自由。他在注《逍遥游》时，是反复强调这一点的。如注"蜩与学鸠笑之曰"句说："苟足于其性，则虽大鹏无以自贵于小鸟，小鸟无羡于天池，而荣愿有余矣。故小大虽殊，逍遥一也。"再如注"小知不及大知，小年不及大年"句说："物各有性，性各有极，皆如年知，岂跂尚之所及哉！"又如注"上古有大椿者，以八千岁为春，八千岁为秋"句说："众人未尝悲此者，以其性各有极也。苟知其极，则毫分不可相跂，天下又何所悲乎战！夫物未尝以大欲小，而必以小羡大，故举小大之殊，各有定分，非羡欲所及，则羡欲之累可以绝矣。"由上可知，向秀之注《庄子》，在于说明"物各有性，性各有极"的道理。"物各有性"，即万物各有其本性；"性各有极"，即万物各有自己本质规定性。极，即本因，即现在生物学所说遗传基因，亦即先天本质规定性，即此物不同于彼物的至极存在。"物各有性，性各有极"，即万物各有自己的本性，各有自己本质的规定性，各以此本性获得生存的自由，大有大的自由，小有小的自由。这种本质和规定性，就是自然之道，它的存在是不可违背、不可改变的。因此，在向秀看来，"圣人者，物得性之名耳"，要在修其自然，而非立功名以自得。因此他注鹏蜩"二虫又何知"句说："对大于小，所以均异趣也。皆不知所以然而自然耳。自然耳，不为也。此'逍遥'之大意。"他不仅把"物各有性，性各有极"，自然无为视为"逍遥"之大意，而且把这看作一部《庄子》的主旨与精神所在。故其注"鲲之大，不知其几千里也"句说："鲲鹏之实，吾所未详也。夫《庄子》之大意，在乎逍遥游放，无为而自得。故极小大之致，以明性分之适。"即使"达观之士，宜要其会归而遗其所寄，不足事事曲与生说"。可知向秀之注《庄子》，乃立于自然本体论，在于贯通一种物性自然，各任其性，各当其分，自然无为，获得一种自由与自在，而非以大欲小，以小羡大，相互歧视。

这并不是说向秀注《庄子》，只是支道林所说"当其所足，足于所足，快

---

① 《养生论》，《全三国文》卷四十八。

然有似天真"，满足于"饥者一饱，渴者一盈"，而无"至人乘天地而高兴，遊无穷于放浪，物物而不物于物，遥然而不我待，玄感不为，遥然靡所不适"① 的超越精神。向秀作为狂放、超然、脱俗的竹林七贤人物，作为"发明奇趣，振起玄风"的《庄子》注家，并非只是小私有者，而是"清悟有远识"② 者。因此，向秀注《庄子》，岂能无高远精神追求，只是停留在形下小知小识价值判断上？这一点，不仅从其注《逍遥游》"若夫乘天地之正，御六气之辩，以游无穷"句，讲"乘天地之正者，即是顺万物之性也；御六气之辩者，即是游变化之涂也；如斯以往，则何往而有穷哉！所遇斯乘，又将恶乎待哉！此乃至德之人，玄同彼我者之逍遥也"，可看出其逍遥境界之高大，亦可以从其注《齐物论》"吾丧我"句，讲"吾丧我，我自忘矣；我自忘矣，天下有何物足识哉！故都忘外内，然后超然俱得"，知其精神世界之超越高远也。在向秀看来，人是可以忘我、丧我，忘却自我存在，以虚灵不昧之心，知却天地万物，知却形上至极存在的。故其注《齐物论》"滑疑之耀，圣人之所图也，不用而寓诸庸，谓以明"句，说"夫圣人无我者也，故滑凝之耀，则图而域之；恢恑憰怪，则通而一之。故虽放荡之变，屈奇之异，曲而从之，寄之自用，则用虽万殊，历然自明"。在向秀看来，圣人运心，与天地合德，忘怀万物，不以己意分割物域，乱惑群生，恢恑憰怪，一而通之，则可达于"万物与我为一"境界。故其注《齐物论》"恢恑憰怪，道通为一"句曰："举纵横好丑，恢恑憰怪，各然所然，各可其所可，则理虽万殊而性同得，故曰道通为一也。"这就是说，纵横美恶，万物各有其特殊性，乃是恢恑憰怪的存在。但这只是世人主观用情颠倒，迷执其分殊存在；而若以玄道达观之，万物存在，则是本无二致的，其妍丑万殊，皆得情于惟一性理存在也。因此他认为，达道圣人，虚怀不执，运智高妙，和同万物，心休乎自然之境，即可达到至极纯然性理境界。此即其注《齐物论》注"物无非彼，物无非是"句，所说"无彼无是，所以玄同"之意。

由上也可以看出，向秀注《庄子》的精神追求，并非用心于物、物于物的存在，分辨于物的是非，而是以虚灵之心，超越物在与知觉对象，直置虚凝，以直觉感受，领悟形上本体无形无象的存在。在向秀看来，心灵驰躁，沉滞于眼前物象，劳神于具体是非，是不能领悟虚通至极之道存在，获得万

① 《世说新语·文学》注引支氏《逍遥论》。
② 《晋书·向秀传》。

物玄同精神世界的。惟有超越物象，不措意于是非，纵横于美恶，浩然达观，和同万物，虚怀若谷，玄感妙应，心境湛然，领悟那无物不然、万物一然的存在，才能获得生死穷通、物理自然的境界。故其注《逍遥游》"名者，实之宾也，吾将为宾乎"句，说"夫自任者对物，而顺物者与物无对。无心玄应，唯感之从，泛乎若不系之舟，东西之非己也"；注《齐物论》"道枢"句说："无心者与物冥，而未尝有对于天下也。此居其枢要而应会玄极，以应夫无方也"；而注"未始有物者，至矣，尽矣，不可以加矣"句，更说"忘天地，遗万物，外不察乎宇宙，内不觉乎一身，故能旷然无暴，与物俱往，而无所不应也"。凡此，皆是冥于天地万物，凝神玄鉴，以直觉会其玄极，知却形上存在，以应无穷，获得他注《逍遥游》"世蕲乎乱，孰弊弊焉以天下为事"句，所说"体化合变，无往不可，磅礴万物，无物不然"境界。这些思想与精神追求，皆在向秀注《庄》内篇，其为注释，郭象"述而广之"，不好说没有其杂入成分，但这里所引向注，从其主旨与根本精神看，应该说符合史书评价其"发明奇趣，振起玄风"的。

虽然向秀也追求玄学存在，追求形上境界，但正如何晏、王弼诸人玄学，讲"以无为本"，嵇康、阮籍诸人论道，讲"无执"或一任自然一样，向秀以自然本体论注《庄》，也是不承认生化本体存在，反对有个形上主宰的。因此，其根本精神，仍在于追求身心解放与个性自由。故其注《齐物论》"大块噫气"句，说"块者，无物也。夫噫气者，岂有物哉？"注"天籁"句，说"夫天籁者，岂别有一物哉！无既无矣，则不能生有；有之未生，又不能为生。然则生生者谁哉？"注"非彼无我，非我无所取，是亦近矣"句，讲"自然生我，我自然生。故自然者，即我之自然，岂远之哉"；注"已而不知其然，谓之道"句，更说"不知所以因而自因耳，故谓之道也"。由此可以看出，向秀之自然本体论，乃自然而然、无为而自然者，非自然之外别有一物耳。这个自然而然的存在，就是他说的道，就是他注《逍遥游》"若夫乘天地之正，御六气之辩，以游无穷"句，所说"不为而自然者也"。这些生物"无物"的说法，可能夹杂着郭象"有"的论述，但其讲小大之殊，放任自得之场，获得逍遥自由，则是向秀追求身心解放与个性自由的本体论根据。他虽去了洛阳，在朝堂上做了官，然其正如他《逍遥游》"藐姑射之山，有神人居焉，肌肤若冰雪，绰约若处子"句，所说的那样："夫圣人虽在庙堂之上，然其心无异于山林之中，世岂识之哉！"这恐怕是向秀的心理写照，也是晚年无可奈何的悲剧所在。

不论是嵇康讲"物情通顺，大道不违"①，阮籍讲"求乎大道而无所寓"②，还是刘伶讲"以天地为栋宇"③，向秀讲"游心于绝冥之境，寄坐万物之上"④，竹林七贤所追求的人生境界，都是非常旷达高远的。然处此人生旷达高远处，讲无执，讲一任自由，内心没有主宰，则如处洪荒宇宙而无着落处，经洪波巨浪而无停泊处。攀登此顶峰者，虽然有赢得名节者，然亦有高处不胜寒，心境孤寂凄然者。至于说心无至德，不能慎独诚明以守，而内心物欲情欲仍驰骛不息，崇尚浮华，而标狂放，那么，攀高峰而失足，扬风帆而颠覆，造成自我迷失与人生悲剧，就是很难免的事情了。王衍的人生悲剧，就是这样发生的。王衍虽不属于竹林七贤士人群体，然却是当时崇尚浮华，而走向堕落者。精神史上是颇值引以为戒者，故附于后。

## 五 附：王衍崇尚浮华的人生悲剧

任何时代，一种巨大社会思潮的兴起与衰落，皆是有其社会文化历史根源的。玄学思潮的兴起与衰落也是这样。它起于曹魏正始期间，发展为魏晋之际的竹林七贤，乃是汉魏之际儒学衰，礼教废，政治动荡，杀戮不断，法制溃败，清谈兴起，所造成的一种特定文化历史情势。晋武帝初立，虽然也正郊庙，罢禁锢，立谏官，征废逸，禁谶纬，增吏俸，推行崇宽弘雅正之治术，但在国家处于内乱外逼，腐败堕落糜烂之际，所用者乃贾充、任恺、何曾、石包、王恺一类寡廉鲜耻、贪窭骄奢之辈，故其礼教之立，并不能建根本，抑邪妄，支撑起将倾政治之大厦。玄学思潮的兴起与衰落，不过是这段文化历史所浮泛起的一种文化势力与思潮而已。

然而，凡势有来就有消，凡潮有来就有退。魏晋玄学清谈，既然是思潮，自然也有兴起与消退问题。王船山谈到魏晋玄学思潮兴衰之变起因及其弊端时，曾说：

---

① 《释私论》。
② 《大人先生传》。
③ 《世说新语·认诞》。
④ 《庄子·逍遥游》注。

夫晋之人士，荡检踰闲，骄淫慄靡，而名教毁裂者，非一日之故也。魏政之综核，苛求于事功，而略于节义，天下已不知有名义；晋承之以宽弛，而廉隅益以荡然。孔融死而士气灰，嵇康死而清议绝，名教为天下所讳言，同流合污而固不以为耻。其以世事为心者，则毛举庶务以博忠贞干理之誉，张华、傅咸、刘毅之类是已。不然，则崇尚虚浮，逃于得失之外以免害，则阮籍、王衍、乐广之流是已。两者交竞，而立国之大体，植身之大节，置之若遗；国之存亡，亦孰与深维而豫防之哉？①

魏晋玄学，在当时儒学衰，礼教废，政治动荡，杀戮不断的背景下，无疑具有争取身心解放和个性自由的性质，但春秋战国以来，亦有《老》《庄》之学将道体形而上学推向高峰，为寻求身心解放和个性自由所提供的哲学根据。因此，魏晋玄学的发展，竹林七贤的出现，在中国精神史的地位是不应该忽视的。魏晋玄学可以看作是一次哲学思潮，也可以视为一场文化运动。这次哲学思潮或文化运动，虽然理论上玄思高妙，但由于在先验论、本体论和形而上学方面存在着缺陷，缺乏主宰处、挂靠处，则不仅使心灵处于洪荒宇宙，而且在现实生活中没有落脚处，使身心变成了脱缰野马，驰骛不息，不知何处是归程。因此，作为哲学思潮或文化运动的魏晋玄学家，就仅仅成了与名教决裂者，而不知天下节义为何物矣；不仅如此，丧失名教，任意放肆荒诞，则走向了不以为耻的地步。这场运动，"孔融死而士气灰，嵇康死而清议绝"，已经走向衰败，而那些附庸风雅者，不知"立国之大体，植身之大节"，仍崇尚虚无浮华，走向人生悲剧，自然就难免了。王衍即是其代表人物。

王衍乃竹林七贤之一的王戎之从弟。王衍多大程度上是受王戎之影响，不得而知，但从王戎的行为亦可看出家族风气的传递与绵续。史说："王戎，字浚冲，琅琊临沂人也"，即今天山东临沂人。最初，阮籍与当时中郎将的王浑为友。王戎年十五，随王浑在郎舍。因此，虽然王戎少籍二十岁，而有机会与阮籍交谈。王戎为人短小，任率不修威仪，但很善谈。阮籍曾对王浑说："浚冲清赏，非卿伦也。共卿言，不如共阿戎谈。"王浑后来官升至司徒，录尚书事，卒于凉州时，凡故吏，赗赠数百万，王戎辞而不受，由是显名。但

---

① 《读通鉴论》卷十二。

王戎做官为人并不怎么样。史说王戎"以晋室方乱，慕蘧伯玉之为人，与时舒卷，无蹇谔之节"，即不能自我控制；在职无殊能，为官"性好兴利，广收八方园田水碓，周遍天下。积实聚钱，不知纪极，每自执牙筹，昼夜算计"；又说他特别俭啬，不自奉养。女儿嫁裴頠时，借钱数万，久而未还。女儿归宁，王戎脸色非常不好看，直到女儿把钱还上，才欢悦。① 可知王戎之谓名士，精神世界并不高尚。其子王万，一个纨绔子弟，少而大肥。王戎叫他吃糠减肥，反而愈减愈肥，十九岁就死了。王衍作为王戎从弟，就是从这样的家族环境中走出来的。

王衍，字夷甫，史说其长得很漂亮："神情明秀，风姿详雅。"他很小的时候，就造访过山涛。山涛咨嗟感叹良久，既去，目而送之曰："何物老妪，生宁馨儿。然误天下苍生者，未必非此人也。"② 可知其聪明而又张扬狂傲之相也。王衍"幼年无屈下之色，众咸异之"。当时的权贵杨骏，欲以女妻焉，王衍耻之，遂佯狂自免。晋武帝泰始八年，诏举奇才可以安边者。王衍当时好论纵横之术，被尚书卢钦举为辽东太守，不就。于是王衍从此口不论世事，唯雅咏玄虚而已。因宴集之乐，曾为族人所怒，举起凳子以掷其面。王衍心虽不平，亦无奈。其父卒于北平，送葬甚厚，数年之间，家资罄尽，出洛城西田园而居。后为太子舍人，迁尚书郎，出补元城令，终日清谈，入为中庶子、黄门侍郎。

魏正始时，王衍特别崇拜何晏、王弼推崇的"以无为本"《老》《庄》哲学。王衍既有盛才美貌，又明悟若神，常常自比子贡，于是声名藉甚，倾动当世。《晋书》本传是这样描述王衍玄学清谈矜高浮诞声望的：

> 妙善玄言，唯谈《老》、《庄》为事。每捉玉柄麈尾，与手同色。义理有所不安，随即改更，世号"口中雌黄"，朝野翕然，谓之"一世龙门"矣。累居显职，后进之士，莫不景慕仿效，选举登朝，皆以为称首。矜高浮诞，遂成风俗焉。

王衍玄谈《老》《庄》，信口雌黄，竟能使"朝野翕然"；而其"捉玉柄麈尾，与手同色"，则俨然道家神仙人物！"累居显职，后进之士，莫不景慕

---

① 均见《晋书·王戎传》。
② 《晋书·王衍传》。

仿效，选举登朝，皆以为称首"，可知声望之高也！然其玄言妙谈的哲学，并非真实无妄之理，而是"本无"的虚妄存在。然而正是这虚妄的存在，通过王衍的"口中雌黄"，竟"矜高浮诞，遂成风俗焉"，岂不可悲！

但王衍内心及精神存在并不纯正，并非一个纯粹至善世界，而是仍充斥着物欲情欲的。王衍妻子郭氏，乃妒忌权诈之贾后亲戚，借中宫之势，刚愎贪戾，聚敛无厌，好干预人事，王衍患之而不能禁。王衍表面疾郭氏贪鄙，然口未尝言钱。郭氏欲试王衍内心如何，让婢女以钱绕床，使绊住不得行。王衍晨起见钱，只是对婢女说："怎么堵这里啦？"措意如此，并无责问钱哪里来的，内心贪鄙可知矣。王衍后来历北军中侯、中领军、尚书令。女儿为愍怀太子妃，太子为贾后所诬，王衍惧祸，于是主动上表提出离婚。太子被诬，王衍备位大臣，本应以义责，竟惧祸而主动上表提出离婚，可知王衍无臣子之节，不能守死善道。

王衍不仅贪鄙自私，而且极善于逢迎。赵王司马伦不学无术，不知书，身边孙秀等人亦是些狡黠小才、贪淫昧利的邪佞之徒，无深谋远略者。王衍平素看不起赵王伦。然及至伦篡位，王衍装孙子，像奴婢一样以求自免。及至赵王伦被齐王冏、河间王颙、成都王颖起兵，发檄讨灭之。齐王有匡复之功，诛伦后，专权自恣，王衍转而讨好齐王，又拜河南尹，转尚书，为中书令。由此不难看出，王衍在政治斗争中是怎样善于自私算计，保护自己的。故《晋书》本传说他"虽居宰辅之重，不以经国为念，而思自全之计"。王衍为圆滑自保，一会儿对东海王司马越说："中国已乱，当赖方伯，宜得文武兼资以任之。"及至弟王澄为荆州刺史，族弟王敦为青州刺史，又对澄、敦说："荆州有江、汉之固，青州有负海之险，卿二人在外，而吾留此，足以为三窟矣。"人多识破王衍这种鄙伪诡计，非常鄙视他。

怀帝即位，委政于东海王司马越。后来，司马越专擅威权，图为霸业，不臣之迹，四海所知。司马越与青州刺史苟晞有怨，发兵讨苟晞，王衍以太尉为太傅领军。及至司马越薨，众共推其为元帅。当时贼寇蜂起，王衍惧不敢当，然又俄而举军伐石勒，为石勒所破。王衍被俘，陈祸败之由，计不在己，说自己少不豫事如何如何，欲求自免，并劝勒称尊号。石勒怒斥曰："君名盖四海，身居重任，少壮登朝，至于白首，何得言不豫世事邪？破坏天下，正是君罪！"使左右扶出，谓其党人说："吾行天下多矣，未尝见如此人。"不加锋刃，使人夜排墙填杀之。王衍将死，顾左右而言说："呜呼！吾曹虽不如古人，向若不祖尚浮虚，戮力以匡天下，犹可不至今日？"① 时年五十六，岂不悲乎！

王衍为官为人，是很会伪装的。故史说王衍"俊秀有令望，希心玄远，未尝语利"；族弟王敦过江，常称"夷甫处众中，如珠玉在瓦石间"；顾恺之作画赞，亦称王衍"岩岩清峙，壁立千仞"②。其为人若果真如此，何以能发生这样的悲剧呢？其实，族弟所称，恺之所画，乃当时王衍之伪善虚名也。王衍妙善玄言，以《老》《庄》为是，不过是矜高任诞、崇尚浮华而已，内心世界并非洁净清白者，而是一个自私贪鄙、圆滑混世者。妻子郭氏之腐败，亦王衍之腐败也。王衍官居宰辅，并不以经国为念，而是媚权媚俗、自保其身，政治上堕落者。故王衍之悲剧，正如他临死所说的，实乃"祖尚浮虚"所致。王衍悲剧的发生，当后世一切崇尚浮华而内心不洁净清白者戒！

然王衍之悲剧，实乃时代之悲剧也。诚如船山所言，国之存亡，要在"立国之大体，植身之大节"。立国大体，在于王道，在于以天道至德，仁爱天下，不仅要以阴阳化育的宇宙原理，开物成务，切实解决民生问题，更要以天道真实无妄之理，利用安身，以为性命之理，解惑断疑，解决信仰信念一类精神世界问题。植身大节，在于以仁义廉耻为国之四维，支撑起天地大义，建立起顶天立地的人格精神，不使国家民族精神大厦坍塌、坎陷、失落。此夏、商、周三代所以分别绵延垂续四百年、八百年、六百年者也。然而魏晋以来，玄学以"无"为本，则在文化意识上流入空寂虚无。它早期虽有追求解放身心与个性自由之用，然因其无性命主宰处，很快流入荒诞虚无。上下皆崇尚浮华，则国无纲纪，民无皈依，天下统绪乱矣。永嘉之后，天下崩离，"朝寡纯德之人，乡乏不贰之老，风俗淫僻，耻尚失所，学者以老庄为宗而黜《六经》，谈者以虚荡为辨而贱名检，行身者以放浊为通而狭节信，进仕者以苟得为贵而鄙居正，当官者以望空为高而笑勤恪"，"悠悠风尘，皆奔竞之士，列官千百，无让贤之举"，政治腐败堕落已极，有人著《钱神》之

---

① 上引均见《晋书·王衍传》。
② 《晋书·王衍传》。

论①，以彰宠赂之行。民风国势如此，到了"天下之政既去，非命世之雄才，不能取之"② 的地步。王衍何有此大德雄才？不过崇尚浮华，沽名钓誉而已，既不懂"立国之大体"，又无"植身之大节"，不过悠悠风尘中人，处处自全自保而不能保，最后身死人手，为天下笑，实乃那个时代之悲剧人物也！

崇尚虚无，以《老》《庄》之学自任，荒诞不稽，乃魏晋玄学走向非理性者也。但任何一个时代，都不会所有人都丧失理性。魏晋玄学时期也是这样。有任诞不羁的非理性，就有心性获得主宰的理性存在。这就是西晋以来的玄学理性精神追求。它在魏晋精神发展史上，亦是不可不注意的。

---

① 《晋书·鲁褒传》说，元康之后，纲纪大坏，鲁褒伤时之贪鄙，乃隐姓名，而著《钱神论》以刺之。其略曰"钱之为体，有乾坤之象，内则其方，外则其圆，其积如山，其流如川"。讲其用，"失之则贫弱，得之则富昌"；"无翼而飞，无足而走，解严毅之颜，开难发之口；钱多者处前，钱少者居后；处前者为君长，在后者为臣仆"；"由此论之，谓为神物：无德而尊，无势而热，排金门而入紫闼；危可使安，死可使活，贵可使贱，生可使杀。是故忿争非钱不胜，幽滞非钱不拔，怨仇非钱不解，令问非钱不发"等。

② 上引均见《晋书·怀帝愍帝纪》史评。

# 第十五章 魏晋反浮华竞奔的理性精神

**内容提要：**儒、道两种文化，一阴一阳，一刚一柔，相感相应，相契相合，构成了中国文化精神两大支柱。儒家文化集上古之大成，扶持维护了中国文化历史几千年赓续绵延，但每当中国历史衰败，或遇山崩地裂之变，儒家文化抵挡不住时，道家文化常常深藏不露、契合蓄养，保留中国文化之根，使其得以恢复重建。而道家文化的阴柔，因其本体论上的寂静虚无，也常常走向乖戾邪僻，特别是与图谶、术数、仙家一类神秘文化相结合，变得神秘莫测而失中正之道，儒家文化亦常以刚健中正精神矫其弊。汉初的道家文化，武帝之后的儒家文化，交替成为汉代不同主流文化意识形态。然东汉后，礼教僵化，儒学衰败，正始玄学，持老庄之学，追求旷达超越，虽精神极为高远，然以无为本，走向了浮华与虚无，不可为治道矣。物极必反，势极必归。"会其有极，归其有极"，一切偏颇都要回归中正之道的。因此，在魏晋时期文化走向浮华竞奔之际，同时也就出现了一种反思抑制浮华竞奔的文化力量。如果说魏晋玄学家以自己风格与才性、道德与情操，表现一种旷达超越精神的话，那么，这一时期反浮华竞奔的思想家，则显示了一种以儒家思想老成谋国的理性精神。如《傅子》的经世理想与王教精神、刘寔《崇让论》的谦逊息争精神。裴颜以《崇有论》反对玄学的浮华虚妄，其为精神以摆脱玄学体无的非理性，而走向追求无妄之理矣。郭象注《庄》，虽不属于儒家，然其讲"无待而独化"，精神上已不同于何晏、王弼、王衍之说矣。这种精神的理性发展，到东晋中兴则形成一种儒学归复之势与兴国学之风。

笔者曾说过多次，古代西方希腊有日神与酒神两种类型文化，中国上古以来也存在着两种类型文化，即阳刚的儒家文化与阴柔的道家文化。儒家文化顺天理，契人情，刚健中正，彝伦攸叙，维护了中国几千年伦理道德精神发展；道家文化自然无为，虚静阴柔，狂放超越，将中国人的精神自由与思想旷达推向了顶峰。两种文化，一阴一阳，一刚一柔，相感相应，相契相合，构成了中华民族两大精神支柱！一动一静，一偾一起，相激相荡，相推相摩，跌宕起伏，构成了两种生命精神大合唱！儒家文化集上古天道之学大成，虽扶持维护了中国文化历史之正道及其持续绵延，但每当中国历史衰败或遇山崩地裂之变，儒家文化抵挡不住时，道家文化则常常是深藏不露、契合蓄养，保留中国文化之根，使其得以恢复重建，走向辉煌。此阴柔之道家文化涵养扩充，有补于阳刚之儒家文化者也。

但这并不是说两种文化一直是相互契合美好的一对乾坤大情侣，而无相互争斗伤害之时。恰恰相反，它们间的动静合变，刚柔相推，鼓之以雷霆，润之以风雨，相推相摩，激荡流变，虽然不断推动着中国文化创造与精神发展，但其阴阳升降，刚柔交错，躁妄互动，清浊相激，贞邪相迭，诚妄相争，则其相互伤害，有时也是很厉害的。特别是当它们服务于不同政治需要，与政治结合为不同文化意识形态存在，彼此相争，互不相让时，或一个提升为上层国家政治意识，一个激变为下层流俗风尚时，各立门户，树其党，刚而强暴，愚而顽冥，乖戾邪僻，婚党相灭，则不仅伤害极为激烈，也极大地摧残当时文化精神健康发展。魏晋时期，崇尚《老》《庄》任诞虚无的玄学和维护礼教纲纪的儒学之争，就是这样一种残酷激烈的思想斗争，也是影响当时文化精神发展极为重要的历史事件。它从汉末，一直持续到魏晋南北朝，但主要发生在魏晋时期。

王船山谈及这个时期因革时变、激荡不息的争斗及其政治哲学本质与表现形式时，曾说过下面一段话：

> 国政之因革，一张一弛而已。风俗之变迁，一质一文而已。上欲改政而下争之，争之而不胜；下欲改俗而上抑之，抑之而愈激以流，故节宣而得其平者，未易易也。[①]

魏晋时期，整个文化意识形态领域的争斗，上之政治改革，下之风流争辩，所形成的激荡流变，基本上都是以"上欲改政而下争之，下欲改俗而上

---

① 《读通鉴论》卷十。

抑之"激烈展开的。上欲改政而下所以抗争者,因为所改不符合时下流俗风尚的欲望目的;下欲改俗而上所以抑之者,因为按照流俗风尚追求目标去改,将违背礼教纲纪,危及国家社稷安全。争之不下,必然造成"上欲改政而不能,下欲改俗而上不许"的僵持或激变局面。东汉末年,士以名节相尚,交游品题,互相持之,近乎党论,天下奔走如鹜,而莫之能止。桓帝、灵帝听从阉竖之言,极致其罪,网罟摧折之。党锢诸贤,虽气节可佳,然党争起,乃亡汉者也。然其后,天下慕其风不止,则文化精神失其仁义刚正矣。曹孟德虽知"阿党比周,先圣所疾也"①,但为平定天下,任法课能,争取人才,即使是"负污辱之名,见笑之行,或不仁不孝而有治国用兵之术"者,也令"各举所知,勿有所遗"②,更造成了智术兴,道德坠,摧折礼教之风。王肃之学出,儒学发展为新的形而上学,及至正始何晏、王弼玄学出,崇尚《老》《庄》,则虚无之风起,中国文化精神走向逸出矣。竹林七贤嵇康、阮籍辈出,"越名教而任自然",虽有身心解放之用,精神也提升得极高,然其"守其有者有据,持其无者无执"③,讲"从容与道化同逌,逍遥与日月并流","居乎无室,出乎无门,齐万物之去留,随六气之虚盈"④,徒寄形躯及精神世界于斯洪荒宇宙,则不仅人生陷入了荒诞与虚无,而且中国中正仁义的文化精神不复存在矣。及至发展到王衍之流,外崇尚浮华,内自私贪鄙,奢谈玄学,雌黄《老》《庄》,则中正仁义文化精神跌宕逸出、丧失殆尽矣。此即汉末魏晋以来,新道家兴起,以《老》《庄》玄学之名,与儒家正学之所争者也!其流变所起灭者,就是儒家礼教纲纪之兴废。

这样讲并不是否定魏晋玄学先验论、本体论、形而上学发展在中国精神史的地位。在这方面,应该说魏晋玄学家以天道自然无为形而上学存在,为道体之大全,"说绎道义、发明大体"⑤,独抒胸臆,创造玄远精神世界,体道大通,应物无累,将中国文化精神提升到极为广大高远境界,其功是不可没的。然其"以无为本",弃仁义之道,持虚无之说,不存正道,无以承天正身,立教安民,则非大道之至论。特别是随着佛教的传入,虽其精神宏达玄远,然其以不生不化、空寂虚无存在为本体论,更使圣人则天道,成大化,

---

① 《整齐风俗令》,《全三国文》卷二。

② 《举贤勿拘品行令》,《全三国文》卷二。

③ 阮籍:《达庄论》。

④ 阮籍:《答伏义书》,《全三国文》卷四十五。

⑤ 《论语集解·为政》注。

以仁义礼智教化成天下的礼教精神，丧失殆尽矣。此汉末以来，儒家正学失却主流地位，儒家人物不断以仁义礼智之教反思争辩魏晋玄学所失者也。

阴阳有轮转，万物有盛衰，文化历史也有本原的开合之变，有跌宕逸出及不断回归本原的盛衰嬗变。故魏晋时期对玄学浮华竞奔之理性反思与抑制，乃当时历史开合、精神发展嬗变一环，不可不叙述。

## 一　魏晋对浮华竞奔的反思与抑制

每个时代，不论世道怎样混浊动乱，皆有真正的清节之士，天下乱而心不乱，世道浊而我清白，不管社会人生怎样陷于功利之求及利害冲突，他只是以清风亮节淡然处之，而不染于污浊世情。魏晋时期的管宁就是这样一个人。虽孤微清贫而不受赠赂，文帝时还征为太中大夫固辞，明帝及齐王屡征不出，"抱道怀贞，潜翳海隅"，避乱辽东三十七年，八十四岁以终。魏文帝称其"耽怀道德，服膺六艺，清虚足以侔古，廉白可以当世"①；大司农桓范称其"于混浊之中，履洁清之节，笃行足以厉俗，清风足以矫世"②。管宁超越利害冲突而能静其心，宁其神，实乃时代精神最为洁净纯真者也。

然处智术兴而道德坠的争乱之世，无圣哲以命世匡扶之道，正天下之不正，治天下之不治，仅靠一个人的洁净纯真，则是不足于矫邪佞之风，立道德之本的。曹操在中国传统宗法社会，应说乃雄才大略政治家也，其讲"丧乱已来，十有五年，后生者不见仁义礼让之风，吾甚伤之"，令郡县置学修文，"庶几先王之道不废，而有以益于天下"③，也不能说没有好学明经的思想，但其《招贤令》求"不仁不孝"，"有治国用兵之术者"，实乃退道德，竞智谋，欲以浅薄有限知识之治天下也。抛弃尚节义、敦名实、经明行修的儒家经术思想，而其为治，不仅造成权诈迭进，奸逆萌生，更是使整个社会陷入功利之求、物欲竞奔，亦是导致玄学浮华发生的重要原因。董昭太和六年上疏，讲"当今少年，不复以学问为本，专更以交游为业；国士不以孝悌清修为首，乃以趋势游利为先"④，即是对以法术浅薄知识治国思想，所造成

① 《三国志·管宁传》。
② 桓范：《荐管宁表》，《全三国文》卷三十七。
③ 《三国志·武帝纪》。
④ 《三国志·董昭传》。

的非理性浮华竞奔的反思。

　　魏晋人性的浮华竞奔，不仅来源于以法术浅薄知识治国思想，更来源于正始玄学治国理念。应该说，何晏、王弼之玄学，最初并没有只是想逃入老庄哲学以藏身，而是想以不同于儒家礼教思想以治天下。何晏讲"有之为有，恃无以生；事而为事，由无以成"① 的本体论，讲"道有统，故殊途同归，异端而不同归"② 的本体大用。王弼讲"物无妄然，必由其理"，万物皆"统之有宗，会之有元"，惟此，才能"繁而不乱，众而不惑"③，讲"人虽知万物治也，治而不以二仪之道，则不能赡也"④ 等，实际上乃持一种更为普遍的政治哲学，以治国平天下。这在当时不仅有争于浅薄的法术治国思想，亦抗争于经明行修之儒术者。然其当何晏讲"夫道者，惟无所有者也"⑤，或者王弼讲天道"无之称也"，为"寂然无体，不可为象"⑥ 存在时，也就在本体论上陷入了虚无。不论是何晏讲"圣人无喜怒哀乐"，追求一种超越性生活与精神世界，还是王弼讲"穷极虚无，得道之常，乃至于不穷极"⑦ 境界，皆流入虚无矣。待其讲圣人"神明茂，故能体冲和以通无"⑧，或其讲自然无为，设立礼教，"造立施化，有恩有为"，物失其性，"不足以备载"⑨，则使人生哲学变为了自然哲学矣。人无疑应该顺乎自然，顺乎自然而然的宇宙大法则，但是，把人性视为物性存在，就使人生降而为生物本能存在矣。因此，正始玄学看似玄远深奥，其讲物性自然无为，实则流入浅薄生物本能论矣。这不仅是与以天道至德化成天下的政治哲学及以天之常道立教的儒家礼教思想相悖的，也是和当时以法术治国思想不相容的。

　　文化意识领域，玄学家以道家之说排斥儒学经术，反对礼教，浮华竞奔，不仅造成了纲纪破坏，也使儒学愈来愈衰，史说"从初平之元，至建安之末，天下分崩，人怀苟且，纲纪既衰，儒道尤甚"⑩，就是属于这种情况。面对着

---

① 《列子·天瑞篇》注引何晏《道论》。
② 《论语集解·为政第二》注。
③ 《周易略例·明象》。
④ 《老子注》第四章注。
⑤ 《列子·仲尼篇》注引何晏《无名论》。
⑥ 《论语释疑·述而篇》注，楼宇烈《王弼集校释》下册，中华书局 1980 年版，第 624 页。
⑦ 《老子注》第十六章注。
⑧ 《三国志·锺会传》注引何邵《王弼传》。
⑨ 《老子注》第五章注。
⑩ 《三国志·王肃传》注引《魏略》。

道家学说排斥儒学经术所造成的纲纪破坏、儒学衰败，魏文帝（黄初二年）就曾下诏，以孔羡为宗圣侯，置吏修庙，以祀孔子。诏书称孔子为"大圣之才"，"在乎鲁、卫之朝，教化乎汶、泗之上，栖栖焉，皇皇焉，欲屈己以存道，贬身以救世"①，故应修庙以祀之。后来（黄初三年），更敕令豫州，禁吏民往老子亭祷祝。敕令告豫州刺史说，老聃虽为"贤人"，但"未宜先孔子"，并说"汉桓帝不师圣法，正以嬖臣而事老子，欲以求福，良足笑也"②。这实际上乃是对当时儒道两种文化的冲突较量，经过对比反思，所作出的政治判断，它同时也反映了文帝上层对道家背离儒家经术及礼教的不满。这种情况的急剧发展，到魏明帝时（太和二年），则明确下诏，要郡国贡士以经学为先，讲"尊儒贵学，王教之本"，并且认为，"自顷儒官或非其人"，不能"宣明圣道"。故应"高选博士，才任侍中常侍者，申敕郡国贡士，以经学为先"③。当时以何晏、王弼为首的一批贵族青年士人步入政治舞台，试图以自己的政治哲学治理天下。对此，明帝则认为，"兵乱以来，经学废绝，后生进趣，不由典谟"。这不仅将使"训导未洽"，即教育失败，也将使"进用者不以德显"，流为无德者之治。因此明帝认为，惟郎吏"学通一经，才任牧民"，而"博士课试，擢其高第者亟用"，对于那些"浮华不务道本者，皆罢退之"④。太和六年，董昭出于儒家经术的理性思考，上疏说："凡有天下者，莫不贵尚敦朴忠信之士，深疾虚伪不真之人者，以其毁教乱治，败俗伤化也"；国士"合党连群，互相褒叹，以毁訾戮，用党誉为爵赏，附己者则叹之盈言，不附者则为作瑕衅。凡此诸事，皆法所不取，刑之所不赦"。因此，在他的建议之下，明帝再次"发切诏，斥免诸葛诞、邓飏"⑤等人言论。这不仅是出于董昭建议，从根本上说，乃是诸葛诞、邓飏等人"修浮华，合虚誉"，"明帝恶之"⑥。当时何晏、邓扬、李胜、丁谧、毕轨等人，皆有声名，进趣于时，明帝所以皆"抑黜之"，也是因其"以其浮华"⑦。由此可知，以何晏为首的玄学，魏明帝时何以遭到抑制了。这里面，虽然有政治原因，但

① 《三国志·文帝纪》。
② 《以孔羡为宗圣侯置吏修庙诏》，《全三国文》卷六。
③ 《三国志·明帝纪》。
④ 《三国志·明帝纪》。
⑤ 《三国志·董昭传》。
⑥ 《三国志·诸葛诞传》。
⑦ 《三国志·曹爽传》。

其所以被抑制，从根本上说，乃是因为它本体论上的虚无与人生论上的浮华，不可持之而为治天下之道。

魏晋之际，杀戮不断，晋之士人，荡检踰闲，骄淫愵靡，致使名教毁裂而非一日。魏晋时期，嵇康、阮籍诸人，竹林交游，未见其"喜愠之色"①，或"介然不群"，"每隐身自晦"②，实乃躲进老庄哲学以藏其身也。但是，不论是嵇康讲"非汤武而薄周孔"③，还是何晏讲"礼岂为我设邪"④，其旷迈不群，任性不羁，倜傥放荡，以庄周为楷模，则极大地破坏了当时的礼法制度。阮籍《大人先生传》讲"世人所谓君子，惟法是修，惟礼是克，手执圭璧，足履绳墨。独不见群虱之处裈中，行不敢离缝际，动不敢出裈裆，自以为得绳墨。然炎丘火流，焦邑灭都，群虱处于裈中而不能出"，则几乎要颠覆整个儒家礼教大厦矣！嵇康的被杀，虽有锺会一些小人谗言，但从本质上说，实乃当时儒道两种文化意识激烈斗争，魏明帝综核政治利弊，苛求于事功，而不得不抑制老庄思想之泛滥者也。

晋武之初立，正郊庙，封宗室，罢禁锢，立谏官，征废逸，禁谶纬，增吏俸，建立博士制度，弘扬儒家礼教，推行宽弘雅正治术，无疑想晋承魏风，实行儒家礼教伦理之治。这一点，从史书所记"晋初承魏，置博士十九人。博士皆取履行清淳，通明典义者"⑤；"武帝泰始三年，改封宗圣侯孔震为奉圣亭侯，又诏太学及鲁国，四时备三牲以祀孔子"；泰始四年诏"敦喻五教，劝务农功，勉励学者"，并采取措施，使"士庶有好学笃道，孝悌忠信，清白异行者，举而进之；有不孝敬于父母，不长悌于族党，悖礼弃常，不率法令者，纠而罪之"⑥；"武帝泰始七年，皇太子讲《孝经》通；咸宁三年，讲《诗》通，太康三年，讲《礼记》通"⑦ 等，可以看出当时晋武帝是试图礼教伦理之治以安天下的。但当时政治腐败，内乱外逼，国已糜烂，已不能见诸政治实践矣。晋武帝时，刘毅曾批评曹魏以来实行的九品中正制度，名为才清实平，实乃"不精才实，务依党利"，有权者"高下任意，荣辱在手，操人

① 《三国志·嵇康传》注引《魏氏春秋》。
② 《晋书·山涛传》。
③ 《与山巨源绝交书》。
④ 《晋书·阮籍传》。
⑤ 《晋书·职官志》。
⑥ 《晋书·武帝纪》。
⑦ 《晋书·礼志上》。

主之威福，夺天朝之权势"；"人伦交争而部党兴，刑狱滋生而祸根结"，其结果，就是造成了浮华朋党的权贵政治，造成了"上品无寒门，下品无势族"①两极对立，就是当时的政治现实。既然当权者皆寡廉鲜耻贪冒骄奢之徒，而世风邪妄污浊之流又不可挡，天下何以能归复儒家礼教伦理之治？加上魏晋之际，杀戮不断，晋之士人，荡检踰闲，骄淫惯靡，名教毁裂，已非一日。"嵇康死而清议绝，名教为天下所讳言，同流合污而固不以为耻"②矣。玄学之徒，放荡不羁，崇尚虚浮，贪鄙自私，政无立国之本，人无植身大节，天下邪波横流矣。国之存亡，并不是每个时代皆有执大道深思熟虑孰以谋之人的。晋至惠帝时，朝中亦无可托天下者。虽有张华、陆机铮铮自见，傅咸、和峤亢直以争，但皆抵不过强宗互乱、群小邪妄！及至永嘉之乱，加之氐、羯乘机猖狂入侵，天下之势危矣！此魏晋虚浮竞奔意识之危及天下者也。

　　但整个魏晋时期，皆是存在着儒、道治国之辩，存在着儒家正学对魏晋虚浮竞奔意识的理性思考与抑制的。尽管当时儒家对魏晋虚浮竞奔意识抵挡不住，但它也显现了儒学精神的中流砥柱的存在，其中具有形上精神者，则有《傅子》经世理想与王教精神、刘寔《崇让论》倡逊息争精神、裴頠《崇有论》对浮华虚妄的释蔽，郭象注《庄》追求实有独化思想及东晋中兴的儒学归复与国学新风等。它在当时也反映了魏晋儒家文化精神发展，是精神史不可叙述的。现在先讲《傅子》的经世理想与王教精神，然后再叙述其他人的儒学思想。

## 二　《傅子》的经世理想与王教精神

　　傅玄，字休奕，晋北地泥阳（今陕西耀县东南）人。玄少孤贫，博古通今，善属文，通音律。魏时官至弘农太守、领典农校尉。晋武帝为晋王时，迁散骑常侍，及受禅，进爵为子，加附马都尉，迁侍中。泰始四年，以为御史中丞。五年，迁太仆。献皇后崩，因丧位问题发生争执，玄恚怒，厉声色而责谒者，被御史中丞奏其不敬，免官。傅玄"天性峻急，不能有所容。寻卒于家，时年六十二，谥曰刚"③。《晋书》说献皇后"咸宁四年崩，时年六

---

①　《晋书·刘毅传》。

②　《读通鉴论》卷十一。

③　《晋书·傅玄传》。

十五"①。傅玄卒于是年（公元278年），上推六十二年，应生于建安二十二年（公元216年）。傅玄一生历汉、魏、晋三代，故其见多识广。

傅玄少时避难于河内，专心诵学，后虽显贵，而著述不废。《晋书》本传称其"撰论经国九流及三史故事，评断得失，各为区例，名为《傅子》，为内、外、中篇，凡有四部、六录，合百四十首，数十万言，并文集百余卷行于世"。《隋书·经籍志》《新唐书·艺文志》均著录此书为一百二十卷，至宋代多已亡佚。《宋史·艺文志》仅著录为五卷。明清之际，原本佚失不存。清人自《永乐大典》《太平御览》《群书治要》诸书中辑出，有严可均辑的五卷本，钱保塘辑的三卷本，傅以礼辑的五卷本。清朝以来，《傅子》一书，除《四库全书》本外，还有广雅书局刻《武英殿聚珍版书》严可均辑本、《玉函山房辑佚书续编》王仁俊辑本等。1990年上海古籍出版社出版《诸子百家丛书》的《傅子》单行本；2010年天津古籍出版社出版的刘治立先生的《傅子》评注。

傅玄初作《傅子》内篇成，傅玄之子傅咸，拿给司空王沈看。王沈与傅玄书，说其著书"言富理济，经纶政体，存重儒教，足以塞杨、墨之流遁，齐孙、孟于往代。每开卷，未尝不叹息也"②。可知傅玄所著《傅子》乃当时阐述儒家经世理想与王教精神的重要著作。武帝即位之初，傅玄即上疏说："先王之临天下也，明其大教，长其义节。道化隆于上，清议行于下，上下相奉，人怀义心。亡秦荡灭先王之制，以法术相御，而义心亡矣。近者魏武好法术，而天下贵刑名。魏文慕通达，而天下贱守节。其后纲维不摄，而虚无放诞之论，盈于朝野，使天下无复清议，而亡秦之病复发于今。"③ 傅玄所说王教，即先王礼义之教，其为经世理想，就是明此大教，以长义节，使道化隆于上，清议行于下，上下相奉，人人怀一颗天地正义之心、社会正义之心。傅玄认为，先王"能以礼教兴天下者，其知大本之所立乎。夫大本者，与天地并存，与人道俱设，虽蔽天地，不可以质文损益变也"④。可知，礼教乃先王治国平天下之根本也，不可忽视的。

傅玄认为，要昌明王教精神，实现儒家经世理想，就要以天地大德大威，

---

① 《晋书·景献羊皇后传》。
② 《晋书·傅玄传》。
③ 《晋书·傅玄传》。
④ 《傅子·礼乐》。

建立起以"赏"与"罚"为核心的体统纲纪，即他所说的"治体"：

> 赏者，政之大德也。罚者，政之大威也。人所以畏天地者，以其能生而杀之也。为治审持二柄，能使生杀不妄，则其威德与天地并矣。信顺者，天地之正道也。诈逆者，天地之邪路也。民之所好，莫甚于生，所恶莫甚于死。善治民者，开其正道，因所好而赏之，则民乐其德也。①

傅玄讲治体，不论是"赏"作为政之大德，还是"罚"作为政之大威，皆是立于天地之正道，以天地正道为根本法则，为体统纲纪的。惟此，才"生杀不妄"，才"其威德与天地并"。此德者何？天地生生之德也，大化流衍、一体之仁也，即"圣人之崇仁，将以兴天下之利也，利或不兴，须仁以济"者也，亦即"仁者，盖推己以及人也；己所不欲，勿施于人"者也。以此天地大德治天下，"推己心孝于父母，以及天下，则天下之为人子者，不失其事亲之道矣。推己心有乐于妻子，以及天下，则天下之为人父者，不失其室家之欢矣。推己之不忍于饥寒，以及天下之心，含生无冻馁之忧矣"。以此为治体，为体统纲纪，"推所好以训天下，而民莫不尚德；推所恶以诫天下，而民莫不知耻"②，苟无邪，纯乎纯哉其上，此"生杀不妄，则其威德与天地并"者也。

以天地之正道为本体论根据，所以"生杀不妄，则其威德与天地并"者，更在于它是真实无妄之理、实有是理之存在，而非宗教价值设定。故曰："天地著信，而四时不忒；日月著信，而昏明有常。"以此真实无妄之理建立信仰信念，故天下无妄。天下无妄，不陷入虚假的信仰信念，方能至诚不息，方能"王者体信，而万国以安；诸侯秉信，而境内以和；君子履信，而厥身以立"。故傅玄说，圣君贤佐，以此"化世美俗，去信须臾，而能安上治民者，未之有也"。这在傅玄治体中，实乃是建立人道伦理与社会正义的根本问题。故曰"讲信修义，而人道定矣"。而若"君不信以御臣，臣不信以奉君，父不信以教子，子不信以事父，夫不信以遇妇，妇不信以承夫，则君臣相疑于朝，父子相疑于家，夫妇相疑于室，小大混然而怀奸心，上下纷然而竞相欺，人伦于是亡矣"。故傅玄认为，"祸莫大于无信"。无信则无亲，则无义，则陷天

---

① 《傅子·治体》。
② 《傅子·仁论》。

下于作假虚妄。故"先王欲下之信也，故示之以款诚，而民莫欺其上；申之以礼教，而民笃于义矣"。王者以天地真实无妄之理治天下，"上秉常以化下，下服常而应上，其不化者，百未有一也"①。此即"信顺者，天地之正道也；诈逆者，天地之邪路"者也。

由上可知，傅玄建治体，建立以"赏"与"罚"为核心的体统纲纪，乃是法于天，以天地之道为本体论的。在他看来，"天为有形之主，君为有国之主。天以春生，犹君之有仁令也。天以秋杀，犹君之有威令也。故仁令之发，天下乐之。威令之发，天下畏之"。傅玄认为，"圣人之道如天地"。惟以此"经之以道德，纬之以仁义，织之以礼法，既成而后用之"，方能实现天下之治。"君子审其宗而后学，明其道而后行"，不懂天地大法则，无此最高本体论为根据，单纯于形而下处讲礼法，则"论经礼者，谓之俗生；说法理者，名为俗吏"②。

以天地之道建治体，立纲纪，能否使人民尚其德，信顺其道呢？傅玄认为，"民之所好，莫甚于生，所恶莫甚于死"。是故他认为，"善治民者，开其正道，因所好而赏之，则民乐其德也"。这样讲建治体，立纲纪，不仅以天地之道为本体论，还有个以何种人心人性为先验论、本体论存在的问题，即必须解决天道与人心统一性问题。魏晋时期的急剧社会变革及智术兴而道德坠的争乱，给人性带来了前所未有的变化。这变化是傅玄建治体，立体统纲纪所必须面对的。傅玄认为，"木至劲也，可柔而屈，石至坚也，可消而用"，皆有其内在性根据，而王教建立也是有其内在性根据的，那就是人含有"有善可因，有恶可改"的"五常之性"。在傅玄看来，这五常之性，乃是"人之所重，莫重乎身，贵教之道行，士有仗节成义，死而不顾者，先王因善教义，因义而立礼"的根据。正是因为这样，以人的先天道德本性为根据而设礼，所以"因善教义，故义威而礼；因义立礼，故礼设而义通"。傅玄认为，商、韩、孙、吴，只"知人性之贪得乐进，而不知兼济其善"的道德本性，故其对人束之以法。这种法的本质及功用，就是"使天下唯力是恃，唯争是务""恃力务争，至有探汤赴火，而忘其身"，其为法之治，就是以"好利之心独用"。傅玄认为，"中国所以常制四夷者，礼义之教行也，失其所以教，则同乎夷狄矣。其所以同，则同乎禽兽矣。不惟同乎禽兽，乱将甚焉！何者？

---

① 《傅子·义信》。
② 上引均见《傅子·阙题》。

禽兽保其性然者也”。这就是说，中国与夷狄所不同者，是中国有礼义之教；所同者，只是生物本能，只是“禽兽保其性然”的存在。以法治国，乃是立于“禽兽保其性然”生物本能基础上的，而忽视了立于道德本性基础上的礼教大用。傅玄认为，此乃是“以智役力者”之治也。以此治天下，必然造成“智役力而无教节，智巧日用，而相残无极”的局面。以礼教治天下，“利出于礼让”；以智役力治天下，“利出于力争”。任力争治天下，以竞争治天下，陷入“相残无极”的局面，天下必大乱。因此傅玄认为，惟“修礼让则上安下顺，而无侵夺”，而“任力争，则父子几乎相危，而况于悠悠者乎！”①

自然，傅玄虽然主张以人的先天道德本性建立礼教，但没完全否定或逃避人的物欲本能。在他看来，“贪荣重利”，亦“常人之性也”。正因为这样，所以“上之所好，荣利存焉。故上好之，下必趣之，趣之不已，虽死不避也”。先王“知人有好善尚德之性，而又贪荣而重利，故贵其所尚，而抑其所贪。贵其所尚，故礼让兴。抑其所贪，故廉耻存”。傅玄认为，“夫荣利者，可抑而不可绝也”，完全根除此心性是绝对不可能的。正是因为人有贪荣利之性，所以才设立“显名、高位、丰禄、厚赏，使天下希而慕之”。但此设是以礼教为大用，并非仅靠任智用法所可获得的。故曰“不修行崇德，则不得此名，不居此位，不食此禄，不获此赏，此先王立教之大礼也”②。

正是傅玄讲人有“有善可因，有恶可改”的先天道德本性，亦承认人有“贪荣重利”的生物本能，所以他为建立治体，昌明王教精神，实现经世理想，提出以正心正德治天下，并根据当时社会情势，提出了“欲息制明”与“检商贾”两大治策。傅玄认为，治国平天下，并非仅仅是调动或利用人的物欲情欲，而是要以正心正德临天下。故曰：“立德之本，莫尚乎正心。心正而后身正，身正而后左右正，左右正而后朝廷正，朝廷正而后国家正，国家正而后天下正。”为此，“天下不正，修之国家。国家不正，修之朝廷。朝廷不正，修之左右。左右不正，修之身。身不正，修之心。所修弥近，而所济弥远”。傅玄认为，“夫有正心，必有正德，以正德临民，犹树表望影，不令而行”；而若“有邪心，必有枉行，以枉行临民，犹树曲表而望其影之直也”。有国有天下者，“若乃身坐廊庙之内，意驰云梦之野，情系曲房之娱，临朝宰事，心与体离，情与志乖，形神且不相保，孰左右之能正乎哉！”因此，傅玄

---

① 《傅子·贵教》。

② 《傅子·戒言》。

认为，惟"忠正仁理存乎心，则万品不失其伦矣；礼度仪法存乎体，则远迩内外，咸知所象矣"。因此，傅玄说：

> 古之达治者，知心为万事主动而无节则乱，故先正其心。其心正于内，而后动静不妄。动静不妄，以先率天下，而后天下履正，而咸保其性也。斯远乎哉。求之心而已矣。①

傅玄正是从正心正德的政道与治道出发，针对时弊，提出来一系列政道和治道之策的，其中重要治策，就是抑制纵欲和商业废常发展。傅玄认为，"天下之害，莫甚于女饰"（即今天化妆这种高档消费）。这种"上之人不节其耳目之欲，殚生民之巧"，时间长了，将"以极天下之变"。为何？因为"纵欲者无穷，用力者有尽，以有尽之力，逞无穷之欲，此汉灵之所以失其民也。上欲无节，众下肆情，淫奢并兴，而百姓受其殃毒矣"。饰用"必被珠绣之衣，践雕玉之履，由是推之，极靡不至矣"。公卿丧德，异端并起，"众邪之乱正若此，岂不哀哉！"因此，傅玄提出："夫经国立功之道有二：一曰息欲，二曰明制。欲息制明，天下定矣。"② 只是靠调动人的物欲情欲是不能奠定人伦之基，建立起精神大厦的。纵欲无穷，无限地扩张与膨胀人的物欲情欲，最后只能造成人伦之基坎陷与精神大厦的轰然坍塌！故傅玄以"欲息制明"治天下，乃洞彻千古政道与治道卓识之见也。

傅玄是承认士农工商为社会主体，主张"分士农工商，以经国制事"③的。从这一点出发，自然是重视商业发展的。故其说："夫商贾者，所以伸盈虚而权天地之利，通有无而一四海之财，其人可甚贱，而其业不可废！"但以士农工商经国制事，则"士思其训，农思其务，工思其用，贾思其常"，才是根本；而若四民废常贱职，"竞逐末利而弃本业"，则"苟合一切之风起矣"。若"士树奸于朝，贾穷伪于市，臣挟邪以罔其君，子怀利以诈其父，一人唱欲，而亿兆和，上逞无厌之欲，下充无极之求，都有专市之贾"的特供，造成"邑有倾世之商，商贾富乎公室，农夫伏于陇亩而堕沟壑，上愈增无常之好以征，下穷死而不知所归"，就是非常悲哀的事情了！在傅玄看来，"不息

---

① 《傅子·正心》。
② 《傅子·校工》。
③ 《晋书·傅玄传》。

欲于上，而欲求下之安静，此犹纵火焚林，而索原野之不雕瘁，难矣"。因此傅玄认为，要想管理市场，统一朝政，使天下归于纯朴之治，关键是上息欲。若"欲上息欲而下反真矣"①。此傅玄抑商之治也。

傅玄不仅提出了抑制纵欲和商业废常发展的治策，更认为应该减少或废除冗官。傅玄认为，以"士农工商"为社会主体，实现社会分工，"各一其业而殊其务"，"农以丰其食，工以足其器，商贾以通其货。故虽天下之大，兆庶之众，无有一人游手"，然后"自士已上子弟，立太学以教之，选明师以训之，各随其才优劣而授用之"，才能建立起礼教，治理天下。因此，他以典谟所讲"无旷庶官"② 为根据，提出应减少或废除冗官。傅玄认为，"王人赐官，冗散无事者，不督使学，则当使耕，无缘放之使坐食百姓也"。今文武官员众多，"不得耕稼，当农者之半，南面食禄者参倍于前"，养此庞大的官僚队伍，人民不堪负担，无法安居乐业，何以能实现礼教之治？因此他认为，应该将冗官下放，"计天下文武之官足为副贰者使学，其余皆归之于农"。人民没有负担，"夫家足食，为子则孝，为父则慈，为兄则友，为弟则悌。天下足食，则仁义之教可不令而行也"③。

傅玄认为，要以天地正道建立治体纲纪，以王教精神实现经世理想，不仅社会意识要"士思其训，农思其务，工思其用，贾思其常"，而且要以至公政治意识统摄贯通政道与治道。傅玄认为，"夫事通天下之志者，莫大乎至公。能行至公者，莫要乎无忌心。唯至公，故近者安焉，远者归焉，枉直取正，而天下信之。唯无忌心，故进者自尽，而退不怀疑，其道泰然"。所谓"无忌心"，就是后来宋儒程明道所说的"廓然大公，物来顺应"，圣人"不自私而用智"④。傅玄认为，政治意识，"唯患众流异源，清浊不同，爱恶相攻，而疏党别。上之人或有所好，所好之流独进，而所不好之流退矣。通者一而塞者万，则公道废而私道行矣。于是天下之志，塞而不通，欲自纳者，因左右而达，则权移左右，而上势分矣"。在傅玄看来，此乃王者"外倦于人而内寡闻，自闭之道也"。傅玄认为，"众流不至者多，则无以成其深矣。夫有公心，必有公道，有公道必有公制"，应该建立一套制度。他所说的"设诽

---

① 《晋书·检商贾》。
② 《尚书·皋陶谟》。
③ 《晋书·傅玄传》。
④ 《河南程氏文集》卷二。

谤之木，容狂狷之人，任公而去私，内恕而无忌，是之谓公制"，就是这样一套制度。傅玄所要建立的这套制度，"公道行，则天下之志通；公制立，则私曲之情塞矣"①，颇有民主政治的味道。

傅玄说："大匠构屋，必大材为栋梁。"② 因此，他认为，要王教精神实现经世理想，不仅要建立一套行公道、塞私情的制度，更要举贤荐能，聚集一批"帝王之佐，经国之任"，实现儒家王道政治的人才。傅玄认为，"故举一人而听之者，王道也。举二人而听之者，霸道也。举三人而听之者，仅存之道也。听一人何以王也，任明而致信也。听二人何以霸也，任术而设疑也。听三人何以仅存也，从二人而求一也"③。可知傅玄所说的人才，并非只会功利之求的讲霸术者，亦非维持现状的平庸之辈，而是他上疏晋武帝所说实现王教政治，能"明其大教，长其义节"，"以敦风节"的"清远有礼之臣"。傅玄认为，要获得这样风节之臣，只有通过儒家礼义教育，"尊其道，贵其业，重其选"，才能实现。傅玄后来上疏对此解释说："'人能弘道，非道弘人'。尊其道者，非惟尊其书而已，尊其人之谓也。贵其业者，不妄教非其人也。重其选者，不妄用非其人也。若此，而学校之纲举矣。"④

傅玄这里所阐明的王教精神及经世理想，虽然未必都符合上古三代以来的王教思想，有的政道与治道设想或可能所言颇迂，但其根本精神应该说是符合儒家经治思想的。傅玄虽然针对当时玄学的浮华，批评其"虚无放诞之论，盈于朝野"，但他一味排除老庄道家哲学的某种合理性。他认为，"道家笑儒者之拘，儒者嗤道家之放，皆不见本也"。在他看来，"道教者，昭昭然，犹日月丽乎天"，在本体论上也是很高明的，是不能完全否定的。他认为，君子固然要"审其宗而后学，明其道而后行"，但若"见虎一毛，不知其斑"，将自己眼光局限在狭窄天地，则"经巨海者，终年不见其涯；测虞渊者，终世不知其底"，则"近者不可以度远也"。⑤ 这些见解颇有弥合儒道不同精神的视野。

如果说傅玄《傅子》想以天地正道建立治体，以正心正德息欲明制，重振王道精神，实现经世理想的话，那么，刘寔《崇让论》则试图以倡导廉逊

① 《傅子·通志》。
② 《傅子·授职》。
③ 《傅子·举贤》。
④ 《晋书·傅玄传》。
⑤ 《傅子·阙题》。

之道，以息竞争心性，抑制社会人生的浮华虚妄，建立人类社会永恒法则秩序。这就是刘寔《崇让论》的倡逊息争精神。

## 三　刘寔《崇让论》的倡逊息争精神

刘寔，字子真，平原高唐县（今山东禹城西北）人，汉济北惠王刘寿之后。刘寔少贫苦，卖牛衣以自给，然其好学，博通古今，清身洁己，行无瑕玷。郡察孝廉，州举秀才，刘寔皆不行。初刘寔以计吏身份进洛阳，调任河南尹丞，迁尚书郎、廷尉正、吏部郎。晋武帝即位，泰始初年，刘寔进爵为伯，迁升少府；咸宁年间，任太常，转任尚书；元康初，进爵为侯，迁太子太保，为右光禄大夫，后拜司空，迁太保，转太傅。太安初，刘寔以老病逊位，永嘉四年（公元 310 年）初去世，享年九十一岁。以此上推 91 年，刘寔应生于黄初元年（公元 220 年）。刘寔虽为西晋大臣，然自少及老，笃学不倦，虽居职务，卷弗离手，尤精《春秋》三传，辨正《公羊》，曾撰《春秋条例》二十卷，所著《崇让论》，是其一篇宣传儒家礼让精神的重要论著。

《晋书》本传说，锺会、邓艾伐蜀，有客问刘寔说："二将其平蜀乎？"刘寔说："破蜀必矣，而皆不还。"客问其故，笑而不答，竟如其言。刘寔之先见，皆此类也。刘寔"以世多进趣，廉逊道阙，乃著《崇让论》以矫之"。锺会、邓艾伐蜀，为魏元帝景元三年（公元 262 年）之事。刘寔作《崇让论》，应在此事之后。此时，不仅智术兴而道德坠，物欲竞奔，功利之求盛行，玄学亦走向矜高荒诞、浮华虚无。整个社会意识造成了刘寔所说"世多进趣，廉逊道阙"，故其著《崇让论》，乃在矫此邪佞之风，以立道德之本。

刘寔认为，天下之治，包括政道、治道及吏治，皆不能建立在社会竞争基础上，否则，就会造成人心性的邪妄及社会谦逊礼让之道的毁灭。故他讲："古之圣王之化天下，所以贵让者，欲以出贤才，息争竞也"，"夫推让之风息，争竞之心生"，"争竞之心生，则贤能之人日见谤毁。夫争者之欲自先，甚恶能者之先，不能无毁也。"[①] 为什么会这样？因为人存在着争斗性，存在着妒忌、竞争、排他的情欲本能。故刘寔说："夫人情莫不欲己之贤也，岂假让不贤哉"，"在职之吏，临见受叙，虽自辞不能，终莫肯让有胜己者"等，

---

① 《崇让论》，《晋书·刘寔传》，另见《全晋文》卷三十九。

就是指的情欲本能而说的。有此情欲本能，自然不能无争，不能谦逊让贤；相反，由于妒贤嫉能，由于"莫肯让有胜己者"，在妒忌、竞争、排他一类情欲本能支配下，它会使社会人生及政道与治道走向相互诋毁、相互诽谤，使人心性向邪妄反面发展，以至于破坏社会人生的和谐，毁灭人类社会谦逊礼让的人伦之道。故刘寔说："夫争者之欲自先，甚恶能者之先，不能无毁也。"刘寔认为，"推让之道兴，则贤能之人日见推举；争竞之心生，则贤能之人日见谤毁"。惟有兴儒家礼义之教，逊让之道兴，使社会人生建立在谦逊礼让基础上，则不仅"贤人相让于朝，小人不争于野，天下无事矣"，且"贤能之人不求而自出矣，至公之举自立矣"。

这不仅是个吏治用人之道问题，更涉及以何化成天下的根本问题。刘寔认为，古之圣王之所以能化天下，在于贵逊让，"在朝之士相让于上，草庐之人咸皆化之，推贤让能之风从此生矣"；此风一生，潜移默化，不见其化，自然而化。此"荡荡乎尧之为君，莫之能名"者也，亦"舜禹之有天下而不与焉，无为而化"者也。在刘寔看来，舜"歌《南风》之诗，弹五弦之琴也，成此功者非有他，崇让之所致耳"。刘寔认为，由于"让道废，因资用人之有失久矣"。自汉魏以来，令众官各举所知，唯才所任，不限阶次，然其"所举必有当者"，并不能真正确定谁最贤，谁最不肖，"所举必有不当，而罪不加"，就造成了"贤愚之名不别"的情况。由于"推贤之风不立，滥举之法不改"，则不仅会造成"南郭先生之徒盈于朝"，也会使"才高守道之士日退，驰走有势之门日多"，以至于"虽国有典刑，弗能禁"。不兴礼义之教，丧失逊让之道，只是靠令众官推荐，各举所知，由于"驰走有势之门日多"，并不能真正获得守道才高之士，反而可能将一些权贵阶层寡廉鲜耻之徒推荐出来，使其形成更加牢固的权贵集团。晋武帝时，刘毅所批评的曹魏以来实行九品中正制度，有权者"高下任意，荣辱在手，操人主之威福，夺天朝之权势"，所造成的"上品无寒门，下品无势族"朋党权贵政治，就是这样形成的。故刘寔认为，"让道不兴之弊，非徒贤人在下位，不得时进"，更会造成"国之良臣荷重任者，亦将以渐受罪退"，甚至由于"宠贵之地，欲之者多"，"恶贤能者塞其路"，谤毁日生，而不能禁。造成这种情况，"若知而纵之"，则"王之威日衰，令之不行自此始矣"。这自然是非常危险的！因此刘寔说：

"贤才不进，贵臣日疏，此有国者之深忧"① 者也。

刘寔认为，要改变这种风气，这种危险作风与习俗，也"甚易耳"，那就是建立起辞让制度。在刘寔看来，虽"让道废，因资用人之有失久矣"，虽"一时在官之人，杂有凡猥之才"，然"其中贤明者"，毕竟是多数，"岂可谓皆不知让贤为贵邪？"所以产生"皆不让，习以成俗，故遂不为耳"。因此他认为，只要建立起辞让制度，养成辞让风气习俗，就会好起来。怎样建立辞让制度呢？根据是什么呢？刘寔认为，就是发端于唐虞时期的谢章之制及其传统。他说，"昔舜以禹为司空，禹拜稽首，让于稷契及咎繇；使益为虞官，让于朱虎、熊、罴；使伯夷典三礼，让于夔龙"，《尚书》是有记载的②。所以记载，就是"欲以永世作则"，即以此建立起永久的规则与制度。唐虞之时，众官初除，莫不皆让也。谢章之义，盖取于此。《书》记之者，欲以永世作则。刘寔说，古代任官之初，皆通表上闻，以表谢意，即是谢章。刘寔认为，"原谢章之本意，欲进贤能以谢国恩也"。以古代谢章之制，建立起永久的辞让规则与制度，就是使所进贤能以为官者，知道谢国恩，具有感恩意识。这用今天的话说，就是要感谢人民的信任！在刘寔看来，只要建立起这种制度，形成风气，养成习惯，相承不变，不能谦逊让贤、妒贤嫉能的竞争风气，就可以改变，以救"习俗之失"。

刘寔对这个制度的考虑是很细致周密的。例如他说，虽用谢章之制，并非完全废除推荐举贤制度。官员选定，如三司有缺，用谁不用谁，应该"择三司所让最多者而用之"。其他像三公之缺、尚书之缺等也是这样，亦应"所让最多者而用之"。其他，像众官百郡之职的选举确定，虽可参考举荐之官的意见，但刘寔认为，民心、老百姓的意见也是不可忽视的。他说："贤愚皆让，百姓耳目，尽为国耳目。"此即《孟子》所讲"天与之，人与之"③ 者也，最后还是以民意为大的。

刘寔《崇让论》关于逊让制度的设想，虽有天真处、简单处，但他能在公元 3 世纪时，提出反对把社会竞争引入天下之治，引入括政道、治道及吏治，则是极为有见地的。这就像今天不能把社会达尔文主义引进社会竞争是一个道理。以竞争为治道，乃调动人的一切物欲情欲进行生存竞争也。这不

---

① 上引均见《崇让论》。
② 《尚书·尧典》。
③ 《孟子·万章上》。

仅会泯灭人的良知，也会使整个社会陷入疯狂的非理性争斗。它就像被放出关在笼子的魔鬼，最终会像马克思说的那样，造成"一条被恶魔铺满了毁灭价值的道路"①。因此，刘寔《崇让论》关于不可把竞争引入政道、治道及吏治的意见，还是值得注意的。他对以逊让之道抑制竞争的利弊得失，是这样说的：

> 夫人情争则欲毁己所不知，让则竞推于胜己。故世争则毁誉交错，优劣不分，难得而让也。时让则贤智显出，能否之美历历相次，不可得而乱也。当此时也，能退身修己者，让之者多矣。虽欲守贫贱，不可得也。驰骛进趣而欲人见让，犹却行而求前也。夫如此，愚智咸知进身求通，非修之于己则无由矣。游外求者，于此相随而归矣。浮声虚论，不禁而自息矣。人人无所用其心，任众人之议，而天下自化矣。不言之化行，巍巍之美于此著矣。让可以致此，岂可不务之哉。

刘寔治《春秋》三传，对历史是非常清楚的。他举出范宣子让贤荀偃②的例子，从晋国"君子尚能而让其下，小人力农以事其上，上下有礼，谗慝远黜，由不争也"的历史事实，说明"晋国以平，数世赖之"的道理。这样，就使"上世之化"成了一种传统，一种历史精神，一种必须遵守的法则。刘寔《崇让论》，虽然文字不多，然不能说不是一篇深刻笃厚之论也。

怀帝时，左丞刘坦曾上言，说刘寔"体清素之操，执不渝之洁，悬车告老，二十余年，浩然之志，老而弥笃，可谓国之硕老，邦之宗模"③。可知当时刘寔乃是一位德高望重的长者。不仅德高望重，而且是一位以清廉自律的政治人物。晋武帝时，虽然采取了许多措施，希望治理好天下，但当时敲诈勒索、渔猎人民、奢侈浪费、腐败堕落已成不治之症。傅咸针对世俗奢侈，曾上书晋武帝说："奢侈之费，甚于天灾。"④ 当时，石崇就是有名的大富豪，

---

① ［德］卡尔·雅斯贝斯：《人的历史》，见《现代西方史学流派文选》，上海人民出版社 1982年版，第 37 页。

② 《左传》襄公十三年记载说，晋悼公十三年，中军将荀罃卒，按惯例应是中军佐范宣子升任其职。但范宣子认为上军将荀偃比他年长，于是让贤荀偃任中军将。晋国之民，是以大和，诸侯遂睦。君子曰"让，礼之主也。范宣子让，其下皆让。栾黡虽汰，弗敢违也。晋国以平，数世赖之"。

③ 《晋书·刘寔传》。

④ 《晋书·傅咸传》。

石崇与王恺比富，是西晋有名的历史事件①。刘寔自少贫窭，年老杖策徒行，每所憩止，不累主人，薪水之事，皆自营给，即使位望通显，也每崇俭素，不尚华丽。有一次刘寔去石崇家，"如厕，见有绛纹帐，裀褥甚丽，两婢持香囊"，便退了出来，笑谓石崇说："误入卿内室。"石崇说："是厕耳。"刘寔说："贫士未尝得此。"乃更如他厕②。《晋书》本传说刘寔"虽处荣宠，居无第宅，所得俸禄，赡恤亲故"，可知其一生清廉、淳朴、自律。

傅玄、刘寔皆是主张上息欲，推谦逊廉洁之风，以化成天下的。"风以动之，教以化之"③，实行王道教化，本来是先王以礼义教化治天下的传统。傅、刘主张并无错也。但这只有上具道德淳厚的王化之基才行。然而晋时这个基础已经毁坏。当时京都洛阳的羊琇、王恺、石崇三大豪富，皆出自腐败奢侈的上层：羊琇为掌管禁卫军的中护军，王恺为晋武帝的舅父，石崇为散骑常侍。石崇与王恺比富，能够得到晋武帝支持与帮助，可想其整个上层社会腐败堕落、荒淫奢侈到何种程度矣。一个这样腐败堕落的政治上层，怎么可行王道教化呢？行了又怎么能化成天下呢？此傅、刘主张之天真、不切实际者也。但其提出上息欲，推谦逊廉洁之风，以化成天下，应该说还是坚持了儒家王道教化精神的。

如果说傅玄、刘寔之说在于倡王道教化，试图谦逊清廉之风以息嗜，抑制当时的物欲竞奔、腐败奢靡的话，那么，裴𫖯之作《崇有论》，则在于从哲学本体论上，以矫玄学之矜高荒诞、浮华虚无矣。

## 四　裴𫖯《崇有论》对浮华虚妄的释蔽

哲学本体论，即哲学根本理论，即宇宙万物何以存在、如何存在的理论，而人知觉何种本体论存在，即获得何种人生意义，影响其人生观生存，乃至建立何种信仰、信念及精神世界。知觉本体实有，为天道真实无妄之理、实

---

① 《世说新语·汰侈》说：石崇与王恺比富，王恺饭后用糖水洗锅，石崇便用蜡烛当柴烧；王恺做了四十里的紫丝布步障，石崇便做五十里的锦步障；王恺用赤石脂涂墙壁，石崇便用花椒。又说石崇与王恺争豪，并穷绮丽以饰舆服。武帝，恺之甥也，每助恺。尝以一珊瑚树高二尺许赐恺，枝柯扶疏，世罕其比。恺以示崇。崇视讫，以铁如意击之，应手而碎。恺既惋惜，又以为疾己之宝，声色甚厉。崇曰："不足恨，今还卿。"乃命左右悉取珊瑚树，有三尺四尺，条干绝世，光彩溢目者六七枚，如恺者甚众。恺惘然自失。

② 《晋书·刘寔传》。

③ 《毛诗序》。

有是理的存在，以此为性命之理，则在宇宙浩浩大化中有一个自家主宰，安身立命，不为大化所驱，洪涛巨浪中自有生命的停泊港湾；知觉本体实有为道体、仁体，为大化流衍、生生不息之体，于日用之间，能感而能通，触而能觉，万起万灭，知觉生生不息之机，懂得生命非别有一物，乃无一处不仁，无一处不化，浑然全体生物无穷，则心自周流宇宙，贯通万物，大化流行，为浑然一体之仁心矣；而若知觉本体为虚无存在，"以无为本"，把道体归诸"无所有"存在，讲"自然者，道也"，或"自己而然，谓之天然"，那么，讲自然无为，讲"越名教而任自然"，就成为合理的了。及至知觉本体为空寂虚无存在，又归于空寂虚无存在，为当下之存在，自私贪鄙，圆滑混世，逃于得失之外以免其害时，则于国无本，于身无节，使人生流于浮华虚无荒诞矣。凡此种种，则可知哲学本体论对于人生之重要。不仅如此，哲学本体论一旦成为社会群体知觉意识或意识到的存在，发展为一种社会思潮，一种群体意识，成为一个时代主流意识，哪怕是短暂的，它也会影响国家民族文化意识，改变价值取向，及至发展为于国无本，于身无节时，整个时代国家民族文化意识，也就陷于浮华虚无荒诞了。从这个意义上说，裴頠作《崇有论》之重要可知矣。

裴頠，字逸民，裴秀之子，河东闻喜（今山西闻喜）人，西晋时重要朝臣，亦为当时名士。生于晋武帝泰始三年，卒于惠帝永康元年。裴頠出身于显族，祖父裴潜，官至魏尚书令，父裴秀，至晋司空，为晋开国元勋。裴頠长兄裴浚早亡，袭父爵，从母夫贾充为贾后的父亲，故为贾后亲属，赵王司马伦讨贾后时被害，时年仅 34 岁。

裴頠弘雅有远识，博学稽古，自少知名。晋武帝太康二年，征为太子中庶子，迁散骑常侍；惠帝时官至侍中，尚书左仆射，为一朝重臣。曾上奏修国学，刻石写经。裴頠通博多闻，兼明医术，亦善谈玄学。据记载说，当时学界，自魏太常夏侯玄、步兵校尉阮籍等皆著《道德论》，侍中乐广、吏部郎刘汉亦体道而言约，尚书令王夷甫（衍）讲理而才虚，散骑常侍戴奥以学道为业，皆希慕简旷，惟裴頠"疾世俗尚虚无之理，故著《崇有》二以折之，才博喻广，学者不能究"[1]；又说"'頠雅有远量，当朝名士也'。又曰'民之望也'。頠理具渊博，瞻于论难，著《崇有》、《贵无》二论，以矫虚诞之弊，

---

① 《世说新语·文学》注引《晋诸公赞》。

文辞精富，为世名论"①。凡此，可知裴颁在魏晋玄学史上的学术地位及名望。特别是他所著《崇有论》，疾虚无之理，矫虚诞之弊，于魏晋崇尚浮华虚妄之际，其无妄之用，在精神史上有着特殊的地位。

关于裴颁著《崇有论》，《晋书》本传说：

> 颁深患时俗放荡，不尊儒术，何晏、阮籍素有高名于世，口谈浮虚，不遵礼法，尸禄耽宠，仕不事事。至王衍之徒，声誉太盛，位高势重，不以物务自婴，遂相仿效，风教陵迟，乃著崇有之论以释其蔽。

裴颁是从哲学本体论上讲何晏、阮籍、王衍之蔽的。何晏、阮籍诸人，所以能放荡时俗，所以能影响一个时代走向虚无浮华荒诞，就是因为所持老庄哲学，在本体论上走向了虚妄，崇尚虚无之理。因此，裴颁要想解除此蔽，就必须把何生何化，何者为宇宙万物本原，这个涉及宗教、哲学本体论的大问题讲清楚。此乃裴颁著《崇有论》的首要任务。他是这样解释这个本体大原，这个真实无妄之理存在的：

> 夫总混群本，宗极之道也。方以族异，庶类之品也。形象著分，有生之体也。化感错综，理迹之原也。夫品而为族，则所禀者偏，偏无自足，故凭乎外资。是以生而可寻，所谓理也。理之所体，所谓有也。②

在裴颁看来，不论是宇宙万类群品，浑然一体的存在，还是林林总总，族异庶类，万象纷纭，虽其形象著分，化感错综，形形色色，然其生也化也，皆有个"宗极之道"，有个生化本体，有个生化之理的存在。故曰"形象著分，有生之体也。化感错综，理迹之原也"。这个本体本原，即是"生而可寻，所谓理也。理之所体，所谓有也"，即是真实无妄之理的存在，即万物之本原。离开这个大本大原，这个真实无妄之理，而讲生命存在，"夫品而为族，则所禀者偏，偏无自足"，则"凭乎外资"也。此即裴颁以"宗极之道"的真实无妄之理存在，回答何晏、阮籍诸人"以无为本"，把道体归诸"无所有"之论者也。

---

① 《三国志·裴潜传》注引《惠帝起居注》。
② 《崇有论》，见《晋书·刘寔传》，另见《全晋文》卷三十三。

　　不仅如此，裴頠认为，人的道德情感及精神世界，皆是源于"宗极之道"，源于道体最高存在，是此道资于人者，即人体悟此道，所获得的适宜感受与道德情感。故曰"资有攸合，所谓宜也。择乎厥宜，所谓情也"。人之生也，接受获得某些识智，虽"出处异业，默语殊涂"，然其追求"宝生存宜，其情一也"。众理并无害，然其所以"贵贱形焉"，人生悖谬及吉凶祸福所以发生，就在于"失得由乎所接"，即道体体验领悟所获得之不同，"故吉凶兆焉"。因此，在裴頠看来，"惟夫用天之道，分地之利，躬其力任，劳而后飨。居以仁顺，守以恭俭，率以忠信，行以敬让，志无盈求，事无过用，乃可济"，即达到康济社会人生的目的。这就是圣人所以会通至极之道，大建厥极，以为最高价值准则，"绥理群生，训物垂范"，而为政者也。

　　裴頠认为，如果抛弃这个至极之道，这个万物本原与最高法则，只是求快速发展、情感自由、专擅致利，那么，则"欲衍则速患，情佚则怨博，擅恣则兴攻，专利则延寇，可谓以厚生而失生者也"。抛弃至极之道，失抛弃弃万物本原与最高法则，任其忽悠，失去厚生之道，就会使人的生存遇到极大的挑战。在裴頠看来，作此挑衅，造成"偏质有弊"之最大争论起因者，就是"阐贵无之议，而建贱有之论"。裴頠认为，贱有的要害，在于反对有形的存在；反对有形的存在，则必挑战一切有形制度。故曰"遗制则必忽防，忽防则必忘礼。礼制弗存，则无以为政矣"。在裴頠看来，礼教最大功能，在于使人养成习惯。"兆庶之情，信于所习。习则心服其业，业服则谓之理然"。明君所以"班其政刑一切之务，分宅百姓，各授四职"，就是为"令禀命之者不肃而安，忽然忘异，莫有迁志"。此"怀所隆之情，敦以为训"，以治天下者也，不可不审。

　　裴頠认为，天地万物的存在，"盈欲可损而未可绝有也，过用可节而未可谓无贵也"。而讲玄学的人，则"深列有形之故，盛称空无之美"。但是，"形器之故有征，空无之义难检，辩巧之文可悦，似象之言足惑"。持此"空无之美"之称，众听眩焉，沉溺其说，唱而有和，多往弗反，遂造成"薄综世之务，贱功烈之用，高浮游之业，埤经实之贤，人情所殉，笃夫名利"情势。特别是"文者衍其辞，讷者赞其旨，染其众"，以"立言藉于虚无，谓之玄妙；处官不亲所司，谓之雅远；奉身散其廉操，谓之旷达"，砥砺之风，弥以陵迟。放诞于此，"悖吉凶之礼，而忽容止之表，渎弃长幼之序，混漫贵贱之级。其甚者至于裸裎，言笑忘宜，以不惜为弘，士行又亏矣"。此裴頠批判何晏、阮籍诸人，崇尚虚无，走向荒诞不经者也。

魏晋玄学所以能以虚无之论，"薄综世之务，贱功烈之用"，发挥那样大的作用，乃持老庄之学，以夸饰世人。因此，裴颜著《崇有论》，更在于以老庄哲学解其遮蔽也。裴颜认为，老子著五千之文，是符合于《易》书《损》《谦》《艮》《节》诸卦之旨的。他认为，《老子》讲"致虚极，守静笃，归根曰静"，"天得一以清，地得一以宁"① 等，所谓"静一守本"，并无"无虚无之谓也"。这正如《易》之《损》《艮》卦，讲君子谦逊之道，并非"《易》之所以为体守本无"是一样的。在裴颜看来，老子之书，讲"有生于无"，以虚为主，强调道体的无形无象，乃"偏立一家之辞"，岂有以此为然哉！裴颜认为，"人之既生，以保生为全，全之所阶，以顺感为务"，若沉溺于虚无之论，"怀末以忘本，则天理之真灭"。裴颜认为，若要"绝所非之盈谬，存大善之中节，收流遁于既过，反澄正于胸怀，宜其以无为辞，而旨在全有"，追求"有"的真实无妄之理，而"若谓至理信以无为宗，则偏而害当矣"。

在裴颜看来，"夫至无者无以能生，故始生者自生也"；凡"自生而必体有"，非有体的存在，则无以生养也。故曰"养既化之有，非无用之所能全也；理既有之众，非无为之所能循也"。无本体的实有，是既不能生，也不能养的。故曰："心非事也，而制事必由于心，然不可以制事以非事，谓心为无也。匠非器也，而制器必须于匠，然不可以制器以非器，谓匠非有也。"在裴颜看来，天地之化，万物之养，离开实有本体存在，则不可能达匡济目的！"由此而观，济有者皆有也，虚无奚益于已有之群生哉！"

中国文化太极之道，或形上大道本体，乃无形实有是理之存在。它虽无形无象，但并非虚妄存在，乃阴阳之道，会通玄极，生化万物之宇宙原理。何晏、阮籍诸人讲"以无为本"，把道体归诸"无所有"的存在，以此走向虚无荒诞，自然是悖谬的。但裴颜讲"宗极之道"，把它归诸物的实在，在哲学上陷入自然主义、经验实在论，亦泯灭形上之道本体大用也。此乃裴颜著《崇有论》之局限也。但在魏晋玄学泛滥的情况下，裴颜持此道体实有，矫玄学虚妄之弊，在精神史的地位也是应该肯定的。

裴颜之后，出现了另一位持崇有论的玄学家，他就是注《庄子》的郭象。与裴颜不同，郭象虽不否定形上之道的存在，但对宇宙万物的生生化化则给

---

① 《老子》第十六、三十九章。

予另一解释，即"不资于外道"的"无待而独化"思考。这种思考对玄学的浮华虚妄，自然也是一种反思与抑制；同时在精神发展上也有另辟蹊径的性质。郭象虽然亦是玄学家，然其讲"不资于外道"，讲"无待而独化"，本体论已非停留于"无"，而是追求"有"的存在了。它在抑制浮华虚妄的魏晋精神史上，亦是应该注意的。

## 五　郭象注《庄》的"无待而独化"思考

郭象，字子玄，生年不详，许多书说他生于公元252年，不知何据？《晋书》本传只说他"永嘉末病卒"。永嘉是晋怀帝年号，怀帝在位仅6年。因此，人们推算郭象当卒于永嘉六年，即公元312年，即永嘉之乱后。《世说新语·文学》注引《文士传》说："象字子玄，河南人。"皇侃《论语集解义疏》中称其为颍川人，唐德明《经典释文序录》称其为河内人。颍川、河内均在今河南地，视郭象为河南人应大抵无错。《晋书》本传说郭象："少有才理，好《老》、《庄》，能清言。太尉王衍每云：'听象语，如悬河泻水，注而不竭'。"此话分别见于《世说新语·赏誉》及其注引《名士传》。郭象曾为东海王司马越太傅主簿。史说，东海王越"得以宗臣，遂执朝政，委任邪佞，宠树奸党，至使前长史潘滔、从事中郎毕邈、主簿郭象等操弄天权，刑赏由己"[1]。有人则据王隐《晋书》，说郭象曾著文，称"嵇绍父死在非罪，曾无耿介，贪位死暗主，义不足多"[2]，因而评价郭象守正清言，讲"为东海王主簿，独奋笔无所忌"。这个评价未必准确。东海王司马越越权执掌朝政，自然称朝廷为昏君暗主（包括惠帝）。郭象之文也不过随主子之意唱和而已，何来守正清言！观其注《庄子》所讲"至人极乎无亲，孝慈终于兼忘"[3]，郭象论嵇绍之文是否为真言，颇可疑惑。

郭象的主要著作是《庄子注》，另外著有《论语体略》《论语隐》《老子注》《郭象集》。《旧唐书·经籍志》录郭象注《庄子》十卷，唐德明《经典释文序录》录郭象注《庄子》三十三卷。《旧唐书·经籍志》《唐书·艺文志》均著录有郭象《论语体略》二卷，已亡。《隋书·经籍志》同时著录

① 《晋书·苟晞传》。
② 《太平御览》卷四百四十五引。
③ 郭象：《庄子序》，见《全晋文》卷七五、郭庆藩《庄子集释》第一册。

《论语体略》和《论语隐》，皆佚失。《老子注》亦不存，但《道德真经注疏》多处引郭象《老子注》文。《旧唐书·经籍志》《唐书·艺文志》均著录《郭象集》五卷，已失。本传说其著"碑论十二篇"，或即是《郭象集》内容。

虽然郭象与裴頠同持崇有论，但郭象在理论上似比裴頠丰富精微，而且当时对裴頠是有挑战性的。裴頠为王衍女婿，《世说新语》曾记载婚后宾朋宴会上，郭象挑战裴頠的事：

> 裴頠骑娶王太尉女。婚后三日，诸婿大会，当时名士，王、裴子弟悉集。郭子玄在坐，挑与裴谈。子玄才甚赡，始数交未快。郭陈张甚盛，裴徐理前语，理致甚微，四座咨嗟称快。王亦以为奇，谓诸人曰："君辈勿为，将受困寡人女婿！"①

从郭象"陈张甚盛"，裴頠"理致甚微"，可以看出郭象在玄理上是胜于裴頠的。但从郭象的"才甚赡"，也可以看出他才性的外露及做人的张扬。这就难怪《世说新语》及《晋书》本传皆说其"为人薄行"，并皆记载郭象注《庄子》，乃"见以秀义不传于世，遂窃以为己注，乃自注《秋水》《至乐》二篇，又易《马蹄》一篇，其余众篇或点定文句而已。其后秀义别本出，故今有向、郭二《庄》，其义一也"。郭象"为人薄行"，遭人议论诟病是可以理解的。但也不能仅据此否定郭象《庄子注》玄理上的见解及精神独到之处。《晋书·向秀传》说向秀所注《庄子》，"惠帝之世，郭象又述而广之，儒墨之迹见鄙，道家之言遂盛焉"；《经典释文序录》谈及《庄子》注，亦说"唯子玄所著特会庄生之旨，故为世所贵"。可知郭象《庄子注》精微处之不可否定。

郭象怎样看待《庄子》一书呢？这不仅涉及郭象注《庄》主旨问题，从中也可以看出他与向秀注《庄》的不同之处。因此，郭象怎样看待《庄子》一书，对理解他注《庄》是至关重要的。郭象在谈及《庄子》一书时说：

> 夫庄子者，可谓知本矣，故未始藏其狂言，言虽无会而独应者也。夫应而非会，则虽当无用，言非物事，则虽高不行，与夫寂然不动，不

---

① 《世说新语·文学》。

得已而后起者，固有间矣。斯可谓知无心者也。夫心无为则随感而应，应随其时，言唯谨尔，故与化为体，流万代而冥物，岂曾设对独遣而游谈乎方外哉！此其所以不经，而为百家之冠也。然庄生未体之，言则至矣。通天地之统，序万物之性，达死生之变，而内圣外王之道，上知造物无物，下知有物之自造也。其言宏绰，其旨玄妙，至至之道，融微旨雅，泰然遣放，放而不敖；故曰不知义之所适，猖狂妄行，而蹈其大方，含哺而熙乎澹泊，鼓腹而游乎混芒。至人极乎无亲，孝慈终于兼忘，礼乐复乎已能，忠信发乎天光：用其光则其朴自成。是以神器独化于玄冥之境而源流深长也。①

郭象讲"知无心"，就是讲"心无为"，凭着直觉"随感而应"，感应、知觉、领悟、会通那"造物无物"的形上存在，冥想那"物之自造"的独有境界，而非用血肉之心或"食色"本能去思考、认识"无物"存在与境界。这种直觉感应、知觉的方法，实际上也就是刘孝标于《世说》注说"向子期、郭子玄曰逍遥义"，所讲"圣人与物冥而循大变，为能无待而常通"的形上思维或支道林所讲的"人乘天正而高兴，游无穷于放浪，物物而不物于物，则遥然不我得；玄感不焉，不疾而速，则逍然靡不道"的心法，亦即支道林所说"夫逍遥者，明至人之心"②的那种直觉思维。这种直觉思维，这种心法，在向、郭之间究竟有多大先后继承性，不得而知。但可以确定的是，郭象所说"造物无物"存在，并非向秀所说本体虚无，而是实有是理的形上存在。正是立于此，在郭象看来，离开心法，离开直觉思维，是无法感应、知觉、冥想、领悟、会通那"造物无物"的形上存在的，也是无法思考、想象、言喻那神妙"物之自造"独有境界的。郭象认为，知觉、感应那"造物无物"的形上至极存在，与思考、想象那不可言喻的神妙"物之自造"独有境界，二者是不能分割的："应而非会，则虽当无用；言非物事，则虽高不行。"至人无心，惟"物物而不物于物"，"随感而应，应随其时，与化为体，流万代而冥物"，才能"通天地之统，序万物之性，达死生之变，上知造物无物，下知有物之自造"，知却那"神器独化于玄冥之境而源流深长"存在。这是一种"其言宏绰，其旨玄妙，至至之道，融微旨雅"的极妙境界；同时也是一种

---

① 郭象：《庄子序》。
② 《世说新语·文学》注。

"泰然遣放，放而不敖"境界。只有那些不知此"义之所适"者，才"猖狂妄行，而蹈其大方，含哺而熙乎澹泊，鼓腹而游乎混芒"。在他看来，"至人极乎无亲，孝慈终于兼忘，礼乐复乎已能，忠信发乎天光"，都是素朴自成、天道自然的事。因此郭象认为，这种无心"随感而应，与化为体"的直觉感应，这种"神器独化于玄冥之境"存在，是极其玄奥神妙的！庄子虽未体验、领悟、感应这种境界，但他却用语言文字极为高明地表达了这种玄奥神妙境界。故曰"庄生未体之，言则至矣"。

由上可知郭象所理解的《庄子》本体论矣。郭象、向秀先后注《庄子》混杂在一起，后人用各种方法区分二者之不同，最终还是难以真正分清。其实，郭象注《庄子》与向秀不同之处以及何处是郭象"述而广之"的问题，就在于《自序》所说"上知造物无物，下知有物之自造"一句。"造物无物"是讲形上本体论问题，而"物之自造"是讲流行体用问题。郭象注《庄》，无疑是形上形下、先天后天浑然一体讲的。但为了区分他注《庄》与向秀之不同，这里，先讲形上本体论问题，然后再于流行处，比较其体用差异，看其是怎样用道体无形实有是理的存在统一"造物无物"和"有物自造"的。

"造物无物"是一种什么样的存在呢？是空寂虚无存在，还是某种不可知者？如果是空寂虚无存在，那何以能造物生物？既然可以造物生物，又何以曰"无物"呢？这是一个关乎哲学本体论问题，它是何晏、王弼、王衍讲"以无为本"何以陷入荒诞虚无的地方，也是区别郭、向形上本体论根本不同所在。郭象既曰"造物无物"，那么，生化宇宙万物之最为原始至极存在是什么呢？对于这样一个本体论问题，郭象是这样自我追问并作出回答的：

> 谁得先物者乎哉？吾以阴阳为先物，而阴阳者即所谓物耳。谁又先阴阳者乎哉？吾以自然为先之，而自然即物之自尔耳。吾以至道为先之矣，而至道者乃至无也。既已无矣，又奚为先？则先物者谁乎哉？而犹有物无已，明物之自然，非有使然也。①

这就是说，在郭象看来，生化万物的原始至极存在，并非阴阳之气存在，因为阴阳之气亦是物的存在；当然也不是自然界本身存在，因为生物物理自

---

① 《庄子·知北游》注。

然界，也是物的存在。那它是不是玄学家所讲"至道"存在呢？按照正始玄学解释，"至道者乃至无也"，它既已"无"矣，"又奚为先"？怎么能为原始至极存在、先验本体存在呢？这显然是相互矛盾的。那么，那个先于物质世界的存在究竟是什么呢？就是他所说的"有物无已，明物之自然"的存在。所以讲"非有使然"者，因为郭象是不承认超越性主宰存在的。这个"有物无已，明物之自然"存在，也就是他所说的"非可言致"的"道在自然"存在，或"往来"未有终始的"自然之常理"。在郭象看来，这个自然之道或常理，乃是无终始、无边际的存在。惟有知道此，然后才能"知道之无不在；知道之无不在，然后能旷然无怀而游彼无穷"。故曰"道而不周，则未足以为道"①；故曰"唯与物冥而循大变者，为能无待而常通，岂独自通而已哉"②。可知郭象并非不承认形上"至道"存在，而是认为此道并非空寂虚无存在，亦非物的实体存在，而是"物物而不物于物"的自然法则本身存在。故曰"物物者，竟无物也"，"明物物者无物，又明物之不能自物，则为之者谁乎哉？皆忽然而自尔也"③；故曰"玄冥者，所以名无而非无也"④。由上可知，郭象所说"道在自然"或"自然之常理"，实乃寓于万物又超越万物的道体存在，亦即他所说的"无不成""无不然"⑤的存在，或"玄同万物而与化为体，故其为天下之所宗"⑥者。此郭象讲原始至极本体存在不同于何晏、王弼玄学"以无为本"者也，亦郭象注《庄子》在形上本体论上不同于向秀者也。这就是说，郭象注《庄》所讲形上本体，是"自然之常理"，是"有"的存在，而不是本体空寂虚无存在。

郭象虽承认至极之道并非空寂虚无存在，然他同时认为，这个至极之道，这个"无不成""无不然"的存在，只是周流宇宙、贯通万物者，只是自然无为者，或"无物不然，无时不成"⑦的纯粹法则存在，并非直接生化万物、无所不能的存在。故曰"无为者，非拱默之谓也，道各任其自为，则性命安

---

① 上引均见《庄子·知北游》注。
② 《庄子·逍遥游》注。
③ 《庄子·知北游》注。
④ 《庄子·大宗师》注。
⑤ 《庄子·齐物论》注。
⑥ 《庄子·大宗师》注。
⑦ 《庄子·齐物论》注。

矣"①；故曰"物者无主，而物各自造。物各自造而无所待焉，此天地之正也"②。这正是郭象讲"顺四时而俱化""不役思于外"③，反对外物主宰者也。故曰："万物万情，趣含不同，若有真宰使之然也。起索真宰之朕迹，亦终不得，则明物皆自然，无使物然也。"④ 在这一点上，郭象与向秀的看法基本上是一致的。正是因为他们皆认为"物者无主，物各自造"，所以郭象注《庄》也像向秀一样，认为世间万物，种类不同，盈虚聚散，生死穷通，种类不同，皆理之自然，非人力所为；包括天地生万物，"莫不块然而自生"也。故曰："天地者，万物之总名也。天地以万物为体，而万物必以自然为正。自然者，不为而自然者也。"即是上天存在，亦"明其自然也，岂苍苍之谓哉！"其讲"天籁"云云，亦非"别有一物"，不过是"众窍比竹之属，接乎有生之类，会而共成一天耳"。天地生万物，乃"块然而自生耳"。因此，在他们看来，"日夜相代，代故以新也。夫天地万物，变化日新，与时俱往，何物萌之哉？自然而然耳"⑤。

正是宇宙间存在着"无待而常通"的形上之道，存在"玄同万物，与化为体"，"为天下所宗"的至极之道，而这个道，这个"无待而常通"存在，又是自然而然的法则，而非役物者，所以人以此自然之道，以此"无待而常通"大法则，才能不为物累，不为形役，齐生死，一万物，获得自我心性彻底解放和精神极大自由。此向、郭讲"游于无小无大者，无穷者也；冥乎不死不生者，无极者也。若夫逍遥而系于有方，则虽放之使游而有所穷矣，未能无待也"⑥；讲"夫忘年，故玄同死生，忘义，故弥贯是非。是非死生荡而为一，斯至理也。至理畅于无极，故寄之者不得有穷也"⑦；以及讲"知天人之所为者，皆自然也；则内放其身而外冥于物，与众玄同，任之而无不至者也"⑧ 等，皆是讲人以"无待而常通"之道，获得自我心性解放和精神自由的。这些思想，向、郭注《庄子》在精神上是基本一致的。但郭象认为，不论是"至理之来，自然无迹"，还是天地之道"未始有封"的"冥然无不

---

① 《庄子·在宥篇》注。
② 《庄子·齐物论》注。
③ 《庄子·德充符》注。
④ 《庄子·齐物论》注。
⑤ 上引均见《庄子·齐物论》注。
⑥ 《庄子·逍遥游》注。
⑦ 《庄子·齐物论》注。
⑧ 《庄子·大宗师》注。

在"，皆是"物物有理，事事有宜"①的存在，是"有"而非"无"的形上存在。郭、向虽皆讲自我心性解放和精神自由，然在本体论上则有此的区分，此亦郭象持崇有之论，反对浮华虚妄的本体论者也。

郭象于体用流行处，无疑继承了向秀"物各有性，性各有极"的说法，但他更创造性地发挥"无待而独化"的思想，用以解释宇宙万物的生生化化。郭象认为，宇宙万物，虽"物各有性，性各有极"，虽存在着"无待而常通"的形上本体，若不解决万物自化之理及其独特存在性，并没有真正解决宇宙万物何以创造、何以生化问题。郭象是这样提出回答问题的：

> 请问：夫造物者，有耶无耶？无也？则胡能造物哉！有也？则不足以物众形。故明众形之自物而后始可与言造物耳。是以涉有物之域，虽复罔两，未有不独化于玄冥者也。故造物者无主，而物各自造，物各自造而无所待焉，此天地之正也。故彼我相因，形景俱生，虽复玄合，而非待也。明斯理也，将使万物各反所宗于体中而不待乎外，外无所谢而内无所矜，是以诱然皆生而不知所以生，同焉皆得而不知所以得也。今罔两之因景，犹云俱生而非待也，则万物虽聚而共成乎天，而皆历然莫不独见矣。故罔两非景之所制，而景非形之所使，形非无之所化也，则化与不化，然与不然，从人之与由己，莫不自尔，吾安识其所以哉！②

在郭象看来，宇宙万物的创造，虽然罔两，虽然奇奇怪怪，然"未有不独化于玄冥者"。这独化玄冥之境，即是万物的自化之理及其独特存在。郭象认为，在大道旷荡，无封闭、无畛域的存在中，万物是各"得恣其分域"的，并且其存在是"物畅其性，各安其所安，无远迩幽深，付之自若，皆得其极"的。故曰"物有自然，理有至极"，"物物自分，事事自别"。其生其化，就是"天机自张，率性而动"；"各然其所然，各可其所可"③。这就是郭象所讲"造物者无主，而物各自造，物各自造而无所待"的道理。此种万物玄冥独化，虽然无待，然并不是脱离形上之道，脱离道体至极存在，脱离宇宙生生化化的大法则，而是在各恣分域，各畅其性，各得其极。故曰"万物各反所

---

① 《庄子·齐物论》注。
② 《庄子·齐物论》注。
③ 上引均见《庄子·齐物论》注。

宗于体中而不待乎外"。其讲"道无能也"，并非说道体无用，而是说"道不能使之得"，物"自得耳"①。可知郭象是承认形上之"道"本体大用的。故其曰"明道之不逃物也必矣"②。这种体用，这种道体流行大用，也就是成玄英讲的"大道旷荡，亭毒含灵，周行万物，无不成就"③。郭象注《庄》，反复讲物之生化及其自有存在，讲的就是这样一个无待玄冥独化之理。如讲"若责其所待而寻其所由，则寻责无极，（而）卒至于无待，独化之理明矣"④；讲"况乎卓尔独化，至于玄冥之境，又安得而不任之哉！"⑤ 及讲"推而极之，则今之（所谓）有待者，　（率）卒（至）于无待，而独化之理彰（矣）"⑥ 等，就是反复强调物之无待玄冥独化之理。向秀讲"物各有性，性各有极"，讲此本质的规定性。郭象不仅承认"物各有性，性各有极"，承认此本质的规定性，更讲"物有自然，理有至极"，玄冥独化，于所"恣其分域"，各畅其性，"皆得其极"。这不仅描绘了万物玄冥独化之"场"的存在，更以"天机自张，率性而动"，揭示了万物"卓尔独化"的奥秘、灵性与美妙！此郭象讲道体流行大用胜于向秀者也。

向秀讲"物各有性，性各有极"，讲"小大虽殊，物任其性，事称其能，各当其分"，追求的是"放于自得之场"的逍遥与自由。而郭象讲"天机自张，率性而动"的"卓尔独化"，讲无待玄冥独化之境，并非只是追求"放于自得之场"的逍遥与自由，更在于建立一种性命之理，一种理性自觉的人生哲学，即当下生存环境的自我理性选择与判断：何时当"天机自张，率性而动"，何时应"天机自尔，坐起无待"！在郭象看来，万物参差，无非独化。故人之在当下生存环境，"化与不化，然与不然，从人之由己，莫不自尔，吾安识其所以哉！故任而不助，则本末内外，畅然俱得，泯然无迹"；而若"责此近因而忘其自尔，宗物于外，丧主于内，而爱尚生"，就丧失了人生选择与判断的自我主体性。但郭象同时认为，建立玄冥独化的性命之理，建立理性自觉的人生哲学，是一个"责其所待而寻其所由，寻责无极"或"至理畅于无极"的大问题；若不能忘却眼前的是非，以直觉照达真原，知觉至极本体

---

① 《庄子·大宗师》注。
② 《庄子·知北游》注。
③ 《庄子·齐物论》疏。
④ 《庄子·齐物论》注。
⑤ 《庄子·大宗师》注。
⑥ 《庄子·寓言篇》注。

存在，"忘言而神解"，亦非"大觉"者也。故曰"夫大觉者，圣人也"；故曰"物有自然，理有至极。循而直往，则冥然自合，非所言也"①。在郭象看来，惟体道圣人，朗然独觉，才是获得玄冥独化之理者，只是以患虑为觉者，非大觉悟之圣人也。此其所以讲"小知自私，大知任物"；讲"圣应其内，当事而发，己言其外，以畅事情；情畅则事通，外明则内用，相须之理然"② 者也。

由上可知，郭象讲"自有"，讲"玄冥独化"，讲"一变化而常游于独"，并非只是一个小知小识者，小私有者，而是知庄子"举万物而参其变"，而能"纯然直往而与变化为一"者。然其讲"无心者与物冥，居其枢要而会其玄极"③；讲"天机自张，率性而动"的"玄冥独化"之境，亦不过是大乘佛教所讲的"乘虚照以御物，寄言蹄以通化"的"任动而动，见机而赴"④，与儒家《易传》讲"极深而研几"⑤ 还是不同的。此可知郭象注《庄》已受大乘佛教般若学之影响。尽管如此，郭象注《庄》，讲"自有"，讲"玄冥独化"之理，在当时还是有矫始玄学浮华虚妄之用的。

魏晋时期，以儒学抑制物欲竞奔、虚无浮华之风，维护礼教纲纪的斗争，一直持续不断。虽然正始之后，玄学之风甚盛，儒家抵挡不住，但随着东晋的中兴，归复儒学思潮又重新抬头，并泛起一股国学新风。这是魏晋精神发展史走向逸出时期，应该给予关注的。

## 六　东晋中兴的儒学归复与国学之风

几千年宗法社会，士人最惧怕的，就是政治大变革及其大动荡、大战乱。这不仅会打乱他们传统的耕读生活，破坏安全感，带来颠沛流离，而且会引起思想波澜、心灵震撼，从而引发文化乃至精神生活巨大改变。西晋永嘉之乱，加上氐、羯乘机猖狂入侵，迫使其由洛阳迁都建康（今南京市），所引起的社会震荡及文化精神变化就是这样。

这次迁都，不仅是人流、物流，更为主要的是文化流、思想流及精神流。

---

① 上引均见《庄子·齐物论》注。
② 《庄子·外物篇》注。
③ 《庄子·知北游》注。
④ 释道朗：《大涅槃经序》，《出三藏记集》卷八。
⑤ 《周易·系辞上传》。

它把北方几千年所发展起来的刚健繁荣文化及文化中心迁移到了南方。这是中国文化第一次大规模南迁，也是南北文化第一次大交流、大会合、大融合。它极大地影响到了中国文化精神的变化与发展。永嘉之乱，加上氐、羯乘机猖狂入侵，北方士族可以说浩浩荡荡地南迁。据史书记载，"洛京倾覆，中州士女避乱江左者十六七"①。这里面不仅有许多北方名门贵族，如王、谢、庾、桓②四姓名门贵族，而且有很多玄学名士，如王承、卫玠、王尼、羊曼等，及通儒学的经学家，如荀崧、刁协、贺循等。这种大规模人文气象南移，对南方文化的影响，是可以想见的。

南迁之始，江南士族并不归附。据史记载，元帝"徙镇建康，吴人不附，居月余，士庶莫有至者"。后来经过王导的疏通，元帝观看春季消除不祥灾异的祭祀活动，乘肩舆，非常威仪，王敦、王导诸名望，皆骑从。"吴人纪瞻、顾荣，皆江南之望，窃觇之，见其如此，咸惊惧，乃相率拜于道左"③。后来按照王导劝说，南方贵族，始才归附。经过一个时期的稳定，虽然南北士族才有所融合，江南经济也有所恢复，但北方去的士族，仍然怀有很强烈的思念北方故土的心情。《世说新语》有段记载说：

> 过江诸人，每至美日，辄相邀新亭，藉卉饮宴。周侯（顗）中坐而叹曰："风景不殊，正自山河之异！"皆相视流涕。唯王丞相（导）愀然变色曰："当共戮力王室，克复神州，何至作楚囚相对！"④

这段记载同样见于《晋书》王导本传中。它说明人的生存并不只是自然环境适应问题，而是还有个文化传统及世代所培养起来的礼义、教养问题。人离开原有的文化，离开世代文化传统所培养起来的礼义、教养、风俗、习

---

① 《晋书·王导传》。
② 它为魏晋门阀制度发展起来的王、谢、庾、桓四大名门贵族。王指琅琊王氏（今山东省胶南市琅琊台西北），始于西汉谏大夫王吉，后世代为官，王祥、王览、王戎、王衍，皆权贵人物。东晋王氏家族先后与皇室联姻，政治上以王导、王敦为显赫。谢指陈留谢氏，出自陈郡阳夏（今河南太康县），它从谢安开始，后经谢尚、谢万，成为望族。庾指颍川鄢陵庾氏（今河南鄢陵北），它始于庾亮，其后庾冰、庾翼，皆为东晋权贵。《晋书·庾亮传》说其"外戚之家，连辉椒掖，舅氏之族，同气兰闺"。桓指谯郡龙亢桓氏（今安徽省怀远县西龙亢镇），它起于桓温父亲桓彝，晋元帝时曾为安东将军，名显朝廷，其子桓温，晋明帝女婿，官至大司马，长期执掌朝政大权，三次北伐，地位极为显赫。
③ 《晋书·王导传》。
④ 《世说新语·言语》。

惯，迁移到在异国他乡，整个生存环境大变，处浩浩大化中，丧失原有的信仰信念，心无主宰，性无根底，总觉漂泊不定，不知何处是终身存在与归根处，是很难生存下去的。正因为这样，王导对元帝说："自魏氏以来，迄于太康之际，公卿世族，豪侈相高，政教陵迟，不遵法度，群公卿士，皆餍于安息，遂使奸人乘衅，有亏至道。"所以如此者，最终乃是军旅不息，学校未修，礼教未建所致。故王导上书曰：

> 夫风化之本在于正人伦，人伦之正存乎设庠序。庠序设，五教明，德礼洽通，彝伦攸叙，而有耻且格，父子兄弟夫妇长幼之序顺，而君臣之义固矣。《易》所谓"正家而天下定"者也。故圣王蒙以养正，少而教之，使化沾肌骨，习以成性，迁善远罪而不自知，行成德立，然后裁之以位。虽王之世子，犹与国子齿，使知道而后贵。其取才用士，咸先本之于学。故《周礼》，卿大夫献贤能之书于王，王拜而受之，所以尊道而贵士也。人知士之贵由道存，则退而修其身以及家，正其家以及乡，学于乡以登朝，反本复始，各求诸己，敦朴之业着，浮伪之竞息，教使然也。故以之事君则忠，用之莅下则仁。孟轲所谓"未有仁而遗其亲，义而后其君者也"。
>
> 《传》曰："三年不为礼，礼必坏。三年不为乐，乐必崩"而况如此之久乎！先进忘揖让之容，后生惟金鼓是闻，干戈日寻，俎豆不设，先王之道弥远，华伪之俗遂滋，非所以端本靖末之谓也。礼乐征伐，翼成中兴。诚宜经纶稽古，建明学业，以训后生，渐之教义，使文武之道坠而复兴，俎豆之仪幽而更彰。……得乎其道，岂难也哉。故有虞舜干戚而化三苗，鲁僖作泮宫而服淮夷。桓文之霸，皆先教而后战。今若聿遵前典，兴复道教，择朝之子弟并入于学，选明博修礼之士而为之师，化成俗定，莫尚于斯。

对于王导复兴儒学礼教的上疏，史说"帝甚纳之"，并采取了一系列恢复儒家德法礼教制度的措施。尽管后来刘隗（字大连）用事，王导渐被疏远，但有识者"咸称导善处兴废焉"①。自然，东晋儒学中兴，并非王导一个人的功劳，而是一批儒家通经明礼之士共同努力的结果，如荀崧、刁协、贺循、袁瑰等人，皆有功于此。

这首先是元帝本身认识到归复儒家礼教的重要性与必要性。这从元帝即位，即征拜荀崧为尚书仆射，使其与任尚书左仆射刁协（字玄亮），共定中兴礼仪，就可以看出来。荀崧，字景猷，乃德性纯粹之人。元帝时方修学校，简省博士，置《周易》王氏、《尚书》郑氏、《古文尚书》孔氏、《毛诗》郑氏、《周官礼记》郑氏、《春秋左传》杜氏服氏、《论语》《孝经》郑氏博士各一人，凡九人，其《仪礼》《公羊》《穀梁》及郑《易》皆省不置。荀崧上疏说："自丧乱以来，儒学尤寡，今处学则阙朝廷之秀，仕朝则废儒学之俊"；"今皇朝中兴，美隆往初，宜宪章令轨，祖述前典，崇儒兴学，经始明堂，营建辟雍"，建议依太学石经古文先儒典训，"贾、马、郑、杜、服、孔、王、何、颜、尹之徒，章句传注众家之学，置博士十九人"，使"九州之中，师徒相传，学士如林，犹选张华、刘寔居太常之官，以重儒教"。另外，荀崧认为，《春秋》之《穀梁》《左氏》《公羊》三传，"三传并行于先代，通才未能孤废"，因此应博士宜各置一人，以博其学。荀崧这些建议，得到元帝支持，认为所奏，"皆经国之务，为政所由"，让大家讨论如何施行。当时，议者多请从荀崧所奏。元帝除认为"《穀梁》肤浅，不足置博士"②，其他一切皆荀崧所奏。可知其对东晋中兴儒学恢复重建所起的作用。

除荀崧外，当时德高望重、贡献于儒学恢复的，还有贺循等人。《晋书》贺循本传说其"少玩篇籍，善属文，博览众书，尤精礼传"。元帝为镇东大将军时，以顾荣为军司。顾荣卒，让贺循代之。贺循称疾笃，笺疏十余次力辞。元帝说："至于今日，所谓道之云亡，邦国殄瘁，群望颙颙，实在君侯！"可知其对贺循的重视。元帝即位，贺循为太子太傅。他于儒学恢复，精于礼教制度。在这方面，当时"尚书仆射刁协与循异议，循答义深备，辞多不载，竟从循议焉。朝廷疑滞皆谘之于循，循辄依经礼而对，为当世儒宗"③。

由上可以看出，东晋中兴所恢复的儒学，乃荀崧、贺循等人所倡导的儒学，与汉代儒家《五经》之学是不一样的。它不仅包含《穀梁》《左氏》《公

---

① 《晋书·王导传》。
② 《晋书·荀崧传》。
③ 《晋书·贺循传》。

羊》之《春秋》三传之学，亦是包含贾、马、郑、杜、服、孔、王、何、颜、尹及章句传注众家之学的。可以看出，东晋中兴，虽重儒教，但贾、马、郑等人之礼传之学也是占重要地位的。东晋经历乱世之后，中兴儒学，自然并非只在于以外在形式归复礼仪制度，要义更在借重儒学人伦道德精神，重建当时崩溃社会秩序。这种儒学发展到成帝时，袁瑰称之为"国学"。

袁瑰，字山甫，陈郡阳夏（今河南太康）人。成帝时，袁瑰面对丧乱之后，礼教陵迟，乃上疏说，先王之礼教，乃"导万物之性，畅为善之道"之教，要"立人之道"，应"于斯为首"。而今"儒林之教渐颓，庠序之礼有阙，国学索然，坟籍莫启，有心之徒，抱志无由"。因此他认为，"《诗》、《书》义之府"，乃"礼乐德之则"也，恢复先王之教，应"留心经籍，阐明学义"，使"讽诵之音盈于京室，味道之贤是则是咏，岂不盛哉！"袁瑰所说"国学"，即儒家《诗》《书》《礼》《乐》之学也，"孔子恂恂以教洙泗，孟轲系之"的仁义礼智之学也；而所兴国学之风，即此学"泱泱之风"，"洋洋之美"不坠于地，"讽诵之音，盈于京室，味道之贤，是则是咏"，盛行于世也。史说，袁瑰疏奏，成帝从之。于是"国学之兴，自瑰始也"①。袁瑰上疏复兴国学，不仅在于抑制浮华竞奔，亦在归复儒家礼教以伦理教化天下之理想也。

这自然是不容易的。因为永嘉之乱，渡江南迁的不光是通经学之诸儒，还有王承、卫玠、王尼、羊曼等一大批玄学人物活跃于东晋文化思想界。"于时中兴名士，唯王承及玠为当时第一云。"② 王承，字安期，"值天下将乱，乃避难南下。渡江名臣王导、卫玠、周顗、庾亮之徒皆出其下，为中兴第一"③。卫玠，字叔宝，大将军王敦，长史谢鲲，相见都极为欣赏，言论弥日。王敦谓谢鲲说："昔王辅嗣吐金声于中朝，此子复玉振于江表，微言之绪，绝而复续。不意永嘉之末，复闻正始之音，何平叔若在，当复绝倒。"④ 当时，王澄及王玄、王济并有盛名，皆出玠下。王尼，字孝孙，"洛阳陷，避乱江夏。时王澄为荆州刺史，遇之甚厚"⑤。羊曼，字祖延，避难渡江，元帝以为镇东参军，转丞相主簿，委以机密，历黄门侍郎、尚书吏部郎、晋陵太守。

---

① 《晋书·袁瑰传》。
② 《晋书·卫玠传》。
③ 《晋书·王承传》。
④ 《晋书·卫玠传》。
⑤ 《晋书·王尼传》。

羊曼"任达颓纵，好饮酒，温峤、庾亮、阮放、桓彝同志友善，并为中兴名士"①。这样一大批中兴名士，皆为玄学人物，并受到当权者尊重，甚至重用，在当时乃是一股重要的文化力量。因此，中兴恢复儒学，是不可能不受阻，不受抵制的。发生在简文帝时的孙盛与殷浩儒学玄学辩论，就显示其阻力存在。

　　孙盛，字安国，太原中都人，盛年十岁，避难渡江，及长，博学，善言名理。史说孙盛"笃学不倦，自少至老，手不释卷。著《魏氏春秋》、《晋阳秋》，并造诗赋论难复数十篇。《晋阳秋》词直而理正，咸称良史焉"。关于孙盛与殷浩的辩论，史说"于时殷浩擅名一时，与抗论者，惟盛而已。盛尝诣浩谈论，对食，食冷而复暖者数四，至暮忘餐，理竟不定。盛善于《易象妙于见形论》，浩等竟无以难之"②；又说"简文帝初作相，与王濛并为谈客，俱蒙上宾礼。时孙盛作《易象妙于见形论》，帝使殷浩难之，不能屈"③；"殷中军（浩）、孙安国（盛）、王濛、谢（尚）能言诸贤，悉在会稽王许，殷与孙共论《易》象，妙于见形，孙语道合，意气干云，一坐咸不安孙理，而辞不能屈"④。殷浩"善《老》、《易》，能清言"⑤。凡此可知，这次辩论的层次是很高的，是有关玄学形上名理的，但要义是反对玄学家以老庄之学附会儒家《周易》原理及根本精神。这场辩论的具体情景与细节，虽然史无记载，但从孙盛批判王弼注《易》说："《易》之为书，穷神知化，非天下之至精，其孰能与于此？世之注解，殆皆妄也。况弼以傅会之辩而欲笼玄旨者乎？故其叙浮义则丽辞溢目，造阴阳则妙赜无间，至于六爻变化，群象所效，日时岁月，五气相推，弼皆按落，多所不关。虽有可观者焉，恐将泥夫大道"⑥，及讲"老子之作，与圣教同者，是代大匠斫骈拇咬指之喻；其诡乎圣教者，是远救世之宜，违明道若昧之义也"⑦，则可知孙盛与殷浩之辩，是怎样捍卫儒家正道及根本精神了。

　　自然，捍卫儒家正道及根本精神的，并非孙盛孤军奋战。东晋中兴，恢

---

① 《晋书·羊曼传》。
② 《晋书·孙盛传》。
③ 《晋书·刘恢传》。
④ 《世说新语·文学》。
⑤ 《世说新语·文学》注引《殷浩别传》。
⑥ 见《三国志·王弼传》注引。
⑦ 《老聃非大贤论》，见《全晋文》卷六三。

复儒学，并非荀崧、刁协、贺循、袁瑰等人的事，它几乎像一场儒学复兴运动，元帝之后，延续了相当长历史时期。简文帝时，范宁（字武子）视浮虚相扇，认为儒雅日替，始于王弼、何晏，二人之罪，深于桀纣。他为了崇儒抑俗，著论谴责王、何"蔑弃典文，不遵礼度，游辞浮说，波荡后生，饰华言以翳实，骋繁文以惑世"，以至"遂令仁义幽沦，儒雅蒙尘，礼坏乐崩，中原倾覆"①等，就是儒学复兴运动的延续。这场复兴运动，虽抵不过物欲竞奔、虚无浮华之风，但是其影响则是广泛深远的。连石勒亦尊崇儒学，"命郡国立学官，每郡置博士祭酒"②；后赵石虎亦颇慕经学，令"诸郡国立五经博士，派遣国子博士前往洛阳写石经，校勘皇宫秘府中的经籍"，将"国子祭酒聂熊所注《穀梁春秋》，列于学官"③，可知儒学复兴运动影响之广泛深远也。

　　王导、荀崧、刁协、贺循、袁瑰诸人，在物欲竞奔、虚无浮华之世，于东晋时展开儒学复兴运动，精神是非常可贵的。但当整个时代走向幕落的时候，只是靠少数人的努力，是无济于事的，它终究抵不过腐败堕落的隐忧及衰败之势。但值得指出的是，这个时期，不论是中兴名士，还是儒学复兴者，其为学术都不是纯粹的，是渗透着被玄学化的老庄之学及儒家易学精神的，并且各种人物交往、互动，是交织在一起的，特别是佛教传入，释迦人物介入，不仅改变了原有文化力量之间的关系，也使文化态势与学术思想变得更为复杂纷繁。因此，各种文化力量的组合与学术思想的交织，就拓展出魏晋精神史发展的新走向并带来了精神融合的新局面！为叙述精神史发展的承上启下，在本书结束前，这种文化精神融合的新发展、新局面，是必须作最后交代的。

---

① 《晋书·范宁传》。
② 《晋书·石勒载记下》。
③ 《晋书·石季龙载记》。

# 第十六章　本卷尾声：走向三教合流

**内容提要**：如果将中国五千多年文化精神浩荡不息的发展，看作一部雄浑、浩瀚、跌宕、辉煌的交响乐章，它从伏羲、唐虞、夏、商、周三代到秦汉时期的发展，为儒、道两种文化精神的一阴一阳、一刚一柔、一动一静、一偾一起、阴阳调和、流光其声之大合唱的话，那么随着东汉末年佛教的传入，这部交响乐就发展成了一部由儒、道、释三教合流演出的变奏曲。它经历了佛教般若学的玄学化、玄学融合般若学的发展及新道家玄释合流的新追求，演变成了儒、道、释三教合流大格局、大走向，并影响到隋唐文化精神发展。

　　笔者于《中国精神通史》第一卷的"界说"中曾说，如果我们放大历史尺度，按照本原、中正、逸出的不同周期性存在，看待中国五千多年文化精神发展，那么，浩荡不息的中国文化生命精神，其历史开阖、跌宕起伏，大体可划分为伏羲唐虞夏商周三代、秦汉至魏晋南北朝、隋唐宋明几个时期，然后发展为晚明、清及近现代。本书第一卷已经叙述了中国文化精神由伏羲唐虞本原时期、夏商周中正期到晚周逸出期的第一次开阖。本书第二卷开始撰写以来，经过漫长历史叙述，则已叙述了中国精神史第二次开阖的西汉本原时期、东汉汉武帝后的中正时期及魏晋玄学精神逸出时期。这就是本卷前十五章的叙述。

　　若曾把中国五千多年文化精神跌宕起伏、浩荡不息的发展，看作一部雄浑、浩瀚、跌宕、辉煌的交响乐章。如果说这部交响乐章从伏羲、唐虞、夏、商、周三代到秦汉时期的演奏，是儒、道两种文化精神的一阴一阳、一刚一柔、一动一静、一偾一起、阴阳调和、流光其声之大合唱的话，那么随着东汉末年佛教的传入，这部交响乐加入了新的音符，由儒道两种精神的阴阳调和、流光其声的大合唱，发展成了一部由儒、道、释三教并流演出的变奏曲。佛教传入，从东汉发展到东晋后的六朝，已成为中国文化的新元素，与儒、道两种文化互动、互渗、交互作用与不断契合，使中国文化精神出现了新的融合趋势。这种趋势主要表现为：佛教般若学的玄学化、玄学融合般若学的发展、玄释合流的新道家追求及三教并流的大格局与走向。凡此，皆为中国精神史第三卷隋唐精神发展铺垫了文化哲学基础。这就是结束本卷所要叙述交代的。现在首先叙述佛教般若学的玄学化。

## 一　佛教般若学的玄学化

佛教何时传入中国是个颇有争议的问题，特别是后来儒、道、佛三教较长论短，如"老子化胡"之类，更把这个问题弄得扑朔迷离。但多数人还是承认佛教是从东汉传入中国的，大体在明帝到桓帝一百多年的时间。根据有二：一是楚王刘英"喜黄老，学为浮屠，斋戒祭祀"，明帝永平八年（公元65年），"诏令天下死罪，皆入缣赎"[1]；二是桓帝于延熹九年（公元166年）宫中"设华盖以祠浮图、老子"[2]。襄楷（字公矩）于延熹九年上书，也说"闻宫中立黄、老、浮屠之祠"[3]，可证桓帝于宫中祠浮屠不假。这些史料之事实，皆是范晔《后汉书》记载的。范晔作为史学家，对于历史事实是比较了解的，也是严肃的。因此，《后汉书》所记佛教于明、桓期间已经传入流行，应是可信的。

但最初传入的这些佛教主要是小乘佛教，它相当于黄老方术或神仙之术一类。当时所说"佛长丈六尺，黄金色，项中佩日月光，变化无方，无所不入，而大济群生"[4]；或"孝明皇帝梦见神人，身有日光，飞在殿前，欣然悦之。通人傅毅（字武仲）曰：臣闻天竺有得道者，号之曰'佛'，飞行虚空，身有日光"[5] 云云，就是指当时流传的类似方士神仙之学类的佛教。佛教亦曰浮屠，佛门亦曰沙门。而曰浮屠、沙门者，"浮屠，佛也，西域天竺，有佛道焉。佛者，汉言觉也，将以觉悟群生也。其教以修善慈心为主，不杀生，专

---

① 《后汉书·楚王英传》。
② 《后汉书·孝桓帝纪》。
③ 《后汉书·襄楷传》。
④ 《后汉书·楚王英传》注引《汉纪》。
⑤ 《牟子·理惑论》第十二章，《弘明集》卷一。

务清静。其精者为沙门。沙门，汉言息也，盖息意去欲而归于无为也。又以为人死精神不灭，随复受形，生时善恶，皆有报应，故贵行善修道，以炼精神而不已，以至无生而得为佛也"。它虽然讲"息意去欲"，讲"修善慈心"，但主要还是讲"人死精神不灭"，讲"随复受形，生时善恶"的因果报应的。它颇有恐吓人生莫之为恶的意思。故曰"王公大人，观死生报应之际，莫不瞿然自失"①。至于佛为金人，为神人，"项有佩日月光"，或"身有日光，飞在殿前"，更是属于黄老方术或神仙之术了。

讲佛教传入，还有一个问题是必须提出的，即佛教作为一门学问，一种教义，是何时传入的。对这个问题的回答，很多人认为，应该从东汉明帝"遣使天竺，问其道术而图其形像"②，或《牟子·理惑论》所说孝明皇帝梦见神人，"造使者张骞十二人，于大月氏写佛经《四十二章》"③ 算起。这样讲，恐多后人附会。这也牵涉到《牟子·理惑论》《四十二章经》是否为佛教最早经典的问题。吕澂先生认为，《四十二章经》"不是最初传来的经，更不是直接的译本，而是一种经抄"，"抄自《法句经》"；而《牟子·理惑论》"出于《四十二章经》之后，陆澄集《法论》之前，约当晋宋之间"④。这就是说，《牟子·理惑论》《四十二章经》并非早期著作，是不能作为研究佛教早期经典传入情况的根据的。

据梁借祐《出三藏记集》所载经录，最早译经应在东汉灵帝年间。那时有个叫安清（字世高）的僧人。他原是西域安息国太子，后出家修道，游历各国，于汉桓帝初到达洛阳，于灵帝年间翻译佛典。还有汉僧严佛调，与安息高僧安玄共译《法镜经》。其他译经者，有原月氏国僧人支娄迦（简称支谶）、天竺沙门僧竺佛朔（亦作"竺朔佛"）及汉末大月氏人支谦（后归化）、支曜、康巨、康孟详等人。任继愈先生谈及当时译经情况时说："据佛经翻译史的记录，东汉从明帝永平十年（公元 67 年）到汉献帝延康元年（公元 220年），这 154 年间译经者有 12 人，译出佛经（包括佛教教律等一切著作）共292 部，合 395 卷。汉朝译出的这些佛教经，到了唐朝开元间，还保存有 97部 131 卷，有 195 部 264 卷缺。"⑤ 此可知东汉佛教传入中国之盛况。

---

① 《后汉书·楚王英传》注引《汉纪》。
② 《后汉书·楚王英传》注引《汉纪》。
③ 《牟子·理惑论》。
④ 吕澂著：《中目佛学源流略讲》，中华书局 1991 年版，第 21、27 页。
⑤ 任继愈著：《汉唐佛教思想论集》，人民出版社 1994 年版，第 14 页。

安清所译《安般守意经》《阴持入经》《大十二门经》《小十二门经》及《百六十品经》等，主要还是限于小乘上座佛教经典。及至严佛调与安玄释译《法镜经》，特别是支谶译《般若道行品经》、支谦译《大明度无极经》、摩罗什译《小品般若波罗蜜经》等，则大量大乘佛教经典传入中国。小乘佛教因近于中国秦汉以来的黄老方术或神仙之术，与宗教巫术差不多，所以并没有引起士人特别是学术高层的重视。但大乘佛教传入中国以后，加上当时儒学衰落、信仰危机，而大乘佛教事关信仰信念问题，关乎精神世界问题，则士人、特别是学术高层，有点坐不住了，到魏晋时期，几乎第一流的学者都投入了佛学研究。所谓"儒家抵挡不住，尽归于释"，就是指的这种情况。因此，大乘佛教的传入，极大地影响了魏晋以后的文化精神发展。

任何文化传入，要想在异地生根，为他国他族所接受，成为他们文化生命的组成部分，都有一个文化适应问题，有个适应与被适应问题，有个文化相互融合问题，不然，再好的文化，在他国他乡也是不起作用的。佛教的传入也是这样。这首先牵涉到经义的翻译与理解问题。尽管当时高僧很有才智及学术水平，如安清"博综经藏，尤精《阿毗昙》学，讽持禅经，略尽其妙"；"理尽性，自识宿缘，多有神迹，世莫能量"[1]；支谶"志行淳深，性度开敏，禀持法戒，以精勤著称"[2]；安玄"志性贞白，深沉有理致，秉持法戒，毫厘弗亏，博诵群经，多所通习"[3] 以及支谦"博览经籍，莫不究练，世间艺术，多所综习"[4] 等，可以说学问人品，皆无可指责。并且他们译经时，皆有精通汉语学者支持配合，帮助记录及整理文字，如支谶译为汉语，孟福、张莲笔录为文。但把佛教经典译为汉文，译为汉文化经典也不是那么简单的，其中就有个语义转换问题。当时竺法雅与康法朗等人，"以经中事数，拟配外书，为生解之例"的所谓"格义"[5]，就是以经中所说事实比照外书，对佛典之义进行界定与翻译。这不仅要熟悉佛教经典，长于佛义，而且要与佛经外典相互参照、相互讲说，才能做到训释互译无懈。

因为任何翻译都不是照搬，不是照相似的反映，而是包含着价值关心与价值选择的，哪些译，哪些不译以及怎样译，皆是以本文化的价值关心为导

---

① 〔梁〕僧祐撰：《出三藏集·安世高传》，中华书局1995年版。

② 《出三藏集·支谶传》。

③ 《出三藏集·安玄传》。

④ 《出三藏集·支谦传》。

⑤ 《高僧传·竺法雅》。

向的。特别是那些与本文化根本精神相关的典籍，那些与当时信仰、信念、精神世界相关的根本范畴概念，译不译，怎么译，皆是本国本民族译典最为关心的。例如佛教教义最高本体存在及根本精神怎么译法就是这样。还有一点也是值得注意的，就是外典离开译者原来民族文化，包括它的语言、文字、思维范式，根本无法翻译。佛教经典译成汉文也是这样。例如大乘佛教教义的空寂、虚无、永恒常驻之最高存在，离开中国道家文化形上本体的"无"，就无法翻译，而一旦按照本文化的范畴概念翻译了，就会发生价值的转换、精神的转换。特别是那些根本范畴概念，那些与根本教义、理论体系相关的主要范畴概念，一旦译者按自己民族文化翻译，就会发生根本精神的转换，进而影响到整个教义及理论体系，使之发生价值转换、精神转换。这就是当时佛教般若学所以被玄学化的问题，也是佛教后来被中国化，变为中华大乘佛教的问题。

佛教般若学的玄学化，就是大乘佛教于魏晋时期传入以后，通过译经及体悟，给予般若学的玄学解释与认知，使之变成玄学意义上的佛教。它主要集中在佛教本体论存在及本末动静一类问题上。依其理解的不同，当时形成所谓"六家七宗"①。此"六家七宗"最为根本的，就是《肇论》所批评的本无、即色、心无三家。因为在僧肇看来，"本无、实相、法性、性空、缘会，一义耳。一切诸法，缘会而生。缘会而生，则未生无有，缘离则灭。如其真有，有则无灭。以此而推，故知虽今现有，有而性常自空。性常自空，故谓之性空。性空故，故曰法性。法性如是，故曰实相。实相自无，非推之使无，故曰本无"②。依僧肇所论，可以看出，佛教般若学的玄学化，主要表现为本无、即色、心无三家，其最为根本者是本无宗，即"本无"的玄学领悟、解释与认知。

前面讲过，魏晋玄学即虚无玄谈之学。它主要是以老庄之学"玄之又玄"的存在，解释宇宙万象生化及处世之道。因此，佛教般若学的玄学化，就是

---

① 刘宋释昙济作《六家七宗论》说：论有六家，分成七宗。第一本无宗，第二本无异宗，第三即色宗，第四含宗，第五幻化宗，第六心无宗，第七缘会宗。本有六家，第一家分为二宗，故成七宗也。《六家七宗论》已失，此说见唐元康《肇论疏》。昙济所说六家七宗论，汤用彤先生解释说：本无之道安，本无异之竺法深、竺法汰，即色之支道林（郗超），识含之于法开（于法威、何默），幻化之道壹，心无之支愍度、竺法蕴、道恒（辉玄、刘遗民），缘会之于道邃（汤用彤：《汉魏两晋南北朝佛教史》，商务印书馆2015年版，第190页）。

② 《肇论·宗本义》。

以老庄之学的本体虚无存在即"体无"解释佛教般若学空寂、虚无、永恒常驻存在。本无、即色、心无三家，与玄学关系最为密切者是本无宗，它的主要代表人物是道安，看其对佛教般若学"本无"的解释，即可知佛教般若学是怎样被玄学化的。道安姓卫氏，常山扶柳人（今河北冀县人）。道安"穷览经典，钩深致远。其所注《般若道行》《密迹》《安般》诸经，并寻文比句，为起尽之义，及析疑甄，凡二十二卷"。虽佛经传入已久，但旧译时谬，多隐晦不通，而道安译经，"序致渊富，妙尽深旨，条贯既叙，文理会通"，故曰"经义克明，自安始也"①。道安主要是借助被玄学化的老庄之学表达佛教般若学思想的。老子讲"万物生于有，有生于无"②；王弼讲"天下之物，皆以有为生，有之所始，以无为本"③；何晏讲"夫道者，惟无所有者也"④，而道安则发挥玄学化老庄哲学本体论的思想，讲般若法身真际说："佛之兴灭，绵绵常存，悠然无寄，故曰如也。法身者，一也，常净也。真际者，无所著也，泊然不动，湛尔玄齐，无为也无不为也。万法有为，而此法渊默，故曰无所有者是法之真也。"⑤ 道安认为，"据真如，游法性，冥然无名者，智度之奥室也。名教远想者，智度之蓬庐也"。在他看来，法性真如，乃是一种"地合日照，无法不周，不恃不处，累彼有名"的存在，一种"既外有名，亦病无形，两忘玄漠，块然无主"的存在，故曰"此智之纪也"。因此他认为，理解法身真如，乃是一种大智慧，惟有"大哉智度，万圣资通，咸宗以成也"，"大智玄通，居可知也"。如果"执道御有，卑高有差"的"有为之域"，则"非据真如，游法性，冥然无名也"⑥。在他看来，理解把握"冥然无名"的法性真如境界，并非难事，关键是心之正觉息欲，不滞于有的具体存在。滞于有的存在，"慧日既没，三界丧目，经藏虽存，渊玄难测，自非至精，孰达其微？"惟有不滞于有的存在，"虽游空无识，泊然永寿，莫足碍之，之谓真也"。因此他一再强调地说："夫执寂以御有，崇本以动末，有何难也？"⑦ "等心既富，怨本息矣，岂非为之乎未有，图难于其易者乎？"⑧ 正如老子讲

---

① 《高僧传·道安传》。
② 《老子》第四十章。
③ 《老子》第四十章注。
④ 《列子·仲尼篇》注引何晏《无名论》。
⑤ 《合放光光赞谶随略解序》，《出三藏记集》卷七。
⑥ 《道行经序》，《出三藏记集》卷七。
⑦ 《安般注序》，《出三藏记集》卷六。
⑧ 《大十二门经序》，《出三藏记集》卷六。

"众人熙熙如享太牢、如春登台。我独泊兮其未兆，如婴儿之未孩"① 一样，他也认为，"贪图恚圄，痴城至固，世人游此，犹登春台，甘处欣欣，如居华殿，嬉乐自娱，莫知为苦，尝酸速祸，困惫五道"，惟"夫唯正觉，乃识其谬耳"②。可知道安以玄学化的老庄之学表达佛教般若学思想，仍在于超越物在，"挫锐解纷，返神玄路"，以法身真如存在，提升人的精神世界。这种法身真如存在，也就是王弼玄学所说道体"统之有宗，会之有元"存在。人生超越物在，体悟法身真如存在，把握"统之有宗，会之有元"，才能"繁而不乱，众而不惑"③。

所以超越物在，不滞于有形的存在，乃在于"有绝存乎解形，不系念空"，在于"以四空灭有"。在道安看来，形色皆是不断流转幻灭的存在。故曰："执古以御有，心妙以了色，虽群居犹刍灵，泥洹犹如幻，岂多制形而重无色哉？"只有正觉息欲，知其所止，"心妙以了色"，才能"明夫匪禅无以统乎无方而不留，匪定无以周乎万形而不碍"④。即色宗支道林注《即色游玄论》，讲"夫色之性也，不自有色。色不自有，虽色而空，故曰色即为空，色复异空"⑤；支愍度讲心无宗"种智有是而能圆照，然则万累斯尽，谓之空无，常住不变，谓之妙有"；讲"种智之体，豁如太虚，虚而能知，无而能应，居宗至极"存在⑥，皆是不执着不断流转幻灭形色，追求形上本体至无存在，追求不二法门真际存在。它也正是老子所讲"绳绳不可名，复归于无物"，"大象无形，道隐无名"⑦ 存在。在支道林看来，"至理冥壑，归乎无名。无名无始，道之体也"；惟"赖其至无，故能为用"⑧。这不正是老子所讲"有之以为利，无之以为用"⑨ 的道理吗？此佛教般若学于最高本体论融会贯通玄学精神者也。

两种文化能不能融合，特别是根本精神融合，不在于形器，不能于形而下处说，主要看它们在本体论上能不能相互融合与贯通。能融合与贯通，才

① 《老子》第二十章。
② 《大十二门经序》。
③ 《周易略例·明象》。
④ 《大十二门经序》。
⑤ 《世说新语·文学》注引《支道林妙观章》。
⑥ 《世说新语·假谲》注引孙绰《愍度赞》。
⑦ 《老子》第十四、四十一章。
⑧ 《大小品对比要抄序》，《出三藏记集》卷八。
⑨ 《老子》第十一章。

能实现精神的转换。僧慧远讲涅槃常驻的至极存在曰："佛是至极，至极则无变，无变之理，岂有穷耶！"因而著《法性论》曰："至极以不变为性，得性以体极为宗"，就是在最高本体论上融合会通老庄之学及《易》学形上至极之道，讲佛教永恒常驻的涅槃存在的。惟此，罗什才见论才叹曰："边国人未有经，便暗与理合，岂不妙哉！"① 罗什讲"边国人未有经"，虽有轻视华夏边远地之义，然其对慧远《法性论》的赞美，亦见其对慧远用老庄之学及《易》学形上至极之道，融合会通大乘佛教涅槃之义高明之处的肯定。正是般若学与玄学在本体论上融合与贯通，最终导致了佛教般若学价值精神转换，使其融通了中国文化精神，并且通过宗教实践为中华大乘佛教发展开辟了历史道路。

任何文化相互适应、相互融合都是相互的，而不是单方面的。佛教般若学与玄学的融合贯通也是这样。佛教般若学在翻译传播中在本体论上融会贯通了玄学精神，玄学在般若学的传播中，也与之发生了互动、互渗、交互作用、不断契合，融合般若学教义深邃高妙之处，使玄学精神得到新的发展。

## 二　玄学融合般若学的发展

魏晋南北朝时期，许多般若学大师，包括译经大师，都是熟悉儒家经典，通晓老庄之学，沐浴过中国文化精神，而从事般若学译经与研究的。如迦罗"积学多年，浪志坟典"②、法护"博览六经，游心七籍"③、慧远"博综六经，尤善《庄》、《老》"④ 等。这不仅加强了他们译经的文化基础，使其以中国文化意义理解佛教经典，而且使般若学翻译研究更好地完成价值、意义的转换。迦罗惟"积学多年，浪志坟典，游刃经籍，义不再思，文无重览"，方能"今睹佛书，顿出情外，必当理致钩深，别有精要"⑤；康会正是从文化上沟通佛典与中国典籍，所以才能讲"《易》称'积善余庆'，《诗》咏'求福不回'，虽儒典之格言，即佛教之明训"⑥。正是他们熟悉儒家经典，通晓老庄之学，

① 《高僧传·慧远传》。
② 《高僧传·迦罗传》。
③ 《高僧传·法护传》。
④ 《高僧传·慧远传》。
⑤ 《高僧传·迦罗传》。
⑥ 《高僧传·康会传》。

沐浴中国文化精神，所以其般若学研究，才能卓然有成，成为佛学大家。如道安就是这样，他不仅"涉群书，善为文章。长安中，衣冠子弟为诗赋者，皆依附致誉"，而且当时"蓝田县得一大鼎，容二十七斛，边有篆铭，人莫能识，乃以示安。安云：'此古篆书，云鲁襄公所铸。'乃写隶文"，可见其对中国古代典籍文献之熟悉！惟其陶冶佛学儒学文化典籍，沐浴中国文化精神，所以他才能"德为物宗，学兼三藏"，成为佛教般若学大师。支道林称之为"东方圣人"；孙绰为《名德沙门论》说"释道安博物多才，通经名理"，赞曰"渊渊安释，专能兼倍，飞声汧陇，驰名淮海"①，虚誉哉！

　　不仅般若学大师熟悉儒家经典，通晓老庄之学，而且当时许多玄学人物，也是努力学习佛教经典，领悟理解其精义的。如殷浩就是这样。殷浩，字渊源，少有重名，官至扬州刺史、中军将军。故又称"殷中军"。殷浩"善《老》、《易》，能清言"②，注释《周易·系辞传》的韩康伯，就是殷浩的外甥。此可知殷浩与当时玄学深切关系。但殷浩不仅学习佛经，而且熟悉佛经，能辨别佛经教义。记载说："殷中军被废东阳，始看佛经。视见《维摩诘》，疑《般若波罗蜜》太多；后见《小品》，恨此语少。"③ 殷中军被废东阳，即殷浩镇寿阳，羌姚襄反，略寿阳流民，被黜迁于东阳信安县（在今浙江衢州）。《维摩诘》，即一本大秦佛法宏道经典。因"其旨渊玄，非言象所测；道越三空，非二乘所议"④，多讲彼岸世界存在，就像《般若波罗蜜》经"穷像于玄原之无始，万行始于戒信之玄兆"⑤，以"天眼"视世界一样，极为玄远，故殷浩疑《维摩诘》经中《般若波罗蜜》太多，而佛《般若波罗蜜》经有大小品。据说《小品》是佛去世后，从《大品》中抄出旳，也有说《小品》之出在先的。但不管怎么说，《小品》没有《大品》那么宏大，那么浩渺玄远，而是"验之以事应，明其至到而已，亦莫测其由也"⑥。故殷浩见《小品》，恨《般若波罗蜜》语少。此可知殷浩对佛教般若学经典是多么熟悉啊！

　　殷浩不仅精熟般若学，而且与般若学家是有学术心得会通交流的。这也

①　《高僧传·道安传》。

②　《世说新语·文学》注引《殷浩别传》。

③　《世说新语·文学》。

④　僧肇：《维摩诘序》，《出三藏记集》卷八。

⑤　《菩萨波罗提木叉后记》，《出三藏记集》卷十一。

⑥　支道林：《大小品对比要抄序》，《出三藏记集》卷八。

促使了玄学与般若学的融通。殷浩"读《小品》，下二百籖，皆是精微，世之幽滞。尝欲与支道林辩之，竟不得"。有一次支道林、殷浩俱在简文帝尚以会稽王居相位时的家中。相王对二人说："今天可以试一相交之言，题目就是殷浩才性和峰谷之固。请君慎重！"支道林开始论时难，不及才性，及至才性四本，"不觉入其玄中"，进入玄远之境。殷浩"虽思虑通长，然于才性偏精，忽言及《四本》，便若汤池铁城，无可攻之势"，因此相王拂肩而笑曰："此自是其胜场，安可争锋！"① 由此可以看出，当时玄学与般若学学术交流与精神会通是深层次、是高远的！

这种交流与会通当时是很普遍的，并且交流讨论题目不只是般若学，涉及玄学的《老》《庄》之学及《易》学诸多形上深层玄远问题。例如支道林与许询、谢安、王濛谈《庄子》的玄远之旨②；殷浩与孙安国、王濛、谢安谈论《易》象③以及善清言的荆州刺史殷仲堪询问慧远法师《易》学本体论问题④，皆涉及形而上学的深奥之旨与高远意象。这种玄学与般若学的普遍的学术交流与精神会通，不仅使般若学玄学化，也使玄学不断融通般若学经义，实行精神转换，使玄学不断融合般若学的精神得到发展。特别是渊源玄远的般若学教义的意义转换，当时给予玄学精神之影响，是很深远的。有一次，好《老》《易》，能言理，不喜见俗人的阮修（字宣子）问王衍："老庄与圣

---

① 《世说新语·文学》。
② 《世说新语·文学》记载：支道林与许询、谢安共集王濛家中，谢顾谓诸人："今日可谓彦会。时既不可留，此集固亦难常，当共言咏，以写其怀。"许便问主人："有《庄子》不？"正得《渔父》一篇。谢看题，便各使四座通。支道林先通，作七百许语，叙致精丽，才藻奇拔，众咸称善。于是四座各言怀毕，谢问曰："卿等尽不？"皆曰："今日之言，少不自竭。"谢后粗难，因自叙其意，作万余语，才峰秀逸，既自难干，加意气拟托，萧然自得，四座莫不厌心。支谓谢曰："君一往奔诣，故复自耳。"
③ 《世说新语·文学》记载：殷浩、孙安国、王濛、谢安能言诸贤，悉会稽王相家中。殷与孙共论《易》象，妙于见形。其论曰："圣人知观器不足以达变，故表圆应于著龟；圆应不可为典要，故寄妙迹于六爻。六爻周流，唯化所适。故虽一画吉凶并彰，微一则失之矣。拟器托象而庆咎交著，系器则失之矣。故设八卦者，盖缘化之影迹也。天下者，寄见之一形也。圆影备未备之象，一形兼未形之形。故尽二仪之道，不与《乾》、《坤》齐妙；风雨之变，不与《巽》、《坎》同体矣。"孙语道合，意气干云，一座咸不安孙理，而辞不能屈。会稽王慨然叹曰："使真长（即能清言之刘惔）来，故应有以制彼。"即迎真长，孙意己不如。真长既至，先令孙自叙本理，孙粗说己语，亦觉殊不及向。刘作三百许语，辞难简切，孙理遂屈。一座同时拊掌而笑，称美良久。
④ 《世说新语·文学》记载：殷仲堪精核玄论，人谓莫不研究。殷荆州曾问远公："《易》以何为体？"答曰："《易》以感为体。"殷曰："铜山西崩，灵钟东应，便是《易》耶？"远公笑而不答。又载殷仲堪"一日不读《道德经》，便觉舌本间强"。此《道德经》，即何晏《道》《德》二论。此亦可知殷仲堪玄学追求。

教同异？"王衍说："将无同？"① 此处所说"将无同"，为晋人的口头语，意即："哪有什么不同？"可知当时玄学与佛教般若学已经相互融化、涵盖、同化，发展到般若学即玄学，玄学即般若学矣。

这种融化、涵盖、同化及精神上的会通，主要是在玄学与般若学的最高本体论、形而上学高度说的。如果说慧远从最高本体论上融合会通老庄之学及《易》学形上至极之道，讲佛教永恒常驻涅槃存在，完成精神转换，促使般若学的玄学化，那么，支道林对《庄子·逍遥游》卓然不群的高妙玄远解释，则可以看出玄学当时是怎样接受般若学玄感不为、廓然大理之精神的。《世说新语》载此事说：

> 《庄子·逍遥篇》，旧是难处，诸名贤所可钻味，而不能拔理于郭、向之外。支道林在白马寺中，蒋冯太常共语，因及《逍遥》。支卓然标新理于二家之表，立异义于众贤之外，皆是诸名贤寻味之所不得。后遂用支理。向子期、郭子玄《逍遥》。义曰："夫大鹏之上九万，尺鷃之起榆枋，小大虽差，各任其性，苟当其分，逍遥一也。然物之芸芸，同资有待，得其所待，后逍遥耳。唯圣人与物冥而循大变，为能无待而常通。岂独自通而已。又从有待者不失其所待，不失则同于大通矣。"支氏《逍遥论》曰："夫逍遥者，明至人之心也。庄生建言大道，而寄指鹏鷃。鹏以营生之路旷，故失遮于体外；鷃以在近而笑远，有矜伐于心内。至人乘天正而高兴，游无穷于放浪。物物而不物于物，则遥然不我待；玄感不为，不疾而速，则逍然靡不适。此所以为逍遥也。若夫有欲，当其所足，足于所足，快然有似天真，犹饥者一饱，渴者一盈，岂忘烝尝于糗粮，绝觞爵于醪醴哉？苟非至足，岂所以逍遥乎？"此向、郭之注所未尽。②

支道林所说庄生建言的虚无"大道"，实际就是他序《般若波罗蜜》经所说的"众妙之渊府，群智之玄宗"存在；而其讲"夫逍遥者，明至人之心也"，则不过是《般若波罗蜜》经义的"夫至人也，览通群妙，凝神玄冥，灵虚响应，感通无方"③。这里，支道林其他所讲，并没有超出老庄之学或玄

---

① 《世说新语·文学》。
② 《世说新语·文学》。
③ 《大小品对比要抄序》。

学所论。如所讲"至人乘天正而高兴，游无穷于放浪，物物而不物于物，则遥然不我待；玄感不为，不疾而速，则逌然靡不适"，它也就是《庄子》所说"若夫乘天地之正，而御六气之辩，以游无穷者，彼且恶乎待哉"①"若夫乘道德而浮游则不然，物物而不物于物，则胡可得而累邪"② 等等。而郭象讲"夫心无为，随感而应，应随其时"；讲"与化为体，流万代而冥物"；及讲"通天地之统，序万物之性，达死生之变，明内圣外王之道，上知造物无物"③ 等，岂不亦惊人地与佛教般若学之义相似？《世说新语》讲"向、郭之注所未尽"，得无崇佛学而轻玄学乎？然其讲"支卓然标新理于二家之表，立异义于众贤之外，皆是诸名贤寻味之所不得"，其后"遂用支理"，实乃表示玄学家对般若学高妙玄远解释之认同。它也说明，玄学已融会般若学教义，其精神与佛教般若学无差矣。虽然向秀注《逍遥游》，从万物各有本质规定性出发，讲"夫小大虽殊，而放于自得之场，则物任其性，事称其能，各当其分，迎遥一也"，有点小家子气，有"若夫有欲，当其所足，足于所足，快然有似天真，犹饥者一饱，渴者一盈"的小私有者心理，但这并不妨碍玄学从整体上接受般若学精神。

魏晋时期文化精神合流，并不仅仅是佛学与玄学两种文化互动、互渗、交互作用与相互契合，它在特定的环境、独一无二的时代要求及不同文化发展趋势、情势下，通过文化的互动、互渗、交互作用与相互契合，还会发展衍生出新的文化、新的文化流派与哲学思想。这在西晋后期，就是玄释合流的新道家文化。它的具体表现就是《列子》之流行以及张湛注释的出现，以大化流行的人生观与玄学精神，参与文化精神合流。这是讲当时三教精神合流应该给予注意的，尽管它出现得较晚。

## 三 玄释合流的新道家追求

《列子》及张湛注释，所表现的形上思想及精神追求，无疑也属于新道家，属于新道家的玄学思想。但它与魏晋时期何晏、王弼、嵇康、阮籍等新道家的玄学思想与精神追求是不同的。这种不同，主要是其融入了玄释合流

① 《庄子·逍遥游》。
② 《庄子·山木》。
③ 郭象：《庄子》序。

的精神，以新的宇宙论与人生观，表达大化流行生命精神；而魏晋玄学家虽然也受佛教影响，但基本上还是以玄道本体之"无"追求旷达虚无精神世界的。

那么，《列子》是怎样一本书，它编撰于何时呢？刘向撰《汉书·艺文志》，就曾著录《列子》八篇，并开出《列子新书目录》，于永始三年上呈汉成帝。刘向所开出的《列子新书目录》八篇，与今现存《列子》八篇一致。因《周穆王》一篇内容，多与西晋年间出土汲冢书《穆天子传》相近，故今人多疑刘向《列子新书目录》为伪，同时也认为《列子》成书不应早于晋武帝太康年间。但班固撰述《汉书·艺文志》是严肃的，能著录《列子》八篇，应不为假。根据张湛《列子序》所说，他所注释的《列子》，是由他祖父在东晋初从外舅王宏、王弼等家藏书里发现的，经过拼合、整理、校勘，"始得齐备"，并且其书籍流传及动乱中失散复，讲的是清清楚楚。[①] 杨伯峻注《三国志·王弼传》注引《博物志》说："蔡邕有书万卷，末年载数车与王璨"。可知王宏、王弼的家藏书，乃王粲得于蔡邕旧藏。这里讲藏书流传极为有绪，《列子》撰于汉代不应视为有假。《列子》所持元气论思想，其为哲学本体论，与汉代元气论是如此相一致。另外，从《列子》书中方士神仙一类神秘主义思想，也可看出它是有汉代文化哲学背景的。《周穆王》一篇内容，虽与汲冢书《穆天子传》有相近处，但整个内容及所表达的思想，则并非同于汲冢书，不能因此一点就完全否定《列子》非出于汉代。自然，现存《列子》，也不应完全视为汉代《列子》，因为张湛说得很清楚，家传之书，"至江南，仅有存者"，而"《列子》唯余《杨朱》、《说符》、目录三卷"。他所注释的《列子》，是"参校有无，始得全备"的。因此，可知现存《列子》是经过他编撰加工并且是表达张湛适应东晋六朝时精神需要的。但不能因此就一味疑古考伪，否定原《列子》出于汉代的编撰年代。

自然，现存《列子》的编撰是受魏晋玄学及佛教般若学影响的。虽然无

① 张湛：《列子序》说："湛闻之先父曰：吾先君与刘正舆、傅颖根，皆王氏之甥也，并少游外家。舅始周，始周从兄宗正（王宏）、辅嗣（弼），皆好集文籍，先得仲宣臣（王粲）家书，几将万卷。傅氏亦世为学门，三君总角兢录奇书。及长，遭永嘉之乱，与颖根同避难南行，车重各称力，并有所载。而寇虏弥盛，前途尚远。张谓傅曰：'今将不能尽全所载，且共料简世所希有者，各各保录，令无遗弃。'颖根于是唯赍其祖玄（傅玄）、父咸（傅咸）《子集》。录书中有《列子》八篇。及至江南，仅有存者。《列子》唯余《杨朱》、《说符》、目录三卷。比乱，正舆为扬州刺史，先来过江，复扶其家得四卷。从辅嗣女婿赵季子家得六卷。参校有无，始得全备。"（见杨伯俊《列子集释》附录1，中华书局 1979 年版）

法还原汉代《列子》，但从现存《列子》可以看出，如果说汉代《列子》多受汉初以来黄老之学及方士神仙一类神秘主义思想影响的话，那么，到张湛所注《列子》，则几乎无处不充满玄学及佛教般若学思想矣。如讲"信觉不语，信梦不达，物化之往来者也。古之真人，其觉自忘，其寝不梦，几虚语哉"，及讲"曩吾忘也，荡荡然不觉天地之有无。今顿识既往，数十年来存亡、得失、哀乐、好恶，扰扰万绪起矣"，显然受当时玄学家追求超越思想之影响的。及至讲"有生之气，有形之状，尽幻也。造化之所始，阴阳之所变者，谓之生，谓之死。穷数达变，因形移易者，谓之化，谓之幻。造物者其巧妙，其功深，固难穷难终。因形者其巧显，其功浅，故随起随灭。知幻化之不异生死也，始可与学幻矣"①等，则流入佛教幻化生灭之说矣。这不仅表现在《列子》文本编辑上，在其注释中也同样存在。如讲"生死变化，胡可测哉？生于此者，或死于彼；死于彼者，或生于此。而形生之生，未尝暂无。是以圣人知生不常存，死不永灭，一气之变，所适万形。万形万化而不化者，存归于不化，故谓之机。机者，群有之始，动之所宗，故出无入有，散有反无，靡不由之也"②，等等。这些地方，凡此皆可看出张湛编注《列子》，不仅保留了原《列子》黄老之学及方士神仙思想，也由此演绎并融入了东晋时期流行的玄学及佛教般若学思想。这也是文化传递中的一种价值转换，一种精神的衍生与转化。

应该说，原《列子》编撰与张湛编注《列子》，二者是有承续关系的，但不能把二者等同。因为任何著作编撰整理加工及注释，都是要适应时代需要，表达自己人生观及精神追求的。张湛整理加工及注释《列子》也是这样。那么，张湛整理加工及注释《列子》的根本思想与精神追求是什么呢？这种思想与精神追求又是怎样会通契合当时玄学及佛教般若学思想的呢？它集中到一点，就是张湛对《列子》一书宗旨的表述：

> 其书大略明群有以至虚为宗，万品以终灭为验；神惠以凝寂常全，想念以著物自丧；生觉与化梦等情，巨细不限一域；穷连无假智力，治身贵于肆任；顺性则所之皆适，水火可蹈，忘坏（怀）则无幽不照。此

---

① 所引均见《列子·周穆王篇》。
② 《列子·天瑞篇》注。

其旨也。①

所谓"群有以至虚为宗"，即是玄学及般若学所讲的"以无为本"。这从《列子》注引夏侯玄讲"夫唯无名，故可得遍以天下之名名之"②；何晏讲"夫道之而无语，名之而无名，视之而无形，听之而无声，则道之全"③，以及注"无动不生无而生有"之句说："有之为有，恃无以生；言生必由无，而无不生有"④ 等，可以看出来。而其讲"群有以至虚为宗，万品以终灭为验；神惠以凝寂常全，想念以著物自丧；生觉与化梦等情"，则即康僧会讲《安般守意经》"诸佛之大乘，以济众生之漂流"⑤，及支道林讲"至理冥壑，归乎无名"，"是以诸佛因般若之无始，明万物之自然；聚生之丧道，溺精神乎欲渊"⑥ 的思想。这从张湛注《周穆王篇》"意迷精丧，请化人求还"句，曰"太虚恍惚之域，固非俗人之所涉，心目乱惑，自然之数也"；注"变化之极，徐疾之间，可尽模哉"句，曰"变化不可穷极，徐疾理亦无间，欲以智寻象模，未可测"等，亦可看出其注受般若学影响及融通契合般若学思想之处。

影响归影响，思想归思想。张湛注《列子》最终还是要表达自己新道家形而上学意蕴与生命精神追求的。任何生命精神追求，都必须有性命之理，建立在可靠的性命之理基础上，否则，就会陷生命于虚妄荒诞之地。是故张湛讲："夫生必由理，形必由生，未有而无理，有形而无生。生之与形，形之与理，虽精粗不同，而迭为宾主。往复流迁，未始暂停，是以变动不居，或聚或散。抚之有伦，则功潜而事著；修之失度，则迹显而变彰"。这个能使"功潜而事著"，"迹显而变彰"存在，就是形上之道，就是儒家《易》传所讲一阴一阳之道的形而上学存在。人生只有明白了这个形上之道，这个性命之理的存在，才能不管外部世界怎样变化而无所畏惧。故曰："夫变化云为，皆有因而然，事以未来而不寻其本者，莫不致惑。诚识所由，虽谲怪万端，而心无所骇也"；故曰："人与阴阳通气，身与天地并形，吉凶往复，不得不

---

① 张湛：《列子序》。
② 《列子·仲尼篇》注引。
③ 《列子·天瑞篇》注引《道论》。
④ 《列子·天瑞篇》注。
⑤ 康僧会：《安般守意经序》，《出三藏记集》卷六。
⑥ 《大小品对比要抄序》。

相关通也"；故曰"阴阳以和为用者也。抗则自相利害，故或生或杀也"①。

这个形上之道，这个阴阳之道的形上本体，并不是物的存在，不是万有的存在，而是"有之为有，恃无以生；事而无事，由无而成"② 的存在，"忽尔而自生，不知其所以生；不知其所以生，生则本同于无"③ 的存在。在张湛看来，这个形上之道，阴阳形上本体，乃"二仪之德，圣人之道，焘育群生，泽周万物，尽其清宁贞粹"者，是"殊涂融通，动静澄一"存在。因此，它是不像物的知识存在一样可知觉，只能用直觉感知、冥通或知照。这就是他所讲"道之所运，常冥通而无待"④，"玄悟智外之妙理"⑤。特别是关于形上之道变化莫测的存在，或"寂然不动"而为至神存在，更是不能像知觉物在那样去认识的，而只能"寂然玄照，不假于目"⑥，或者忘却眼前存在，去知照那形上"寂然不动"至神存在。此即他所说的"忘坏（怀）则无幽不照"⑦，"神理独运，感无不通"⑧ 的道体感知与精神运行。这实际上就是般若学僧卫所讲"虚照通真，曰智曰见"⑨，玄学家向秀所谓"唯无心者独远耳"⑩者也。张湛这些看法无疑是融会当时玄学思想及般若学形上思想的，然它又是超越玄学及般若学空寂虚无思想，融通包含了儒家《易》道形而上学思想的。由上不难看出，张湛注《列子》不光会通玄学及般若学思想，亦是贯通儒学《易》学思想的。张湛注《列子》之思想，虽本质上属玄释合流的新道家，然就其会通儒、道、释而言，则已开始走向三教合流矣。

正因为张湛所说的形上之道，是阴阳之道，是道本形而上学，所以他讲这个本体的"无"，乃是自然之道，天地之道的自然法则，而非空寂虚无存在。张湛注《列子》一再讲"天地，万物之都称；万物，天地之别名"，"虽天地之大，群品之众，涉于有生之分，关于动用之域者，存亡变化，自然之符"；讲"天地无所从生，而自然生"，"生者反终，形者反虚，自然之数

---

① 上引均见《列子·周穆王篇》注。
② 《列子·天瑞篇》注引何晏《道论》。
③ 《列子·天瑞篇》注。
④ 《列子·天瑞篇》注。
⑤ 《列子·汤问篇》注。
⑥ 《列子·汤问篇》注。
⑦ 《列子序》。
⑧ 《列子·仲尼篇》注。
⑨ 僧卫：《十住经含注序》，《出三藏记集》卷九。
⑩ 上引均见《列子·黄帝篇》注。

也"①。这些思想，虽与王弼、何晏讲本体虚无存在不同，然却是受向秀注《庄子》物性自然之说影响的。故他注《列子》一再引向秀之说：

> 向秀曰：同是形色之物耳，未足以相先也。以相先者，唯自然也。
> 向秀曰：醉故失其所知耳，非自然无心也。
> 向秀曰：得全于天者，自然无心，委顺至理也。
> 向秀曰：任自然而覆载，则名利之饰，皆为弃物。②

　　张湛所说自然之道，不仅受向秀玄学影响，亦是直接源于儒家《易传》道体真实无妄之理的。故他注《列子》引《诗经·大雅·烝民》"立我烝民，莫匪尔极。不识不知，顺帝之则"说："烝，从也。夫能使万物咸得其极者，不犯其自然之性也。若以识知制物之性，岂顺天之道哉?"③ 在张湛看来，"自然者，都无所假也"，"圣人不违自然而万物自运，岂乐通物哉?"④ 此张湛会通儒家《易传》之道及《诗》《书》自然之理而注《列子》者也。

　　正因张湛视儒家《易传》及《诗》《书》为自然之理，而非虚妄存在，故其注《列子》，并不像何晏、王弼、嵇康、阮籍那样讲"卑名教而任自然"，一味反对礼教，而是认为非《诗》、《书》、礼乐，不足于治天下也。故曰"唯弃礼乐之失，不弃礼乐之用，礼乐故不可弃，故曰，未知所以革之之方"；又说"欲捐《诗》、《书》、易治术者，岂救弊之道?"在张湛看来，"治世之术实须仁义。世既治矣，则所用之术宜废。若会尽事终，执而不舍，则情之者寡而利之者众。衰薄之始，诚由于此"。因此张湛说："《诗》、《书》、《礼》、《乐》，治世之具，圣人因而用之，以救一时之弊"；若"用失其道，则无益于理也"⑤。这就是说，在张湛看来，礼教也须合乎自然之道，不可过也。

　　正因为形上道体是自然之道，是自然法则、天地之道、真实无妄之理，因此张湛认为，人应该遵守这个法则、这个无妄之理，而不应违背它胡乱作为，或为外物所困惑。因此他讲："自然生耳，自然泰耳，未必由仁德与智

---

① 上引均见《列子·天瑞篇》注。
② 上引均见《列子·黄帝篇》注。
③ 《列子·仲尼篇》注。
④ 《列子·汤问篇》注。
⑤ 上引均见《列子·仲尼篇》注。

力。然交履信顺之行，得骋一己之志，终年而无忧虑，非天福如之何也？"①
在张湛看来，人惟依自然法则，才符合自然之性，才能获得性命之理，保全
生命，具有生命精神。故曰"夫虚静之理，非心虑之表，形骸之外；求而得
之，即我之性。内安诸己，则自然真全矣。故物所以全者，皆由虚静，故得
其所安；所以败者，皆由动求，故失其所处"②；故曰"禀生之质谓之性，得
性之极谓之和；故应理处顺，则所适常通；任情背道，则遇物斯滞"③。在张
湛看来，违背自然法则，失却自然之性，"惜名拘礼，内怀于矜惧忧苦以至死
者，长年遐期，非所贵也"；"若夫刻意从俗，违性顺物，失当身之暂乐，怀
长愁于一世，虽支体具存，实邻于死者"；他甚至认为"畏鬼，畏人，畏威，
畏刑"，曰"违其自然者也"④。这些看法，与当时般若学的"世高穷理尽性，
自识宿缘，多有神迹，世莫能量"⑤，及黄老之学及方士鬼神仙家之说，是非
常不同的。张湛认为，人的一生，乃"一气之暂聚，一物之暂灵。暂聚者终
散，暂灵者归虚"，好逸恶劳，乃物之常性。故在他看来，"生之所乐者，厚
味、美服、好色、音声"，也是符合人之常性的；"而复不能肆性情之所安，
耳目之所娱，以仁义为关键，用礼教为衿带，自枯槁于当年，求余名于后世
者，是不达乎生生之趣也"⑥。但是，即使讲放达，讲畅叙生命之情，也应依
自然之道而为之，而不是立于虚无之说的狂放。故其讲"夫至人，其动也天，
其静也地，其行也水流，其止也渊默"；故讲圣人所为，"俯仰同俗，升降随
物，奇功异迹，来尝暂显，体中之绝妙，万不视一焉"⑦。张湛极为反对"劳
心以营货财"，故其注"无厌之性，阴阳之蠹"句，曰"非但累其身，乃侵
损正气"⑧。他认为，只有符合自然之道，并致以中和之理，才是人生正道，
才能保护生命精神。故曰"义者，宜也。得理之宜者，物不能夺也"⑨；"圣
人居中履和，视目之所见，听耳之所闻，任体之所能，顺心之所识；故智周

---

① 　上引均见《列子·力命篇》注。
② 　《列子·天瑞篇》注。
③ 　《列子·黄帝篇》注。
④ 　上引均见《列子·杨朱篇》注。
⑤ 　《安世高传》，《出三藏记集》卷一二。
⑥ 　《列子·杨朱篇》注。
⑦ 　《列子·黄帝篇》注。
⑧ 　上引均见《列子·杨朱篇》注。
⑨ 　《列子·说符篇》注。

万物，终身全具者也"①。在他看来，"万事纷错，皆从意生"。意念不对，思想不对，违背自然法则，失却自然之性，急于物欲功利之求，必陷入人生悖论。故他一再警告说：

> 违理而得利未之有也。
>
> 非不富，失本则亡身。
>
> 善著则吉应，恶积则祸臻。
>
> 未有处名利之冲，患难不至者也。
>
> 嗜欲之乱人心如此之甚也。②

那么，人为什么必须遵守自然之道，依从自然法则而不能违背呢？因为在张湛看来，"生者不生而自生，故虽生而不知所以生。不知所以生，则生不可绝；不知所以死，则死不可御也"③，那是不可抗拒的法则，是"圣神虽妙，不能逆时运"④ 的存在。因此张湛认为，"农有水旱，商有得失，工有成败，仕有遇否，命使然也"，皆"自然冥运也"⑤。人如何能不遵守自然法则，恪守自然之道呢？

当然张湛讲自然法则，讲自然之道，特别是讲道的形上存在，也常常陷入不可知论，陷入道体神秘存在。如讲"生死变化，胡可测哉？生于此者，或死于彼；死于彼者，或生于此"；讲"生之不知死，犹死之不知生。故当其成也，莫知其毁；及其毁也，亦何知其成？此去来之见验，成败之明征"；讲"物所以生，群品所以形，皆神之所运也"⑥ 等，皆带有不可知论与神秘主义色彩。正是因为这样，他把神秘的形上道体推向了深不可测，以此规定人深不可知的命运，讲"命者，必然之期"，"虽此事未验，而此理已然。若以寿夭存于御养，穷速像于智力，此惑于天理也"⑦；"乐天知命，泰然以待终，君子之所以息；去离忧苦，昧然而死，小人之所以伏也"⑧。如果说张湛注

---

① 《列子·仲尼篇》注。
② 上引均见《列子·说符篇》注。
③ 《列子·天瑞篇》注。
④ 上引均见《列子·力命篇》注。
⑤ 上引均见《列子·力命篇》注。
⑥ 《列子·天瑞篇》注。
⑦ 《列子·力命篇》注。
⑧ 《列子·天瑞篇》注。

《列子》，把自然之道看作"自然者，都无所假"存在，属阐述"天法道，道法自然"一类道家思想的话，那么，其讲道之毁也成也，不可"见验"、"不可测"或"神运"存在，则是发挥道家"谷神不死"及"微妙玄通，深不可识"①一类说法，以此附会黄老之学、方士神仙思想及佛教幻化生灭之说矣。阐述"天法道，道法自然"，讲"自然者，不资于外"②，其为天的存在，只是一个自然的宇宙；而发挥道家"谷神不死"及"微妙玄通，深不可识"，讲生死变化之不可测，则把生命存在推向神秘的命运主宰矣。

处于那个旷达豪放的时代，但张湛并不是一个拘谨慎微的人；相反，他从整个时代的文化与哲学中吸取了一种旷达的精神，并通过注《列子》为时代以畅叙生命之情。他注"吾示之以天壤，名实不入"句，引向秀之语，讲"任自然而覆载，则名利之饰皆为弃物"；注"向吾示之以太冲莫朕"句，引向秀之语，讲"居太冲之极，浩然泊心，玄同万方，莫见其迹"；而注"夫至人者，上阙青天，下潜黄泉，挥斥八极，神气不变"句，引郭象之语，讲"挥斥犹纵放也。夫德充于内，则神满于外，无远近幽深，所在皆明，故审安危之机而泊然自得也"等，皆可见张湛注《列子》从玄学家那里吸取了怎样旷达之精神也。黄老之学尚推崇生命之养，而在张湛那里，惟顺乎自然，连养生也是不必要的了。此他所以讲"身不可养，物不可治，而精思求之未可得"；讲"惟任而不养，纵而不洽，则性命自全，天下自安也"③者也。在他看来，"天人合德，阴阳顺序，昏明有度，灾害不生，故道合二仪，契均四时"，就可以了。只要顺乎自然之道，就没有什么可怕的。故引《老子》的话说："以道莅天下者，其鬼不神。"④张湛不仅讲旷达豪放，以畅叙性命之情，而且为性命之情的畅叙提供了浩瀚宏达时空，即他所说的"存亡往复无穷已"的宇宙。惟此往复无穷宇宙，才是"无所不尽，亦无所尽，然后尽理都全"存在，而"若夫万变玄一，彼我两忘，即理自夷"，才能"实无所遣"，冥内游外，"岂有尽与不尽者乎?"⑤"无际无分，是自然之极；自会自运，岂有役之哉?"⑥处此"存亡往复无穷已"宇宙，岂不就是使生命畅乎天地，游乎宇

---

① 《老子》第六、十五章。

② 《列子·黄帝篇》注。

③ 上引均见《列子·黄帝篇》注。

④ 《列子·黄帝篇》注。

⑤ 《列子·天瑞篇》注。

⑥ 《列子·力命篇》注。

宙之外了吗？此非狂人也，乃巨大生命精神存在者也。把人的生命之终始视为一个"存亡往复无穷已"的浩瀚宇宙存在，或像孙绰说的那样："千变万化浑然无端"①，人之生也，还有什么可畏惧的呢？故陶渊明诗曰："纵浪大化中，不喜亦不惧。"②

通过叙述张湛注《列子》，从新道家的追求中，不仅可以看出玄释之学精神上融通弥合；同时，它也显示出了儒、道、释三教合流的端倪。这种合流不仅影响了魏晋六朝时期的精神追求，它也改变了或正在改变着中国文化精神发展大格局、大方向。特别是进入隋唐时期以后，三教合流不仅造成了精神绵延的新格局，更以前所未有的新本质，规定了中国文化精神的发展方向与历史道路。这是结束本卷精神史叙述时，不能不作前瞻交代的。

## 四　三教合流大格局与走向

魏晋时期，随着佛教传入及大乘般若经典的大量译出，精神史发展则逐渐发生格局性变化。这种变化就是当时名僧与名士交往蔚然成风，由一般交往发展为精神契合与会通，名士名僧共为一流，出现了汤用彤先生所说的"佛教玄风大振于华夏"③的局面。这种局面的形成，关键在于般若经典大量译出与流传，如支谶译《般若道行经》，朱士行译《放光般若经》，竺法护译《光赞般若经》，康僧会译《大般泥洹经》，罗什译《大品》《成实》《十二门论》，支道林注《安般》，道安注《般若道行》《安般》诸经等。这些佛教经典，特别是《大涅槃经》，乃"法身之玄堂，正觉之实称，众经之渊镜，万流之宗极"④，与玄学形上之道本体存在，精神是相通的。没有这些大乘般若经大量译出与流传，就不可能有玄学家与般若学家的精神会通与契合。不论是支道林深思《道行》，委曲《慧印》，"卓焉独造，得自天心"⑤，还是道安注《般若道行》、《安般》诸经"序致渊富，妙尽深旨"⑥，皆出于玄学般若的形上领悟。没有这种形上领悟，就没有精神世界的契合与会通，自然就不会出

① 《喻道论》，《弘明集》卷三。
② 《神释》，《陶渊明集》卷二。
③ 《汉魏两晋南北朝佛教史》上册，商务印书馆 2015 年版，第 125 页。
④ 僧道朗：《大涅槃经序》，《出三藏记集》卷八。
⑤ 《高僧传·支道林传》。
⑥ 《高僧传·道安传》。

现名士名僧共为一流，"佛教玄风大振于华夏"的局面。而能出现这种局面，这种格局性变化，乃在于般若经大量译出与流传，玄学般若会通，使名士名僧得以精神契合，共为一流。此支道林、许询诸人会于会稽王（简文）家，支道林讲《维摩诘经》，支通一义，许送一难，所以能"共嗟咏二家之美"①者也；亦道安"外涉群书，善为文章，长安中，衣冠子弟为诗赋者，皆依附致誉"②者也。

这种精神的会通与契合，并不是外在的，而是内在于精神世界的。其为格局性变化，亦非外在显现，而是深层内在精神之变化。汤用彤先生说，"宗教情绪，深存人心，往往以'莫须有'之史实为象征，发挥神妙之作用"；研究佛教史，如若"徒于文字考证上寻求，而乏心性之体会，则所获者其糟粕而已"③。佛教本来是以心起灭天地万物，讲究心性本体大用的。故曰"心者众法之源，臧否之根"④。但佛教所说的心，并非一块血肉，而是一种道心悟性存在。这是一种心法，一种"灵魄弥纶，统极圆照"⑤，以心智照天地万物的方法。故支道林讲"夫逍遥者，明至人之心也"⑥。这种心法，不仅为当时士林所认同，亦为讲玄学者所领悟。前面提到的"三乘佛家滞义，支道林分判，使三乘炳然然，诸人在下坐听，皆云可通"；及"殷中军被废徙东阳，大读佛经，皆精解"⑦，就属对佛教心法的领悟与认同。以此心法，"浑然与太虚同量，泯然与法性为一"⑧；或支道林"道心冥乎上世，神悟发于天然"⑨，精神的会通与契合，实乃亦心性世界、心灵世界也。有此心灵世界的会通与契合，才有慧远居东林寺时，诗人陶潜（渊明）、道士陆修静来访，及走，与

---

① 《世说新语·文学》记载：支道林、许掾（询，字玄度）诸人共在会稽王（简文）斋头，支为法师，许为都讲（即讲《维摩诘经》），支通一义，四座莫不厌心，许送一难，众人莫不抃舞。但共嗟咏二家之美，不辩理之所在。
② 《高僧传·道安传》。
③ 《汉魏两晋南北朝佛教史》跋。
④ 康僧会：《法镜经序》，《出三藏记集》卷六。
⑤ 僧卫：《十住经含注序》，《出三藏记集》卷九。
⑥ 《世说新语·文学》。
⑦ 均见《世说新语·文学》。
⑧ 僧道朗：《大涅槃经序》。
⑨ 无名氏：《楞严三昧经注序》，《出三藏记集》卷七。

语甚契，相送时不觉过溪的精神专一，虎辄号鸣，三人大笑而别①。后人于此建三笑亭，现在台北故宫博物院尚藏南宋佚名作《虎溪三笑图》，即描绘其心灵会通与契合之忘怀也。从这种名士名僧心灵世界的会通与契合中可知当时士林心性已发展起一种精神深层结构，一种统以心法，浩然无际的精神世界。当时王澄的"风韵迈达"②，裴错的"风神高迈"③，山巨源的"幽然深远"④，王羲之的"风骨清举"⑤以及僧弥（王珉）的"风神清冷"⑥，支遁的"任心独往，风期高亮"⑦等，皆不过是心性世界的自然流露见诸神情风貌者。

　　魏晋六朝亦乃诗歌、音乐、绘画、书法等文学艺术极为发达繁荣的时期，但其要旨，不过是将自我心性中自然高妙的精神投放于文学艺术创作。例如刘勰要求文学创作要有"云霞雕色，有逾画工之妙"⑧的自然本色，有"鉴周日月，妙极机神"⑨的精神；文学构思要能"寂然凝虑，思接千载；悄焉动容，视通万里；吟咏之间，吐纳珠玉之声；眉睫之前，卷舒风云之色。其思理之致，思理为妙，神与物游"⑩；凡为文学，不论是"象天地，效鬼神"，还是"参物序，制人纪"，皆要"洞性灵之奥区"，惟其如此，才是"极文章之骨髓者"⑪。从这些论述不难看出，当时文学创作要求具有怎样美好心灵，贯通怎样形上美妙精神了。文学是这样，其他绘画、书法艺术的要求也是这样。宗炳讲绘画要"以神法道，以形媚道"⑫；王微讲绘画是心的"融灵而变动"；其为画也，"岂独运诸指掌，亦以神明降之"，具有一种"望秋云，神飞扬；临春风，思浩荡"⑬的神情灵性。顾恺之每画人成，或数年不点目精。

---

①　据《东林十八高贤传》记载，晋僧慧远居东林寺时，送客不过溪。一日陶潜（陶渊明）、道士陆修静来访，与语甚契，相送时不觉过溪，虎辄号鸣，三人大笑而别。后人于此建三笑亭。唐英（1682~1756 年）题庐山东林寺三笑亭联云："桥跨虎溪，三教三源流，三人三笑语；莲开僧舍，一花一世界，一叶一如来"（见《卍续藏经》，第 135 册）。

②　《世说新语·赏誉》注引《王澄别传》。

③　《晋书·裴楷篇》。

④　《世说新语·赏誉》。

⑤　《晋书·安帝纪》。

⑥　《世说新语·赏誉》。

⑦　《世说新语·赏誉》注引《支遁别传》。

⑧　《文心雕龙·原道》。

⑨　《文心雕龙·征圣》。

⑩　《文心雕龙·神思》。

⑪　《文心雕龙·宗经》。

⑫　《画山水序》，沈子丞编：《历代画论名著汇编》，文物出版社 1982 年版，第 14 页。

⑬　《叙话》，沈子丞编：《历代画论名著汇编》，文物出版社 1982 年版，第 16 页。

人问其故，答曰"四体妍蚩，本无阙少于妙处，传神写照，正在阿堵中"①。会稽有佳山水，名士多居之，谢安未仕时亦居焉。孙绰、李充、许询、支遁等，皆以文义冠世，并筑室东土，与羲之同好，尝宴集于会稽山阴之兰亭，羲之自为之序以申其志，曰："永和九年，岁在癸丑，暮春之初，会于会稽山阴之兰亭，修禊事也。群贤毕至，少长咸集。此地有崇山峻岭，茂林修竹，又有清流激湍，映带左右，引以为流觞曲水，列坐其次。虽无丝竹管弦之盛，一觞一咏，亦足以畅叙幽情"；其讲"夫人之相与，俯仰一世，或取诸怀抱，悟言一室之内，或因寄所托，放浪形骸之外"②，达名士率真人生境界也。《兰亭集序》即《兰亭序》，被誉为天下第一行书，现存于真迹拓本及众多摩仿本，至今仍为书法爱好者模仿。凡此文学艺术成就，皆宗炳所谓"自道而降，便入精神"③ 者也。

由上可以看出，魏晋六朝时儒学、玄学、般若学的三教会通与融合，从至极无相本体到宇宙川流万象，形上形下，心统万法，虚灵智照，心性与精神、艺术与人生，无不贯通，无不弥漫，已浩然无际、浑然一体、成为一格局矣。然这个格局，仍然是小格局，特别是晋朝玄风南渡之后，成一偏安局面，不管精神上怎样一时成一格局，都是小变化、小格局，而非大变化、大格局也；其为走向，也是小走向也。但这发展到隋唐统一中国，则就大不一样了。唐朝开拓疆土、统一天下，儒、道、释三教合流，特别是玄奘西域取经后，唯识宗、华严宗成为佛学主流，智照天地，至极宏达，浩然玄远，中国文化精神则成一大变化、大格局矣。这个大变化、大格局，犹如犹太教传入欧洲，于罗马帝国时期与古代希腊哲学相结合发展为基督教一样，佛教由印度西域传入华夏，则在隋唐时期与中国儒、道文化相结合，发展成为了中华大乘佛教。这一大格局性变化，发端于东晋六朝时期，但它的发展完成并成为佛教主流，则是在隋唐时期。正如犹太教被希腊哲学化，发展为罗马帝国时的基督教，产生了保罗、奥古斯丁、托马斯·阿奎那一大批宗教哲学家、神学家一样，佛教被中国哲学化，若从早期发端之时算起，也产生了从释道安、罗什、支道林、僧肇、慧远、竺道生、吉藏、玄奘、法藏一大批佛学大师。这是中国精神史发展到隋唐一大格局性变化，亦大走向也。叙述撰写这

① 《晋书·顾恺之传》。
② 《晋书·王羲之传》。
③ 《明佛论》，《弘明集》卷二。

一大格局性变化及其走向，则是《中国精神通史》第三卷的任务，于此结束本卷，不多叙矣。

与犹太教被希腊哲学化，成为西方宗教信仰和精神主宰不同，佛教在隋唐时期被中国哲学化，虽于文化精神上有开格局大用，并深刻影响了中国文化精神发展，但它始终并没有成为中国文化主流，亦未成为主宰华夏民族信仰与精神性的存在。从大格局、大尺度上说，如果说秦汉魏晋时期的精神史属于中国文化中古时期，那么，隋唐则是处中古时期末端之近古矣。度过这个时期，发展到宋明理学，则进入中国近代文化复兴时期矣。

# 本卷主要参考书目

## （一）古代典籍

（1）《周易正义》，孔颖达撰，王弼注，《十三经注疏》上，中华书局 1979 年影印本

（2）《尚书正义》，孔颖达撰，《十三经注疏》上，中华书局 1979 年影印本

（3）《毛诗正义》，孔颖达撰，《十三经注疏》上，中华书局 1979 年影印本

（4）《周礼注疏》，贾公彦等撰，陆德明释文，《十三经注疏》上，中华书局 1979 年影印本

（5）《仪礼注疏》，贾公彦等撰，《十三经注疏》上，中华书局 1979 年影印本

（6）《礼记正义》，孔颖达撰，陆德明释文，《十三经注疏》上，中华书局 1979 年影印本

（7）《大戴礼记解诂》，王聘珍撰，中华书局 1983 年版

（8）《春秋公羊传》，〔汉〕何休传，《汉魏古注十三经》下，中华书局 1998 年影印本

（9）《春秋穀梁传》，〔晋〕范宁集解，《汉魏古注十三经》下，中华书局 1998 年影印本

（10）《春秋左传正义》，杜预注，孔颖达撰，《十三经注疏》下，中华书局 1979 年影印本

（11）《国语》，〔春秋〕左丘明著，上海古籍出版社 1978 年版

（12）《尚书》，〔汉〕孔安国著，《汉魏古注十三经》上，中华书局 1998 年影印本

（13）《史记》，〔汉〕司马迁撰，中华书局 1973 年版

（14）《汉书》，〔汉〕班固撰，上海古籍出版社 1986 年版

（15）《后汉书》，〔南朝·宋〕范晔撰，上海古籍出版社 1986 年版

（16）《三国志》，〔晋〕陈寿撰，中华书局 1959 年版

（17）《晋书》，〔唐〕房玄龄等撰，上海古籍出版社 1986 年版

（18）《经典释文序录疏证》，〔唐〕陆德明撰，吴承仕疏证，中华书局 2008 年版

（19）《隋书·经籍志》，〔唐〕长孙无忌等撰，上海古籍出版社 1986 年版

（20）《新语》，〔汉〕陆贾撰，《诸子集成》第七册，中华书局 1986 年版

（21）《新书》，〔汉〕贾谊撰，《百子全书》第一册，上海古籍出版社 1984 年版

（22）《老子道德经河上公章句》，王卡点校，中华书局 1993 年版

（23）《淮南子》，〔汉〕刘安撰，高诱注，《诸子集成》第七册，中华书局 1986 年版

（24）《道德指归》，〔汉〕严遵撰，王德有点校，中华书局 1994 年版

（25）《尚书大传》，〔汉〕伏胜撰，郑玄注，《丛书集成初编》，商务印书馆 1937 年版

（26）《毛诗传笺通释》，〔清〕马瑞辰撰，中华书局 1989 年版

（27）《韩诗外传集释》，〔汉〕韩婴撰，许维遹集释，中华书局 2009 年版

（28）《春秋繁露》，《二十二子》，上海古籍出版社 1986 年版

（29）《董仲舒集》，袁长江主编，学苑出版社 2003 年版

（30）《春秋穀梁传注疏》，《十三经注疏》上，中华书局 1979 年影印本

（31）《新序》，〔汉〕刘向撰，《百子全书》第一册，上海古籍出版社 1984 年版

（32）《说苑校证》，〔汉〕刘向撰，向宗鲁校证，中华书局 1987 年版

（33）《太玄集注》，〔汉〕扬雄撰，〔宋〕司马光集注，中华书局 1998 年版

（34）《太玄校释》，〔汉〕扬雄撰，郑万耕校释，北京师范大学出版社 1989 年版

（35）《法言》，〔汉〕扬雄撰，《诸子集成》第七册，中华书局 1986 年版

（36）《扬雄集校注》，〔汉〕扬雄撰，上海古籍出版社 1993 年版

（37）《白虎通德论》，〔汉〕班固撰，《百子全书》第六册，上海古籍出版社 1984 年版

（38）《新论》，〔东汉〕桓谭撰，严可均辑《全汉书》中，商务印书馆 1999 年版

（39）《论衡》，〔东汉〕王充撰，《诸子集成》第七册，中华书局 1986 年版

（40）《张河间集》，〔东汉〕张衡撰，〔明〕张溥辑，《汉魏六朝百三家集》，清或民国木刻本

（41）《申鉴》，〔东汉〕荀悦撰，《诸子集成》第七册，中华书局 1986 年版

（42）《潜夫论》，〔东汉〕王符撰，《诸子集成》第七册，中华书局 1986 年版

（43）《风俗通义校释》，〔东汉〕应劭撰，吴树平校释，天津人民出版社 1984 年版

（44）《人物志》，〔魏〕刘邵撰，〔凉〕刘昞注，上海涵芬楼影印本明正德本

（45）《论语》，〔魏〕何晏集解，《汉魏古注十三经》下，中华书局 1998 年影印本

（46）《老子注》，〔魏〕王弼撰，《诸子集成》第三册，中华书局 1954 年版

（47）《周易》，〔魏〕王弼撰，〔晋〕韩康伯注，《汉魏古注十三经》上，中华书局 1998 年影印本

（48）《庄子注校释》，〔魏〕王弼撰，楼宇烈校释，中华书局 2012 年版

（49）《王弼集校释》，〔魏〕王弼撰，楼宇烈校释，中华书局 1980 年版

（50）《嵇康集注》，嵇康撰，殷翔、郭全芝注，黄山书社 1986 年版

（51）《阮籍集校注》，〔魏〕阮籍著，陈伯君校注，中华书局 1987 年版

（52）《庄子集释》，郭庆藩辑，王孝鱼整理，中华书局 1961 年版

（53）《世说新语》，〔南朝·宋〕刘义庆撰，上海古籍出版社 1982 年版

（54）《世说新语校笺》，徐震堮著，中华书局 1984 年版

（55）《全三国文》，严可均辑，商务印书馆 1999 年版

（56）《全晋文》，严可均辑，商务印书馆 1999 年版

（57）《列子校释》，杨伯峻撰，中华书局 1979 年版

（58）《玉函山房辑佚书》，〔清〕马国翰辑，江苏广陵古籍刻印社 1990 年影印版

（59）《弘明集》，〔南朝·梁〕僧祐编，《佛教要籍选刊》第 3 册，上海古籍出版社 1994 年版

（60）《出三藏记集》，〔南朝·梁〕僧祐编，中华书局 1995 年版

（61）《高僧传》，〔南朝·梁〕释慧皎撰，汤用彤校释，中华书局 1992 年版

**（二）其他参考用书**

（1）《古史学论文集》，姜亮夫著，上海古籍出版社 1996 年版

（2）《古代中国文化与中国知识分子》，胡秋原著，亚洲出版社有限公司 1959 年版

（3）《读通鉴论》，王船山著，《船山全书》第 10 册，岳麓书社 1988 年版

（4）《中国古代史》，夏曾佑著，河北教育出版社 2003 年版

（5）《汉代思潮》，龚鹏程著，商务印书馆 2005 年版

（6）《河南程氏遗书》，《二程集》，中华书局 1984 年版

（7）《古史甄微》，蒙文通著，上海商务印书馆 1933 年版

（8）《史微》，〔清〕张尔田著，上海书店出版社 2006 年版

（9）《汉书补注》，上海古籍出版社 2008 年版

（10）《老子想尔注校证》，饶宗颐校证，上海古籍出版社 1991 年版

（11）《观堂集林》，王国维著，中华书局 1959 年版

（12）《经学抉原》，《蒙文通文集》第 3 卷，巴蜀书社 1995 年版

（13）《魏源集》，魏源著，中华书局 2009 年版

（14）《西汉经学与政治》，汤志钧等著，上海古籍出版社 1994 年版

（15）《今古文经学新论》，王葆玹著，中国社会科学出版社 1987 年版

（16）《经史抉原》，蒙文通著，巴蜀书社 1995 年版

（18）《日知录集释》，顾炎武撰，〔清〕黄汝成集释，岳麓书社 1994

年版

　　（19）《才性与玄理》，牟宗三著，台湾学生书局 1997 年版

　　（20）《中古文学史论》，王瑶著，北京大学出版社 2014 年版

　　（21）《经学历史》，〔清〕皮锡瑞著，中华书局 1959 年版

　　（22）《经学通论》，〔清〕皮锡瑞著，中华书局 1954 年版

　　（23）《经学通论》，马宗霍、马巨著，中华书局 2011 年版

　　（24）《两汉经学今古文平议》，钱穆著，商务印书馆 2001 年版

　　（25）《经学与经学探微》，黄开国著，巴蜀书社 2010 年版

　　（26）《中国经学史》，〔日〕本田成之著，上海书店 2001 年版

　　（27）《经学简史》，何耿镛著，厦门大学出版社 1993 年版

　　（28）《群经要义》，陈克明著，东方出版社 1996 年版

　　（29）《南北朝经学史》，焦桂美著，上海古籍出版社 2008 年版

　　（30）《魏晋南北朝易学书考佚》，黄庆萱著，华东师范大学出版社 2012
年版

　　（31）《三礼郑氏学发凡》，李云光著，华东师范大学出版社 2012 年版

　　（32）《王肃之经学》，李振兴著，华东师范大学出版社 2012 年版

　　（33）《东汉时代之春秋左氏学》，程南洲著，华东师范大学出版社 2012
年版

　　（34）《学博采录》，〔清〕桂义灿著，华东师范大学出版社 2012 年版

　　（35）《魏晋玄学史》，许杭生等著，陕西师范大学出版社 1989 年版

　　（36）《魏晋玄学史》，余敦康著，北京大学出版社 2004 年版

　　（37）《古史甄微》，蒙文通著，上海商务印书馆 1933 年版

　　（38）《魏晋南北朝佛教史》，汤用彤著，商务印书馆 2015 年版

　　（39）《中国佛教史》第一卷，任继愈主编，中国社会科学出版社 1981
年版

　　（40）《中日佛学源流略讲》，吕澂著，中华书局 1991 年版

　　（41）《汉唐佛教思想论集》，任继愈著，人民出版社 1994 年版

　　（42）《中国文化史》，〔日〕高桑驹吉著，商务印书馆 1926 年版

　　（43）《秦汉史》，钱穆著，生活·读书·新知三联书店 2004 年版

　　（44）《道家文化研究》第 3 辑，上海古籍出版社 1993 年版

　　（45）《汉晋学术编年》，刘汝霖著，中华书局 1987 年版

（46）《中国学术思想编年》（秦汉卷），张岂之主编，陕西师范大学出版社 2005 年版

（47）《中国学术思想编年》（魏晋南北朝卷），张岂之主编，陕西师范大学出版社 2005 年版